SQL mit SAS

Band 2: PROC SQL für Fortgeschrittene

von
Dr. Christian FG Schendera

Oldenbourg Verlag München

Bibliografische Information der Deutschen Nationalbibliothek

Die Deutsche Nationalbibliothek verzeichnet diese Publikation in der Deutschen Nationalbibliografie; detaillierte bibliografische Daten sind im Internet über http://dnb.d-nb.de abrufbar.

© 2012 Oldenbourg Wissenschaftsverlag GmbH
Rosenheimer Straße 145, D-81671 München
Telefon: (089) 45051-0
www.oldenbourg-verlag.de

Das Werk einschließlich aller Abbildungen ist urheberrechtlich geschützt. Jede Verwertung außerhalb der Grenzen des Urheberrechtsgesetzes ist ohne Zustimmung des Verlages unzulässig und strafbar. Das gilt insbesondere für Vervielfältigungen, Übersetzungen, Mikroverfilmungen und die Einspeicherung und Bearbeitung in elektronischen Systemen.

Lektorat: Thomas Ammon
Herstellung: Constanze Müller
Titelbild: Flávio Takemoto, www.sxc.hu
Einbandgestaltung: hauser lacour
Gesamtherstellung: Grafik & Druck GmbH, München

Dieses Papier ist alterungsbeständig nach DIN/ISO 9706.

ISBN   978-3-486-59836-0

Vorwort

SQL (Structured Query Language) ist *die* Programmiersprache zur Definition, Abfrage und Manipulation gerade von sehr großen Datenmengen in relationalen Datenbanken. Weltweit. SQL ist ein Quasi-Industriestandard. Bereits zur Zeit der Endredaktion von Band I Anfang Juni 2010 erzielte eine Websuche nach dem Begriff „SQL" mit Google z.B. 135 Millionen Treffer, Yahoo sogar 473 Millionen Treffer. SQL ist seit 1986 ein Standard beim ANSI (American National Standards Institute) und 1987 beim ISO. Mit PROC SQL ist es u.a. möglich (vgl. Schendera, 2011): Werte in SAS Tabellen aktualisieren, komplexe Berechnungen (neuer Variablen) durchführen, zusammenfassende Parameter bzw. Statistiken erzeugen, Daten aus Tabellen oder Views abfragen, Tabellen, Views, neue Variablen und Indexe anlegen, Daten aus Tabellen oder Views zusammenfügen oder auch Berichte erzeugen und designen (z.B. mit dem Output Delivery System, ODS).

Dieser Band wird zeigen, was PROC SQL von SAS darüber hinaus noch so alles kann. Damit sind v.a. Bereiche gemeint, in denen PROC SQL deutlich über den ANSI Standard hinausgeht:

- Während Einträge die Anwesenheit einer Information repräsentieren, zeigen Missings das Gegenteil an, die Abwesenheit von Information. Zum Umgang mit Missings werden vorgestellt: Definition (system-, anwenderdefiniert), Abfrage, sowie Suchen und Ersetzen (Konvertieren) von (alpha)numerischen Missings. Wichtig zu wissen ist, dass PROC SQL mit Missings anders umgeht als der ANSI Standard (Kapitel 2).
- Automatische Überprüfung auf Datenintegrität u.a. mittels Integrity Constraints und Audit Trails, sowie Überprüfung auf mehrfache Werte (Doppelte), Ausreißer, Filtern und auch Vereinheitlichen unerwünschter Zeichen(ketten) (Kapitel 3).
- PROC SQL unterstützt u.a. auch den Einsatz der SAS Makrosprache. Dieser Unterschied ist von solch großer Bedeutung, dass dem Zusammenspiel zwischen SQL und der SAS Makrosprache das umfangreichste Kapitel dieses Doppelbandes vorbehalten ist. Vorgestellt werden u.a. die Automatisierung und Beschleunigung von Prozessen durch Makrovariablen (automatisch, anwenderdefiniert) und Makroprogramme einschl. des listenweisen Ausführens von Befehlen und dem Durchlaufen von Schleifen (Kapitel 4).
- Abfragen von Geodaten, Berechnen von geographischen Distanzen mit/ohne Krümmung, sowie das Visualisieren von Daten in Form von Karten (Kapitel 5).

Die folgenden Kapitel erweitern das Thema SQL um die Themen Performanz und Effizienz:

- Sollte die Performanz von SQL, v.a. besonders bei sehr großen Datenmengen, einmal nicht ausreichen, z.B. aufgrund von unzureichendem Plattenplatz, kann die Performanz und auch Programmierung von PROC SQL Funktionalitäten evtl. mit der mittels Hash Programming verglichen werden (Kapitel 6).
- Weitere Maßnahmen zur Gewährleistung von Performanz und Effizienz sind u.a. Reduktion von Datenlast, Verkürzen und Komprimieren, Verzicht auf Sortiervorgänge (sofern möglich) oder das Feineinstellen (Tuning) von SQL und SAS (Kapitel 7).
- Unter den verschiedenen Hilfen, Tipps und Tricks werden u.a. Ansätze zur Erfassung der Laufzeit von SAS Programmen, die Arbeit mit SAS Dictionaries, diverse PROC SQL Anwendungen für Datenhandling und Datenstrukturierung und feine Unterschiede im Aktualisieren von Tabellen mittels PROC SQL und DATA Step vorgestellt (Kapitel 8).
- SAS Syntax für PROC SQL, SAS Funktionen und Funktionsaufrufe, sowie DBMS Zugriffe sind in Kapitel 9 zusammengestellt. PROC SQL unterstützt weit mehr Auswertungsfunktionen als nach dem ANSI Standard erforderlich (vgl. Kapitel 9).

Die Inhalte der Kapitel dieses Bandes werden in Kapitel 1 ausführlich beschrieben, der Übersicht halber zusammen mit den Kapiteln aus Band I.

Dieses Buch ist Band II einer zweiteiligen Einführung in SQL mit SAS. Der Leistungsumfang und die unzähligen Anwendungsmöglichkeiten von SAS führten dazu, dass diesem zweiten Band für PROC SQL Fortgeschrittene ein separater, einführender Band vorausgeht:

Band I versteht sich als Übersicht und Einführung in SQL und ist für Einsteiger gedacht. In Band I wird u.a. auch kurz die Geschichte (u.a. SEQUEL) und Bedeutung von SQL (u.a. Herstellerunabhängigkeit) angesprochen. Schritt für Schritt werden Anwender von einfachen Beispielen (per Maus abgefragt oder mit SQL Syntax geschrieben), zu komplexen Arbeiten innerhalb einer oder zwei oder mehr Tabellen einschließlich One-to-Many, Many-to-One und Many-to-Many geführt. SQL ist ein Quasi-Industriestandard. Es wurde versucht, Band I so allgemein zu halten, dass die Beispiele auch in anderen DBMS eingesetzt werden können. Wenige Ausnahmen kann es dann geben, sobald es sich um besondere SQL Funktionalitäten des Anbieters SAS handelt, z.B. beim Einbinden von SAS Funktionen oder SAS Makros. Band I beschränkt sich soweit als möglich auf den ANSI-Standard und kann daher auch von Anwendern auch auf andere DBMS angewandt werden.

Band II möchte die eigentliche Power von SAS vorstellen und ist für Fortgeschrittene in PROC SQL oder SAS Base geschrieben. Ein wichtiges Kapitel hat den Umgang mit Missings (Nullwerten) zum Thema, da das SQL von SAS mit Missings anders als der ANSI-Standard umgeht. Das Nichtberücksichtigen dieser Besonderheiten kann zu unerwünschten Ergebnissen beim Umgang mit Missings führen. Ein weiteres Kapitel beschäftigt sich mit Datenqualität, darin vor allem (aber nicht nur) mit Integrity Constraints (Prüfregeln), wie auch Besonderheiten im Umgang mit fehlenden Werten (Missings). Besonders hervorzuheben sind die folgenden Kapitel, da sich Anwender mit ihrer Hilfe die Power von SAS zunutze machen können. Das Kapitel zur Makroprogrammierung beschreibt z.B., wie mittels des listenweisen Ausführens von Befehlen die Arbeit mit SAS sowohl bei der Programmierung, wie auch bei der Ausführung von Programmen um ein Vielfaches beschleunigt werden kann. Weitere Kapitel stellen, neben der Anwendung von PROC SQL auf Geodaten, *auch* das Hash Programming als Alternative zu SQL vor, falls noch *mehr* Performanz nötig sein sollte. Ein eigenes Kapitel zu Performanz und Effizienz stellt z.B. zahlreiche Möglichkeiten zusammen, wie gerade beim Umgang mit sehr großen Datenmengen noch mehr an Performanz aus SQL Programmen bzw. dem System herausgeholt werden kann. Das Kapitel zu den Hilfen, Tipps und Tricks behandelt u.a. auch Ansätze zur Erfassung der Laufzeit als Schlüssel zur Performanz. Ein abschließendes Kapitel stellt u.a. eine Übersicht zu SAS Funktionen und Funktionsaufrufen, sowie diversen Besonderheiten der SAS Pass-through Facility für ausgewählte DBMS Zugriffe bereit. Weil Band II den Einsatz vieler Features von SAS zum Thema hat, ist Band II vorrangig für Nutzer von SAS geschrieben, wie auch Interessierte, die sich einen Eindruck von der SAS Power verschaffen möchten. Anwendungen für die Gewährleistung von Datenqualität (u.a. Audit Trails), unzählige Anwendungen von Makrovariablen und -programmen zur Beschleunigung und Automatisierung, sowie u.a. Hinweise für Performanz und Effizienz zeigen nachdrücklich das Besondere von SAS. Band II geht deutlich über den ANSI-Standard hinaus und kann voraussichtlich nur auf SAS angewandt werden.

Die beiden Bände wurden so abgefasst, dass inhaltliche Überschneidungen weitestgehend vermieden werden. Auch gleiche Beispiele werden nur ausnahmsweise dann verwendet, wenn es sich um wichtige Themen handelt, z.B. bei unerwünschten Ergebnissen bei der Arbeit mit Missings. Nur um interessierten Anwendern einen Verzicht auf Band I zu ermöglichen, wird dieses Vorwort eine kurze Einführung in die verwendeten grundlegenden Begriffe und Konzepte aufnehmen. Leser des ersten Bandes können diese entsprechenden Passagen getrost überspringen. Mir ist jedoch auch wichtig darauf hinzuweisen, dass die vorgestellte Syntax von SAS v9.1.3 auf SAS v9.2 aktualisiert wurde; dies ist v.a. deshalb von Bedeutung, weil gerade im Zuge dieser neuen Version mehrere PROC SQL und auch globale SAS Optionen Optionen (u.a. zur Optimierung von Queries) hinzukamen bzw. erweitert wurden. Da dieser Band für Fortgeschrittene geschrieben wurde, enthält er auch keine einführenden Übungsaufgaben mehr wie Band I. Die zahlreichen Beispiele in Band II sollten dafür hoffentlich etwas entschädigen. Diverse SQL Beispiele, v.a. zu den SAS Makros, sind deutlich komplexer und länger als die Beispiele aus Band I. Der Inhalt von Band II wird nicht im Vorwort beschrieben, sondern, um einen besseren Überblick über *beide* Bände zu erhalten, in Gestalt von Kapitel 1 zusammen mit den Inhalten von Band I. Wird im Fließtext dieses Bandes auf andere Kapitelnummern hingewiesen, wird mit dem ausdrücklichen Zusatz „Band I" auf Kapitel des ersten Bandes verwiesen. Fehlt in solcher Zusatz, sind damit immer Kapitel von Band II gemeint.

SQL ist, besonders in der SAS Variante, eine ausgesprochen leistungsfähige Programmiersprache. Neben Funktionalität und Programmierung könnte für SAS Base Anwender womöglich (zumindest anfangs) eine etwas abweichende Terminologie gewöhnungsbedürftig sein. In SAS Base wird z.B. eine Datendatei als SAS Datei, eine Datenzeile als Beobachtung und eine Datenspalte als Variable bezeichnet. In PROC SQL wird dagegen eine Datendatei als Tabelle, eine Datenzeile als Zeile und eine Datenspalte als Spalte bezeichnet. Die Bezeichnungen bei RDBMS lauten wieder etwas anders. Andere Modelle oder Modellierungssprachen (ERM, UML) verwenden wiederum eine andere Terminologie.

Struktur / Sprache	SQL	SAS Base	RDBMS
Datendatei	Tabelle	SAS Datei	Relation
Datenzeile	Zeile	Beobachtung / record	Tupel / Datensatz
Datenspalte	Spalte	Variable	Attribut / Feld
Datenzelle	Wert	Wert	(Attribut)Wert

Wie dieser Band an vielen Stellen zeigen wird, werden in einem SAS Programm SAS Base und PROC SQL Elemente oft gleichzeitig verwendet. Eine terminologische Trennung wird daher erfahrungsgemäß eher schwierig und oft auch unnötig sein. Zwar wird dieser Band zwar die SQL Terminologie bevorzugen, jedoch (notwendigerweise) auch die SAS Base Terminologie verwenden (müssen). Dieses Buch verwendet daher für eine Datendatei die Ausdrücke „Tabelle", „SAS Datei" oder auch „Datensatz". Im Gegensatz zum RDBMS Begriff ist mit „Datensatz" die *Gesamtheit* aller Zeilen gemeint (auch wenn eine Datei nur eine Zeile enthalten sollte).

PROC SQL legt (leere) Tabellen bzw. Views an oder führt „nur" Abfragen durch. Worin besteht nun der Unterschied zwischen Tabellen, Views und Abfragen (syn.: Queries)?

Eine *Tabelle* ist nichts anderes als eine SAS Datei. SAS Tabellen sind oft eine Folge von Queries. Eine SAS Datei (a) beschreibt Daten, (b) enthält Daten und (c) benötigt dafür Speicherplatz. Vor allem die beiden letzten Punkte sind wichtig; sie dienen zur Abgrenzung von Views.

Eine *View* (a) beschreibt Daten, (b) enthält jedoch selbst *keine* Daten und benötigt deshalb (c) auch keinen Speicherplatz. SAS Views sind nur eine *Sicht* auf Daten bzw. Ergebnisse, ohne die dazu notwendigen Daten selbst physikalisch enthalten zu müssen. SAS Views sind oft eine Folge von Queries. Views und Tabellen ist gemeinsam, dass sie jeweils ein Ergebnis einer Abfrage (sog. Query) sind. Man könnte Tabellen und Views auch als „gespeicherte Abfragen" umschreiben, z.B. als Folge einer SELECT-Anweisung oder komplexerer Abfragen.

Queries sind eine Zusammenstellung von Bedingungen (z.B. „übernehme alle Daten aus Tabelle A", „frage nur Zeilen mit einem Wert in Spalte X größer als 5 aus View B ab" usw.). Queries fragen in ihrer Grundform nur Daten ab und geben ihr Resultat sofort in den SAS Output aus. Je nach Programmierung (u.a. Ergänzung um CREATE, AS und QUIT) können Queries das Ergebnis ihrer Abfrage in (a) Tabellen, (b) Views, (c) direkt in den SAS Output ausgeben oder auch (d) an SAS Makrovariablen übergeben. Queries können auch eine oder mehrere Subqueries enthalten. Eine Subquery (Unterabfrage) ist eine Abfrage (in Klammern), die wiederum innerhalb einer anderen Abfrage eingebettet ist. Bei mehreren Subqueries wird zunächst die innerste ausgeführt, danach alle weiteren in Richtung der äußersten (Sub)Query.

Alle Konzepte setzen voraus, dass eine Datenzeile, Beobachtung bzw. ein Tupel mittels *mindestens* eines sog. Schlüssels (syn.: Keys, IDs; idealerweise: primary key) eindeutig identifizierbar sein muss. Ein Schlüssel ist i.A. unique und identifiziert dadurch eindeutig eine Zeile in einer Tabelle; nicht ihre (relative) Position in der Tabelle, die sich durch Sortieren ja immer verändern kann. Ein Schlüssel dient i.A. weniger zur Beschreibung als zur Verwaltung einer Datenzeile. Ein Primärschlüssel (Primary Key) dient dabei i.A. der Identifikation der Zeilen in der *eigenen* Tabelle, ein Fremdschlüssel (Foreign Key) der Identifikation der Zeilen in einer anderen Tabelle, üblicherweise *deren* Primärschlüssel. Schlüssel sind für das Joinen von zwei oder mehr Tabellen essentiell und dürfen daher weder gelöscht oder verändert werden.

Diese Ausführungen (Joinen, Szenarios, Schlüssel) befassten sich überwiegend mit Daten i.S.v. gültigen bzw. vorhandenen Werten. Ein ganzes Kapitel dieses Buches widmet sich der Abwesenheit von Information, dem Umgang mit *fehlenden* Werten (syn.: NULL-Werten, NULL, Missings). Im Gegensatz zum ANSI Standard basiert der Umgang mit Missings auf einer anderen Definition: Beim ANSI Standard werden z.B. Ausdrücke wie z.B. „5 > NULL", „0 > NULL" oder auch „–5 > NULL" zu *NULL;* in Boole'schen und Vergleichsoperatoren werden diese und andere Ausdrücke jedoch *wahr*, entsprechend auch bei der Arbeit mit SAS.

Kurze Beschreibung
Dieses Buch vertieft die Arbeit mit SQL von SAS. SQL ist, besonders in der SAS Variante, eine ausgesprochen leistungsfähige Programmiersprache. Vorgestellt werden die Themen Missings, Datenqualität (u.a. Integrity Constraints und Audit Trails), die Erweiterung und Beschleunigung von mittels Makrovariablen und -programmen, das Zusammenspiel von PROC SQL mit Geodaten und Distanzen, Performanz und Effizienz und viele weitere Hilfen, Tipps und Tricks, wie z.B. Hash Programming oder auch das Einsetzen der zahlreichen SAS Funktionen und Funktionsaufrufe (jeweils in einem eigenen Kapitel). Ab und an werden Anwender ausdrücklich auf möglicherweise unerwünschte Ergebnisse hingewiesen. Unerwünschte Ergebnisse (z.B. beim Sortieren, Gruppieren oder auch Joinen von Tabellen mit Missings) entstehen oft dann, wenn man (noch) nicht weiss, wie PROC SQL bzw. SAS im Detail funktionieren.

Schnellfinder:

Kapitel	Stichwort	Steckbrief bzw. Übersicht
1	Übersicht	Übersicht über Band 2 und Band 1
2	Fokus	Missings: Definition, Wirkweise und u.a. Konvertieren
3	Fokus	Datenqualität: Integrity Constraints (Prüfregeln) und Audit Trails, sowie u.a. Auffinden von Duplikaten und Ausreißern
4	Fokus	Makro Programmierung: Von einfachen Makrovariablen (SAS, SQL, anwenderdefiniert), bis hilfreichen SAS Makroprogrammen (u.a. Makros listenweises Ausführen von Befehlen oder auch Makros für den Abruf von Systeminformationen)
5	Fokus	SQL für Geodaten, Distanzen und Karten
6	Fokus	Hashing als Alternative zu SQL
7	Fokus	Performanz und Effizienz: Strategie und Maßnahmen: Eingrenzen, Verkürzen und Komprimieren, Sortieren (oder nicht) und weitere Tipps und Tricks (u.a. SAS Dictionaries)
8	Fokus	Hilfen, Tipps und Tricks
9	Übersicht	SAS Syntax – PROC SQL, SAS Funktionen und SAS Routinen
10		Verwendete SAS Datasets
11		Literatur
12		Ihre Meinung zu diesem Buch
13		Autor
14		Syntaxverzeichnis
15		Sachverzeichnis

Band II versteht sich als Vertiefung und Erweiterung von PROC SQL und ist für Fortgeschrittene gedacht. Die Kapitel sind so aufgebaut, dass sie jeweils unterschiedliche Facetten der Programmierung und Anwendung von PROC SQL veranschaulichen. Am Ende des zweiten Bands sollten Sie ein fortgeschrittener Anwender von PROC SQL sein, der auch über SQL Themen konzeptionell hinausdenken und z.B. Datenqualität, Performanz, Automatisierung umsetzen kann (u.a. Integrity Constraints, Performanz, Tuning, Makroprogrammierung, Hash Programming). Sie wissen, was Missings sind und können mit Missings u.a. in Abfragen, Analysen und Joins umgehen. Neben Missings kennen Sie weitere Kriterien für

Datenqualität und SQL Techniken, um sie zu gewährleisten, darunter u.a. Integrity Constraints, Audit Trails, SAS Funktionen und Abfragen (Queries). Sie können PROC SQL Funktionalitäten mit Hilfe von Makrovariablen und Makroprogrammen beschleunigen und automatisieren. Auch das Handling von Koordinatendaten mittels PROC SQL wäre Ihnen nicht fremd. Falls bei sehr großen Datenmengen erforderlich, könnten Sie auch PROC SQL Funktionalitäten mittels Hash Programming in sog. Hash Objekte „übersetzen". Sie können dabei zwischen Performanz und Effizienz unterscheiden und kennen zahlreiche Maßnahmen, um die Verarbeitung von SAS Tabellen mit PROC SQL (und darüber hinaus) zu beschleunigen, und mehrere Ansätze, die Laufzeit zu erfassen. Sie kennen darüber hinaus u.a. die Vorzüge der SAS Dictionaries und die von PROC SQL im Vergleich zum DATA Step beim Aktualisieren von Tabellen mit dem UPDATE-Statement. Zuguterletzt haben Sie auch anhand der SAS Funktionen und Funktionsaufrufe einen ersten Eindruck von der SAS Power gewonnen. Das Kapitel zum Hash Programming hat es z.B. gerade noch rechtzeitig in Band II geschafft. Trotzdem: SAS kann noch viel mehr. Viele weitere spannende SQL Themen mussten aus Platz- und auch Zeitmangel (vielleicht vorerst) außen vor bleiben, z.B. das Zusammenspiel von PROC SQL mit Enterprise Guide oder JMP, den taktischen Einsatz von PROC SQL für Business Intelligence, das Vorbereiten statistischer Daten für komplexe statistische Analysen (z.B. Predictive Modelling) u.a. mittels Enterprise Miner, oder auch die dynamische Visualisierung u.a. mittels JMP oder anderer SAS Anwendungen und vieles andere mehr.

Viele der Kapitel und Programme sind an langen Abenden, teils über Wochenenden völlig eingeschneit im Hotel entstanden, beim Vorbereiten von Scientific Consulting und Advanced Analytics Projekten in ganz Europa und, wie vielleicht auch zu sehen, auch zu z.T. thematisch völlig heterogenen Kundeneinsätzen. Jetzt, gerade am Ende der letzten Korrekturen zu Band II, sehe ich immer wieder und immer noch mit gewisser Faszination, wie viele Facetten der Einsatz von PROC SQL von SAS haben kann. Was aber ist überhaupt SAS?

Wenn ich nun über SAS schreibe, möchte ich vorausschicken, dass ich seit über 20 Jahren mit SAS arbeite (vgl. auch Schendera, 2011, 2004). Aufgrund meiner langjährigen, thematisch fokussierten Erfahrung werden daher Advanced Analytics und Business Intelligence mit SAS im Vordergrund stehen. Zu weiteren Themen wie z.B. Architektur, Data Integration, Data Warehousing, ETL oder SOA werden Informationen auf www.sas.com (inkl. Webinaren), in Diskussionslisten (z.B. SAS-L, sasCommunity.org), ein Besuch eines der zahlreichen SAS Events die Leistungsstärke und -vielfalt von SAS andeuten, z.B. das SAS Global Forum, lokale SAS Foren oder auch spezielle Veranstaltungen, z.B. SAS@TDWI, SAS Government Executive Conference, die A2010 Analytics Conference oder auch PhUSE, um nur einige zu nennen.

Die Antwort auf die Frage: „Was ist SAS?" ist eine (mindestens) vierfache. SAS ist: Ein Produktsystem. Eine Firma. Eine Philosophie. Eine Begeisterung. Wissen ist Macht. Präzises und rechtzeitiges Wissen ist Informations- und Entscheidungsvorsprung, essentiell im Wettbewerb. SAS ist „The Power to Know".

Warum? Man muss sich das so vorstellen: SAS ist der größte Softwarehersteller der Welt in Privatbesitz. Dies bedeutet: SAS ist seit über 35 Jahren unabhängig von Aktionärsstrategien und Börsennotierungen frei darin, durch eine konstant hohe Investition in R&D (z.B. August 2011: 24%) ein letztlich unerreichtes SAS System für Advanced Analytics weiterzuentwickeln. SAS wird vorrangig in der Industrie (85%) und in Regierungen eingesetzt (15%), derzeit weltweit an über 50.000 Standorten (v.a. Business und Regierung), darunter 90 der 100 Top-Unternehmen der Fortune Global 500 Liste. Die Unternehmen stammen dabei u.a. aus der Luft- und Raumfahrt, Banken und Versicherungen, Life Sciences (Pharma, Healthcare), Automotive und Kommunikation, Herstellung, Transport und Logistik, Unternehmen aus den Bereichen Medien, Marketing und Events und viele andere mehr. Anwender lernen SAS nicht oft erst beim Eintritt in ein Unternehmen kennen. SAS bietet Interessierten z.B. die SAS Learning Edition (SAS LE) an, z.B. für den Fall, falls die Ausbildung (z.B. Universität) nicht die Möglichkeit bietet, SAS während des Studiums kennenzulernen.

Diese kleine Einführung möchte Möglichkeiten und Perspektiven für Analysten, IT und Unternehmen durch den Entscheid für SAS andeuten, auf die enormen Einsatz- und Ausbaumöglichkeiten in und durch das SAS System zurückgreifen zu können. SAS hat viele Facetten. Wer denkt, dass SAS nur eine einzelne Statistiksoftware wie viele andere auch sei, irrt man in mehrerer Hinsicht.

Die Firma SAS bietet das SAS System an, darin z.B. gleich mehrere Produkte für die mausgesteuerte graphische und statistische Analyse von Daten, z.B. der Enterprise Guide (EG), Enterprise Miner (EM), die Analyst Application (AA), SAS/INSIGHT oder auch JMP, ebenfalls ein SAS Produkt. Darüber hinaus bietet SAS weitere Solutions, Oberflächen oder Module an. Viele GUI-Wege führen also zur professionellen Statistik mit SAS. Alle SAS Produkte setzen sich aus einzelnen Modulen zusammen. Die Module selbst enthalten wiederum funktional ausgerichtete SAS Software. Das Softwaremodul SAS/STAT für statistische Analysen enthält z.B. selbstverständlich innovative, mächtige Algorithmen und Prozeduren für die professionelle Analyse und Visualisierung von Daten und wurden wiederholt mit Preisen ausgezeichnet. SAS/STAT umfasst u.a. Verfahren für Regressions-, Faktoren- und Clusteranalyse oder Strukturgleichungsmodellen für latente Verfahren, aber auch zahlreiche spezielle Verfahren, wie z.B. Bayes-Ansätze, Monte Carlo-Verfahren, Quantil- und Robuste Regression, hin zu mächtigen Ansätzen für das Design und das Testen von Interim-Analysen von klinischen Trials oder auch das Sampling und die Analyse von Umfragen. Die frei im Internet herunterladbare detaillierte Dokumentation nur zu SAS/STAT 9.2 hat derzeit einen Umfang von über 7.800 Seiten. Die Dokumentation zu SAS/ETS 9.2, also zu eher ökonometrischen Themen (wie z.B. Zeitreihenanalyse und Prognose, Panelanalysen oder der Investmentanalyse) hat derzeit einen Umfang von über 2.800 Seiten. Und dies sind nur zwei von dutzenden SAS Modulen, die die Grundlage der vielen SAS Produkte und Solutions bilden. Dass SAS Produkte außerdem über diverse Optionen (Stored Processes, SAS Syntax incl. Base, SQL oder SAS Macro Language) erweitert und automatisiert werden können, mag vielleicht bereits interessant sein, ist noch nicht das Besondere.

Weil jedoch diese Produkte alle aus einer Hand sind, können sie untereinander mit den vielen weiteren Produkten des SAS Systems nahtlos verbunden werden, oder auch mit denjenigen von SAS Partnern (u.a. IBM, Microsoft, ORACLE, SAP oder Teradata), und gewährleisten dadurch eine homogene und hochperformante System-Landschaft mit einer einheitlichen

Sicht auf (Meta)Daten, Kunden und Business. SAS zeichnet sich dadurch aus, dass es bei Bedarf wie eine Art „Baukastensystem" schrittweise erweitert werden und mit Daten beliebiger Menge, Formate, Speicherorte oder Struktur in Echtzeit umgehen kann.

SAS Kompetenzen, die man z.B. beim Einstieg über EG, INSIGHT oder auch JMP erworben hat, ermöglichen sich auch in die vielen weiteren Solutions im Rahmen des SAS Systems einzuarbeiten. SAS Lösungen gibt es dabei, angefangen von Predictive Analytics, WebAnalytics, Text Mining und Data Mining, über Business-Intelligence-Plattformen, bis hin zu Lösungen u.a. für (u.a.) Customer Intelligence (CI), Risk Intelligence (RI) oder auch Supply Chain Intelligence (SCI). Wichtig an diesen Solutions ist, dass der unmittelbar messbare Nutzen für das Business im Fokus steht. CI hilft u.a. die Fragen zu beantworten: „Welcher Kunde ist für welches Produkt affin"? „Welcher Kunde ist (nach welcher Investition) (wann) der profitabelste?". RI optimiert z.B. die Beurteilung von Risikofaktoren und das drastische Reduzieren von Kreditausfällen, u.a. durch Frühwarnsysteme. SCI optimiert z.B. die Lagerhaltung, Rendite (z.B. den Abverkauf ohne unnötige Nachlässe) und Kundennachfrage.

Neben diesen Solutions bietet SAS viele weitere an. Für CI u.a. CRM, Multichannel-Kampagnenmanagement, Mobile Marketingkampagnen oder auch Marketing Resource Management. Für RI z.B. Credit Scoring and Rating, Portfolio Management oder auch Fraud Detection und Anti-Money Laundering. Für SCI u.a. Supplier Relationship Management, Demand Intelligence oder auch Strategic Performance Management. Darüber hinaus bietet SAS performante Solutions für annähernd jede Branche, Rolle oder auch Anforderung, sei es ETL, Data Cleansing, oder auch Sustainability Management, IT Management, sowie Performance Management. Für High Performance Computing bietet SAS Technologien z.B. wie In-Memory Analytics, In-Database Computing und Grid Computing an. Diese subjektive Auswahl war durch den Fokus des Verfassers auf Advanced Analytics und Business Intelligence geleitet.

Nichtsdestotrotz zeichnet es all diese und viele andere SAS Produkte aus, dass sie von vielen Analysten (u.a. Gartner, Forrester, Chartis, Yphise, Mayamoto) zu den „Visionaries" oder „Leadern" in ihren jeweiligen Themen gezählt oder wiederholt mit Preisen ausgezeichnet werden, zum Teil seit mehreren Jahren in Folge. All diesen Produkten liegt die übergreifende Vision und Praxis einer SAS Business Intelligence-Plattform zugrunde, die es ermöglicht, Daten, Anwender und Unternehmen miteinander zu verbinden und sich miteinander weiter zu entwickeln und stufenlos auszubauen. Und das bei erfahrungsgemäß maximalem ROI und optimalen TCO. SAS ist mehr als nur eine Statistiksoftware. SAS ist ein System mit Vision. Für den internationalen verteilten Konzern, für das Small to Midsize Business, bis hin zum Neuling und seinen ersten, noch unsicheren Klicks in der SAS Software. Eine Entscheidung für SAS, an welcher Stelle auch immer, ist auch eine Entscheidung für das Offenseinwollens in der Zukunft, eine Entscheidung für die Ausbaufähigkeit und Kontinuität der eigenen Performanz und Produktivität.

An dieser Stelle gebührt endlich all denen, die mich beim Schreiben dieses Buches unterstützt haben, mein herzlicher Dank. Ich bedanke mich zuallererst für die zahlreichen Rückmeldungen zu „SQL mit SAS: PROC SQL für Einsteiger" (Schendera, 2011), wie auch „Datenmanagement und Datenanalyse mit dem SAS System" (Schendera, 2004). Die Anregung,

Hash Programming als Alternative zu SQL aufzunehmen, habe ich gerne umgesetzt. Zu Dank verpflichtet bin ich für fachlichen Rat und/oder auch einen Beitrag in Form von Syntax, Daten und/oder auch Dokumentation unter anderem: Prof. Gerd Antos (Martin-Luther-Universität Halle/S.), Prof. Wolfgang Auhagen (Martin-Luther-Universität Halle/S.), Prof. Mark Galliker (Universität Bern, Schweiz), Prof. Jürgen Bock, Frank Ivis (Canadian Institute for Health Information, Toronto, Ontario, Canada), Kirk Lafler, Prof. Rainer Schlittgen, Mike Whitcher, sowie dem Austausch auf SAS-L: z.B. Richard R. Allen, Michael Bramley, Dave Brewer, Nancy Brucken, David Carr, David Cassell, Laurel A. Copeland, Peter Crawford, Richard DeVenezia, Paul M. Dorfman, Harry „Bill" Droogendyk, Ron Fehd, Y. (Jim) Groeneveld, Gerhard Hellriegel, Sigurd Hermansen, Eric Hoogenboom, Ya Huang, Nick Longford, Gene Maguin, Dale McLerran, Lawrence H. Muhlbaier, Girish S. Patel, Prasad S. Ravi, Kattamuri Sarma, Howard Schreier, Karsten M. Self, Daniel Sharp, Erik Tilanus, Michel Vaillant, Kevin Viel, Ian Whitlock, John Whittington, Andre Wielki, Matthew M. Zack und last but not least die Helden vom German First Level Support bei SAS in Heidelberg und Cary NC.

Mein Dank gilt Wilhelm Petersmann und Markus Grau von SAS Switzerland (Wallisellen) für die großzügige Bereitstellung von SAS Software und technischer Dokumentation. Ein ganz besonderer Dank geht an Roland Donalies (SAS Deutschland). Frau Stephanie Walter, Herrn Thomas Ammon und Frau Cornelia Horn vom Oldenbourg Verlag danke ich für das Vertrauen, auch Band II zu veröffentlichen, sowie die immer großzügige Unterstützung. Auch Herrn Dr. Schechler und Frau Kristin Beck gilt mein aufrichtiger Dank. Volker Stehle (Mannheim) gestaltete die Druckformatvorlage. Bei Sigur Ros bedanke ich mich für die langjährige künstlerische Inspiration. Falls in diesem Buch noch irgendwas unklar oder fehlerhaft sein sollte, so liegt die Verantwortung alleine beim Autor.

Hergiswil, August 2011

Dr. CFG Schendera

Inhalt

Vorwort		**V**
1	**Übersicht zu Band 1 und 2**	**1**
2	**Fokus: Missings**	**19**
2.1	Von Anfang an: Definition und Definieren von Missings	22
2.2	Abfragen für Missings	26
2.3	Missings in Aggregierungsfunktionen	30
2.4	Mögliche unerwünschte Ergebnisse bei (u.a.) WHERE, GROUP und ORDER	35
2.5	Mögliche unerwünschte Ergebnisse bei Joins	41
2.5.1	Beispiele I: Self-Joins bei einer Tabelle	41
2.5.2	Beispiele II: Missings in mehreren Tabellen	44
2.6	Suchen und Ersetzen von Missings	49
2.6.1	Suchen von Missings (Screening)	49
2.6.2	Suchen und Ersetzen von Missings (Konvertieren)	51
2.7	Prädikate (ALL/ANY/SOME, EXISTS, IN, IS, LIKE usw.)	62
3	**Fokus: Datenqualität mit PROC SQL**	**67**
3.1	Integrity Constraints (Prüfregeln) und Audit Trails	68
3.1.1	Integrity Constraints (Prüfregeln)	69
3.1.2	Audit Trails (Prüfprotokolle)	81
3.2	Identifizieren und Filtern von mehrfachen Werten (Doppelte)	91
3.3	Identifizieren und Filtern von Ausreißern	101
3.4	Identifizieren, Filtern oder Ersetzen un(erwünschter) Zeichen(ketten)	108
4	**Fokus: Makroprogrammierung mit SQL**	**117**
4.1	Makrovariablen	120
4.1.1	Automatische SAS Makrovariablen	122
4.1.2	Automatische SQL Makrovariablen	126
4.1.3	Anwenderdefinierte SAS Makrovariablen (INTO)	131

4.1.4	Makrovariablen, INTO und möglicher Präzisionsverlust	134
4.1.5	Die vielen Wege zu einer (Makro)Variablen (Bezüge)	136
4.2	Makroprogramme mit PROC SQL	137
4.2.1	Was sind Makroprogramme?	138
4.2.2	Let's do it: Erste SAS Makros mit dem %LET-Statement	143
4.2.3	Listenweises Ausführen von Befehlen	146
4.2.4	Bedingungsgeleitetes Ausführen von Befehlen	154
4.2.5	Tipps für den Einsatz von Makros	159
4.3	Elemente der SAS Makrosprache	163
4.3.1	SAS Makrofunktionen	163
4.3.2	SAS Makro Statements (z.B. %DO…, %IF…)	182
4.3.3	Schnittstellen I: Von der SAS Macro Facility zu PROC SQL bzw. DATA Step	190
4.3.4	Schnittstellen II: Von PROC SQL in die SAS Macro Facility (INTO:)	198
4.4	Anwendung 1: Zeilenweises Aktualisieren von Daten mit Sicherheitsprüfung	204
4.5	Anwendung 2: Arbeiten mit mehreren Dateien (Aufteilen)	207
4.5.1	Aufteilen eines Datensatzes in einheitlich gefilterte Subdatensätze (Split-Variable ist vom Typ „String")	207
4.5.2	Aufteilen eines Datensatzes in einheitlich gefilterte Subdatensätze (Split-Variable ist vom Typ „numerisch")	210
4.6	Anwendung 3: „Drehen" einer SAS Tabelle (stack/unstack)	213
4.6.1	Umwandeln von stack nach unstack („aus 1 mach 3")	215
4.6.2	Umwandeln von unstack nach stack („aus 3 mach 1")	222
4.7	Anwendung 4: Makros für den Abruf von Systeminformationen	229
4.8	Anwendung 5: Anlegen von Verzeichnissen für das Ablegen von Daten	235
4.9	Anwendung 6: Fortlaufende „exotische" Spaltennamen („2010", „2011", …)	237
4.10	Anwendung 7: Konvertieren ganzer Variablenlisten von String nach numerisch	240
5	**Fokus: SQL für Geodaten**	**245**
5.1	Geodaten und Distanzen	245
5.1.1	Distanzen im zweidimensionalen Raum (Basis: Metrische Koordinaten)	247
5.1.2	Distanzen im sphärischen Raum (Basis: Längen- und Breitengrade)	251
5.1.3	Drei Beispiele für SQL Abfragen für Koordinatendaten	256
5.2	SQL und Karten	259
6	**Fokus: Hashing als Alternative zu SQL**	**267**
6.1	Was ist Hash Programmieren?	268
6.2	Arbeiten innerhalb einer Tabelle	270
6.2.1	Aggregieren mit SQL, SUMMARY und Hash	270
6.2.2	Sortieren mit SORT, SQL und Hash	276

6.2.3	Subsetting: Filtern und zufälliges Ziehen	277
6.2.4	Eliminieren von doppelten Keys	283
6.2.5	Abfragen von Werten (Retrieval)	285
6.3	Arbeiten mit mehreren Tabellen	291
6.3.1	Joins (Inner, Outer) mit zwei Tabellen	292
6.3.2	Fuzzy-Join mit zwei Tabellen	297
6.3.3	Splitten einer (nicht) sortierten SAS Tabelle	301
6.4	Übersicht: Elemente des Hash Programming	304
7	**Fokus: Performanz und Effizienz**	**307**
7.1	Eine Strategie als SAS Programm	310
7.2	Weniger ist mehr: Eingrenzen großer Tabellen auf das Wesentliche	313
7.3	Noch mehr Luft rauslassen: Verkürzen und Komprimieren	319
7.4	Sortieren? Je weniger, desto besser	323
7.5	Beschleunigen: Besondere Tricks für besondere Anlässe (SQL und mehr)	329
7.5.1	Grundlegende Techniken	329
7.5.2	SQL-spezifische Techniken	332
7.5.3	Weitere Techniken	336
7.6	Datenverarbeitung in SAS oder im DBMS: Abstimmen von SQL auf DBMS	339
7.7	Schritt für Schritt zu mehr Performanz: Performanz als Strategie	344
8	**Hilfen, Tipps und Tricks**	**349**
8.1	Laufzeit als Schlüssel zur Performanz	349
8.2	Bescheid wissen: SAS Dictionaries	359
8.3	Datenhandling und Datenstrukturierung	366
8.4	Aktualisieren von Tabellen (SQL vs. DATA Step)	376
9	**SAS Syntax – PROC SQL, SAS Funktionen und SAS Routinen**	**387**
9.1	PROC SQL Syntax (Übersicht)	388
9.2	SAS Funktionen und Funktionsaufrufe (Übersicht)	393
9.3	Pass-through Facility (Syntax, Besonderheiten)	430
10	**Verwendete SAS Datasets**	**443**
11	**Literatur**	**445**

| 12 | Ihre Meinung zu diesem Buch | 449 |
| 13 | Autor | 451 |

Syntaxverzeichnis 453

Sachverzeichnis 469

1 Übersicht zu Band 1 und 2

Band I versteht sich als Übersicht und Einführung in SQL (Structured Query Language) und ist für Einsteiger in SQL gedacht. Schritt für Schritt wird der Anwender von einfachen Beispielen (per Maus abgefragt oder mit SQL Syntax geschrieben), zu komplexen Arbeiten innerhalb einer oder zwei oder mehr Tabellen einschließlich One-to-Many, Many-to-One und Many-to-Many geführt. SQL ist ein Quasi-Industriestandard. Es wurde versucht, Band I so allgemein zu halten, dass die Beispiele auch in anderen DBMS eingesetzt werden können. Wenige Ausnahmen kann es dann geben, sobald es sich um besondere SQL Funktionalitäten des Anbieters SAS handelt, z.B. beim Einbinden von SAS Funktionen oder SAS Makros.

Band II ist für Fortgeschrittene in PROC SQL geschrieben. Ein wichtiges Kapitel ist der Umgang von PROC SQL mit Missings (Nullwerten), da das SQL von SAS mit Missings anders als der ANSI-Standard umgeht. Das Nichtberücksichtigen dieser Besonderheiten kann zu möglichen unerwünschten Ergebnissen beim Umgang mit Missings führen. Ein weiteres Kapitel beschäftigt sich mit Datenqualität, darin vor allem (aber nicht nur) mit Integrity Constraints (Prüfregeln), wie auch Besonderheiten im Umgang mit fehlenden Werten (Missings). Besonders wichtig sind die beiden nächsten Kapitel, da sich Anwender mit ihrer Hilfe die Power von SAS zunutze machen können. Das Kapitel zur Makroprogrammierung beschreibt z.B., wie mittels des listenweisen Ausführens von Befehlen die Arbeit mit SAS sowohl bei der Programmierung, wie auch bei der Ausführung von Programmen um ein Vielfaches beschleunigt werden kann. Das Kapitel zu Performanz und Effizienz stellt diverse Möglichkeiten zusammen, wie gerade beim Umgang mit sehr großen Datenmengen noch mehr an Performanz aus SQL Programmen bzw. dem System herausgeholt werden kann. Ein weiteres Kapitel ist Übersichten zur SQL Syntax, SAS Funktionen und Funktionsaufrufen, sowie diversen Besonderheiten der SAS Pass-through Facility für ausgewählte DBMS Zugriffe vorbehalten. Weil Band II den Einsatz vieler Features von SAS zum Thema hat, ist Band II vorrangig für Nutzer von SAS geschrieben, wie auch Interessierte, die sich einen Eindruck von der SAS Power verschaffen möchten.

Band 2

Schnellfinder:

Kapitel	Stichwort	Steckbrief bzw. Übersicht
1	Übersicht	Übersicht über Band 2 und Band 1
2	Fokus	Missings: Definition, Wirkweise und u.a. Konvertieren
3	Fokus	Datenqualität: Integrity Constraints (Prüfregeln) und Audit Trails, sowie u.a. Auffinden von Duplikaten und Ausreißern
4	Fokus	Makro Programmierung: Von einfachen Makrovariablen (SAS, SQL, anwenderdefiniert), bis hilfreichen SAS Makroprogrammen (u.a. Makros listenweises Ausführen von Befehlen oder auch Makros für den Abruf von Systeminformationen)
5	Fokus	SQL für Geodaten, Distanzen und Karten
6	Fokus	Hashing als Alternative zu SQL
7	Fokus	Performanz und Effizienz: Strategie und Maßnahmen: Eingrenzen, Verkürzen und Komprimieren, Sortieren (oder nicht) und weitere Tipps und Tricks (u.a. SAS Dictionaries)
8	Fokus	Hilfen, Tipps und Tricks
9	Übersicht	SAS Syntax – PROC SQL, SAS Funktionen und SAS Routinen
10		Verwendete SAS Datasets
11		Literatur
12		Ihre Meinung zu diesem Buch
13		Autor
14		Syntaxverzeichnis
15		Sachverzeichnis

Kapitel 1 ist ein *Übersicht*skapitel und stellt in einer Kurzzusammenfassung die Inhalte beider Bände in PROC SQL mit SAS vor. Die Details zu Band I werden der Vollständigkeit halber im Anschluss an die Details zu Band II aufgeführt.

Kapitel 2 ist ein *Fokus*kapitel und behandelt das Thema Missings. Während Einträge die Anwesenheit einer Information repräsentieren, zeigen Missings das Gegenteil an, die Abwesenheit von Information. Missings sind deshalb unangenehm, weil sie die Basis für das Ableiten von Informationen einschränken. *System*definierte Missings sind deshalb heikel, weil ein Anwender nicht weiß, warum diese Daten fehlen (bei anwenderdefinierten Missings weiß er es, aber die Daten fehlen trotzdem). Bei PROC SQL kommt erschwerend hinzu, dass SAS mit Missings etwas anders umgeht als der ANSI Standard. Dieses Kapitel fokussiert grundlegende Aspekte beim Umgang von PROC SQL mit Missings. Dazu gehören:

- die *Definition* von Missings (also vom *Anwender* definierte Missings),
- die *Abfrage* von Daten aus Tabellen, die Missings enthalten,
- (un)erwünschte Effekte von Missings auf Operationen der *Datenanalyse* (z.B. Aggregierungen) und des *Datenmanagements* (z.B. Joins), sowie
- erste grundlegende *Maßnahmen* zum Umgang mit Missings, z.B. das Löschen oder auch das Suchen (und Ersetzen) von Missings.

Abschnitt 2.1 führt in die Definition von Missings ein und das Definieren von Missings bereits beim Anlegen leerer Tabellen, z.B. in PROC SQL mittels der Option NOT NULL oder auch Integrity Constraints für Missings bzw. der Option MISSSING im DATA Step. Abschnitt 2.2 führt in Abfragen speziell für Missings ein, z.B. mittels einer WHERE-Klausel mit IS NULL oder IS MISSING. Bereits an dieser frühen Stelle wird auf möglicherweise unerwünschte Ergebnisse bei Abfragen von system- bzw. anwenderdefinierten numerischen Missings hingewiesen. Abschnitt 2.3 vertieft die Wirkweise von Missings in Aggregierungsfunktionen und zeigt, dass Missings dazu führen können, dass Ergebnisse nicht unbedingt dem entsprechen, was *eigentlich* zu erwarten gewesen wäre. Die Herausforderung besteht damit für den Anwender darin, diese Erwartung im Vorfeld genau zu definieren, z.B. das Umgehen mit Missings in Divisor bei der Quotientenbildung. Abschnitt 2.4 veranschaulicht an Beispielen innerhalb einer Tabelle, dass Missings eventuell auch unerwünschte Ergebnisse beim Sortieren oder auch beim Gruppieren von Daten nach sich ziehen könnten. Beim Gruppieren von Daten können weitere, möglicherweise unerwünschte Effekte auftreten. Abschnitt 2.5 behandelt eventuell unerwünschte Ergebnisse bei der Arbeit mit zwei Tabellen. Beim Nebeneinanderstellen (Joinen) von Tabellen können dann möglicherweise unerwünschte Ergebnisse die Folge sein, wenn die ID-Variablen (Keys) der zusammenzufügenden Tabellen nicht nur Missings aufweisen, sondern darüber hinaus von einem unterschiedlichen Typ sind. Abschnitt 2.5.1 stellt Beispiele für den Effekt von Missings bei Self-Joins vor; Abschnitt 2.5.2 stellt Beispiele für den Effekt von Missings beim Joinen zweier Tabellen vor. Abschnitt 2.6 stellt verschiedene Ansätze zum Suchen und Ersetzen von Missings vor. Abschnitt 2.6.1 stellt zwei Ansätze zum Überprüfen von SAS Tabellen auf Missings vor. Abschnitt 2.6.2 stellt mehrere Ansätze zum Suchen *und* Ersetzen (Konvertieren) von (alpha)numerischen Missings zusammen. All diese Ansätze setzen die Plausibilität der weiteren Werte in der bzw. den SAS Tabelle/n voraus. Der Abschnitt 2.7 behandelt die Wirkweise von Prädikaten beim Umgang mit gültigen Werten und anwender- und systemdefinierten Missings. Interessant ist dabei u.a. ein Reihenfolge-Phänomen beim [NOT] LIKE-Prädikat.

Kapitel 3 ist ein *Fokus*kapitel und führt in das Thema Datenqualität ein. Datenqualität kommt vor Analysequalität (vgl. Schendera, 2007). Dieser Abschnitt stellt erste SQL Techniken zur Sicherung von Datenqualität in den Problembereichen Ausreißer bzw. Plausibilität, Missings, Korrektheit (ungültige Zeichen) und Doppelten vor. Über die Integration von Filtern bereits beim Datenzugriff über SQL können Anwender dafür sorgen, dass Daten erst gar nicht fehlerhaft ins System bzw. die Analyse Eingang finden. Abschnitt 3.1 führt in die Arbeit mit Integrity Constraints und Audit Trails ein. Integrity Constraints sind vereinfacht ausgedrückt Prüfregeln zur Gewährleistung der Datenqualität einer SAS Tabelle. Abschnitt 3.1.1 führt in die Arbeit mit Integrity Constraints anhand dreier Anwendungsbeispiele ein. Abschnitt 3.1.2 führt in die Arbeit mit Audit Trails ein. Eines der diversen Beispiele wird u.a. das Zusammenspiel von Audit Trails mit Integrity Constraints beleuchten.

Abschnitt 3.2 beschäftigt sich mit dem Umgang (Auffinden, Ausfiltern) von mehrfachen Werten (Doppelte). Mehrfach auftretende Daten führen im Allgemeinen zu unterschiedlichsten Problemen. Zuvor sollte allerdings geklärt sein, ob die SAS Tabelle nur einen Fall pro Zeile enthalten darf oder ob dieselben Zeilen auch mehrfach vorkommen dürfen. Dieser Abschnitt stellt unterschiedlichste Ansätze vor, u.a. zum Anzeigen bzw. Ausfiltern doppelter IDs bzw. einzelner Werte, dem Anlegen von Listen für doppelte Zeilen, oder auch Hinweise für das Identifizieren von Doppelten bei mehreren Tabellen.

Abschnitt 3.3 wird verschiedene Ansätze zum Identifizieren von quantitativen Ausreißern vorstellen. Ausreißer riskieren, die Robustheit statistischer Verfahren massiv zu unterlaufen. Die Ergebnisse von Datenanalysen können z.B. durch bereits einige wenige Ausreißer völlig verzerrt werden. Ein „Ausreißer" ist immer relativ zu den jeweiligen raumzeitlich verorteten Erwartungen zu sehen, die nicht notwendigerweise immer mit der empirischen Variabilität zusammenfallen. Als Ansätze zum Umgang mit Ausreißern werden u.a. vorgestellt: Überprüfung auf Ausreißer mittels deskriptiver Statistiken, mittels statistischer Tests, sowie das Ausfiltern von Ausreißern anhand von Bedingungen.

Abschnitt 3.4 beschäftigt sich mit dem Identifizieren, Filtern und auch Vereinheitlichen (Ersetzen) unerwünschter Zeichen(ketten). Die Einheitlichkeit von (alpha)numerischen Werten (neben der von Tabellen, (Datums)Variablen und u.a. Labels) gehört zu den grundlegenden Kriterien von Datenqualität. Die Folgen uneinheitlicher Strings können gravierend sein. Als Möglichkeiten zur Überprüfung und Filterung werden vorgestellt: Überprüfen auf (un)erwünschte längere Zeichenketten (Strings), Überprüfen auf mehrere (un)erwünschte (Sub)Strings und das Überprüfen auf einzelne, (un)erwünschte Zeichen. Abschließend werden verschiedene Möglichkeiten für das Suchen und Ersetzen (Vereinheitlichen) von Strings, Substrings oder Zeichen vorgestellt.

Kapitel 4 ist ein *Fokus*kapitel und führt in die Arbeit mit Makrovariablen und Makroprogrammen ein. Mittels SAS Makros kann der Leistungsumfang von PROC SQL bereits mit einfachen Mitteln derart erweitert werden, dass dieses Buch der Makroprogrammierung ein eigenes Kapitel widmet. Der Fokus dieses Kapitels ist dabei weniger auf der Einführung in die Programmierung von SAS Makros gerichtet, sondern vielmehr auf ihre unkomplizierte *Anwendung*. Dieses Kapitel wird daher in anwendungsorientierten Abschnitten zahlreiche Beispiele für SAS Makros vorstellen, die das Arbeiten mit PROC SQL in den Möglichkeiten erweitern, durch Automatisierung vereinfachen und darüber hinaus beschleunigen werden.

Weil Makros auf SAS Syntax (inkl. PROC SQL) aufbauen, verkörpern Makros auch alle Vorteile der Syntaxprogrammierung (vgl. Schendera, 2005, 147ff.), z.B. Validierung, Automatisierbarkeit und Wiederverwendbarkeit, Geschwindigkeit, Offenheit, Übersichtlichkeit und Systematisierung usw. Weil Makros die SAS Syntax selbst wiederum systematisieren und automatisieren, kann man ohne weiteres sagen, dass Makros das Vielfache der Syntaxeffizienz verkörpern. Mittels Makros kann die SAS-Syntaxprogrammierung automatisiert und wiederholt genutzt werden, ohne dass im Prinzip neue Syntaxbefehle geschrieben oder angepasst werden müssen. Kapitel 4 ist in vier Bereiche aufgeteilt: Abschnitt 4.1 führt in die Arbeit mit *SAS Makrovariablen* ein. Abschnitt 4.2 führt in die Programmierung von *SAS Makroprogrammen* ein. Abschnitt 4.3 stellt die wichtigsten *Elemente der SAS Makrosprache* vor. Abschnitt 4.4 und alle nachfolgenden Abschnitte stellen interessante *SAS Makroprogramme für besondere Anwendungen* vor. Die folgende Übersicht gibt einen detaillierteren Einblick:

- Abschnitt 4.1 führt in die Arbeit mit Makrovariablen ein: Makrovariablen können u.a. enthalten: Werte, Namen von Variablen, Pfade, Libraries, SAS Dateien, Texte für Überschriften, Return Codes, Datum und Uhrzeit und vieles andere mehr. Vorgestellt werden: Automatische SAS Makrovariablen (4.1.1), automatische SQL Makrovariablen (4.1.2), anwenderdefinierte SAS Makrovariablen (INTO, 4.1.3), sowie Hinweise auf einen möglichen Präzisionsverlust bei der Arbeit mit Makrovariablen (4.1.4). Die diversen Möglichkeiten, auf eine Makrovariable zu referenzieren, werden in einem kompakten Beispiel in 4.1.5 zusammengefasst.
- Abschnitt 4.2 führt in die Arbeit mit Makroprogrammen ein: In Abschnitt 4.2.1 werden SAS Makros von SAS Code und auch von SAS Makrovariablen abgegrenzt. Im Abschnitt 4.2.2 werden erste einfache SAS Makros mittels des %LET-Statements vorgestellt. Die beiden Abschnitte 4.2.3 und 4.2.4 wollen veranschaulichen, wie hilfreich SAS Makros sein können: In 4.2.3 werden anfangs ausgesprochen unkomplizierte, bis zunehmend komplexe SAS Makros für das listenweise Ausführen von Befehlen vorgestellt. Gerade dieser Abschnitt sollte verdeutlichen, wie SAS durch das listenweise Ausführen von Befehlen sehr viel Aufwand ersparen kann. In 4.2.4 sind unterschiedliche Ansätze als SAS Makros für das bedingungsgeleitete Ausführen von Befehlen zusammengestellt. Abschnitt 4.2.5 schließt mit ersten Tipps für den Einsatz von Makros.
- Abschnitt 4.3 stellt die Elemente der SAS Makrosprache vor. Vorgestellt werden: SAS Makrofunktionen (4.3.1), SAS Makro Statements (z.B. %DO…, %IF…) (4.3.2), eine erste Schnittstelle von der SAS Macro Facility zu PROC SQL und zum DATA Step (4.3.3), und als zweite Schnittstelle von PROC SQL wieder zurück in die SAS Macro Facility (INTO:) (4.3.4). Der Unterschied zwischen 4.3 und 4.1 bzw. 4.2 ist, dass die Abschnitte 4.1 bzw. 4.2 dem Anwender einen ersten Eindruck von den wichtigsten Makrofunktionalitäten des listenweisen bzw. bedingungsgeleiteten Ausführens von Befehlen unabhängig von der Art des eingesetzten technischen SAS Befehls zu vermitteln versuchen. Der Abschnitt 4.3 differenziert dagegen technisch u.a. zwischen SAS Makro Funktionen, SAS Makro Statements, SAS Makro CALL Routinen und den an anderer Stelle bereits vorgestellten automatischen SAS Makrovariablen.

- Ab Abschnitt 4.4 werden beispielhafte SAS Makroprogramme für besondere Anwendungen vorgestellt. Abschnitt 4.4 demonstriert das zeilenweise Aktualisieren von Daten mit Sicherheitsprüfung. Abschnitt 4.5 stellt diverse SAS Makros für das Arbeiten mit mehreren Tabellen zusammen, u.a. mit Split-Variablen vom Typ numerisch (4.5.1) und String (4.5.2). Abschnitt 4.6 stellt zwei SAS Makros für das „Drehen" einer SAS Tabelle (stack/unstack) vor, einmal von stack nach unstack („aus 1 mach 3", 4.6.1), und dann auch in die umgekehrte Richtung, von unstack nach stack („aus 3 mach 1", 4.6.2). Abschnitt 4.7 stellt diverse Makros für den Abruf von Systeminformationen zusammen, u.a. um den Inhalt von SAS Tabellen abzufragen oder auch, um in den Dictionary.Options etwas zu finden. Abschnitt 4.8 stellt ein SAS Makro für das Anlegen von Verzeichnissen für das Ablegen von Daten vor. Ein Zeitstempel stellt dabei sicher, dass unterschiedliche Pfade auch dann angelegt werden, wenn das Programm an unterschiedlichen Tagen ausgeführt wird. Abschnitt 4.9 stellt die Option VALIDVARNAME mit dem Schlüsselwort ANY vor, die es ermöglicht, Spalten und Daten in Formaten anzulegen, die nicht den üblichen SAS Konventionen entsprechen. Abschnitt 4.10 stellt das automatische Konvertieren umfangreicher Variablenlisten von String nach numerisch vor. Dieser Ansatz ist selbst kein Makro, setzt jedoch Makrovariablen ausgesprochen vorteilhaft ein.

Kapitel 5 ist ein *Fokus*kapitel und führt in die Analyse von Geodaten mit PROC SQL ein. Die Berechnung einer Entfernung und mit ihr zusammenhängende Parameter wie z.B. Zeit oder Kosten sind eine nicht seltene Aufgabe. Neben diesen grundlegenden Aufgaben kann es auch eine Aufgabe sein, die kürzeste, schnellste oder auch günstigste Strecke zu berechnen. Abschnitt 5.1 führt ein in die grundlegenden Ansätze der Analyse von sog. Geodaten und der Ermittlung u.a. der geographischen Distanz. Diese Art der Analyse von Geodaten ist z.B. besonders für den Fall empfehlenswert, wenn die Ermittlung erster Näherungsdaten in einer bereits bestehenden SAS Umgebung für eine Beurteilung bzw. Entscheidung ausreichend sind, und Details von Routen, Strecken und Entfernungen für diesen Zweck zunächst vernachlässigt werden können. Abschnitt 5.1.1 stellt z.B. die Ermittlung von Distanzen im zweidimensionalen Raum auf der Basis von metrischen Koordinaten vor. Abschnitt 5.1.2 stellt Distanzen im sphärischen Raum auf der Basis von Längen- und Breitengraden vor. Abschnitt 5.1.3 stellt drei SQL Abfragen auf der Basis von Koordinatendaten vor. Weitere Abschnitte befassen sich mit Projektionen, Visualisierungen usw. Abschnitt 5.2 führt ein in das Visualisieren von Daten in Form von Karten und damit das Zusammenspiel zwischen SQL, Roh- und Kartendaten. Visualisierungen sind z.B. besonders dann empfehlenswert, wenn v.a. die effiziente Vermittlung komplexer Information Priorität hat vor der mathematischen Präzision einzelner Kennwerte.

Kapitel 6 ist ein *Fokus*kapitel und führt in die das Programmieren von PROC SQL bzw. DATA Step Funktionalitäten mittels des „Hash Programming" ein. Möglich wurde dies durch das Einführen zweier Objekte (Hash Object, Hash Iterator) in den DATA Step. Diese Objekte ermöglichen das Speichern, Suchen und Abfragen von Daten aus (Nachschlage)Tabellen ((look-up) tables). Seit SAS v9.1 besteht die Möglichkeit, Hash Objekte gezielt zu programmieren. Hash Programming kann derzeit ausschließlich innerhalb eines DATA Steps ausgeführt werden. Eines der wichtigsten Merkmale eines Hash Objects ist dabei, dass es u.a. vollständig im (physikalischen) Speicher des DATA Step residiert. Daraus folgt genau der Grund, warum dem Hash Programming in diesem Band zu fortgeschrittenerem SQL ein eigenes Kapitel gewidmet ist: Performanz, besonders bei sehr großen Datenmengen. Abschnitt 6.1 streift mehrere funktionale Gemeinsamkeiten und Unterschiede zwischen Hash Programming und PROC SQL (u.a. Programmiersprache und -logik, Verarbeitungsort, Performanz, sowie Verfügbarkeit temporärer Tabellen). Abschnitt 6.2 stellt ausgewählte Anwendungen mittels Hash Programming an Beispielen für nur eine Tabelle vor: z.B. Aggregieren (6.2.1), Sortieren (6.2.2), Subsetting (einschl. Filtern und zufälliges Ziehen, 6.2.3), Eliminieren von Zeilen mit doppelten Keys (6.2.4), sowie Abfragen von Werten (Retrieval) (6.2.5). Zum Teil werden dem Hash Programming vergleichende Programmierungen mittels PROC SQL oder auch SAS Prozeduren, wie z.B. SORT oder SUMMARY, gegenübergestellt. Abschnitt 6.3 stellt diverse Anwendungen für zwei Tabellen (One-to-One-Szenario) vor. Als Beispiele für das Hash Programming werden vorgestellt (z.T. im Vergleich mit PROC SQL): Joins (Inner Outer) mit zwei Tabellen (6.3.1), Fuzzy-Join mit zwei Tabellen (6.3.2), sowie das Splitten einer (nicht) sortierten SAS Tabelle (6.3.3). Abschnitt 6.4 stellt abschließend die momentan angebotenen Elemente für das Hash Programming vor.

Kapitel 7 ist ein *Fokus*kapitel und führt in die Themen Performanz und Effizienz ein, auch im Zusammenhang des Programmierens mit PROC SQL, aber nicht darauf beschränkt. Performanz bezeichnet die Leistung von Anwendern oder Systemen. Effizienz bezeichnet die Leistung von Anwendern oder Systemen unter Berücksichtigung von Größen wie z.B. Investition, Umgebungsfaktoren oder auch Nachhaltigkeitsüberlegungen. Als *performant* gilt demnach, wenn die erforderliche Datenmenge in minimaler Zeit optimal verarbeitet wird. Als *effizient* gilt dagegen, wenn die erforderliche Datenmenge in angemessenem Aufwand (Zeit und Kosten) optimal verarbeitet wird. Effizienz ist Performanz an Kosten gemessen. Nicht alles, was schnell programmiert ist, ist auch effizient in dem Sinne, dass das System in der Lage ist, das Programm performant zu verarbeiten. Umgekehrt kann das Entwickeln performanter Programme derart aufwendig sein, dass die Kosten für die Manpower in keinem Verhältnis zur gewonnenen Performanz auf der Systemseite stehen. Abschnitt 7.1 hebt die Bedeutung hervor, Maßnahmen für Performanz und Effizienz zwar motiviert, dennoch als mit kühlem Kopf geplante Strategie anzugehen. Von Anfang an sind die mittel- und langfristig kritischen Größen im Kontext von Effizienz vs. Performanz zu identifizieren und zu optimieren, z.B. kurzfristige Effizienz beim Schreiben und Testen von SAS Programmen vs. langfristige Performanz beim Verarbeiten von auch sehr großen Datenmengen. Die Abschnitte 7.2 bis 7.6 stellen anschließend thematisch geordnete grundlegende Vorschläge für das beschleunigte Verarbeiten von Daten mit SAS vor. Diese Tipps und Tricks beginnen bei grundlegenden Empfehlungen (z.B. Code von SAS erzeugen zu lassen), bis hin zu ausgesprochen speziellen SAS Software-nahen „Tuning"tipps, wie z.B. SQL-spezifischen globalen SAS System Optionen. Gerade wegen des Umfangs, der Komplexität und der Entwicklungsdynamik des SAS Systems kann und wird diese Zusammenstellung nur eine erste allgemeine Empfehlung sein, die jedoch sicher keinen Anspruch auf Vollständigkeit haben kann und will:

- Abschnitt 7.2 empfiehlt z.B., so früh und so weit als möglich die Anzahl von Spalten, Zeilen, Tabellen, Strukturen oder u.a. auch unterschiedliche Zeichen zu reduzieren.

- Abschnitt 7.3 empfiehlt z.B. die Maßnahmen des Verkürzens und Komprimierens, um z.B. vor allem mehr Platten- oder Speicherplatz zu gewinnen.
- Abschnitt 7.4 empfiehlt z.B. den weitestgehenden, idealerweise vollständigen Verzicht auf unnötige Sortiervorgänge.
- Abschnitt 7.5 stellt Tuningtipps in drei thematisch unterschiedlich gewichteten Unterabschnitten vor. Unterabschnitt 7.5.1 stellt zunächst diverse grundlegende Vorschläge für das Beschleunigen von Verarbeitungsprozessen zusammen, u.a. grundlegende Techniken wie z.B. Wahl des Verarbeitungsansatzes und -ortes. Unterabschnitt 7.5.2 stellt anschließend eher SQL-spezifische Tipps vor, z.B. Wahl des Tabellenformats. Unterabschnitt 7.5.3 empfiehlt weitere Techniken.
- Abschnitt 7.6 könnte interessant sein, falls mittels eines DBMS gearbeitet wird und die Entscheidung anstünde, die Daten in SAS oder im DBMS zu verarbeiten.
- Abschnitt 7.7 teilt die vorgestellten Maßnahmen abschließend danach ein, ob sie eher Input/Output (I/O), CPU oder Arbeitsspeicher optimieren helfen.

Kapitel 8 ist ein *Fokus*kapitel und führt in ein Kapitel voll mit weiteren Hilfen, Tipps zu unterschiedlichsten Facetten der Arbeit mit PROC SQL ein: Abschnitt 8.1 führt z.B. in die Erfassung der Laufzeit von SAS Programmen als Schlüssel zur Performanz ein (vgl. Kapitel 7). Es werden vier Szenarien vorgestellt, wie die Laufzeit erfasst werden könnte, u.a. mit der SAS Option FULLSTIMER, sowie an einem überschaubaren Beispiel mit den sog. ARM Makros.

Abschnitt 8.2 führt in die Arbeit mit SAS Dictionaries ein. Dictionaries enthalten u.a. Informationen über Spalten/Variablen aus SAS Dateien, Verzeichnissen, SAS Tabellen und Views, SAS Kataloge und ihre Einträge, SAS Makros, sowie aktuelle Einstellungen des SAS Systems. Dieses Kapitel stellt drei exemplarische Anwendungen von Dictionaries vor; weitere Anwendungen sind über Band I und II verteilt.

Abschnitt 8.3 stellt diverse PROC SQL Anwendungen für Datenhandling und Datenstrukturierung zusammen, darin u.a. das Anlegen von „exotischen" Spaltennamen, das Anlegen eines Primärschlüssels (u.a. mittels MONOTONIC), das Segmentieren einer SAS Tabelle (MOD Funktion), die Definition eines Tagsets für den Export von SAS Tabellen ins CSV Format, sowie das Schützen von SAS Tabellen mittels Passwörter.

Abschnitt 8.4 vergleicht das Aktualisieren von Tabellen mittels PROC SQL mit dem DATA Step. Das DATA Step UPDATE-Statement zeigt bei multiplen Einträgen und/oder Missings in Keys ein Verhalten, das durchaus als kontraintuitiv, um nicht zu sagen: unerwünscht bezeichnet werden könnte. PROC SQL ist jedoch flexibel genug, die gewünschten Aktualisierungen durchzuführen.

Kapitel 9 ist ein *Übersicht*skapitel und stellt vorrangig SAS Syntax für PROC SQL, SAS Funktionen und Funktionsaufrufe, sowie DBMS Zugriffe zusammen. Abschnitt 9.1 fasst die Syntax von PROC SQL in einem Schema zusammen. Zur Erläuterung der Syntax werden Einsteiger auf Kapitel 3 (Band I) verwiesen. Anschließend werden SQL Optionen für die Optimierung von SQL und globale SAS System Optionen für PROC SQL jeweils (ab SAS v9.2) vorgestellt. Abschnitt 9.2 stellt zahlreiche SAS Funktionen und Funktionsaufrufe in einer Übersicht zusammen. Eine SAS Funktion führt eine Berechnung oder eine Manipulati-

1 Übersicht zu Band 1 und 2

on an Argumenten durch und gibt einen Wert zurück. Abschnitt 9.3 geht abschließend auf Besonderheiten der Pass-through Facility für DBMS Zugriffe ein.

Die *Kapitel 10 bis 13* enthalten eine Übersicht der verwendeten SAS Datasets, die Literatur, die Aufforderung zur Rückmeldung Ihrer Meinung zu diesem Buch, eine Kurzvorstellung des Autors, sowie abschließend die Verzeichnisse zur SAS Syntax, sowie zu den Stichworten. Der Leistungsumfang und die Anwendungsmöglichkeiten von SAS führten dazu, dass diesem zweiten Band für PROC SQL Fortgeschrittene ein erster, einführender Band vorausgeht:

Band 1

Schnellfinder:

Kapitel	Stichwort	Steckbrief bzw. Übersicht
1	Einführung	Grundlegende Bedeutung von SQL
2	Einführung (Theorie)	Erste Schritte und Grundoperationen
3	Syntax (Theorie)	Übersicht der SQL Syntax in SAS
4	Praxis der Programmierung	Programmierung von Queries
5	Praxis der Programmierung	Arbeit mit einer Tabelle
6	Praxis der Programmierung	Arbeit mit zwei Tabellen: Verbinden von zwei Tabellen (One-to-One Szenario)
7	Praxis der Programmierung	Arbeit mit zwei Tabellen (und mehr): Komplexere Szenarien und Joins
8	Fokus	Deskriptive Statistik als das Fundament jeder professionellen Analyse von Daten
9	Fokus	Hilfen, Tipps und Tricks
10	Fokus	Übungsaufgaben
11		Verwendete SAS Datensätze
12		Literatur
13		Ihre Meinung zu diesem Buch
14		Autor
15		Syntaxverzeichnis
16		Sachverzeichnis

Die Kapitel 1 und 2 sind *Einführungskapitel* und führen in die Bedeutung von SQL und erste Schritte mit PROC SQL ein. Kapitel 1 geht auf die grundlegende Bedeutung von SQL (Structured Query Language) ein. *Kapitel 2* stellt erste Schritte und zahlreiche Grundoperationen vor. Kapitel 3 ist ein *Syntax*kapitel und erläutert die SQL Syntax in der Version SAS v9.1.3, teilweise bereits SAS v9.2 systematisch und vollständig vor. Es werden auch derzeit nicht dokumentierte PROC SQL Funktionen wie z.B. _METHOD und _TREE vorgestellt. Die Kapitel 4 bis 7 sind *Programmier*kapitel und veranschaulichen die Programmierung von (Sub)Queries (Kap. 4), der Arbeit mit *einer* Tabelle (Kap. 5) und mit zwei oder mehr Tabellen (Kap. 6, 7). Die weiteren Kapitel sind *Fokus*kapitel. Fokuskapitel vertiefen besondere Themen der Arbeit mit SQL: Der Fokus von Kapitel 8 ist z.B. die *Deskriptive Statistik*. Der Fokus von Kapitel 9 sind z.B. *Hilfen, Tipps und Tricks* in SQL, z.B. die Optionen FEEDBACK und VALIDATE zum Verstehen und Testen von SQL Syntax. Der Fokus von Kapitel 10 sind *Übungsaufgaben* zu Daten erfolgreicher Kinofilme und ihre Lösung mit PROC SQL. Die *Kapitel 11 bis 14* enthalten Ausschnitte der verwendeten SAS Datasets, die Literatur, die Möglichkeit zur Rückmeldung Ihrer Meinung zu diesem Buch, eine Kurzvorstellung des Autors, sowie abschließend die Verzeichnisse zur SAS Syntax, sowie zu den Stichworten.

Die Form der separaten Darstellung von Syntax-Theorie und Praxis-Beispielen der praktischen Anwendung wurde von mir deshalb gewählt, damit die Syntax überschaubar bleibt, was für das schnelle Nachschlagen immer möglich sein sollte. Durch die zahlreichen Beispiele war eine übersichtliche Darstellung der SQL Syntax nicht mehr zu gewährleisten. Hätten umgekehrt Anwender dann die benötigte Syntax gefunden, so wären sie erfahrungsgemäß nicht bloß an einem einzelnen idealtypischen Anwendungsbeispiel interessiert, sondern vor allem auch an Beispielen, an denen allzu schnell begangene Fehler, Sonderfälle oder pfiffige Lösungsvarianten häufig vorkommender Fragestellungen demonstriert werden. Durch den Umfang der Praxis-Kapitel war es unvermeidlich, dass unter der Menge der Anwendungsbeispiele wiederum die Überschaubarkeit der Theorie der SQL Syntax als solche leiden würde. Ich habe mich daher entschlossen, in Kapitel 3 und 4 bis 7 konsequent zwischen Theorie (Syntax) und Praxis des Programmierens mit SQL zu unterscheiden. Diese Trennung soll einerseits eine Übersicht über die SQL Syntax einerseits erleichtern, andererseits aber auch eine praxisorientierte Vertiefung der Anwendung der jeweiligen SQL Elemente. Ich verbinde damit die Hoffnung, dass gerade diese Form der Darstellung dem Anwender die Aneignung von Theorie und Praxis von SQL erleichtert. Für Rückmeldungen dazu bin ich dankbar.

Ausführliche Beschreibung
Kapitel 1 geht auf die grundlegende Bedeutung von SQL (Structured Query Language) ein. Die große Bedeutung von SQL rührt daher, dass SQL wegen seiner ANSI-Konformität eine weitgehende Unabhängigkeit von Hersteller und Software ermöglicht. Dies bedeutet für Anwender und Leser zweierlei: Was Sie jetzt für das SQL für SAS lernen, können Sie auch auf SQL für MySQL usw. anwenden. Dies ist dadurch möglich, eben weil SQL ein Standard ist. Mittels ANSI-konformem SQL können auch Programme geschrieben werden, die vom Datenbanksystem unabhängig sind. Ein Programm, das z.B. mit einem ANSI-konformen SQL geschrieben wurde, funktioniert u.a. auch auf Oracle, IBM oder auch Teradata. Kapitel 1 erläutert auch grundlegende Terminologien und Konzepte. Je nach Anwendungsbereich (SQL, SAS Base oder auch RDBMS) wird oft eine andere Nomenklatur für Datendatei, Datenzeile oder auch Datenspalte verwendet. Die anfangs oft ungewohnt heterogene Terminologie wird geklärt, um das Risiko für Missverständnisse von Anfang an auf ein Minimum

zu reduzieren. Ein weiterer Abschnitt erläutert das Konzept des sog. Schlüssels und darin die Unterscheidung zwischen Primär- und Fremdschlüssel (Primary Key, Foreign Key). Ein Schlüssel dient i.A. weniger zur Beschreibung als zur Identifikation von Datenzeilen. Wie viele andere SQL Varianten entspricht auch das SQL von SAS *nicht* uneingeschränkt dem aktuellen ANSI-Standard. Ein weiterer Abschnitt beschäftigt sich daher mit den Unterschieden von PROC SQL zum ANSI-Standard. Als bedeutende (konzeptionelle) Abweichung wäre z.B. der Umgang mit Missings in PROC SQL zu nennen, demgegenüber auch die Makrofähigkeit von PROC SQL, wie auch, dass PROC SQL deutlich mehr Auswertungsfunktionen als der ANSI Standard unterstützt. Die weiteren Ausführungen behandeln weitere grundlegende Konzepte. Allen voran werden Gemeinsamkeiten und Unterschiede zwischen Tabellen, Views und Abfragen im Hinblick auf Funktion, Inhalt und Speicherplatz erläutert und die damit ebenfalls einhergehenden Anforderungen an ihre jeweilige Programmierung mit PROC SQL (Programmierkonvention).

Kapitel 2 stellt erste Schritte mit SQL vor. Abschnitt 2.1 spielt an einer kleinen überschaubaren SAS Tabelle schrittweise durch, wie sich eine SAS Tabelle in Struktur und Inhalt ändert, wenn die SQL Syntax Schritt für Schritt um kleine, aber wichtige Optionen variiert wird. Abschnitt 2.2 stellt zahlreiche weitere Grundoperationen vor, darunter u.a. das Anlegen einer temporären bzw. permanenten Tabelle, die Abfrage aller oder nur bestimmter Spalten (Variablen), sowie auch das gleichzeitige Berechnen weiterer Variablen. Weitere wichtige Beispiele für spezielle Anwendungen von PROC SQL sind z.B. das Erzeugen eines kartesischen Produktes oder das Vermeiden bzw. das Zulassen von sog. rekursiven Referenzen. Der nächste Abschnitt könnte für Anwender interessant sein, die neu in SQL oder der Programmierung sind. Abschnitt 2.3 stellt mit dem SQL Query Window einen unkomplizierten Einstieg in das Erstellen von Abfragen mit SQL vor. Das SQL Query Window ist ein mausgesteuertes, interaktives Menü, mit dem u.a. SQL Abfragen unkompliziert per Mausklick erstellt, gespeichert und ausgeführt werden können. Als Beispiele werden das Erstellen einer SQL Abfrage und das Joinen zweier Tabellen erläutert. Abschnitt 2.4 hebt die diversen Unterschiede zwischen SAS Tabellen und SAS Views hervor. Abschnitt 2.5 ist für SAS Base Programmierer gedacht, die sich einen ersten Eindruck von Unterschieden in Programmierung, Anwendungen und Effizienz im Vergleich zu SAS Base verschaffen wollen. Weitere Unterabschnitte werden zeigen: Programmierung derselben Anforderung (z.B. wenn-dann-Bedingung), jeweils mit SAS Base (DATA Step) und PROC SQL, sowie Unterschiede in den Programmierkonventionen, wie auch ggf. Hinweise auf mögliche Unterschiede in der Performanz von SAS Base und PROC SQL. Der Leistungsumfang bzw. die Differenziertheit des SQL von SAS geht oftmals über den ANSI Standard hinaus. Abschnitt 2.6 hebt hervor, inwieweit PROC SQL von den ANSI Richtlinien für SQL abweicht, z.B. im Hinblick auf Missings bzw. die dreiwertige Logik.

Kapitel 3 ist ein *Syntax*kapitel. Kapitel 3 stellt die SQL Syntax in der Version SAS v9.1.3, teilweise bereits SAS v9.2 systematisch und vollständig vor. Es werden auch derzeit nicht dokumentierte PROC SQL Funktionen wie z.B. _METHOD und _TREE vorgestellt. Für jeden Ausdruck und jedes Syntaxelement einschl. SQL Bedingungen und Funktionen werden die grundlegende Funktionsweise *in der Theorie* vorgestellt. Praktische Anwendungen und SAS Ausgaben der SQL Syntax werden anhand unzähliger Beispiele in den nachfolgenden

Kapiteln vertiefend veranschaulicht. Kapitel 4 fokussiert bei Erläuterung der Syntaxelemente die Arbeit mit Queries, Kapitel 5 die Arbeit mit einer Tabelle. In die Arbeit mit zwei und mehr Tabellen (z.B. mittels des Tabellen-Join) wird ab Kapitel 6 eingeführt. Abschnitt 3.1 stellt die Ausdrücke in PROC SQL vor. Zu den Ausdrücken gehören u.a. der SQL Ausdruck, Tabellen-Ausdruck und Query-Ausdruck. Ein SQL Ausdruck ermittelt z.B. einen oder mehrere *Werte* durch eine Abfolge aus Operatoren und Operanden. Beispiele für Operanden sind z.B. eine SAS Funktion, eine ANSI SQL Funktion (z.B. COALESCE, BTRIM, SUBSTRING) oder eine Auswertungsfunktion. Ein Tabellen-Ausdruck fragt *Daten* aus Tabellen ab. Ein Tabellen-Ausdruck besteht oft nur aus einem SELECT-Statement. Ein Query-Ausdruck umfasst dagegen *mindestens* einen Tabellen-Ausdruck und verbindet eine *Tabelle* mit anderen oder mit sich selbst. Ein Query-Ausdruck ist somit auch die Methode des Verknüpfens der Abfragen aus zwei oder mehr Tabellen bzw. auch einer Tabelle in Bezug auf sich selbst. Vorgestellte Methoden sind dabei Reflexive Joins, Inner Joins, Outer Joins (Left, Right), Cross Joins, Union Joins und auch Natural Joins. Abschnitt 3.2 stellt die SQL Syntax in einer ersten Übersicht vor. Ein Schnellfinder hilft dabei, für den gewünschten Zweck schnell das richtige SQL Statement zu finden, z.B. UPDATE für das Aktualisieren von Werten oder SELECT für das Auswählen. Abschnitt 3.3 stellt weitere Ausdrücke, Bedingungen und Funktionen der PROC SQL Prozedur vor, z.B. die Auswertungsfunktion, die BETWEEN-Bedingung, CALCULATED und viele andere mehr. Ausdrücke, Bedingungen und Funktionen werden jeweils anhand vier Informationen vorgestellt: Kurzbeschreibung, Syntax, Programmierbeispiel und ggf. Details. Ein Exkurs behandelt das sog. „Remerging" bzw. die „Wiederzusammenführung". Hinweise verweisen ausdrücklich auf Besonderheiten oder mögliche Einschränkungen, z.B. dass Klauseln im SELECT-Statement in der Reihenfolge FROM vor WHERE vor GROUP BY vor HAVING usw. angegeben werden müssen. Zur Ergänzung wird allen Lesern vor der Umsetzung der Theorie in die Praxis die Auseinandersetzung mit dem Umgang mit Missings durch PROC SQL dringlich empfohlen.

Kapitel 4 behandelt Abfragen (Queries). Queries sind definiert als eine spezifische Zusammenstellung an Bedingungen, fragen auf diese Weise die gewünschten Daten oder statistischen Parameter aus einzelnen oder mehreren Views, Tabellen oder Datenbanken ab und zeigen diese automatisch an, z.B. in der SAS Ausgabe. Queries legen dabei zunächst *keine* SAS Datei bzw. View an. Bevor in Beispiele für verschachtelte bzw. genestete Queries eingeführt wird, wird auf Besonderheiten in Logik, Programmierung und Ausführung hingewiesen, z.B. sog. (eine oder mehrere) Subqueries (Unterabfragen). Eine Subquery ist eine Abfrage, die wiederum innerhalb einer anderen Abfrage eingebettet ist. Bei mehreren Subqueries wird zunächst die innerste ausgeführt, danach alle weiteren in Richtung der äußersten (Sub)Query. Abschnitt 4.1 stellt Queries vor, die sich auf einen SAS Datensatz beziehen. Abschnitt 4.2 stellt Queries für den Bezug auf mehrere Tabellen vor. Subqueries werden in den Abschnitten 5.4 und 6.4 vertiefend behandelt. Am Anfang dieses Kapitels findet der Leser auch eine Übersicht der wichtigsten Symbole und mnemonischen Äquivalente (sofern vorhanden) für Operatoren, z.B. für den Vergleich von Werten (z.B. =, !, >=, usw.) oder auch für den Vergleich von Strings (z.B. EQT, NET, GTT, usw.).

Kapitel 5 behandelt die Arbeit mit einer Tabelle. Jedes Element der SQL Syntax wird anhand der Funktionsweise zahlreicher SQL Beispiele erläutert. Die Kombination und Komplexität der Anwendungsbeispiele geht über die SQL Syntax hinaus, so wie sie in Kapitel 3 vorgestellt wurde. Für die Anwendungsbeispiele wird, falls erforderlich, auch der SAS Output angezeigt und erläutert. Zur Erläuterung der grundlegenden Funktionsweise wird auf Kapitel 3 verwiesen. Dieses Kapitel beschränkt sich auf Anwendungsbeispiele für eine Tabelle; in die Arbeit mit zwei und mehr Tabellen (z.B. mittels des Joins) wird in den nachfolgenden Kapiteln eingeführt. Abschnitt 5.1 enthält für jedes Element der SQL Syntax eines oder mehrere Beispiele. Die Beispiele sind alphabetisch nach der unter Kapitel 3 vorgestellten SQL Syntax von ALTER TABLE bis VALIDATE geordnet. Abschnitt 5.2 vertieft Grundoperationen und Berechnungen am SELECT-Statement. Die Abfolge der Beispiele zu den im folgenden vorgestellten Klauseln entspricht der Reihenfolge, wie sie im SELECT-Statement verwendet werden sollen, von FROM vor WHERE vor GROUP BY vor HAVING usw. Darüber hinaus wird auf diverse Empfehlungen für das Schreiben performanter WHERE-Klauseln verwiesen. Als Grundoperationen werden u.a. das Selegieren vorhandener oder das Anlegen neuer Spalten, die Abfrage bestimmter Ausprägungen von Strings, numerischen Werten oder Datumsvariablen, das Neuanlegen von kategorial skalierten Variablen/Spalten über Bedingungen und das Gruppieren / Sortieren von Tabellen, sowie das Sortieren mit Platzhalter anhand mehrerer Syntaxbeispiele behandelt. Als Berechnungen werden u.a. das Zählen von Werten bzw. Zeilen, das Ermitteln von Durchschnittswerten von Werten bzw. Zeilen, Prozentwertberechnungen, sowie die Berechnung gruppierter aggregierter Werte und das zeilenweise Filtern mit oder auch ohne Aggregierungsfunktion anhand mehrerer Syntaxbeispiele vorgestellt. Abschnitt 5.3 behandelt vertiefend Berechnungen und Aktualisierungen mit CASE. Ein CASE/END-Ausdruck wird z.B. oft (aber nicht ausschließlich) für die Umsetzung einer WHEN-THEN-ELSE Bedingungsabfolge verwendet. UPDATE/CASE-Beispiele werden für das bedingte Aktualisieren von Werten vorgestellt, u.a. wie *eine einzelne Variable* anhand zahlreicher Bedingungen durchaus komplex und vielschichtig aktualisiert werden kann. Abschnitt 5.4 behandelt Subqueries (Kapitel *4* führt in (Sub)Queries ein). Dieser Abschnitt vertieft dieses Thema. Eine Subquery kann sich auf eine oder mehrere Tabellen beziehen und je nach Klausel einen oder mehrere Werte zurückgeben, die dann von der nächstäußeren Query weiterverarbeitet werden. (Sub)Queries können auch mehr als eine Subquery enthalten. Vorgestellt werden u.a. dieselbe Abfrage als multiple (temporäre) Queries, WHERE- und HAVING-Bedingung, korrelierte Subqueries, oder konditionale Operatoren mit HAVING oder WHERE, sowie Subqueries in Kombination mit diversen Klauseln und Bedingungen. Da Subqueries i.A. als nicht besonders performant gelten, wäre zu prüfen, ob sie nicht in einfachere bzw. performantere Queries umgeschrieben werden können. Abschnitt 5.5 behandelt Self-Joins (Reflexive Joins). Wird eine Tabelle mit sich selbst oder anderen Tabellen gejoined, wird dies als Self-Join oder auch als Reflexive Join bezeichnet. Eine Besonderheit des Self-Joins ist, dass in der FROM-Klausel dieselbe Tabelle zweimal aufgeführt wird, einmal als Tabelle und einmal als Kopie. Zwei der vorgestellten Beispiele behandeln das Matchen von Wertepaaren für Fall-Kontroll-Analysen (Case Control Studies). Abschnitt 5.6 behandelt abschließend eine weitere Möglichkeit der Arbeit mit einer Tabelle, die nicht eindeutig einem der vorangehenden Abschnitte zugeordnet werden konnte, nämlich die Definition neuer Variablen im SELECT-Statement. Dieses Kapitel konzentriert sich auf Anwendungsbeispiele für nur eine Tabelle; die beiden folgenden Kapitel behandeln die Arbeit mit zwei und mehr Tabellen.

Kapitel 6 behandelt die Arbeit mit zwei Tabellen. Der Unterschied zum sich anschließenden Kapitel 7 ist, dass Kapitel 6 in das Joinen und Mergen von (nur) zwei Tabellen unter der Annahme eines One-to-One Szenarios einführt. Bei einer One-to-One Beziehung referenziert ein Fall in einer ersten Tabelle auf genau einen Fall in einer zweiten Tabelle, z.B. auf der Grundlage einer oder mehrerer Schlüsselvariablen. Eine One-to-One Beziehung liegt dann vor, wenn im Falle *einer einzelnen Schlüsselvariablen* die Werte der Schlüsselvariablen in allen zusammenzufügenden Tabellen *nur einmal* auftreten bzw. im Falle *mehrerer Schlüsselvariablen* Kombinationen der Werte aller Schlüsselvariablen in allen zusammenzufügenden Tabellen nur einmal auftreten. Kapitel 7 ist dagegen den komplizierteren Szenarios One-to-Many, Many-to-One und Many-to-Many vorbehalten. Ein erstes Beispiel erklärt an Äpfeln und Birnen, ob und wann Fälle aus zwei oder mehr Tabellen nicht „einfach so" miteinander verknüpft werden können. Kapitel 6 führt zunächst in grundlegende Konzepte beim Zusammenfügen von Tabellen ein, u.a. Beziehung und Struktur der Tabellen (data relation, data structure) und auch die Art des Zugriffs (sequentiell oder direkt). Die Art der Beziehung zwischen zwei (oder mehr) Tabellen bestimmt auch die Methode ihres Zusammenfügens. Das „Untereinanderhängen" von verschiedenen Fällen bei gleichen Variablen wird z.B. als Concatenating bzw. Interleaving bezeichnet. Das „Nebeneinanderstellen" von verschiedenen Variablen bei gleichen Fällen wird z.B. als (One-to-One) Merging bezeichnet. Für diese beiden grundsätzlichen Herangehensweisen gibt es so viele Varianten, dass sich die Übergänge zwischen ihnen als fließend herausstellen werden. Anhand der One-to-One-Beziehung sollen nun die Grundmethoden des Zusammenfügens von Tabellen, ihre Besonderheiten, sowie erste SQL Operatoren dazu vorgestellt werden. Ausgehend von der One-to-One-Beziehung wird auch auf erste Besonderheiten eingegangen, die z.B. bei Doppelten oder Missings in einer oder mehreren Key-Variablen auftreten können. Auch werden drei Prüfschritte für das kontrollierte Zusammenfügen von Tabellen empfohlen. Abschnitt 6.1 stellt die Set Operatoren für das „Untereinanderhängen" (z.B. Concatenating, Interleaving) von verschiedenen Fällen bei gleichen Variablen vor. Abschnitt 6.2 erläutert diverse Varianten für das „Nebeneinanderstellen" (Joinen) von verschiedenen Variablen (bei gleichen Fällen): Equi-Joins, Inner Joins und Outer Joins. Abschnitt 6.3 stellt spezielle Joins vor, u.a. Joins zum Erzeugen von sog. Kartesischen Produkten. Behandelte Operatoren sind CROSS, NATURAL und UNION. Abschnitt 6.4 diskutiert Möglichkeiten mit Subqueries bei der Arbeit mit zwei Tabellen. (Korrelierte) Subqueries erlauben z.B. einen oder mehrere Werte aus einer ersten Tabelle (z.B. in der Subquery) zur Weiterverarbeitung (z.B. Filterung) der Daten einer zweiten Tabelle (z.B. in der Query) zu verwenden. Abschnitt 6.5 stellt diverse Möglichkeiten der Berechnung und Aktualisierung von Werten bei der Arbeit mit zwei Tabellen vor. Die Beispiele behandeln u.a. das Aktualisieren der Werte einer ersten Tabelle durch Werte einer zweiten Tabelle. Abschnitt 6.6 stellt abschließend vier allzu schnell übersehene Fehlerquellen bereits bei der Arbeit mit nur zwei Tabellen vor. Ein erstes Beispiel erläutert die Bedeutung der Anzahl und Abfolge der Sortier- bzw. Schlüsselvariablen für das Joinen von Tabellen. Ein zweites Beispiel veranschaulicht das Problem von Missings und doppelten Werten in einer Schlüsselvariablen. Zwei weitere Beispiele erläutern u.a. die Konsequenzen des Weglassens der Schlüsselwörter COALESCE bzw. CALCULATED beim Programmieren des Zusammenfügens zweier Tabellen (oder mehr). Ein abschließendes Beispiel hebt das Problem der Missings bei der Arbeit mit Subqueries hervor.

Kapitel 7 behandelt die Arbeit mit zwei Tabellen (oder mehr). Der zentrale Unterschied zum vorangegangenen Kapitel 6 ist, dass Kapitel 7 in die Besonderheiten des Joinens und Mergens von zwei Tabellen (oder mehr) einführt, *falls kein* One-to-One Szenario vorliegt. Missings und doppelte Einträge in Primärschlüsseln können ein erfolgreiches Mergen beeinträchtigen. Dieses Kapitel konzentriert sich auf das zeilenweise Zusammenfügen mittels Join-Operatoren und einem Primärschlüssel. Hat die Überprüfung der zusammenzufügenden Tabellen ergeben, dass die Werte der Schlüsselvariablen bzw. ihre Kombinationen mehr als einmal auftreten, ist man bei den Datenbeziehungen des One-to-Many, Many-to-One oder Many-to-Many angelangt. Es hängt oft von mehreren Kriterien ab, ob und wie eine solche Datenstruktur zustande kommen kann, u.a. vom der Typ der einzelnen Tabellen (one, many), der Abfolge der Tabellen in der FROM-Klausel und u.a. die Richtung des/der Joins (left, right, full). Anhand zweier Tabellentypen (ONE, MANY) werden zahlreiche Kombinationsmöglichkeiten durchvariiert. Bei dieser Gelegenheit werden auch die Konsequenzen der mehrfach auftretenden IDs und der (mehrfach auftretenden) Missings in einer ID hervorgehoben, die erfahrungsgemäß u.a. in eine unterschiedliche Anzahl an Zeilen und Abfolgen von Werten (Sortierungen) münden. Abschnitt 7.1 stellt zunächst die Besonderheiten beim *One*-to-Many-Mergen u.a. an Inner und Outer Joins (left, right, full) vor. Abschnitt 7.2 veranschaulicht anschließend das *Many*-to-One Mergen ebenfalls an Inner und Outer Joins (left, right, full). Abschnitt 7.3 behandelt das *Many*-to-*Many* Mergen in derselben Systematik. Abschnitt 7.4 behandelt die Arbeit mit drei oder mehr Tabellen. Die konkrete Arbeit mit drei Tabellen und mehr unterscheidet sich außer in der zunehmenden Zahl der Tabellen (und der damit einhergehenden Komplexität) nicht bedeutsam vom Arbeiten mit „nur" zwei Tabellen. Die Diskussion arbeitet für drei grundsätzlich unterschiedliche Szenarios die Besonderheiten für das Joinen von drei oder mehr Tabellen heraus: One-to-One (SAS Tabellen), Nicht One-to-One (One-to-Many, Many-to-One, Many-to-Many, SAS Tabellen), sowie Nicht SAS Tabellen. Dieser Abschnitt präsentiert u.a. SQL Beispiele für three-way joins, four-way joins, wie z.B. das Zusammenfügen von Daten in SAS, die aus Tabellen im Format Microsoft Excel und Lotus 1-2-3 extrahiert wurden. Kapitel 7.5 stellt abschließend Prüfregeln, Prüfschritte und von SAS bereitgestellte Hilfsmittel zum Zusammenfügen mehrerer Tabellen vor. Bei den Prüfregeln handelt es sich im Wesentlichen um Regeln, deren Prüfung und Einhaltung in der Verantwortung des Anwenders liegt. Abschließend findet der interessierte Leser eine Übersicht zu SAS Statements und Prozeduren für das Zusammenfügen von Tabellen.

Kapitel 8 ist ein *Fokus*kapitel. Der Fokus dieses Kapitels ist die *Deskriptive Statistik*. Die deskriptive Statistik ist das Fundament jeder professionellen Analyse von Daten. Den einführenden Hinweisen auf eine notwendige Differenzierung wie z.B. zwischen einer Vollerhebungen oder Stichproben schließt sich Abschnitt 8.1 mit den notwendigen statistischen Grundlagen an. Abschnitt 8.1 erläutert die statistischen Grundlagen der gebräuchlichsten Lage- und Streuungsmaße. Lage- und Streuungsparameter beschreiben Daten aus unterschiedlichen Perspektiven: Lagemaße beschreiben das Zentrum einer Verteilung, Streuungsmaße beschreiben dagegen die Abweichung vom Zentrum einer Verteilung. Unterabschnitt 8.1.1 behandelt die Lagemaße Modus, Median und Mittelwert. Unterabschnitt 8.1.2 behandelt die Streuungsmaße Spannweite (Range), Interquartilsabstand, Varianz, Standardabweichung und Variationskoeffizient. Abschnitt 8.2 veranschaulicht die Berechnung von Lage- und Streuungsmaßen mittels PROC SQL (u.a. unter Zuhilfenahme mit CALL SYMPUTX bzw. SYMPUT). Abschnitt 8.3 stellt weitere Aggregierungsfunktionen in PROC SQL, z.B. COUNT, MIN/MAX, N, SUM usw. zur Aggregierung bzw. statistischen Beschreibung von Variablen vor. Abschnitt 8.4 behandelt die Berechnung von Prozent- und Quotientwerten. Letztlich ist es mit PROC SQL möglich, Häufigkeitstabellen mit Anteils- und Prozentwerten zu erzeugen, wie man sie z.B. von PROC FREQ her kennt. Abschnitt 8.5 geht abschließend auf das Rechnen mit Gewichten ein. PROC SQL bezieht standardmäßig jede Zeile bzw. Spalte werden mit dem Gewicht 1 in die Analyse ein. Dieser Abschnitt demonstriert, wie auch Werte von Gewichtungsvariablen in eine Analyse mit PROC SQL einbezogen werden können.

Kapitel 9 ist ein *Fokus*kapitel. Der Fokus von Kapitel 9 sind z.B. Hilfen, Tipps und Tricks für speziellere Anforderungen in SQL: Abschnitt 9.1 stellt z.B. die beiden Optionen FEEDBACK und VALIDATE vor. FEEDBACK ist v.a. dann nützlich, wenn es notwendig ist, die Funktionsweise von prinzipiell funktionierenden, aber ggf. unverständlichen SQL Queries nachvollziehen zu können, die Dritte geschrieben haben. VALIDATE ist v.a. dann nützlich, wenn es erforderlich ist, selbstgeschriebene SQL Queries auf eine korrekte Funktionsweise zu prüfen und sich erste Empfehlungen von SAS geben lassen zu können. Abschnitt 9.2 stellt z.B. die beiden nicht in SAS dokumentierten Optionen _METHOD und _TREE vor. Diese beiden Optionen zeigen an, wie der interne Optimierer die Join-Methoden auswählt und verarbeitet. Man versteht dadurch die intern ablaufenden SQL Prozesse des SAS Systems besser und erhält auch Hinweise, wie PROC SQL möglicherweise noch besser im Hinblick auf Performanz z.B. mittels der ebenfalls nicht dokumentierten SAS Optionen MAGIC und IDXWHERE optimiert werden könnte. Abschnitt 9.3 stellt diverse Tipps und Tricks für das Konvertieren vor, Funktionen und Komparatoren für die Arbeit mit Strings oder auch das Anlegen einer ID-Variablen mit der ebenfalls nicht dokumentierten SAS Funktion MONOTONIC und den damit verbundenen Tücken. Abschnitt 9.4 stellt zahlreiche Möglichkeiten für das Designen einer SQL Ausgabe vor, u.a. durch das Hinzufügen von Text(zeichen). Abschnitt 9.5 stellt das Output Delivery System (ODS) und darin v.a. die Ausgabe von SAS Tabellen und SQL Ausgaben in die unterschiedlichsten Formate vor (u.a. HTML, PDF, PostScript oder XML) oder auch Designs (Styles). Abschnitt 9.6 behandelt Möglichkeiten des Import und Export von Daten im Format Microsoft Excel.

Kapitel 10 ist ein *Fokus*kapitel. Der Fokus von Kapitel 10 sind Übungsaufgaben und ihre Lösung mit PROC SQL. Die Aufgaben sind danach gestaffelt, ob sie zur Lösung eine (vgl. 10.1) oder zwei Tabellen (vgl. 10.2) erfordern. Lösungsvorschläge sind in Abschnitt 10.3 zusammengestellt. Die Beispiele basieren auf realen Daten zu den zehn erfolgreichsten Kinofilmen weltweit (u.a. Rangplatz, Titel, Regisseur, Einspielergebnis, uvam.).

Die *Kapitel 11 bis 14* enthalten Ausschnitte der verwendeten SAS Datasets, die Literatur, die Aufforderung zur Rückmeldung Ihrer Meinung zu diesem Buch, eine Kurzvorstellung des Autors, sowie abschließend die Verzeichnisse zur SAS Syntax, sowie zu den Stichworten.

Am Ende dieses Buches sollten Sie die grundlegende Bedeutung von SQL kennen, mittels SQL Syntax (Sub)Queries, und mit einer, zwei oder auch mehr Tabellen (in unterschiedlichen Formaten) programmieren können. Übungsaufgaben meistern Sie ebenso wie die deskriptive Statistik. Sie wenden auch SAS Optionen u.a. zum Verstehen und Testen von SQL Syntax kompetent an. Auch sind Sie in der Lage, einen Join-Algorithmus zu optimieren. Sie kennen diverse Mittel und Wege zum Designen einer SQL Ausgabe und setzen auch erste Möglichkeiten des Output Delivery System (ODS) ein. Hat Sie dieses Buch auf SQL und SAS so neugierig gemacht, dass Sie weitermachen wollen, dann könnten Sie möglicherweise die folgenden Hinweise interessieren. Der Leistungsumfang und die umfangreichen Anwendungsmöglichkeiten von SAS führten dazu, dass diesem ersten (einführenden) Band ein zweiter Band anschließt.

2 Fokus: Missings

Abfragen und Analysen setzen üblicherweise die Anwesenheit von Einträgen (Zahlen, Strings) in einer Tabelle voraus, die Daten. Missings (syn.: Nullwerte, fehlende Werte, missing values) zeigen das Gegenteil, die Abwesenheit von Werten an. Während Einträge die Anwesenheit einer Information repräsentieren, zeigen Missings das Gegenteil an, die Abwesenheit von Information. Missings sind daher in der Datenanalyse eher die Regel als die Ausnahme (vgl. Schendera, 2007, Kap. 6).

Das Ausmaß des Vorkommens von Missings entscheidet darüber, ob eine Datenhaltung, eine Variable und/oder ein Fall als vollständig (ohne jegliche Missings) oder als unvollständig (mit Missings) bezeichnet werden. Enthalten Datenhaltung, Variable und/oder Fall ausschließlich Missings, werden sie als leer bezeichnet. „Missings" gehört neben „Vollständigkeit", „Einheitlichkeit" sowie „Doppelte" zu den grundlegenden Kriterien von Datenqualität, zu deren Prüfung SAS eingesetzt werden kann. Die Prüfung aller weiteren Kriterien baut auf diesen auf. Die Überprüfung auf Missings setzt jedoch Vollständigkeit, Einheitlichkeit, sowie auch den Ausschluss von Doppelten voraus.

Bei der Datenanalyse wird darüber hinaus zwischen systemdefinierten und anwenderdefinierten Missings unterschieden. Der Unterschied ist der: Bei systemdefinierten Missings ist eine Zelle einfach leer. Sie enthält keine weitere Information, als dass sie eben keinen Eintrag enthält. Bei anwenderdefinierten Missings enthält eine Zelle dagegen einen Kode, warum keine Information vorliegt, z.B. „–1" für „Teilnehmer nicht angetroffen", „–2" für „verweigert Antwort" oder auch „–4" für „Frage niemals gestellt" etc. Solche Kodierungslisten können in professionell arbeitenden Unternehmen ohne weiteres einen Umfang von mehreren tausend Kodes annehmen. Anwenderdefinierte Missings ermöglichen daher im Datensatz eine Information darüber anzulegen, *warum* ein Wert fehlt. Vom Anwender definierte und vergebene Kodes für das Fehlen von Informationen sind daher kontrollierte Missings. So gesehen sind anwenderdefinierte Missings immer *kontrollierte Missings*.

- Bei anwenderdefinierten Missings weiß man also, dass ein Eintrag fehlt und warum ein Wert fehlt. Anwenderdefinierte Missings enthalten also die Information, warum Werte fehlen.
- Systemdefinierte Missings enthalten (zunächst) gar keine Information außer der, dass Werte fehlen. Bei systemdefinierten Missings ist also nicht bekannt, warum ein Wert fehlt. Systemdefinierte Missings sind zunächst immer nicht kontrollierte Missings, können jedoch im Allgemeinen in anwenderdefinierte Missings überführt werden.
- Da eine Tabelle nicht immer ausschließlich aus Daten bestehen kann, dann sollte sie zumindest aus Daten und anwenderdefinierten Missings bestehen.

Kapitel 2 behandelt das Thema „Missings". Abschnitt 2.1 führt in die Definition von Missings ein und das Definieren von Missings bereits beim Anlegen leerer Tabellen, z.B. in PROC SQL mittels der Option NOT NULL oder auch Integrity Constraints für Missings bzw. der Option MISSING im DATA Step. Abschnitt 2.2 führt in Abfragen speziell für Missings ein, z.B. mittels einer WHERE-Klausel mit IS NULL oder IS MISSING. Bereits an dieser frühen Stelle wird auf möglicherweise unerwünschte Ergebnisse bei Abfragen von system- bzw. anwenderdefinierten numerischen Missings hingewiesen. Abschnitt 2.3 vertieft die Wirkweise von Missings in Aggregierungsfunktionen und veranschaulicht z.B. anhand der grundlegenden Aggregierungsfunktionen COUNT und AVG, dass Missings dazu führen können, dass Ergebnisse nicht unbedingt dem entsprechen, was *eigentlich* zu erwarten gewesen wäre. Die Herausforderung besteht damit für den Anwender darin, genau dies zu definieren: Darf z.B. bei der Definition von Mittelwerten der Divisor durch fehlende Werte (Missings) beeinträchtigt, also uneinheitlich sein (was dazu führt, dass der Divisor eigentlich eine *variable* Größe ist)? Konkret bedeutet dies, dass z.B. immer durch eine unterschiedliche Anzahl an (gültigen) Werten dividiert wird. Oder muss der Divisor eine *Konstante* sein, der *nicht* durch Missings beeinträchtigt ist? Dies bedeutet konkret, dass z.B. immer durch die gleiche Anzahl an (gültigen) Werten dividiert wird. Für den *Vergleich* von Parametern wie z.B. mehreren Mittelwerten spielen solche Festlegungen eine fundamentale Rolle. Ein abschließendes Beispiel zeigt, wie über CASE jedem Missing der Wert 0 zugewiesen werden kann und dadurch die Berechnung (Divisor) nicht mehr durch Missings beeinträchtigt ist. Abschnitt 2.4 veranschaulicht an Beispielen innerhalb einer Tabelle, dass Missings eventuell auch unerwünschte Ergebnisse beim Sortieren von Daten (ORDER BY), in WHERE-Bedingungen und beim Gruppieren von Daten (GROUP BY) nach sich ziehen könnten. Beim Gruppieren von Daten können weitere, möglicherweise unerwünschte Effekte auftreten, z.B. dass Zellen mit Missings u.U. so behandelt werden, als ob sie *zusammen* gehören oder dass berechnete Werte auch für Zeilen zurückgegeben werden, die gar keine Daten für die Berechnung lieferten. Abschnitt 2.5 behandelt eventuell unerwünschte Ergebnisse bei der Arbeit mit zwei Tabellen. Beim Nebeneinanderstellen (Joinen) von Tabellen können dann möglicherweise unerwünschte Ergebnisse die Folge sein, wenn die ID-Variablen (Keys) der zusammenzufügenden Tabellen nicht nur Missings aufweisen, sondern darüber hinaus von einem unterschiedlichen Typ sind. Abschnitt 2.5.1 stellt Beispiele für den Effekt von Missings bei Self-Joins vor; Abschnitt 2.5.2 stellt Beispiele für den Effekt von Missings beim Joinen zweier Tabellen vor. Ob überhaupt unerwünschte Ergebnisse möglicherweise vorkommen können, hängt v.a. davon ab, ob Missings (und falls ja, welchen Typs) tatsächlich in den Daten vorkommen und natürlich auch, wie man mit ihnen umgeht. Abschnitt 2.6 stellt verschiedene Ansätze zum Suchen und Ersetzen von Missings vor. Abschnitt 2.6.1 stellt zwei Ansätze zum Überprüfen von SAS Tabellen auf Missings vor. Der SQL Ansatz gibt die Fälle aus, die anwender- *oder* systemdefinierte Missings in mehreren Variablen aufweisen. Ein Makro untersucht dagegen eine einzelne Variable auf unterschiedliche Typen an Missings. Im Gegensatz zu Ansatz 1 werden keine Fälle ausgegeben; als Ergebnis werden die jeweiligen Häufigkeiten des Auftretens der vorgefundenen Missings in der untersuchten Variablen ausgegeben. Abschnitt 2.6.2 stellt mehrere Ansätze zum Suchen *und* Ersetzen (Konvertieren) von (alpha)numerischen Missings zusammen. Dazu zählt u.a. das Konvertieren von Missings mittels Makrovariablen, das Ersetzen von Missings durch Konstanten oder auch errechnete Werte, das Ersetzen durch gültige Werte aus einer anderen Tabelle (UPDATE) oder auch mittels eines Joins (COALESCE). Darüber hinaus wird ein DATA Step Ansatz zum Konvertieren von gültigen Werten in Missings (CALL MISSING) vorgestellt. All diese Ansätze setzen die Plausibilität der weiteren Werte in der bzw. den SAS Tabelle/n voraus. Der Abschnitt 2.7 behandelt die Wirkweise von Prädikaten beim Umgang mit gültigen Werten und anwender- und systemdefinierten Missings. Interessant ist dabei u.a. ein Reihenfolge-Phänomen beim [NOT] LIKE-Prädikat.

Grundsätzlich gilt: Missings sind deshalb unangenehm, weil sie die Basis für das Ableiten von Informationen einschränken. *System*definierte Missings sind deshalb heikel, weil ein Anwender nicht weiß, warum diese Daten fehlen (bei *anwenderdefinierten* Missings weiß er es, aber die Daten fehlen trotzdem). Bei PROC SQL kommt erschwerend hinzu, dass es ausgerechnet mit Missings etwas anders umgeht als der ANSI Standard. Dieses Kapitel fokussiert grundlegende Aspekte beim Umgang von PROC SQL mit Missings. Dazu gehören:

- die *Definition* von Missings (also vom *Anwender* definierte Missings),
- die *Abfrage* von Daten aus Tabellen, die Missings enthalten,
- (un)erwünschte Effekte von Missings auf Operationen der *Datenanalyse* (z.B. Aggregierungen) und des *Datenmanagements* (z.B. Joins), sowie
- erste grundlegende *Maßnahmen* zum Umgang mit Missings, z.B. das Löschen oder auch das Suchen (und Ersetzen) von Missings.

Der Fokus verlagert sich dabei von *anwender*definierten Missings auf systemdefinierte Missings. *Inferenzstatistische Analysen* sind nicht Gegenstand dieses Kapitels. Inferenzstatistische Analysen von Daten, die Missings enthalten, sind ausgesprochen heikel und erfordern die gebotene Sorgfalt. Für eine erste Einführung in Aspekte wie z.B. Ursachen (Muster), Folgen und u.a. Mechanismen von Missings wird auf Schendera (2007, Kap. 6) verwiesen. Dort werden weitere Maßnahmen zum Umgang mit Missings vorgestellt, u.a. Hot Deck, Rekonstruktion (inkl. Imputation) oder das Einbeziehen in eine Analyse über Kodierungen usw.

Das Besondere am Thema Missings ist, dass der Umgang mit Missings in PROC SQL nicht uneingeschränkt dem aktuellen ANSI Standard entspricht. Das SQL von SAS geht mit Missings anders um als der ANSI-Standard. Das Nichtberücksichtigen dieser Besonderheiten kann zu möglicherweise unerwünschten Ergebnissen beim Umgang mit Missings führen (vgl. z.B. die Hinweise in 2.4 und 2.5).

Gemäß des ANSI-Standards werden z.B. die Ausdrücke „5 > NULL", „0 > NULL" oder auch „–5 > NULL" zu *NULL*. In Boole'schen und Vergleichsoperatoren werden dieser und andere Ausdrücke jedoch *wahr*, entsprechend auch bei der Arbeit mit SAS SQL. Beim Sortieren von Daten ordnet PROC SQL außerdem Missings vor Daten vom Typ numerisch bzw. String an. Wird also eine ansteigende Sortierreihenfolge (Default, ASC, ascending) spezifiziert, werden Missings zuoberst aller übrigen gültigen Werte platziert. Die Abschnitte 2.4 und 2.5 werden dazu eine Auswahl möglicher unerwünschter Ergebnisse beim Umgang mit Missings (Berechnen, Filtern bzw. Joinen) vorstellen. Der Abschnitt 2.3 veranschaulicht, dass auch Aggregierungsfunktionen unterschiedliche Ergebnisse zur Folge haben können, je nachdem, wie sie definiert sind bzw. ob Missings in den Daten enthalten sind. Auch hier besteht durchaus die Möglichkeit, dass die zunächst erzielten Ergebnisse nicht dem entsprechen, was man erwarten würde. AVG bezieht z.B. standardmäßig nur die nichtfehlenden Werte in die Berechnung des Mittelwertes ein. Soll der Divisor dagegen auch die fehlenden Werte enthalten, ist ein anderes Vorgehen zu wählen. Der Abschnitt 2.2 zeigt davor Abfragen für Missings. Bevor Daten ausgewertet oder Tabellen zusammengefügt werden, ist es empfehlenswert zu prüfen, ob überhaupt Missings in den Tabellen vorkommen. Die Unterschiede in der Funktionsweise von SAS und ANSI SQL sind für die konkrete Arbeit mit Missings derart zentral, dass dazu in diesem Buch dieses separate Kapitel reserviert wurde. Allen Lesern wird dringlich dieses Kapitel zum besonderen Umgang mit Missings empfohlen, idealerweise *bevor* sie sich mit den anderen Kapiteln beschäftigen. Es macht z.B. einen Unterschied, ob sie Missings (NULL-Werte) in SAS weiterverarbeiten oder in einer non-SAS DBMS. Viele non-SAS DBMS entfernen z.B. Missings automatisch aus einer WHERE-Klausel, SAS dagegen nicht. Diese Besonderheiten von SAS SQL sollten Anwender kennen, um mögliche Programmierfehler bzw. Fehlinterpretationen zu vermeiden.

2.1 Von Anfang an: Definition und Definieren von Missings

SAS kann fehlende Werte (Missings) auf unterschiedliche Weise definieren. Fehlende numerische Werte und fehlende Strings werden dabei völlig unterschiedlich gehandhabt. Eine numerische Variable kann außerdem system- und anwenderdefinierte Missings gleichzeitig aufweisen.

I. Missings in numerischen Variablen

Systemdefinierte numerische Missings

SAS definiert einen numerischen Missing standardmäßig als einen Punkt. Achten Sie auf die Hinweise („<").

VAR1	VAR2	
0	5	
-2	-6	
4	.	◁
4	7	
_	B	
.	◁ C	
A	8	

2.1 Von Anfang an: Definition und Definieren von Missings

Anwenderdefinierte numerische Missings

Der Anwender kann numerische Missings nach einem Punkt auch über einen Unterstrich bzw. die Buchstaben von A bis Z definieren. Achten Sie auf die Hinweise („<").

VAR1	VAR2
0	5
-2	-6
4	.
4	7
_ ◁	B ◁
.	C ◁
A ◁	8

PROC SQL behandelt alle systemdefinierten numerischen Missings („.") gleich. Anwenderdefinierte Missings werden von PROC SQL jedoch unterschiedlich wahrgenommen bzw. gehandhabt; tatsächlich besitzen sie sogar eine innere Reihenfolge. Für all diese Definitionen numerischer Missings gilt folgende Abfolge: „ ._ " < „ . " < „ .A " < „ .B " < „ .C " < ... < „ .X " < „ .Y " < „.Z". Werden numerische Missings mit nichtfehlenden numerischen Werten verglichen, werden system- und anwenderdefinierte Missings kleiner als nichtfehlende Werte interpretiert. Missings in Zeit- und Datumsvariablen werden wie numerische Missings wahrgenommen und gehandhabt.

II. Missings in Stringvariablen

SAS definiert einen fehlenden Buchstaben bzw. eine Zeichenkette als sog. Leerstelle („Blank"). Werden Blanks i.S.v. Missings für Stringvariablen miteinander verglichen, werden sie von PROC SQL immer als gleich wahrgenommen und gehandhabt. Achten Sie auf die Hinweise („<").

STRING1	STRINGX2
ABC	12
DE	34
◁	◁
FGH	56
◁	78
IJ	◁
KLE	90

Gleichen Sie die Beispieldaten aus MISSINGS mit den Ergebnissen Ihrer PROC SQL Version ab. Gibt PROC SQL noch unerwünschte Ergebnisse aus, ist nicht auszuschließen, dass Ihre PROC SQL Programmierung u.U. noch suboptimal mit Missings umgeht (vgl. die Hinweise im nächsten Abschnitt). Gibt Ihr PROC SQL dieselben Ergebnisse aus und Sie haben an eigenen Daten vorher jedoch eine ältere Version von PROC SQL eingesetzt, so ist nicht auszuschließen, dass das neue PROC SQL *anders* arbeitet und z.B. mit denselben Daten andere Ergebnisse erzielt als die SQL Vorgängerversion.

Exkurs:
Der verwendete Testdatensatz MISSINGS enthält (neben einer ID-Variablen) vier Variablen mit Missings, zwei numerische Variablen VAR1 und VAR2 und zwei Stringvariablen,

STRING1 und STRINGX2. STRINGX2 wirkt zwar wie eine numerische Variable, ist jedoch unter INPUT als String definiert. Beachten Sie hier bitte auch den dazugehörigen SAS Output. Die unterschiedlichen Missings werden unter den Testdaten erläutert; die weiteren Konsequenzen beleuchten die darauf folgenden Abschnitte.

Die folgenden Beispiele gelten für SAS v9.1.3 auf Windows XP. Auf anderen Plattformen oder mit früheren PROC SQL Versionen können durchaus andere Ergebnisse die Folge sein, wenn und weil diese nicht völlig den ANSI Standards für SQL entsprechen, darunter auch und gerade im Umgang mit Missings.

Testdaten für den Umgang mit Missings

```
data MISSINGS ;
input VAR1 1-2 VAR2 4-5
STRING1 $7-9 STRINGX2 $11-12 ID ;
datalines;
 0  5 ABC 12 1
-2 -6 DE  34 2
 4         3
 4  7 FGH 56 4
._   .B   78 5
.   .C IJ    6
.A  8 KLE 90 7
;
run ;
proc print noobs ;
run ;
```

proc print-Ausgabe

VAR1	VAR2	STRING1	STRINGX2	ID
0	5	ABC	12	1
-2	-6	DE	34	2
4	.			3
4	7	FGH	56	4
_		B	78	5
.	.	C	IJ	6
A	8	KLE	90	7

Exkurs Ende

Von Anfang an: Definition von Missings bereits beim Anlegen leerer Tabellen
Mittels CREATE TABLE (ohne AS) können „leere" PROC SQL Tabellen angelegt werden. Mit „leer" ist gemeint, dass die Tabellen zwar keine Daten enthalten, sie können jedoch u.a. Spaltenattribute und Prüfregeln enthalten. Eine der einfachsten Prüfregeln ist die Option NOT NULL. Zu weiteren, v.a. komplexeren Prüfregeln wird auf Kapitel 3 zu den Integrity Constraints verwiesen. NOT NULL gilt für numerische bzw. Stringvariablen gleichermaßen.

Ansatz SQL: Anlegen einer leeren Tabelle inkl. Integrity Constraints für Missings
Mittels CREATE TABLE wird die temporäre Datei LEER mit leeren Spalten angelegt, vom Anwender bezeichnet mit ID, STRING und WERT. Im Klammerausdruck werden den Spalten weitere Attribute zugewiesen, wie z.B. Typ, Länge und Label. NOT NULL verhindert als Prüfregel sog. Missings (Nullwerte, Null Values) beim Aktualisieren z.B. mittels INSERT VALUES.

```
proc sql ;
    create table LEER
```

2.1 Von Anfang an: Definition und Definieren von Missings

```
         (ID   num NOT NULL,
          STRING char (30) NOT NULL  label="Stringvariable",
          WERT1   num NOT NULL label="Numerische Variable");
  quit ;
```

Die angegebenen NOT NULL-Bedingungen werden in der angegebenen Reihenfolge als Integrity Constraints _NM0001_, _NM0002_, usw. protokolliert.

Werden z.B. der Tabelle LEER mittels INSERT INTO Datenzeilen ohne Missings in den überwachten Spalten hinzugefügt, so gestatten die Prüfregeln das Hinzufügen der neuen Datenzeilen.

```
proc sql ;
  insert into LEER
     values(1,'String', 123)
     values(2,'String2', 124) ;
quit ;
```

Dem SAS Log ist folgende Rückmeldung zu entnehmen.

```
HINWEIS: 2 Zeilen wurden eingefügt in WORK.LEER.
```

Wird dagegen versucht, der Tabelle LEER Datenzeilen *mit* Missings in den überwachten Spalten hinzuzufügen, so blocken die Prüfregeln das Hinzufügen der neuen Datenzeilen. Die Punkte bzw. Blanks zwischen den Anführungszeichen repräsentieren Missings in numerischen bzw. Stringvariablen.

```
proc sql ;
  insert into LEER
     values(1,'String', 123)
     values(1,' ', .)
     values(.,' ', .) ;
quit ;
```

Dem SAS Log ist folgende Rückmeldung zu entnehmen.

```
FEHLER: Add/Update failed for data set WORK.LEER because data value(s) do not
comply with integrity constraint _NM0002_.
HINWEIS: Dieses Einfügen schlug fehl, während versucht wurde, Daten aus der
VALUES-Bedingung 2 der Datei hinzuzufügen.
HINWEIS: Erfolgreiche Einfügungen vor obigem Fehler werden gelöscht, um konsistenten Tabellenzustand wiederherzustellen.
```

Der Hinweis *Fehler:* bedeutet: Die einzufügenden Daten verstoßen gegen Integrity Constraint _NM0002_. Die Prüfregel _NM0002_ gilt (aufgrund ihrer Reihenfolge) für die Spalte STRING und verlangt, dass die dort einzufügenden Daten nicht-null, also keine Missings sind. Der *erste* Hinweis weist darauf hin, dass das Missing in STRING in der *zweiten* IN-

SERT VALUES-Zeile vorkam (vgl. „VALUES-Bedingung 2"). Dieser eine Missing verhinderte das Einfügen aller Datenzeilen. Der *zweite* Hinweis besagt, dass der Ausgangszustand wiederhergestellt wurde.

Das weitere Vorgehen kann oft ausgesprochen iterativ sein, bis alle Daten *regelgerecht* eingelesen sind: Wird z.B. nur der Missing in STRING behoben, wird beim nächsten Durchlauf der Missing in WERT1 (ebenfalls in der *zweiten* INSERT VALUES-Zeile) die Prüfregel _NM0003_ auslösen. Wird dieser behoben, wird im nächsten Durchlauf der Missing in ID (in der *dritten* INSERT VALUES-Zeile) die Prüfregel _NM0001_ auslösen usw.

Ansatz DATA Step:
Der DATA Step erlaubt durch die Angabe von MISSSING bereits *vor dem* Einlesen von Daten in SAS unterschiedliche Typen anwenderdefinierter Missings zu vergeben, z.B. A, B, C und „_". Der folgende Beispiel-Datensatz MISSING unterscheidet sich wegen der vergebenen Underscore-Symbole in VAR1, STRING1, STRINGX2 vom gleichnamigen Beispieldatensatz am Anfang dieses Kapitels.

```
data MISSINGS ;
   missing A B C _ ;
input VAR1 1-2 VAR2 4-5
STRING1 $7-9 STRINGX2 $11-12 ID ;
datalines;
0   5   ABC  12  1
-2  -6  DE   34  2
4   _            3
4   7   FGH  56  4
_       B    78  5
.   C   IJ       6
A   8   KLE  90  7
;
run ;
proc print noobs ;
run ;
```

proc print-Ausgabe

VAR1	VAR2	STRING1	STRINGX2	ID
0	5	ABC	12	1
-2	-6	DE	34	2
4	.	_	_	3
4	7	FGH	56	4
_		B	78	5
.		IJ		6
A	8	KLE	90	7

Beachten Sie, dass das MISSING-Statement das Underscore-Symbol („_") auch (auf diese Weise kontrolliert) den fehlenden String-Einträgen zuweist.

2.2 Abfragen für Missings

Bevor Daten ausgewertet oder Tabellen zusammengefügt werden, ist es empfehlenswert zu prüfen, ob Missings in den Tabellen vorkommen. Eine WHERE-Klausel mit IS NULL oder IS MISSING fragt z.B. alle Daten ab, die in der betreffenden Spalte einen fehlenden Wert aufweisen. Beide IS-Bedingungen werden wahr [falsch] dann, wenn ein Wert in einer Spalte [nicht] fehlt.

Abfrage von Missings in einer numerischen Spalte
Im folgenden Beispiel werden alle Missings in der Spalte VAR1 der Datei MISSINGS abgefragt. Beide IS-Bedingungen fragen system- und anwenderdefinierte Missings gleichzeitig ab.

```
proc sql ;                            proc sql ;
   select ID, VAR1, VAR2                 select ID, VAR1, VAR2
      from MISSINGS                         from MISSINGS
         where VAR1 is missing ;               where VAR1 is null ;
quit ;                                quit ;
```

SAS gibt alle Zeilen mit Missings in der Spalte VAR1 der Datei MISSINGS aus. An ihrer Formatierung ist zu erkennen, dass es sich um system- und anwenderdefinierte (mit anderen Zeichen) Missings handelt.

ID	VAR1	VAR2
5	_	B
6	.	C
7	A	8

Hinweise: Beide IS-Bedingungen kommen zum selben Ergebnis. SELECT ändert die Abfolge der Spalten (vgl. die Position von ID). Ein Punkt repräsentiert systemdefinierte Missings. Unterstrich oder Buchstaben von A bis Z repräsentieren anwenderdefinierte Missings.

Ausschluss von Missings aus zwei numerischen Spalten
Wenn es die Fragestellung zulässt, können Anwender auch den umgekehrten Weg gehen und z.B. möglicherweise vorhandene Missings aus den Daten ausfiltern und nur die Zeilen ohne Missings abfragen. Im folgenden Beispiel werden Zeilen ohne Missings in den Spalten VAR1 und VAR2 der Datei MISSINGS abgefragt. Beide IS-Bedingungen werden gleichzeitig in der WHERE-Klausel verwendet.

```
proc sql ;
   select ID, VAR1, VAR2
      from MISSINGS
         where VAR1 is not missing and VAR2 is not null ;
quit ;
```

ID	VAR1	VAR2
1	0	5
2	-2	-6
4	4	7

Hinweise: Beide IS-Bedingungen filtern die Spalten VAR1 und VAR2 so aus, dass beide Variablen gleichzeitig keine Missings, sondern ausschließlich vollständige Daten enthalten. SELECT ändert die Abfolge der Spalten.

Abfrage von anwenderdefinierten Missings
Im folgenden Beispiel werden die Spalten VAR1 und VAR2 der Datei MISSINGS auf anwenderdefinierte Missings abgefragt. Als Bedingungen in der WHERE-Klausel werden ein EQ und eine IN-Liste verwendet. Dieser Ansatz setzt voraus, dass bekannt ist, welche Kodes für die Kodierung der anwenderdefinierten Missings verwendet werden. Ob man nun weiß, welche Kodes in welcher Variable verwendet werden, ist sekundär. Das nachfolgende Beispiel geht davon aus, dass der Kode .A nur in der Spalte VAR1 und in der Spalte VAR2 vermutlich die Kodes .A, .B und .C vorkommen. Die WHERE-Bedingungen fragen ausschließlich anwenderdefinierte Missings ab.

```
proc sql ;
  select ID, VAR1, VAR2
    from MISSINGS
      where VAR1 eq .A or VAR2 in (.A, .B, .C) ;
quit ;
```

ID	VAR1	VAR2
5	_	B
6	.	C
7	A	8

Abfrage von Missings in einer String-Spalte
Sollen Blanks in einer Spalte vom Typ String abgefragt werden, empfiehlt sich z.B. die unten gezeigte Bedingung. Im folgenden Beispiel werden z.B. alle Zeilen ohne Missings in der Spalte STRING1 abgefragt.

```
proc sql ;
  select ID, STRING1, VAR2
    from MISSINGS
      where STRING1 in ("   ");
quit ;
```

ID	STRING1	VAR2
3		.
5		B

SAS gibt alle Zeilen mit Missings in der Spalte VAR1 der Datei MISSINGS aus. Missings vom Typ String sind, sofern sie nicht formatiert sind, im Allgemeinen an der Abwesenheit jeglicher Zeichen zu erkennen.

2.2 Abfragen für Missings

Variablen, Zugriffe und ggf. unerwünschte Ergebnisse bei Abfragen für Missings

Da PROC SQL system- bzw. anwenderdefinierte numerische Missings wie auch Missings bei Strings unterschiedlich wahrnimmt und handhabt, sind sowohl unterschiedliche Zugriffe auf die Daten selbst Voraussetzung, wie auch unterschiedliche Ergebnisse bzw. Ausgaben die Folge. Die folgenden Beispiele werden demonstrieren, wie bei PROC SQL je nach Ausdruck bzw. Missings unterschiedliche Ergebnisse die Folge sein können.

Logischer Ausdruck

```
proc sql;
create table LOGIC as
select not VAR1 as mis1_not,
       VAR1 or . as mis2_or,
       VAR1 and . as mis2_and
from MISSINGS;
quit;
```

mis1_not	mis2_or	mis2_and
1	0	0
0	1	0
0	1	0
0	1	0
1	0	0
1	0	0
1	0	0

In logischen Ausdrücken (AND, OR, NOT) können numerische Variablen und damit auch numerische Missings die Werte 1 (für „wahr") bzw. 0 (für „falsch") annehmen. Die angelegten Variablen MIS1_NOT (bei Abfrage einer Variablen) bzw. MIS2_OR und MIS2_AND (jew. Vergleich zweier Variablen) demonstrieren, dass PROC SQL system- bzw. anwenderdefinierte numerische Missings gleich wahrnimmt. Missings und der Wert 0 (vgl. erste Zeile) werden jeweils als „falsch" („0") interpretiert, nichtfehlende numerische Werte als „wahr" („1").

Arithm. Ausdruck

```
proc sql;
create table ARTHMTC as
select var1 + 1 as ADD_PLS1 from MISSINGS
where var1 < 0;
quit;
```

ADD_PLS1
-1
.
.
.

In arithmetischen Ausdrücken (+, -, *, /) führen numerische Missings immer auch zu numerischen Missings. Werden diese numerische Missings in weitere Ausdrücke einbezogen, werden wieder Missings die Folge sein.

String-Ausdruck

```
proc sql;
create table STRING as
select
"PRFX_"||string1||stringx2
as STRING_1
from MISSINGS ;
quit ;
```

STRING_1

PRFX_ABC12
PRFX_DE 34
PRFX_
PRFX_FGH56
PRFX_ 78
PRFX_IJ
PRFX_KLE90

Bei Operationen mit Stringvariablen werden fehlende einzelne oder mehrere Zeichen(ketten) mittels Blanks bis auf die Länge der erzeugten Variablen(kombination) aufgefüllt. Dabei können auch Blanks innerhalb eines Strings entstehen (vgl. z.B. den zweiten, dritten und fünften Eintrag in STRING_1).

2.3 Missings in Aggregierungsfunktionen

Missings sind auch in Aggregierungsfunktionen ein spezielles Thema. Weil viele Aggregierungsfunktionen Missings ignorieren, besteht durchaus die Möglichkeit, dass die zunächst erzielten Ergebnisse nicht dem entsprechen, was man erwarten würde. AVG bezieht z.B. standardmäßig nur die nichtfehlenden Werte in die Berechnung des Mittelwertes ein. Soll der Divisor dagegen auch die fehlenden Werte enthalten, ist ein anderes Vorgehen zu wählen. Kleine Anpassungen der Aggregierungsfunktionen können dabei eine große Wirkung haben. Dies lässt sich bereits beim Zählen von Werten bzw. Datenzeilen mittels COUNT oder dem Berechnen von Mittelwerten mittels AVG veranschaulichen.

Zählen von vorhandenen, doppelten und fehlenden Werten mit COUNT
Werte einer Spalte können u.a. mit den Funktionen COUNT, NMISS und MISS durchgezählt werden. Die geschickte Kombination mit anderen Schlüsselwörtern entscheidet darüber, ob die gewünschten Abfrageergebnisse erzielt werden.

Mit den Funktionen COUNT, NMISS und MAX kann zusammen mit DISTINCT die Anzahl der Ausprägungen der (numerischen) Spalte VAR1 in der Datei MISSINGS auf unterschiedliche Weise gezählt werden. Die Spalte VAR1 enthält dabei 7 Zeilen, davon sind 3 Missings, 4 Werte, und von den vorhandenen Werten kommt ein Wert doppelt vor, die 4. Mehrfach vorkommende Missings können ebenfalls als doppelt und unique auftretend gehandhabt werden (vgl. „count(distinct VAR1) + max(missing(VAR1))").

- „count(*)" gibt die Anzahl aller Zeilen eines Datensatzes zurück einschließlich der Missings und aller weiteren Werte (vgl. „miss_in_else_in"): 3 + 4 = 7.

2.3 Missings in Aggregierungsfunktionen

- „nmiss(VAR1)" gibt die Anzahl der fehlenden Werte in VAR1 zurück ohne alle weiteren Werte (vgl. „miss_in_else_out"): 3 + 0 = 3.
- „count(distinct VAR1) + max(missing(VAR1))" gibt die Anzahl aller uniquen Missings in VAR1 plus die Anzahl aller vorhandenen uniquen Werte zurück. 1 + 3 = 4. Viele Missings werden also auf 1 Missing reduziert.
- „count(VAR1)" schließt in VAR1 alle Missings aus, gibt dagegen die Anzahl aller vorhandenen Werte inkl. doppelter Werte zurück: 0 + 4 = 4.
- „count(distinct VAR1)" schließt in VAR1 alle Missings und Doppelte aus, gibt ansonsten die Anzahl aller uniquen vorhandenen Werte zurück: 0 + 3 = 3.

Diese Abfragevarianten können direkt auch auf String-Variablen angewandt werden, z.B. STRING1 oder STRING2 aus der Datei MISSINGS.

```
proc sql;
select
        count(*)                as miss_in_else_in,
        nmiss(VAR1)             as miss_in_else_out,
        count(distinct VAR1) + max(missing(VAR1))
                                as miss_in_dopp_out,
        count(VAR1)             as miss_out_else_in,
        count(distinct VAR1)    as miss_out_dopp_out
  from MISSINGS ;
quit ;
```

miss_in_ dopp_in	miss_in_ else_out	miss_in_ dopp_out	miss_out_ else_in	miss_out_ dopp_out
7	3	4	4	3

Beachten Sie auch die abschließenden Anmerkungen zu DISTINCT.

Variationen bei Aggregierungsfunktionen
Missings können bei Aggregierungsfunktionen unter Umständen zu Variationen, um nicht zu sagen: zu unerwünschten Ergebnissen führen.
Missings führen bei der Bestimmung des Divisors zum Problem des Verwechselns von theoretischem Maximum (Anzahl der Zeilen) mit der Anzahl der gültigen Werte (Schendera, 2007, 129ff.). Der Fehler hat zwei Gesichter: i. Wenn durch die Anzahl der theoretisch möglichen Fälle dividiert, jedoch als *Mittelwert* auf der Basis gültigen Fälle *interpretiert* wird. ii. Wenn durch die Anzahl der gültigen Fälle dividiert, jedoch als *Mittelwert* auf der Basis aller theoretisch möglichen Fälle *interpretiert* wird.
Die Herausforderung besteht für den Anwender also darin, welche Interpretation qua Berechnung (Division durch Anzahl der gültigen Werte oder aller theoretisch möglichen Werte) für seine Zwecke die angemessene ist. Die nachfolgende Veranschaulichung ist Abschnitt 8.2 (Band I) zur Berechnung ausgewählter Lage- und Streuungsmaße entnommen.

```
proc sql ;
  select AVG(S0666) as MEAN_1,
      from SASHELP.SYR1001 ;
  select sum(S0666) as S0666_SUM,
         count(*) as S0666_N,
         calculated S0666_SUM/calculated
            S0666_N as MEAN_2
      from SASHELP.SYR1001 ;
  select sum(S0666) as S0666_SUM,
         count(S0666) as S0666_N,
         calculated S0666_SUM/calculated
            S0666_N as MEAN_3
      from SASHELP.SYR1001 ;
  select sum(S0666) as S0666_SUM,
         calculated S0666_SUM / 105
            as MEAN_4
      from SASHELP.SYR1001 ;
  select sum(S0666) as S0666_SUM,
         calculated S0666_SUM / 106
            as MEAN_5
      from SASHELP.SYR1001 ;
quit ;
```

Ergebnisse (Auszug):

MEAN_1	1.754444
MEAN_2	0.902285
MEAN_3	1.754444
MEAN_4	0.902285
MEAN_5	0.893773

Die Varianten MEAN_1 und MEAN_3 enthalten im Divisor alle Zeilen mit Werten in S0666 (N=54) und erzielen jeweils als Mittelwert 1.754444. Die Varianten MEAN_2 und MEAN_4 enthalten im Divisor alle Zeilen der Datei einschl. der Missings in S0666 (N=105) und erzielen jeweils als Mittelwert 0.902285. Die Variante MEAN_5 enthält als Divisor den Wert 106 und erzielt als Mittelwert 0.893773. Mathematisch gesehen sind alle drei erzielten Mittelwerte korrekt; welcher Divisor (54, 105 oder 106) jedoch richtig (oder auch falsch) ist, kann nur im Hinblick darauf beurteilt werden, welche Aussage mittels des Mittelwerts getroffen werden soll. Es ist also zu prüfen, ob durch einen bestimmten Wert (z.B. N=106), durch alle Zeilen (z.B. N=105) oder durch alle gütigen Fälle (z.B.N=54) dividiert werden soll.

Adjustieren einer Aggregierungsfunktion mittels CASE
Wie im vorangegangenen Beispiel gesehen, können Missings bei Aggregierungsfunktionen zu unerwünschten Ergebnissen führen. Viele Aggregierungsfunktionen ignorieren z.B. Missings.
Im folgenden Beispiel wird wieder der Durchschnitt aller S0666-Werte berechnet. Der erste Ansatz mit der einfachen AVG-Funktion gibt z.B. das arithmetische Mittel ausschließlich auf der Basis aller gültigen Werte (N=54) zurück. Der zweite Ansatz weist jedoch zuvor über CASE jedem Missing in S0666 den Wert 0 zu und legt diese in der neuen Variablen S0666_0 ab. Das arithmetische Mittel wird nun auf der Grundlage *aller* Datenzeilen (N=105) gebildet.

2.3 Missings in Aggregierungsfunktionen

Syntax mit einfachem AVG

```
proc sql ;
    create table MYDATA as select
    T, S0666, avg(S0666) as S0666_MEAN
    from SASHELP.SYR1001 ;
quit ;
```

HINWEIS: Tabelle WORK.MYDATA wurde erstellt mit 105 Zeilen und 3 Spalten.

Ausgabe für einfaches AVG (Ausschnitt):

T	S0666	S0666_MEAN
1	1.80000	1.75444
2	1.52000	1.75444
3	1.51000	1.75444
4	1.80000	1.75444
5	1.85000	1.75444 ...

Das berechnete arithmetische Mittel (1,75444) wird dabei auf der Grundlage der Summe aller vorhandenen Werte (94,740) dividiert durch die Anzahl aller gültigen Werte (N=54) ermittelt. Soll jedoch durch die Anzahl aller Datenzeilen (N=105) dividiert (bzw. aus anderer Perspektive, ein Missing als der Wert 0 interpretiert) werden, kann die oben angedeutete Herangehensweise mittels CASE gewählt werden.

Syntax mit erweitertem AVG

```
proc sql;
    create table MYDATA
        as select T, S0666, case
            when S0666 is missing then 0
                else S0666
                end as S0666_0 ,
            avg(calculated S0666_0) as S0666_MEAN
    from SASHELP.SYR1001 ;
quit;
```

HINWEIS: Tabelle WORK.MYDATA wurde erstellt mit 105 Zeilen und 3 Spalten.

Ausgabe für erweitertes AVG (Ausschnitt):

T	S0666	S0666_0	S0666_MEAN
50	1.61000	1.61000	0.90229
51	1.74000	1.74000	0.90229
52	1.52000	1.52000	0.90229

```
53      1.84000     1.84000     0.90229
54      1.96000     1.96000     0.90229
55         .        0.00000     0.90229
56         .        0.00000     0.90229
57         .        0.00000     0.90229
58         .        0.00000     0.90229 ...
59        ...
```

PROC SQL weist über CASE jedem Missing in S0666 den Wert 0 zu und legt diese in der neuen Variablen S0666_0 ab. Das arithmetische Mittel wird nun auf der Grundlage der Summe aller vorhandenen Werte (94,740), aber auch der Anzahl aller Datenzeilen (N=105) gebildet. Das arithmetische Mittel ist nun 0,90 im Vergleich zu 1,75 in der ersten Variante. Beachten Sie auch die Hinweise zum Gruppieren bei Missings im nächsten Kapitel.

Missings (numerisch, alphanumerisch) können auch über die INPUT- bzw. PUT-Funktionen ineinander konvertiert werden (vgl. Schendera, 2004). Das nächste Beispiel zeigt, wie PROC SQL vor einer Aggregierung numerische Daten, die im Format „Character" abgelegt sind, in ein numerisches Format konvertiert. Gleichzeitig wird ein Blank in der Originalvariablen STRINGX2 aus der Datei MISSINGS in den Wert 0 der neu angelegten Variablen MIN_ZEROS umgewandelt (vgl. Ausgabe MYDATA1, ID 3).

```
proc sql;
  create table MYDATA1 as
    select ID, STRINGX2,
      min(input(STRINGX2, 2.)) as MIN_VALIDS
           label="Minimum gültiger Werte ohne Missings",
      min(sum(0, input(STRINGX2, 2.))) as MIN_ZEROS
           label="Minimum mit 0 anstelle von Missing"
      from MISSINGS
      group by ID;
  create table MYDATA2 as
    select
        mean(MIN_VALIDS) as MEAN_VALIDS
            label='Mittelwert valider Werte (ohne Missings)',
        mean(MIN_ZEROS) as MEAN_INCZERO
            label="Mittelwert valider Werte inkl. 0",
        sum(MIN_VALIDS) as SUM_VALIDS
            label='Summe valider Werte (ohne Missings)',
        sum(MIN_ZEROS) as SUM_INCZERO
            label="Summe valider Werte inkl. 0"
        from MYDATA1 ;
quit ;
proc print data=MYDATA1 noobs;
run;
proc print data=MYDATA2 noobs;
run;
```

Ausgabe MYDATA1:

ID	STRINGX2	MIN_VALIDS	MIN_ZEROS
1	12	12	12
2	34	34	34
3		.	0
4	56	56	56
5	78	78	78
6		.	0
7	90	90	90

Ausgabe MYDATA2:

MEAN_VALIDS	MEAN_INCZERO	SUM_VALIDS	SUM_INCZERO
54	38.5714	270	270

Abschließende Anmerkungen zu DISTINCT

DISTINCT bewirkt, dass nur unique Werte des SQL Ausdrucks in die Berechnung einbezogen werden (vgl. dagegen ALL). Was oft übersehen wird, ist, dass DISTINCT auch bei Missings wirkt. DISTINCT reduziert in der Konsequenz viele Missings auf 1 Missing, dies kann z.B. beim Ausfiltern oder Joinen von Tabellen durchaus fatale Folgen haben.

DISTINCT unterscheidet darüber hinaus zwischen Typen von Missings. Enthalten Daten z.B. system- und anwenderdefinierte Missings, so werden Aggregationen oder Joins einschließlich *eines jeden Typs von Missing* vorgenommen.

DISTINCT bestimmt auch die Rückmeldung von Ergebnissen: Wird DISTINCT zusammen mit einer oder mehreren Aggregierungsfunktionen auf Daten angewandt, die selbst ausschließlich Missings enthalten, so können nur zwei unterschiedliche Ergebnisse die Folge sein: COUNT(*), COUNT(DISTINCT) und NMISS(DISTINCT) geben eine 0 zurück, alle anderen Aggregierungsfunktionen liefern einen Missing zurück.

Nur eine sachgemäße Anwendung von DISTINCT wird die gewünschten Ergebnisse erzielen, z.B. im Umgang mit Missings, bei unterschiedlichen Typen von Missings und in der Form der Rückmeldung von Ergebnissen.

2.4 Mögliche unerwünschte Ergebnisse bei (u.a.) WHERE, GROUP und ORDER

Bei Missings können eventuell unerwünschte Ergebnisse bereits bei der Arbeit mit nur einer Tabelle die Folge sein, z.B. beim Sortieren von Daten (ORDER BY), in WHERE-Bedingungen und beim Gruppieren von Daten (GROUP BY) (vgl. z.B. die folgenden Beispiele). Beim Gruppieren von Daten können weitere, möglicherweise unerwünschte Effekte auftreten, z.B. dass Zellen mit Missings u.U. so behandelt werden, als ob sie *zusammmen* gehören oder dass berechnete Werte auch für Zeilen zurückgegeben werden, die gar keine Daten für die Berechnung lieferten. Im Anschluss wird Abschnitt 2.5 eventuell unerwünschte Ergebnisse bei der Arbeit mit zwei Tabellen vorstellen.

Unerwünschte Ergebnisse bei WHERE

Wenn eine Spalte in einer WHERE-Bedingung Missings enthält, kann eine einfache WHERE-Bedingung unter Umständen zu unerwünschten Ergebnissen führen. Im nachfolgenden Beispiel soll z.B. die nachfolgende Abfrage alle S0666-Werte ausgeben, die kleiner als 1,5 sind. Die intuitiv naheliegende SQL Programmierung, einfach nur ein WHERE mit einem <-Zeichen anzugeben, führt bei Missings im Datensatz unter Umständen zu unerwünschten Ergebnissen.

Syntax mit einfachem WHERE

```
proc sql ;
     create table MYDATA as select *
     from SASHELP.SYR1001
     where S0666 < 1.5 ;
quit ;
```

HINWEIS: Tabelle WORK.MYDATA wurde erstellt mit 54 Zeilen und 3 Spalten.

Ausgabe für einfaches WHERE:

T	S0502	S0666
16	411	1.19000
26	344	1.30000
27	294	1.48000
55	342	.
56	405	.
57	389	.
58	364	.
59	361	

Weil SAS fehlende Werte kleiner als Missings interpretiert, führt die einfache WHERE-Bedingung dazu, dass die angelegte Datei nicht nur die S0666-Werte kleiner als 0 enthält, sondern darüber hinaus auch alle Missings in S0666.

Syntax mit erweitertem WHERE

```
proc sql ;
     create table MYDATA as select *
     from SASHELP.SYR1001
     where S0666 < 1.5
          and S0666 is not missing ;
quit ;
```

HINWEIS: Tabelle WORK.MYDATA wurde erstellt mit 3 Zeilen und 3 Spalten.

2.4 Mögliche unerwünschte Ergebnisse bei (u.a.) WHERE, GROUP und ORDER

Ausgabe für erweitertes WHERE:

```
    T    S0502      S0666
   16      411    1.19000
   26      344    1.30000
   27      294    1.48000
```

Sind Missings in S0666-Werte jedoch unerwünscht (sollen dort *nur alle Werte kleiner als 1,5 aber ohne Missings* abgelegt werden), dann ist die WHERE-Bedingung um die Zusatzbedingung IS NOT MISSING zu erweitern.

Wichtiger Hinweis: Beim Programmieren von WHERE-Klauseln ist unbedingt zu berücksichtigen, durch welches System und auf welche Weise möglicherweise vorhandene Missings weiterverarbeitet werden. Werden die Daten in SAS in non-SAS DBMS weiterverarbeitet, entfernen diese Missings oft standardmäßig aus einer WHERE-Klausel. Werden die Daten dagegen in SAS weiterverarbeitet, behält SAS möglicherweise vorhandene Missings standardmäßig im WHERE-Klausel. Unerwünscht unterschiedliche Ergebnisse können durchaus die Folge sein (vgl. z.B. die folgenden Beispiele).

Unerwünschte Ergebnisse beim Sortieren von Daten

Missings können auch beim Sortieren einer oder mehrerer Spalten unter Umständen zu unerwünschten Ergebnissen führen. Wie in der Einführung bereits erwähnt, geht SAS SQL mit Missings (fehlenden Werten, missing values) *anders* als der ANSI Standard für SQL um. PROC SQL folgt dabei der SAS Konvention für den Umgang mit Missings: Werden numerische NULL-Werte (Missings) mit nicht-NULL Zahlen (gültige Werte) verglichen, werden die NULL-Werte immer als *geringer bzw. kleiner* als alle nicht-NULL Werte interpretiert. Werden NULL-Werte vom Typ Character dagegen mit non-NULL Zeichen verglichen, werden die NULL-Werte vom Typ Character als ein String aus Blanks interpretiert. Beim Sortieren von Daten ordnet dabei PROC SQL Missings (NULL-Werte) vor Daten vom Typ numerisch bzw. String an. Wird also eine ansteigende Sortierreihenfolge (Default, ASC, ascending) spezifiziert, werden Missings zuoberst aller übrigen gültigen Werte platziert und gelangen so unter Umständen in die Zeilen einer Query bzw. Tabelle. Auch in dieser Hinsicht kann sich SAS SQL also von anderen SQL Varianten unterscheiden.

Syntax mit einfachem ORDER BY

```
proc sql ;
      create table MYDATA as select *
      from SASHELP.SYR1001
      order by S0666 ;
quit ;
```

HINWEIS: Tabelle WORK.MYDATA wurde erstellt mit 105 Zeilen und 3 Spalten.

Ausgabe für einfaches ORDER BY:

T	S0502	S0666
100	839	.
80	846	.
79	755	.
56	405	.
72	764	.

Weil S0666 Missings enthält, werden diese durch das ORDER BY vor allen anderen Werten angeordnet. Weil ORDER BY keine weitere Sortieranweisung enthält, z.B. nach weiteren Variablen, sind die Werte in den Spalten T und S0502 ungeordnet. In T steht z.B. der Wert 56 zwischen 79 und 72. Sollen die Werte gerade beim Vorhandensein von Missings explizit geordnet sein, ist das ORDER BY um weitere Sortiervariablen zu ergänzen, z.B. T und S0502.

Syntax mit ergänztem ORDER BY

```
proc sql ;
      create table MYDATA as select *
      from SASHELP.SYR1001
      order by S0666, T, S0502 ;
quit ;
```

HINWEIS: Tabelle WORK.MYDATA wurde erstellt mit 105 Zeilen und 3 Spalten.

Ausgabe für ergänztes ORDER BY:

T	S0502	S0666
55	342	.
56	405	.
57	389	.
58	364	.
59	361	.
60	396	.
61	478	.
62	348	.

Wurde das ORDER BY um T und S0502 als Sortiervariablen ergänzt, sind die Werte trotz der Missings in S0666 ansteigend geordnet. Zunächst wurden die Zeilen um die Werte von S0666 sortiert, darin anschließend nach T und darin zuletzt um S0502. Weil die Sortierung von S0666 und T Vorrang haben, wirkt die Spalte S0502 nur scheinbar unsortiert. Würden z.B. S0666 und T jeweils zwei gleiche (gültige, fehlende) Werte enthalten, dann würde in S0502 ein kleinerer vor einem größeren Wert sortiert sein.

Unerwünschte Ergebnisse beim Gruppieren von Daten

Beim Gruppieren von Daten können zwei Varianten möglicherweise unerwünschter Ergebnisse auftreten; die erste Variante ist eher mathematischer Natur und ist v.a. bei Aggregierungsfunktionen zu beachten, die zweite eher inhaltlicher Art und kann v.a. bei Kategorialdaten auftreten.

Für die mathematische Variante wird zur Demonstration ein bereits in anderem Zusammenhang vorgestelltes SQL Beispiel verwendet. Darin wird das arithmetische Mittel von S0666 auf der Grundlage der Summe aller vorhandenen Werte dividiert durch die Anzahl aller gültigen Datenzeilen berechnet.

Gruppieren beim Rechnen mit Missings I

```
proc sql;
    create table MYDATA as select
    T, S0666, case
        when S0666 is missing then 0
            else S0666
        end as S0666_0 ,
        avg(calculated S0666_0) as S0666_MEAN
    from SASHELP.SYR1001 ;
quit;
```

Ausgabe für Gruppieren bei Missings in Aggregierungsfunktionen (Ausschnitt):

T	S0666	S0666_mean
52	1.52000	1.75444
53	1.84000	1.75444
54	1.96000	1.75444
55	.	1.75444
56	.	1.75444
57	.	1.75444
58	.	...

Es kann für Anwender unerwünscht sein, dass PROC SQL den ermittelten S0666-Wert auch für Zeilen zurückgibt, die gar keine Werte für seine Berechnung lieferten, z.B. die Zeilen der T-Werte 55, 56, usw.

Um besser zu veranschaulichen, was dies aus inhaltlicher Sicht bedeuten kann, wird zur Demonstration ein Beispiel mit String-Daten aus der SAS Dokumentation verwendet. Die SAS Datei COUNTRIES enthält dabei u.a. die Länder (NAME), ihre Fläche in Quadratmeilen (AREA), sowie den Kontinent, zu dem sie gezählt werden. Der Datensatz enthält drei Länder, die keinem Kontinent zugewiesen sind, also Einträge, bei denen in CONTINENT ein Missing vorliegt. Dies sind Bermuda, Iceland und Kalaallit Nunaat (jew. nicht in der obigen

Beispielausgabe angezeigt). Das Ziel dieser Analyse ist nun, die Gesamtfläche aller Länder pro Kontinent (C_FLAECHE) zu ermitteln und diesen Wert für jedes Land zurückzuspielen.

Inhalt von COUNTRIES (Ausschnitt):

```
NAME                     AREA   CONTINENT
Afghanistan            251825   Asia
Albania                 11100   Europe
Algeria                919595   Africa
Andorra                   200   Europe
Angola                 481300   Africa
Antigua and Barbuda       171   Central America
Argentina             1073518   South America
Armenia                 11500   Asia
Australia             2966200   Australia ...
```

Gruppieren beim Rechnen mit Missings II

```
proc sql ;
    create table MYDATA as
    select NAME format=$25., CONTINENT,
           sum(AREA) format=comma12. as C_FLAECHE
    from COUNTRIES
    group by CONTINENT
    order by CONTINENT, NAME ;
quit ;
```

Ausgabe für Gruppieren bei Missings in Kategorialdaten (Ausschnitt):

```
NAME              CONTINENT   C_FLAECHE
Bermuda                         876,800
Iceland                         876,800
Kalaallit Nunaat                876,800
Algeria           Africa     11,299,595
Angola            Africa     11,299,595
Benin             Africa     11,299,595
Botswana          Africa     11,299,595 ...
```

In der Ausgabe kann der Anwender an der Tabelle COUNTRIES erkennen, dass in den Ländern Bermuda, Iceland und Kalaallit Nunaat in der Spalte CONTINENT jeweils Missings vorliegen. Ähnlich wie PROC SQL die Gesamtfläche z.B. für den Kontinent Afrika berechnet und dazu alle CONTINENT-Einträge in „Africa" als zu einer Gruppe zugehörig interpretiert, interpretiert SQL alle Einträge mit Missings in CONTINENT als zum Kontinent ‚Missings' gehörig.

Es kann hier für den Anwender einerseits *arithmetisch* gesehen unerwünscht sein, dass PROC SQL den ermittelten Wert auch in Zeilen zurückgibt, die der Variablen CONTINENT gar keine Werte für seine explizite Gruppierung lieferten. Andererseits ist es aber so, dass Bermuda, Iceland und Kalaallit Nunaat geografisch gesehen außerdem nicht zum *selben* Kontinent gehören. Dass PROC SQL diese Länder trotzdem so behandelt, liegt ausschließlich im Missing in CONTINENT, ist daher ein eindeutiger Fehler und kann nur verstanden werden, wenn diese fehlerhafte Gruppierung auch als *inhaltlich* als nicht korrekt erkannt wurden, was vor allem bei komplexeren Gruppierungen durchaus deutlich komplizierter sein kann.

Unerwünschte Ergebnisse beim Zusammenfügen von Tabellen
Wichtiger Hinweis: SAS SQL behandelt Missings anders als der ANSI Standard für SQL: Die Set-Operatoren schließen in der Grundeinstellung mehrfach vorkommende Zeilen automatisch aus ihren Ergebnistabellen aus. Mit ALL können die mehrfach vorkommenden Zeilen behalten werden (vgl. auch den Abschnitt 2.5). DISTINCT bewirkt zwar, dass nur die uniquen Werte der betreffenden Spalten im Join behalten werden. Da DISTINCT allerdings auch zwischen Typen von Missings unterscheidet, ist es empfehlenswert zu prüfen, ob unterschiedliche, v.a. *anwenderdefinierte* Missings in den Daten vorkommen, und in mehreren Tabellen v.a. die *Einheitlichkeit* ihrer jeweiligen Definition zu prüfen.

2.5 Mögliche unerwünschte Ergebnisse bei Joins

Beim Nebeneinanderstellen (Joinen) von Tabellen können dann möglicherweise unerwünschte Ergebnisse die Folge sein, wenn die ID-Variablen (Keys) der zusammenzufügenden Tabellen nicht nur Missings aufweisen, sondern wenn die Missings darüber hinaus unterschiedlichen Typs sind (system- vs. anwenderdefiniert). Der Abschnitt 2.5.1 stellt mehrere Beispiele für den Effekt von Missings bei Self-Joins vor; der Abschnitt 2.5.2 stellt Beispiele für den Effekt von Missings beim Joinen zweier Tabellen vor. Für weitere Beispiele für Probleme bei der Arbeit mit zwei Tabellen und auch Sub(Queries) wird auf Kapitel 6.6 (Band I) verwiesen.

2.5.1 Beispiele I: Self-Joins bei einer Tabelle

Beispiel 1: Inner Join
An der Tabelle MISSINGS wird ein Self-Join mittels der Methode Inner Join durchgeführt. Mittels ON und der Zuhilfenahme von Tabellenaliasen werden alle Zeilen selegiert, deren Werte in VAR1 und VAR2 einander absolut entsprechen. Die Variablen VAR1 und VAR2 sind dabei die Schlüsselvariablen (nicht die Variable ID!). Bei den Missings in VAR1 und VAR2 handelt es sich jeweils um system- *und* anwenderdefinierte Missings.

Beim Inner Join-Beispiel werden mittels des Filters ON.A.VAR1=B.VAR2 ausschließlich die VAR1-VAR2-Wertepaare abgefragt, die übereinstimmen. Die angelegte Tabelle JOIN_INN enthält nur Zeilen mit IDs mit übereinstimmenden (nicht notwendigerweise) gültigen Werten in beiden datenliefernden Tabellen. Da in der Tabelle MISSINGS in den Spalten VAR1 und VAR2 nur die system- *und* anwenderdefinierten Missings der ID 6 einander entsprechen (allerdings nicht die beiden anwenderdefinierten Missings in Zeile 5!), so werden auch nur diese in die Tabelle JOIN_INN abgelegt. Alle weiteren Zeilen werden aus JOIN_INN ausgeschlossen. Die Daten sind nicht explizit sortiert. Würden anwenderdefinierte Missings *exakt* übereinstimmen, so würden sie ebenfalls ausgegeben werden. Die Ursache hierfür ist, dass ein anwenderdefinierter Missing in PROC SQL sich selbst gleicht (nicht notwendigerweise in anderen SQL Versionen).

Syntax für Inner Join

```
proc sql ;
create table JOIN_INN as
select a.ID, a.var1, b.var2
from MISSINGS as a inner join
     MISSINGS as b
on a.var1=b.var2;
quit;
```

Ausgabe:

ID	VAR1	VAR2
6	.	.

Die COALESCE-Funktion führt zusammen mit ID zum anscheinend demselben Ergebnis, jedoch auf völlig anderem Weg. Zuvor gefiltert über ON, legt die COALESCE-Funktion in der Zeile für die ID 6 (anstelle der beiden Missings in VAR1 und VAR2, jeweils mit Alias) einen Missing in VAR1 (ohne Alias ab). In dieselbe Zeile der ID 6 wird der Missing aus VAR2 (mit Alias) abgelegt.

```
proc sql;
create table JOIN_INN
   as select a.ID,
       coalesce(a.VAR1, b.VAR2)
           as VAR1, b.VAR2
      from MISSINGS as a inner join
           MISSINGS as b
   on a.var1=b.var2
order by a.ID ;
quit;
```

Ausgabe:

ID	VAR1	VAR2
6	.	.

Beispiel 2: Outer Join (Left)

An der Tabelle MISSINGS wird ein Self-Join mittels der Outer Join-Methode „Left" durchgeführt. Outer Joins sind im Prinzip Inner Joins, die um Zeilen erweitert wurden, die mit *keiner* Zeile der anderen Tabelle übereinstimmen. Ein Left Outer Join (LEFT JOIN mit ON) behält alle Zeilen des Kartesischen Produkts der beiden Tabellen, für die der SQL Ausdruck wahr ist und zusätzlich die Zeilen von der linken Tabelle, die mit keiner Zeile der zweiten Tabelle übereinstimmen. Mittels ON und der Zuhilfenahme von Tabellenaliasen werden alle Zeilen selegiert, deren VAR1- und VAR2-Werte einander absolut entsprechen. Die Variablen VAR1 und VAR2 sind dabei die Schlüsselvariablen (nicht die Variable ID!).

2.5 Mögliche unerwünschte Ergebnisse bei Joins

Syntax für Outer Join (Left)

```
proc sql ;
create table JOIN_LEFT as
select a.ID, a.var1, b.var2
from MISSINGS as a left join
     MISSINGS as b
on a.var1=b.var2
order by a.ID ;
quit ;
```

Ausgabe:

ID	VAR1	VAR2
1	0	.
2	-2	.
3	4	.
4	4	.
5	_	.
6	.	.
7	A	.

Da in der Tabelle MISSINGS kein VAR2-Wert bzw. anwenderdefinierter Missing den vorhandenen Werten bzw. Missings aus VAR1 entspricht, werden eine vollständige VAR1-Spalte und, mit Ausnahme der übereinstimmenden systemdefinierten Missings, eine entsprechend leere VAR2-Spalte ausgegeben.

Die Outer Join-Methode Left behält die systemdefinierten Missings (ID 6) in VAR1 und VAR2, da diese einander entsprechen. Zusätzlich behält der Left Outer Join alle Zeilen der „linken" Tabelle (also VAR1), die mit keiner Zeile der zweiten Tabelle (VAR2) übereinstimmen. Alle weiteren VAR2-Werte (außer dem Wert in Zeile ID6) sind systemdefinierte Missings als Folge davon, dass die betreffenden VAR2-Werte mit den VAR1-Werten in derselben Zeile absolut nicht übereinstimmen. Beim Outer Join-Beispiel kommen also die Missings in der Spalte VAR2 in der Ausgabetabelle JOIN_LEFT auf zwei Arten zustande: Der Wert in Zeile 6 kommt aufgrund seiner Übereinstimmung mit dem Wert in VAR1 zustande; alle anderen VAR2-Werte, weil sie den Werten in VAR1 *nicht* entsprechen. Darüber hinaus zeigt dieses Ergebnis auch, dass SAS SQL *unterschiedlich anwenderdefinierte* Missings als nicht übereinstimmend behandelt (vgl. ID 5), *anwender- und systemdefinierte* Missings im Gegensatz dazu als übereinstimmend (vgl. ID 6).

Wird die COALESCE-Funktion verwendet, hat dies *nicht* dasselbe Ergebnis zur Folge.

```
proc sql;
create table JOIN_LEFT
   as select a.ID,
   coalesce(a.VAR1, b.VAR2) as VAR1, b.VAR2
from MISSINGS as a left join
     MISSINGS as b
on a.var1=b.var2
order by a.ID ;
quit;
```

Ausgabe:

ID	VAR1	VAR2
1	0	.
2	-2	.
3	4	.
4	4	.
5	.	.
6	.	.
7	.	.

Die mittels ON gefilterten Daten enthielten nichtfehlende Werte und Missings unterschiedlichen Typs. COALESCE prüft dabei die angegebenen Variablen VAR1 und VAR2 (in „unterschiedlichen" Tabellen) und gibt den ersten gefundenen nichtfehlenden Wert zurück. COALESCE gibt dabei für anwender- wie auch systemdefinierte Missings gleichermaßen einen Missing als Wert zurück. Die Ausgabetabelle enthält daher keine anwenderdefinierten Missings mehr (vgl. ID 5 bis 7); dieser Effekt ist durch die COALESCE-Funktion verursacht.

2.5.2 Beispiele II: Missings in mehreren Tabellen

Die beiden Tabellen EINS und DREI werden mittels unterschiedlicher Join-Methoden „nebeneinander gestellt". Die in beiden Tabellen vorkommenden Spalte ID stellen dabei jeweils die (gleichnamige) Schlüsselvariable. Bei den Missings in ID handelt es sich jeweils um systemdefinierte Missings.

Um einem möglichen Missverständnis vorzubeugen: Die beiden Schlüsselvariablen müssen nicht notwendigerweise gleich heißen. Die meisten der vorgestellten Programme funktionieren auch, wenn die Schlüsselvariablen unterschiedliche Bezeichnungen haben.

Die Demo-Tabellen
Die Tabellen EINS und DREI stammen aus der Einführung in die Arbeit mit zwei Tabellen in Abschnitt 6.2 (Band I). Die ID 4 ist in DREI nicht enthalten und die ID 6 nicht im Datensatz EINS. Für Varianten zu Right Joins wird auf den Abschnitt 6.2 (Band I) verwiesen.

```
data EINS ;                       data DREI ;
   input ID A B C ;                  input ID E F G ;
datalines;                        datalines;
01  1   2   3                     01  4   4   4
02  1   2   3                     02  4   4   4
03  99  99  99                    03  99  99  99
04  1   2   3                     05  4   4   4
05  1   2   3                     06  4   4   4
;                                 ;
                                  run ;
```

Der Datensatz EINS enthält die IDs 1 bis 5 und die Variablen A, B und C. Der Datensatz DREI enthält die Variablen E, F, G und ebenfalls die Variable ID. Die beiden Tabellen unterscheiden sich jedoch in ihren Werten in ID: In EINS fehlt der Wert 6 (stattdessen kommt der Wert 4 vor). In DREI fehlt der Wert 4 (stattdessen kommt der Wert 6 vor). Mit JOIN-Operatoren werden diese Tabellen nebeneinander gestellt Die folgenden JOIN-Beispiele werden v.a. den Effekt von Missings in zwei Schlüsselvariablen (hier: „ID") hervorheben.

2.5 Mögliche unerwünschte Ergebnisse bei Joins

SQL Syntax: FROM mit AS

```
proc sql ;
create table INNJOIN as
select a.ID, A, B, E, F
from EINS as a inner join DREI as b
on a.ID=b.ID ;
quit ;
```

Ausgabe (vgl. ID 4 und 6):

ID	A	B	E	F
1	1	2	4	4
2	1	2	4	4
3	99	99	99	99
5	1	2	4	4

SQL Syntax: Kurzform (ohne AS)

```
proc sql ;
create table INNJOIN as
select a.ID, A, B, E, F
from EINS a inner join DREI b
on a.ID=b.ID ;
quit ;
```

Die mittels der Methode „Inner Join" angelegte Tabelle INNJOIN enthält nur Zeilen mit IDs mit gültigen Werten in beiden datenliefernden Tabellen. Kommt ein ID-Wert nur in einer Tabelle vor, wird diese Zeile aus INNJOIN ausgeschlossen. Die Zeilen mit den IDs 4 und 6 wurden z.B. ausgeschlossen. Die Daten sind nicht explizit sortiert.

```
proc sql ;
create table LEFTJOIN as
select a.ID, A, B, E, F
from EINS a left join DREI b
on a.ID=b.ID
order by ID ;
quit ;
```

Ausgabe (vgl. ID 6):

ID	A	B	E	F
1	1	2	4	4
2	1	2	4	4
3	99	99	99	99
4	1	2	.	.
5	1	2	4	4

Die mittels der Methode „Left Join" angelegte Tabelle LEFTJOIN enthält nur Zeilen für die IDs für die strukturgebende Tabelle EINS. Kommt ein ID-Wert nur in Tabelle DREI vor, wird diese Zeile aus LEFTJOIN ausgeschlossen. Die Zeile mit der ID 6 wurde z.B. ausgeschlossen. Die Daten sind explizit sortiert. Da Tabelle DREI keine ID 4 enthält, werden für diese Zeile die Werte in E und F mit Missings aufgefüllt.

```
proc sql ;
create table FULLJOIN as
select a.ID, A, B, E, F
from EINS a full join DREI b
on a.ID=b.ID ;
quit ;
```

Ausgabe (vgl. Datenzeile für ID 6):

ID	A	B	E	F
1	1	2	4	4
2	1	2	4	4
3	99	99	99	99
4	1	2	.	.
5	1	2	4	4
.	.	.	4	4

Die mittels der Methode „Full Join" angelegte Tabelle FULLJOIN enthält alle Zeilen für die strukturgebende Tabelle EINS. Die ID 6 kommt jedoch nicht in Tabelle EINS vor; daher enthält ID von FULLJOIN an dieser Stelle einen Missing. Die dazugehörige Datenzeile wird entsprechend ihrer Anordnung in der Tabelle DREI angegeben. Da Tabelle EINS keine ID 6 enthält, werden für die Zeile mit dem Missing in ID die Werte in A und B mit Missings aufgefüllt. Da Tabelle DREI keine ID 4 enthält, werden für diese Zeile die Werte in E und F mit Missings aufgefüllt. Die Daten sind nicht explizit sortiert.

```
proc sql ;
create table FULLJOIN as
select a.ID, A, B, E, F
from EINS a full join DREI b
on a.ID=b.ID
order by ID ;
quit ;
```

Ausgabe (vgl. Datenzeile für ID 6):

ID	A	B	E	F
.	.	.	4	4
1	1	2	4	4
2	1	2	4	4
3	99	99	99	99
4	1	2	.	.
5	1	2	4	4

Werden die Daten mittels ORDER BY explizit sortiert, wird die ursprüngliche physikalische Position (im Datensatz) in eine Abfolge nach der Höhe des Wertes von ID verändert. Da die ID 6 nicht in Tabelle EINS vorkommt, enthält ID von FULLJOIN an dieser (jetzt: ersten) Stelle weiterhin einen Missing. Bei mehreren Missings in einer ID-Variablen kann eine Sortierung nach ID unter Umständen kontraproduktiv sein, da die Zeilen vor der Sortierung zumindest anhand ihrer Position in der Tabelle auseinander gehalten werden können. Eine Sortierung würde die Zeilen mit Missings in der ID- bzw. Sortiervariablen unter Umständen nicht mehr unterscheidbar machen.

```
proc sql ;
create table FULLJOIN as
select b.ID, A, B, E, F
from EINS a full join DREI b
on a.ID=b.ID ;
quit ;
```

Ausgabe (vgl. Datenzeile für ID 4)

ID	A	B	E	F
1	1	2	4	4
2	1	2	4	4
3	99	99	99	99
.	1	2	.	.
5	1	2	4	4
6	.	.	4	4

Werden die Daten die Daten nach der ID aus DREI sortiert, enthält ID von FULLJOIN (an der Stelle des Wertes 4) einen Missing, da der Wert 4 nicht in DREI, sondern nur in EINS vorkommt. Die Daten sind nicht explizit sortiert.

```
proc sql ;
create table FULLJOIN as
select b.ID, A, B, E, F
from EINS a full join DREI b
on a.ID=b.ID
```

Ausgabe (vgl. Datenzeile für ID 4)

ID	A	B	E	F
.	1	2	.	.
1	1	2	4	4

2.5 Mögliche unerwünschte Ergebnisse bei Joins

```
order by ID ;
quit ;
```

2	1	2	4	4
3	99	99	99	99
5	1	2	4	4
6	.	.	4	4

Werden die Daten mittels ORDER BY explizit sortiert, wird die ursprüngliche physikalische Position (im Datensatz) in eine Abfolge nach der Höhe des Wertes von ID verändert. Da die ID 4 nicht in Tabelle DREI vorkommt, enthält ID von FULLJOIN an dieser (jetzt: ersten) Stelle weiterhin einen Missing.

```
proc sql ;
create table FULLJOIN as
select coalesce (a.ID, b.ID)
       as ID, A, B, E, F
from EINS a full join DREI b
on a.ID=b.ID ;
quit ;
```

Ausgabe (vgl. ID 4):

ID	A	B	E	F
1	1	2	4	4
2	1	2	4	4
3	99	99	99	99
4	1	2	.	.
5	1	2	4	4
6	.	.	4	4

Wird die COALESCE-Funktion verwendet, werden in die Tabelle FULLJOIN alle ID-Werte übernommen, auch wenn ein ID-Wert nur in einer Tabelle vorkommt. Da Tabelle EINS keine ID 6 enthält, werden für diese Zeile die Werte in A und B mit Missings aufgefüllt. Da Tabelle DREI keine ID 4 enthält, werden für diese Zeile die Werte in E und F mit Missings aufgefüllt. Die Daten sind nicht explizit sortiert.

```
proc sql ;
create table FULLJOIN as
select a.ID as ID_EINS,
       b.ID as ID_DREI, A, B, E, F
from EINS a full join DREI b
on a.ID=b.ID ;
quit ;
```

Ausgabe:

ID_EINS	ID_DREI	A	B	E	F
1	1	1	2	4	4
2	2	1	2	4	4
3	3	99	99	99	99
4	.	1	2	.	.
5	5	1	2	4	4
.	6	.	.	4	4

Die COALESCE-Variante kommt zum selben Ergebnis:

```
proc sql ;
create table FULLJOIN as
select coalesce(a.ID) as ID_EINS,
       coalesce(b.ID) as ID_DREI,
A, B, E, F
from EINS a full join DREI b
on a.ID=b.ID ;
quit ;
```

Die beiden oberen Ansätze unterscheiden sich von allen bislang vorgestellten Ansätzen darin, dass *zwei* ID-Variablen angelegt werden, was bei Anwendungen, bei denen Sicherheit vor Effizienz Vorrang hat, durchaus Sinn machen kann. Die Tabelle FULLJOIN enthält keine ID-Variable, die alle Werte (im Beispiel von 1 bis 6) aller datenliefernden Tabellen enthält. In einem weiteren Schritt könnte aus den beiden (oder auch mehr) ID-Variablen eine (zusammengesetzte) Index-Variable angelegt werden.

```
proc sql ;
create table INNJOIN as
select a.ID,
    coalesce(a.A, b.F) as NEW_AF,
    coalesce(a.B, b.G) as NEW_BG
from EINS as a inner join DREI as b
on a.ID=b.ID ;
quit ;
```

Ausgabe:

ID	NEW_AF	NEW_BG
1	1	2
2	1	2
3	99	99
5	1	2

In diesem Ansatz enthält die mittels der Methode „Inner Join" angelegte Tabelle INNJOIN nur Zeilen mit IDs mit gültigen Werten in beiden datenliefernden Tabellen. Kam ein ID-Wert nur in einer Tabelle vor, so wurde diese Zeile aus INNJOIN ausgeschlossen. Die beiden COALESCE-Funktionen wählen aus den beiden Variablenpaaren A und F bzw. B bzw. G den jeweils ersten nichtfehlenden Wert und legen diesen in die neu angelegten Variablen NEW_AF bzw. NEW_BG ab.

```
proc sql ;
create table FULLJOIN as
select coalesce (a.ID, b.ID)
    as ID, A, B, E, F
from EINS a full join DREI b
on a.ID=b.ID
where a.ID is missing or b.ID is missing ;
quit ;
```

ID	A	B	E	F
4	1	2	.	.
6	.	.	4	4

Dieser abschließende Ansatz behält die „negative Schnittmenge", also Datenzeilen mit IDs, die nur in einer, aber nicht beiden datenliefernden Tabellen vorkommen. Zur Identifikation wird die original Variable ID übernommen.

```
proc sql ;
create table FULLJOIN as
select a.ID as ID_EINS,
    b.ID as ID_DREI, A, B, E, F
from EINS a full join DREI b
on a.ID=b.ID
where a.ID is missing or b.ID is missing ;
quit ;
```

ID_EINS	ID_DREI	A	B	E	F
4	.	1	2	.	.
.	6	.	.	4	4

Dieser abschließende Ansatz behält die „negative Schnittmenge", also Datenzeilen mit IDs, die nur in einer, aber nicht beiden datenliefernden Tabellen vorkommen. Zur Identifikation werden zwei ID-Variablen angelegt, die mittels ihres Namens jeweils die Quelle der gelieferten Daten bezeichnen (ID_EINS, ID_DREI).

2.6 Suchen und Ersetzen von Missings

Das Ersetzen von Missings hat diverse Vorteile: Informationen werden nicht verworfen. Die weitere Analyse basiert auf einem vollständigen Datensatz. Und: Missings in einer Variablen können gegebenenfalls über andere Variablen in der SAS Tabelle erklärt werden, die vermutlich die Ursache der Missings sind. Unter der Voraussetzung, dass die Rekonstruktion selbst plausibel ist, ist das Ersetzen von Missings immer besser als das Löschen von Missings.

Abschnitt 2.6.1 stellt zwei Ansätze zum Suchen von Missings PROC SQL vor. Abschnitt 2.6.2 stellt verschiedene Ansätze zum Suchen und Ersetzen (Konvertieren) von (alpha)numerischen Missings zusammen. Diese Verfahren lassen sich unter dem Oberbegriff „Single Imputation" („SI") zusammenfassen. Bei der „SI" ersetzt ein Wert einen fehlenden Wert. Nicht vorgestellt werden multivariate Schätzverfahren, z.B. Multiple Imputation, da diese thematisch etwas vom Kernthema dieses Buches, *SQL* mit SAS, entfernt sind. Die Komplexität der Rekonstruktion von Missings sollte darüber hinaus nicht unterschätzt werden, wird diese doch u.a. auch von Ursache, Mustern und den statistischen Konzepten der angewandten Rekonstruktionsverfahren mit beeinflusst (vgl. z.B. Schendera, 2007, 119–162).

2.6.1 Suchen von Missings (Screening)

Das Suchen von Missings in SAS Dateien ist mit PROC SQL unkompliziert und auf verschiedene Weise möglich.

- Ansatz 1: Dieser SQL Ansatz auf der Basis einer WHERE-Klausel mit der Bedingung IS MISSING gibt die Fälle aus, die anwender- *oder* systemdefinierte Missings aufweisen.
- Ansatz 2: Dieser Ansatz basiert auf einem Makro und analysiert eine einzelne Variable auf unterschiedliche Typen an Missings. Im Gegensatz zu Ansatz 1 werden keine Fälle ausgegeben; als Ergebnis werden die jeweiligen Häufigkeiten des Auftretens der vorgefundenen Missings in der untersuchten Variablen ausgegeben.

Ansatz 1: Suchen von Missings (uni-, multivariat)
Die beiden folgenden Ansätze erlauben es, Zeilen auszuwählen, die in einer oder mehreren Variablen anwender- oder systemdefinierte Missings enthalten. Ansatz 1 kann bei wenigen Zeilen oder Spalten hilfreich sein.

Missings bei einer Variablen (univariat)

Dieser SQL Ansatz gibt alle Zeilen aus, bei denen VAR1 system- oder anwenderdefinierte Missings enthält.

	VAR1	VAR2
	_	B
	.	C
	A	8

```
proc sql;
    create table MISSDATA as
    select VAR1, VAR2
    from MISSINGS
    where VAR1 is missing ;
quit;
```

Missings bei mehreren Variablen (multivariat)

Dieser SQL Ansatz gibt alle Zeilen aus, bei denen VAR1 system- oder anwenderdefinierte Missings enthält.

ID	VAR1	VAR2	STRING1	STRINGX2
3	4	.		
5	_	B		78
6	.	C	IJ	
7	A	8	KLE	90

```
proc sql;
    create table MISSDATA
    as select ID, VAR1, VAR2,
    STRING1, STRINGX2
    from MISSINGS
    where VAR1 is missing or
        VAR2 is missing or
        STRING1 is missing or
        STRINGX2 is missing ;
quit;
```

Dieser SQL Ansatz gibt Fälle aus, die entweder in VAR1, VAR2, STRING1 oder STRINGX2 anwender- *oder* systemdefinierte Missings aufweisen. Sollen die Fälle in *allen* angegebenen Variablen Missings aufweisen, muss der Operator AND verwendet werden.

Ansatz 2: Screenen einer Variablen auf Typen von Missings (Makro)

Das Makro CHECK analysiert eine einzelne Variable auf unterschiedliche Typen von Missings gleichzeitig. Als Ergebnis werden die jeweiligen Häufigkeiten des Auftretens der vorgefundenen Missings in der untersuchten Variablen ausgegeben. Ansatz 2 kann bei wenigen Zeilen, aber sehr großen Datenmengen hilfreich sein.

```
%macro CHECK (data_in=, mis_var=, out_data=);
proc sql;
title "Überprüfung von &mis_var.
    im SAS Dataset &data_in. auf Missings" ;
  create table &OUT_DATA. as select
    count(*) as ROW_DATA
      label= "Anzahl Zeilen im Dataset &data_in. insgesamt",
    count(&mis_var.) as COUT&mis_var.
      label="Anzahl gültige Werte in &mis_var.",
    nmiss(&mis_var.) as NMISS&mis_var.
```

```
             label="Missings oder ungültige Werte in &mis_var.",
             count(case when &mis_var.=.B then "count me" end)
                                                         as CD_CHCK1
             label="Eintrag kodiert als 'Antwort verweigert'
                                                    in &mis_var.",
             count(case when &mis_var.=.C then "count me" end)
                                                         as CD_CHCK2
             label="Eintrag kodiert als 'ungültig' in &mis_var.",
             count(case when &mis_var.=. then "count me" end) as CD_CHCK3
             label="Anzahl Missings in &mis_var."
       from &DATA_IN. ;
       quit;

proc print label;
   run ;
%mend CHECK ;

%CHECK (data_in=MISSINGS, mis_var=var2, out_data=MYDATA);
```

%CHECK ist der eigentliche Aufruf des Makros. Nach DATA_IN=, MIS_VAR= und OUT_DATA= brauchen nur noch der aufzuteilende Datensatz (z.B. MISSINGS), die zu prüfende Variable (z.B. VAR2), sowie der anzulegende Datensatz (z.B. MYDATA) angegeben werden. Nach der Initialisierung des Makros gibt SAS folgendes Ergebnis aus:

Überprüfung von var2 im SAS Dataset MISSINGS auf Missings

Beob.	Anzahl Zeilen im Dataset MISSINGS insgesamt	Anzahl gültige Werte in var2	Missings oder ungültige Werte in var2	Eintrag kodiert als 'Antwort verweigert' in var2	Eintrag kodiert als 'ungültig' in var2	Anzahl Missings in var2
1	7	4	3	1	1	1

Über kleinere Erweiterungen, z.B. um die PARMBUFF-Option, kann dieses Makro auch auf die Analyse von Listen an Variablen erweitert werden (vgl. Kapitel 4).

2.6.2 Suchen und Ersetzen von Missings (Konvertieren)

Für das Ersetzen fehlender Werte gibt es zahlreiche Ansätze (Schendera, 2007; Little & Rubin, 2002[2]; Wothke, 1998). Missings können durch logisch richtige Angaben und über mehr oder weniger zuverlässige Schätzwerte ersetzt werden. Die vorgestellten Verfahren lassen sich unter dem Oberbegriff „Single Imputation" („SI") zusammenfassen. Bei der „SI" ersetzt ein Wert einen fehlenden Wert. Nicht vorgestellt werden multivariate Schätzverfahren, z.B. Multiple Imputation, Clusteranalyse oder auch Hot Deck, da diese thematisch doch eher weiter weg vom Kernthema dieses Buches, SQL, entfernt sind. Der interessierte SAS Anwender wird jedoch auf die SAS Prozeduren MI und MIANALYZE verwiesen. MI nimmt eine sog. Multiple Imputation (daher das Akronym „MI") fehlender Daten vor. Bei der Multiplen Imputation wird ein fehlender Wer nicht durch einen, sondern einen aus einer Reihe möglicherweise in Frage kommender Werte solange ersetzt, bis ein bestimmtes Optimum erreicht ist. MIANALYZE fasst dagegen Ergebnisse der Analysen der Imputationen zusammen und leitet zuverlässige statistische Schlüsse ab.

Dieser Abschnitt stellt verschiedene Ansätze zum Suchen und auch zum Ersetzen (Konvertieren) von (alpha)numerischen Missings zusammen. Dazu zählen:

- Ansatz 1: Konvertieren von gültigen Werten in Missings (CALL MISSING)
- Ansatz 2: Konvertieren von Missings mittels Makrovariablen
- Ansatz 3: Suchen und Ersetzen von Missings durch Konstanten (COALESCE)
- Ansatz 4: Ersetzen von Missings durch errechnete Werte (z.B. Mean Substition)
- Ansatz 5: Ersetzen durch gültige Werte aus einer anderen Tabelle (UPDATE)
- Ansatz 6: Ersetzen von Missings mittels eines Joins (COALESCE)
- Ansatz 7: Ausfiltern von Zeilen mit Missings (COALESCE)

Alle Ansätze setzen die Plausibilität der weiteren Einträge in der SAS Tabelle voraus: Ist also ein Wert in einer Ausgangsvariable für die Ermittlung des fehlenden Wertes falsch, so ist auch der ermittelte Ersatzwert falsch. In der Praxis werden oft auch mehrere Ansätze miteinander kombiniert, um Missings mit zuverlässigen Werten zu ersetzen (vgl. Little & Rubin, 2002[2]).

Ansatz 1: Konvertieren von gültigen Werten in Missings (CALL MISSING)
Die Anwendung der Routine CALL MISSING in einem DATA Step operiert im Vergleich zu den im Anschluss vorgestellten Ansätzen in die entgegengesetzte Richtung: Es werden nicht Missings in Werte, sondern gültige Werte in Missings umgewandelt. CALL MISSING ist ausgesprochen komfortabel und wandelt die Werte aller Variablen im Klammerausdruck in Missings um. In der Klammer können String- und numerische Variablen (also auch Datums- und Uhrzeitvariablen) gleichzeitig angegeben werden.

Syntax:
```
data MYDATA ;
set SASHELP.CLASS ;
call missing
     (SEX, HEIGHT, WEIGHT) ;
run ;
proc print noobs ;
run ;
```

Ausgabe:

Name	Sex	Age	Height	Weight
Alfred		14	.	.
Alice		13	.	.
Barbara		13	.	.
Carol		14	.	.
Henry		14	.	.
James		12	.	...

CALL MISSING wandelt dabei String-Einträge in einen Blank und numerische Werte in systemdefinierte Missings um. Im Beispiel entspricht die Länge der erzeugten Missings den ursprünglichen Längen der zu konvertierenden Variablen. Die SAS Dokumentation ist unklar, ob dies immer so ist, und es wird daher empfohlen, die Länge der erzeugten Missings gegenzuprüfen, falls sie für für die weitere Verarbeitung relevant sein sollten.

Ansatz 2: Konvertieren von Missings mittels Makrovariablen
Ansatz 2 macht sich das Prinzip von SAS Makros zunutze, dass Einträge in Makrovariablen immer Textwerte sind (vgl. Abschnitt 4.1). Auch Werte, die Zahlen zu sein scheinen, sind genau betrachtet Textwerte. Numerische Missings können daher mittels der INTO-Klausel und den Makrovariablen unkompliziert in alphanumerische Zeichen konvertiert werden. System- bzw. anwenderdefinierte numerische Missings werden dabei zu Strings in Form eines Punktes („."), Unterstrichs („_") oder den jeweiligen Kodes für die anwenderdefinierten numerischen Missings (von „A" bis „Z") konvertiert (vgl. die ersten drei SELECT-Anweisungen). Alphanumerische Missings (Blanks) werden bei diesem Ansatz zu einem Punkt („.") konvertiert (vgl. die letzte SELECT-Anweisung).

```
proc sql;
select var1 into :val_var1 from MISSINGS
      where var1 = .;
select var1 into :val_var2 from MISSINGS
      where var1 = ._;
select var1 into :val_var3 from MISSINGS
      where var1 = .A;
select string1 into :valstring1 from MISSINGS
      where string1=' ';
%put val_var1=||&val_var1|| ist von der Länge %length(&val_var1);
%put val_var2=||&val_var2|| ist von der Länge %length(&val_var2);
%put val_var3=||&val_var3|| ist von der Länge %length(&val_var3);
%put valstring1=||&valstring1|| ist von der Länge %length(&valstring1);
```

Log-Ausgabe

```
val_var1=||       _|| ist von der Länge 1
val_var2=||       .|| ist von der Länge 1
val_var3=||       A|| ist von der Länge 1
valstring1=||      || ist von der Länge 0
```

Das Log gibt das Ergebnis der vorgenommenen Konvertierungen aus. Die vergebenen Namen bezeichnen die Variablen, in die jeweils die konvertierten Werte abgelegt wurden. Beachten Sie, dass verschiedene Konvertierungen innerhalb einer Variablen in *verschiedene* Variablen abgelegt werden: Die Konvertierungen der Variable VAR1 (numerisch) wurden in drei Stringvariablen (VAL_VAR1 bis VAL_VAR3) abgelegt. Die Konvertierung des Strings STRING1 wurde in die numerische Variable (VALSTRING1) abgelegt. Im Kapitel zu den Makroprogrammen finden sich weitere Ansätze zum Umgang mit Missings.

Ansatz 3: Suchen und Ersetzen von Missings durch Konstanten (COALESCE)
Die COALESCE-Funktion prüft den Wert einer oder mehrerer Spalten und gibt den ersten nichtfehlenden Wert zurück. Sind die Werte bei allen Spalten Missings, befinden sich also in einer Zeile über mehrere Spalten hinweg ausschließlich Missings, so gibt die COALESCE-Funktion einen Missing zurück. In einigen SQL DBMS wird die COALESCE-Funktion daher auch als IFNULL-Funktion bezeichnet. Mit der COALESCE-Funktion können z.B. Missings in einer Variablen gesucht und durch einen anwenderdefinierten Wert *in derselben Variable* ersetzt werden. Mit dem CASE-Ausdruck können Missings z.B. in einer ersten Variablen gesucht und durch einen anwenderdefinierten Wert *in einer zweiten Variable* ersetzt werden.

Im folgenden Beispiel können mittels der COALESCE-Funktion Missings vom Typ numerisch bzw. String unkompliziert in anwenderdefinierte Werte bzw. Missingkodes umgewandelt werden. Die Missings in den beiden numerischen Variablen VAR1 und VAR2 werden dabei durch den Wert 0 ersetzt; die Missings in der Character-Variable STRING1 werden dabei in den String „Fehlend!" umgewandelt.

```
proc sql;
create table REPLACED1 as
   select ID, (coalesce(VAR1,0)) as VAR1,
              (coalesce(VAR2,0)) as VAR2,
              coalesce(STRING1, 'Fehlend!') as STRING1
       from MISSINGS ;
quit;
proc print data= REPLACED1 noobs;
run ;
```

ID	VAR1	VAR2	STRING1
1	0	5	ABC
2	-2	-6	DE
3	4	0	Fehlend!
4	4	7	FGH
5	0	0	Fehlend!
6	0	0	IJ
7	0	8	KLE

Hinweise: Mit der COALESCE-Funktion werden Missings gesucht und durch einen anwenderdefinierten Wert *in derselben Variable* ersetzt. Beachten Sie bitte die leicht unterschiedliche Programmierung der COALESCE-Funktion beim Ersetzen von numerischen vs. String-Missings.

Das folgende Beispiel für das Konvertieren von Missings vom Typ String kann unkompliziert in ein Beispiel für numerische Missings mit anwenderdefinierten Missingkodes angepasst werden.

2.6 Suchen und Ersetzen von Missings

```
proc sql;
create table REPLACED2 as
    select ID, STRING1, case
                  when STRING1  is missing then 'Fehlend!'
                  else STRING1
               end as STRING3
       from MISSINGS ;
quit;
proc print data= REPLACED2 ;
run ;
```

```
   ID   STRING1    STRING3

    1   ABC        ABC
    2   DE         DE
    3              Fehlend!
    4   FGH        FGH
    5              Fehlend!
    6   IJ         IJ
    7   KLE        KLE
```

Hinweise: Mit der COALESCE-Funktion werden Missings in der Variablen STRING1 gesucht, durch einen anwenderdefinierten Wert ersetzt und auf diese Weise verändert als neue Variable STRING3 abgelegt.

Ansatz 4: Ersetzen von Missings durch errechnete Werte (z.B. Mean Substition)
Ein häufiges Vorgehen ist die sog. „Mean Substitution". Für die vorhandenen Werte wird der gewünschte Parameter (z.B. Mittelwert, falls metrische Daten; Modus, falls kategorial) berechnet und anstelle der Missings eingesetzt.

Szenario: In einem Datensatz fehlen einige Angaben in der Variable „Alter" (ca. 1%); weitere Variablen werden für die Schätzung nicht herangezogen. Für das Beispiel ist der Anteil der Missings streng genommen bereits zu groß.

Optionen für Lokationsmaße sind u.a. MEAN, MEDIAN, SUM, EUCLEN (Euklidische Länge), USTD (Standardabweichung um den Ursprung), STD, RANGE, MIDRANGE (Range/2), MAXABS (maximaler absoluter Wert), IQR oder der MAD (mediane absolute Abweichung vom Median).
Als alternative Lösungsansätze können die Prozeduren STDIZE (zusammen mit der REPONLY-Option) oder STANDARD gewählt werden. In STDIZE werden die Missings in einer Verteilung durch das gewählte Lokationsmaß (anzugeben nach METHOD=) ersetzt. In STANDARD können Missings nur durch einen vorgegebenen Mittelwert ersetzt werden.

```
data MEANSUB ;              proc sql ;
input ID ALTER ;               select *,
datalines ;                    case
1 05                              when ALTER = .
2 10                                 then mean(ALTER)
3 .                               else ALTER
4 60                           end as ALTER_new
5 75                        from MEANSUB ;
;
run ;
```

ID	ALTER	ALTER_new
1	5	5
2	10	10
3	.	37.5
4	60	60
5	75	75

Dieses Beispiel ermittelt über PROC SQL für die ALTER-Werte den Durchschnittswert ALTMEAN, spielt diesen über GROUP BY dem Datensatz zurück und setzt in einem separaten IF-Schritt den ermittelten ALTMEAN-Wert an die Stelle der Missings.

Das Spekulative dieses Vorgehens zeigt sich an der Inhomogenität der Ausgangsdaten; ob der eingesetzte Mittelwert der richtige ist, erscheint ohne das Einbeziehen der Informationen weiterer Variablen etwas zweifelhaft. Das Einsetzen eines Mittelwertes auf der Basis gruppierter Daten wäre womöglich angemessener (wozu jedoch eine zweite Variable, die Gruppierungsvariable, nötig wäre).

Vom univariaten Berechnen und Einsetzen (Imputation) eines Parameters wird aus mehreren Gründen abgeraten (vgl. Schendera, 2007, Kap. 6). Der Hauptgrund ist, dass der univariate Ansatz unrealistischerweise andere Variableninteraktionen ausklammert (siehe Beispiel). Die Varianz in der ersetzten Variable und die Kovarianzen mit anderen Variablen werden durch diesen Vorgang künstlich reduziert. Darüber hinaus wird ein Schätzwert mit einem Beobachtungswert (Unsicherheit) gleichgesetzt. Vor allem bei metrisch skalierten Werten mit einem großen Range muss dieser Ansatz als spekulativ und artifiziell bezeichnet werden, weil keine Überprüfung von Interaktionen mit anderen Variablen vorgenommen wurde. Da sich die spekulativ eingesetzten Werte bereits bei bivariaten Analysen als kontraproduktiv entpuppen können, sollte dieser Ansatz nur dann zum Einsatz kommen, wenn kein anderes Verfahren zur Verfügung steht oder der Anteil der fehlenden Werte wirklich sehr klein ist (< 5%).

Ansatz 5: Ersetzen durch gültige Werte aus einer anderen Tabelle (UPDATE)
UPDATE und CASE ermöglichen es, Missings in einer ersten Tabelle durch die *richtigen* Werte aus einer zweiten Tabelle zu ersetzen. Dieses Beispiel wurde aus Kapitel 6.5 (Band I)

2.6 Suchen und Ersetzen von Missings

wieder aufgenommen. Das Ersetzen von Missings durch korrekte Werte lässt sich am besten an absolut strukturgleichen Tabellen demonstrieren.

Beispiel:
Die Tabelle RECH_ALT enthält unvollständige Rechnungsdaten in der String-Variablen ART_BEZ und in der numerischen Variable PREIS. Die Tabelle BILL_NEW enthält die korrekten Werte. Die Aufgabe ist nun, die Missings in RECH_ALT durch die gültigen Werte aus BILL_NEW zu ersetzen. Die beiden Tabellen RECH_ALT und BILL_NEW stimmen in Anzahl von Zeilen und Spalten absolut überein, weisen jedoch auch drei Unterschiede auf: (a) Die Spaltenbezeichnungen der ersten Tabelle sind auf englisch und die der zweiten Tabelle auf deutsch. (b) Die beiden Spalten ART_BEZ und PREIS in RECH_ALT sind lückenhaft, in BILL_NEW dagegen vollständig. (c) Die Zeile mit der RECH_NR 0104 kommt nur in Tabelle RECH_ALT, aber nicht in BILL_NEW vor. Die Aufgabe ist nun, die Missings in RECH_ALT durch die gültigen Werte in BILL_NEW zu ersetzen und zwar nur dann, wenn tatsächlich auch dieselben Rechnungsnummern vorliegen. Das zu diesem Zweck eingesetzte Programm unterscheidet sich nicht wesentlich vom Ansatz aus Kapitel 6.5 (Band I).

```
data RECH_ALT ;
   input RECH_NR KUNDE $ 7-20 KUNDEN_NR
         MA_NR ART_BEZ $ 34-44 MENGE PREIS ;
   format PREIS euro. ;
   datalines ;
0101   SportHalle            16   101              20    .
0102   SportHalle            16   102              20   65
0103   SportHalle            16   103   Skating    20    .
0104   SportHalle            15   102              15   54
0105   SportHalle             5   103   Skating    15    .
;
run ;

data BILL_NEW ;
   input BILL_NO CLIENT $ 7-20 CLIENT_NR
         MA_NR ART_BEZ $ 34-44 MENGE PRICE ;
   format PRICE dollar. ;
   datalines ;
0101   SportHalle            16   101   Kindersport 20    7
0102   SportHalle            16   102   Fitness     20   33
0103   SportHalle            16   103   Skating     20   27
9999   SportHall             67   103   Skating     15   67
0105   SportHalle             5   103   Skating     15   33
;
run ;
```

Das folgende SQL Programm durchläuft zwei Phasen. Im ersten UPDATE-Statement werden die Missings in der String-Spalte ART_BEZ durch gültige Strings aus BILL_NEW ersetzt. Im zweiten UPDATE-Statement werden die Missings in der numerischen Spalte

PREIS durch gültige numerische Werte aus BILL_NEW ersetzt. Und zwar jeweils nur dann, wenn tatsächlich auch die dieselben Rechnungsnummern (RECH_NR = BILL_NO) vorliegen. Die SQL Programmierung ist für das Ersetzen von numerischen Werten und Strings dieselbe.

```
proc sql;
update RECH_ALT as old
   set ART_BEZ=(select ART_BEZ from BILL_NEW as new
               where old.RECH_NR=new.BILL_NO)
                 where old.RECH_NR in (select BILL_NO from
BILL_NEW);
select  RECH_NR, KUNDE, KUNDEN_NR, MA_NR,
   ART_BEZ, MENGE, PREIS format=euro. from RECH_ALT ;
update RECH_ALT as old
   set PREIS=(select PRICE from BILL_NEW as new
               where old.RECH_NR=new.BILL_NO)
                 where old.RECH_NR in (select BILL_NO from
BILL_NEW);
select  RECH_NR, KUNDE, KUNDEN_NR, MA_NR,
   ART_BEZ, MENGE, PREIS format=euro. from RECH_ALT ;
quit;

proc print data=RECH_ALT noobs ;
run;
```

Da die SQL Programmierung für das Ersetzen von numerischen Werten und Strings dieselbe ist, wird die Vorgehensweise nur für das Ersetzen der String-Missings erklärt werden. Für den späteren Abgleich mit der Datei mit den aktuellen Werten wird die zu aktualisierende Datei (RECH_ALT) zunächst mit dem Alias OLD versehen. Nach SET wird festgelegt, dass die zu aktualisierende Variable die Spalte ART_BEZ ist, die durch (die gleichnamigen) ART_BEZ-Werte aus BILL_NEW (mit dem Alias NEW) ersetzt werden soll, wobei Rechnungsnummern in beiden Tabellen übereinstimmen sollen (RECH_NR = BILL_NO). Darüber hinaus sollen die weiteren Variablen RECHN_NR, KUNDE usw. in die aktualisierte Datei übernommen werden. Die übernommenen Werte werden anschließend mit dem Euro-Format versehen. Mittels PROC PRINT wird der Erfolg der Aktualisierung überprüft.

RECH_NR	KUNDE	KUNDEN_NR	MA_NR	ART_BEZ	MENGE	PREIS
101	SportHalle	16	101	Kindersport	20	€7
102	SportHalle	16	102	Fitness	20	€33
103	SportHalle	16	103	Skating	20	€27
104	SportHalle	15	102		15	€54
105	SportHalle	5	103	Skating	15	€33

2.6 Suchen und Ersetzen von Missings

Wird diese Prüfausgabe mit dem Inhalt von RECH_ALT verglichen, so lässt sich feststellen, dass die ART_BEZ-Werte erfolgreich durch die ART_BEZ-Werte aus BILL_NEW ersetzt werden konnten und zwar immer dann, wenn tatsächlich auch die dieselben Rechnungsnummern vorliegen. Die Zeile 0104 wurde daher *nicht* aktualisiert, da diese Rechnungsnummer nicht in der Tabelle vorkam, die die gültigen Werte liefern sollte.

Ansatz 6: Ersetzen von Missings mittels eines Joins (COALESCE)
Handelt es sich um größere Mengen an zu ersetzenden Spalten mit Missings, können die Missings darin auch durch einen Full Join mit der Tabelle mit den *richtigen* Werten ersetzt werden. Der Trick im folgenden Beispiel ist der Einsatz der COALESCE-Funktion. Die COALESCE-Funktion gibt dabei den ersten nichtfehlenden Wert aus einer Liste von Spalten zurück. Werden also zwei oder mehr Spalten mit gültigen, aber auch fehlenden Werten (Missings) gejoined, erlaubt die COALESCE-Funktion, in der angelegten Tabelle die Missings durch gültige Werte zu ersetzen (vorausgesetzt, sie sind vorhanden).
Das folgende Beispiel demonstriert nicht nur die Wirkweise von COALESCE an drei zusammenzufügenden Spalten, sondern enthält noch ein kleines Extra: Wenn Tabellen zusammengefügt werden sollen, kann es oft passieren, dass in einer Tabelle die Informationen auf eine Spalte verteilt sind und in einer zweiten Tabelle dagegen auf zwei Spalten. Im Beispiel sollen daher die Missings in der *einen* Spalte KUNDE aus der Tabelle RECH_KND durch die Informationen aus den *beiden* Spalten CLIENT und SUBSIDIARY aus der Tabelle BILL_SUB ersetzt werden. In anderen Worten: Vor dem Ersetzen der Strings in KUNDE in RECH_KND müssen die beiden Teilstrings CLIENT und SUBSIDIARY zusammengefügt werden.

Beispiel:
Die Tabelle RECH_ALT enthält unvollständige Rechnungsdaten in der String-Variablen ART_BEZ und in der numerischen Variable PREIS. Die Tabelle BILL_NEW enthält die korrekten Werte. Die Aufgabe ist nun, die Missings in RECH_ALT durch die gültigen Werte aus BILL_NEW zu ersetzen. Die beiden Tabellen RECH_ALT und BILL_NEW stimmen in Anzahl von Zeilen und Spalten absolut überein, weisen jedoch auch drei Unterschiede auf: (a) Die Spaltenbezeichnungen der ersten Tabelle sind auf englisch und die der zweiten Tabelle auf deutsch. (b) Die beiden Spalten ART_BEZ und PREIS in RECH_ALT sind lückenhaft, in BILL_NEW dagegen vollständig. (c) Die Zeile mit der RECH_NR 0104 kommt nur in Tabelle RECH_ALT, aber nicht in BILL_NEW vor. Die Aufgabe ist nun, die Missings in RECH_ALT durch die gültigen Werte in BILL_NEW zu ersetzen und zwar nur dann, wenn tatsächlich auch dieselben Rechnungsnummern vorliegen. Das zu diesem Zweck eingesetzte Programm unterscheidet sich nicht wesentlich vom Ansatz aus Kapitel 6.5 (Band I).

```
data RECH_KND ;
   input RECH_NR KUNDE $ 7-22 KUNDEN_NR
         MA_NR ART_BEZ $ 36-44 MENGE PREIS ;
   datalines ;
0101   SportHalle, Köln    16   101              20      .
0102                       16   102              20     65
```

```
0103    SportHalle, Köln         16  103  Skating      20       .
0104                             15  102               15      54
0105    SportHalle, Köln          5  103  Skating      15       .
;
run ;
proc print data=RECH_KND ;
run ;

data BILL_SUB ;
   input BILL_NO CLIENT $ 7-17 SUBSIDIARY $ 18-21 CLIENT_NR
         EMP_NR ARTICLE $ 35-45 AMOUNT PRICE ;
   datalines ;
0101    SportHalle Köln          16  101  Kindersport 20      14
0102    SportHalle Köln          16  102  Fitness     20      65
0103    SportHalle Köln          16  103  Skating     20      54
0104    SportHalle Köln          15  102  Fussball    15      54
0105    SportHalle Köln           5  103  Skating     15      65
;
run ;
proc print data=BILL_SUB ;
run ;

proc sql;
   create table MYDATA as
   select RECH_NR,
coalesce(leer.KUNDE,trim(voll.CLIENT)
            ||' '||voll.SUBSIDIARY)as KUNDE format=$18.,
coalesce(leer.ART_BEZ,voll.ARTICLE)as ART_BEZ format=$14.,
coalesce(leer.PREIS,voll.PRICE)as PREIS, MA_NR, MENGE
       from RECH_KND as leer full join BILL_SUB as voll
           on leer.RECH_NR=voll.BILL_NO
       order by RECH_NR ;
quit;

proc print data=MYDATA noobs ;
run ;
```

RECH_NR	KUNDE	ART_BEZ	PREIS	MA_NR	MENGE
101	SportHalle, Köln	Kindersport	14	101	20
102	SportHalle Köln	Fitness	65	102	20
103	SportHalle, Köln	Skating	54	103	20
104	SportHalle Köln	Fussball	54	102	15
105	SportHalle, Köln	Skating	65	103	15

2.6 Suchen und Ersetzen von Missings

Wichtige Hinweise: Mittels FORMAT= muss u.U. genug Platz für die angelegten Strings geschaffen werden. Oft sollte auch auf eine korrekte Interpunktion geachtet werden. Im Beispiel wurde z.B. (absichtlich) kein Komma zwischen die beiden zusammengefügten Teilstrings platziert. In der Ausgabe zum Beispiel kann so anhand dieses kleinen Unterschieds leichter nachvollzogen werden, welche Einträge bereits vorhanden waren (mit Komma) und welche während des Joins angelegt wurden (ohne Komma). Je nachdem, wie die Tabellen gejoined werden, ist eine Sortierung in Variablen nicht zuverlässig, sofern sie in der COALESCE-Funktion als wertebeitragende Variablen angegeben sind. Empfehlenswert ist daher unter ORDER BY die Angabe z.B. einer ID-Variablen oder einer anderen Variablen, die keine doppelten Werte aufweist.

Ansatz 7: Ausfiltern von Zeilen mit Missings (COALESCE)
Die COALESCE-Funktion ist bekanntlich nützlich zum Ersetzen von Missings durch einen Kode 0. Der folgende SQL Code ersetzt z.B. die anwender- und systemdefinierten Missings gleichermaßen durch den Kode 0.

```
proc sql ;
  select coalesce(VAR1,0)
             as VAR1_0,
         coalesce(VAR2,0)
             as VAR2_0
    from MISSINGS ;
quit ;
```

VAR1_0	VAR2_0
0	5
-2	-6
4	0
4	7 (... **gekürzt**)

Mittels COALESCE können die Missings in mehreren numerischen Spalten (VAR1, VAR2) vor einer Abfrage in Nullen konvertiert werden. Der Trick besteht darin, die entstehenden numerischen Spalten anschließend miteinander zu multiplizieren und das schlussendlich entstehende Produkt ZEROS_NE_MISS zum Filtern zu verwenden.

```
proc sql ;
  select VAR1, VAR2,
  (coale-
sce(VAR1,0)*coalesce(VAR2,0))
         as ZEROS_NE_MISS
    from MISSINGS ;
quit;
```

VAR1	VAR2	ZEROS_NE_MISS
0	5	0
-2	-6	12
4	.	0
4	7	28
_	B	0
.	C	0
A	8	0

Der Trick basiert auf der (voreiligen) Annahme, dass das Produkt mehrerer Spalten dann den Filterwert 0 erzielt, wenn mindestens eine der Spalten, die in die Multiplikation einbezogen wurden, einen Missing enthält.

```
proc sql ;
  select VAR1, VAR2,
  (coalesce(VAR1,0)*coalesce(VAR2,0))
      as ZEROS_NE_MISS
    from MISSINGS
where calculated
      ZEROS_NE_MISS ne 0 ;
quit;
```

VAR1	VAR2	ZEROS_NE_MISS
-2	-6	12
4	7	28

So weit, so elegant. *Allerdings* behandelt dieser Ansatz Zeilen mit Nullen gleich wie Zeilen mit Missings. Die erste Zeile mit 0 und 5 hätte z.B. nicht ausgefiltert werden dürfen. Um zu verhindern, dass unerwünschte Ergebnisse die Folge sind, ist auszuschließen, dass die Zeilen *keine* Nullen enthalten.

2.7 Prädikate (ALL/ANY/SOME, EXISTS, IN, IS, LIKE usw.)

PROC SQL erlaubt mittels sogenannter Prädikate logische Bedingungen zu prüfen. Die Überprüfung der logischen Bedingungen kann nur die Ereignisse „wahr" (Ausgabe: 1) oder „falsch" (Ausgabe: 0) annehmen. PROC SQL stellt als generelle Prädikate zur Verfügung (u.a. ALL/ANY/SOME, EXISTS, IN, IS und LIKE) und für Missings spezielle Prädikate (IS NULL, IS MISSING). Dieser Abschnitt veranschaulicht die Wirkweise von Prädikaten beim Umgang mit gültigen Werten und anwender- und systemdefinierten Missings. Der Umgang mit Missings im String-Format wird an LIKE demonstriert. Die Prädikate werden in alphabetischer Reihenfolge vorgestellt. Dieser Abschnitt baut auf einem NESUG Paper von Danbo Yi und Lei Zhang auf. Yi & Zhang (1998) arbeiteten darin die unterschiedlichen Effekte von Prädikaten auf die Arbeit mit system- und anwenderdefinierten Missings heraus. Dieser und auch andere Abschnitte dieses Buches wurden davon inspiriert. Interessant ist ein Reihenfolge-Phänomen beim [NOT] LIKE-Prädikat.

ALL, ANY und SOME
ALL, ANY und SOME werden in Subqueries im Zusammenhang mit Vergleichen (z.B. <, =, >) verwendet. Alle drei Prädikate übernehmen die Werte, die durch die Subquery ausgegeben werden. ANY und SOME verhalten sich in PROC SQL gleich. In früheren PROC SQL Versionen konnten bei ANY (SOME) und ALL durchaus unterschiedliche Ergebnisse die Folge sein.

2.7 Prädikate (ALL/ANY/SOME, EXISTS, IN, IS, LIKE usw.)

Drei Subqueries mit ALL

```
proc sql;
select var2 from MISSINGS
      where var2 > ALL
      (select var1 from MISSINGS
      where var1 > 2);
select var2 from MISSINGS
      where var2 < ALL
      (select var1 from MISSINGS
      where var1 > 2);
select var2 from MISSINGS
      where var2 NE ALL
      (select var1 from MISSINGS
      where var1 > 2);
```

Drei ALL-Ausgaben

VAR2	VAR2	VAR2
5	-6	5
7	.	-6
8	B	.
	C	7
		B
		C
		8

Drei Subqueries mit ANY

```
proc sql;
select var2 from MISSINGS
      where var2 > ANY
      (select var1 from MISSINGS
      where var1 > 2);
select var2 from MISSINGS
      where var2 < ANY
      (select var1 from MISSINGS
      where var1 > 2);
select var2 from MISSINGS
      where var2 NE ANY
      (select var1 from MISSINGS
      where var1 > 2);
```

Drei ANY-Ausgaben

VAR2	VAR2	VAR2
5	-6	5
7	.	-6
8	B	.
	C	7
		B
		C
		8

In früheren Versionen verhielten sich ANY (SOME) und ALL unterschiedlich, wenn die Subquery keine Werte für einen Vergleich mit ANY (SOME) und ALL zurückgab. Der Vergleich mit ALL gab in diesem Fall automatisch 1 („wahr") aus, der Vergleich mit ANY (SOME) jedoch 0 („falsch").

EXISTS bzw. NOT EXISTS

Missings sind in PROC SQL normale Vergleichswerte, die in die Beurteilung einer Subquery mittels EXISTS bzw. NOT EXISTS eingehen können. Bei EXISTS wäre nur die Ausgabe nichtfehlender Werte zu erwarten, bei NOT EXISTS nur die Ausgabe fehlender Werte.

Prädikat EXISTS

```
proc sql;
create table PRED EXISTS
    as select var1 from MISSINGS as a
where exists
    (select var1 from MISSINGS as b
where a.var1=b.var1);
quit;
proc print noobs;
run;
```

VAR1
0
-2
4
4
–
.
A

Tatsächlich produziert eine Abfrage mit PROC SQL und EXISTS ein kontraintuitives Ergebnis bei Missings. Eigentlich wären beim Prädikat EXISTS nur alle nichtfehlenden Werte zu erwarten. Das kontraintuitive Ergebnis besteht jedoch darin, dass die Ausgabe für VAR1 auch alle Missing-Varianten (anwender-, systemdefiniert) enthält bzw. NOT EXISTS (nicht dargestellt) überhaupt keine Werte ausgibt.

[NOT] IN

IN bzw. NOT IN sind Prädikate für das Evaluieren von Werten bzw. Missings in Listen. Der Einsatz von [NOT] IN bei alphanumerischen Missings behandelt dabei fehlende Strings unabhängig von ihrer Länge, also so, als ob sie über dieselbe Länge verfügten. Unabhängig von der Anzahl der Blanks im „in (" ")"-Ausdruck werden von IN z.B. alle fehlenden Strings unabhängig von ihrer Länge ausgefiltert, also auch fehlende Strings, deren Anzahl an Zeichen die Anzahl der Blanks im IN-Ausdruck übersteigt. Für ein Ausfiltern von (fehlenden) Strings, das über den „(")"-Ausdruck die maximale Zeichenlänge berücksichtigt, kann jedoch das Prädikat LIKE (siehe unten) eingesetzt werden. IN ist ein allgemeineres Prädikat als LIKE; LIKE ist dagegen ein präziseres Prädikat, weil es auch die maximale Zeichenlänge berücksichtigt.

Prädikat IN

```
proc sql;
create table PRED IN as
select var1, string1 from MISSINGS
where string1 in ("   ");
quit;
proc print noobs;
run;
```

VAR1	STRING1
4	
–	

Prädikat NOT IN

```
proc sql;
create table PRED IN as
select var1, string1 from MISSINGS
where string1 not in ("   ");
quit;
proc print noobs;
run;
```

VAR1	STRING1
0	ABC
-2	DE
4	FGH
.	IJ
A	KLE

2.7 Prädikate (ALL/ANY/SOME, EXISTS, IN, IS, LIKE usw.)

IS [NOT] NULL bzw. IS [NOT] MISSING

IS [NOT] NULL bzw. IS [NOT] MISSING sind zwei spezielle Prädikate für den Umgang mit Missings. IS [NOT] NULL (SQL Standard) bzw. IS [NOT] MISSING (SAS Standard) können für numerische und alphanumerische Missings eingesetzt werden.

Prädikate IS [not] NULL / MISSING

```
proc sql;
create table PRED_ISNOT as
select var1, string1 from MISSINGS
where var1 is
            not null
and string1 is
            not missing;
quit;
```

VAR1	STRING1
0	ABC
-2	DE
4	FGH

Das IS NOT-Beispiel fragt z.B. alle Werte ab, die in VAR1 (numerisch) und STRING1 (String) gleichzeitig *keine* Missings aufweisen. Das Vertauschen von NULL und MISSING führt zum selben Ergebnis.

[NOT] LIKE

LIKE bzw. NOT LIKE sind wie [NOT] IN ebenfalls Prädikate für das listenweise Evaluieren von Werten bzw. Missings. [NOT] LIKE unterscheiden sich jedoch in einem zentralen Punkt. Während [NOT] IN alle alphanumerischen Missings ausfiltert, filtert [NOT] LIKE nur diejenigen aus, deren Zeichenlänge die Anzahl der Blanks im „like (" ")"-Ausdruck nicht übersteigt. Stehen also im „(" ")"-Ausdruck drei Blanks, so würde „in (" ")" Missings mit über oder auch unter drei Zeichen Länge ausgeben, „like (" ")" jedoch nur bis maximal drei Zeichen Länge. Hintereinandergeschaltete LIKE-Ausdrücke entsprechen dann exakt der IN-Wirkung, wenn die Länge des längsten fehlenden Strings nicht die Länge der Blanks im „like (" ")"-Ausdruck übersteigt.

Prädikat [NOT] LIKE

```
proc sql;
create table PRED_LIKE as
select var1, string1 from MISSINGS
where string1 like "   ";
quit;
```

VAR1	STRING1
4	
_	

Beim [NOT] LIKE-Prädikat gibt es bei Vergleichen (z.B. STRING1=STRINGX2) ein interessantes Reihenfolge-Phänomen. Weisen beide Variablen fehlende Werte auf, führen Missings immer zu 1 („wahr"). Jedoch ist auch die Richtung des Vergleichs entscheidend: Die Reihenfolge STRING1=STRINGX2 produziert ein Ergebnis, die umgekehrte Reihenfolge STRINGX2=STRING1 dagegen keines.

Reihenfolgephänomen (vgl. WHERE)　　　Ergebnisse

```
proc sql;
create table PRED_WHERE1 as
select var1, string1, stringx2
from MISSINGS
where string1 like stringx2 ;
quit ;
```

```
VAR1    STRING1    STRINGX2

 4
```

```
proc sql;
create table PRED_WHERE2 as
select var1, string1, stringx2
from MISSINGS
where stringx2 like string1 ;
quit ;
```

HINWEIS: Keine Beobachtungen in Datei WORK.PRED_WHERE2.

3 Fokus: Datenqualität mit PROC SQL

Datenqualität kommt vor Analysequalität. Dieser Abschnitt stellt erste SQL Techniken zur Sicherung von Datenqualität in den Problembereichen Ausreißer bzw. Plausibilität, Missings, Korrektheit (ungültige Zeichen) und Doppelten vor. Über die Integration von Filtern bereits beim Datenzugriff über SQL können Anwender dafür sorgen, dass Daten erst gar nicht fehlerhaft ins System bzw. die Analyse Eingang finden.

Abschnitt 3.1 führt in die Arbeit mit Integrity Constraints und Audit Trails ein. Integrity Constraints sind vereinfacht ausgedrückt Prüfregeln zur Gewährleistung der Datenqualität einer SAS Tabelle. Abschnitt 3.1.1 führt in die Arbeit mit Integrity Constraints ein. Ein erstes Beispiel zeigt, wie Integrity Constraints für eine noch leere Tabelle angelegt und im Log angezeigt werden können. Ein zweites Beispiel zeigt, wie Anwender eigene Rückmeldungen für das SAS Log definieren können und wie solche Rückmeldungen zu interpretieren sind, wenn bei der zeilenweisen Aktualisierung von Tabellen möglicherweise Fehler in den Daten enthalten sein könnten. Ein drittes Beispiel zeigt, was passiert, wenn Integrity Constraints nachträglich auf eine bereits befüllte Tabelle angewendet werden, die selbst bereits Fehler enthält, und wie die Rückmeldungen seitens SAS zu interpretieren sind. Abschnitt 3.1.2 führt in die Arbeit mit Audit Trails ein. Audit Trails protokollieren u.a. Änderungen an einer Tabelle und sind (derzeit) die einzige technische Möglichkeit in SAS, u.a. zurückgewiesene Fälle zu speichern. Ein erstes Beispiel zeigt, wie eine Audit-Datei initialisiert wird und dazu auch zwei anwenderdefinierten Variablen angelegt werden. Das zweite Beispiel wird das Zusammenspiel von Audit Trails mit Integrity Constraints vorstellen, wie auch, in welcher Form Daten an SAS übergeben werden können, ohne dass SAS nach jeder übergebenen, fehlerhaften Zeile abbricht. Eine Audit-Datei erfasst daher *alle* abgelehnten Daten.

Abschnitt 3.2 beschäftigt sich mit dem Umgang (Auffinden, Ausfiltern) von mehrfachen Werten (Doppelte). Mehrfach auftretende Daten führen im Allgemeinen zu unterschiedlichsten Problemen. Zuvor sollte allerdings geklärt sein, ob die SAS Tabelle nur einen Fall pro Zeile enthalten darf oder ob dieselben Zeilen auch mehrfach vorkommen dürfen. Dieser Abschnitt stellt unterschiedlichste Ansätze vor, u.a. zum Anzeigen bzw. Ausfiltern doppelter IDs bzw. einzelner Werte, dem Anlegen von Listen für doppelte Zeilen oder auch Hinweise für das Identifizieren von Doppelten bei mehreren Tabellen.

Abschnitt 3.3 wird verschiedene Ansätze zum Identifizieren von quantitativen Ausreißern vorstellen. Ausreißer riskieren, die Robustheit statistischer Verfahren massiv zu unterlaufen. Die Ergebnisse von Datenanalysen können z.B. durch bereits einige wenige Ausreißer völlig verzerrt werden. Als Ansätze zum Umgang mit Ausreißern werden vorgestellt: Überprüfung auf Ausreißer mittels deskriptiver Statistiken (z.B. Range), mittels statistischer Tests (David-Hartley-Pearson-Test) und das Ausfiltern von Ausreißern mittels Bedingungen (u.a. Grenzwerte, Intervalle). Für all die vorgestellten Ansätze gilt: Nicht jeder Wert, der formal auffällt, ist damit gleich automatisch auch falsch. Ein „Ausreißer" ist immer relativ zu den jeweiligen raumzeitlich verorteten Erwartungen zu sehen, die nicht notwendigerweise immer mit der empirischen Variabilität zusammenfallen. Am Ende des Kapitels finden sich einige Hinweise für das weitere Umgehen mit Ausreißern.

Abschnitt 3.4 beschäftigt sich mit dem Identifizieren, Filtern und auch Vereinheitlichen (Ersetzen) unerwünschter Zeichen(ketten). Die Einheitlichkeit von (alpha)numerischen Werten (neben der von Tabellen, (Datums)Variablen und u.a. Labels) gehört zu den grundlegenden Kriterien von Datenqualität. Die Folgen uneinheitlicher Strings können gravierend sein. Als Möglichkeiten zur Überprüfung und Filterung werden vorgestellt: Überprüfen auf (un)erwünschte längere Zeichenketten (Strings), Überprüfen auf mehrere (un)erwünschte (Sub)Strings und das Überprüfen auf einzelne, (un)erwünschte Zeichen. Abschließend werden verschiedene Möglichkeiten für das Suchen und Ersetzen (Vereinheitlichen) von Strings, Substrings oder Zeichen vorgestellt.

3.1 Integrity Constraints (Prüfregeln) und Audit Trails

Integrity Constraints (syn.: Integritätsbeschränkungen) sind vereinfacht ausgedrückt Prüfregeln zur Gewährleistung der Datenqualität für eine SAS Tabelle. Integrity Constraints dienen zuallererst der *Identifikation* von möglichen Fehlern, nicht jedoch ihrer Interpretation bzw. Korrektur (vgl. Schendera, 2007). Für die mehrfache, ggf. multivariate Überprüfung größerer, ggf. immer wieder gelieferter Datenmengen ist die regelmäßige Anwendung eines Prüfautomatismus in Form von Integrity Constraints unbedingt empfehlenswert.

Integrity Constraints können mit PROC SQL, PROC DATASETS und in SCL (SAS Component Language) erstellt werden. Prüfregeln können nicht für Views definiert werden. Der folgende Abschnitt wird in die Arbeit mit Integrity Constraints mit SAS SQL einführen und falls erforderlich, auf Vorzüge anderer Prozeduren verweisen.

Abschnitt 3.1.1 führt in die Arbeit mit Integrity Constraints ein. Ein erstes Beispiel wird zeigen, wie Integrity Constraints für eine noch leere Tabelle angelegt und im Log angezeigt werden können. Ein zweites Beispiel wird zeigen, wie Anwender zusätzlich eigene Rückmeldungen für das SAS Log definieren können und wie solche Rückmeldungen zu interpretieren sind, wenn bei der zeilenweisen Aktualisierung von Tabellen möglicherweise Fehler in den Daten enthalten sein könnten. Zusätzlich wird u.a. gezeigt, wie Prüfregeln eingesehen, deaktiviert und wieder reaktiviert werden können. Ein drittes Beispiel wird zeigen, was passiert, wenn Integrity Constraints nachträglich auf eine bereits befüllte Tabelle angewendet werden, die selbst bereits Fehler enthält, und wie die Rückmeldungen seitens SAS zu interpretieren sind.

Abschnitt 3.1.2 führt in die Arbeit mit Audit Trails ein. Audit Trails protokollieren nicht nur Änderungen an einer Tabelle und legen diese in einer separaten Datei ab. Wichtig zu wissen ist, dass ein Audit Trail darüber hinaus (derzeit) die einzige technische Möglichkeit in SAS ist, Fälle aus fehlgeschlagenen APPEND-Operationen zu speichern oder die von Integrity Constraints zurückgewiesen wurden.

Ein erstes Beispiel wird zeigen, wie eine Audit-Datei initialisiert wird und dazu zwei anwenderdefinierte Variablen angelegt werden. Nachdem im Audit Trail vier Fälle verarbeitet wurden, wird die Audit-Datei mittels der Prozeduren CONTENTS und SQL eingesehen. Es wird auch auf Unterschiede zu SAS Datentabellen hingewiesen, u.a. die anwenderdefinierten Variablen, sowie die sog. _AT*_-Variablen. Das zweite Beispiel wird das Zusammenspiel von Audit Trails im Zusammenspiel mit Integrity Constraints vorstellen, wie auch, in welcher Form Daten an SAS übergeben werden können, ohne dass SAS nach jeder übergebenen, fehlerhaften Zeile abbricht. Eine Audit-Datei erfasst daher *alle* abgelehnten Daten.

3.1.1 Integrity Constraints (Prüfregeln)

Integrity Constraints (syn.: Prüfregeln, Bedingungen) geben im Falle des Erfüllens bestimmter Kriterien eine Rückmeldung aus. Das Zutreffen von Regeln wird im Allgemeinen immer als ein *Fehler* interpretiert. Regeln können jedoch *positiv*, aber auch *negativ* formuliert sein, z.B. im Hinblick auf Referenzwerte wie z.B. 95, 96, 97 usw. Bei einer *negativen* Regel löst z.B. jeder andere Wert (also Abweichung: z.B. 91, 92 und 93) eine Fehlermeldung aus. Bei einer *positiven* Regel löst das Zutreffen der Referenzwerte (als Zutreffen: z.B. 95, 96 und 97) ebenfalls eine Fehlermeldung aus: Das Abweichen von einer *negativen* bzw. das Einhalten einer *positiven* Regel führt gleichermaßen zur Rückmeldung des Kodes „1", je nach weiteren Einstellungen zusätzlich 0 und Missing. Bei der Definition von Regeln, ihrer Programmierung, sowie bei der Interpretation des Ergebnisses ist unbedingt der Unterschied zwischen positiv und negativ formulierten Regeln zu beachten.

Prüfregeln werden in unterschiedlichsten Zusammenhängen eingesetzt, z.B. beim Datenzugriff, beim Überprüfen oder Ersetzen von Daten, oder auch beim Ermitteln abgeleiteter Maße und Werte (Berechnungen). Die Zuverlässigkeit von Prüfregeln hat daher grundlegende Bedeutung, da in jedem Falle weitere Werte, Analysen oder Ergebnisse davon abhängen. Eine fehlerhafte Prüfregel führt zu fehlerhaften Werten, Analysen oder Ergebnissen. Das Problem an dysfunktionalen Prüfregeln und Zugriffen (z.B. SQL Queries) ist, dass die Daten selbst in Ordnung sein können, die Datenqualitätsprobleme jedoch durch die fehlerhaften Regeln bzw. Zugriffe verursacht werden. Prüfregeln und Queries sind daher hinsichtlich mehrerer Aspekte zu prüfen und zwar idealerweise vor ihrer Programmierung in SAS Syntax. Zu diesen Aspekten gehören u.a. Semantik, Logik und Informatik:

- Formulierung als positive oder negative Prüfregel?
- Bei komplexen Prüfregeln: Vollständigkeit der logisch realisierbaren „wahren" und „falschen" Ereignisse? Oder nur ein begründeter Ausschnitt „relevanter" Ereignisse?
- Bei komplexen Prüfregeln: Überprüfung der logisch korrekten Prüfregeln an der Komplexität und Dynamik der empirischen Realität. Ist alles, was logisch möglich ist, auch empirisch brauchbar bzw. wahrscheinlich?

- Welche (SAS) Syntax bzw. Prozedur erlaubt die Programmierung der Regeln (Bedingungen)? Wodurch unterscheiden sich mehrere Syntax-Möglichkeiten im Detail? Hier ist u.a. auf die Aktualität von Syntax (Releases), den damit einhergehenden Funktionsumfang und -wandel, sowie das reibungslose Zusammenspiel der Daten mit Soft- und Hardware unterschiedlichster Hersteller, Systeme und Versionen insgesamt zu achten.
- Zuguterletzt: Korrektheit der Programmierung? Ist die Prüfregel (Bedingung) wie geplant (z.B.) negativ formuliert, berücksichtigt die relevanten, logisch realisierbaren „wahren" und „falschen" Ereignisse einschließlich einer Überprüfung auf einen möglichen Programmierfehler?

Prüfregeln bzw. Bedingungen sollten vor der Integration in einen Arbeitsablauf immer zunächst anhand überschaubarer Testdaten kontrolliert werden. Falsche Ergebnisse als Resultat ungeprüfter Bedingungen werden sonst gar nicht oder u.U. zufällig dadurch entdeckt, weil sie nur in einem bestimmten Zusammenhang unplausibel sind. Eine oft übersehene Fehlerquelle sind dabei einfache Programmierfehler, z.B. der nicht korrekte Umgang mit Missings (vgl. Kapitel 2).

Wegen möglicher falscher Positiver ist z.B. eine Rückmeldung angezeigter möglicher Fehler zunächst mit einer gewissen Zurückhaltung zu interpretieren. Ein hoher Anteil an Missings muss nicht notwendigerweise ein Fehler, sondern kann z.B. technisch bedingt sein. Bei Online-Erhebungen können z.B. nicht zutreffende Fragen übersprungen worden sein. Auch scheinbar ausbleibende Fehlermeldungen sind eher vorsichtig zu interpretieren, denn hier besteht die Möglichkeit falscher Negativer. Ein solches Ergebnis besagt für die geprüfte Variable nicht notwendigerweise, dass sie keine (weiteren) Fehler enthält, z.B. bei anders (strenger) formulierten Prüfregeln, Einstellungen (Grenzwerten) oder auch Kriterien (z.B. Doppelte). Genau betrachtet setzen Integrity Constraints selbst das Einhalten *diverser, weiterer* Kriterien für Datenqualität voraus, z.B. Vollständigkeit (vgl. Schendera, 2007, Kap. 9). Ergebnisse seitens Integrity Constraints sind daher immer *im Rahmen der untersuchten Variablen, vorgenommenen Überprüfungen und vorgegebenen Kriterien* zu sehen. Bei der Beschreibung der beispielhaft vorgenommenen Überprüfungen wird auf diesen zentralen Aspekt wiederholt explizit hingewiesen werden. Die Interpretation der Ergebnisse sollte sich daher immer das zweigesichtige Problem der falschen Positive bzw. falschen Negative vergegenwärtigen. Falsche Positive sind z.B. Fehlermeldungen, die sich bei genauerer Betrachtung als Fehlalarm entpuppen. Falsche Negative sind z.B. scheinbar ausbleibende Fehlermeldungen. Eine sehr einfache Ursache für falsche Positive bzw. falsche Negative kann z.B. das falsche Programmieren eigener Prüfregeln sein. Dies kann dann passieren, wenn Prüfregeln eine *Abweichung* von Kriterien als Fehler anzeigen sollen, jedoch aufgrund einer fehlerhaft umgesetzten Prüflogik versehentlich das *Einhalten* bestimmter Kriterien anzeigen.

Im Folgenden werden drei Beispiele für die Arbeit mit Integrity Constraints vorgestellt:

- Das erste Beispiel wird zeigen, wie Integrity Constraints für eine noch leere Tabelle angelegt und im Log angezeigt werden können.
- Das zweite Beispiel wird zeigen, wie Anwender zusätzlich eigene Rückmeldungen für das SAS Log definieren können und wie solche Rückmeldungen zu interpretieren sind,

3.1 Integrity Constraints (Prüfregeln) und Audit Trails

wenn bei der zeilenweisen Aktualisierung von Tabellen möglicherweise Fehler in den Daten enthalten sein könnten.
- Das dritte Beispiel wird zeigen, was passiert, wenn Integrity Constraints nachträglich auf eine bereits befüllte Tabelle angewendet werden, die selbst bereits Fehler enthält, und wie die Rückmeldungen seitens SAS zu interpretieren sind.

Beispiel 1: Anlegen und Anzeige von Integrity Constraints (leere Tabelle)
In diesem Beispiel wird demonstriert, wie Integrity Constraints für eine noch leere Tabelle angelegt und im SAS Log angezeigt werden können. Die Syntax unterscheidet sich in Details vom einführenden Beispiel in Abschnitt 5.1 (Band I).

Syntax für die Definition der Tabelle und u.a. der Prüfregeln:

```
proc sql ;
   create table LEER
     (ID num,
      STRING char (30) label="Stringvariable" ,
      WERT1   num label="Numerische Variable" ,
      DATUM date format=ddmmyy8. label="Datumsvariable" ,
        constraint DATUM_c    check(DATUM >= "02JAN70"D) ,
        constraint ID_0       not null(ID) ,
        constraint ID_pkey    primary key(ID) ,
        constraint STRING_0   not null(STRING) ,
        constraint STRING_c   check(STRING in ('Banking',
                                               'Finance')) ,
        constraint WERT1_0    not null(WERT1) ,
        constraint WERT1_c    check(WERT1 >= 0.1) ,
        constraint WERT1_unq  unique(WERT1) ) ;
describe table constraints LEER ;
   quit ;
```

Hinweise: Mittels CREATE TABLE wird die temporäre Datei LEER mit leeren Spalten mit den Bezeichnungen ID, STRING, WERT1 und DATUM angelegt. Als nächstes wird *konzeptionell* festgelegt, was die zu prüfenden Kriterien sind: Im Beispiel soll geprüft werden bzw. gewährleistet sein (alphabetisch sortiert):

- DATUM
  Die Werte in der Spalte DATUM sollen größer (aktueller) als das Referenzdatum 02.01.1970 sein.
- ID
  ID soll ausschließlich gültige Werte bzw. keine Missings enthalten.
  ID soll der Primärschlüssel beim Verbinden mit anderen Tabellen sein.
- STRING
  STRING soll ausschließlich gültige Werte bzw. keine Missings enthalten.
  STRING soll die Einträge „Banking" oder „Finance" enthalten.

- WERT1
  WERT1 soll ausschließlich gültige Werte bzw. keine Missings enthalten.
  Die Werte in der Spalte WERT1 sollen größergleich als 0.1 sein.
  Die Werte in der Spalte WERT1 sollen unique sein.

Nach CONSTRAINT werden anschließend die Prüfregeln für die jeweiligen Variablen angelegt. Für jede Prüfregel wird ein separates CONSTRAINT-Statement angelegt. Jeder Prüfregel muss dabei eine andere Bezeichnung zugewiesen werden. Gleichlautende Bezeichnungen für Integrity Constraints lösen eine Fehlermeldung aus und SAS bricht mit der weiteren Verarbeitung ab. Nach jedem CONSTRAINT kann einer der folgenden Prüfmodi angegeben werden (alphabetisch angeordnet):

- *CHECK:* Auf die geprüfte(n) Spalte(n) werden anwenderdefinierte Prüfregeln angewandt. Anwender können die Werte einer Spalte mit selbst definierten WHERE-Bedingungen filtern, die eine oder auch mehr Variablen enthalten können.
- *DISTINCT:* Die geprüfte Spalte enthält ausschließlich unique Werte und darf keine Dubletten (mehrfach vorkommende Werte) enthalten. Missings sind zulässig, dürfen jedoch ebenfalls nur einmal vorkommen. DISTINCT entspricht dem Prüfmodus *UNIQUE* und wird nicht weiter vorgestellt.
- *NOT NULL:* Die geprüfte Spalte enthält ausschließlich gültige Werte bzw. keine Missings.
- *PRIMARY KEY:* Die geprüfte Spalte wird als Primärschlüssel beim Verbinden mit anderen Tabellen festgelegt. PRIMARY KEY prüft u.a. auch automatisch auf unique Werte. Werden für ein und dieselbe Variable Prüfregeln auf Primärschlüssel *und* unique Werte angewandt, ersetzt die Primärschlüssel-Prüfregel die Prüfregel für unique Werte.
- *UNIQUE:* Die geprüfte Spalte enthält ausschließlich unique Werte und darf keine Dubletten (mehrfach vorkommende Werte) enthalten. Missings sind zulässig, dürfen jedoch ebenfalls nur einmal vorkommen. UNIQUE entspricht dem Prüfmodus *DISTINCT* (nicht weiter vorgestellt).

Sind Prüfregeln einmal angelegt, können diese mit dem Befehl DESCRIBE TABLE CONSTRAINTS ins SAS Log ausgegeben werden. Die Prüfregeln werden auch dann angezeigt, wenn die Tabelle selbst noch leer ist.

Ausgabe der Integritätsbeschränkungen (DESCRIBE TABLE CONSTRAINTS):

```
-----Alphabetische Liste der Integritätsbeschränkungen-----
```

#	Integritäts-beschränkung	Typ	Variablen	WHERE-Bedingung
1	DATUM_c	Check		DATUM>='02JAN1970'D
2	ID_0	Not Null	ID	
3	ID_pkey	Primary Key	ID	
4	STRING_0	Not Null	STRING	

3.1 Integrity Constraints (Prüfregeln) und Audit Trails

5	STRING_c	Check		STRING in ('Banking', 'Finance')
6	WERT1_0	Not Null	WERT1	
7	WERT1_c	Check		WERT1>=0.1
8	WERT1_unq	Unique	WERT1	

Die Prüfregeln (vgl. Spalte „Integritätsbeschränkung") werden alphabetisch ausgegeben. Die im Beispiel vergebenen Extender „_c", „_pkey", „_0" und „_unq" weisen auf den Regeltyp hin („Check", „Primary Key", „Not Null", „Unique"), der auf die betreffende Variablen angewandt wird. Anwender können Bezeichnungen für Prüfregeln selbstverständlich völlig frei wählen.

Die Prüfregel „Datum_c" ist z.B. vom Typ „Check" und enthält die WHERE-Bedingung „DATUM>='02JAN1970'D". Die Werte in der Spalte DATUM sollen größer (aktueller) als das Referenzdatum 02.01.1970 sein. Die Prüfregel „ID_null" ist z.B. vom Typ „Not Null" und bezieht sich auf die Variable ID. ID darf ausschließlich gültige Werte bzw. keine Missings enthalten. Die Prüfregel „ID_pkey" ist z.B. vom Typ „Primary Key" und bezieht sich auf die Variable ID. ID wird dadurch zum Primärschlüssel beim Verbinden mit anderen Tabellen usw. Die separaten Check-Regeln „Datum_c", STRING_c und WERT1_c könnten dabei zu einer einzelnen Prüfregel namens MULTIRULE zusammengefasst werden, z.B. constraint MULTIRULE check(DATUM >= **"02JAN70"D** & STRING in ('Banking', 'Finance') & WERT1 >= **0.1**).

Alternativ können Integrity Constraints z.B. mittels der Prozeduren CONTENTS und DATASETS eingesehen werden (die Ausgaben werden nicht vorgestellt). Diese Prozeduren erlauben zusätzlich, Informationen über Integrity Constraints mittels der OUT2-Option in eine Datei abzulegen.

```
proc datasets library=work ;         proc contents data=LEER ;
   contents data=LEER ;                 run ;
  run ;
quit ;
```

SCL stellt die Funktionen ICTYPE, ICVALUE und ICDESCRIBE zur Abfrage von Informationen über Integrity Constraints zur Verfügung (nicht weiter vorgestellt).

Beispiel 2: Integrity Constraints bei Fehlern in Daten einer zeilen- oder tabellenweisen Aktualisierung

Das folgende Beispiel wird zunächst zeigen, wie Anwender eigene Rückmeldungen für das SAS Log definieren können. Anschließend soll eine Tabelle mit Updates befüllt werden, die selbst wiederum Fehler enthalten. In Beispiel 3 wird anschließend demonstriert, was passiert, wenn solcherart erweiterte Integrity Constraints auf eine Tabelle angewandt werden, die selbst bereits Fehler enthält.

Syntax für die Definition der Tabelle und u.a. der Prüfregeln:

```
proc sql ;
  create table LEER
   (ID num,
    STRING char (30) label="Stringvariable" ,
    WERT1 num label="Numerische Variable" ,
    DATUM date format=ddmmyy8. label="Datumsvariable" ,
      constraint DATUM_c     check(DATUM >= "02JAN70"D)
        message="DATUM enthält Werte älter als das Datum."
                                                 msgtype=newline ,
      constraint ID_0        not null(ID)
        message="ID enthält Missings."           msgtype=newline ,
      constraint ID_pkey     primary key(ID)
        message="ID ist nicht der Primärschlüssel."
                                                 msgtype=newline ,
      constraint STRING_0    not null(STRING)
        message="STRING enthält Missings." msgtype=newline ,
      constraint STRING_c    check(STRING in ('Banking',
                                              'Finance'))
        message="STRING enthält nicht 'Banking' oder 'Finance'."
                                                 msgtype=newline ,
      constraint WERT1_0     not null(WERT1)
        message="WERT1 enthält Missings."        msgtype=newline ,
      constraint WERT1_c     check(WERT1 >= 0.1)
        message="WERT1 enthält Werte nicht größergleich 0.1."
                                                 msgtype=newline ,
      constraint WERT1_unq   unique(WERT1)
        message="WERT1 enthält Doppelte." msgtype=newline ) ;
describe table constraints LEER ;
      quit ;
```

Die Syntax für Beispiel unterscheidet sich von Beispiel 1 nur darin, dass in jedem CONSTRAINT-Statement zusätzlich ein Text für eine anwenderdefinierte Fehlermeldung (MESSAGE=, „Benutzermeldung"), sowie die Art ihrer Rückmeldung im SAS Log angegeben wurde (MSGTYPE=).

Eine Fehlermeldung wird dann im Log angezeigt, sobald die gelieferten Daten gegen eine der Prüfregeln verstoßen. Bei Datenfehlern bricht SAS den Vorgang des Einfügens nicht nur sofort ab: Wurden Daten erfolgreich eingefügt, bevor der angezeigte Fehler auftrat, werden diese von SAS wieder gelöscht, um den Zustand vor der Aktualisierung wiederherzustellen. Der Text für die Rückmeldung darf 250 Zeichen nicht übersteigen. Der Text für die Rückmeldungen sollte so kurz und prägnant wie möglich sein.

Anwender können für die Art der anwenderdefinierten Rückmeldung zwischen USER und NEWLINE wählen. Bei USER wird bei einem Verstoß gegen eine Prüfregel nur die jeweilige, vom Anwender definierte Fehlermeldung ins SAS Log geschrieben, z.B.:

```
FEHLER: STRING enthält nicht 'Banking' oder 'Finance'.
```

Bei NEWLINE wird bei einem Verstoß gegen eine Prüfregel zusätzlich die automatische Rückmeldung seitens SAS mit ausgegeben, die (in diesem Fall) zusätzlich die Bezeichnung der Prüfregel selbst ins Log ausgibt, z.B.:

```
FEHLER: STRING enthält nicht 'Banking' oder 'Finance'. Add/Update failed for
data set WORK.LEER because data value(s) do not comply with integrity con-
straint STRING_c.
```

Ausgabe der Integritätsbeschränkungen (DESCRIBE TABLE CONSTRAINTS):

```
-----Alphabetische Liste der Integritätsbeschränkungen-----
```

#	Integritäts- beschränkung	Typ	Variablen	WHERE- Bedingung	Benutzer- meldung
1	DATUM_c	Check		DATUM>=' 02JAN1970'D	DATUM enthält Werte älter als das Datum.
2	ID_0	Not Null	ID		ID enthält Missings.
3	ID_pkey	Primary Key	ID		ID ist nicht der Primärschlüssel.
4	STRING_0	Not Null	STRING		STRING enthält Missings.
5	STRING_c	Check		STRING in ('Banking', 'Finance')	STRING enthält nicht 'Banking' oder 'Finance'.
6	WERT1_0	Not Null	WERT1		WERT1 enthält Missings.
7	WERT1_c	Check		WERT1>=0.1	WERT1 enthält Werte nicht größergleich 0.1.
8	WERT1_unq	Unique	WERT1		WERT1 enthält Doppelte.

Die Tabelle „-----Alphabetische Liste der Integritätsbeschränkungen-----" wurde im Vergleich zu Beispiel 1 um die Spalte „Benutzermeldung" erweitert. Diese Spalte gibt den jeweiligen Text der anwenderdefinierten Rückmeldungen wieder.

Syntax für die zeilenweise Aktualisierung (VALUES):
Mittels INSERT werden nun der leeren Tabelle LEER vier Fälle hinzugefügt. Die Werte eines Falles werden jeweils in einer separaten Zeile nach VALUES angegeben. Die Reihenfolge der Einträge in der Klammer nach VALUES muss der Reihenfolge in der Zieltabelle (z.B. LEER) entsprechen. Weil vier Fälle an LEER eingefügt werden sollen, enthält INSERT vier VALUES-Zeilen.

```
proc sql ;
insert into LEER
      values (1,"Banking",123,"03JAN70"d)
      values (3,"Finance",321,"29JAN08"d)
      values (3,"Telco",321,"15OCT94"d)
      values (4,"Finance",321,"23OCT04"d);
quit ;
```

Den Zeilen wurden absichtlich Fehler hinzugefügt, um die Arbeitsweise der SQL Prüfregeln etwas transparenter zu machen. In Zeile 3 verstoßen z.B. der Eintrag „Telco" gegen die Prüfregel „STRING_c" und die Datumsangabe gegen die Prüfregel DATUM_c. Die mehrfach auftretenden Werte „321" in der Spalte WERT1 verstoßen gegen die Prüfregel WERT1_unq. Interessant ist nun, dass SAS zunächst nur *einen* Fehler rückmeldet und dann abbricht. Diese Rückmeldung bedeutet allerdings nicht, dass dies der *einzige* Fehler ist.

```
FEHLER: STRING enthält nicht 'Banking' oder 'Finance'. Add/Update failed for
data set WORK.LEER because data value(s) do not comply with integrity con-
straint STRING_c.
HINWEIS: Dieses Einfügen schlug fehl, während versucht wurde, Daten aus der
VALUES-Bedingung 3 der Datei hinzuzufügen.
HINWEIS: Erfolgreiche Einfügungen vor obigem Fehler werden gelöscht, um kon-
sistenten Tabellenzustand wiederherzustellen.
HINWEIS: Das SAS System hat die Verarbeitung dieses Schritts aufgrund von
Fehlern abgebrochen.
```

Die Rückmeldung im SAS Log ist weitestgehend selbsterklärend. Mit VALUES-Bedingung ist gemeint, dass in der dritten VALUES-Zeile ein Fehler identifiziert wurde. Der (erste) Fehler besteht darin, dass in der dritten Zeile in der Spalte STRING weder die Einträge „Banking" noch „Finance" vorkommen, sondern der Eintrag „Telco". Wird dieser Fehler in der dritten VALUES-Zeile behoben (indem z.B. „Telco" durch „Finance" ersetzt wird) und die Syntax für die zeilenweise Aktualisierung nochmals abgesendet (INSERT VALUES), gibt SAS folgende Rückmeldung aus:

```
FEHLER: WERT1 enthält Doppelte. Add/Update failed for data set WORK.LEER be-
cause data value(s) do not comply with integrity constraint WERT1_unq.
HINWEIS: Dieses Einfügen schlug fehl, während versucht wurde, Daten aus der
VALUES-Bedingung 3 der Datei hinzuzufügen.
```

Die Rückmeldung im SAS Log ist selbsterklärend: Der (nächste) Fehler besteht darin, dass in der dritten Zeile in der Spalte WERT1 das erste Duplikat eines Wertes auftaucht, der bereits vorkam (vgl. 321 in Zeile 2). Ist der Wert behoben (und auch der noch auftretende Wert in Zeile 3), gibt die nochmals abgesendete INSERT VALUES-Syntax jetzt folgende Rückmeldung aus:

```
FEHLER: ID ist nicht der Primärschlüssel. Add/Update failed for data set
WORK.LEER because data value(s) do not comply with integrity constraint
ID_pkey.
```

HINWEIS: Dieses Einfügen schlug fehl, während versucht wurde, Daten aus der
VALUES-Bedingung 3 der Datei hinzuzufügen.

Diese Rückmeldung bedeutet, dass im Primärschlüssel ID doppelte Werte vorkommen. Ist auch dieser Fehler behoben, wird die INSERT VALUES-Syntax folgende Rückmeldung ausgeben:

HINWEIS: 4 Zeilen wurden eingefügt in WORK.LEER.

Diese Rückmeldung bedeutet dreierlei:

- Vier Fälle wurden in die Tabelle LEER eingefügt.
- Die *formulierten* Prüfregeln haben keinen weiteren Fehler identifiziert. Die Datenqualität entspricht den vorgegebenen Kriterien.
- Das Ergebnis bedeutet *nicht*, dass die Daten in LEER keine weiteren Fehler enthalten. Fehlen relevante Regeln, oder sind die Regeln zu tolerant formuliert oder sogar falsch programmiert, kann die Qualität der Daten in LEER durchaus weiterhin zweifelhaft sein (vgl. Schendera, 2007).

Syntax für eine tabellenweise Aktualisierung (SELECT):
Die wiederholte Überprüfung zeilenweise aktualisierter Daten kann trotz ihrer Vorzüge bei größeren Datenmengen durchaus mühsam sein. Eine effizientere Herangehensweise kann daher die tabellenweise Aktualisierung von Daten darstellen. Anstelle von vier separaten VALUES-Zeilen werden dieselben fehlerhaften Daten als Datei NEW_DATA angelegt.

```
data NEW_DATA ;
   input ID STRING $2-9 WERT1 DATUM date7. ;
datalines ;
1 Banking  123 03JAN70
3 Finance  321 29JAN08
3 Telco    321 15OCT94
4 Finance  321 23OCT04
  ;
run ;
```

Die neuen Daten in NEW_DATA werden mittels eines INSERT INTO an die Datei LEER übergeben.

```
proc sql;
     insert into LEER (ID, STRING, WERT1, DATUM)
     select ID, STRING, WERT1, DATUM
from NEW_DATA  ;
quit ;
```

Trotz einer effizienteren Übergabe in Form *einer* Update-Datei meldet SAS auch bei diesem Ansatz zunächst nur *einen* Fehler zurück und bricht dann ab.

FEHLER: STRING enthält nicht 'Banking' oder 'Finance'. Add/Update failed for
data set WORK.LEER because data value(s) do not comply with integrity constraint STRING_c.
HINWEIS: Erfolgreiche Einfügungen vor obigem Fehler werden gelöscht, um kon-
sistenten Tabellenzustand wiederherzustellen.
HINWEIS: Das SAS System hat die Verarbeitung dieses Schritts aufgrund von
Fehlern abgebrochen.
```

Das für den zeilenweisen Ansatz Gesagte gilt auch für den tabellenweisen Ansatz: SAS bricht nach dem ersten gefunden Fehler in NEW_DATA ab; wird dieser Fehler in NEW_DATA behoben und diese Datei nochmals abgeschickt, bricht SAS nach dem nächsten Fehler ab.

Damit SAS *nicht* nach jeder übergebenen, fehlerhaften Zeile abbricht, muss jede neue Datenzeile in einem eigenen INSERT-Statement an SAS übergeben werden. Dieser Ansatz wird in 3.2 (zweites Beispiel) im Zusammenspiel mit einem Audit Trail vorgestellt.

**Beispiel 3: Nachträgliches Anwenden von Integrity Constraints auf eine bereits befüllte Tabelle**

Prüfregeln können einer leeren Tabelle hinzugefügt werden oder auch einer Tabelle, die bereits Werte enthält. Werden die Prüfregeln einer leeren Tabelle hinzugefügt, werden die Regeln erst beim Einfügen usw. von Werten aktiviert (*vgl. Beispiel 1*). Wenn die betroffenen Spalten solche Prüfregeln aufweisen, werden diese bei jedem Einfügen (INSERT), Löschen (DELETE) oder Verändern (ALTER) von Werten aktiviert und nehmen entsprechend ihre kriteriengeleiteten Prüfungen vor. Werden die Prüfregeln einer befüllten Tabelle hinzugefügt, wird zuallererst geprüft, ob der Inhalt der Tabelle den zugewiesenen Integrity Constraints entspricht.

Dieses Beispiel wird demonstrieren, was passiert, wenn Integrity Constraints nachträglich auf eine bereits befüllte Tabelle angewendet werden, die selbst bereits Fehler enthält. Die fehlerbehaftete Tabelle wird durch die Tabelle DEMO repräsentiert. Ihr Inhalt entspricht den bereits vorgestellten VALUES-Zeilen aus Beispiel 2 mit all ihren Fehlern. Die Integrity Constraints einschließlich ihrer anwenderdefinierten Rückmeldungen sind ebenfalls Beispiel 2 entnommen. Abschließend wird gezeigt, wie Prüfregeln deaktiviert (gelöscht) und wieder reaktiviert werden können.

```
data DEMO ;
  input ID STRING $2-9 WERT1 DATUM date7.;
  datalines ;   proc print ;
1 Banking 123 03JAN70   format DATUM date7. ;
3 Finance 321 29JAN08   run ;
3 Telco   321 15OCT94
4 Finance 321 23OCT04
;
run ;
```
```

3.1 Integrity Constraints (Prüfregeln) und Audit Trails

Soll eine bereits befüllte Tabelle DEMO nachträglich mittels Integrity Constraints überprüft werden, so brauchen nur die benötigten Integrity Constraints nach einem ADD im ALTER TABLE-Statement in einem SQL Schritt angegeben werden. Wird SQL ausgeführt, werden diese Integrity Constraints auf die betreffende Tabelle angewandt, d.h. ihr (bekanntermaßen fehlerhafter) Inhalt daraufhin überprüft, ob er den Regeln der übergebenen Integrity Constraints entspricht. Das Ergebnis nach DESCRIBE TABLE CONSTRAINTS ist dabei entsprechend aufschlussreich (s.u.).

```
proc sql ;
  alter table DEMO
    add constraint DATUM_c    check(DATUM >= "02JAN70"D)
        message="DATUM enthält Werte älter als das Datum."
                                    msgtype=newline ,
        constraint ID_0       not null(ID)
        message="ID enthält Missings." msgtype=newline ,
        constraint ID_pkey    primary key(ID)
        message="ID ist nicht der Primärschlüssel."
                                    msgtype=newline ,
        constraint STRING_0   not null(STRING)
        message="STRING enthält Missings." msgtype=newline ,
        constraint STRING_c   check(STRING in ('Banking',
                                               'Finance'))
        message="STRING enthält nicht 'Banking' oder 'Finance'."
                                    msgtype=newline ,
        constraint WERT1_0    not null(WERT1)
        message="WERT1 enthält Missings." msgtype=newline ,
        constraint WERT1_c    check(WERT1 >= 0.1)
        message="WERT1 enthält Werte nicht größergleich 0.1."
                                    msgtype=newline ,
        constraint WERT1_unq  unique(WERT1)
        message="WERT1 enthält Doppelte." msgtype=newline ;
describe table constraints DEMO ;
      quit ;
run;

proc print data=DEMO noobs ;
run ;
```

```
       -----Alphabetische Liste der Integritätsbeschränkungen-----

    Integritäts-                 WHERE-                  Benutzer-
  # beschränkung Typ    Variablen Bedingung              meldung

  1 DATUM_c      Check            DATUM>='02JAN1970'D   DATUM enthält Werte
                                                        älter als das Datum.
  2 ID_0         Not Null ID                            ID enthält Missings.
```

Von den acht an SAS übergebenen Prüfregeln werden nur zwei in der Liste ausgegeben. Der Grund dafür ist, dass die Daten in der Tabelle nur diese beiden Integrity Constraints einhalten. Werden auf eine befüllte Tabelle nachträglich Integrity Constraints angewandt, werden nur diejenigen auf die betreffende Tabelle erfolgreich übertragen und in dieser Liste ausgegeben, die von den Daten der Tabelle eingehalten werden. Die Daten verstoßen gegen die sechs anderen, nicht aufgelisteten Integrity Constraints. Erfüllen die Daten in der Tabelle alle Integrity Constraints, werden alle Prüfregeln aufgelistet. Ist also in dieser Liste eine Prüfregel *nicht* aufgeführt, dann deshalb, weil die Daten der betreffenden Tabelle gegen sie verstoßen.

Die folgende PROC PRINT-Ausgabe gibt den Inhalt von DEMO wieder.

ID	STRING	WERT1	DATUM
1	Banking	123	3655
3	Finance	321	17560
3	Telco	321	12706
4	Finance	321	16367

Die Tabelle DEMO enthält weiterhin die absichtlich hinzugefügten Fehler. In ID 3 verstoßen z.B. der Eintrag „Telco" *immer noch* gegen die (nicht aufgelistete) Prüfregel „STRING_c" und die Datumsangabe gegen die (ebenfalls nicht aufgelistete) Prüfregel DATUM_c. Die mehrfach auftretenden Werte „321" in der Spalte WERT1 verstoßen z.B. *immer noch* gegen die Prüfregel WERT1_unq usw.

Dieses Ergebnis bedeutet aber auch: Das nachträgliche Anwenden von Prüfregeln dient nur der *Identifikation* von möglichen Fehlern, nicht jedoch ihrer Interpretation bzw. Korrektur. Die Tabelle enthält dann weiterhin fehlerhafte Daten, *wenn und weil die nicht aufgelisteten* Prüfregeln weitere Fehler identifiziert haben. Auch dieses Ergebnis schließt nicht aus, dass die Daten weitere Fehler enthalten.

Entfernen von Integrity Constraints

Sollen Integrity Constraints wieder gelöscht werden, so brauchen die zu löschenden Integrity Constraints nur noch nach DROP in einem ALTER TABLE-Statement angegeben werden. Im folgenden Beispiel werden alle Prüfregeln außer den drei Prüfregeln WERT1_0, WERT1_c und WERT1_unq gelöscht.

```
proc sql ;
  alter table DEMO
    drop constraint DATUM_c
         constraint ID_0
         constraint ID_pkey
         constraint STRING_0
         constraint STRING_c ;
    quit ;
run ;
```

Reaktivieren von Integrity Constraints vom Typ „Fremdschlüssel"

Unter bestimmten Umständen müssen Integrity Constraints vom Typ „Fremdschlüssel" wieder reaktiviert werden. Wenn z.B. Tabellen, die Prüfregeln enthalten, mittels einer COPY, CPORT, CIMPORT, UPLOAD oder DOWNLOAD Prozedur weiterverarbeitet werden, ist die Standardeinstellung, das Kopieren von Integrity Constraints zu unterdrücken (vgl. auch PROC APPEND und PROC SORT). Nach einem Kopieren mittels PROC COPY sind z.B. möglicherweise vorher vorhandene Prüfregeln vom Typ „Fremdschlüssel" inaktiv. Um die Fremdschlüssel aktiv zu übernehmen, kann entweder in diesen Prozeduren ein CONSTRAINT=YES (oder eine ähnliche Option) verwendet werden oder ein nachträgliches PROC DATASETS.

```
proc datasets library=WORK ;
   modify DEMO ;
      ic reactivate FRD_KEY references FPFAD ;
   run ;
quit ;
```

Nach LIBRARY= wird der aktuelle Speicherort der Datei angegeben; nach REFERENCES (Standardangabe) der frühere Speicherort, z.B. von wo aus eine Datei kopiert wurde (z.B. mittels PROC COPY). FRD_KEY stellt einen in diesem Fall fiktiv angegebenen Fremdschlüssel dar.

Im Vergleich zu PROC SQL weist PROC DATASETS einen ähnlichen, wenn nicht sogar größeren Funktionsumfang zum u.a. Anlegen, Ändern oder Löschen von Integrity Constraints auf. Anwendern wird empfohlen, den möglichen Gewinn einer eventuell höheren Performanz mit der Art und dem Aufwand für die erforderliche Programmierung abzuwägen.

3.1.2 Audit Trails (Prüfprotokolle)

Dieser Abschnitt führt in die Arbeit mit Audit Trails ein. Audit Trails protokollieren Änderungen an einer Tabelle und legen diese in einer separaten Datei ab. Wichtig zu wissen ist, dass ein Audit Trail darüber hinaus (derzeit) die einzige technische Möglichkeit in SAS ist, Fälle aus fehlgeschlagenen APPEND-Operationen zu speichern oder die von Integrity Constraints zurückgewiesen wurden.

Was ist ein Audit Trail?

Eine eher konzeptionelle Perspektive
Ein Audit Trail ist eine SAS Datei, die (falls benötigt) angelegt werden kann, um Änderungen an einer SAS Tabelle zu protokollieren und diese in einer separaten Datei abzulegen. Jedes mal, wenn ein Fall hinzugefügt, gelöscht oder aktualisiert wird, wird ins Protokoll geschrieben, wer die Änderung vornahm, welche Änderung vorgenommen wurde und wann die Änderung vorgenommen wurde. Ein Audit Trail protokolliert daher die „Geschichte" von Daten und Tabellen; idealerweise ab dem Zeitpunkt, zu dem sie in ein System einfließen bis zu dem Zeitpunkt, zu dem sie es wieder verlassen.

Audit Trails sind daher im Bereich Business Intelligence aus vier zentralen Gründen relevant (vgl. auch Schendera, 2007):

- Audit Trails unterstützen die Transparenz von Datenflüssen innerhalb von Unternehmen.
- Audit Trails unterstützen die Sicherheit von Daten und Unternehmen (Dokumentation, Kontrolle).
- Audit Trails unterstützen die Effizienz von Datenflüssen und Unternehmen (Performanz, Green IT).
- Audit Trails unterstützen die Qualität von Daten und Datenoperationen innerhalb von Unternehmen (u.a. Vollständigkeit, „Backup"-Funktion).

Eine eher technische Perspektive

Ein Audit Trail wird von der voreingestellten SAS Base Engine angelegt und besitzt denselben Pfad (Libref) und denselben Namen wie die Datentabelle, ist jedoch vom Dateityp AUDIT. Ein Audit Trail funktioniert in lokalen und remoten Umgebungen ähnlich, eventuell mit Ausnahme des Time Stamp. Die protokollierte Zeit beim Schreiben in der remoten SAS Session kann sich unter Umständen von der SAS Session des Anwenders unterscheiden. Diese Datei repliziert die Variablen aus der Datentabelle und legt darin automatisch sog. _AT*_Variablen an. _AT*_-Variablen speichern automatisch Informationen über Veränderungen an Daten:

_AT*_-Variablen:

ATDATETIME	Speichert Datum und Uhrzeit einer Änderung (außer evtl. in Remote-Umgebungen).
ATUSERID	Speichert die Login-UserID im Zusammenhang mit einer Änderung.
ATOBSNO	Speichert die Fallnummer, die von der Änderung betroffen ist (außer bei REUSE= YES).
ATRETURNCODE	Speichert den sog. Event Return Code.
ATMESSAGE	Speichert das SAS Log zum Zeitpunkt der Änderung (außer evtl. in Remote-Umgebungen).
ATOPCODE	Speichert einen Code, der die Art der Änderung beschreibt:

- AL: Auditing wird fortgesetzt.
- AS: Auditing ist ausgesetzt.
- DA: Image der hinzugefügten Datenzeile.
- DD: Image der gelöschten Datenzeile.
- DR: Image der Datenzeile vor dem Update.
- DW: Image der Datenzeile nach dem Update.
- EA: Beobachtung hinzufügen fehlgeschlagen.
- ED: Beobachtung löschen fehlgeschlagen.
- EU: Beobachtung updaten fehlgeschlagen.

Neben den _AT*_-Variablen können auch anwenderdefinierte Variablen angelegt werden. Anwenderdefinierte Variablen sind Variablen, bei denen die Informationen zu den Änderungen an den Daten vom Anwender selbst an die Audit-Datei übergeben werden kann. Eine anwenderdefinierte Variable ist dabei mit den Werten in der Datentabelle assoziiert und wird durch Änderungen usw. an diesen in der Datentabelle aktualisiert. Beispielsweise können Dateneingeber in Form von Freitext z.B. einen Grund oder weitere besondere Umstände für das jeweilige Update angeben.

Ein Audit Trail protokolliert dabei nicht nur erfolgreiche Updates, sondern auch Informationen über fehlgeschlagene Updates. Die Protokolle erfolgen in Form der sog. Audit-Datei.

Ein Audit Trail ist (derzeit) die einzige technische Möglichkeit in SAS, Fälle aus fehlgeschlagenen APPEND-Operationen zu speichern oder die von Integrity Constraints zurückgewiesen wurden.

Mittels eines DATA Steps können aus der Audit-Datei die zurückgewiesenen Fälle extrahiert und die Informationen aus _AT*_- und anwenderdefinierten Variablen zur Ursachensuche und Fehlerkorrektur verwendet werden, um dann die ursprünglich zurückgewiesenen Fälle dieses mal erfolgreich an die Datentabelle zu übergeben.

Wegen der zahlreichen Prozesse auf Zeilenebene, wie auch, dass jedes Update der Datentabelle auch an die Audit-Datei übergeben wird, kann ein Audit Trail unter Umständen die Performanz eines Systems stark in Anspruch nehmen. Für große, regelmäßig ablaufende Batch-Updates kann es daher Sinn machen, einen Audit Trail auszusetzen. Ein Audit Trail wird nicht empfohlen für Tabellen, die u.a. eine der folgenden Operationen unterzogen werden: Kopieren, Verschieben, Ersetzen oder Überführen in eine andere Betriebsumgebung. Diese Operationen erhalten nicht den Audit Trail. Wird die Audit-Datei beschädigt, kann die Datentabelle erst dann weiterverarbeitet werden, wenn der Audit Trail beendet wird. Die Datentabelle kann dann ohne einen Audit Trail weiterverarbeitet werden. Falls erforderlich, kann für die Datentabelle ein neuer Audit Trail initiiert werden.

Audit Trails können nicht für generation data sets initialisiert werden.

Im Folgenden werden zwei Beispiele für die Arbeit mit Audit Trails vorgestellt:

- Das erste Beispiel wird zeigen, wie eine Audit-Datei initialisiert wird und dazu auch zwei anwenderdefinierten Variablen angelegt werden. Nachdem im Audit Trail vier Fälle verarbeitet wurden, wird die Audit-Datei mittels der Prozeduren CONTENTS und SQL eingesehen. Es wird auch auf Unterschiede zu SAS Datentabellen hingewiesen, u.a. die anwenderdefinierten Variablen, sowie die sog. _AT*_-Variablen.
- Das zweite Beispiel wird das Zusammenspiel von Audit Trails mit Integrity Constraints vorstellen, wie auch, in welcher Form Daten an SAS übergeben werden können, ohne dass SAS nach jeder übergebenen, fehlerhaften Zeile abbricht. Eine Audit-Datei erfasst daher *alle* abgelehnten Daten.

Beispiel 1:

Initiieren und Interpretieren eines Audit Trails (Beispiel ohne Integrity Constraints)

Audit Trails protokollieren Änderungen an einer Tabelle und legen diese in einer separaten Datei (sog. Audit-Datei) ab. Das folgende Beispiel führt zunächst in die Arbeit mit Audit Trails ein. Das Beispiel wird zeigen, wie eine Audit-Datei initialisiert wird und wie dazu auch anwenderdefinierte Variablen angelegt werden können. Nachdem im Audit Trail vier Fälle verarbeitet wurden, wird die Audit-Datei mittels der Prozeduren CONTENTS und SQL eingesehen. Es wird auch auf Unterschiede zu SAS Datentabellen hingewiesen, u.a. die anwenderdefinierten Variablen, sowie die sog. _AT*_-Variablen.

Beispiel:

```
data DEMO ;                                    proc print ;
   input ID STRING $2-9 WERT1 DATUM date7. ;     format DATUM date7. ;
   datalines ;                                 run ;
1 Banking 001 03JAN70
2 Finance 002 29JAN08
3 Banking 003 15OCT94
;
run ;
```

Mittels PROC DATASETS wird ein Audit Trail initialisiert. Die Audit Datei wird automatisch unter demselben Verzeichnis und Namen wie die zu überwachende Tabelle abgelegt. In diesem Fall wird die Audit Datei im Verzeichnis WORK und dem Namen DEMO angelegt. Zusätzlich werden nach USER_VAR zwei anwenderdefinierte Variablen namens GRUND_1 und GRUND_2 angelegt. Die anwenderdefinierten Variablen werden nur in der Audit Datei, aber nicht in der Datentabelle angelegt.

```
proc datasets lib=WORK ;
   audit DEMO ;
      initiate ;
      user_var GRUND_1 $ 30 GRUND_2 $ 30 ;
run ;
quit ;
```

Rückmeldung im SAS Log:

```
WARNUNG: Die Audit-Datendatei WORK.DEMO.DATA ist nicht passwortgeschützt.
         Verwenden Sie ein ALTER-Passwort, um versehentliches Löschen oder
         Ersetzen der Datei und zugehöriger Audit-Dateien zu verhindern.
HINWEIS: Die Datei WORK.DEMO.AUDIT weist 0 Beobachtungen und 12 Variablen
auf.
```

Mittels INSERT werden nun der Tabelle DEMO vier Fälle hinzugefügt. Die Werte eines Falles werden jeweils in einer separaten Zeile nach VALUES angegeben. Die Reihenfolge der Einträge in der Klammer nach VALUES muss der Reihenfolge in der Zieltabelle (z.B.

3.1 Integrity Constraints (Prüfregeln) und Audit Trails

DEMO) entsprechen. Weil vier Fälle an DEMO eingefügt werden sollen, enthält INSERT vier VALUES-Zeilen.

```
proc sql ;
insert into DEMO
       values (5,"Banking",123,"03JAN70"d, "Nachtrag", "---")
       values (6,"Finance",321,"29JAN08"d, "Nachtrag", "---")
       values (6,"Telco",321,"15OCT94"d, "Nachtrag", "---")
       values (8,"Finance",321,"23OCT04"d, "Nachtrag", "---") ;
quit ;
```

Rückmeldung im SAS Log:

```
HINWEIS: 4 Zeilen wurden eingefügt in WORK.DEMO.
```

PROC CONTENTS gestattet einen Einblick in den Inhalt der Audit-Datei. Alternativ kann eine Audit-Datei mit jeder anderen SAS Prozedur für das Lesen von Dateien eingesehen werden, z.B. PROC PRINT, PROC SQL usw. Auch dort ist die Dateiart mit TYPE=AUDIT explizit anzufordern. Die Audit-Datei ist read-only, d.h. ihre Einträge können nicht verändert oder überschrieben werden.

```
proc contents data=DEMO (type=audit) ;
run ;
```

Vom PROC CONTENTS-Output werden im Folgenden die Besonderheiten einer Audit-Datei hervorgehoben.

Rückmeldung im SAS Output:

```
                         Die Prozedur CONTENTS

Dateiname          WORK.DEMO.AUDIT              Beobachtungen             4
Membertyp          AUDIT                        Variablen                 12
Engine             V9                           Indizes                   0
Erstellt           Montag, 02. Februar 2009 05.36 Uhr   Beobachtungslänge 158
Zuletzt geändert   Montag, 02. Februar 2009 05.36 Uhr   Gelöschte Beobachtungen  0
Schutz                                          Komprimiert               NEIN
Dateityp           AUDIT                        Sortiert                  NEIN
Etikett
Datendarstellung   WINDOWS_32
Codierung          wlatin1  Western (Windows)


                     Engine/Hostabhängige Informationen

Data Set Page Size         4096
Number of Data Set Pages   1
First Data Page            1
```

```
Max Obs per Page              23
Obs in First Data Page         4
Number of Data Set Repairs     0
Dateiname                     C:\...\demo.sas7baud
Erstellt mit Release          9.0101M3
Erstellt mit Betriebssystem   XP_HOME


             Alphabetische Liste der Variablen und Attribute

       #   Variable            Typ                Länge      Ausgabeformat

       4   DATUM               Numerisch            8
       5   GRUND_1             Alphanumerisch      30
       6   GRUND_2             Alphanumerisch      30
       1   ID                  Numerisch            8
       2   STRING              Alphanumerisch       8
       3   WERT1               Numerisch            8
       7   _ATDATETIME_        Numerisch            8        DATETIME19.
      12   _ATMESSAGE_         Alphanumerisch       8
       8   _ATOBSNO_           Numerisch            8
      11   _ATOPCODE_          Alphanumerisch       2
       9   _ATRETURNCODE_      Numerisch            8
      10   _ATUSERID_          Alphanumerisch      32
```

Die Ausgabe erscheint gleich wie für eine SAS-Datendatei, SAS verweist allerdings mehrfach (hervorgehoben) darauf, dass es sich um den Inhalt einer *Audit*-Datei handelt. Auch wenn dies ein Verwechseln mit dem Inhalt einer SAS-Tabelle nicht sicher ausschließt. Die hervorgehobenen Elemente der Liste der Variablen und Attribute sind charakteristisch für Audit-Dateien: _AT*_-Variablen, sowie anwenderdefinierte Variablen (z.B. GRUND_1, GRUND_2). Anhand der Angabe nach „Dateiname" (erste Zeile der Ausgabe) ist erkennbar, dass die Audit-Datei von SAS automatisch im selben Pfad und mit denselben Namen wie die Datentabelle angelegt wird.

Mittels PROC SQL wird nun der Zwischenstand des Audit Trails abgefragt, indem die angelegte Audit-Datei eingesehen wird. Es werden angefordert: die vier Datenspalten aus DEMO (ID, STRING, WERT1, DATUM), zwei anwenderdefinierte Variablen (GRUND_1, GRUND_2) und drei _AT*_-Variablen (_atopcode_, _atuserid_, _atdatetime_). usw. Mit TYPE=AUDIT wird die Dateiart explizit angefordert.

```
proc sql;
   select ID, STRING, WERT1, DATUM format=date7., GRUND_1, GRUND_2,
          _atopcode_,
          _atuserid_ format=$6.,
          _atdatetime_
          from DEMO(type=audit) ;
quit ;
```

3.1 Integrity Constraints (Prüfregeln) und Audit Trails

Rückmeldung im SAS Output:

ID	STRING	WERT1	DATUM	GRUND_1	GRUND_2	_ATOPCODE_	_ATUSERID_	_ATDATETIME_
5	Banking	123	03JAN70	Nachtrag	---	DA	CFG Sc	02FEB2009:05:36:31
6	Finance	321	29JAN08	Nachtrag	---	DA	CFG Sc	02FEB2009:05:36:31
6	Telco	321	15OCT94	Nachtrag	---	DA	CFG Sc	02FEB2009:05:36:31
8	Finance	321	23OCT04	Nachtrag	---	DA	CFG Sc	2FEB2009:05:36:31

Zeilenweise Leseweise: Die SAS Ausgabe zeigt die Anzahl der *verarbeiteten* Zeilen. Die ersten vier Zeilen werden also nicht angezeigt, weil sie bereits vorhanden waren und eine Verarbeitung also nicht erforderlich war.

Spaltenweise Leseweise: Unter den vier Datenspalten werden die in ID, STRING, WERT1 und DATUM übernommenen Werte in den verarbeiteten Zeilen angezeigt (bei Datum nach einer entsprechenden Formatierung). Unter den zwei anwenderdefinierten Variablen GRUND_1 und GRUND_2 können die vom Anwender in Freitext angegebenen Informationen in den verarbeiteten Zeilen eingesehen werden. Die anwenderdefinierten Variablen sind nicht in DEMO abgelegt. Die drei _AT*_-Variablen zeigen den Code der Änderung („DA", Image der hinzugefügten Datenzeile) (_atopcode_), die Login-UserID (_atuserid_, es handelte sich hier jeweils um einen einzelnen User und zwar „CFG Sc") und Datum und Uhrzeit der Änderung (_atdatetime_). Auch die _AT*_-Variablen sind nicht in DEMO abgelegt.

Mittels PROC PRINT wird nun der Zwischenstand der angelegten SAS Datendatei abgefragt. Diese Abfrage hätte auch mit PROC SQL vorgenommen werden können.

```
proc print data=DEMO noobs ;
format DATUM date7. ;
run ;
```

Rückmeldung im SAS Output:

ID	STRING	WERT1	DATUM
1	Banking	1	03JAN70
2	Finance	2	29JAN08
3	Banking	3	15OCT94
4	Finance	321	23OCT04
5	Banking	123	03JAN70
6	Finance	321	29JAN08
6	Telco	321	15OCT94
8	Finance	321	23OCT04

Spaltenweise Leseweise: PROC PRINT zeigt alle Spalten aus der SAS Datei DEMO. Die beiden anwenderdefinierten Variablen GRUND_1 und GRUND_2 sind nicht in DEMO abgelegt. In DEMO ist auch keine _AT*_-Variable abgelegt.

Zeilenweise Leseweise: Die SAS Ausgabe zeigt die Anzahl *aller vorhandenen* Zeilen. In dieser Form wird zwischen bereits vorhandenen und anschließend verarbeiteten Zeilen nicht unterschieden.

Beispiel 2:

Audit Trails im Zusammenspiel mit Integrity Constraints (Anzeige abgelehnter Fälle)
Audit Trails protokollieren Änderungen an einer Tabelle und legen diese in einer sog. Audit-Datei ab. Eine Audit-Datei protokolliert daher neben den angenommenen Daten (wie sie auch die SAS Tabelle anzeigen könnte), auch *alle abgelehnten* Daten. Das folgende Beispiel demonstriert die Funktionsweise von Audit Trails im Zusammenspiel mit Integrity Constraints. Der Einfachheit halber wird dieser Ansatz bereits bekannte Elemente aus den vorangehenden Abschnitten verwenden. Damit SAS *nicht* nach jeder übergebenen, fehlerhaften Zeile abbricht, werden zwei Varianten vorgestellt, wie Daten an SAS übergeben werden können. Im Unterschied zu allen vorangehenden Beispielen wird eine Aktualisierung bei Datenfehlern nicht abgebrochen. Erfolgreich eingefügte Daten werden behalten, Daten mit Fehlern werden in eine separate Datei abgelegt.

Im ersten Schritt wird die Tabelle DEMO2 angelegt. Der Inhalt der Tabelle2 erfüllt die Kriterien der im anschließenden Schritt hinzugefügten Integrity Constraints.

```
data DEMO2 ;
  input ID STRING $2-9 WERT1 DATUM date7.;
  datalines ;
1 Banking 123 03JAN70
2 Finance 321 29JAN08
3 Banking 322 15OCT94
4 Finance 323 23OCT04
  ;
run ;
```

Im zweiten Schritt werden die bereits bekannten Integrity Constraints auf die Tabelle DEMO2 angewandt. Da der Inhalt der Tabelle die Kriterien der Integrity Constraints erfüllt, werden alle Prüfregeln übernommen. Das Ergebnis nach DESCRIBE TABLE CONSTRAINTS wird nicht weiter angezeigt.

```
proc sql ;
  alter table DEMO2
    add constraint DATUM_c   check(DATUM >= "02JAN70"D)
      message="DATUM enthält Werte älter als das Datum."
                                            msgtype=newline ,
        constraint ID_0      not null(ID)
      message="ID enthält Missings." msgtype=newline ,
        constraint ID_pkey   primary key(ID)
      message="ID ist nicht der Primärschlüssel."
                                            msgtype=newline ,
```

3.1 Integrity Constraints (Prüfregeln) und Audit Trails

```
         constraint STRING_0   not null(STRING)
          message="STRING enthält Missings." msgtype=newline ,
         constraint STRING_c   check(STRING in ('Banking',
                                                'Finance'))
          message="STRING enthält nicht 'Banking' oder 'Finance'."
                                                msgtype=newline ,
         constraint WERT1_0    not null(WERT1)
          message="WERT1 enthält Missings."  msgtype=newline ,
         constraint WERT1_c    check(WERT1 >= 0.1)
          message="WERT1 enthält Werte nicht größergleich 0.1."
                                                msgtype=newline ,
         constraint WERT1_unq unique(WERT1)
          message="WERT1 enthält Doppelte."  msgtype=newline ;
describe table constraints DEMO2 ;
      quit ;
run;
```

Der Audit Trail wird mittels PROC DATASETS initialisiert. Die Audit Datei wird automatisch unter demselben Verzeichnis und Namen wie die zu überwachende Tabelle abgelegt. In diesem Fall wird die Audit Datei im Verzeichnis WORK und dem Namen DEMO2 angelegt. Zusätzlich werden nach USER_VAR zwei anwenderdefinierte Variablen namens GRUND_1 und GRUND_2 angelegt.

```
proc datasets lib=WORK ;
   audit DEMO2 ;
      initiate ;
      user_var GRUND_1 $ 30 GRUND_2 $ 30 ;
run ;
quit ;
```

Damit SAS *nicht* nach jeder übergebenen, fehlerhaften Zeile abbricht, wird jede neue Datenzeile in einem eigenen INSERT-Statement an SAS übergeben. Dieser Ansatz wird in zwei Varianten gezeigt. Der erste Ansatz übergibt jede neue Datenzeile in einem eigenen INSERT-Statement an SAS. Der zweite Ansatz leistet genau dasselbe, nur in Form eines effizienteren Makros. Beide Ansätze führen zum absolut identischen Ergebnis.
Wichtig zu wissen ist: Alle neuen Datenzeilen enthalten mindestens einen Fehler.

```
*Ansatz I: Multiple INSERT-Statements ;

proc sql;
    insert into DEMO2 (ID, STRING, WERT1, DATUM, GRUND_1, GRUND_2 )
    set   ID=5,    STRING="Banking",    WERT1=123,    DATUM="01JAN70"d,
GRUND_1="Nachtrag", GRUND_2="---";
    insert into DEMO2 (ID, STRING, WERT1, DATUM, GRUND_1, GRUND_2 )
```

```
       set   ID=6,   STRING="Finance",   WERT1=321,   DATUM="29JAN08"d,
GRUND_1="Nachtrag", GRUND_2="---";
    insert into DEMO2 (ID, STRING, WERT1, DATUM, GRUND_1, GRUND_2 )
       set   ID=6,   STRING="Telco",    WERT1=321,   DATUM="15OCT94"d,
GRUND_1="Nachtrag", GRUND_2="---";
    insert into DEMO2 (ID, STRING, WERT1, DATUM, GRUND_1, GRUND_2 )
       set   ID=8,   STRING="Finance",  WERT1=321,   DATUM="23OCT04"d,
GRUND_1="Nachtrag", GRUND_2="---";
 quit;


*Ansatz II: Makro AUDIDAT ;

%macro AUDIDAT(ID, STRING, WERT1, DATUM, GRUND1, GRUND2 );
proc sql;
    insert into DEMO2 (ID, STRING, WERT1, DATUM, GRUND_1, GRUND_2)
       set ID=&ID., STRING=&STRING., WERT1=&WERT1.,
           DATUM=&DATUM., GRUND_1=&GRUND1., GRUND_2=&GRUND2. ;
  quit;
%mend AUDIDAT;

%AUDIDAT(5, "Banking", 123, "01JAN70"d, "Nachtrag", "---");
%AUDIDAT(6, "Finance", 321, "29JAN08"d, "Nachtrag", "---");
%AUDIDAT(6, "Telco",   321, "15OCT94"d, "Nachtrag", "---");
%AUDIDAT(8, "Finance", 321, "23OCT04"d, "Nachtrag", "---");
```

Der INSERT- und der Makro-Ansatz leisten genau dasselbe. SAS Anwendern steht es völlig frei, den bevorzugten Ansatz zu wählen.

Ein erstes PROC PRINT fragt nun den Zwischenstand in der SAS Datendatei DEMO2 ab. Da alle neuen Datenzeilen Fehler enthielten, wurde keine dieser neuen Zeilen in DEMO2 aufgenommen.

```
proc print data=DEMO2 noobs ;
run ;
```

Rückmeldung im SAS Output:

ID	STRING	WERT1	DATUM
1	Banking	123	03JAN70
2	Finance	321	29JAN08
3	Banking	322	15OCT94
4	Finance	323	23OCT04

Ein zweites PROC PRINT fragt nun die angelegte Audit-Datei DEMO2 nach _ATOPCODE_ „EA" gefiltert ab. Es werden angefordert: die vier Datenspalten aus DEMO (ID, STRING, WERT1, DATUM) und zwei anwenderdefinierte Variablen (GRUND_1,

GRUND_2). Mit TYPE=AUDIT wird die Dateiart explizit angefordert. Auf die Abfrage der Audit-Datei mittels PROC SQL (vgl. Beispiel 1) wird an dieser Stelle verzichtet.

```
proc print data=DEMO2(type=audit) noobs ;
  where _atopcode_ eq "EA";
  format DATUM date7. ;
  var ID STRING WERT1 DATUM GRUND_1 GRUND_2 ;
run ;
```

Rückmeldung im SAS Output:

ID	STRING	WERT1	DATUM	GRUND_1	GRUND_2
5	Banking	123	01JAN70	Nachtrag	---
6	Finance	321	29JAN08	Nachtrag	---
6	Telco	321	15OCT94	Nachtrag	---
8	Finance	321	23OCT04	Nachtrag	---

Dieses Ergebnis zeigt drei Unterschiede zu allen vorangehenden Beispielen:

(a) SAS läuft für jede auch fehlerhafte Datenzeile durch und bricht die weitere Verarbeitung nicht ab.
(b) Die Audit-Datei zeigt daher *alle* Fehler bzw. zurückgewiesenen Daten *auf einmal* an
(c) Die Makro- bzw. INSERT-Ansätze sind effizienter als die Ansätze aus 3.1.

Abschnitt 3.1 führte in Integrity Constraints und Audit Trails ein. Dieser Abschnitt stellte u.a. Validierungsprüfungen mit Integrity-Constraints an bis zu zwei Variablen vor. Bei Integrity Constraints ist zumindest eine im Zusammenhang mit Komplexität stehende Herausforderung darin zu sehen, dass das Programmierumfeld derzeit nicht flexibel genug, um z.B. alternative Ansätze aufnehmen zu können. Für einfache oder einmalige Überprüfungen könnten Integrity Constraints evtl. im Einzelfall zu aufwendig sein. In diesem Fall besteht die Möglichkeit, Ansätze aus den folgenden Abschnitten anzuwenden. Mit SAS Syntax (DATA Step, PROC SQL) kann weit flexibler programmiert werden, als es z.B. nach dem Kapitel zu Integrity Constraints und dem Prüfen höchstens zweier Variablen den Anschein haben mag.

3.2 Identifizieren und Filtern von mehrfachen Werten (Doppelte)

„Doppelte" gehört neben „Vollständigkeit", „Einheitlichkeit" sowie „Missings" zu den grundlegenden Kriterien von Datenqualität, zu deren Prüfung SAS eingesetzt werden kann. Die Prüfung aller weiteren Kriterien baut auf diesen auf. Die Überprüfung auf Doppelte setzt jedoch Vollständigkeit und Einheitlichkeit voraus (vgl. Schendera, 2007, 91–95).

Dieser Abschnitt beschäftigt sich mit dem Umgang (Auffinden, Ausfiltern) von mehrfachen Werten (Doppelte). Bei der Überprüfung von Doppelten sollte zuvor konzeptionell geklärt sein, ob die SAS Tabelle nur einen Fall pro Zeile enthalten darf (Situation 1) oder ob z.B. eine sogenannte Messwiederholung vorliegt und durchaus dieselben Fälle in mehreren Zeilen vorkommen können (Situation 2). Ein Beispiel für Situation 1 ist z.B. die Mitarbeiter-Datenbank eines Unternehmens. Ein Mitarbeiter und seine biographischen Daten sollten z.B. normalerweise nur einmal darin aufgeführt sein. In diesem Fall wäre ein Vorkommen derselben Daten mehr als einmal eher als Fehler zu verstehen. Ein Beispiel für Situation 2 ist z.B. eine Einkaufs-Datenbank, wenn z.B. ein Kunde mehrmals über ein Jahr hinweg beim selben Unternehmen online bestellt, oder wenn ein Patient mehrmals zu einem Arzt in Behandlung kommt. In diesem Fall können die Personendaten mehrmals in der Datenbank vorkommen. In diesem Fall wäre ein Auftreten derselben Daten mehr als einmal eher als zulässig zu interpretieren.

Es gibt zahlreiche Ursachen für mehrfach auftretende Daten. Mögliche Ursachen für doppelte Datenzeilen (nicht nur) in großen Datenhaltungen sind u.U.

- das versehentlich mehrfache Hintereinanderhängen identischer Fälle in SAS (z.B. durch INSERT, SET),
- die unterschiedliche Zuordnung (Kodierung) derselben Personen- oder Adressdaten,
- mit der Zeit sich ändernde ID-Variablen bei Längsschnittdaten,
- das automatische mehrfache Abspeichern der Daten eines einzelnen Falles z.B. über fehlerhafte Datenerfassung (v.a. bei Online-Erhebungen),
- oder auch das Erzeugen von Kopien identischer Zeilen (Fälle) oder auch kompletter Tabellen über fehlerhafte Programme.

Auch bei kleinen Datensätzen kann es vorkommen, dass ein und derselbe Fragebogen mehrfach eingegeben wird, v.a. bei verschiedenen Eingebern oder Eingabestationen.

Die praktischen Folgen von doppelten Daten sind keineswegs trivial. Das bloße Auftreten kann Speicherkapazität und Rechnergeschwindigkeit beeinträchtigen. Je nach Art und Funktion doppelter Daten können Duplikate zu mehrfach ablaufenden Prozessen führen, die per se Ressourcen verschlingen und weitere Folgeschäden nach sich ziehen. Doppelte Adressdaten führen zu mehrfachen Mailings an dieselbe Adresse und somit auch zu einem Imageschaden. Doppelte Patientendaten führen zu fehlerhaften Abrechnungen gegenüber Patienten oder Kassen. Doppelte Warendaten führen zu fehlerhaften Berechnungen von Umsätzen, zu hohen Einnahmen bzw. Ausgaben usw. Doppelte Triggerdaten führen zu unnötig mehrfachem Ausführen weiterer Aktionen (z.B. Sende-, Speichervorgänge, Schleifen, Clusterungen, usw.).

Aufgrund ihres häufigeren Auftretens haben multiple Fälle eine mind. doppelt so hohe Wahrscheinlichkeit gezogen zu werden wie nur einmal vorkommende Fälle und zwar nicht nur dann, wenn sich Doppelte nur auf eine Liste, Gruppe oder Zelle verteilen (Innerhalbgruppen-Doppelte). Eine kompliziertere Situation liegt vor, wenn Doppelte auf mehrere Gruppen verteilt vorliegen (Zwischengruppen-Doppelte). Doppelte können bereits aufgrund einer einzigen unterschiedlichen Kodierung auf zwei unterschiedliche Gruppen verteilt sein,

3.2 Identifizieren und Filtern von mehrfachen Werten (Doppelte)

z.B. zwei verschiedene Samplingeinheiten („frame units"). Vorgestellt werden folgende Möglichkeiten, mit mehrfachen Zeilen und Werten umzugehen:

- Ansätze 1: Anzeigen doppelter IDs (univariat)
- Ansätze 2: Ausfiltern doppelter Werte (HAVING COUNT)
- Ansatz 3: Auffinden von doppelten Werten (multivariat) (Situation 2)
- Ansatz 4: Anlegen von Listen für doppelte Zeilen (Makrovariable)
- Ansatz 5: Prüfen auf doppelte Einträge (Makro)
- Ansätze 6: Identifizieren von Doppelten bei mehreren Tabellen

Bei der Überprüfung von Doppelten sollte also sichergestellt sein, ob die SAS Tabelle nur einen Fall pro Zeile enthalten darf (Situation 1) oder ob z.B. eine Messwiederholung vorliegt und durchaus dieselben Fälle in mehreren Zeilen vorkommen können (Situation 2). Die im Folgenden beschriebenen Ansätze sind im Allgemeinen für die Überprüfung auf Innerhalbgruppen- und Zwischengruppen-Doppelte geeignet. Zur weiteren Differenzierung der Terminologie in „einmalig", „mehrmalig", „einzigartig" und „doppelt" wird auf Schendera (2007, Kap. 5) verwiesen.

Testdaten für den Umgang mit Doppelten

```
data DUP_DEMO ;
input
@ 1 ID $3. @ 5 GRUPPE $2. @ 7 ALTER 2. @ 10 VARNUM1 1. @ 11
VARNUM2 1. @ 12 VARNUM3 1. @ 14 VARCHAR1 $1. @ 15 VARCHAR2 $1.
@ 16 VARCHAR3 $1. ;
datalines;
001 a  8 101 bca
002 a 17 010 abc
003 b 23 110 abc
004 b 75 010 bac
002 a 17 010 abc
003 b 23 110 abc
005 a 65 100 cba
002 a 17 010 abc
003 b 23 110 abc
005 a 65 100 cba
;
run;
```

Ansätze 1: Anzeigen doppelter IDs (univariat)
Dieser erste Ansatz prüft die grundsätzliche Frage, ob in einer SAS Tabelle überhaupt doppelte Datenzeilen vorkommen (also zunächst unabhängig davon, ob sie vorkommen *dürfen* oder nicht). Falls die SAS Tabelle nur einen Fall pro Datenzeile enthalten sollte (die Voraussetzung für „Situation 1"), kann z.B. die Überprüfung der Key-Variablen über mehrere ein-

fache Ansätze erfolgen (der referenzierte Beispieldatensatz DUP_DEMO wird weiter unten vorgestellt):

- In kleinen, überschaubaren Datensätzen können z.B. doppelte Einträge in einer Key-Variablen unkompliziert über ein PROC FREQ bzw. eine Häufigkeitstabelle abgefragt werden (vgl. Schendera, 2004).

```
proc freq data=DUP_DEMO ;
table ID ;
run ;
```

Die Prozedur FREQ

ID	Häufigkeit	Prozent	Kumulative Häufigkeit	Kumulativer Prozentwert
001	1	10.00	1	10.00
002	3	30.00	4	40.00
003	3	30.00	7	70.00
004	1	10.00	8	80.00
005	2	20.00	10	100.00

- Für nicht zu große Datenmengen ist es auch möglich, ein univariates Balkendiagramm für die Häufigkeit der ID-Ausprägungen abzufragen. Normalerweise sollten alle IDs die Häufigkeit gleich 1 aufweisen. Jeder „Ausschlag" über 1 hinaus ist ein Hinweis darauf, dass eine ID mehrfach vorkommt. In einem Balkendiagramm sind daher mehrfach auftretende IDs in Form einzelner Spitzen leicht zu erkennen.

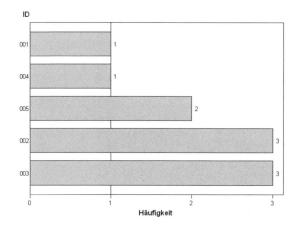

Hinweis:
Das horizontale Balkendiagramm links wurde mit PROC GCHART erstellt. Beim Wert 1 wurde eine Referenzlinie eingezeichnet.

Für umfangreiche Tabellen mit zehntausenden oder mehr Datenzeilen gibt es jedoch geigenetere Ansätze.

- Bei umfangreichen Tabellen ist z.B. ein zusammenfassendes Zählen der (ggf. mehrfach vorhandenen) IDs mittels PROC SQL und COUNT ein möglicherweise angemessenerer Ansatz, z.B.:

3.2 Identifizieren und Filtern von mehrfachen Werten (Doppelte)

```
proc sql ;
   select ID, count(ID)
        as COUNT
   from DUP_DEMO
group by ID ;
quit;
```

ID	COUNT
001	1
002	3
003	3
004	1
005	2

Die Variable COUNT enthält die Information über die Häufigkeit des Auftretens der IDs. Falls IDs dürfen nur einmal vorkommen dürfen, sind daher Werte über 1 Hinweise darauf, dass im Datensatz doppelte IDs vorkommen. Der Wert 3 in der Spalte COUNT verweist darauf, dass eine ID mehrfach vorkommt. Die ID 003 kommt im Datensatz MYDATA tatsächlich dreimal vor.

Kommen Ausprägungen der Counter- oder ID-Variablen in einer SAS Tabelle mehrfach vor, bedeutet dies jedoch nicht automatisch, dass auch der Rest der Zeile übereinstimmt und abgesehen von der ID die Daten in den Zeilen nicht mehrfach in der Tabelle vorhanden sind. Es besteht auch die Möglichkeit, dass tatsächlich nur die ID mehrfach vorkommen (z.B. aufgrund eines Tippfehlers), der Rest der jeweiligen Datenzeilen jedoch korrekterweise unterschiedlich ist. Um die Übereinstimmung von kompletten Datenzeilen und nicht nur IDs zu überprüfen, müsste man auf andere Ansätze zurückgreifen (z.B. mittels der Option NODUPRECS, s.u.).

Ansätze 2: Ausfiltern doppelter Werte (HAVING COUNT)
Dieser SQL Ansatz gibt alle Werte aus, die in ID mehr als einmal vorkommen. SAS gibt drei Werte („002", „003", „005") aus, da diese Werte mehr als einmal vorkommen. Dieses SQL Programm behält alle nach SELECT angegebenen Spalten (also nur ID), gruppiert alle Zeilen ebenfalls nach ID (GROUP BY) und behält alle ID-Werte mit einem COUNT-Wert größer als 1 (vgl. HAVING). In diesem Beispiel repräsentieren diese drei Werte nicht die Anzahl der Zeilen in DUP_DEMO.

```
proc sql;
   select ID
     from DUP_DEMO
       group by ID
       having count(ID) gt 1;
quit;
```

ID
002
003
005

Auch der folgende SQL Ansatz gibt alle Werte aus, die in ID mehr als einmal vorkommen. In dieser Variante wird die Zählvariable COUNT explizit angelegt und ausgegeben. Auch in diesem Beispiel repräsentieren die drei ausgegebenen ID-Werte nicht die Anzahl der Zeilen in DUP_DEMO.

```
proc sql;
    select ID, count(ID) as COUNT
      from DUP_DEMO
        group by ID
         having count(ID) gt 1;
quit;
```

ID	COUNT
002	3
003	3
005	2

Der folgende SQL Ansatz gibt dagegen alle Zeilen (verkürzt auf ID und ALTER) aus, die in ID mehr als einmal denselben Wert aufweisen.

```
proc sql;
    select ID, ALTER
      from DUP_DEMO
        group by ID
         having count(ID) gt 1;
quit;
```

ID	ALTER
002	17
002	17
002	17
003	23
003	23
003	23
005	65
005	65

Die folgende SQL Variante ist um eine zweite Gruppierung im GROUP BY-Statement ergänzt. Daher wird in dieser Variante von den mehrfachen ALTER-Werten nur jeweils ein Repräsentant ausgegeben. Als (veränderte) Bedingung ist eine WHERE-Bedinung > 2 angegeben. Je nach Fragestellung kann eine (positive, negative) Abweichung von dieser vorgegebenen (weil erwarteten) Zahl an Zeilen als Fehler interpretiert werden. Alternative Prüfoptionen sind z.B. GT, LT, NE usw.

```
proc sql;
    select ID, ALTER
      from DUP_DEMO
        group by ID, ALTER
         having count(ID) > 2 ;
quit;
```

ID	ALTER
002	17
003	23

Ansatz 3: Auffinden von doppelten Werten (multivariat) (Situation 2)
Vor der Überprüfung von Doppelten sollte abgeklärt werden, ob die SAS Tabelle nur einen Fall pro Zeile enthalten darf (Situation 1) oder ob z.B. eine Messwiederholung vorliegt und durchaus dieselben Fälle in mehreren Zeilen vorkommen können (Situation 2). Dieser SQL Ansatz ist für Fragestellungen geeignet, wenn z.B. pro Gruppe mehrere, aber die gleiche Anzahl von Datenzeilen vorliegen sollte (z.B. bei einer regelmäßigen Datenlieferung, einer Messwiederholung usw.) (Situation 2).

Das folgende SQL Programm zählt das Auftreten doppelter Datenzeilen. – „Doppelt" ist über zeilenweise gleiche Werte in den unter GROUP BY angegebenen Variablen definiert („Situation 2"). Je mehr Variablen angegeben werden, umso geringer ist die Wahrscheinlichkeit von Übereinstimmungen. – Abschließend werden alle Zeilen behalten, deren COUNT-Wert größer als 1 ist (gefiltert für die Region „Africa").

```
proc sql;
create table DUPLICATES as
select REGION, SUBSIDIARY, STORES, SALES,
         count(*) as count
      from SASHELP.SHOES
group by REGION, SUBSIDIARY, STORES
having count(*) > 1 and REGION="Africa"
order by REGION, SUBSIDIARY, STORES ;
quit;
```

SAS Ausgabe:

Region	Subsidiary	Stores	Sales	count
Africa	Addis Ababa	4	$67,242	2
Africa	Addis Ababa	4	$1,690	2
Africa	Addis Ababa	12	$108,942	2
Africa	Addis Ababa	12	$29,761	2
Africa	Cairo	3	$14,095	2
Africa	Cairo	3	$2,259	2
Africa	Cairo	9	$13,732	2
Africa	Cairo	9	$10,532	2
Africa	Khartoum	1	$9,244	2
Africa	Khartoum	1	$19,582	2
Africa	Kinshasa	10	$4,888	2
Africa	Kinshasa	10	$16,662	2
Africa	Luanda	2	$801	2
Africa	Luanda	2	$29,582	2

Dieses SQL Programm gruppiert alle Zeilen gemäß der Abfolge in GROUP BY, behält alle nach SELECT angegebenen Spalten sowie alle Zeilen mit einem COUNT-Wert größer als 1 und filtert alle Zeilen ohne Duplikate vor der Ablage in die Tabelle DUPLICATES aus.

Ansatz 4: Anlegen von Listen für doppelte Zeilen (Makrovariable)
Eine weitere Möglichkeit, Doppelte uni- bzw. multivariat zu identifizieren und auszufiltern besteht z.B. im Einsatz von PROC SORT zusammen mit den Optionen NODUPKEY oder NODUPRECS. Von allen Zeilen, die entweder in der ID (NODUPKEY) oder über die definierte Zeile hinweg (NODUPRECS) mehrfache Einträge aufweisen, können anschließend *alle außer der ersten* mehr als einmal auftretenden Zeile mittels DUPOUT= in eine separate SAS Tabelle abgelegt werden.

Das folgende Beispiel ist explizit für Doppelte vom Typ String gedacht und basiert auf einer Abfolge von PROC SORT einschl. DUPOUT=, PROC SQL und der QUOTE-Funktion, einem weiteren PROC SORT, das auf die über PROC SQL angelegte Makrovariable &DOPPELTE zugreift, sowie einem abschließenden PROC PRINT. Die Funktionalität dieser Schritte wird an dieser Stelle nicht weiter erläutert. Die ID-Variable ist vom Typ String.

```
proc sort data=DUP_DEMO out=EINMALIGE noduprecs
                     dupout=DOPPELTE;
    by _all_ ;
run ;
```

Die Sortierung BY _ALL_ bewirkt, dass die komplette Tabelle auf mehrfach vorkommende Zeilen hin durchsortiert wird. Wegen NODUPRECS werden einmalig vorkommende Zeilen werden in die Tabelle EINMALIGE abgelegt. Alle mehrfach vorkommende Zeilen werden in die Tabelle DOPPELTE abgelegt.

```
proc sql noprint ;
    select quote(ID)
    into :DOPPELTE separated by " "
    from DOPPELTE;
quit;

proc sort data=DUP_DEMO out=DOPP_ID ;
    where ID in (&DOPPELTE.);
    by ID ;
run ;

title "Analyse auf gleiche IDs" ;
proc print data=DOPP_ID ;
var ID ;
run ;
```

Analyse auf gleiche IDs

Beob.	ID
1	002
2	002
3	002
4	003 *(gekürzt)*

```
title "Analyse auf (un)gleiche Zeilen" ;
proc print data=EINMALIGE    ;
run ;
```

3.2 Identifizieren und Filtern von mehrfachen Werten (Doppelte)

```
Analyse auf (un)gleiche Zeilen
```

ID	GRUPPE	ALTER	VARNUM1	VARNUM2	VARNUM3	VARCHAR1	VARCHAR2	VARCHAR3
001	a	8	1	0	1	b	c	a
002	a	17	0	1	0	a	b	c
003	b	23	1	1	0	a	b	c
004	b	75	0	1	0	b	a	c
005	a	65	1	0	0	c	b	a

Die Tabelle EINMALIGE enthält nur einmalige Zeilen. Kommen in der Tabelle DUP_DEMO Mehrfache dieser Zeilen vor, so werden diese in die Tabelle DOPPELTE abgelegt. Falls in DUP_DEMO doppelte Datenzeilen vorkommen, können Tabelle EINMALIGE und DOPPELTE durchaus dieselben Datenzeilen enthalten.

```
proc print data=DOPPELTE ;
run ;
```

ID	GRUPPE	ALTER	VARNUM1	VARNUM2	VARNUM3	VARCHAR1	VARCHAR2	VARCHAR3
002	a	17	0	1	0	a	b	c
002	a	17	0	1	0	a	b	c
003	b	23	1	1	0	a	b	c
003	b	23	1	1	0	a	b	c
005	a	65	1	0	0	c	b	a

Die Tabelle DOPPELTE enthält nur Zeilen, die in DUP_DEMO mehr als einmal vorkommen. Kommen z.B. in der Ausgangstabelle zwei identische Zeilen vor, so wird eine in die Tabelle EINMALIGE abgelegt und die Doppelte davon in die Tabelle DOPPELTE. Kommen in der Tabelle DUP_DEMO keine doppelten Zeilen vor, so bleibt die Tabelle DOPPELTE leer.

Zur weiteren Differenzierung der Terminologie in „einmalig", „mehrmalig", „einzigartig" und „doppelt" wird auf Schendera (2007, Kap. 5) verwiesen. Dieses Beispiel bildet somit auch einen Übergang zur Makroprogrammierung mit PROC SQL. Dieses Prüfprogramm kann auch in eine Makroversion umgeschrieben werden.

Ansatz 5: Prüfen auf doppelte Einträge (Makro)
Das Makro DOPPELTE überprüft eine einzelne Spalte daraufhin, ob Werte mehrfach darin vorkommen. Das Makro enthält vier Schritte. Im ersten Schritt werden die Werte in der angegebenen Spalte &VAR. auf Mehrfache durchgezählt. Das Ergebnis wird in der Variablen DOPP_MAX abgelegt. Im zweiten Schritt wird davon das Maximum ermittelt und in der Makrovariablen „max_dopp" abgelegt. Der dritte Schritt wiederholt im Prinzip den ersten Schritt, gibt dieses mal aber die ggf. mehrfach auftretenden Werte als Spalte DOPPELTE direkt in den SAS Output aus. Die mehrfachen %PUTs bilden den vierten Schritt. Eine Übersicht über die vorgenommene Prüfung wird als Zusammenfassung in das Log ausgegeben.

Dieses Makro kann so erweitert werden, dass es auch die Prüfung des Programms oben zusätzlich durchführt.

```
%macro DOPPELTE(dsname, var) ;
  proc sql ;
     create table TEMP as
   select count(*) as DOPP_MAX
       from &dsname.
          group by &var.
          having COUNT(*) > 1 ;
   select max(DOPP_MAX) into :max_dop
       from TEMP ;
   select &var, count(*) as DOPPELTE
       from &dsname.
          group by &var.
          having COUNT(*) > 1 ;
  quit ;
%put Durchgeführte Prüfung: Datensatz: &DSNAME.. ;
%put Geprüfte Spalte: &VAR. ;
%put Maximum an gleichen Werten in &VAR.: &max_dop. ;
%mend DOPPELTE ;

%DOPPELTE(DUP_DEMO, ID) ;
```

Ergebnis im SAS Log:

```
Durchgeführte Prüfung: Datensatz: DUP_DEMO.
Geprüfte Spalte: ID
Maximum an gleichen Werten in ID:      3
```

Aus der Tabelle DUP_DEMO wurde die Spalte ID auf mehrfach auftretende Werte überprüft. Ein Wert kommt höchstens dreimal vor.

Ergebnis im SAS Output:

ID	DOPPELTE
002	3
003	3
005	2

In der Spalte ID kommen drei Werte mit mehrfach auftretenden Werten vor. Die IDs 002 und 003 kommen z.B. jeweils dreimal vor.

Ansätze 6: Identifizieren von Doppelten bei mehreren Tabellen
Als weitere Ansätze zur Identifikation von mehrfach auftretenden Datenzeilen *bei mehreren Tabellen* (vgl. Kapitel 6, Band I) kann auf die Set-Operatoren verwiesen werden:

- *INTERSECT* (Herausfiltern der „Schnittmenge", nur doppelte Datenzeilen)
- *UNION* (Verbinden von Datensätzen ohne doppelte Datenzeilen)
- *EXCEPT* (erster Datensatz ohne doppelte Datenzeilen im Abgleich mit einem zweiten Datensatz).

3.3 Identifizieren und Filtern von Ausreißern

Das Ausreißerproblem gilt als so alt wie die Statistik selbst, birgt es doch in sich das Risiko, die Robustheit statistischer Verfahren massiv zu unterlaufen. Die Ergebnisse von Datenanalysen können z.B. durch einige wenige Ausreißer völlig verzerrt werden, z.B. in der Linearen Regression, dem Linearen Modell, Designed Experiments und Zeitreihenanalysen. Der Mittelwert sollte z.B. dann nicht berechnet werden, wenn Ausreißer vorliegen, weil er dadurch als Lokationsmaß für die eigentliche Streuung der Daten verzerrt werden wird. Auch der scheinbar robuste t-Test kann durch Ausreißer verzerrt werden. Bei vielen multivariaten Verfahren, z.B. einer Clusterzentrenanalyse, sollten Ausreißer aus der Analyse ausgeschlossen werden. Die Clusterzentrenanalyse reagiert z.B. wegen ihrer Startwert-Methode bzw. der darauf aufbauenden Quadrierung der Abweichungen zwischen den Fällen und den Clusterzentren sehr empfindlich auf Ausreißer und verzerrt in der Folge die Cluster. Verteilungen sollten daher vor einer Analyse unbedingt auf Ausreißer überprüft werden. Bei der Regressionsanalyse können Ausreißer Regressionskoeffizienten, ihre Standardfehler, das R^2, sowie letztlich die Gültigkeit der getroffenen Schlussfolgerungen beeinträchtigen (vgl. Schendera, 2008, 134ff.; 2007, 163ff.).

Ausreißer haben mehrere Dimensionen, die sowohl in Kombination, als auch alleine auftreten können:

- Ausreißer können univariat und multivariat (syn.: hochdimensional) auftreten.
- Ausreißer können semantisch (qualitativ) oder formell (quantitativ) auffallen.
- Ausreißer können nur bei einem Fall, aber auch in bestimmten Gruppierungen auftreten.
- Ausreißer können nur vereinzelt, aber auch massiv auftreten.
- Ausreißer können relativ zur Datenmenge (Stichprobengröße) sein.
- Ausreißer können unterschiedliche Ursachen haben.

Ausreißer können also mehrere Gesichter haben: Ausreißer können univariat-qualitativ als z.B. ein Einzelwert auftreten, der durch die falsche Protokollierung einer klinischen Diagnose verursacht wurde, z.B. „Hormontherapie" anstelle von „Homöopathie". Ausreißer können z.B. aber auch als (mehrere) multivariat-quantitative Ausreißer auftreten, die z.B. durch die gleichzeitig fehlerhafte Aufzeichnung mehrerer Variablen verursacht wurden. Ein solcher

Fall tritt auf, wenn z.B. eine Datenableitung über mehrere drahtlose EKG-Sonden durch Mobilfunkinterferenzen beeinträchtigt wird.

Ein „Ausreißer" ist immer relativ zu den jeweiligen raumzeitlich verorteten Erwartungen („Frame") zu sehen, die nicht notwendigerweise immer mit der „empirischen Normalität" (vielleicht besser: Variabilität) zusammenfallen. Verkomplizierend kommt nun hinzu, dass dieser „Frame" geändert werden kann, wie auch, dass sich auch die empirische Normalität (nicht notwendigerweise langsam) ändern kann. Ein auffällig hoher Wert muss also nicht immer ein Fehler, sondern kann immer auch eine genaue Wiedergabe der empirischen Realität sein, ohne dass dieser in eine Reihe oder einen „Frame" passt. Ausreißer sind demnach nicht notwendigerweise ausschließlich falsche bzw. ungenau erfasste Werte, sondern u.U. auch Werte, die richtig und genau, aber erwartungswidrig sind. Erstere würden nahe legen, den Vorgang der Messung zu überprüfen, letztere die Theoriebildung. Auch ein „fließender Übergang" zwischen echten Ausreißern und normalen Daten ist nicht auszuschließen.

Die folgenden Abschnitte werden verschiedene Ansätze zur Identifikation von v.a. quantitativen Ausreißern vorstellen. Für alle folgenden Ansätze gilt: Nicht jeder Wert, der formal auffällt, ist damit gleich automatisch auch falsch. Es gibt kein Omnibusmaß bzw. -verfahren zur Identifikation von Ausreißern. Am Ende des Kapitels finden sich einige Hinweise für das Umgehen mit Ausreißern. Das Überprüfen des Kriteriums „Ausreißer" setzt voraus, dass die Kriterien „Vollständigkeit", „Einheitlichkeit", „Doppelte", sowie „Missings" bereits überprüft und in Ordnung sind (vgl. Schendera, 2007).

Als Ansätze zum Umgang mit (quantitativen) Ausreißern werden vorgestellt:

- Ansatz 1: Überprüfung auf Ausreißer mittels deskriptiver Statistiken (z.B. Range)
- Ansatz 2: Überprüfung auf Ausreißer mittels statistischer Tests (David-Test)
- Ansatz 3: Ausfiltern von Ausreißern mittels Bedingungen (u.a. Grenzwerte, Intervalle)

Die Überprüfung auf qualitative Ausreißer wird üblicherweise im Rahmen von Plausibilitätstests vorgenommen (vgl. Schendera, 2007, Kap. 8), z.B. anhand vorher festgelegter Testfälle, z.B. Kunden mit anderen als zulässigen Vertragskonditionen, oder je nach Kontext alternative Szenarien mit relevanten (auszuschließenden bzw. zu validierenden) semantischen Eigenschaften, z.B. „Mädchen mit Kindern, die älter sind als es selbst", „schwangere Männer" oder auch „alte Kinder".

Ansatz 1: Überprüfung auf Ausreißer mittels deskriptiver Statistiken (z.B. Range)
Spalten in SAS Tabellen können mittels deskriptiver Statistiken daraufhin überprüft werden, ob sie möglicherweise Ausreißer enthalten. Als Maße kommen in Frage: Spannweite R (auch: Variationsbreite V, Range R), Quartilsabstand und $Q1$ bzw. $Q3$, Mittlere absolute Abweichung vom Median (MAD), Varianz, Standardabweichung oder auch der Variationskoeffizient.

Die Spannweite R (auch: Variationsbreite V, Range R) wird durch die Breite des Streubereichs, genauer: durch den größten und kleinsten Wert einer Verteilung bestimmt.

3.3 Identifizieren und Filtern von Ausreißern

$R = x_{max} - x_{min}$

R basiert auf allen Werten einer Verteilung. Ein Ausreißer reicht aus, um dieses Streuungsmaß erheblich zu verzerren. Auffällig hohe R-Werte sind Hinweise darauf, dass Ausreißer vorliegen, v.a. dann, wenn mehrere Messwertreihen mit anderen Streubreiten zum Vergleich vorliegen.

```
proc sql;
   select max(AMOUNT) as OUTLIER_max,
   min(AMOUNT) as OUTLIER_min,
   calculated OUTLIER_max-calculated OUTLIER_min as Range_R
   from SASHELP.BUY ;
quit;
```

OUTLIER_max	OUTLIER_min	Range_R
48000	-110000	158000

Als Faustregel lässt sich sagen: Je größer die erzielten Werte, umso wahrscheinlicher liegen viele und/oder extreme Ausreißer vor. Bestimmte Datenverteilungen (z.B. sehr großes N) könnten diese Effekte bei einzelnen Statistiken jedoch kaschieren. Zur Berechnung und Interpretation weiterer deskriptiver Statistiken wird auf Kapitel 8 (Band I) verwiesen. Zur Identifikation von Ausreißern mittels Diagrammen wird z.B. auf Schendera (2007, Abschnitt 7.2.4) verwiesen.

Ansatz 2: Überprüfung auf Ausreißer mittels statistischer Tests (David-Test)
Die Statistik stellt auch einige sog. Ausreißertests zur Verfügung. Ihre unreflektierte Anwendung ist jedoch ausgesprochen problematisch. Weniger, weil ein auffälliger Wert nicht notwendigerweise ein falscher Wert sein muss, sondern vor allem deshalb, weil auch nichtsignifikant ausfallende Ausreißertests das Vorkommen von Ausreißern nicht mit Sicherheit, sondern nur mit einer bestimmten Wahrscheinlichkeit ausschließen. Hier gilt ganz klar: „Die Anwendung von Ausreißertests ist kein Ersatz für gewissenhaften Umgang mit Daten und für Plausibilitätskontrollen" (Rasch et al., 1996, 571). Ausreißertests sind deshalb, wenn überhaupt, nur explorativ einsetzen, um z.B. erste Hinweise auf mögliche Daten- oder Erhebungsfehler zu finden. Hartung (1999[12], 343–347) stellt z.B. mehrere univariate Tests vor, u.a. den David-Hartley-Pearson-Test (kurz: David-Test) (vgl. auch Barnett & Lewis 1994[3]).

$$Q = \frac{R}{s}$$

Die Prüfgröße Q wird als Quotient aus Spannweite R und Standardabweichung s berechnet und mit einem Tabellenwert Qn verglichen. Der David-Hartley-Pearson-Test prüft die Nullhypothese, dass die (oberen oder unteren) Extremwerte der Verteilung zur Stichprobe gehören (also keine Ausreißer sind). Ist Q < Qn, kann die Nullhypothese nicht zurückgewiesen werden. Die Extremwerte gehören demnach zur Stichprobe, sind also keine Ausreißer. Die Verteilung kann demnach als ausreißerfrei angesehen werden.

```
proc summary data= SASHELP.BUY ;
    var AMOUNT ;
    output out=DVD_OUT
        range=R std=SD n=N;
run;

data _NULL_ ;
    set DVD_OUT ;
    Q = R / SD ;
    put Q= N=;
run;
```

Ergebnis:

Q=4.0048506906 N=11

Für die Beispieldaten aus SASHELP.BUY wird nach dem David-Test für N=11 ein Q=4.00 ermittelt. Das Ergebnis wird ins SAS Log geschrieben.

Da der David-Test nicht in SAS implementiert ist, sollen hier einige kritische Qn-Werte des Tests angegeben werden. Die Angaben sind Hartung (1999[12], 344) entnommen.

N	$Q_{n, 0.95}$	$Q_{n, 0.99}$
3	2,00	2,00
4	2,43	2,45
5	2,75	2,80
6	3,01	3,10
7	3,22	3,34
8	3,40	3,54
9	3,55	3,72
10	3,69	3,88
12	3,91	4,13
15	4,17	4,43
20	4,49	4,79
30	4,89	5,25
40	5,15	5,54
50	5,35	5,77
100	5,90	6,36

Der ermittelte Q_{11} liegt sogar *über* einem behelfsweisen $Q_{12(95)}$ (es gibt in der Tabelle keinen Q-Wert für N=11) von 3,91 bei einem Konfidenzintervall von 95% (vgl. Tabelle). Die Nullhypothese, dass keine Ausreißer vorliegen, kann nicht zurückgewiesen werden. Gemäß dem David-Test enthalten die AMOUNT-Daten also keine Ausreißer. Der David-Test setzt jedoch voraus, dass die zu prüfenden Messwerte Realisationen aus einer Normalverteilung sind. Diese Voraussetzung erfüllen die AMOUNT-Werte jedoch nicht. Zur Identifikation multivariater Ausreißer mittels Maßen, Diagrammen bzw. Statistik wird z.B. auf Schendera (2007, Abschnitt 7.3) verwiesen.

Ansatz 3: Ausfiltern von Ausreißer mittels Bedingungen (u.a. Grenzwerte, Intervalle)
Haben u.a. deskriptive Statistiken oder auch statistische Tests ergeben, dass Spalten einer SAS Tabelle (quantitative) Ausreißer enthalten, bietet SAS dem Anwender verschiedene

3.3 Identifizieren und Filtern von Ausreißern

Möglichkeiten für das Ausfiltern von Ausreißer mittels Bedingungen. Vorgestellt werden das Filtern mittels eines Grenzwerts und mittels (u.a. berechneter) Intervalle. Diese Beispiele können unkompliziert so umgeschrieben werden, dass Ausreißer, auf die die vorgegebenen Bedingungen (Grenzwerte, Intervalle) zutreffen, gleich auf Missing gesetzt oder z.B. durch einen Ersatzwert ersetzt werden.

Ausreißer über einem Grenzwert (univariat)
Dieser SQL Ansatz gibt AMOUNT-Werte als Ausreißer (>= –1000) einer metrischen Variablen (AMOUNT) aus. Im Beispiel für eine mögliche Maßnahme werden alle Zeilen ausgefiltert, die in AMOUNT einen Wert größer als –1000 enthalten. Syntaxbeispiele ohne SAS Ausgabe.

Filter
```
proc sql;
select AMOUNT
    from SASHELP.BUY
    where AMOUNT ge -1000 ;
quit ;
```

Maßnahme (Variante)
```
Proc sql ;
create table FILTER as
  select *
    from SASHELP.BUY ;
delete from FILTER
  where AMOUNT ge -10000 ;
quit;
```

Ausreißer außerhalb eines fest vorgegebenen Intervalls (univariat)
Dieser SQL Ansatz gibt AMOUNT-Werte als Ausreißer außerhalb des Intervalls –1000 bis –10000 einer metrischen Variablen (AMOUNT) aus. Im Beispiel für eine mögliche Maßnahme wird in Gestalt der Spalte AMOUNT2 im Prinzip eine Kopie der Daten von AMOUNT angelegt mit dem Unterschied, dass alle Werte zwischen –1000 und –10.000 auf Missing gesetzt sind. Syntaxbeispiele ohne SAS Ausgabe.

Filter:
```
proc sql;
   select AMOUNT
   from SASHELP.BUY
  where AMOUNT not between -1000 and -10000 ;
quit;
```

Maßnahme (Variante):
```
proc sql ;
create table FILTER
  as select *,
  case
    when  AMOUNT not between -1000 and -10000
      then .
```

```
       else AMOUNT
    end as AMOUNT2
from SASHELP.BUY ;
quit ;
```

Ausreißer außerhalb eines aus den Daten geschätzten Intervalls (univariat)
Dieser SQL Ansatz gibt AMOUNT-Werte als Ausreißer aus, die außerhalb des Intervalls um den Mittelwert von AMOUNT +/- 2 Standardabweichungen liegen. Syntaxbeispiel ohne SAS Ausgabe.

```
proc sql;
   select AMOUNT
   from SASHELP.BUY
   having AMOUNT not between MEAN(AMOUNT) - 2 * STD(AMOUNT)
and
       MEAN(AMOUNT) + 2 * STD(AMOUNT)          and
       AMOUNT is not missing;
quit;
```

Ausreißer bei Datumswerten, außerhalb eines fest vorgegebenen Intervalls (univariat)
Dieser SQL Ansatz gibt als Ausreißer AMOUNT-Werte für DATE Datumswerte aus, die außerhalb des Intervalls von 01.10.2005 und 15.10.2006 liegen und keine Missings sind. Syntaxbeispiel ohne SAS Ausgabe.

```
proc sql;
   select AMOUNT
   from SASHELP.BUY
   where DATE not between '01OCT2005'D and '15OCT2006'D and
         DATE is not missing;
quit;
```

Ausreißer außerhalb mehrerer fest vorgegebener Intervalle (multivariat)
Dieser SQL Ansatz gibt AMOUNT-Werte als Ausreißer aus, die außerhalb des durch DATE und AMOUNT definierten Intervalls liegen. Syntaxbeispiel ohne SAS Ausgabe.

```
proc sql;
   select AMOUNT
   from SASHELP.BUY
   where AMOUNT not between -1000 and -10000 and
         DATE not between '01OCT2005'D and '15OCT2006'D ;
quit;
```

Ausreißer außerhalb eines alpahnumerischen Intervalls (NOT BETWEEN)
Der folgende SQL Ansatz gibt alle Zeilen (Fälle) aus, deren Einträge in der Variable NAME außerhalb des Ranges von „Josie" und „Philipp" liegen. Interessant an dieser Bedingung ist, dass „Josie" gar nicht als Eintrag in NAME vorkommt. Als nächstgelegener alphanumeri-

scher Wert wird daher „John"ausgegeben. Liegt ein alphanumerischer Wert exakt auf der Grenze („Philipp") wird er bei der negativen NOT BETWEEN-Bedingung *nicht* mit ausgegeben. Dieser Ansatz funktioniert auch bei numerischen Einträgen (sofern Zahlen verwendet werden) und Strings mit gemischten Zeichen. Groß- und Kleinschreibung werden berücksichtigt.

```
proc sql ;
  select NAME, SEX
    from SASHELP.CLASS
    where NAME      not between
          "Josie" and "Philipp" ;
quit;
```

```
Name      Sex
─────────────
.. gekürzt..
John      M
Robert    M
Ronald    M
Thomas    M
William   M
```

Wie kann nun mit Ausreißern umgegangen werden? Diese Frage ist nicht einfach zu beantworten. Die Umgangsweise hängt davon ab, wie die Ausreißer entstanden sind. Von pauschalem oder sogar automatisiertem Vorgehen kann nur abgeraten werden. Man muss sich vor Augen halten, dass gerade die Unterscheidung in „reale" Ausreißer und durch Fehler bedingte Ausreißer eine differenzierte Vorgehensweise erforderlich macht. Zu Details und weiteren Möglichkeiten wird z.B. auf Schendera (2007, 198–200) verwiesen.

- Ausreißer können in der Analyse verbleiben, wenn es sich um „reale" Ausreißer handelt, besonders dann, wenn es sich um lebenswichtige oder auch geldwerte Informationen handelt. Ggf. müssen die erwartungsgeleiteten Fragestellungen bzw. ausgewählten Verfahren und Maße daraufhin überprüft werden, inwieweit sie mit den Besonderheiten der festgestellten Ausreißer umgehen können (Robustheit). Beispielsweise kann für die Berechnung einer Regression anstelle PROC REG die ROBUSTREG Prozedur eingesetzt werden. Je nach Datenlage könnte konsequenterweise auch der „Frame", die Erwartungshaltung an die Datenlage angepasst werden.
- Ausreißer können durch die richtigen Werte ersetzt werden, sofern es sich um „falsche", also durch fehlerhafte Werte verursachte Ausreißer handelt. Ausreißer sind nur dann durch andere Werte zu ersetzen, wenn man sich sicher ist, dass diese wirklich die richtigen sind (z.B. über Dokumentation, Syntax, Sicherungstabellen, Metadaten, logische Herleitung, usw.).
- Ausreißer können über Schätzwerte ersetzt werden, z.B. ermittelt über Mean Substitution, MI, Cold bzw. Hot Deck oder andere Verfahren. Bei diesen Verfahren ist zu beachten, dass kein Bias eingeführt wird.
- Ausreißer können über festgelegte Werte ersetzt werden. Ausreißer über einem bestimmten Grenzwert können z.B. oft auf einen Wert unterhalb dieser Grenze gesetzt, um damit bestimmte Anforderungen einzuhalten. Vor allem für lebenswichtige oder auch geldwerte Daten wäre vorher sorgfältig abzuwägen, ob dieses Vorgehen den Verzicht auf den Wert dieser Information rechtfertigt.
- Ausreißer können gelöscht werden. Indem alle Ausreißer gelöscht werden, wird auch ihr Einfluss völlig eliminiert. Wichtig ist darauf zu achten, dass sich die Ausreißer zufällig

verteilen und einen geringen (idealerweise univariaten) Anteil haben. Bei multivariaten Ansätzen ist darauf zu achten, dass sich Ausreißer nicht auf relevante Prädiktoren (z.B. bei der multiplen Regression) bzw. die Prädiktoren für das seltenere Zielereignis konzentrieren, z.B. bei der binären logistischen bzw. der Poisson-Regression. Der Preis des Löschens von Ausreißern ist, dass mit dem Stichprobenumfang auch die Power von Verfahren verringert wird.

- Ausreißer können reduziert werden. Indem z.B. nicht alle Werte gelöscht werden, sondern nur Werte außerhalb eines bestimmten Ranges, wird der Einfluss von Ausreißern nicht völlig eliminiert, sondern nur reduziert. Die Power von Verfahren wird dadurch weniger verringert als durch das ausnahmslose Löschen von Werten.

3.4 Identifizieren, Filtern oder Ersetzen un(erwünschter) Zeichen(ketten)

Das Identifizieren, Filtern oder Ersetzen unerwünschter Zeichen(ketten) gehört in den Kontext der Einheitlichkeit von Zeichen(ketten). Die Einheitlichkeit von (alpha)numerischen Werten (neben der von Tabellen, (Datums)Variablen und u.a. Labels) gehört neben „Vollständigkeit", „Doppelte", sowie „Missings" zu den grundlegenden Kriterien von Datenqualität, zu deren Prüfung SAS eingesetzt werden kann. Die Prüfung aller weiteren Kriterien baut auf diesen auf. Einheitlichkeit setzt jedoch mind. Vollständigkeit voraus (vgl. Schendera, 2007, Kap. 4).

Wichtig ist die Einheitlichkeit von Werten (v.a. Strings, aber nicht nur), vor allem in einzigartigen Angaben in Schlüsselvariablen (sog. „Keys"), wie z.B. Namen von Personen, Orten und Medikamenten, oder auch von Datumsangaben, Telefon- oder auch Personalnummern. Da gerade Namen (z.B. Personen, Produkte oder Orte) oft auch als Schlüsselvariablen verwendet werden, ist besondere Sorgfalt bei ihrer Eingabe und Kontrolle geboten. Die Folgen uneinheitlich geschriebener Strings können gravierend sein.

- SAS ist nicht in der Lage, groß- wie auch kleingeschriebene Strings („SAS", „sas") i.S.d. Variante derselben Zeichenfolge automatisch auch als semantisch gleich (einheitlich) in eine Analyse einzubeziehen. Werden keine Vorkehrungen zur Vereinheitlichung getroffen, werden groß- und kleingeschriebene Varianten als verschieden ausgewertet, obwohl sie eigentlich zusammengehören.
- Werden z.B. „dieselben" Strings groß und klein geschrieben, so werden diese über PROC SORT nicht einheitlich sortiert, sondern großgeschriebene Strings (z.B. „SAS") werden vor kleingeschriebene Strings (z.B. „sas") sortiert, was spätestens beim Zusammenfügen von Tabellen massive Probleme nach sich ziehen kann, sollte es sich bei diesen Strings z.B. um Key-Variablen handeln.

Die folgenden Überprüfungs- und Filtermöglichkeiten stellen vier Ansätze vor:

- Ansatz 1: Überprüfung auf (un)erwünschte Strings i.S.v. längeren Zeichenketten. Vorgestellt wird die WHERE-Klausel zusammen v.a. mit der IN-Bedingung.
- Ansatz 2: Ganz, teilweise oder gar nicht: Überprüfung auf mehrere (un)erwünschte Zeichen (Strings, Substrings). Für das Absuchen eines Zeichen-Ausdrucks nach *mehreren* Zeichen ((Sub)Strings) werden die SAS Funktionen INDEX und INDEXW vorgestellt.
- Ansatz 3: Details: Überprüfung auf einzelne, (un)erwünschte Zeichen. Für das Überprüfen von Zeichen-Ausdrücken auf einzelne (un)erwünschte Zeichen werden die SAS Funktionen INDEXC, FINDC, VERIFY und COUNTC vorgestellt.
- Ansatz 4: Vereinheitlichen von Strings, Substrings oder Zeichen. Für das Suchen und Ersetzen von Strings, Substrings oder Zeichen werden die SAS Funktionen TRANWRD und TRANSLATE, sowie die Perl Regular Expression PRXCHANGE vorgestellt. Weitere Ansätze zum Suchen und Ersetzen von (Sub)Strings, Zeichen und Werten werden im Kapitel zur Makroprogrammierung vorgestellt. Interessierte Anwender finden darüber hinaus zahlreiche SAS Funktionen und CALL Routinen zum vielfältigen Umgang mit Zeichen/-ketten (u.a. Matching) im Kapitel 9.

Ansatz 1: Überprüfung auf (un)erwünschte Strings i.S.v. längeren Zeichenketten
Für ein erstes Überprüfen von Einträgen auf (mehrere) (un)erwünschte Strings (längere Zeichenketten) wird die WHERE-Klausel v.a. zusammen mit der IN-Bedingung vorgestellt. Eine IN-Bedingung prüft, ob der Wert einer Spalte, die links vom IN angegeben wird, ein Element einer Menge vorgegebener Werte oder Konstanten in Klammern rechts vom Ausdruck ist. Eine Konstante kann eine Zahl oder ein String in Anführungszeichen sein. Die IN-Bedingung ist wahr dann, wenn ein Wert einer Spalte in der Menge von vorgegebenen Elementen vorkommt. Die vorgestellten Beispiele sind *negativ* formuliert (vgl. WHERE ... NOT IN) und suchen Abweichungen von einer vorgegebenen (korrekten) Liste an Strings. Je nach Frageperspektive kann aber auch ein WHERE .. IN sinnvoll sein. Für die Überprüfung auf *einzelne* (Sub)Strings können neben IN u.a. auch die Bedingungen CONTAINS, EXISTS oder LIKE hilfreich sein. Für die Überprüfung des Ranges von (Sub)Strings ist u.a. die BETWEEN Bedingung interessant (vgl. dazu die anschließenden Ansätze). Das Makrokapitel (Kapitel 4) hält weitere, teilweise etwas komplexere Ansätze zur Verarbeitung von Variablen- oder Wertelisten bereit, u.a. mittels Makrovariablen, Schleifen oder der PARMBUFF-Option.

Abweichungen von einer alphanumerischen Liste (BETWEEN)
Der folgende SQL Ansatz gibt alle Zeilen (Fälle) aus, deren Einträge in der Variable NAME innerhalb des Ranges von „Josie" und „Philipp" liegen. Interessant an dieser Bedingung ist, dass „Josie" gar nicht als Eintrag in NAME vorkommt. Als nächstgelegener alphanumerischer Wert wird daher „Joyce"ausgegeben. Liegt ein alphanumerischer Wert exakt auf der Grenze („Philipp") wird er bei der positiven BETWEEN-Bedingung mit ausgegeben. Ein *negatives* Beispiel wird an anderer Stelle vorgestellt. Dieser Ansatz funktioniert auch bei

numerischen Einträgen (sofern Zahlen verwendet werden) und Strings mit gemischten Zeichen. Groß- und Kleinschreibung werden berücksichtigt.

```
proc sql ;                              Name     Sex
   select NAME, SEX                     ─────────────
      from SASHELP.CLASS                Joyce    F
      where NAME between                Judy     F
            "Josie" and "Philipp" ;     Louise   F
quit;                                   Mary     F
                                        Philip   M
```

Abweichungen bei einer String-Variablen (WHERE NOT IN)
Der folgende SQL Ansatz gibt alle Zeilen (Fälle) aus, die in der Variablen SEX in SASHELP.CLASS weder als „m", noch als „w" kodiert sind. Dieser Ansatz funktioniert auch bei Strings mit gemischten Zeichen. Groß- und Kleinschreibung werden berücksichtigt. Syntaxbeispiel ohne SAS Ausgabe.

```
proc sql;
create table MYDATA as
   select SEX
   from SASHELP.CLASS
   where SEX not in ("m","f") ;
quit;
```

Der folgende SQL Ansatz gibt alle Zeilen (Fälle) aus, die in der Variablen NAME andere als die angegebenen Strings aufweisen. Groß- und Kleinschreibung werden berücksichtigt. Syntaxbeispiel ohne SAS Ausgabe.

```
proc sql ;
create table MYDATA as
   select NAME, SEX
      from SASHELP.CLASS
      where NAME not in ("Alfred","Alice","Barbara","Carol",
                         "Henry","James","Judy","Louise",
                         "Mary","Philipp","Petra","Thomas") ;
quit;
```

Abweichungen bei mehreren String-Variablen (WHERE NOT IN)
Der folgende SQL Ansatz gibt alle Zeilen (Fälle) aus, die in den Variablen NAME *und* SEX neben anderen als den angegebenen String-Einträgen auch *keine* Missings aufweisen. Dieser Ansatz funktioniert auch bei Strings mit gemischten Zeichen. Groß- und Kleinschreibung werden berücksichtigt. Syntaxbeispiel ohne SAS Ausgabe.

```
proc sql;
create table MYDATA as
   select NAME, SEX
```

3.4 Identifizieren, Filtern oder Ersetzen un(erwünschter) Zeichen(ketten)

```
       from SASHELP.CLASS
       where SEX not in ("m","f", " ") and
             NAME not in ("Alfred","Alice","Barbara","Carol",
                          "Henry","James","Judy","Louise",Mary",
                          "Philipp","Petra","Thomas", " ");
quit ;
```

Ansatz 2: Ganz, teilweise oder gar nicht: Überprüfung auf mehrere (un)erwünschte Zeichen (Strings und Substrings)

Für das Absuchen eines Zeichen-Ausdrucks nach *mehreren* Zeichen (Substrings) bietet SAS die Funktionen INDEX und INDEXW an. Die Funktion INDEXC sucht dagegen einen Zeichen-Ausdruck nach *einzelnen* Zeichen ab (vgl. Ansatz 3).
INDEX sucht einen Zeichen-Ausdruck nach einer Zeichenkette ab. INDEX löst auch dann eine Rückmeldung dann aus, wenn vorgegebene Zeichenketten mit String-Einträgen nur teilweise übereinstimmen. „fred" löst z.B. einen Treffer aus. INDEXW durchsucht einen Zeichen-Ausdruck nach einer als Wort vorgegebenen Zeichenkette. INDEXW löst eine Rückmeldung nur bei einem exakt übereinstimmenden Listenelement aus. „Alf" löst z.B. keinen Treffer aus. Diese feinen Unterschiede zwischen INDEX und INDEXW können je nach Anforderung durchaus erwünscht sein.

```
proc sql;                              NAME_I
select NAME as NAME_I                  ────────
from SASHELP.CLASS                     Alfred
where index(NAME, "fred") or           James
      index(NAME, "James");
select NAME as NAME_W
from SASHELP.CLASS                     NAME_W
where indexw(NAME, "Alf") or           ────────
      indexw(NAME, "James");           James
quit;
```

Die INDEXC-Funktion sucht einen Zeichen-Ausdruck nach bestimmten *einzelnen* Zeichen ab und gibt die Position zurück, an der diese im abgescannten Zeichen-Ausdruck zuallererst auftritt. Würden z.B. die Namen aus SASHELP.CLASS auf „Alfred" und „James" abgescannt werden, würden alle Einträge in NAME mit einer Ausnahme als Treffer ausgegeben werden, weil sie *irgendwo* ein einzelnes Zeichen aus „Alfred" oder „James" enthalten. „Philipp" würde jedoch ausgeschlossen werden, weil kein einziges Zeichen daraus mit irgendeinem Zeichen aus „Alfred" oder „James" übereinstimmt. Für das Überprüfen eines Zeichen-Ausdrucks auf exakt oder auch teilweise übereinstimmende Zeichen*ketten* ist INDEXC daher eher weniger geeignet, dafür umso mehr für den *Ausschluss unerwünschter Zeichen*. Die INDEXC-Funktion wird im nächsten Abschnitt vorgestellt.

Mittels der SAS Funktionen COUNT und FIND könnte ein String (z.B. „Barbara") auch auf einen Substring abgesucht werden (z.B. „ar"). Syntaxbeispiele ohne SAS Ausgabe.

```
proc sql;
select NAME,
    count(NAME, "ar") as NAME_ar
from SASHELP.CLASS ;
quit;
```

Die SAS Funktion COUNT zählt die Anzahl der Treffer von „ar" in einem String. Für „Barbara" wird z.B. der Wert 2 ausgegeben.

```
proc sql;
select NAME,
    find(NAME, "ar") as NAME_ar
from SASHELP.CLASS ;
quit;
```

Die SAS Funktion FIND gibt die erste *Position* von „ar" in einem String zurück. Für „Mary" und „Barbara" wird daher z.B. der Wert 2 ausgegeben.

Diese Ansätze funktionieren auch bei Strings mit gemischten Zeichen. Groß- und Kleinschreibung werden berücksichtigt.

Ansatz 3: Details: Überprüfung auf einzelne (un)erwünschte Zeichen
Für das Überprüfen von Zeichen-Ausdrücken auf einzelne (un)erwünschte Zeichen werden die SAS Funktionen INDEXC, FINDC, VERIFY und COUNTC vorgestellt.

Identifizieren von Fällen mit anderen als vorgegebenen Zeichen (INDEXC, FINDC)
Der folgende SQL Ansatz gibt alle Zeilen (Fälle) aus, die kein einziges Zeichen aus der nach INDEXC angegebenen Zeichenkette enthalten. Die möglicherweise auftretenden abweichenden Zeichen müssen bei diesem Ansatz vorher bekannt sein. Dieser Ansatz gibt dabei die Position des ersten Auftretens eines Zeichens zurück, das in „Jane " vorkommt. Kommt kein Zeichen aus „Jane" in der abgescannten Zeichenkette vor, wird 0 zurückgegeben (vgl. VERIFY). Der INDEXC-Ansatz funktioniert auch bei in Strings eingebetteten Ziffern (Strings mit gemischten Zeichen). Groß- und Kleinschreibung werden ebenfalls berücksichtigt (vgl. dagegen VERIFY).

```
proc sql ;
    select indexc(NAME, "Jane")
        as J_CHECK, NAME
    from SASHELP.CLASS
    where calculated J_CHECK = 0 ;
quit ;
```

J_CHECK	Name
0	Philip

Die FINDC Funktion sucht ebenfalls einen String daraufhin ab, ob angegebene einzelne Zeichen in einem abzuscannenden Zeichen-Ausdruck enthalten sind. Im Gegensatz zu INDEXC ermöglicht FINDC darüber hinaus, u.a. Argumente für die Startposition des Scan-Vorgangs anzugeben.

```
proc sql ;
    select findc(NAME, "Jane")
        as F_CHECK, NAME
    from SASHELP.CLASS
    where calculated F_CHECK = 0 ;
quit ;
```

F_CHECK	Name
0	Philip

3.4 Identifizieren, Filtern oder Ersetzen un(erwünschter) Zeichen(ketten)

Identifizieren von Fällen mit anderen als vorgegebenen Zeichen (VERIFY)
Der folgende SQL Ansatz gibt alle Zeilen (Fälle) aus, die kein einziges Zeichen aus der nach VERIFY angegebenen Zeichenkette enthalten (im Beispiel „Jane ", mit Blank!). Dieser Ansatz gibt dabei die Position des ersten Auftretens eines Zeichens zurück, das in „Jane " *nicht* vorkommt. Die möglicherweise auftretenden abweichenden Zeichen müssen bei diesem Ansatz vorher *nicht* bekannt sein. Kommt kein Zeichen aus „Jane " in der abgescannten Zeichenkette vor, wird 1 zurückgegeben (vgl. INDEXC). Der VERIFY-Ansatz funktioniert *nicht* bei Strings mit gemischten Zeichen. Groß- und Kleinschreibung werden berücksichtigt.

```
proc sql ;
    select verify (NAME, "Jane ")
        as V_CHECK, NAME
    from SASHELP.CLASS
    where calculated V_CHECK eq 5 ;
quit ;
```

V_CHECK	Name
5	Jane

Zählen von einzelnen Zeichen (COUNTC)
Der folgende SQL Ansatz gibt alle Zeilen (Fälle) aus, die in der String-Variablen NAME mindestens einmal das Zeichen „J" aufweisen. Die möglicherweise auftretende Abweichung „J" sollte daher beim Verwenden dieses Ansatzes vorher bekannt sein. COUNTC zählt dabei die Häufigkeit des Auftretens des angegebenen Zeichens. Dieser Ansatz funktioniert auch bei Strings mit gemischten Zeichen. Groß- und Kleinschreibung werden berücksichtigt.

```
proc sql ;
    select countc (NAME, "J")
        as C_CHECK, NAME
    from SASHELP.CLASS
    where calculated C_CHECK eq 1 ;
quit ;
```

C_CHECK	Name
1	James
1	Jane
1	Janet
1	Jeffrey
1	John
1	Joyce
1	Judy

Ansatz 4: Vereinheitlichen von Strings, Substrings oder Zeichen.
Das Identifizieren von uneinheitlichen Strings ist oft erst die halbe Mühe. Neben dem Ausfiltern oder auf Missing setzen wird oft auch der im Allgemeinen mühevollere Weg der Vereinheitlichung gewählt. Nach Ansicht vieler ist die Flexibilität des DATA Step für das differenzierte Vereinheitlichen von uneinheitlichen Zeichen(ketten) unübertroffen. Allerdings ist es auch mit PROC SQL und dem geschickten Einsatz von SAS Funktionen möglich, viel zu erreichen. Die folgenden SQL Ansätze veranschaulichen interessante Anwendungsmöglichkeiten der SAS Funktionen TRANWRD, TRANSLATE, sowie PRXCHANGE.

Suchen und Ersetzen eines Strings durch eine Konstante

Der folgende SQL Ansatz sucht mittels TRANWRD den Substring „Ja" aus der Spalte NAME der SASHELP Datei CLASS und ersetzt diesen durch die Konstante „XXX". Groß- und Kleinschreibung werden berücksichtigt. „Ja" wird dabei als Substring interpretiert.

```
proc sql outobs=5;
select NAME as NAME_old,
   tranwrd(NAME, "Ja", "XXX") as NAME_new
   from SASHELP.CLASS
   where calculated NAME_new contains ("XX");
quit;
```

Zur Veranschaulichung werden die original Einträge in NAME und zum Vergleich die veränderten Stringeintäge angefordert. Zu den diversen Unterschieden zur TRANWORD-Funktion siehe dort.

NAME_old	NAME_new
Barbara	XXXrbara
Carol	XXXrol
James	XXXmes
Jane	XXXne
Janet	XXXnet

Suchen und Ersetzen mehrerer Strings durch eine Konstante

Der folgende SQL Ansatz sucht mittels PRXCHANGE die Substrings „Ba", „Ca", „Ma" und „Ja" aus der Spalte NAME der SASHELP Datei CLASS und ersetzt diese durch die Konstante „XXX". Groß- und Kleinschreibung werden berücksichtigt.

```
proc sql outobs=5;
select NAME as NAME_old,
       prxchange("s/[BCMJ]a/XXX/", -1, NAME)
           as NAME_new
   from SASHELP.CLASS
   where calculated NAME_new contains ("XX");
quit;
```

Zur Veranschaulichung werden die original Einträge und zum Vergleich die veränderten Stringeinträge angefordert.

NAME_old	NAME_new
Barbara	XXXrbara
Carol	XXXrol
James	XXXmes
Jane	XXXne
Janet	XXXnet

3.4 Identifizieren, Filtern oder Ersetzen un(erwünschter) Zeichen(ketten)

Verändern von durch Komma getrennten Zeichen
Der folgende SQL Ansatz sucht mittels PRXCHANGE in der Spalte NAME der SAS Datei FREQUENTFLYERS (vgl. weitere Hinweise zu dieser Datei unter 5.2) durch Komma getrennte Strings, vertauscht ihre Abfolge und entfernt das Komma.

```
proc sql outobs=5 ;
select NAME as NAME_old,
       prxchange("s/(\w+), (\w+)/$2 $1/", -1, NAME)
           as NAME_new
   from PFAD.FREQUENTFLYERS ;
quit;
```

Zur Veranschaulichung werden die original und die veränderten Stringeinträge angefordert.

NAME_old	NAME_new
COOPER, LESLIE	LESLIE COOPER
LONG, RUSSELL	RUSSELL LONG
BRYANT, ALTON	ALTON BRYANT
NORRIS, DIANE	DIANE NORRIS
PEARSON, BRYAN	BRYAN PEARSON

Suchen und Ersetzen mehrerer Zeichen durch andere Zeichen
Der folgende SQL Ansatz sucht mittels TRANSLATE die Zeichen „J" und „a" aus der Spalte NAME der SASHELP Datei CLASS und ersetzt diese durch die entsprechenden Zeichen „XXX". Ein „J" wird durch ein „X" ersetzt, ebenso ein „a". „Ja" wird nicht als Substring interpretiert. Für das dritte (Ziel)X stehen keine zu ersetzenden Werte bereit; es wird entsprechend ignoriert. Groß- und Kleinschreibung werden berücksichtigt.

```
proc sql outobs=5 ;
   select NAME as NAME_old,
       translate(NAME, "XXX", "Ja") as NAME_new
       from SASHELP.CLASS
   where calculated NAME_new contains ("X");
quit;
```

Zur Veranschaulichung werden die original Einträge und zum Vergleich die veränderten Stringeinträge angefordert.

NAME_old	NAME_new
Barbara	BXrbXrX
Carol	CXrol
James	XXmes
Jane	XXne
Janet	XXnet

Zur TRANWORD-Funktion bestehen zwei Unterschiede:

- TRANSLATE ersetzt Zeichen für Zeichen, TRANSWORD ersetzt Substring durch Substring.
- Bei TRANSLATE werden zuerst die einzusetzenden Zeichen, bei TRANSWORD die zu ersetzenden Substrings angegeben.

Für weitere Möglichkeiten des Filterns, Scannens und auch Vereinheitlichens wird der interessierte Anwender auf das separate Kapitel zu SAS Funktionen und Routinen verwiesen (vgl. Kapitel 9). Dort finden sich u.a. zahlreiche Perl Regular Expression Funktionen und Routinen für das u.a. Matching von Zeichen/-ketten. PRXPAREN gibt z.B. die letzte Klammernübereinstimmung zurück, für die eine Übereinstimmung im Muster vorliegt. PRXSUBSTR gibt Position und Länge eines Substrings zurück, der mit einem Muster übereinstimmt. PRXMATCH sucht nach einer Musterübereinstimmung und gibt die Position zurück, an der das Muster gefunden wurde. SAS bietet darüber hinaus zahlreiche weitere SAS Funktionen und Routinen für den Umgang mit Zeichen/Strings an, von ANYALNUM (durchsucht eine Zeichenkette nach einem alphanumerischen Zeichen und gibt die erste Position zurück, an der dieses gefunden wurde), über NOTPRINT (durchsucht eine Zeichenkette nach einem nicht druckbaren Zeichen und gibt ebenfalls die erste Position zurück, an der dieses gefunden wurde), bis hin zum bereits vorgestellten VERIFY.

4 Fokus: Makroprogrammierung mit SQL

PROC SQL unterstützt unter anderem auch den Einsatz der SAS Makrosprache. Mittels SAS Makros kann der Leistungsumfang von PROC SQL bereits mit einfachen Mitteln derart erweitert werden, dass dieses Buch der Makroprogrammierung ein eigenes Kapitel widmet. Der Fokus dieses Kapitels ist dabei weniger auf der Einführung in die Programmierung von SAS Makros gerichtet, sondern vielmehr auf ihre unkomplizierte *Anwendung*. Dieses Kapitel wird daher in anwendungsorientierten Abschnitten zahlreiche Beispiele für SAS Makros vorstellen, die das Arbeiten mit PROC SQL in den Möglichkeiten erweitern, durch Automatisierung vereinfachen und darüber hinaus beschleunigen werden.

Makros sind also etwas Feines. Makros sind technisch gesehen die übergeordnete Steuerung, oft z.B. die Automatisierung von wiederkehrenden Abläufen innerhalb von Anwendungen, auf SAS übertragen also z.B. die automatisierte Abarbeitung derselben Anwendung für viele verschiedene Variablen, die effiziente Abarbeitung verschiedener Anwendungen für ein und dieselbe Variable oder auch eine Kombination von beidem.

Weil Makros auf SAS Syntax (inkl. PROC SQL) aufbauen, verkörpern Makros auch alle Vorteile der Syntaxprogrammierung, z.B. Validierung, Automatisierbarkeit und Wiederverwendbarkeit, Geschwindigkeit, Offenheit, Übersichtlichkeit und Systematisierung usw. Weil Makros die SAS Syntax selbst wiederum systematisieren und automatisieren, kann man ohne weiteres sagen, dass Makros das Vielfache der Syntaxeffizienz verkörpern. Mittels Makros kann die SAS-Syntaxprogrammierung automatisiert und wiederholt genutzt werden, ohne dass im Prinzip neue Syntaxbefehle geschrieben oder angepasst werden müssen. Die zusätzlichen Vorteile durch SAS Makros sind (vgl. Schendera, 2005, 147ff.):

- Effizienzsteigerung: SAS Makros potenzieren die Effizienz der Syntaxprogrammierung. Die Folge ist eine vielfache Zeitersparnis und Produktivität durch bereits sehr einfache Makroprogramme.
- Geschwindigkeit: Makros laufen üblicherweise generell schneller ab als wiederholt ausgeführte normale Anweisungen und sind oft um ein Vielfaches schneller programmiert.
- Kürze: SAS Makros reduzieren lange Syntaxprogramme mit gleichförmigen Schritten auf den einen Schritt, der sich permanent wiederholt. Lange repetitive Syntaxprogramme werden kürzer.

- Übersichtlichkeit: Die Komprimierung auf wenige essentielle Schritte macht Programme überschaubarer, systematischer und nachvollziehbarer. Die Wahrscheinlichkeit versehentlicher Abweichungen von einer einheitlichen Abarbeitung ist ausgeschlossen.
- Fehlerfreiheit: Sind in einem Makroprogramm SAS Macro Code und auch durchaus komplexe Logik korrekt organisiert (und auf die Daten abgestimmt), so ist auch die Ausführung in seiner Übersetzung als ausführlicher SAS Code fehlerfrei. Umgekehrt dieselbe Menge an Namen für Datensätze und Variablen, Anweisungen und Bedingungen „von Hand" zu schreiben, ist nicht nur mit vielfachem Aufwand verbunden, sondern erhöht bei entsprechender Programmlänge auch die Wahrscheinlichkeit für Nachlässigkeiten und Fehler.
- Kombinierbarkeit: Makros können mit SAS Syntax im Wechsel eingesetzt werden. Damit ist gemeint, dass Makros in bereits vorhandene Syntaxprogramme eingefügt werden können. Man kann sich das so vorstellen, dass vor dem Makro zunächst „normale" SAS Syntax abgearbeitet wird, dann ein Makro, dann wieder Abschnitte „normaler" SAS Syntax usw.
- Performanzsteigerung: Mit Performanzsteigerung ist hier gemeint, dass Sie z.B. auf Hunderte von SAS bereitgestellten Makros zurückgreifen und einsetzen können, z.B. Makros zu SAS Base, SAS/ETS, SAS/IML, SAS/OR, SAS/STAT viele andere mehr. Sie können also nicht nur Ihre Performanz in Richtung Effizienz steigern, sondern auch hinsichtlich Ihres Leistungsumfangs beim Einsatz der Möglichkeiten in SAS.

Ein erster zentraler Unterschied zwischen der Programmierung mit PROC SQL und mit SAS Makros ist: PROC SQL (und u.a. auch SAS Base) verarbeiten *Daten*, also Werte numerischer und Zeichenvariablen. Programmieren mit der SAS Macro Facility verarbeitet dagegen SAS Syntax, also den *Text* von u.a. auch SQL Programmen. Ein weiterer zentraler Unterschied ist, dass in SAS Makros der SAS Macro Code dem SAS Code übergeordnet und zeitlich vorher ausgeführt wird. Dieser Unterschied wird v.a. bei der Arbeit mit SAS Makroprogrammen relevant (vgl. die einführenden Hinweise in 4.2).

Dieses Kapitel ist in vier Bereiche aufgeteilt.

- Abschnitt 4.1 führt in die Arbeit mit *SAS Makrovariablen* ein.
- Abschnitt 4.2 führt in die Programmierung von *SAS Makroprogrammen* ein.
- Abschnitt 4.3 stellt die wichtigsten *Elemente der SAS Makrosprache* (u.a. SAS Makro Funktionen, SAS Makro Statements und Schnittstellen).
- Abschnitt 4.4 und alle nachfolgenden Abschnitte stellen interessante *SAS Makroprogramme für besondere Anwendungen* vor, z.B. für die Arbeit mit mehreren SAS Dateien, das Umstrukturieren (Transponieren von SAS Datensätzen) oder auch das Abrufen von SAS Systeminformationen.

Dieses Kapitel beginnt mit *SAS Makrovariablen*. SAS Makrovariablen als einfachste Variante von „Makros" sind nützliche Platzhalter für Texte (vgl. 4.1). Makrovariablen können dabei von SAS bereitgestellte, sog. automatische (SQL) Makrovariablen oder vom Anwender definierte Makrovariablen sein. Automatische Makrovariablen liefern u.a. globale Informationen, wie z.B. über das aktuelle Betriebssystem, der SAS Version bis hin zur konkreten Anzahl an Zeilen, die durch irgendeine PROC SQL Anweisung verarbeitet wurden. Makrovariablen können auch außerhalb von Makroprogrammen, also direkt in normaler SQL oder SAS Syntax eingesetzt werden. Mit PROC SQL ist es dadurch möglich, mittels INTO abgefragte bzw. berechnete (alpha)numerische Werte bzw. Missings in Makrovariablen abzulegen und die abgelegten Werte von dort aus in weiteren Schritten zu verwenden. Von diesen Makrovariablen aus können diese Werte z.B. wieder an Überschriften, Log, Output oder auch bzw. andere Makros usw. übergeben werden.

Komplexere Operationen wie z.B. bedingungsgeleitetes bzw. wiederholtes Ausführen von Aufgaben können mit *SAS Makroprogrammen* ausgeführt werden (vgl. 4.2). Makroprogramme sind zwischen %MACRO und %MEND eingebettet und enthalten i.a. Makrovariablen (z.B. Werte, Strings oder Listen), SQL bzw. SAS Syntax und oft weitere Elemente der SAS Macro Facility. Werden Makros an SAS übergeben, generieren diese Makros wiederum SAS Code, den SAS entsprechend ausführt. Die wichtigsten Elemente der SAS Makrosprache (u.a. SAS Makro Funktionen, SAS Makro Statements und Schnittstellen) werden im Abschnitt 4.3 vorgestellt. Ab Abschnitt 4.4 werden beispielhafte SAS Makroprogramme für besondere Anwendungen vorgestellt. Das folgende Inhaltsverzeichnis gibt einen detaillierteren Einblick:

Inhaltsverzeichnis:

- Abschnitt 4.1 führt in die Arbeit mit Makrovariablen ein: Makrovariablen können u.a. enthalten: Werte, Namen von Variablen, Pfade, Libraries, SAS Dateien, Texte für Überschriften, Return Codes, Datum und Uhrzeit und vieles andere mehr. Vorgestellt werden: Automatische SAS Makrovariablen (4.1.1), automatische SQL Makrovariablen (4.1.2), anwenderdefinierte SAS Makrovariablen (INTO, 4.1.3), sowie Hinweise auf einen möglichen Präzisionsverlust bei der Arbeit mit Makrovariablen (4.1.4). Die diversen Möglichkeiten, auf eine Makrovariable zu referenzieren, werden in einem kompakten Beispiel in 4.1.5 zusammengefasst.
- Abschnitt 4.2 führt in die Arbeit mit Makroprogrammen ein: In Abschnitt 4.2.1 werden SAS Makros von SAS Code und auch von SAS Makrovariablen abgegrenzt. Im Abschnitt 4.2.2 werden erste einfache SAS Makros mittels des %LET-Statements vorgestellt. Die beiden Abschnitte 4.2.3 und 4.2.4 wollen veranschaulichen, wie hilfreich SAS Makros sein können: In 4.2.3 werden anfangs ausgesprochen unkomplizierte, bis zunehmend komplexe SAS Makros für das listenweise Ausführen von Befehlen vorgestellt. Gerade dieser Abschnitt sollte verdeutlichen, wie SAS durch das listenweise Ausführen von Befehlen sehr viel Aufwand ersparen kann. In 4.2.4 sind unterschiedliche Ansätze als SAS Makros für das bedingungsgeleitete Ausführen von Befehlen zusammengestellt. Abschnitt 4.2.5 schließt mit ersten Tipps für den Einsatz von Makros.
- Abschnitt 4.3 stellt die Elemente der SAS Makrosprache vor. Vorgestellt werden: SAS Makrofunktionen (4.3.1), SAS Makro Statements (z.B. %DO…, %IF…) (4.3.2), eine erste Schnittstelle von der SAS Macro Facility zu PROC SQL und zum DATA Step (4.3.3) und als zweite Schnittstelle von PROC SQL wieder zurück in die SAS Macro Facility (INTO:) (4.3.4). Der Unterschied zwischen 4.3 und 4.1 bzw. 4.2 ist, dass die Abschnitte 4.1 bzw. 4.2 dem Anwender einen ersten Eindruck von den wichtigsten Makrofunktiona-

litäten des listenweisen bzw. bedingungsgeleiteten Ausführens von Befehlen unabhängig von der Art des eingesetzten technischen SAS Befehls zu vermitteln versuchen. Der Abschnitt 4.3 differenziert dagegen technisch u.a. zwischen SAS Makro Funktionen, SAS Makro Statements, SAS Makro CALL Routinen und den an anderer Stelle bereits vorgestellten automatischen SAS Makrovariablen.
- Ab Abschnitt 4.4 werden beispielhafte SAS Makroprogramme für besondere Anwendungen vorgestellt. Abschnitt 4.4 demonstriert das zeilenweise Aktualisieren von Daten mit Sicherheitsprüfung. Abschnitt 4.5 stellt diverse SAS Makros für das Arbeiten mit mehreren Tabellen zusammen, u.a. mit Split-Variablen vom Typ numerisch (4.5.1) und String (4.5.2). Abschnitt 4.6 stellt zwei SAS Makros für das „Drehen" einer SAS Tabelle (stack/unstack) vor, einmal von stack nach unstack („aus 1 mach 3", 4.6.1), und dann auch in die umgekehrte Richtung, von unstack nach stack („aus 3 mach 1", 4.6.2). Abschnitt 4.7 stellt diverse Makros für den Abruf von Systeminformationen zusammen, u.a. um den Inhalt von SAS Tabellen abzufragen oder auch, um in den Dictionary.Options etwas zu finden. Abschnitt 4.8 stellt ein SAS Makro für das Anlegen von Verzeichnissen für das Ablegen von Daten vor. Ein Zeitstempel stellt dabei sicher, dass unterschiedliche Pfade auch dann angelegt werden, wenn das Programm an unterschiedlichen Tagen ausgeführt wird. Abschnitt 4.9 stellt die Option VALIDVARNAME mit dem Schlüsselwort ANY vor, die es ermöglicht, Spalten und Daten in Formaten anzulegen, die nicht den üblichen SAS Konventionen entsprechen. Abschnitt 4.10 stellt das automatische Konvertieren umfangreicher Variablenlisten von String nach numerisch vor. Dieser Ansatz ist selbst kein Makro, setzt jedoch Makrovariablen ausgesprochen vorteilhaft ein.

4.1 Makrovariablen

Makrovariablen sind:

- Makrovariablen sind „Slots", also Schnittstellen bzw. Platzhalter für Texte. Die Einträge in Makrovariablen sind also Textwerte. Auch Werte, die Zahlen zu sein scheinen, sind genau betrachtet Textwerte. Makrovariablen behalten und berücksichtigen u.a. Groß- und Kleinschreibung.
- Makrovariablen können u.a. enthalten: Namen von Variablen, Pfade, Libraries, SAS Dateien, Texte für Überschriften und vieles, vieles andere mehr. Automatische SAS Makrovariablen (vgl. 4.1.1) enthalten z.B. (u.a.) diverse Return Codes, Datum und Uhrzeit des Beginns der Ausführung eines SAS Jobs bzw. Session, Name des aktuellen Graphik Device Treibers oder auch des aktuellsten SAS Datensatzes, den Namen des aktuell ausführenden Makros, Batchjobs oder SAS Prozedur oder auch SAS Prozesses und vieles andere mehr. Automatische SQL Makrovariablen (vgl. 4.1.2) geben u.a. die Anzahl der Zeilen wieder, die durch ein bestimmtes PROC SQL Statement verarbeitet wurden, die Anzahl der Iterationen, die die innere Schleife von PROC SQL ausführt, und ebenfalls diverse Status und Return Codes.
- Makrovariablen sind auch für Einsteiger im Vergleich zu Makroprogrammen anfangs einfacher zu handhabende Schnittstellen für Texte. Daher werden Makrovariablen in die-

ser kurzen Einführung in die Grundlagen der Makroprogrammierung mit PROC SQL vor den deutlich komplexeren Makroprogrammen behandelt.
- SAS bietet drei Typen von Makrovariablen an: Automatische SAS Makro Variablen (vgl. 4.1.1), automatische SQL Makrovariablen (vgl. 4.1.2) und anwenderdefinierte Makrovariablen (vgl. 4.1.3).
- Die maximale Länge von Makrovariablen liegt in SAS v9.1 z.B. bei 65.534 Zeichen. Die Länge einer Makrovariablen wird automatisch durch die zugewiesenen Texteinträge bestimmt und braucht daher nicht über ein LENGTH-Statement explizit definiert werden.
- Die Inhalte von bzw. Einträge in Makrovariablen lassen sich über das %PUT-Statement oder die SAS System Option SYMBOLGEN anzeigen. Das %PUT-Statement schreibt den Inhalt von system- oder anwenderdefinierten Makrovariablen ins SAS Log. Optional kann der Aufruf des %PUT-Statements durch annähernd beliebige Textkommentare angereichert werden. Das %PUT-Statement zeigt nur die Einträge in den angegebenen Makrovariablen an. Die SAS System Option SYMBOLGEN (syn.: SGEN) zeigt an, wie die Makrovariablen aufgelöst werden, in anderen Worten: welche konkreten Werte an die Stelle der Platzhalter treten. SYMBOLGEN zeigt die Einträge in allen Makrovariablen eines SAS (Makro) Programms an. SYMBOLGEN gilt daher als komfortabler, ist aber je nach Anzahl an Makrovariablen im Endergebnis möglicherweise auch unübersichtlicher als das %PUT-Statement. SYMBOLGEN kann mittels NOSYMBOLGEN (syn.: NOSGEN) außer Kraft gesetzt werden. SQL bietet darüber hinaus auch die Möglichkeit, Einträge in Makrovariablen in normale SAS Variablen abzulegen bzw. auch von einer lokalen an eine globale Makrovariable zu übergeben. Auch dazu wird ein eigenes Beispiel veranschaulichen, wie dies in der Praxis unkompliziert umgesetzt wird.
- Die Funktion von Makrovariablen ist zunächst *nicht*, eine oder mehrere Beobachtungen aufzunehmen, wie z.B. Felder einer SAS Tabelle. *Allerdings* können Inhalte von Makrovariablen in bereits vorhandene oder zu diesem Zweck ausdrücklich neu angelegte Felder von SAS Tabellen abgelegt werden. Die Funktion von Makrovariablen ist, das Schreiben und Ausführen von SAS Programmen zu beschleunigen. Makrovariablen sind Werkzeuge. Makrovariablen sind Platzhalter für Texte. Eine naheliegende Anwendung ist z.B. die Abarbeitung ein und derselben Abfrage für viele verschiedene Variablen. Bevor nun hier der Anwender das SAS Programm für jede der Variablen einzeln ausführt, führt ein Makroprogramm das SAS Programm für alle Variablen nacheinander aus. Dies ist dadurch möglich, weil Makrovariablen in der Lage sind, als Platzhalter dynamisch einen oder mehrere Texte in einem SAS Programm aufzunehmen (z.B. auch von Texte von Variablennamen).
- Makrovariablen können innerhalb und außerhalb von Makroprogrammen referenziert werden. Makrovariablen können überall in einem SAS Programm angegeben und referenziert werden (außer in Datenzeilen, z.B. INPUT). Werden Makrovariablen außerhalb eines Makroprogramms referenziert, z.B. in einem „normalen" SAS Programm, wird dies als offener SAS Code (Open Code) bezeichnet.
- Makrovariablen können durch Anwender oder auch vom SAS System definiert sein. Automatische Makrovariablen stehen während der gesamten SAS Session zur Verfügung. Anwenderdefinierte Makrovariablen stehen je nach Definition entweder global oder lokal zur Verfügung (s.u.).

- Makrovariablen können entweder in der globalen oder auch der lokalen Symboltabelle abgelegt sein. Makrovariablen, die im offenen Code (z.B. mittels PROC SQL) angelegt wurden und auch systemdefinierte Makrovariablen werden immer in der globalen Symboltabelle abgelegt. Makrovariablen, die durch Makroprogramme angelegt wurden, können entweder in der lokalen oder auch der globalen Symboltabelle abgelegt werden.
- In offenem SAS Code werden Makrovariablen über ein %LET-Statement definiert, in Makroprogrammen durch die Definition des Makros. Einer Makrovariablen geht immer (mindestens) ein „&" (Ampersand) voran. *Zwei* Ampersands sind dann erforderlich, falls sich eine Makrovariablen aus *einer* Makrovariablen und vorangehendem Text zusammensetzen sollte. *Drei* Ampersands sind dann erforderlich, falls sich eine Makrovariablen aus *zwei* Makrovariablen (ohne vorangehendem Text) zusammensetzen sollte. Ein doppelter Ampersand bewirkt, dass auf diese Weise zusammengesetzte Makrovariablen vom SAS Makroprozessor richtig gelesen und interpretiert werden.
  Zwei „&&" oder mehr lösen sich dann zu einem „&" auf. Idealerweise sollte eine Makrovariablen am Ende durch einen Punkt abgeschlossen werden. Ein abschließender Punkt ist unverzichtbar, wenn der betreffenden Makrovariablen weiterer Text folgen soll. In PROC SQL geht der Definition einer Makrovariablen ein Doppelpunkt voraus, z.B. nach INTO.

Die Abschnitte 4.1.1 und 4.1.2 stellen von SAS bereitgestellte Makrovariablen vor. Bei automatischen SAS (SQL) Makrovariablen sind Name und Funktionalität bereits von SAS aus festgelegt. Der Abschnitt 4.1.1 stellt automatische SAS Makrovariablen vor. Der Abschnitt 4.1.2 stellt spezielle SAS SQL Makrovariablen vor. Der Abschnitt 4.1.3 stellt vor, wie Anwender selbst eigene Makrovariablen definieren können. Bei anwenderdefinierten SAS Makrovariablen können Name und Funktionalität vom Anwender festgelegt werden.

All diese Varianten an SAS Makrovariablen sind ausgesprochen nützlich für das einfache Ersetzen von Text, jedoch können sie keine komplexen Operationen wie z.B. bedingungsgeleitetes (konditionales) bzw. wiederholtes Ausführen von Aufgaben durchführen. Für diesen Zweck sind SAS Makroprogramme erforderlich (vgl. 4.2).

4.1.1 Automatische SAS Makrovariablen

Bei automatischen SAS Makrovariablen sind Name und Funktionalität der Variablen bereits von SAS aus festgelegt. Um z.B. Datum, Uhrzeit oder Anwender automatisch in eine SAS Ausgabe einzubinden, brauchen nur die automatischen SAS Makrovariablen SYSDATE9, SYSDAY und SYSUSERID nach dem TITLE-Statement angegeben werden.

Überschriften sind im Prinzip dazu da, Lesern eines Berichtes die wichtigsten Informationen auf einen Blick zu geben, z.B. zentrale Kennwerte, Filter, Stichprobengröße oder auch die Aktualität des jeweiligen Berichts. Anstelle diese Informationen immer wieder von neuem und fehleranfällig von Hand zu aktualisieren, ist es naheliegend, diese von SAS automatisch aktualisieren zu lassen. Dadurch erspart man sich die erfahrungsgemäß unangenehme Situation, wenn z.B. die Analysen zwar korrekt analysiert wurden, nicht jedoch die Überschriften,

4.1 Makrovariablen

die dann die eigentlich korrekte Analyse in ein unnötigerweise schlechtes Licht rücken. Wie Makrovariablen eine Schnittstelle, eine „Brücke" zwischen Analyse und Report bilden können, werden die folgenden Beispiele zeigen.

Arbeit mit automatischen SAS Makrovariablen

```
title1 "Management Summarisch (Reporting: &sysuserID)" ;
title2 "Date: &sysdate9, &systime (&sysday)" ;
proc freq data=SASHELP.CLASS ;
run ;
```

Wird z.B. SAS am 01.März 2009 um 9:40 aufgerufen und dieses Programm unmittelbar im Anschluss nach dem Aufruf ausgeführt, gibt SAS folgende Überschriften in den SAS Output aus (auf die Wiedergabe des PROC FREQ-Ergebnisses wird verzichtet).

```
          Management Summary (Reporting: CFG Schendera)
              Date: 01MAR2009, 09:40 (Sunday)
```

Wird das angezeigte Programm um 10:15 nochmals ausgeführt (ohne dass SAS vorher neu aufgerufen wurde), wird die angezeigte Uhrzeit in der neuen SAS Ausgabe nicht auf 10:15 aktualisiert. Die angezeigte Uhrzeit wird in der nächsten Ausgabe von PROQ FREQ dann auf 10:15 aktualisiert, wenn SAS vor dem nächsten Aufruf des Programms zuvor um 10:15 neu aufgerufen worden war. In offenem SAS Code müssen Makrovariablen (wie z.B. &SYSTIME) innerhalb doppelter Anführungszeichen angegeben werden. Innerhalb einfacher Anführungszeichen werden Makrovariablen nicht aufgelöst. Alle automatischen SAS Makrovariablen sind global (außer SYSPBUFF) und werden beim Aufruf von SAS angelegt. SYSPBUFF ist eine lokale Makrovariable. SAS bietet viele weitere automatische SAS Makrovariablen an. Der interessierte Anwender wird auf die umfangreiche SAS Dokumentation von mehreren dutzend automatischen SAS Makrovariablen verwiesen. Weitere interessante Möglichkeiten der Arbeit mit automatischen SAS *SQL* Makrovariablen werden im nächsten Abschnitt vorgestellt.

Kategorien und Beschreibungen von automatischen SAS Makrovariablen (Auswahl)

SAS Makrofunktion *Beschreibung*

Zugriff: Lesend und schreibend

SYSBUFFER	Nichtübereinstimmender Text aus %INPUT.
SYSCC	Aktueller Bedingungscode, den SAS an die Betriebsumgebung zurückgibt.
SYSCMD	Letzter nicht erkannter Befehl aus der Befehlszeile eines Makrofensters.
SYSDEVIC	Name des aktuellen Graphik Device Treibers.
SYSDMG	Return Code, der eine Maßnahme an einem beschädigten Datensatz wiedergibt.
SYSDSN	Name des aktuellsten SAS Datensatzes in Form zweier Felder.
SYSFILRC	Return Code seitens des FILENAME-Statements.
SYSLAST	Name des aktuellsten SAS Datensatzes in Form eines Feldes.
SYSLCKRC	Return Code seitens des LOCK-Statements.
SYSLIBRC	Return Code seitens des LIBNAME-Statements.
SYSLOGAPPLNAME	Wert der LOGAPPLNAME Option.
SYSMSG	Mitteilung zur Anzeige in einem Makrofenster.
SYSPARM	Wert festgelegt durch die SYSPARM= Systemoption.
SYSPBUFF	Enthält Text bereitgestellt von Makroparameterwerten.
SYSRC	Enthält den letzten Return Code der Betriebsumgebung.

Zugriff: Nur lesend

SYSCHARWIDTH	Enthält den Wert für die Zeichenbreite (1 oder 2).
SYSDATE	Zeichenkette, die das Datum des Beginns der Ausführung eines SAS Jobs bzw. Session angibt (mit 2stelligem Jahr).
SYSDATE9	Zeichenkette, die das Datum des Beginns der Ausführung eines SAS Jobs bzw. Session angibt (mit 4stelligem Jahr).

4.1 Makrovariablen

SYSDAY	Wochentag, an dem die Ausführung eines SAS Jobs bzw. Session begann.
SYSENCODING	Bezeichnung der Verschlüsselung der aktuellen Session.
SYSENV	Meldet zurück, ob SAS im Vorder- oder Hintergrund läuft.
SYSERR	Return Code seitens SAS Prozeduren und DATA Step.
SYSERRORTEXT	Enthält den Text der letzten Fehlermeldung formatiert zur Anzeige im SAS Log.
SYSHOSTNAME	Enthält den Hostnamen eines Computers.
SYSINDEX	Anzahl der Makros deren Ausführung während dieser Sitzung begonnen hat.
SYSINFO	Return Code seitens SAS Prozeduren (prozedurenabhängig).
SYSJOBID	Enthält den Name des aktuellen Batchjob oder User Id (abhängig von der Hostumgebung).
SYSMACRONAME	Name des aktuell ausführenden Makros.
SYSMENV	Aktuelle Umgebung für die Ausführung des Makros.
SYSNCPU	Aktuelle Anzahl an Prozessoren, die SAS in Berechnungen verwenden könnte.
SYSODSPATH	Wert der PATH Variablen im Output Delivery System (ODS).
SYSPROCESSID	Process ID des aktuellen SAS Prozesses.
SYSPROCESSNAME	Prozessname des aktuellen SAS Prozesses.
SYSPROCNAME	Name der Prozedur, die aktuell verarbeitet wird.
SYSSCP	Abkürzung für ein Betriebssystem, z.B. „WIN".
SYSSCPL	Bezeichnung für ein Betriebssystem, z.B. „X64_ESRV08".
SYSSITE	Nummer der SAS Site.
SYSSTARTID	Process ID erzeugt vom letzten STARTSAS Statement.
SYSSTARTNAME	Prozessname erzeugt vom letzten STARTSAS Statement.
SYSTCPIPHOSTNAME	Enthält die Hostnamen der lokalen und remoten Computers, falls multiple TCP/IP Stacks unterstützt werden.

SYSTIME	Uhrzeit des Beginns der Ausführung eines SAS Jobs oder Session als Zeichenkette.
SYSUSERID	UserId oder Login des aktuellen SAS Prozesses.
SYSVER	Release- bzw. Versionsnummer der ausführenden SAS Software.
SYSVLONG	Release- bzw. Maintenancenummer der ausführenden SAS Software (mit 2stelligem Jahr).
SYSVLONG4	Release- bzw. Maintenancenummer der ausführenden SAS Software (mit 4stelligem Jahr).
SYSWARNINGTEXT	Enthält den Text der letzten Warnmeldung formatiert zur Anzeige im SAS Log.

Hinweise: Mittels `%put _automatic_ ;` ist eine vollständige Ausgabe der gegenwärtig angebotenen automatischen Makrovariablen im SAS Log möglich.

4.1.2 Automatische SQL Makrovariablen

Auch bei automatischen SAS *SQL* Makrovariablen sind Name und Funktionalität der Variablen bereits von SAS aus festgelegt (zu automatischen SAS Makrovariablen vgl. Abschnitt 4.1.1). PROC SQL aktualisiert nach dem Ausführen bestimmter SQL Statements die Werte in drei automatisch angelegten Makrovariablen:

- **SQLOBS** gibt die Anzahl der Zeilen wieder, die durch ein bestimmtes PROC SQL Statement verarbeitet wurden, z.B. SELECT oder DELETE. Ist NOPRINT angegeben, hängt der konkrete SQLOBS-Wert davon ab, ob eine Ausgabetabelle oder eine oder mehrere Makrovariablen angegeben wurden: Wurde keine Ausgabetabelle und/oder nur eine Makrovariable angelegt, ist der Wert von SQLOBS gleich 1. Wurde dagegen eine Ausgabetabelle und/oder Liste von Makrovariablen angegeben, entspricht SQLOBS der Zahl der Zeilen in der Ausgabetabelle bzw. der verarbeiteten Zeilen.
- **SQLOOPS** gibt die Anzahl der Iterationen wieder, die die innere Schleife von PROC SQL ausführt. Mit der Komplexität einer Query steigt die Anzahl von Iterationen üblicherweise proportional an.
- **SQLRC** ist eine Statusvariable und gibt Kodes für den Erfolg bzw. das Fehlschlagen einer PROC SQL Anweisung zurück. „0" steht für ein erfolgreiches Ausführen eines SQL Statements ohne Fehler. Der Code „4" steht für einen „Warnhinweis"; das SQL Statement wird weiterhin ausgeführt Alle weiteren Codes („8", „12", „16", „24" und „28") stehen für Fehler, verursacht v.a. vom Anwender, System oder SAS.

Weitere, eher datenbankspezifische SQL Makrovariablen sind SQLXRC (DBMS-spezifischer Return Code) und SQLXMSG (u.a. DBMS-spezifischer Error Return Code);

4.1 Makrovariablen

diese werden an dieser Stelle nicht weiter vorgestellt. SQLXMSG kann Sonderzeichen enthalten.

Wird z.B. der Aufruf der automatischen Makrovariablen (ab %PUT) nach der eigentlichen SELECT-Klausel ausgeführt (die in diesem Beispiel STORES > 20 anfordert),

```
proc sql ;
   select REGION, PRODUCT, SUBSIDIARY
      from  SASHELP.SHOES
      where REGION= "Africa" and STORES  > 20 ;
   %put SQL_N_ROWS=|| &sqlobs ||
       SQL_ITER=|| &sqloops ||
       SQL_STATUS=|| &sqlrc || ;
quit ;
```

so erhält der Anwender in der SAS Ausgabe einerseits die angeforderten Informationen.

Region	Product	Subsidiary
Africa	Boot	Algiers
Africa	Sandal	Algiers
Africa	Men's Casual	Cairo
Africa	Boot	Khartoum
Africa	Boot	Nairobi

In das Log schreibt SAS jedoch zusätzlich die folgende Ausgabe (generiert durch die automatischen Makrovariablen):

SQL_N_ROWS=|| 5 || SQL_ITER=|| 16 || SQL_STATUS=|| 0 ||

SQL_N_ROWS enthält die Anzahl der gefundenen Zeilen (N=5). SQL_ITER enthält die Anzahl der Iterationen der inneren Schleife von PROC SQL (N=16). SQL_STATUS gibt als Statusvariable über den Code „0" den Erfolg der SELECT-Anweisung zurück (vgl. auch das nächste Beispiel).

Eine erste praktische Anwendung von SQL Makrovariablen wie z.B. ist das Formatieren von „leeren" SQL Abfragen, also Abfragen ohne Treffer bzw. Resultat. SAS gibt bei erfolglosen Abfragen nur den Hinweis ins Log aus, dass keine Zeilen ausgewählt wurden, z.B. wenn in der REGION „Africa" keine STORES mit Werten über 50 vorkommen. Die folgende (unformatierte) Abfrage erzielt z.B. noch keinen Treffer.

```
proc sql ;
   select REGION, PRODUCT, SUBSIDIARY
      from  SASHELP.SHOES
      where REGION= "Africa" and STORES  > 50 ;
 quit ;
```

SAS gibt folgenden Hinweis standardmäßig ins Log aus:

```
HINWEIS: Keine Zeilen wurden ausgewählt.
```

Die folgende Anwendung macht sich die die Eigenschaft von SQLOBS zunutze, die Anzahl der Zeilen zu zählen, die z.B. durch ein bestimmtes PROC SQL Statement verarbeitet wurden. Wurden z.B. keine Zeilen verarbeitet, erhält SQLOBS eine 0, ansonsten eine positive Zahl.

```
proc sql ;
   select REGION, PRODUCT, SUBSIDIARY
      from   SASHELP.SHOES
      where REGION= "Africa" and STORES  > 50 ;
      select " " length = 45
         label = "Die letzte Abfrage erzielte keinen Treffer!"
         from SASHELP.SHOES (obs=1)
         where &SQLOBS. = 0 ;
quit ;
%put &sqlobs. ;
```

Die zweite WHERE-Klausel legt für die durch die erste WHERE-Klausel eingetretene Situation, dass keine Zeilen verarbeitet wurden, einen Textstring an, der anstelle des voreingestellten Hinweises ins SAS Log ausgegeben wird. Da keine Ausgabetabelle angelegt wurde und auch keine Zeilen verarbeitet wurden, ist der Wert in SQLOBS gleich 0. Der nach der SELECT-Klausel angelegte String wird nicht als Ausprägung abgefragt, sondern *neu angelegt*. Durch diesen Trick wird die folgende Zeile im Log angezeigt:

```
        Die letzte Abfrage erzielte keinen Treffer!
```

Eine weitere Anwendungsmöglichkeit von SQL Makrovariablen ist das automatische Anlegen von Makrovariablen. Im folgenden Beispiel werden pro uniquer Ausprägung von SUBSIDIARY (aus der SASHELP-Datei SHOES) die Makrovariablen SUBS*1* bis SUBS*max* angelegt und über das Makro LISTSUBS angezeigt.

```
proc sql ;
select unique(SUBSIDIARY)
   from SASHELP.SHOES
   order by SUBSIDIARY ;
select unique(SUBSIDIARY) into :SUBS1 - :SUBS&sqlobs
   from SASHELP.SHOES
   order by SUBSIDIARY ;
quit ;
```

Im SQL Schritt werden die Makrovariablen SUBS*1* bis SUBS*max* für die uniquen Ausprägungen von SUBSIDIARY aus der SASHELP-Datei SHOES angelegt. Das erste SELECT-

4.1 Makrovariablen

Statement ist notwendig für das Ermitteln des SQLOBS-Werts für das zweite SELECT-Statement. Der konkrete Wert wird durch *SQLOBS* automatisch bestimmt.

Makrodefinition und -aufruf:

```
%macro LISTSUBS ;
%put Anzahl aller Niederlassungen: &sqlobs. ;
     %do i=1 %to &sqlobs ;
          %put Niederlassung No.&i: &&SUBS&i ;
     %end ;
%put SQL_N_ROWS=|| &sqlobs || SQL_ITER=|| &sqloops ||
     SQL_STATUS=|| &sqlrc || ;
%mend ;

%LISTSUBS ;
```

Durch das Makro LISTSUBS werden alle angelegten Makrovariablen mittels einer DO-TO-Schleife nacheinander aufgerufen, von *1* bis zu *sqlobs(=max)*. In die SAS Ausgabe werden alle uniquen Ausprägungen von SUBSIDIARY aus SASHELP.SHOES ausgegeben. Im Log werden außerdem alle Makrovariablen von SUBS1 bis SUBS53 mit zusätzlichem Text und Bezifferung angezeigt. Die ebenfalls abgefragten Parameter sqlobs, sqloops und sqlrc geben dieses mal für die Anzahl der durchlaufenen Zeilen (vgl. N=53), für die Anzahl der Iterationen der inneren Schleife (vgl. N=522), sowie als Status den Code „0" zurück.

Ausgabe (gekürzt):

```
Anzahl aller Niederlassungen: 53

Niederlassung No.1: Addis Ababa
Niederlassung No.2: Al-Khobar
Niederlassung No.3: Algiers
Niederlassung No.4: Auckland
Niederlassung No.5: Bangkok
...
Niederlassung No.49: Tel Aviv
Niederlassung No.50: Tokyo
Niederlassung No.51: Toronto
Niederlassung No.52: Vancouver
Niederlassung No.53: Warsaw

SQL_N_ROWS=|| 53 ||      SQL_ITER=|| 522 ||      SQL_STATUS=|| 0 ||
```

SAS bietet weitere automatische SQL Makrovariablen an. Der interessierte Anwender wird auf die SAS Dokumentation zu den weiteren automatischen SQL Makrovariablen verwiesen. Weitere interessante Möglichkeiten der Arbeit mit automatischen *SAS Makrovariablen* werden im vorangehenden Abschnitt vorgestellt.

Kategorien und Beschreibungen von automatischen SQL Makrovariablen (Auswahl)

SAS Makrofunktion   *Beschreibung*

Die Ausführung von SAS Jobs betreffend

SQLEXITCODE	Enthält den höchsten Return Code der bei bestimmten Fehlern mit INSERT in SQL auftritt (wird in die SYSERR Makrovariable geschrieben).
SQLOBS	Enthält die Anzahl der Zeilen wieder, die durch ein bestimmtes PROC SQL Statement verarbeitet wurden, z.B. SELECT oder DELETE.
SQLOOPS	Gibt die Anzahl der Iterationen wieder, die die innere Schleife von PROC SQL ausführt.
SQLRC	Statusvariable, die Kodes für den Erfolg bzw. das Fehlschlagen einer PROC SQL Anweisung zurückgibt.

DBMS-spezifischer Return Code

SQLXMSG (idealerweise durch %SUPERQ abfragen)	Enthält beschreibende Informationen und den DBMS-spezifischen Return Code für den Fehler, der von der Pass-Through Facility zurückgegeben wird.
SQLXRC	Enthält den DBMS-spezifischen Return Code, der von der Pass-Through Facility zurückgegeben wird.

Exkurs: Makrovariablen in lokalen und remoten Umgebungen
Für Prozesse, die zwischen lokalen und remoten Hosts ablaufen, können u.a. die Möglichkeiten mit den Makros %SYSRPUT und %SYSLPUT interessant sein. Das Makro *%SYSRPUT* ermöglicht das Übernehmen eines Wertes aus einer Makrovariablen, die auf dem remoten Host gespeichert ist. %SYSRPUT weist diesen Wert einer Makrovariablen auf dem lokalen Host zu. %SYSRPUT ähnelt dem %LET-Statement, weil es einer Makrovariablen einen Wert zuweist. Der Unterschied zu %LET besteht darin, dass %SYSRPUT den Wert einer Variablen auf den lokalen Host überträgt, die Verarbeitung jedoch auf dem remoten Host stattfindet, während dagegen bei %LET die Verarbeitung auf dem lokalen Host stattfindet. Das Makro *%SYSLPUT* ermöglicht dagegen (zusammen mit der Option /REMOTE=) das Erstellen einer Makrovariablen in einer bestimmten Serversitzung. Dies ist erforderlich, da aus asynchronen Remote-Ausführungen im Allgemeinen mehrere Serversitzungen hervorgehen können. %SYSRPUT und %SYSLPUT werden bei den SAS Makro Statements vorgestellt.

Exkurs Ende

4.1.3 Anwenderdefinierte SAS Makrovariablen (INTO)

Bei anwenderdefinierten SAS Makrovariablen können Name und Funktionalität vom Anwender festgelegt werden. Mittels PROC SQL können z.B. einzelne Werte oder ganze Wertelisten unkompliziert ermittelt, an Makrovariablen (als Text) übergeben und an anderer Stelle im SAS Programm wieder aufgenommen und weiterverarbeitet werden.

PROC SQL bietet eine sehr komfortable Möglichkeit des Anlegens von anwenderdefinierten Makrovariablen mittels der Verwendung von INTO. INTO wird in PROC SQL immer nach der SELECT-Anweisung angegeben. Der anwenderdefinierten Makrovariablen wird in PROC SQL nach INTO ein Doppelpunkt anstelle eines „&" vorangestellt. Aus einer anderen Perspektive: Mit dem INTO von PROC SQL gehen immer *anwenderdefinierte* Makrovariablen einher. Die voreingestellte Funktion von INTO ist, Zeilen einer Tabelle in eine oder mehrere Makrovariablen abzulegen. Falls Werte nicht oder nur umständlich mit PROC SQL berechnet werden können, können z.B. alternativ die beiden Routinen SYMPUT bzw. SYMPUTX eingesetzt werden (vgl. auch das u.a. Beispiel zu CALL SYMPUTX). Zu beachten ist, dass den nach INTO spezifizierten Makrovariablen ein „:" und kein „&" vorausgeht. Die Variablennamen nach INTO können einzeln explizit (vgl. 4.1) angegeben oder auch in Form von Listen (vgl. 4.2, 4.3 und 4.4). Werte, die den Makrovariablen übergeben werden, werden von SAS als Text betrachtet.

Obwohl es bei der Makroprogrammierung eigentlich unerheblich ist, ob man dabei mit SQL oder mit dem DATA Step arbeitet, beschreibt dieser Abschnitt, wie *in SQL* mit ersten Makrovariablen gearbeitet wird und wie diese bzw. die darin enthaltenen Werte an Überschriften, den SAS Output oder weitere SQL Schritte übergeben werden. Weil aber manchmal bestimmte Werte oder Analysen nicht oder nur umständlich mit PROC SQL berechnet werden können, beschreibt z.B. der Abschnitt 4.3.4, wie z.B. auch *im DATA Step* mit Makrovariablen gearbeitet wird und wie diese bzw. die darin enthaltenen Werte an SQL übergeben werden können.

Übergabe von Werten an Überschriften, Log oder Output
Dieser Abschnitt führt in das Arbeiten mit Makrovariablen in PROC SQL ein. Dieser Abschnitt zeigt an sehr einfachen Programmen, wie einfach es ist, mit SAS Makros zu arbeiten, und wie komfortabel es ist, einmal ermittelte Werte an Überschriften, den SAS Output, den DATA Step oder weitere SQL Schritte zu übergeben.

Im folgenden Beispiel wird der Mittelwert von SALES aus der Datei SASHELP.SHOES berechnet. Mittels der Makrovariablen &MEANSALE wird der jeweils ermittelte (Mittel)Wert (als String) in die Überschrift abgelegt. Zu beachten ist, dass wenn Makrovariablen nach INTO angegeben werden, ihnen anstelle eines „&" ein „:" vorausgeht. In diese Makrovariable wird nur ein Wert geschrieben.

```
proc sql ;
      select mean(SALES) into :meansale
      from SASHELP.SHOES ;
quit;
```

```
title "Alle Shops mit überdurchschn. Verkäufen
    (>=&meansale., $)";
```

Ausgabe (Überschrift):

   Alle Shops mit überdurchschn. Verkäufen (>=85700.17, $)

Hinweise: Der mittlere Wert von SALES wird berechnet und anstelle des „Platzhalters" in der Überschrift ausgegeben. Ergibt die Abfrage „mean(SALES)" keinen Wert, so kann an die Makrovariable auch kein Wert übergeben werden. Die ausgegebene Überschrift enthält an dieser Stelle dann eine leere Stelle bzw. einen Punkt. Dieses Beispiel wird im folgenden Abschnitt erweitert werden.

Tipp: Um zu überprüfen, ob und welcher Wert an eine Makrovariable übergeben wurde, braucht nur folgende Anweisung an SAS übergeben werden:

```
%put &MEANSALE. ;
```

Nach %PUT wird nur die zu prüfende Makrovariable angegeben. Enthält die Makrovariable einen oder mehrere Werte, so schreibt %PUT diese alle ins SAS Log. Eine Ausgabe kann z.B. so aussehen:

nn   %put &MEANSALE. ;

85700.17

Die Makrovariable &MEANSALE. enthält demnach den Wert 85700,17. Die Zahl *nn* vor %PUT (im Log) gibt die Zeilennummer des SAS Log wieder und ist für den Inhalt des Ergebnisses völlig unerheblich.

Übergabe an eine Überschrift und eine Bedingung einer nachfolgenden SQL Abfrage I
Makrovariablen können Werte nicht nur nach „außen", an Überschriften in Berichten, übergeben, sondern auch nach „innen", z.B. an nachfolgende SQL Statements. Besonders hilfreich sind Makrovariablen dann, wenn abzusehen ist, dass die zu übergebenden Werte mehr als einmal angegeben bzw. aktualisiert werden müssen, z.B. bei repetitiven Datenlieferungen, wechselnden Vorgaben für die Analyse usw. Eine automatische Aktualisierung mittels Makrovariablen ist deutlich effektiver als von Hand.

Im folgenden Beispiel wird der Mittelwert von SALES in die Makrovariable (:MEANSALE) geschrieben und von dort aus weiter in eine Überschrift und in die WHERE-Bedingung einer nachfolgenden SQL Abfrage übernommen. Über NOPRINT wird die Ausgabe des MEANSALE-Wertes im SAS Output unterdrückt. In diese Makrovariable wird nur ein Wert geschrieben.

```
proc sql noprint ;
   select mean(SALES) into :meansale
      from SASHELP.SHOES ;
```

4.1 Makrovariablen

```
title "Alle Shops mit Verkäufen mind. 5x höher als
            der Durchschnitt ($ &meansale.):";
    create table MYDATA as
  select Region, Subsidiary, Product, Sales
      from SASHELP.SHOES
          where SALES >= 5*&meansale. ;
quit;
```

Hinweise: Der Mittelwert von SALES wird berechnet und anstelle des „Platzhalters" in der Überschrift ausgegeben. Ergibt die Abfrage „mean(SALES)" keinen Wert bzw. einen Missing, so kann an die Makrovariable auch kein Wert übergeben werden. Die Überschrift enthält je nach Programmierungsvariante entweder einen Punkt oder wird gar nicht ausgegeben. Für die WHERE-Bedingung gibt SAS eine Fehlermeldung ins Log aus:

```
HINWEIS: Es wurden 0 Beobachtungen aus der Datei SASHELP.SHOES. ausgelesen
         WHERE 0 /* eine offensichtlich FALSCHE Where-Bedingung (FALSE) */ ;
HINWEIS: Die Datei WORK.MYDATA weist 0 Beobachtungen und 4 Variablen auf.
```

Ausgabe (gekürzt):

Alle Shops mit Verkäufen mind. 5x höher als der Durchschnitt ($ 85700.17):

Region	Subsidiary	Product	Sales
Canada	Vancouver	Men's Dress	$757,798
Canada	Vancouver	Slipper	$700,513
Canada	Vancouver	Women's Dress	$756,347
Central America/Caribbean	Kingston	Men's Casual	$576,112

Übergabe an eine Überschrift und eine Bedingung einer nachfolgenden SQL Abfrage II
Der Mittelwert von SALES wird in die Makrovariable (:MEANSALE) geschrieben und von dort aus weiter in eine Überschrift und eine weitere SQL Abfrage übernommen. Über NOPRINT wird die Ausgabe des MEANSALE-Wertes im SAS Output unterdrückt. In diese Makrovariable wird nur ein Wert geschrieben.

```
proc sql noprint ;
select avg(SALES) into :meansale
from SASHELP.SHOES ;
title "Überdurchschnittliche Verkäufe im Raum 'Asien'
                    (Limit: &meansale.)" ;
create table MYDATA as
select Region, Subsidiary, Product, Sales
from SASHELP.SHOES
       where REGION = "Asia" and SALES > &meansale. ;
quit ;
```

Ausgabe (gekürzt):

```
Überdurchschnittliche Verkäufe im Raum 'Asien' (Limit: 85700.17)
    Region    Subsidiary    Product              Sales
    Asia      Seoul         Men's Dress          $116,333
    Asia      Seoul         Slipper              $149,013
```

Das in diesem Abschnitt vorgestellte INTO repräsentiert eine wichtige Schnittstelle zur SAS Macro Facility. In den Abschnitten 4.3.3 und 4.3.4 finden Anwender weitere Beispiele und Hinweise zum Zusammenspiel zwischen Makrovariablen, SQL und auch dem DATA Step. Abschnitt 4.3.3 beschreibt die Richtung von der SAS Macro Facility zu SQL und DATA Step (vgl. „Schnittstellen I"). Abschnitt 4.3.4 beschreibt die entgegengesetzte Richtung von SQL bzw. DATA Step zur SAS Macro Facility (vgl. „Schnittstellen II").

4.1.4 Makrovariablen, INTO und möglicher Präzisionsverlust

SAS Makrovariablen sind vielseitig und allgegenwärtig. Makrovariablen können mit z.B. mit numerischen Werten, Strings oder Listen umgehen. Makrovariablen können innerhalb oder auch außerhalb von Makroprogrammen, z.B. direkt in normaler SQL oder SAS Syntax eingesetzt werden. Im Falle anwenderdefinierter Makrovariablen im Zusammenspiel mit numerischen Werten, v.a. bei der Verwendung von INTO, ist auf das *mögliche* Trunkieren bei der Übergabe von Gleitkommazahlen hinzuweisen. Das Trunkieren kann darin bestehen, dass bei Gleitkommazahlen u.U. *zu viele* Nachkommastellen abgeschnitten werden und dadurch ein unerwünschter Verlust an Präzision verursacht wird. Je präziser ein Wert ist, umso mehr Nachkommastellen hat dieser Wert. 0.66666666666666 ist z.B. präziser als 0.666667 oder als 0.67. Unter anderem erfordern geldwerte Daten wie z.B. Währungsraten eine größtmögliche Genauigkeit für die Analyse, Filterung und weitere Verarbeitung.

Im folgenden SQL Beispiel werden z.B. zwei Varianten des Ergebnisses der Division von 2 durch 3 erzeugt. Die Variante *ohne* Präzisionsverlust wird mittels SET direkt in der Spalte BRUCH1 angelegt. Eine Variante *mit* Präzisionsverlust kann z.B. dadurch entstehen, indem der BRUCH1-Wert über INTO an die Makrovariable BRUCH2 übergeben wird.

```
proc sql noprint feedback ;
   create table SAMPLE (BRUCH1 num);
   insert into SAMPLE
      set BRUCH1 = 2/3;
      select BRUCH1 into: BRUCH2
   from SAMPLE ;
quit ;

data _null_ ;
   set  SAMPLE;
      BRUCH2 = &BRUCH2;
      put (BRUCH:)(/= 18.17);
run ;
```

4.1 Makrovariablen

Mittels eines DATA Step werden beide BRUCH-Werte angefordert. Man sollte nun eigentlich erwarten, dass die ermittelten Werte BRUCH1 und BRUCH2 perfekt übereinstimmen. Tatsächlich hat der BRUCH2-Wert (in der Makrovariablen) deutlich weniger Nachkommastellen als der direkt angelegte BRUCH1-Wert.

Hinweis: In der PUT-Funktion muss die Dezimalstellenangabe (z.B. hinten, 17) kleiner als die Angabe zur Breite (z.B. vorne, 18) sein. Dezimalstellen und Breite wurden absichtlich höher als 16 gesetzt, um zu demonstrieren, wie SAS auch in diesem Fall vorgehen würde.

```
BRUCH1=.66666666666666600
BRUCH2=.66666700000000000
```

Um nun auch für Werte in einer Makrovariablen die erforderliche Anzahl an Nachkommastellen sicherzustellen, also den Verlust an Präzision auszuschließen, kann man den präzisen BRUCH1-Wert im Moment der Übergabe an die Makrovariable BRUCH2 im Format eines Hexadezimalstring übergeben. Der (nicht angezeigte) Hexadezimalstring für 0.66666666666666 ist „3FE5555555555555".

```
proc sql noprint feedback ;
   create table SAMPLE2 (BRUCH1 num);
   insert into SAMPLE2
      set BRUCH1 = 2/3;
      select put (BRUCH1, hex16.) into: BRUCH2
   from SAMPLE2 ;
quit ;
```

Durch die PUT-Funktion wird der exakte Wert von BRUCH1 als Hexadezimalstring an die Makrovariable BRUCH2 übergeben.

```
data _null_ ;
   set SAMPLE2 ;
      BRUCH2 = input("&BRUCH2", hex16.) ;
      put (BRUCH :) (/= best32.) ;
run ;
```

Werden nun beide BRUCH-Werte mittels des DATA Step angefordert, stimmen der BRUCH2-Wert (in der Makrovariablen) mit dem direkt angelegten BRUCH1-Wert perfekt überein.

```
BRUCH1=0.66666666666666
BRUCH2=0.66666666666666
```

Eine alternative Lösungsvariante kann der Einsatz der SYSEVALF-Funktion sein. Die folgende Anweisung

```
%put %sysevalf(2/3);
```

ergibt z.B. 0.66666666666666. %SYSEVALF wird bei den SAS Makro Funktionen vorgestellt werden.

Sollte sich trotz der Formatzuweisung oder auch mittels der SYSEVALF-Funktion nicht die gewünschte Präzision herstellen lassen, kann eine andere Ursache verantwortlich für den Präzisionsverlust sein. Ein Verlust an Präzision kann u.a. auch verursacht sein durch suboptimale Hardware oder auch Unterschieden zwischen Betriebs- und Datenbankmanagementsystemen.

4.1.5 Die vielen Wege zu einer (Makro)Variablen (Bezüge)

SAS Makrovariablen sind vielseitig und allgegenwärtig. Dies bedeutet auch, dass man auf Makrovariablen (und Makros!) auf unterschiedliche Weise zugreifen (referenzieren) kann. Das folgende Beispiel veranschaulicht an einem kompakten Beispiel mehrere Möglichkeiten:

- das Anlegen von Text: über ein Makro (vgl. das Makro „INPUT1"), über eine (lokale) Makrovariable (INPUT2), eine Referenz auf Makro bzw. Makrovariable (vgl. i., ii.), eine Referenz auf angelegte Variablen (vgl. iii., iv.), über ein Konkatenieren angelegter Variablen (vgl. v. und vi.) bzw. eine direkte eine Referenz auf Makro bzw. Makrovariable (vgl. vii.),
- das Referenzieren auf ein Makro z.B. über den Aufruf „%*Makro*" (vgl. i., INPUT1) oder als Referenz auf eine Makrovariable z.B. mittels RESOLVE (vgl. ii., INPUT2),
- das Anlegen von (berechneten) Variablen z.B. über CALCULATED (iv.) oder über Konkatenieren (vgl. v. bis vii.),
- das Konkatenieren von (berechneten) Variablen ohne (vgl. v.) bzw. mit Blank (vgl. vi., vii.) und
- ein Konkatenieren über direkte Referenzen auf Makro und Makrovariable (vgl. vii.).

```
/* Makro INPUT1 (Anlegen) */
%macro INPUT1;
San
%mend INPUT1;

/* Makrovariable INPUT2 (Anlegen) */
%let INPUT2=Francisco ;

proc sql outobs=2 ;
create table AUFRUFE as
      select
/* i. Referenz auf Makro INPUT1 (Aufruf) */
      "%INPUT1"           as NEW_VAR1,
/* ii. Referenz auf Makrovar INPUT2 */
      resolve("&INPUT2")  as NEW_VAR2,
/* iii. Referenz auf Makro INPUT1 (Aufruf) */
      resolve("%INPUT1")  as NEW_VAR3,
/* iv. Übernahme von Variable NEW_VAR2 (CALCULATED) */
      calculated NEW_VAR2 as NEW_VAR4,
```

```
          /* v. Referenz auf NEW_VAR1 und NEW_VAR2 (CALCULATED) */
              trimn (calculated NEW_var1)||calculated NEW_var2
                               as NEW_VAR5,
          /* vi. Referenz auf NEW_VAR1 und NEW_VAR2 (CALCULATED) */
              calculated NEW_var1||trim(" ")||calculated NEW_var2
                               as NEW_VAR6,
          /* vii. Referenz auf Makro INPUT1 und Makrovar INPUT2    */
          "%INPUT1"||trim(" ")||resolve("&INPUT2")
                               as NEW_VAR7
              from SASHELP.CLASS ;
quit ;
proc print data=AUFRUFE noobs ;
run ;
```

NEW_VAR1	NEW_VAR2	NEW_VAR3	NEW_VAR4	NEW_VAR5	NEW_VAR6
San	Francisco	San	Francisco	SanFrancisco	San Francisco
San	Francisco	San	Francisco	SanFrancisco	San Francisco

NEW_VAR7
San Francisco
San Francisco

Beispiel vii. kommt ohne das Anlegen von Variablen als Zwischenschritt aus. Die direkte Referenz auf Makro „INPUT1" bzw. Makrovariable „INPUT2" während des Konkatenierens dürfte damit vtl. performanter als Beispiel vi. sein.

4.2 Makroprogramme mit PROC SQL

Bevor auf die (naheliegende) Frage eingegangen werden soll, was denn Makroprogramme überhaupt sind, soll eine andere zuvor beantwortet werden: Was sind grundlegende Unterschiede zwischen SAS Macro Code und SAS Code? Zwischen SAS Macro Code und SAS Code bestehen zwei zentrale Unterschiede:

- SAS Macro Code und SAS Code bestehen aus unterschiedlicher Syntax. Die Ähnlichkeit einiger Befehle und Funktionalitäten verdeckt diesen Unterschied manchmal. SAS Makroprogramme erkennt man daher v.a. am %- (v.a. bei Makro-Statements) und am &-Symbol (Referenz auf Makrovariablen).
- SAS Macro Code wird *vor* SAS Code verarbeitet. Dies bedeutet konkret: SAS Macro Code wird im Compiler in SAS Code „übersetzt". Nach der erfolgreichen Übersetzung wird nur noch der SAS Code ausgeführt. Der zugrundeliegende SAS Macro Code ist im

SAS Katalog SASMACR (Voreinstellung) abgelegt und spielt nach der Ausführung seiner Übersetzung im Prinzip keine aktive Rolle mehr.

Diese beiden Unterschiede sind zusammengenommen zentral für das Verständnis des Zusammenspiels zwischen SAS Macro Code und SAS Code und bieten somit auch eine Klärung des Begriffs „*macro*" in SAS *Macro* Code. „*macro*" stammt zwar aus dem Griechischen und bedeutet dort in etwa „groß", im Kontext der Programmierung ist „macro" jedoch eine Abkürzung des englischen „macroinstruction" und ist am Besten mit „übergeordneter Befehl" zu übersetzen. Das „Übergeordnete" besteht darin, dass ein SAS Makro Programm sowohl die SAS Syntax, wie auch die Logik seiner Ausführung organisiert und damit als übergeordneter Befehl z.B. die Vorgabe macht, u.a. welche Slots durch Zeichenfolgen ersetzt werden sollen und welche weiteren Schleifen und Iterationen (ggf. abhängig von weiteren Bedingungen) durchlaufen werden sollen. Die konkrete Ausführung ist dann im Prinzip ein SAS Programm, dem ein SAS Makro Programm zeitlich vorausläuft und auch konzeptionell übergeordnet ist.

4.2.1 Was sind Makroprogramme?

Was sind Makroprogramme?

- Makroprogramme sind ebenfalls „Slots", also Schnittstellen bzw. Platzhalter für Texte. Der Unterschied zu Makrovariablen ist:
- Makro*variablen* beginnen mit einem „&", Makroprogramme dagegen mit einem „%". „&" bzw. „%" am Anfang einer Zeichenkette initiieren demnach jeweils den SAS Makroprozessor.
- Makro*programme* sind begrenzt durch %macro und %mend. Zwischen %macro und %mend erfolgt die sog. Definition des Makros (vgl. auch die abschließenden Hinweise zu den Makros %STPBEGIN und %STPEND bei den sogenannten Stored Processes). %macro *Makroname* steht am Anfang, %mend am Schluss der Definition eines Makroprogramms. Die Angabe von *Makroname* nach %mend ist nicht notwendig, bei komplexen Makros aber aus Gründen der Übersichtlichkeit zu empfehlen. Der Aufruf eines Makros erfolgt über *%Makroname*. Durch das %-Zeichen in *%Makroname* wird der Makroprozessor veranlasst, nach einem kompilierten SAS Makro *Makroname* im SAS Katalog SASMACR (Default) zu suchen und, falls vorhanden, auszuführen.
Der voreingestellte SAS Katalog SASMACR befindet sich im SAS Verzeichnis WORK und ist daher *temporär* und wird nach dem Beenden der SAS Session gelöscht. Um SAS Makros wieder auszuführen, bietet SAS mehrere Möglichkeiten an: SAS Makros können (a) in einer neuen SAS Session erneut als SAS (Makro) Programme ausgeführt werden. (b) SAS (Makro) Programme können mittels %INCLUDE eingebunden und ausgeführt werden. (c) SAS Makros können mittels der Stored Compiled Macro Facility in einem *permanenten* anwenderdefinierten SAS Katalog abgelegt und ausgeführt werden (vgl. die Systemoptionen MSTORED und SASMSTORE=). (d) Eine weitere Möglichkeit ist die Autocall Facility, initiiert mit den Systemoptionen MAUTOSOURCE und SASAU-

TOS=. Bei den beiden zuletzt aufgeführten Ansätzen können außerdem weitere hostabhängige Einstellungen erforderlich sein.
- Ein Makroaufruf kann, muss aber nicht notwendigerweise mit einem Semikolon abgeschlossen werden. Zwischen Definition und Aufruf folgt die sog. Kompilation des Makros. Sobald SAS den Text eines Makro kompiliert, werden zunächst die Schnittstellen bzw. Platzhalter mit dem „eigentlichen" Text befüllt. Erst nachdem dieser Schritt abgeschlossen ist, wird das SAS Makro vollends kompiliert, im SAS Katalog SASMACR (Default) abgelegt und als SAS Code ausgeführt.
- Makroprogramme können in offenem SAS Code eingebettet oder auch stand-alone angelegt sein.
- Makroprogramme können Kommentierungen enthalten. Die einfachste Art, Kommentierungen in SAS Makro Code zu platzieren ist zwischen „ /* " und „ */ " (sog. Blockkommentar, jeweils ohne Anführungszeichen). Die aus SAS BASE bekannte Variante des einfachen Zeilenkommentars „ * ; " funktioniert nur bei SAS Code bzw. SAS Code in Makros, jedoch nicht für SAS Macro Code. Die Variante „ % * ; " (sog. Makro-Zeilenkommentar) funktioniert dagegen nur bei SAS Macro Code, jedoch nicht bei SAS Code. Die „ /* */" Variante funktioniert jedoch bei SAS Code und SAS Macro Code. Ein Tipp, um größere Passagen an SAS Macro Code zu deaktivieren ist, diesen Code als ein selbständiges SAS Macro mit MACRO und MEND zu definieren, es jedoch nicht aufzurufen.
- Makroprogramme können selbst Makrovariablen (vgl. 4.1) enthalten.
- Makroprogramme können sog. Parameter enthalten. SAS bietet u.a. diverse Möglichkeiten für die Übergabe von Makroparametern (sog. Styles) an. Der Name-Style gilt dabei als der effizienteste. Der Grund ist, weil nur hier der Makroname mit einem „%" beginnt. Damit wird der Wort-Scanner direkt veranlasst, das Token an den Makroprozessor zu übergeben. Bei den beiden anderen Styles (Command Style, Statement Style) muss dies der Wort-Scanner erst prüfen, wodurch unnötig Zeit vergeht. Command Style (nur über die Kommandozeile aufzurufen) und Statement Style (wegen der Option STMT sehen die Makroaufrufe wie normale SAS Anweisungen aus) werden daher in den weiteren Ausführungen nicht behandelt werden. Beim Name-Style werden die Makroparameter nach *%Makroname* in Klammern definiert. Es können dabei zwei Varianten unterschieden werden. Die Definition ist dabei beiden Varianten dieselbe: In der Klammer nach *%Makroname* werden die Makroparameter so angegeben, wie sie im Makroprogramm verwendet werden.

Varianten des Name-Style

Ausgangspunkt:

PROC SQL

```
proc sql ;
create table AUSGABE
as select AGE
from SASHELP.CLASS ;
quit ;
```

| **Makrovariante:**<br><br>Umwandeln des SQL Programms in ein Makro (z.B. INTRO1) | ```
%macro INTRO1(OUTDATA,VAR,INDATA);
proc sql ;
create table &OUTDATA.
as select &VAR.
from &INDATA.;
quit ;
%mend INTRO1 ;
``` |
| Aufruf von INTRO1 über *Positionsparameter* | richtig:
`%INTRO1(AUSGABE, AGE, SASHELP.CLASS);`
falsch (veränderte Reihenfolge!):
`%INTRO1(AGE, SASHELP.CLASS, AUSGABE);` |
| Aufruf von INTRO1 über *Schlüsselwortparameter* | richtiger Aufruf:
`%INTRO1(OUTDATA=AUSGABE,VAR=AGE,`
`INDATA=SASHELP.CLASS);`
richtiger Aufruf:
`%INTRO1(VAR=AGE,`
`INDATA=SASHELP.CLASS,OUTDATA=AUSGABE);` |
| Umwandeln des SQL Programms in ein Makro (INTRO2) *mit Defaults.* | ```
%macro INTRO2(OUTDATA=AUSGABE,
VAR=AGE,INDATA=SASHELP.CLASS);
proc sql ;
create table &OUTDATA.
as select &VAR.
from &INDATA.;
quit ;
%mend INTRO2 ;
```<br><br>Aufruf der Defaults:<br>`%INTRO2;`<br>Überschreiben der Defaults:<br>`%INTRO2(OUTDATA=AUSGABE2,VAR=HEIGHT,`<br>`INDATA=SASHELP.CLASS);`<br>richtiger Aufruf:<br>Teilweises Übernehmen der Defaults<br>`%INTRO2(VAR=WEIGHT,INDATA=SASHELP.`<br>`CLASS);` |

4.2 Makroprogramme mit PROC SQL

Umwandeln des SQL Programms in ein Makro (INTRO3) für einen *gemischten Aufruf* (vgl. Definition *und* Aufruf).	`%macro INTRO3(OUTDATA,VAR=AGE, INDATA=SASHELP.CLASS);`
	`proc sql ;`
	`create table &OUTDATA.`
	`as select &VAR.`
	`from &INDATA.;`
	`quit ;`
	`%mend INTRO3 ;`
	
	Gemischter Aufruf:
	`%INTRO3(AUSGABE3, VAR=HEIGHT, INDATA=SASHELP.CLASS);`

Überführung der Einträge einer lokalen in eine globale Makrovariable (vgl. %LET und %GLOBAL). HIER bezeichnet die globale Makrovariable.	`%macro INTRO3(OUTDATA,VAR=AGE, INDATA=SASHELP.CLASS);`
	`%global HIER ;`
	`%let HIER=&VAR. ;`
	`proc sql ;`
	`create table &OUTDATA.`
	`as select &VAR.`
	`from &INDATA.;`
	`quit ;`
	`%mend INTRO3 ;`
	
	`%INTRO3(AUSGABE3, VAR=HEIGHT, INDATA=SASHELP.CLASS);`
	
	`proc sql ;`
	`select &HIER.`
	`from AUSGABE3 ;`

- Der Aufruf ist allerdings unterschiedlich (vgl. die unterschiedlichen Aufrufe von Makro %INTRO1): Bei Keyword- bzw. Schlüsselwortparametern werden die gewünschten Einträge nach einem Gleichheitszeichen nach dem Namen des jeweiligen Parameters angegeben; im Aufruf ist die Abfolge der Parameter dabei unerheblich. Bei den sog. Positionsparametern brauchen die gewünschten Einträge nur mittels eines Kommas getrennt angegeben werden; ein Nachteil kann allerdings sein, dass die Abfolge der Makroparameter beim Aufruf exakt der Abfolge in der Definition des Makros entsprechen muss. Auch eine gleichzeitige (sog. „gemischte") Verwendung beider Parameterarten ist möglich, dabei müssen in Definition und Aufruf die Positions- vor den Schlüsselwortparametern stehen (vgl. Makro INTRO3). Die Schlüsselwortparameter verfügen über den nicht zu unterschätzenden Vorteil, dass sie es erlauben, bereits bei der Definition des Makros bestimmte, voreingestellte Werte an das Programm zu übergeben, die je nach Wunsch

- beim Aufruf des Makros je nach Wunsch übernommen oder auch überschrieben werden können (vgl. die unterschiedlichen Aufrufe von Makro INTRO2).
- Makroprogramme können weitere Elemente der SAS Makrosprache enthalten: Zu den Elementen der SAS Makrosprache gehören:
  SAS Makro Funktionen (z.B. %INDEX, %LENGTH, %SUBSTR, %SYSEVALF),
  SAS Makro Statements: „Makroversionen" von SAS Base Funktionen (u.a. %if, %where, %do %to, %do %while, %do %until usw.), diverse
  Schnittstellen von der SAS Macro Facility zum DATA Step, v.a. die SAS Makro CALL Routinen (z.B. CALL EXECUTE, CALL SYMPUTX usw.) und auch die
  automatischen SAS und SQL Makrovariablen (vgl. 4.1.1, 4.1.2).
- Ein SAS Makro kann also neben Makrovariablen zahlreiche weitere Funktionen, Routinen und Statements der SAS Macro Facility enthalten. Die Funktionalität und Flexibilität von Makroprogrammen kann dadurch deutlich komplexer als die von Makrovariablen sein. Ein SAS Makroprogramm (kurz „Makro") ist daher ein in SAS Syntax (einschl. SAS Base, SAS Macro Facility, sowie u.a. Prozeduren wie z.B. PROC SQL) geschriebenes Programm. Sind einem Anwender DATA Step Programme und Funktionen vertraut, besteht kein größerer Unterschied mehr zum Schreiben eines SAS Makros.
- Makrovariablen können entweder in lokalen oder auch globalen Symboltabellen abgelegt werden. Der zentrale Unterschied ist der: Werden Makrovariablen in einer globalen Symboltabelle abgelegt (u.a. mittels %GLOBAL, CALL SYMPUTX, oder in Open Code mit INTO aus PROC SQL), stehen sie als sog. „globale" Makrovariablen an beliebiger Stelle einer SAS Session zur Verfügung. Dadurch können globale Makrovariablen auch in PROC SQL, Data Steps oder auch anderen SAS Makros weiterverarbeitet werden. Wird eine Makrovariable „nur" in einer lokalen Symboltabelle abgelegt (z.B. explizit mittels %LOCAL), steht sie als sog. „lokale" Makrovariable nur innerhalb des Makros zur Verfügung, in dem sie angelegt wurde. Lokale Makrovariablen können u.a. nicht in PROC SQL, DATA Steps oder auch anderen SAS Makros weiterverarbeitet werden. Ein typisches Beispiel für lokale Makrovariablen sind z.B. die angeführten Beispiele für Makros mit Positions- und Schlüsselwortparametern. Diese Parameter sind zunächst lokal und gelten nur für das jeweilige Makro, in dem sie definiert wurden. Erst ein explizites Zuweisen an eine globale Makrovariable ermöglicht, die Werte einer lokalen Makrovariablen auch PROC SQL, DATA Steps oder auch anderen SAS Makros zur Verfügung zu stellen. Das letzte Beispiel für %INTRO3 veranschaulicht, wie Einträge mittels %LET und %GLOBAL von einer lokalen an eine globale Makrovariable übergeben werden können. Das anschließende PROC SQL nimmt über die globale Makrovariable &HIER die Werte aus der lokalen Makrovariablen &VAR. auf und verarbeitet sie weiter. Wird übrigens eine Variable mittels %LET= außerhalb eines Makros definiert, handelt es sich um eine globale Makrovariable, wird sie mit %LET innerhalb definiert, ist sie eine lokale Makrovariable.
- SAS stellt für die Macro Facility neben den Makrovariablen zahlreiche SAS Makro Funktionen und SAS Makro Statements, sowie diverse Schnittstellen zwischen der SAS Macro Facility zu PROC SQL und dem DATA Step bereit (vgl. den Abschnitt 4.3).

Hinweis: Die Makros %STPBEGIN und %STPEND gleichen %MACRO und %MEND in Funktionalität und Struktur: Sie treten auch als Paar auf und umschließen ebenfalls einen auszuführenden Prozess. %STPBEGIN und %STPEND werden jedoch nur bei SAS Stored Processes eingesetzt (neu seit SAS v9). SAS Stored Processes sind annähernd beliebige SAS Programme (vgl. z.B. Berichte mittels PROC REPORT), die auf Server gehostet sind und durch Metadaten beschrieben werden.

```
%global _ODSSTYLE ;
%let _ODSSTYLE = MyODSStyle ;

%stpbegin ;
 title "Shoe Sales By Region and Product" ;
 proc report data = sashelp.shoes nowindows ;
    column region product sales ;
    define region / group ;
    define product / group ;
    define sales / analysis sum ;
    break after region / ol summarize suppress skip ;
 run ;
%stpend ;
```

%STPBEGIN und %STPEND werden dabei vor und nach dem Ende des hinterlegten Prozesses (daher: ‚Stored Process') gesetzt, um seine Verarbeitung mittels ODS (Output Delivery System) zu initialisieren bzw. beenden. SAS Stored Processes setzen den BI Manager oder Stored Process Manager voraus. SAS empfiehlt, %STPBEGIN bzw. %STPEND nicht zu verwenden, wenn der Stored Process kein ODS verwendet. Der Aufruf von %STPBEGIN bzw. %STPEND muss jeweil mit einem Semikolon abgeschlossen werden. Wer also SAS Makros definieren kann, kann auch SAS Stored Processes programmieren. Wie einfach die ersten Schritte im Programmieren von SAS Makros sind, werden die nächsten Abschnitte zeigen.

4.2.2 Let's do it: Erste SAS Makros mit dem %LET-Statement

Let's do it: Erste einfache SAS Makros mit dem %LET-Statement (ein Parameter)
Mit dem %LET-Statement kann eine Makrovariable definiert und zugleich ein Wert (Text bzw. „Zahl", eine „Zahl" wird jedoch als Text interpretiert) zugewiesen werden. Die wiederholte Übergabe dieses einen Wertes mittels des %LET-Statements an ein SAS Makro, aber auch Open Code, also DATA Step oder PROC SQL, kann bereits viel Aufwand ersparen. Wie kann so etwas in der Praxis aussehen?
Im ersten Makro %LETSDOIT1 stellt die Makrovariable ANA_VAR einen Platzhalter, eine Schnittstelle für einzusetzende (Texte für) Variablen dar. Über das anschließende %LET-Statement wird an diesen Platzhalter der gewünschte Text übergeben, in diesem Fall der Name einer Variablen. Die abschließenden %LETSDOIT1 rufen das ursprünglich definierte

Makro auf, wobei anstelle des Platzhalters der Name der gewünschten Variablen eingesetzt wird (z.B. SEX oder AGE). Mit jedem Aufruf von %LETSDOIT1 wird das Makro für die unter %LET angegebene Variable ausgeführt. Aus Platzgründen werden bei diesen ersten beiden Beispielen keine Ergebnisse angegeben.

```
%macro letsdoit1;
    title "Analysis of Column &ana_var." ;
        proc freq data=SASHELP.CLASS ;
            table &ana_var. ;
        run ;
%mend letsdoit1;

%let ana_var=SEX ;
%letsdoit1 ;

%let ana_var=AGE ;
%letsdoit1 ;
```

Im Makro %LETSDOIT2 stellt die Makrovariable LIMIT einen Platzhalter, eine Schnittstelle für einzusetzende (Texte für) Werte dar. Über das anschließende %LET-Statement wird an diesen Platzhalter der gewünschte Text übergeben, in diesem Fall Texte für Werte. Die abschließenden %LETSDOIT2 rufen das ursprünglich definierte Makro auf, wobei anstelle des Platzhalters der Text für die gewünschten Werte eingesetzt wird (z.B. 1.2 oder –2.05). Nach jedem Makroaufruf ist die Rückmeldung aus dem SAS Log angegeben.

```
%macro letsdoit2;
    title "Analysis of S0666 by Limit &limit." ;
        proc print data=SASHELP.SYR1001 ;
            where S0666 < &limit. ;
        run ;
%mend letsdoit2;

%let limit=1.2 ;
%letsdoit2 ;
```

SAS Log:

```
HINWEIS: Es wurden 52 Beobachtungen aus der Datei SASHELP.SYR1001. ausgelesen
      WHERE S0666<1.2;
```

```
%let limit=%str(-2.05) ;
%letsdoit2 ;
```

SAS Log:

```
HINWEIS: Es wurden 51 Beobachtungen aus der Datei SASHELP.SYR1001. ausgelesen
      WHERE S0666<-2.05;
```

4.2 Makroprogramme mit PROC SQL

Hinweise: Sobald ein %LET-Statement neu aufgerufen wird, wird der Wert in der Makrovariablen aktualisiert. Um Vorzeichen, vorausgehende (leading) und nachfolgende (trailing) Leerzeichen (Blanks) an die Makrovariable übergeben zu können, muss der betreffende Text (z.B. „–2.05") in einer %STR-Funktion angegeben werden (vgl. letztes Beispiel). Die Makros mit dem %LET-Statement können alternativ in unterschiedliche Makros mit derselben Funktionalität umgeschrieben werden. Im Makro LETSDOIT3 werden die Makrovariablen in der Klammer nach dem Makronamen angegeben. Die Zahl „–2.05" nach dem Makroaufruf wird anstelle der Makrovariablen LIMIT gesetzt und in die Ausführung übergeben.

```
%macro letsdoit3 (LIMIT);
    title "Analysis of S0666 by Limit &limit." ;
        proc print data=SASHELP.SYR1001 ;
            where S0666 < &limit. ;
        run ;
%mend letsdoit3;
%letsdoit3 (-2.05) ;
```

Im Makro LETSDOIT4 werden ebenfalls die Makrovariablen in der Klammer nach dem Makronamen angegeben. Die Zahl „–2.05" wird jedoch in dieser Variante über das %LET-Statement zuerst in den Makroaufruf und dann erst an LIMIT und in die Ausführung übergeben.

```
%macro letsdoit4 (LIMIT);
    title "Analysis of S0666 by Limit &limit." ;
        proc print data=SASHELP.SYR1001 ;
            where S0666 < &limit. ;
        run ;
%mend letsdoit4;
%let limit=%str(-2.05) ;
%letsdoit4 (&LIMIT.) ;
```

Die Makros LETSDOIT2 bis LETSDOIT4 besitzen dieselbe Funktionalität und gelangen im Prinzip zum gleichen Ergebnis. Das wiederholte Aufrufen des %LET-Statement kann bereits viel Aufwand ersparen; der eindeutige Nachteil des %LET-Statements ist, dass damit nur jeweils eine einzelne Makrovariable auf einmal definiert werden kann. Das %LET-Statement wird übrigens zu den SAS Makro Statements gezählt und dort beschrieben. Der nächste Abschnitt wird zeigen, wie auch mehrere Parameter zugleich an ein Makro übergeben werden können. Die vorgestellten Makros sind anspruchsvoller und enthalten auch zahlreiche Elemente der SAS Makrosprache, die erst im Abschnitt 4.3 erläutert werden. Man möge diesen Abschnitt zunächst als Ausblick daraufhin verstehen, welche Möglichkeiten die Makroprogrammierung mit SAS eröffnet. Ein Nachvollziehenkönnen wird sich spätestens nach dem Einarbeiten in Abschnitt 4.3 einstellen.

4.2.3 Listenweises Ausführen von Befehlen

Dieser Abschnitt wird veranschaulichen, wie mit der Hilfe von SAS Makros dieselben Aktionen unkompliziert wiederholt ausgeführt werden können. Vorgestellt werden:

- Das Makro %REPEATED: Wiederholter Aufruf eines Makros von Hand.
- Die Makros LISTING1 bis LISTING6: Automatisches wiederholtes listenweises Ausführen eines Makros mittels der PARMBUFF-Option.

Anhand des ersten Makros, %REPEATED, wird gezeigt, wie mehrere Parameter an ein SAS Makro übergeben werden können. Der listenweise Aufruf dieses Makros kann ebenfalls viel Aufwand ersparen. Im Prinzip ist die Vorgehensweise einfach: Nach %MACRO und %MEND wird zunächst ein beliebiger Name für das Makro festgelegt. In der Klammer nach dem Namen nach %MACRO werden die benötigten Platzhalter zusammengestellt; kommen die später aufgerufenen Platzhalter nicht in dieser Klammer vor, wird dies beim Ausführen des Makros zu Problemen führen. Die Platzhalter können im Prinzip ebenfalls beliebig bezeichnet werden; es ist jedoch empfehlenswert, die Platzhalter mit aussagekräftigen Bezeichnungen zu ihrer Funktion zu versehen. Zwischen %MACRO und %MEND wird der SAS Code eingefügt, z.B. ein SQL Programm. Die eingangs benötigten Platzhalter tauchen nun alle nochmals (oft auch mehrfach, vgl. VAR) auf, nur ihre Schreibweise ist nun eine andere. In den (listenweisen) Makroaufrufen (vgl. %REPEATED werden nun anstelle der Platzhalter (aus der Klammer nach %MACRO) die einzusetzenden Texte angegeben. Ein jeder Makroaufruf führt nun das SQL Programm mit den gewünschten Parametern anstelle der Platzhalter aus. Abschließend werden die Rückmeldungen aus dem SAS Log zusammengestellt.

```
%macro REPEATED(dsname, var, compare, value);
    proc sql ;
        create table &var. as
        select &var.
        from &dsname.
        where &var. &compare. &value.;
    quit ;
%mend REPEATED ;

%REPEATED(SASHELP.CLASS, SEX, =, "M")   ;
%REPEATED(SASHELP.CLASS, AGE, >, 12)   ;
%REPEATED(SASHELP.CLASS, NAME, EQ, "John")   ;
%REPEATED(SASHELP.AIR, AIR, GE, 200)   ;
```

SAS Log:

```
10  %REPEATED(SASHELP.CLASS, SEX, =, "M")  ;
HINWEIS: Tabelle WORK.SEX wurde erstellt mit 10 Zeilen und 1 Spalten.
11  %REPEATED(SASHELP.CLASS, AGE, >, 12)  ;
HINWEIS: Tabelle WORK.AGE wurde erstellt mit 12 Zeilen und 1 Spalten.
12  %REPEATED(SASHELP.CLASS, NAME, EQ, "John")  ;
```

4.2 Makroprogramme mit PROC SQL

```
HINWEIS: Tabelle WORK.NAME wurde erstellt mit 1 Zeilen und 1 Spalten.
13   %REPEATED(SASHELP.AIR, AIR, GE, 200)  ;
HINWEIS: Tabelle WORK.AIR wurde erstellt mit 96 Zeilen und 1 Spalten.
```

Hinweise: Angaben im Makroaufruf werden mit Kommas voneinander getrennt angegeben. Jedes Zeichen, das im Makroaufruf angegeben wird, außer den Trennzeichen, wird als Text interpretiert, also auch Werte und Hochkommata. Im REPEATED-Beispiel wurde die Variante von Positionsparametern verwendet; bei Positionsparametern muss im Gegensatz zu Keyword- bzw. Schlüsselwortparametern die Abfolge der Makrovariablen im Makroaufruf der Reihenfolge nach %MACRO entsprechen. Das wiederholte Aufrufen eines Makros mit mehreren Platzhaltern kann bereits sehr Aufwand ersparen; noch effizienter wäre es jedoch, wenn man sich auch noch das listenweise Aufrufen „von Hand" ersparen könnte. Im nächsten Abschnitt wird gezeigt, wie ein Makro automatisch mehrmals ausgeführt werden kann.

Beispiele für das automatische listenweise Ausführen von Makros (ein Parameter als Liste)

Die bisherigen Beispiele lösten SAS Befehle oder Anwendungen durch das wiederholte Aufrufen eines Makros aus, entweder mit einem Platzhalter oder mehreren. Die folgenden SQL Beispiele werden veranschaulichen, wie ein Makro mehrmals automatisch ausgeführt werden kann. All diese verschiedenen Anwendungen arbeiten mit der PARMBUFF-Option. Die PARMBUFF-Option (syn.: PBUFF) weist eine ganze Liste von Werten einem aufgerufenen Makro zu, wobei die Werte den Platzhaltern (z.B. &LISTMEM.) und auch an die automatische Makrovariable SYSPBUFF weitergegeben werden. SYSPBUFF wiederum löst den Text auf, der über PARMBUFF bereitgestellt wurde, und übergibt diesen im Beispiel z.B. an das bereits bekannte %LET-Statement (dieses mal allerdings innerhalb eines Makros).

Die Basisfunktionalität aller Anwendungsbeispiele ist dieselbe: Der Makroaufruf (z.B. LISTING1) enthält eine Liste mit zwei oder Elementen (z.B. AGE und SEX). Die PARMBUFF-Option weist die Elemente dem Makro (z.B. LISTING1), sowie der automatischen Makrovariablen SYSPBUFF zu. In einer %DO %WHILE-Schleife werden alle Elemente der Liste nacheinander über &LISTMEM. iterativ an PROC SQL übergeben und weiterverarbeitet, solange Elemente aus der Liste vorhanden sind. Auf die Wiedergabe des listenweise angeforderten Outputs wird verzichtet; stattdessen werden abschließend die Rückmeldungen aus dem SAS Log zusammengestellt.

Makro LISTING1: Listenweises Anlegen von Tabellen (Verarbeiten von Texten)

```
%macro LISTING1/parmbuff ;
   %let num=1 ;
   %let listmem=%scan(&syspbuff.,&num.) ;
   %do %while(&listmem. ne) ;
```

```
        proc sql ;
            create table SUBSET_&listmem. as
            select &listmem.
            from SASHELP.CLASS ;
         quit ;
      %let num=%eval(&num. +1 ) ;
      %let listmem=%scan(&syspbuff., &num.) ;
   %end ;
%mend LISTING1 ;

%LISTING1(AGE, SEX)   ;
```

SAS Log:

```
HINWEIS: Tabelle WORK.SUBSET_AGE wurde erstellt mit 19 Zeilen und 1 Spalten.
HINWEIS: Tabelle WORK.SUBSET_SEX wurde erstellt mit 19 Zeilen und 1 Spalten.
```

Hinweise: Die beiden Texte aus dem Makroaufruf durchlaufen jeweils das SQL Programm. Die Tabelle SASHELP.CLASS wird also durch diesen einzigen Aufruf zweimal durchlaufen. In den Tabellen SUBSET_AGE bzw. SUBSET_SEX werden Teilmengen in Gestalt der Spalten AGE bzw. SEX angelegt.

Makro LISTING2: Listenweises Printen von Spalten (Verarbeiten von Texten)

```
%macro LISTING2/parmbuff ;
   %let num=1 ;
   %let listmem=%scan(&syspbuff.,&num.) ;
   %do %while(&listmem. ne) ;
      proc print data=SASHELP.CLASS ;
         var &listmem. ;
      run ;
      %let num=%eval(&num. + 1) ;
      %let listmem=%scan(&syspbuff., &num.) ;
   %end ;
%mend LISTING2 ;

%LISTING2(AGE, SEX)   ;
```

SAS Log:

```
HINWEIS: Es wurden 19 Beobachtungen aus der Datei SASHELP.CLASS. ausgelesen
HINWEIS: Es wurden 19 Beobachtungen aus der Datei SASHELP.CLASS. ausgelesen
```

Hinweise: Die beiden Texte aus dem Makroaufruf durchlaufen zweimal das SQL Programm. Infolgedessen werden durch diesen einzigen Aufruf zwei Tabellen mit den Namen SUBSET_AGE bzw. SUBSET_SEX angelegt.

Makro LISTING3: Listenweises Anlegen von Tabellen (Verarbeiten von „Zahlen")

```
%macro LISTING3/parmbuff ;
   %let num=1 ;
   %let listmem=%scan(&syspbuff.,&num.) ;
   %do %while(&listmem. ne) ;
      proc sql ;
            create table AGE_&listmem. as
            select *
            from SASHELP.CLASS
            where AGE >= &listmem. ;
      quit ;
      %let num=%eval(&num. +1 ) ;
      %let listmem=%scan(&syspbuff., &num.) ;
   %end ;
%mend LISTING3 ;

%LISTING3(11, 13, 15);
```

SAS Log:

```
HINWEIS: Tabelle WORK.AGE_11 wurde erstellt mit 19 Zeilen und 5 Spalten.
HINWEIS: Tabelle WORK.AGE_13 wurde erstellt mit 12 Zeilen und 5 Spalten.
HINWEIS: Tabelle WORK.AGE_15 wurde erstellt mit 5 Zeilen und 5 Spalten.
```

Hinweise: Die drei Werte aus dem Makroaufruf veranlassen SAS, dreimal das SQL Programm zu durchlaufen. Infolgedessen werden durch diesen einzigen Aufruf drei Tabellen mit den Namen AGE_11, AGE_13 bzw. AGE_15 angelegt. Die Werte im Makroaufruf sind ohne Vorzeichen, werden also ausnahmslos als positiv interpretiert.

Makro LISTING4: Flexibles Umgehen mit negativen Werten (Verarbeiten von „Zahlen")

Das Makro LISTING4 weist zwei Besonderheiten auf. Die erste Besonderheit betrifft den Modus des ausgeführten Programms: Während alle bisher vorgestellten Makros *ein* Standardprogramm iterativ durchliefen, enthielt dieses Makro eine %IF %DO-Bedingung, die die Ausführung (je nach Voraussetzungen) *zweier* Programmvarianten veranlasst. Dieses Makro arbeitet unterschiedlich, je nachdem, ob es sich um positive oder negative Werte handelt, und führt entsprechend unterschiedliche Programmvarianten aus. Die zweite Besonderheit betrifft den Umgang mit negativen Werten. Negative Werte können oft wegen ihres Vorzeichens nicht ohne weiteres direkt weiterverarbeitet werden. Ein Minuszeichen kann z.B. nicht direkt in einen Tabellennamen übergeben werden, da dieses Zeichen gegen die Konventionen für Namen für SAS Datasets verstoßen würde. Eine einfache Variante ist, die Werte ohne Vorzeichen an SAS zu übergeben, SAS aber über das %LET-Statement explizit darauf hinzuweisen, dass die Listen positive oder negative Werte enthalten, um dann nach %IF %DO entsprechend differenziert mit den übergebenen Werten umzugehen. Die Unterscheidung in positive oder negative Werte wird bei diesem Beispiel vom Anwender vorgenommen. Das im Anschluss folgende Makro LISTING5 gibt einen ersten Hinweis darauf, wie auch dieser „händische" Schritt mit SAS automatisiert gelöst werden könnte.

```
%macro LISTING4/parmbuff;
%if &listval.=NEG %then %do ;
   %let num=1 ;
   %let listmem=%scan(&syspbuff.,&num.) ;
   %do %while(&listmem. ne) ;
      proc sql ;
            create table AMOUNT_NEG_&listmem. as
            select *
            from SASHELP.BUY
            where AMOUNT <= &listmem.*-1 ;
         quit ;
         proc print data=AMOUNT_NEG_&listmem. ;
         run ;
         %let num=%eval(&num. +1 ) ;
         %let listmem=%scan(&syspbuff., &num.) ;
          %end ;
     %end ;
%if &listval.=POS %then %do ;
   %let num=1 ;
   %let listmem=%scan(&syspbuff.,&num.) ;
   %do %while(&listmem. ne) ;
      proc sql ;
            create table AMOUNT_POS_&listmem. as
            select *
            from SASHELP.BUY
            where AMOUNT <= &listmem. ;
         quit ;
         proc print data=AMOUNT_POS_&listmem. ;
         run ;
         %let num=%eval(&num. +1 ) ;
         %let listmem=%scan(&syspbuff., &num.) ;
          %end ;
     %end ;
%mend LISTING4 ;

%let listval=POS ;
%LISTING4(1000, 2000, 50000);
%let listval=NEG ;
%LISTING4(1000, 2000, 50000);
```

4.2 Makroprogramme mit PROC SQL

SAS Log:

```
HINWEIS: Tabelle WORK.AMOUNT_POS_1000 wurde erstellt mit 10 Zeilen und 2 Spalten.
HINWEIS: Tabelle WORK.AMOUNT_POS_2000 wurde erstellt mit 10 Zeilen und 2 Spalten.
HINWEIS: Tabelle WORK.AMOUNT_POS_50000 wurde erstellt mit 11 Zeilen und 2 Spalten.
HINWEIS: Tabelle WORK.AMOUNT_NEG_1000 wurde erstellt mit 10 Zeilen und 2 Spalten.
HINWEIS: Tabelle WORK.AMOUNT_NEG_2000 wurde erstellt mit 8 Zeilen und 2 Spalten.
HINWEIS: Tabelle WORK.AMOUNT_NEG_50000 wurde erstellt mit 2 Zeilen und 2 Spalten.
```

Hinweise: Der Anwender nimmt eine Unterscheidung in positive oder negative Werte vor. Das vorausgehende %LET-Statement weist SAS explizit darauf hin, ob die Listen ausschließlich positive oder negative Werte enthalten. Die jeweils angegebenen Werte veranlassen SAS, entsprechend häufig das SQL Programm zu durchlaufen.

Makro LISTING5: Listenweises Anlegen von Tabellen (ein Parameter als Makrovariable)

Die bisherigen Beispiele lösten ein Makro iterativ dadurch aus, indem im Makroaufruf *Listen* von Werten an das Makro übergeben wurden, genauer: indem ein *Anwender* die Listen an SAS übergab. Das folgende Beispiel wird demonstrieren, wie das Zusammenstellen von SAS übernommen und an das Makro übergeben werden kann.

In einem ersten Schritt werden die gewünschten Werte mittels PROC SQL in eine *Makrovariable* (wichtig: mit Kommas getrennt!) abgelegt. Anschließend wird im zweiten Schritt das eigentliche Makro definiert. Im dritten Schritt, im Makroaufruf, wird nun die *Makrovariable* anstelle der einzelnen Werte wie bisher an SAS übergeben. Dieses Makro deutet damit auch an, wie z.B. Wertelisten mit ausschließlich positiven oder negativen Werten angelegt werden könnten: Nämlich mit vorangehenden SQL Schritten, die die Wertelisten entsprechend gefiltert usw. in Makrovariablen ablegen.

```
proc sql noprint ;
   select unique(NAME)
      into :NAME_LST separated by " , "
         from SASHELP.CLASS
order by NAME ;

%macro LISTING5/parmbuff ;
   %let num=1;
   %let memname=%scan(&syspbuff,&num) ;
   %do %while(&memname. ne) ;
      proc sql ;
         create table DATA_&memname.
         as select *
         from SASHELP.CLASS
         where NAME eq "&memname." ;
      quit ;
      %let num=%eval(&num+1) ;
```

```
            %let memname=%scan(&syspbuff,&num) ;
      %end;
  %mend LISTING5 ;

%*LISTING5*(&NAME_LST.) ;

%put &NAME_LST. ;
```

SAS Log (auszugsweise):

```
HINWEIS: Tabelle WORK.DATA_ALFRED wurde erstellt mit 1 Zeilen und 5 Spalten.
HINWEIS: Tabelle WORK.DATA_ALICE wurde erstellt mit 1 Zeilen und 5 Spalten.
HINWEIS: Tabelle WORK.DATA_BARBARA wurde erstellt mit 1 Zeilen und 5 Spalten.
(gekürzt)
HINWEIS: Tabelle WORK.DATA_RONALD wurde erstellt mit 1 Zeilen und 5 Spalten.
HINWEIS: Tabelle WORK.DATA_THOMAS wurde erstellt mit 1 Zeilen und 5 Spalten.
HINWEIS: Tabelle WORK.DATA_WILLIAM wurde erstellt mit 1 Zeilen und 5 Spalten.

%put &NAME_LST. ;
Alfred , Alice , Barbara , Carol , Henry , James , Jane , Janet , Jeffrey , John
, Joyce , Judy , Louise , Mary , Philip , Robert , Ronald , Thomas , William
```

Hinweise: Die Werte aus der Makrovariablen veranlassen SAS, entsprechend häufig das SQL Programm zu durchlaufen. Durch diesen einzigen Aufruf werden neunzehn Tabellen mit den Namen DATA_ALFRED, DATA_ALICE usw. angelegt. Die Werte im Makroaufruf werden anschließend mittels %PUT zur Kontrolle im SAS Output angezeigt. LISTING5 enthält keine Verarbeitungsvarianten.

Makro LISTING6: Konvertieren von SAS nach EXCEL (Verarbeiten von Texten)

Makro LISTING6 ist eine spezielle Anwendung für das Exportieren von SAS Tabellen in ein EXCEL-Format. Erfahrungsgemäß war man dabei in der Vergangenheit mit zwei Problemen konfrontiert. Entweder wurden die SAS Formate nicht von EXCEL übernommen oder die EXCEL-Datei war um ein Vielfaches größer als die original SAS Tabelle. Unterschiede um den Faktor 10 waren keine Seltenheit, was bei SAS Datenvolumen spätestens ab dem zweistelligen MB-Bereich nicht mehr akzeptabel war. Das Beispiel basiert auf den SAS Beispieldaten FATCOMP. Um jedoch die Power von Makros zu verdeutlichen, wurden die Bezeichnungen der Formate an die der Variablen angeglichen (vgl. PROC FORMAT). Spalten und Formate haben damit also dieselben Bezeichnungen.

```
data FatComp ;
      input EXPOSE RESPONS Count;
      datalines;
    0 0   6
    0 1   2
    1 0   4
    1 .  11
    ;
```

4.2 Makroprogramme mit PROC SQL

```
proc format;
   value EXPOSE   1='High Cholesterol Diet'
                  0='Low Cholesterol Diet';
   value RESPONS  1='Yes'
                  0='No';
run;

data _TEMP ;
set FATCOMP;
run ;

%macro LISTING6/parmbuff ;
   %let num=1 ;
   %let listmem=%scan(&syspbuff.,&num.) ;
      %do %while(&listmem. ne) ;
         proc sql undo_policy=none;
            create table _TEMP as select *,
               put(&listmem., &listmem..) as &listmem._FT
   %let num=%eval(&num. + 1) ;
   %let listmem=%scan(&syspbuff., &num.) ;
            from _TEMP ;
         quit;
      %end ;
%mend LISTING6 ;

%LISTING6(EXPOSE,RESPONS)   ;

proc print data=_TEMP ;
run ;

proc export data=_TEMP
   outfile="C:\SAS_formatted.xls" replace;
run;
```

Hinweise: Da bei diesem Vorgehen die Originaleinträge überschrieben werden, wird aus Sicherheitsgründen von der Originaldatei eine Kopie mit der Bezeichnung _TEMP angelegt, mit der dann ausschließlich weitergearbeitet wird. Die beiden Texte aus dem Makroaufruf durchlaufen zweimal das SQL Programm. Alternativ hätte auch der Ansatz mit einer Makrovariablen verwendet werden können. Über die PUT-Funktion kann das Format einer Variablen (z.B. von RESPONSE bzw. RESPONSE. [mit Format-Punkt]) als Werte einer neuen Spalte (z.B. RESPONS_FT) abgelegt werden. Alle Variablen werden im Beispiel beibehalten. Über PROC EXPORT wird die SAS Tabelle in die EXCEL-Datei „SAS_formatted.xsl" abgelegt und dort unter den Reiter „_TEMP". Wie dem Screenshot der angelegten EXCEL-Tabelle entnommen werden kann, werden vom Makro die ursprünglichen Formate als Werte abgelegt.

	A	B	C	D	E	F
1	EXPOSE	RESPONS	Count	EXPOSE_FT	RESPONS_FT	
2	0	0	6	Low Cholesterol Diet	No	
3	0	1	2	Low Cholesterol Diet	Yes	
4	1	0	4	High Cholesterol Diet	No	
5	1		11	High Cholesterol Diet	.	
6						

Auch das zweite Ziel wurde erreicht: Das Aufblähen der angelegten EXCEL-Tabelle wurde vermieden.

Auch dieses Makro kann um weitere Funktionalitäten ergänzt werden, z.B. um das Löschen der Originalvariablen (z.B. über ALTER TABLE und DROP bzw. DELETE in PROC DATASETS), das Entfernen der automatisch angelegten Interpunktion bei Leerzellen (vgl. Zelle E5, schwarz hervorgehoben) z.B. mittels COMPBL oder COMPRESS usw.

4.2.4 Bedingungsgeleitetes Ausführen von Befehlen

SAS bietet zahlreiche Möglichkeiten für das bedingungsgeleitete Ausführen von Befehlen. Bedingungen sind im Allgemeinen als Wenn-Bedingungen definiert, ergänzt um eine vorab definierte Aktion, die beim Zutreffen einer Bedingung ausgeführt wird. Ist eine Wenn-Bedingung erfüllt, wird die definierte Aktion ausgeführt. Als Aktion können u.a. PROC SQL Analysen, das Ausführen von weiteren SAS Prozeduren (wie z.B. PROC CONTENTS), das Springen zu bestimmten Stellen im SAS Code, das Ausführen weiterer SAS Makros und vieles andere mehr definiert sein. Für das Nichtzutreffen einer Wenn-Bedingung ist es empfehlenswert, eine alternativ auszuführende Aktion anzugeben. Wird keine Wenn-Bedingung erfüllt, aber versäumt, eine alternativ auszuführende Aktion angegeben, können u.U. unerwünschte Ergebnisse die Folge sein. In SAS können u.a. *Werte*, *Spalten* oder *SAS Datensätze* (vgl. Beispiele 1 bis 4) eine Wenn-Bedingung (oder auch mehr) erfüllen, oder auch *Anwender* (vgl. Beispiele 5 und 6) das Erfülltsein einer bestimmten Bedingung angeben. Neben den im Folgenden vorgestellten Makroansätzen bietet SAS u.a. den CASE-Ausdruck (vgl. Kap. 5.3, Band I). Die SAS Makro Statements %DO %TO %BY, %DO %UNTIL, %DO %WHILE, sowie %IF %THEN werden in einem eigenen Abschnitt (4.3.2, Band 2) vorgestellt. Dieser Abschnitt wird folgende Varianten veranschaulichen:

- *Beispiel 1:* Falls Einträge in einer Spalte eine bestimmte Bedingung erfüllen, dann führe entweder die vorgegebene Aktion oder die vorgegebene Alternative aus.
- *Beispiel 2:* Falls ein Datensatz eine bestimmte Bedingung erfüllt, dann führe entweder die vorgegebene Aktion oder die vorgegebene Alternative aus.

4.2 Makroprogramme mit PROC SQL

- *Beispiel 3:* Falls die Attribute eines oder mehrerer Werte eine bestimmte Bedingung erfüllen, dann führe entweder die vorgegebene Aktion oder die vorgegebene Alternative aus.
- *Beispiel 4:* Falls DATA Step Prozesse eine bestimmte Bedingung erfüllen, dann führe ein Makro aus.
- *Beispiel 5:* Falls Anwender eine bestimmte Bedingung vorgeben, dann führe entweder die vorgegebene Aktion oder die vorgegebene Alternative aus.
- *Beispiel 6:* Falls Anwender eine bestimmte Bedingung vorgeben, dann gehe zu einer bestimmten Stelle im SAS Code.

Beispiel 1: *Falls Einträge in einer Spalte eine bestimmte Bedingung erfüllen, dann führe entweder die vorgegebene Aktion oder die vorgegebene Alternative aus.*

Die Wenn-Bedingung im Makro IF_THENDO_ELSE lautet: Wenn in COUNTRY (ggf. wegen %UPCASE) großgeschriebene Einträge vorkommen. Wenn im Makro IF_THENDO_ELSE in der Spalte COUNTRY der SAS Datei SASHELP.PRDSAL2 (ggf. wegen %UPCASE) großgeschriebene „CHINA" Einträge vorkommen, lösen sie eine bestimmte, nach Einträgen für „China" gefilterte PROC SQL Analyse aus. Wenn im Makro IF_THENDO_ELSE andererseits (ggf. wegen %UPCASE) großgeschriebene „CANADA" Einträge vorkommen, lösen sie eine nach Einträgen für „Canada" gefilterte SQL Analyse aus.

```
* Beispiel für UPCASE (SAS Makro Funktion);
%macro IF_THENDO_ELSE(COUNTRY) ;
%if %upcase(&COUNTRY.)= CHINA %then %do ;
      title "Analyse für China";
            proc sql ;
                  select sum(ACTUAL) as ACTUAL_sum,
                  sum(PREDICT) as PREDICT_sum
                  from SASHELP.PRDSAL2
                  where COUNTRY = "China" ;
      quit;
%end ;
%else %if %upcase(&COUNTRY.)= CANADA %then %do ;
      title "Analyse für Canada";
            proc sql ;
                  select sum(ACTUAL) as ACTUAL_sum,
                  sum(PREDICT) as PREDICT_sum
                  from SASHELP.PRDSAL2
                  where COUNTRY = "Canada" ;
      quit;
%end ;
%mend IF_THENDO_ELSE ;

%IF_THENDO_ELSE(Canada) ;
```

Ausgabe im SAS Output:

```
Analyse für Canada

ACTUAL_sum PREDICT_sum
─────────────────────
3197833 3431016
```

Beispiel 2: *Falls ein Datensatz eine bestimmte Bedingung erfüllt, dann führe entweder die vorgegebene Aktion oder die vorgegebene Alternative aus.*

Die Wenn-Bedingung im Makro FILE_VH lautet: Wenn der angegebene SAS Datensatz existiert. Wenn im Makro FILE_VH der SAS Datensatz SASHELP.CLASS existiert, löst er eine PROC CONTENTS Abfrage aus. Falls der angegebene SAS Datensatz nicht existieren sollte, wird ins SAS Log die vorbereitete Fehlermeldung ausgegeben.

```
* Beispiel für SYSFUNC+EXIST (SAS Makro Funktion);
%macro FILE_VH(IN_DATA);
    %if %sysfunc(exist(&IN_DATA)) %then
        %do;
            proc contents data=&IN_DATA. ;
            run;
        %end;
    %else
        %put The data set &IN_DATA. does not exist.;
%mend FILE_VH;

%FILE_VH(sashelp.claass);
```

Ausgabe im SAS Log:

```
The data set sashelp.claass does not exist.
```

Beispiel 3: *Falls die Attribute eines oder mehrerer Werte eine bestimmte Bedingung erfüllen, dann führe entweder die vorgegebene Aktion oder die vorgegebene Alternative aus.*

Die Wenn-Bedingung im Makro VAR_TYP lautet: Wenn die angegebenen Werte vom Typ numerisch sind. Wenn im Makro VAR_TYP die unter &A. und &B. angegebenen Werte vom Typ numerisch sind, wird die Summe beider Werte ermittelt. Ist einer der beiden angegebenen Werte nicht numerisch, wird die vorbereitete Fehlermeldung ins Log ausgegeben.

```
* Beispiel für DATATYP (Autocall Makro);
%macro VAR_TYP(A,B);
    %if (%datatyp(&A.)=NUMERIC and %datatyp(&B.)=NUMERIC)
        %then %do;
            %put Das Ergebnis ist: %sysevalf(&A.+&B.).;
```

4.2 Makroprogramme mit PROC SQL

```
        %end;
        %else %do;
        %put HINWEIS: Mathematische Operation
                     erfordert numerischen Input! ;
        %end;
%mend VAR_TYP ;

%VAR_TYP(A=10, B=20);

%VAR_TYP(A=10, B=XYZ);
```

Ausgabe im SAS Log:

```
%VAR_TYP(A=10, B=20);
Das Ergebnis ist: 30.
%VAR_TYP(A=10, B=XYZ);
HINWEIS: Mathematische Operation erfordert numerischen Input!
```

Das nächste Beispiel unterscheidet sich von den bisherigen Beispielen: Im Gegensatz zu einem Makro, in dem eine Bedingung erfüllt und entsprechende (Alternativ)Aktionen ausgelöst wird, lösen in diesem Fall DATA Step Prozesse das Ausführen eines vorher definierten Makros aus.

Beispiel 4: *Falls DATA Step Prozesse eine bestimmte Bedingung erfüllen, dann führe ein Makro aus.*

Im Beispiel besteht aus einem DATA Step und einem Makro. Der DATA Step löst letztlich das Makro aus. Zunächst wird ein Makro TRIG_MAC anlegt. Das Makro TRIG_MAC veranlasst die Auswertung von ausgefilterten Daten. Das Makro wird aber noch nicht ausgeführt. Der DATA Step legt eine temporäre SAS Datei TO_CHECK einschließlich einer neuen Variablen ID an. Im DATA Step wird nach END= auch eine temporäre Variable FILE_ENDE angelegt. Sobald die letzte Beobachtung (Zeile) verarbeitet wird, ist der Wert von FILE_ENDE gleich 1, ansonsten 0. FILE_ENDE wird übrigens *nicht* in den SAS Datensatz abgelegt. Sobald also die letzte Beobachtung verarbeitet wird *und* ein Wert in ID vorliegt, wird das Makro TRIG_MAC ausgelöst. Zusammenfassend legt der DATA Step eine temporäre SAS Datei TO_CHECK an. Sobald die letzte Beobachtung dieses Vorgangs verarbeitet wurde, wird das zuvor angelegte Makro ausgelöst und damit die Daten in TO_CHECK weiterverarbeitet.

```
* Beispiel für CALL EXECUTE (SAS Makro Call Routine);
%macro TRIG_MAC ;
        proc sql;
        select *
                from TO_CHECK ;
        quit;
%mend TRIG_MAC ;
```

```
data TO_CHECK ;
    retain ID ;
set SASHELP.BUY end=file_ende ;
    if DATE >= "01JAN2004"d
        then
    do;
    ID + 1;
        output;
    end;
if file_ende and ID then call execute("%TRIG_MAC");
    run;
```

Die beiden Beispiele 5 und 6 unterscheiden sich von den Beispielen 1 bis 4 darin, dass nun *Anwender* das Zutreffen einer bestimmten Bedingung angeben und nicht u.a. *Werte*, *Spalten* oder *SAS Datensätze*.

Beispiel 5: *Falls Anwender eine bestimmte Bedingung vorgeben, dann führe entweder die vorgegebene Aktion oder die vorgegebene Alternative aus.*

Die Wenn-Bedingung im Makro DOIF_YESNO lautet: Wenn ein Anwender im Aufruf von DOIF_YESNO die Parameter „yes" bzw. „no" angibt, dann führe einen PROC SQL Schritt aus (bei „yes") oder rufe Meta-Informationen der angegebenen SAS Datei mittels PROC CONTENTS auf. Wichtig ist also, dass die Parameter in YES_NO nicht Informationen innerhalb des SAS Systems sind, sondern Parameter, die „von außen", seitens des Anwenders, an SAS übergeben werden.

```
* Beispiel für UPCASE (SAS Makro Funktion);
%macro DOIF_YESNO(YES_NO=,IN_DATA=) ;
    %if %upcase(&YES_NO)=YES %then
    %do ;
        proc sql ;
            create table DEMO as select * from &IN_DATA. ;
        quit ;
    %end ;
    %else %if %upcase(&YES_NO)=NO %then
    %do ;
        proc contents data=&IN_DATA. ;
        run ;
    %end ;
%mend DOIF_YESNO ;

%DOIF_YESNO(YES_NO=no,IN_DATA=sashelp.class) ;
```

4.2 Makroprogramme mit PROC SQL

Beispiel 6: *Falls Anwender eine bestimmte Bedingung vorgeben, dann gehe zu einer bestimmten Stelle im SAS Code.*

Die Wenn-Bedingung im Makro IF_GOTO lautet: Wenn ein Anwender im Aufruf von IF_GOTO die Parameter „yes" bzw. „no" angibt, dann springe zu einer bestimmten Stelle im SAS Code. SAS Statements werden nach %GOTO nicht ausgeführt, erst wenn die nach %GOTO angegebene „Lande"stelle (im Beispiel „HIER", ohne Prozentzeichen und Doppelpunkt) erreicht ist. Im Beispiel wird z.B. der PROC CONTENTS Abschnitt (und ggf. alle weiteren SAS Statements) übersprungen und erst wieder der nach %HIER: („HIER" jetzt mit Prozentzeichen und Doppelpunkt) spezifizierte PROC SQL Abschnitt ausgeführt. Auch in Beispiel 6 sind die Parameter in YES_NO nicht Informationen innerhalb des SAS Systems, sondern werden „von außen", seitens des Anwenders, an SAS übergeben.

```
* Beispiel für %UPCASE und %GOTO (SAS Makro Statement);
%macro IF_GOTO(YES_NO=,IN_DATA=) ;
     %if %upcase(&YES_NO)=YES %then
        %goto HIER
/* HIER nach %GOTO ohne Prozentzeichen und Doppelpunkt */;
           proc contents data=&IN_DATA. ;
           run ;
           /* ...viele weitere SAS Statements ... */
           /* ...viele weitere SAS Statements ... */
           /* ...viele weitere SAS Statements ... */
/* jetzt %HIER mit Prozentzeichen und Doppelpunkt */
     %HIER: proc sql ;
           create table DEMO as select * from &IN_DATA. ;
           quit ;
%mend IF_GOTO ;

%IF_GOTO(YES_NO=no,IN_DATA=sashelp.class) ;
```

Die Elemente der SAS Makrosprache werden in den folgenden Abschnitten etwas ausführlicher vorgestellt werden (vgl. 4.3.1 für SAS Makrofunktionen und 4.3.2 für SAS Makro Statements).

4.2.5 Tipps für den Einsatz von Makros

SAS Makros und Makrovariablen können durch Automatisierung die Effizienz des Arbeitens mit SAS SQL unglaublich steigern. SAS Makros können selbst wiederum hinsichtlich Effizienz und Performanz optimiert werden. Zu diesem Zweck stellt dieser Abschnitt diverse Empfehlungen zusammen. Dieser Abschnitt ist nicht als Kurzeinführung in das Programmieren von SAS Makros gedacht. Dazu kann z.B. auf Bücher von u.a. Burlew (2001, 1998) und vom SAS Institute (2009d, 1994) verwiesen werden.

Setzen Sie SAS (SQL) Makrovariablen ein
SAS Makrovariablen (wie z.B. SYSDATE9, SYSDAY usw.) und SAS SQL Makrovariablen (wie z.B. SQLOBS, SQLOOPS usw.) bieten Ihnen automatisch Informationen, die Sie sofort und komfortabel nutzen können. Prüfen Sie die SAS Online-Hilfe, welche weiteren Makrovariablen von SAS noch angeboten werden.

Setzen Sie SAS Makroprogramme ein
Prüfen Sie Ihre anfallende Arbeit daraufhin, ob sie nicht durch (anfangs kleine, später größere) Makroprogramme vereinfacht werden kann. Vor allem wiederholt anfallende, gleiche Abruf- oder Analyseabläufe sind ideale Kandidaten für erste Makroprogrammierungen. Sie ersparen sich selbst die Zeit zum Programmieren, und dem System die Zeit zur Ausführung. SAS Makros werden schneller verarbeitet als normaler SAS Code: Ein Makro wird nämlich im Gegensatz zu repetitiven SAS Programmen während eines Jobs nur einmal kompiliert (also unabhängig davon, wie oft es aufgerufen wird).

Setzen Sie SAS Features zum Programmieren und Ausführen von SAS Makros ein
Sie können z.B. die Stored Compiled Macro Facility für Produktionsjobs einsetzen und dadurch die Ausführungszeit mittels des Zugriffs auf zuvor kompilierte SAS Makros reduzieren. Der Einsatz der Stored Compiled Macro Facility während der Anwendungsentwicklung gilt dagegen nicht als effizient. Eventuell ist für Anwender auch die SAS Autocall Facility interessant: Mit der SAS Autocall Facility können einmal geschriebene und validierte SAS Makros gespeichert und in beliebig anderen Anwendungen eingesetzt werden. Durch zentrales Speichern zahlreicher (Autocall) Makros in einem einzelnen Verzeichnis kann die Suchzeit verringert und die Effizienz gesteigert werden. Mit PROC SQL können Sie z.B. auch Informationen (zuletzt) verwendeter Makros abrufen, z.B.

```
proc sql;
create table MYDATA as
    select libname, memname, memtype, objname, objtype, objdesc,
         created, modified, alias, level from dictionary.catalogs
         where memname in ('SASMACR') ;
quit ;
proc print ;
run ;
```

SAS lässt Sie nicht allein: Lassen Sie sich helfen
Die SAS System Optionen MLOGIC, MLOGICNEST, MPRINT, MPRINTNEST und SYMBOLGEN unterstützen u.a. einen Anwender bei der Fehlersuche und Problemlösung beim Programmieren von SAS Makros. Speziell für die Arbeit mit SAS Makrovariablen sind auch diverse Optionen des %PUT-Statement interessant (z.B. _ALL_, _AUTOMATIC_, _GLOBAL_, _LOCAL_ oder _USER_). Hilfreich kann auch der Data Step Debugger sein. In geprüften bzw. produktiven Makros sollten dieses Optionen jedoch abgeschaltet sein (z.B.

mittels NOMLOGIC, NOMPRINT und NOSYMBOLGEN), weil sie sonst die Ausführung unnötig verzögern. Nutzen Sie die SAS Online-Hilfe.

Prüfen und dokumentieren Sie Ihre Makros: Helfen Sie anderen
Wenn Sie davon ausgehen können, dass Ihre Makros von Kollegen oder Nachfolgern eingesetzt werden: Prüfen Sie, ob Sie Ihr Makro unkompliziert von einem speziellen zu einem allgemein einsetzbaren Makro umarbeiten können. Prüfen Sie Ihre Makros mit Testcases, die einerseits ideale Daten enthalten (die zu keinen Fehlern sollten), wie auch fehlerhaften Daten (die Fehler auslösen sollten). Dokumentieren Sie Ihre Makros. Erläutern Sie, was Ihr Makro leistet, und weisen Sie auch unmissverständlich darauf hin, was es nicht(!) leistet. Bedenken Sie, dass viele Anwender verantwortungslos genug sind, nur die Makroaufrufe durchlesen. Weisen Sie auch dort auf mögliche Risiken hin.

Gewinnen Sie Routine beim Programmieren der Basics von SAS Makros
Ein MACRO-Statement beginnt mit der Definition des Makros, weist den Makro-Namen und ggf. weitere Parameter und Optionen zu. Ein Makro wird mit MEND abgeschlossen. Verwenden Sie für Makronamen und -variablen keine reservierten Begriffe bzw. nicht die Präfixe AF, DMS, SQL und SYS. Ein Makro kann u.a. nicht die Statements CARDS, DATALINES oder PARMCARDS enthalten. Im SAS Code muss einem Makroaufruf immer die Definition eines Makros vorangehen.

Differenzieren Sie zwischen lokalen und globalen Makrovariablen
SAS bietet zwei Typen von Makrovariablen an. Globale Makrovariablen können an beliebiger Stelle einer SAS Session verwendet werden und z.B. auch in Data Steps usw. weiterverarbeitet werden. Lokale Makrovariablen können nur innerhalb eines Makros bzw. seiner weiteren Verschachtelungen verwendet werden. Globale und lokale Makrovariablen können mittels SAS auf unterschiedliche Weise angelegt werden (z.B. mittels %GLOBAL oder %LOCAL, aber auch %LET). Wird z.B. mittels %LET= eine Variable außerhalb eines Makros definiert, handelt es sich um eine globale Makrovariable, wird sie innerhalb definiert, ist sie eine lokale Makrovariable.

Gewusst wie: Lernen Sie die Vor- und Nachteile von SAS Statements einzuschätzen
Zum Beispiel: Lokale Makrovariablen.

Lokale Makrovariablen können zwar nur innerhalb eines Makros bzw. seiner weiteren Verschachtelungen verwendet werden. Allerdings können sie mit dem gleichen Namen bereits existierender Variablen angelegt werden, was diese vor dem versehentlichen Überschreiben schützt.

Zum Beispiel %INCLUDE: Der Vorteil von %INCLUDE ist, dass es nicht den Code zuvor kompilieren muss (geringere Ausführungszeit). Der Nachteil von %INCLUDE ist dagegen, dass für eine ordnungsgemäße Ausführung der exakte physikalische Speicherplatz bekannt und korrekt an das SAS Programm übergeben sein muss (aufwendigere Programmierung und Validierung).

SAS Makros im Name-Style anlegen
Von den sog. Styles, ein Makro aufzurufen, gilt der Name-Style als der effizienteste. Der Grund ist, weil nur hier der Makroname mit einem „%" beginnt. Damit wird der Wort-Scanner direkt veranlasst, das Token an den Makroprozessor zu übergeben. Bei den beiden anderen Styles (Command Style, Statement Style) muss dies der Wort-Scanner erst prüfen, wodurch unnötig Zeit vergeht.

Definitionen von SAS Makros nicht nesten
Das Nesten von Makros innerhalb anderer Makros gilt als normalerweise unnötig und ineffizient. Stattdessen sollten Makros separat und zwar so definiert werden, dass nur der Aufruf des Makros innerhalb eines anderen Makros genestet wird, nicht jedoch seine Definition. Das separate Definieren von Makros hat erfahrungsgemäß den zusätzlichen Vorteil, dass sie leichter zu verstehen bzw. validieren sind. Im folgenden Makro BERICHT ist z.B. nur der Aufruf für das Makro TITLES für die Überschriften genestet, nicht jedoch seine Definition, diese erfolgt außerhalb, sogar vor BERICHT.

```
%macro TITLES ;
title1 "Management Summary für &REGION" ;
   %if &STORES. <= 5 and &STORES. > 0 %then
      %do ;
         title2 "-- Nur kleine Anzahl Stores (N=&STORES.)--";
      %end ;
%mend TITLES ;

%macro BERICHT(REGION, STORES);
   proc means data=SASHELP.SHOES ;
      where REGION="&REGION" and STORES > &STORES. ;
   class PRODUCT ;
      var SALES ;
      %TITLES
   run ;
%mend BERICHT ;

%BERICHT(Africa, 10) ;
```

Die einzig zulässigen genesteten „Makrodefinitionen" sind die Kommentierungen größerer Passagen an SAS Macro Code, um diese zu deaktivieren.

Weitere Tipps:
Setzen Sie Makrovariablen, die nicht mehr benötigt werden, auf Null, z.B. mittels `%let Makrovariable=`. Ansonsten werden u.U. beim nächsten Aufruf die zuvor bereits abgelegten Werte nochmal ausgegeben.

Verwenden Sie bei der Arbeit mit sehr langen Strings multiple Ampersands. SAS löst multiple Ampersands sukzessive auf, z.B. von &&& zu && zu &. Dadurch wird SAS veranlasst, Makrovariablen mit sehr langen Werten nochmals abzusuchen.

Zuguterletzt: Nehmen Sie sich Zeit für die umfangreiche SAS Dokumentation. SAS kann sehr viel. Üblicherweise viel mehr, als man erfahrungsgemäß zunächst annehmen würde. Nehmen Sie sich die Zeit, die es braucht, die Antwort auf Ihre spezielle Frage in diesem gewaltigen Informationsmeer zu finden.

4.3 Elemente der SAS Makrosprache

SAS stellt für die Macro Facility neben den Makrovariablen (vgl. 4.1) zahlreiche SAS Makro Funktionen und SAS Makro Statements bereit. Zu den Elementen der SAS Makrosprache gehören:

- SAS Makro Funktionen (vgl. 4.3.1),
- SAS Makro Statements (vgl. 4.3.2),
- Schnittstellen zwischen der SAS Macro Facility und PROC SQL und dem DATA Step (v.a. SAS Makro CALL Routinen) (vgl. 4.3.3, 4.3.4), sowie
- die eingangs bereits vorgestellten automatischen SAS Makrovariablen (vgl. 4.1.1, 4.1.2).

4.3.1 SAS Makrofunktionen

Die Funktion einer SAS Makrofunktion ähnelt der einer SAS Funktion: Eine SAS Makrofunktion verarbeitet ein Argument (oder mehr) und gibt ein Ergebnis aus. Ein Unterschied besteht darin, dass eine Makrofunktion mit einem „%" beginnt. Im Gegensatz zu SAS Makro Funktionen können Werte, die von SAS Funktionen zurückgegeben werden, unter Umständen trunkiert sein. Für Details wird auf die aktuelle SAS Dokumentation verwiesen.

SAS Makrofunktionen umfassen den Umgang mit Zeichen/Strings, der Auswertung von logischen und numerischen Ausdrücken, sowie zur Quotierung (Maskierung). Makrofunktionen für den Umgang mit Zeichen/Strings verändern Zeichenketten oder liefern Informationen über sie zurück. Mittels %SUBSTR ist es z.B. möglich, aus Zeichenketten einen String herauszuziehen.

Da der SAS Makroprozessor textbasiert arbeitet, werden Zahlen dabei standardmäßig als Buchstaben interpretiert. Sogenannte Bewertungsfunktionen ermöglichen es dennoch, an Text als Zahlen arithmetische und logische Ausdrücke zu bewerten. Bewertungsfunktionen (z.B. %EVAL) führen dabei mehrere Operationen durch: Sie konvertieren die Operanden im Argument aus dem Textformat in numerische Werte, führen an den numerischen Werten die gewünschte arithmetische oder logische (Boolsche) Operation durch und konvertieren das Ergebnis wieder in ein oder mehrere Buchstaben.

Bestimmte Sonderzeichen (z.B. %, &, ; oder „") haben als Elemente der SAS Makrosprache für den Makroprozessor eine andere Bedeutung als für das „normale" SAS System. Makrofunktionen für die Quotierung maskieren Sonderzeichen und mnemonische Operatoren, damit der Makroprozessor sie als normalen Text und nicht als Elemente der SAS Makrosprache interpretiert (z.B. %QUOTE). %QSCAN, %QSUBSTR und %QUPCASE werden von SAS nicht zu den Quotierfunktionen gezählt, da sie ein Zeichen nicht nur maskieren, sondern auch weiter verarbeiten.

Von den weiteren SAS Makro Funktionen ist v.a. %SYSFUNC hervorzuheben. %SYSFUNC ermöglicht es u.a. normale SAS Funktionen auszuführen (z.B. ATTRN, DATE, EXIST, PUTN, TRANSLATE). Zu den wenigen Ausnahmen wird auf die aktuelle SAS Dokumentation verwiesen (z.B. INPUT, LAG, MISSING, PUT, RESOLVE, SYMGET). %SYSFUNC ist nicht für SAS Makrofunktionen gedacht. Alle SAS Makrofunktionen können sowohl bei der Definition eines Makros, wie auch offenem SAS Code verwendet werden (vgl. die folgende Übersicht).

Kategorien und Beschreibungen von SAS Makro Funktionen (Auswahl)

SAS Makrofunktion	Beschreibung
Zeichen/Strings	
%INDEX	Gibt die Position des ersten Zeichens eines Strings zurück.
%LENGTH	Gibt die Länge eines Strings zurück.
%SCAN, %QSCAN	Sucht nach einem Wort, auf dessen Position eine Ziffer verweist. %QSCAN maskiert Sonderzeichen und mnemonische Operatoren in seinem Ergebnis.
%SUBSTR, %QSUBSTR	Legt einen Substring aus einem String an. %QSUBSTR maskiert Sonderzeichen und mnemonische Operatoren in seinem Ergebnis.
%UPCASE, %QUPCASE	Wandelt alle Buchstaben in einem Argument in Großbuchstaben um. %QUPCASE maskiert Sonderzeichen und mnemonische Operatoren in seinem Ergebnis.
Auswertung	
%EVAL	Überprüft arithmetische und logische Ausdrücke durch ganzzahlige Arithmetik.

%SYSEVALF	Überprüft arithmetische und logische Ausdrücke durch Fließkommaarithmetik.

Quotierung / Maskierung

%BQUOTE, %NRBQUOTE	Maskiert Sonderzeichen und mnemonische Operatoren in einem aufgelösten Wert bei der Ausführung des Makros. Bei %BQUOTE and %NRBQUOTE müssen nichtpaarige Anführungszeichen [" "] und Klammern [( )] nicht markiert sein.
%QUOTE, %NRQUOTE	Maskiert Sonderzeichen und mnemonische Operatoren in einem aufgelösten Wert bei der Ausführung des Makros. Nichtpaarige Anführungszeichen [" "] und Klammern [( )] müssen mittels eines vorausgehenden % markiert sein.
%STR, %NRSTR	Maskiert Sonderzeichen und mnemonische Operatoren in konstantem Text bei der Kompilierung des Makros. Nichtpaarige Anführungszeichen [" "] und Klammern [( )] müssen mittels eines vorausgehenden % markiert sein.
%SUPERQ	Maskiert alle Sonderzeichen und mnemonische Operatoren bei der Ausführung des Makros, verhindert aber die Auflösung des Werts.
%UNQUOTE	Demaskiert Sonderzeichen und mnemonische Operatoren für einen Wert.

Andere Funktionen

%SYMEXIST	Gibt einen Hinweis daraufhin zurück, ob die angegebene Variable existiert.
%SYMGLOBL	Gibt einen Hinweis daraufhin zurück, ob die angegebene Variable global ist.
%SYMLOCAL	Gibt einen Hinweis daraufhin zurück, ob die angegebene Variable lokal ist.
%SYSFUNC, %QSYSFUNC	Führt Funktionen der SAS Sprache oder vom Anwender geschriebene Funktionen in der SAS Macro Facility aus.
%SYSGET	Gibt den Wert der angegebenen Hostumgebungsvariablen zurück.
%SYSPROD	Gibt zurück, ob ein SAS Softwareprodukt an dieser Site lizenziert ist.

Hinweise: Bei den Quotierungs-/Maskierungsfunktionen bedeutet „NR" bedeutet „Not Resolved" (z.B. sind auch % und & maskiert). „B" steht dagegen für „By itself" (für üblicherweise paarig auftretende Zeichen wie z.B. Anführungszeichen oder Klammern).

Exkurs:
SAS stellt neben den SAS Makro Funktionen auch sog. Autocall Makros bereit. Aus Gründen der Vereinfachung werden bei der Einführung in die SAS Makro Funktionen auch nützliche Autocall Makros vorgestellt (mit einem entsprechenden Hinweis). Ähnliche Syntax, Programmiervorschrift und Funktionsweise führen dazu, dass Autocall Makros oft für SAS Makro Funktionen gehalten werden. Zu den SAS Autocall Makros zählen: %CMPRES, %DATATYP, %LEFT, %QCMPRES, %QLEFT, %QTRIM sowie %TRIM und %VERIFY. Autocall Makros werden im Verzeichnis SASMACR zur Verfügung gestellt. Als erste Autocall Makros werden %CMPRES und %QCMPRES direkt im Anschluss an die SAS Makro Funktionen %EVAL und %SYSEVALF vorgestellt.

Exkursende

Beispiele:
Mit Ausnahme der Autocall Makros nach %EVAL und %SYSEVALF werden ausgewählte SAS Makro Funktionen in alphabetischer Reihenfolge vorgestellt.

```
*--------------------------*
| %EVAL/%SYSEVALF Funktion |
*--------------------------*;
```

Die SAS Makro Funktionen überprüfen arithmetische und logische Ausdrücke durch ganzzahlige Arithmetik (%EVAL) bzw. Fließkommaarithmetik (%SYSEVALF).

```
* Eingaben * ;
%let VAR_A=12 ;
%let VAR_B=34 ;
%let VAR_C=12.3 ;
%let VAR_D=34.5 ;

* Richtige und falsche Operationen * ;

/* %EVAL */
/* %EVAL für Ganzzahlen (richtig) */
%put %eval(12 + 34);
/* %EVAL für Ganzzahlen (falsch; vgl. Nachkommastellen) */
%put %eval(12 / 34);
/* %EVAL für Ganzzahlen (richtig) */
%put %eval(&VAR_A. + &VAR_B.);
/* %EVAL für Ganzzahlen (falsch; vgl. Nachkommastellen) */
%put %eval(12.3 / 34.5);
```

4.3 Elemente der SAS Makrosprache

```
/* %SYSEVALF */
/* %SYSEVALF für Fließkommazahlen (richtig) */
%put %sysevalf(12.3 / 34.5);
/* %SYSEVALF für Fließkommazahlen (richtig) */
%put %sysevalf(&VAR_C. / &VAR_D.);
/* %SYSEVALF für Fließkommazahlen (richtig) */
%put %sysevalf(&VAR_A. / &VAR_B.);
```

Ausgabe im SAS Log:

```
* Richtige und falsche Operationen * ;

/* %EVAL */
/* %EVAL für Ganzzahlen (richtig) */
%put %eval(12 + 34);
46
/* %EVAL für Ganzzahlen (falsch; vgl. Nachkommastellen) */
%put %eval(12 / 34);
0
/* %EVAL für Ganzzahlen (richtig) */
%put %eval(&VAR_A. + &VAR_B.);
46
/* %EVAL für Ganzzahlen (falsch; vgl. Nachkommastellen) */
%put %eval(12.3 / 34.5);
FEHLER: A character operand was found in the %EVAL function or %IF condition
where a numeric operand is required. The condition was: 12.3 / 34.5

/* %SYSEVALF */
/* %SYSEVALF für Fließkommazahlen (richtig) */
%put %sysevalf(12.3 / 34.5);
0.35652173913043
/* %SYSEVALF für Fließkommazahlen (richtig) */
%put %sysevalf(&VAR_C. / &VAR_D.);
0.35652173913043
/* %SYSEVALF für Fließkommazahlen (richtig) */
%put %sysevalf(&VAR_A. / &VAR_B.);
0.35294117647058
```

Tipp: Falls SAS einen Fehler im Zusammenhang mit %EVAL zurückmeldet, obwohl diese Funktion im Programm gar nicht vorkommt, wird empfohlen, das Programm auf Ausdrücke mit %DO %TO %BY, %DO %UNTIL, %DO %WHILE oder %IF %THEN zu prüfen.

```
*----------------------------------*
| %CMPRES/%QCMPRES (Autocall Makros) |
*----------------------------------*;
```

%CMPRES und %QCMPRES werden oft zusammen mit %EVAL/%SYSEVALF eingesetzt. %CMPRES und %QCMPRES entfernen mehrere Blanks und auch sog. leading und trailing Blanks. %CMPRES gibt dabei z.B. ein nonquotiertes Ergebnis auch dann zurück, wenn das Argument selbst quotiert ist; Argumente werden also aufgelöst und als Elemente der *Makrosprache* weiterverarbeitet. %QCMPRES gibt dagegen das quotierte Argument zurück. Argumente werden *nicht* als Elemente der Makrosprache, sondern als *Text* weiterverarbeitet. Wie eingangs angedeutet, sehen %CMPRES und %QCMPRES zwar wie SAS Makro Funktionen aus, gehören jedoch eigentlich zu den Autocall Makros.

```
%let X=%nrstr(%eval(&VAR_A. + &VAR_B.));
%put Ergebnis für CMPRES ('Ergebnis'): %cmpres(&X.);
%put Ergebnis für QCMPRES ('Ausdruck'): %qcmpres(&X.);
```

Ausgabe im SAS Log:

```
Ergebnis für CMPRES ('Ergebnis'): 46
Ergebnis für QCMPRES ('Ausdruck'): %eval(&VAR_A. + &VAR_B.)
```

```
*--------------------------*
| %INDEX Funktion          |
*--------------------------*;
```

Die %INDEX Makro Funktion gibt die Position des ersten Zeichens eines Strings zurück. Das Makro TMPERM prüft z.B., ob ein Punkt (Zeichen) in einer Bezeichnung für einen SAS Datensatz (Argument) vorhanden ist. Ist ein Punkt in einer Bezeichnung für einen SAS Datensatz vorhanden (im Beispiel: „SASHELP.CLASS"), wird daraus geschlossen, das dies ein permanenter Datensatz ist und es werden eine entsprechende Rückmeldung und die Position des Zeichens in der Bezeichnung für den SAS Datensatz zurückgegeben. Die Logik des Beispiel setzt voraus, dass die Bezeichnung für einen temporären SAS Datensatz mit einem vorangestellten WORK angegeben wird.

```
%macro TMPERM (IN_DATA) ;
    %let POS =%index(&IN_DATA.,.);
    %if %index(&IN_DATA.,.) > 0
    %then %put Der Datensatz &IN_DATA. ist permanent
          (an Position &POS. kommt ein Punkt vor). ;
    %else %put Der Datensatz &IN_DATA. ist temporär
          (es kommt kein Punkt vor). ;
%mend TMPERM ;

%TMPERM (SASHELP.CLASS) ;
```

4.3 Elemente der SAS Makrosprache

Ausgabe im SAS Log:

```
Der Datensatz SASHELP.CLASS ist permanent
(an Position 8 kommt ein Punkt vor).
```

```
*---------------------------*
| %SCAN/%QSCAN Funktionen   |
*---------------------------*;
```

%SCAN und die %QSCAN Makro Funktionen suchen nach einem Wort, auf dessen Position eine Ziffer verweist. %QSCAN maskiert Sonderzeichen und mnemonische Operatoren in seinem Ergebnis.

Beispiel 1:

Die Makrovariable NO_VAR übergibt den Wert 2 als Parameter an die SAS Makro Funktion %SCAN und auch als Suffix an die angelegte SAS Datei DATEN_2. Die Makrovariable VAR_LIST übergibt die Worte „age", „height" und „weight" als Argument an die SAS Makro Funktion %SCAN. Dies hat zur Folge, dass %SCAN aus der Liste der Strings das zweite Wort auswählt und in die temporäre SAS Datei DATEN_2 ablegt.

```
* Eingaben * ;
%let VAR_LIST= age height weigth ;
%let NO_VAR= 2 ;

proc sql ;
title "SELECT für die &no_var..Variable aus der Liste";
      create table DATEN_&NO_VAR.
      as select %scan(&VAR_LIST., &NO_VAR.)
from SASHELP.CLASS ;
quit ;
proc print noobs ;
run ;
```

Ausgabe im SAS Output:

```
SELECT für die 2.Variable aus der Liste

Height
 69.0
 56.5
 65.3
(Ausgabe gekürzt)
```

Beispiel 2 (Unterschiede zwischen %SCAN und %QSCAN):

Mittels der %SCAN und der %QSCAN Makro Funktion wird derselbe %NRSTR Ausdruck auf ein Wort an der 3. Position abgesucht. Die Ergebnisse von %SCAN und %QSCAN unterscheiden sich jedoch. Die ebenfalls verwendete %NRSTR Makro Funktion wird im folgenden Abschnitt erläutert.

```
* Eingaben * ;
%let w=wwww ; %let x=xxxx ; %let y=yyyy ; %let z=zzzz ;
* %NRSTR Ausdruck * ;
%let TOTAL=%nrstr(&w*&x*&y*&z);

* Ausgaben (ohne, %SCAN, %QSCAN) * ;
%put Ausgabe des Ausdrucks: &TOTAL. ;
%put Ergebnis des Scannens mittels SCAN: %scan(&TOTAL.,3,*);
%put Ergebnis des Scannens mittels QSCAN: %qscan(&TOTAL.,3,*);
```

Ausgabe im SAS Log:

```
Ausgabe des Ausdrucks: &w*&x*&y*&z
Ergebnis des Scannens mittels SCAN: yyyy
Ergebnis des Scannens mittels QSCAN: &y
```

Die SAS Makro Funktion %SCAN gibt den *Wert* („yyyy") der dritten Makrovariablen zurück. Die SAS Makro Funktion %QSCAN gibt dagegen die dritte Makrovariable als *Text* („&y") zurück.

```
*--------------------------*
| %STR/%NRSTR Funktionen   |
*--------------------------*;
```

%STR und %NRSTR Makro Funktionen maskieren Sonderzeichen und mnemonische Operatoren in konstantem Text bei der *Kompilierung* des Makros. Zum Vergleich: %QUOTE bzw. %NRQUOTE maskieren während der *Ausführung* eines Makros. *Paarige* Sonderzeichen wie z.B. [„ ", ( )] werden automatisch maskiert. *Nichtpaarige* Sonderzeichen wie z.B. Anführungszeichen [„ , "] und Klammern [(,)] müssen jeweils mittels eines vorausgehenden „%" markiert sein. In %BQUOTE, %NRBQUOTE und %SUPERQ brauchen nichtpaarige Symbole nicht markiert werden. Die Funktionsweise von %STR und %NRSTR kann am Besten im Zusammenspiel mit dem %PUT-Statement veranschaulicht werden. %PUT schreibt Texte oder Werte von Makrovariablen in das SAS Log.

%STR sollte man nicht bei Funktionen oder Aufrufen mit einer Liste an Parameterwerten verwenden, da der Makroprozessor wegen dem Maskieren nichtpaariger Klammern die Argumente einer Funktion bzw. die Parameterwerte nicht erkennt. Falls in %STR, %NRSTR, %QUOTE oder %NRQUOTE ein Argument ein %-Zeichen enthält, das einem Fragezeichen oder einer Klammer vorausgeht, muss ein zweites %-Zeichen angegeben werden. Das zweite „%" verhindert, dass das erste „%" das Fragezeichen oder die Klammer maskiert.

4.3 Elemente der SAS Makrosprache

Beispiele:

```
%put Eine Zeile Text: Ohne Sonderzeichen usw.;

%put %str(proc sql ; select * from SASHELP.CLASS ; quit ; ) ;

%put %str(title "Leistung 100%%";);

%put  %str(Text mit dem Sonderzeichen 'Semikolon' (;), wie
z.B. 'run;'.) ;

%put %str(Text mit dem Sonderzeichen 'Apostroph' (%'), wie
z.B. Grimm%'sche Märchen.) ;

%put So funktioniert die %nrstr(%nrstr)-Funktion!;

%put %nrstr(Text mit dem Sonderzeichen 'Prozent' (%%), wie
z.B. 100%%.) ;

%put %nrstr(footnote "Song by: 'Peter&Paul&Mary'";);

%put %nrstr(Text mit dem Namen einer Makrovariablen, z.B.
&PCT_STRG.) ;

%macro fnotes (singer=%nrstr(Peter&Paul&Mary));
footnote "Sung by: &singer.";
%mend fnotes;

%fnotes();
```

Der Übersicht halber sind die Ausgaben für %STR und %NRSTR in etwas von einander abgesetzte Abschnitte aufgeteilt.

Ausgabe im SAS Log (für %STR Funktion):

```
Eine Zeile Text: Ohne Sonderzeichen usw.
proc sql ; select * from SASHELP.CLASS ; quit ;
title "Leistung 100%";
Text mit dem Sonderzeichen 'Semikolon' (;), wie z.B. 'run;'.
Text mit dem Sonderzeichen 'Apostroph' ('), wie z.B. Grimm'sche Märchen.
```

Die ersten beiden %STR Beispiele enthalten weder paarige noch nichtpaarige Sonderzeichen und werden nicht weiter erläutert. Um im dritten %STR Beispiel z.B. den String „Leistung 110 %" mit einem Prozentzeichen im SAS Log auszugeben, ist das Prozentzeichen durch ein vorausgehendes „%" zu maskieren. Ein Weglassen des vorausgehenden „%" würde verhindern, dass der String korrekt demarkiert würde. Im vierten %STR Beispiel gibt es je ein Paar

Klammern und Anführungszeichen; beide werden automatisch maskiert. Im letzten %STR Beispiel gibt es neben einer paarigen Klammer je zwei nichtpaarige Apostrophe, diese müssen jeweils explizit mit einem vorausgehenden „%" maskiert.

Ausgabe im SAS Log (für %NRSTR Funktion):

```
So funktioniert die %nrstr-Funktion!
Text mit dem Sonderzeichen 'Prozent' (%), wie z.B. 100%.
Text mit dem Namen einer Makrovariablen, z.B. &PCT_STRG.
footnote "Song by: 'Peter&Paul&Mary'";
```

Ausgabe im SAS Output:

```
              Sung by: Peter&Paul&Mary
```

Das erste %NRSTR Beispiel veranschaulicht die grundsätzliche Funktion der %NRSTR Makro Funktion. Eine Zeichenkette für eine SAS Makro Funktion wird maskiert und als Text weiterverarbeitet. Im zweiten %NRSTR Beispiel werden Prozentzeichen jeweils durch ein vorausgehendes „%" zu maskiert. Im dritten und fünften Beispiel maskiert die %NRSTR Makro Funktion die Ampersands („&") und verhindert dadurch, dass sie als Makrovariablen „&Paul" bzw. „&Mary" fehlinterpretiert werden. Das vierte %NRSTR Beispiel maskiert eine Makrovariable, verhindert somit ihre Auflösung und verarbeitet sie als Text weiter.

```
*-------------------------*
| %SUBSTR Funktion        |
*-------------------------*;
```

Die SAS Makro Funktion %SUBSTR legt einen Substring aus einem String an. In der Klammer nach %SUBSTR können bis zu drei Parameter angegeben werden. Der erste Parameter, das Argument, bezeichnet eine Zeichenkette oder einen Textausdruck (String). Enthält das Argument eventuell bestimmte Sonderzeichen, wird empfohlen, %QSUBSTR anstelle von %SUBSTR zu verwenden. Mit dem zweiten Parameter, der *Position*, wird die Stelle des ersten Zeichens in Zeichenkette bzw. Textausdruck angegeben, ab der z.B. ein Zeichen oder auch mehr ausgelesen werden sollen. Der Wert für die Position darf nicht größer sein als die Anzahl der Zeichen im String insgesamt. Der dritte Parameter, die *Länge,* ist optional und gibt die Länge des Strings aus, der ab der angegebenen Position ausgelesen werden soll. Der Wert für die Länge darf nicht größer sein als die Anzahl der Zeichen ab der angegebenen Position bis zum Stringende.

```
proc sql ;
title "Analyse vom &SYSDATE.";
      create table DATEN_%substr(&SYSDATE.,6)
      as select *
            from SASHELP.CLASS ;
quit;
proc print ;
run ;
```

4.3 Elemente der SAS Makrosprache

Im Beispiel wird zweimal auf die Makrovariable SYSDATE referenziert. Der vollständige String von SYSDATE wird in die Überschrift abgelegt (vgl. TITLE). %SUBSTR liest jedoch nur einen Substring aus der Makrovariablen SYSDATE aus und verwendet diesen Textteil zum Bezeichnen des anzulegenden temporären SAS Datensatzes. Der Wert 6 für die Position bewirkt, dass die fünf Zeichen davor, „28NOV", ignoriert und erst alle Werte ab der 6.Stelle zur Bezeichnung der SAS Datei verwendet werden. Dieses Beispiel verwendet keinen Wert für die Länge.

Ausgabe im SAS Output:

```
Analyse vom 28NOV10
(Ausgabe gekürzt)
```

Ausgabe im SAS Log:

```
HINWEIS: Tabelle WORK.DATEN_10 wurde erstellt mit 19 Zeilen und 5 Spalten.
(Ausgabe gekürzt)
```

```
*-----------------------------*
| %SYSFUNC Funktion           |
*-----------------------------*;
```

Die %SYSFUNC SAS Makro Funktion führt Funktionen der SAS Sprache oder vom Anwender geschriebene Funktionen in der SAS Macro Facility aus. Der Leistungsumfang von %SYSFUNC ist ausgesprochen mächtig; es werden daher im Folgenden mehrere Beispiele vorgestellt.

- *Beispiel 1: %SYSFUNC + EXIST*
- *Beispiel 2: %SYSFUNC + INDEX / INDEXW*
- *Beispiel 3: %SYSFUNC + OPEN, ATTRN und CLOSE*
- *Beispiel 4: %SYSFUNC + PUTN*

Beispiel 1: %SYSFUNC + EXIST

Mittels EXIST überprüft %SYSFUNC, ob ein bestimmtes Element in einem SAS Verzeichnis vorkommt.

```
%macro FILE_VH(IN_DATA);
    %if %sysfunc(exist(&IN_DATA)) %then
    %do;
            proc contents data=&IN_DATA. ;
            run;
    %end;
    %else
            %put The data set &IN_DATA. does not exist.;
%mend FILE_VH;
%FILE_VH(sashelp.claass);
```

Ausgabe im SAS Log:

```
The data set sashelp.claass does not exist.
```

Das Makro FILE_VH prüft, ob die SAS Datei CLAASS im Verzeichnis SASHELP vorkommt. Falls das gesuchte Element nicht im SAS Verzeichnis vorkommt, wird eine Meldung ins Log ausgegeben.

Beispiel 2: %SYSFUNC + INDEX / INDEXW

%SYSFUNC sucht mittels INDEX und INDEXW einen Zeichen-Ausdruck nach einer vorgegebenen Zeichenkette ab. Der Unterschied zwischen beiden Funktionen besteht darin, dass INDEXW eine Rückmeldung nur bei einem exakt übereinstimmenden Listenelement auslöst. Die INDEX-Funktion löst jedoch auch eine Rückmeldung dann aus, wenn vorgegebene Zeichenketten mit String-Einträgen nur teilweise übereinstimmen. Dies kann je nach Anforderung durchaus erwünscht sein. Ein möglicherweise unerwünschter Effekt wird anhand der beiden folgenden Beispiele veranschaulicht, die sich nur in der Verwendung der beiden Funktionen unterscheiden und ansonsten übereinstimmen.

INDEX-Funktion : Versehentliche Auslösung auch durch trunkierte Listenelemente

INDEX löst eine Aktion aus, wenn vorgegebene Strings *ganz oder teilweise* mit einem Zeichen-Ausdruck übereinstimmen.

```
%macro M_INDEX(IN_VAR) ;
%if %sysfunc(index(Alfred Henry James
                Alice Barbara Carol, &IN_VAR.)) %then
    %do ;
    data DATA_&IN_VAR. ;
        set SASHELP.CLASS ;
            where index(NAME, "&IN_VAR.");
        run ;
    proc print data=DATA_&IN_VAR. ;
        run ;
    %end ;
%mend M_INDEX ;

/* Aufrufe für INDEX: Alfred / Alf */

%M_INDEX(Alfred) ;

%M_INDEX(Alf) ;
```

Das Makro M_INDEX legt nach diesen beiden Aufrufen eine Datei mit der Bezeichnung „DATA_Alfred" bzw. „DATA_Alf" an, da die vorgegebenen Strings „Alfred" oder „Alf" *ganz oder teilweise* in der Spalte NAME der SAS Datei SASHELP.CLASS vorkommen.

Ausgabe im SAS Log:

```
HINWEIS: Es wurden 1 Beobachtungen aus der Datei WORK.DATA_ALFRED. ausgelesen
HINWEIS: Es wurden 1 Beobachtungen aus der Datei WORK.DATA_ALF. ausgelesen
```

Der *Inhalt* von „DATA_Alfred" in der Spalte NAME ist „Alfred". Der *Inhalt* von „DATA_Alf" in der Spalte NAME ist nicht „Alf", sondern ebenfalls „Alfred". Die Aktion, eine SAS Datei mit einer vorgegebenen Zeichenkette („Alfred") anzulegen, wird auch ausgelöst, wenn vorgegebene Zeichenketten mit String-Einträgen auch nur teilweise übereinstimmen.

INDEXW-Funktion: Auslösung nur durch exakt übereinstimmende Listenelemente
INDEXW löst eine Aktion aus, wenn vorgegebene Strings *exakt* mit einem Zeichen-Ausdruck übereinstimmen.

```
%macro M_INDEX_W(IN_VAR) ;
%if %sysfunc(indexw(Alfred Henry James
                 Alice Barbara Carol, &IN_VAR.)) %then
     %do ;
     data DATA_&IN_VAR. ;
          set SASHELP.CLASS ;
              where indexw(NAME, "&IN_VAR.");
          run ;
     proc print data=DATA_&IN_VAR. ;
          run ;
     %end ;
%mend M_INDEX_W;

/* Aufrufe für INDEXW: Alfred / Alf */

%M_INDEX_W(Alfred) ;

%M_INDEX_W(Alf) ;
```

Es wird nur die Datei mit der Bezeichnung „DATA_Alfred" deshalb angelegt, weil das Element „Alfred" exakt in der Spalte NAME der Datei SASHELP.CLASS vorkommt.

Ausgabe im SAS Log:

```
HINWEIS: Es wurden 1 Beobachtungen aus der Datei WORK.DATA_ALFRED. ausgelesen
```

Die Datei „DATA_Alf" wurde nicht angelegt, da der String „Alf" nicht exakt mit den Einträgen in NAME übereinstimmt. INDEXW löst Aktionen nur für exakt übereinstimmende Listenelemente aus.

Beispiel 3: %SYSFUNC + OPEN, ATTRN und CLOSE

%SYSFUNC öffnet bzw. schließt mittels OPEN bzw. CLOSE einen SAS Datensatz und fragt zwischen diesen Schritten mittels ATTRN den Wert eines numerischen Attributs für den angegebenen SAS Datensatz zurück.

```
%let DSNAME=%sysfunc(open(SASHELP.CLASS)) ;
%let N_OBS=%sysfunc(attrn(&DSNAME., nobs)) ;
%let CLOSE=%sysfunc(close(&DSNAME.)) ;
title %upcase("&N_OBS. Tanzschüler im %sysfunc(date(),
              monname.) des Jahres %sysfunc(date(),year.)";);
proc sql ;
select n(NAME) as Anzahl,
       mean(age) as Mean_Age format=5.2,
       mean(height) as Mean_Height format=5.2
from SASHELP.CLASS;
quit ;
```

Ausgabe im SAS Output:

19 TANZSCHÜLER IM NOVEMBER DES JAHRES 2009

Mittels der drei %LET-Statements wird die Anzahl der Zeilen aus der SASHELP.CLASS abgefragt und in die Makrovariable N_OBS abgelegt und darauf z.B. in der Überschrift referenziert (vgl. TITLE). Mittels DATE fragt %SYSFUNC das aktuelle Datum ab. Die %UPCASE Makro Funktion wandelt dabei zusätzlich alle Buchstaben in der Überschrift in Großbuchstaben um.

Beispiel 4: %SYSFUNC + PUTN

PUTN ermöglicht ein numerisches Format in Laufzeit anzugeben. PUTN, PUTC, INPUTN oder INPUTC können anstelle von PUT und INPUT zusammen mit %SYSFUNC verwendet werden. Im ersten Makrobeispiel weist PUTN numerischen Werten das Format DOLLARX10.2 zu. Im zweiten Makrobeispiel weist PUTN numerischen Werten bedingungsgeleitete Wertelabel zu.

Im Makro FMT weist PUTN zusammen mit %SYSFUNC den Werten in BETRAG das Format DOLLARX10.2 zu.

```
%macro FMT(BETRAG) ;
    %put %sysfunc(putn(&BETRAG.,dollarx10.2)) ;
%mend FMT ;

%FMT (12345.67) ;
```

Ausgabe im SAS Log:

$12.345,67

4.3 Elemente der SAS Makrosprache

Im Makro FMTCAT weist PUTN zusammen mit %SYSFUNC den Werten in WERT ein bedingungsgeleitetes Wertelabel zu. Ist der Wert von WERT gleich 0, erhält er das Label „Exakt". Liegt ein Wert über bzw. unter 0, so erhält er das Label „Zu hoch" bzw. „Zu niedrig".

```
proc format ;
  value GRUPPIERT
  0<-high = "Zu hoch"
      0   = "  Exakt  "
  low-<0  = "Zu niedrig"
          ;
run ;

%macro FMTCAT(WERT);
  %put Der Wert &WERT. ist: %sysfunc(putn(&WERT.,GRUPPIERT.))
;
%mend FMTCAT ;

%FMTCAT(123.45)  ;
%FMTCAT(0)       ;
%FMTCAT(-123.45);
```

Ausgabe im SAS Log:

```
  %FMTCAT(123.45) ;
Der Wert 123.45 ist: Zu hoch
  %FMTCAT(0)       ;
Der Wert 0 ist:   Exakt
  %FMTCAT(-123.45);
Der Wert -123.45 ist: Zu niedrig
```

Die folgende Tabelle stellt ausgewählte Funktionen und Argumente für die %SYSFUNC SAS Makro Funktion zusammen. Für Details und weitere SAS Funktionen und Argumente wird auf die aktuelle SAS Dokumentation verwiesen.

Funktionen und Argumente für %SYSFUNC

ATTRC	Gibt den Wert eines Zeichenattributs für den angegebenen SAS Datensatz zurück.
ATTRN	Gibt den Wert eines numerischen Attributs für den angegebenen SAS Datensatz zurück.
CEXIST	Überprüft die Existenz eines SAS Katalogs oder SAS Katalogeintrags.

CLOSE	Schließt einen SAS Datensatz.
CUROBS	Gibt die Nummer der aktuellen Beobachtung zurück.
DCLOSE	Schließt ein Verzeichnis (directory).
DINFO	Gibt spezifizierte Informationen über ein Verzeichnis zurück.
DNUM	Gibt die Anzahl von Membern (Elementen) in einem Verzeichnis zurück.
DOPEN	Öffnet ein Verzeichnis.
DOPTNAME	Gibt ein spezifiziertes Attribut des Verzeichnisses zurück.
DOPTNUM	Gibt die Anzahl von Informationen zurück, die für ein Verzeichnis verfügbar sind.
DREAD	Gibt den Namen eines Members im Verzeichnis zurück.
DROPNOTE	Löscht eine Markierung durch NOTE oder FNOTE in einem SAS Datensatz oder einer externen Datei.
DSNAME	Gibt den Namen des SAS Datensatzes zurück, der mit einer Datensatz-Identifikationsnummer assoziiert ist.
EXIST	Überprüft die Existenz eines Members eines SAS Verzeichnisses (SAS data library).
FAPPEND	Hängt die aktuelle Beobachtung (Zeile) an das Ende einer externen Datei an.
FCLOSE	Schließt eine externe Datei, ein Verzeichnis oder ein Member eines Verzeichnisses.
FCOL	Gibt die aktuelle Spaltenposition im Dateidatenpuffer (File Data Buffer, FDB) zurück.
FDELETE	Löscht eine externe Datei.
FETCH	Liest die nächste nichtgelöschte Beobachtung (Zeile) aus einem SAS Datensatz in den Datensatzdatenvektor (DDV, Data Set Data Vector) ein.
FETCHOBS	Liest die angegebene Beobachtung aus einem SAS Datensatz in den Datensatzdatenvektor (DDV) ein.

4.3 Elemente der SAS Makrosprache

FEXIST	Überprüft das Vorhandensein einer externen Datei, die durch ein Fileref assoziiert ist.
FGET	Kopiert Daten vom Dateidatenpuffer (File Data Buffer, FDB).
FILEEXIST	Überprüft das Vorhandensein einer externen Datei anhand ihres physikalischen Namens.
FILENAME	Weist einer externen Datei, einem Verzeichnis oder einem Ausgabegerät einen Fileref zu bzw. entfernt diesen.
FILEREF	Überprüft, ob für die aktuelle SAS Sitzung ein Fileref zugewiesen worden ist.
FINFO	Gibt ein spezifiziertes Informations-Items für eine Datei zurück.
FNOTE	Identifiziert die letzte eingelesene Beobachtung (Zeile).
FOPEN	Öffnet eine externe Datei und gibt einen Wert größer als 0 zurück, der die geöffnete Datei zu identifizieren erlaubt.
FOPTNAME	Gibt den Namen eines Informations-Items für eine externe Datei zurück.
FOPTNUM	Gibt die Anzahl von Informations-Items zurück, die für eine externe Datei verfügbar sind.
FPOINT	Positioniert den Lesezeiger auf die nächste Beobachtung (Zeile) ein, die gelesen werden soll.
FPOS	Stellt die Position des Spaltenzeigers (column pointer) im Dateidatenpuffer (File Data Buffer, FDB) ein.
FPUT	Verschiebt Daten in den Dateidatenpuffer (FDB) einer externen Datei, beginnend an der aktuellen Spaltenposition des FDB.
FREAD	Liest eine Beobachtung (Zeile) aus einer externen Datei in den Dateidatenpuffer (File Data Buffer, FDB).
FREWIND	Positioniert den Datei-Zeiger (file pointer) an den Anfang der Datei.
FRLEN	Gibt die Größe der letzten eingelesenen Beobachtung (Zeile) zurück oder, falls die Datei für eine Ausgabe geöffnet ist, die Größe der aktuellen Beobachtung (Zeile).
FSEP	Gibt die Trennzeichen für die FGET-Funktion vor; seit SAS v9.2 auch als Hexadezimalwert.

FWRITE	Schreibt eine Beobachtung (Zeile) in eine externe Datei.
GETOPTION	Gibt den Wert einer Option des SAS Systems oder für Grafiken (‚graphics') zurück.
GETVARC	Übergibt den Wert einer String-Variablen aus einem SAS Datensatz an einen DATA Step oder eine Makrovariable.
GETVARN	Übergibt den Wert einer numerischen Variable aus einem SAS Datensatz an einen DATA Step oder eine Makrovariable.
LIBNAME	Weist einem SAS Verzeichnis (SAS data library) einen SAS Pfad (‚Libref') zu bzw. entfernt diesen.
LIBREF	Prüft nach, ob ein SAS Pfad (‚Libref') zugewiesen wurde.
MOPEN	Öffnet eine Datei für Member eines Verzeichnisses.
NOTE	Gibt die aktuelle Beobachtung (Zeile) eines SAS Datensatzes anhand ihrer Beobachtungs-ID zurück.
OPEN	Öffnet einen SAS Datensatz.
PATHNAME	Gibt den physikalischen Namen eines SAS Datenverzeichnisses oder einer externen Datei zurück.
POINT	Lokalisiert eine Beobachtung, die zuvor durch die NOTE-Funktion identifiziert worden war.
REWIND	Setzt den Datensatzzeiger an den Anfang eines SAS Datensatzes.
SPEDIS	Gibt eine Nummer für eine Operation zurück, die erforderlich ist, um ein nicht korrektes Schlüsselwort in einer WHERE-Klausel in ein korrektes Schlüsselwort umzuwandeln.
SYSGET	Gibt den Wert einer angegebenen Variablen der Betriebsumgebung zurück.
SYSMSG	Gibt die Fehler- oder Warnmeldung zurück, die die letzte Funktion beim Zugriffsversuch auf einen Datensatz oder eine externe Datei auslöste.
SYSRC	Gibt die Nummer des Systemfehlers oder des Exit-Status des zuletzt aufgerufenen Eintrags zurück.
VARFMT	Gibt das Format zurück, das einer Datensatzvariablen zugewiesen ist.

4.3 Elemente der SAS Makrosprache

VARINFMT	Gibt das Informat zurück, das einer Datensatzvariablen zugewiesen ist.
VARLABEL	Gibt das Label zurück, das einer Datensatzvariablen zugewiesen ist.
VARLEN	Gibt die Länge einer Datensatzvariablen zurück.
VARNAME	Gibt den Namen einer Datensatzvariablen zurück.
VARNUM	Gibt die Nummer einer Datensatzvariablen zurück.
VARTYPE	Gibt den Datentyp einer Datensatzvariablen zurück.

Anm.: SAS Funktionen, die mit %SYSFUNC bzw. %QSYSFUNC nicht verfügbar sind: DIF, DIM, HBOUND, IORCMSG, INPUT, LAG, LBOUND, MISSING, PUT, RESOLVE, SYMGET, sowie alle Funktionen über Variableninformationen. Anstelle von INPUT und PUT können INPUTN, INPUTC, PUTN oder auch PUTC mit %SYSFUNC bzw. %QSYSFUNC verwendet werden.

```
*-----------------------------*
| %UPCASE Funktion            |
*-----------------------------*;
```

Die %UPCASE Makro Funktion wandelt alle Buchstaben in einem Argument in Großbuchstaben um.

```
%let DSNAME=%sysfunc(open(SASHELP.CLASS)) ;
%let N_OBS=%sysfunc(attrn(&DSNAME., nobs)) ;
%let CLOSE=%sysfunc(close(&DSNAME.)) ;
title %upcase("&N_OBS. Tanzschüler im %sysfunc(date(),
               monname.) des Jahres %sysfunc(date(),year.)";);

proc sql ;
select n(NAME) as Anzahl,
       mean(age) as Mean_Age format=5.2,
       mean(height) as Mean_Height format=5.2
from SASHELP.CLASS;
quit ;
```

Ausgabe im SAS Output:

```
19 TANZSCHÜLER IM NOVEMBER DES JAHRES 2009 2
Anzahl Mean_Age Mean_Height

19 13.32 62.34
```

Alle Zeichen in der Überschrift (außer Zahlen) werden von der %UPCASE Makro Funktion in Großbuchstaben umgewandelt. Die %SYSFUNC Optionen OPEN, ATTRN und CLOSE wurden bereits weiter oben erläutert.

4.3.2   SAS Makro Statements (z.B. %DO…, %IF…)

Auch die Funktion eines SAS Makro Statements ist mit der eines SAS Statements vergleichbar (außerdem beginnen sie wie SAS Makro Funktionen immer mit einem „%"): Ein SAS Makro Statement weist den Makroprozessor an, eine Operation auszuführen. Ein Makro Statement besteht dabei üblicherweise aus einer Reihe von Schlüsselworten, SAS Namen, Sonderzeichen und Operanden und schließt mit einem Semikolon. Mit Makro Statements lassen sich u.a. Werte zuweisen (%LET), Verzweigen (%GOTO) oder auch ein bedingungsgeleitetes Ausführen (%IF %THEN) und iteratives Verarbeiten (z.B. %DO mit %TO, %UNTIL oder %WHILE) von SAS Anweisungen herbeiführen. Einige SAS Makro Statements können nur bei der Definition von Makros verwendet werden (z.B. %ABORT), andere dagegen bei der Makrodefinition und in offenem SAS Code (z.B. %LET, vgl. die nachfolgende Übersicht).

Kategorien und Beschreibungen von SAS Makro Statements (Auswahl)

SAS Makro Statements	Beschreibung
Zulässig in Makrodefinitionen und offenem SAS Code	
%* Kommentierung	Bezeichnet kommentierenden Text.
%COPY	Kopiert angegebene Elemente aus einer SAS Library.
%DISPLAY	Öffnet ein Makrofenster.
%GLOBAL	Legt globale Makrovariablen an, die während der ganzen SAS Sitzung zur Verfügung stehen.
%INPUT	Übergibt während der Ausführung eines Makros Werte an Makrovariablen.
%LET	Legt eine Makrovariable an und weist ihr einen Wert zu.
%MACRO	Beginnt die Definition eines Makros.
%PUT	Schreibt Text oder die Werte von Makrovariablen in das SAS Log.
%SYMDEL	Löscht die angegebene Makrovariable im Argument.

4.3 Elemente der SAS Makrosprache

%SYSCALL	Ruft eine SAS Call Routine auf.
%SYSEXEC	Führt Befehle oder Programme des Betriebssystems aus.
%SYSLPUT	Definiert eine neue Makrovariable oder verändert den Wert einer bereits existierenden Makrovariablen auf einem remoten Host oder Server.
%SYSRPUT	Weist den Wert einer Makrovariable auf dem remoten Host einer Makrovariable auf dem lokalen Host zu.
%WINDOW	Definiert ein maßgeschneidertes Makrofenster.

Nur in Makrodefinitionen zulässig

%ABORT	Bricht das Makro ab, das gerade in einem DATA Step, SAS Job oder einer SAS Session ausgeführt wird.
%DO	Beginnt eine %DO Gruppe.
%DO, *wiederholt*	Führt SAS Statements wiederholt aus, jeweils basierend auf dem Wert einer Indexvariable.
%DO %UNTIL	Führt SAS Statements wiederholt aus bis eine Bedingung wahr ist.
%DO %WHILE	Führt SAS Statements wiederholt aus solange eine Bedingung wahr ist.
%END	Beendet eine %DO Gruppe.
%GOTO	Veranlasst das Makro, zur weiteren Verarbeitung an eine bestimmte Stelle („%LABEL:") zu springen.
%IF %THEN %ELSE	Verarbeitet bedingungsgeleitet einen Abschnitt eines Makros.
%LABEL:	Bezeichnet das Ziel eines %GOTO-Statements.
%LOCAL	Legt lokale Makrovariablen an, die nur während der Ausführung des Makros zur Verfügung stehen, in dem sie definiert wurden.
%MEND	Beendet die Definition eines Makros.
%RETURN	Bewirkt eine normale Beendigung des gegenwärtig ausgeführten Makros.

Beispiele:
Von diesen SAS Language Statements werden anhand des SASHELP Datensatzes PRDSAL2 veranschaulicht: %DO %TO, %DO %WHILE und %DO %UNTIL für das itera-

tive Verarbeiten von PROC SQL Anweisungen, sowie %IF %THEN %DO %ELSE für das bedingungsgeleitete Ausführen von PROC SQL Anweisungen. %DO %TO, %DO %WHILE und %DO %UNTIL werden zunächst am selben Beispiel vorgestellt und dann ggf. um weitere Beispiele ergänzt.

```
*-------------------------*
| %DO %TO Funktion        |
*-------------------------*;
```

Das Makro DO_TO beginnt mit einer Ausführung mit dem vorgegebenen Wert in &START. („1995"). Bei jeder Ausführung wird der Zähler (increment) in &START. um eine Einheit höhergesetzt. Das Makro DO_TO wird so lange wiederholt, bis der nach %TO vorgegebene &STOPP. Wert („1998") erreicht ist. Genauer: Das Makro DO_TO wird dann angehalten, sobald ein Wert außerhalb des Ranges von &START und &STOPP erreicht werden würde. Die Werte unter &START. und STOPP. müssen ganzzahlig sein. Der Wert der Makrovariablen &WH_wert. steuert die Gesamtzahl der ausgeführten Schleifen (im Beispiel: 4).

```
%macro DO_TO(START,STOPP) ;
%do WH_wert =&START. %to &STOPP. ;
     title "Analyse für das Jahr &WH_wert.";
     proc sql ;
     select COUNTRY, sum(ACTUAL) as ACTUAL_sum,
     sum(PREDICT) as PREDICT_sum
     from SASHELP.PRDSAL2
     where YEAR=&WH_Wert.
     group by COUNTRY ;
     quit;
%end ;
%mend DO_TO ;

%DO_TO(1995, 1998) ;
```

Das Makro DO_TO führt die Analyse von TITLE bis QUIT jeweils für die Jahre 1995, 1996, 1997 und 1998 aus. Mit &START. (vgl. „1995") wird die erste Analyse definiert und mit &STOPP. (vgl. „1998") die letzte Analyse. &START./&STOPP.-Werte werden darüber hinaus an die Makrovariable WH_Wert und von dort z.B. in die Überschrift und die WHERE-Klausel übergeben.

Ausgabe im SAS Output:

Hinweis: Aus Platzgründen wurden auf dieser Seite SAS Ausgaben, die normalerweise untereinander hängen, nebeneinander platziert.

4.3 Elemente der SAS Makrosprache

```
Analyse für das Jahr 1995          Analyse für das Jahr 1996

Country ACTUAL_sum PREDICT_sum     Country ACTUAL_sum PREDICT_sum
───────────────────────────────    ───────────────────────────────
Canada  712440.8  755785.6         Canada  708818.4  769110.4
Mexico  465915.2  518104           Mexico  472192.8  528722.4
U.S.A.  2112784   2240967          U.S.A.  2198152   2264191


Analyse für das Jahr 1997          Analyse für das Jahr 1998

Country ACTUAL_sum PREDICT_sum     Country ACTUAL_sum PREDICT_sum
───────────────────────────────    ───────────────────────────────
Canada  890551    944732           Canada  886023    961388
Mexico  582394    647630           Mexico  590241    660903
U.S.A.  2640980   2801209          U.S.A.  2747690   2830238
```

Das Makro DO_TO2 legt fünf Kopien desselben Datensatzes an. Der Unterschied zwischen den einzelnen Kopien besteht nur im Suffix der Dateibezeichnung. Das Makro DO_TO2 beginnt mit einer Ausführung derselben Analyse nach einem vorgegebenen Zähler (increment) in &WH_Wert. Das Makro DO_TO2 wird so lange wiederholt, bis der nach %TO vorgegebene Wert für &WH_Wert. („5") erreicht ist. Das Makro DO_TO2 wird nach einem Wert außerhalb des Ranges von &i. und &WH_Wert. nicht mehr ausgeführt.

```
%macro DO_TO2(WH_Wert) ;
 %do i=1 %to &WH_wert. ;
      proc sql ;
      create table TABLE_&i. as
      select    COUNTRY, sum(ACTUAL) as ACTUAL_sum,
                sum(PREDICT) as PREDICT_sum
      from SASHELP.PRDSAL2   ;
         quit;
  %end ;
%mend DO_TO2 ;
%DO_TO2(5) ;
```

Ausgabe im SAS Log:

```
HINWEIS: Tabelle WORK.TABLE_1 wurde erstellt mit 23040 Zeilen und 3 Spalten.
HINWEIS: Tabelle WORK.TABLE_2 wurde erstellt mit 23040 Zeilen und 3 Spalten.
HINWEIS: Tabelle WORK.TABLE_3 wurde erstellt mit 23040 Zeilen und 3 Spalten.
HINWEIS: Tabelle WORK.TABLE_4 wurde erstellt mit 23040 Zeilen und 3 Spalten.
HINWEIS: Tabelle WORK.TABLE_5 wurde erstellt mit 23040 Zeilen und 3 Spalten.
(gekürzt)
```

Es ist auch möglich, mehrere %DO %TO Schleifen miteinander zu verschachteln: Im Makro DO_TO3 werden zunächst für den ersten Wert der YEAR Schleife („1995") alle Einträge der QUARTER Schleife durchlaufen („1", „2", usw.), anschließend der zweite Wert der YEAR Schleife usw. Das Makro DO_TO3 durchläuft insgesamt 16 Schleifen und legt dabei 16 Kopien desselben Datensatzes an. Der Unterschied zwischen den einzelnen Kopien besteht nur im Suffix der Dateibezeichnung.

```
%macro DO_TO3 ;
 %do YEAR=1995 %to 1998 ;
     %do QUARTER=1 %to 4 ;
     proc sql ;
     create table TABLE_&YEAR._&QUARTER. as
     select      COUNTRY, sum(ACTUAL) as ACTUAL_sum,
                 sum(PREDICT) as PREDICT_sum
     from SASHELP.PRDSAL2    ;
     quit;
       %end ;
 %end ;
%mend DO_TO3 ;
%DO_TO3 ;
```

Im Aufruf brauchen keine weiteren Parameter an das Makro DO_TO3 übergeben werden.

Ausgabe im SAS Log:

```
HINWEIS: Tabelle WORK.TABLE_1995_1 wurde erstellt mit 23040 Zeilen und 3
Spalten.
HINWEIS: Tabelle WORK.TABLE_1995_2 wurde erstellt mit 23040 Zeilen und 3
Spalten.
HINWEIS: Tabelle WORK.TABLE_1995_3 wurde erstellt mit 23040 Zeilen und 3
Spalten.
(gekürzt)
```

```
*---------------------------*
| %DO %WHILE Funktion       |
*---------------------------*;
```

Das Makro DO_WHILE beginnt mit einer Ausführung mit dem vorgegebenen Wert in WH_Wert („1995"). Bei jeder Ausführung wird der Zähler (increment) um eine Einheit höhergesetzt. Das Makro DO_WHILE wird also lange wiederholt, *solange* der vorgegebene &STOPP. Wert („1997") kleinergleich dem größer werdenden &WH_Wert. ist.

```
%macro DO_WHILE(STOPP) ;
%let WH_wert=1995 ;
%do %while (&WH_wert. <= &STOPP.) ;
     title "Analyse für das Jahr &WH_wert.";
     proc sql ;
     select COUNTRY, sum(ACTUAL) as ACTUAL_sum,
```

4.3 Elemente der SAS Makrosprache

```
            sum(PREDICT) as PREDICT_sum
            from SASHELP.PRDSAL2
            where YEAR=&WH_wert.
            group by COUNTRY ;
            quit;
%let WH_wert=%eval(&WH_wert+1);
%end ;
%mend DO_WHILE ;

%DO_WHILE(1997) ;
```

Das Makro DO_WHILE führt dieselbe Analyse jeweils für die Jahre 1995, 1996 und 1997 aus. Mit &WH_Wert. (vgl. „1995") wird die erste Analyse definiert und mit &STOPP. (vgl. „1997") die letzte Analyse. Einträge in &WH_Wert. werden an die Überschrift und die WHERE-Klausel übergeben.

Ausgabe im SAS Output:

```
Analyse für das Jahr 1995
Analyse für das Jahr 1996
Analyse für das Jahr 1997
(gekürzt)
```

Das Makro DO_WHILE2 ist eine Variante für Strings. Das Makro DO_WHILE2 beginnt mit einer Ausführung für den ersten vorgegebenen Wert („Canada") und geht dann zum nächsten Eintrag („Mexico") über. Wären im Aufruf von DO_WHILE2 vier Einträge enthalten, so würden diese in der angegebenen Reihenfolge verarbeitet werden. Wäre „Mexico" im Aufruf von DO_WHILE2 zuerst angegeben, so würde die Analyse zunächst für „Mexico" und dann erst für „Canada" usw. ausgeführt werden.

```
%macro DO_WHILE2(IN_COUNTRY) ;
%let i=1 ;
%do %while (%scan(&IN_COUNTRY.,&i.) ne) ;
%let LAND=%scan(&IN_COUNTRY.,&i.) ;
      proc sql ;
      create table SUMMARY_&LAND. as
      select sum(ACTUAL) as ACTUAL_sum,
      sum(PREDICT) as PREDICT_sum
      from SASHELP.PRDSAL2
      where COUNTRY="&LAND.";
      quit;
%let i=%eval(&i.+1) ;
%end ;
%mend DO_WHILE2 ;

%DO_WHILE2(Canada Mexico) ;
```

Ausgabe im SAS Log:

```
HINWEIS: Tabelle WORK.SUMMARY_CANADA wurde erstellt mit 1 Zeilen und 2 Spal-
ten.
HINWEIS: Tabelle WORK.SUMMARY_MEXICO wurde erstellt mit 1 Zeilen und 2 Spal-
ten.
(gekürzt)
```

```
*--------------------------*
| %DO %UNTIL Funktion      |
*--------------------------*;
```

Das Makro DO_UNTIL beginnt mit einer Ausführung mit dem vorgegebenen Wert in WH_Wert („1995"). Bei jeder Ausführung wird der Zähler (increment) um eine Einheit höhergesetzt. Das Makro DO_UNTIL wird also lange wiederholt, *bis* der vorgegebene &STOPP. Wert („1996") gleich dem größer werdenden &WH_Wert. ist.

```
%macro DO_UNTIL(STOPP) ;
%let WH_wert=1995 ;
%do %until (&WH_wert. = &STOPP.+1) ;
    title "Analyse für das Jahr &WH_wert.";
    proc sql ;
    select COUNTRY, sum(ACTUAL) as ACTUAL_sum,
    sum(PREDICT) as PREDICT_sum
    from SASHELP.PRDSAL2
    where YEAR=&WH_wert.
    group by COUNTRY ;
    quit;
%let WH_wert=%eval(&WH_wert+1);
%end ;
%mend DO_UNTIL ;

%DO_UNTIL(1996) ;
```

Das Makro DO_UNTIL führt dieselbe Analyse jeweils für die Jahre 1995 und 1996 aus. Mit &STOPP. (vgl. „1996") wird die letzte Analyse definiert. &STOPP.-Werte werden darüber hinaus an die Makrovariable WH_Wert und von dort z.B. in die Überschrift und die WHERE-Klausel übergeben. Die Korrektur um „+1" in der %DO %UNTIL führt zur Bedingung, dass die wiederholte Ausführung des Makros bei „STOPP" *gleich* „1996" anhält. Würde diese Korrektur weggelassen, würde DO_UNITL eine Einheit vorher, also bei „1995," anhalten.

Ausgabe im SAS Output:

```
Analyse für das Jahr 1995
Analyse für das Jahr 1996
(gekürzt)
```

4.3 Elemente der SAS Makrosprache

```
*--------------------------------*
| %IF %THEN %DO %ELSE Funktion   |
*--------------------------------*;
```

Der Hauptunterschied zwischen dem %IF %THEN %DO %ELSE-Statement als Element der SAS Makro Sprache und IF THEN ELSE-Statement als Element der SAS BASE Sprache ist folgender: Das %IF %THEN %DO %ELSE Makro-Statement erzeugt bedingungsgeleitet vordefinierten SAS Code und führt diesen aus. Das IF THEN ELSE-Statement führt dagegen SAS Statements bedingungsgeleitet während des DATA Steps aus. Das Makro IF_THEN2 wird veranschaulichen, wie das %IF %THEN %DO %ELSE-Statement vordefinierten SAS Code bedingungsgeleitet erzeugt und ausführt. Aus Platzgründen wird auf die Wiedergabe des SAS Output verzichtet und stattdessen nur die relevante Ausgabe im SAS Log wiedergegeben und erläutert.

Im Prinzip sind im Makro IF_THEN2 zwei Funktionalitäten angelegt: Kommt unter &IN_VAR. ein gültiger Eintrag vor, wird eine nach &IN_VAR. gruppierte SQL Analyse ausgelöst. Der Operator „NE [Blank]" bedeutet: „Solange ein Parameterwert nicht fehlt", also solange, wie ein Parameterwert vorhanden ist. Kommt unter &IN_VAR. dagegen kein oder kein gültiger Eintrag vor, so wird eine nongruppierte SQL Analyse ausgelöst. Der Operator „EQ [Blank]" bedeutet dagegen: „Sobald ein Parameterwert fehlt".

```
%macro IF_THEN2(IN_VAR) ;
proc sql ;
      create table SUMMARY_&IN_VAR. as
      select      sum(ACTUAL) as ACTUAL_sum,
      sum(PREDICT) as PREDICT_sum
%* Falls IN_VAR nicht im Aufruf fehlt: *;
%if &IN_VAR. ne %then
    %do ;
    , &IN_VAR.
      from SASHELP.PRDSAL2
      group by &IN_VAR. ;
    %end ;
%* Falls IN_VAR im Aufruf fehlt: *;
%else %if &IN_VAR. eq %then
    %do ;
      from SASHELP.PRDSAL2 ;
    %end ;
      quit;
%mend IF_THEN2 ;

%IF_THEN2(country) ;
%IF_THEN2() ;
%IF_THEN2(year) ;
```

Ist der Wert der Makrovariable IN_VAR z.B. COUNTRY, so erzeugt das IF_THEN2 Makro den folgenden vordefinierten SAS Code und führt diesen aus:

```
proc sql ;
create table SUMMARY_country as select sum(ACTUAL) as ACTUAL_sum,
sum(PREDICT) as PREDICT_sum , country from SASHELP.PRDSAL2 group by country ;
quit;
```

Ist der Wert der Makrovariable IN_VAR dagegen ein Blank, so erzeugt das IF_THEN2 Makro den folgenden vordefinierten SAS Code:

```
proc sql ;
create table SUMMARY_ as select sum(ACTUAL) as ACTUAL_sum, sum(PREDICT) as
PREDICT_sum from SASHELP.PRDSAL2 ;
quit;
```

Ist der Wert der Makrovariable IN_VAR z.B. YEAR, dann erzeugt IF_THEN2 Makro folgenden SAS Code:

```
proc sql ;
create table SUMMARY_year as select sum(ACTUAL) as ACTUAL_sum, sum(PREDICT)
as PREDICT_sum , year from SASHELP.PRDSAL2 group by year ;
quit;
```

Weitere Beispiele zu %IF %THEN %DO finden Anwender in den Kapiteln zum listenweisen (vgl. Makro LISTING4) und v.a. zum bedingungsgeleiteten Ausführen von Befehlen (vgl. 4.2.3, 4.2.4).

Tipp: Die Ausdrücke %DO %TO %BY, %DO %UNTIL, %DO %WHILE und %IF %THEN führen eine Auswertung mittels eines automatischen Aufrufs der %EVAL Funktion durch. Falls SAS einen Fehler im Zusammenhang mit %EVAL zurückmeldet, obwohl im Programm gar kein %EVAL vorkommt, wird empfohlen, das Programm auf Ausdrücke wie %DO %TO %BY, %DO %UNTIL, %DO %WHILE oder %IF %THEN zu prüfen.

4.3.3 Schnittstellen I: Von der SAS Macro Facility zu PROC SQL bzw. DATA Step

SAS bietet acht Schnittstellen für das Zusammenspiel der SAS Macro Facility mit PROC SQL und dem DATA Step an. Das Bedeutsame daran ist, dass die Ausführung der SAS Macro Facility vor der von PROC SQL bzw. des DATA Step stattfindet. Dies bedeutet, dass im Moment der Ausführung von PROC SQL bzw. DATA Step bereits alle Informationen seitens der Makroverarbeitung zur Verfügung stehen. Zu den Schnittstellen zwischen der SAS Macro Facility und PROC SQL bzw. DATA Step zählen SAS Makro CALL Routinen, SAS Makro Funktionen, sowie INTO. Dieser Abschnitt behandelt die SAS Makro CALL Routinen und ihre Funktion als Schnittstelle von der SAS Macro Facility zu PROC SQL bzw. DATA Step (zu INTO vgl. den nächsten Abschnitt). Die SAS Makro CALL Routinen ermöglichen u.a.

4.3 Elemente der SAS Makrosprache

- Informationen aus einer Makrovariablen an PROC SQL bzw. DATA Step zu übertragen (vgl. CALL SYMPUT bzw. SYMPUTX),
- SAS Makros in Abhängigkeit der Werte seitens PROC SQL bzw. eines DATA Steps auszuführen (vgl. CALL EXECUTE),
- Makrovariablen aufzulösen (RESOLVE) oder zu löschen (CALL SYMDEL) und u.a.
- Informationen darüber abzufragen, ob eine angegebene Variable existiert bzw. global oder lokal ist (SYMEXIST, SYMGLOBL, SYMLOCAL).

Kategorien und Beschreibungen von DATA Step Schnittstellen (Auswahl)

SAS Makrofunktion	*Beschreibung*
SAS Makro CALL Routine	
CALL EXECUTE	Ausführung: Löst das Argument auf und führt den aufgelösten Wert sofort (falls der Wert ein Element der SAS Makrosprache ist) oder erst zum nächsten Schritt aus (falls der Wert ein SAS Statement ist).
CALL SYMDEL	Löschen: Löscht die angegebene Makrovariable im Argument.
CALL SYMPUT, CALL SYMPUTX	Lesen oder Schreiben: Übergibt einen Wert aus einem DATA Step an eine Makrovariable.
SAS Makro Funktion	
RESOLVE	Auflösung: Löst den Wert eines Textausdrucks während der Ausführung eines DATA Steps auf.
SYMEXIST	Information: Gibt einen Hinweis daraufhin zurück, ob die angegebene Variable existiert.
SYMGET	Lesen oder Schreiben: Gibt den Wert einer Makrovariable während der Ausführung eines DATA Steps zurück.
SYMGLOBL	Information: Gibt einen Hinweis daraufhin zurück, ob die angegebene Variable global ist.
SYMLOCAL	Information: Gibt einen Hinweis daraufhin zurück, ob die angegebene Variable lokal ist

Beispiele:
Von diesen SAS Makro CALL Routinen werden anhand des SASHELP Datensatzes SHOES veranschaulicht: CALL EXECUTE, CALL SYMPUTX bzw. CALL SYMPUT. Die SAS Makro Funktion SYMGET wird anhand der SAS Datei SASHELP.CLASS erläutert.

```
*--------------------------*
|    CALL EXECUTE          |
*--------------------------*;
```

Die beiden Beispiele werden veranschaulichen, wie CALL EXECUTE ein Argument auflöst und den aufgelösten Wert ausführt. Für beide Beispiele ist es erforderlich, in einem vorbereitenden Schritt einen (verkleinerten) temporären Teildatensatz SHOES aus der SAS Datei SASHELP.SHOES anzulegen. Ein weiteres Beispiel zu CALL EXECUTE findet sich bereits im Kapitel zum bedingungsgeleiteten Ausführen von Makros (vgl. Makro TRIG_MAC).

```
proc sql ;
      create table SHOES as select * from SASHELP.SHOES
        where REGION in ("Asia", "Africa", "Canada", "Pacific")
        and PRODUCT in ("Men's Casual", "Women's Casual") ;
quit ;
```

Beispiel 1: CALL EXECUTE ohne IF-Bedingungen
Abgesehen vom obigen vorbereitenden Schritt besteht dieses Beispiel aus drei Schritten: Im ersten Schritt wird ein temporärer Teildatensatz REG_SALES aus der SASHELP Datei SHOES angelegt. Im zweiten Schritt wird ein Makro PCTABLE angelegt (aber noch nicht ausgeführt). Im dritten Schritt ruft CALL EXECUTE das Makro PCTABLE auf und erzeugt mittels der darin referenzierten temporären Tabelle *SHOES* eine Tabelle mittels PROC TABULATE pro vorhandene Region in der Datei *REG_SALES*. Anders ausgedrückt: Jede gültige REGION Ausprägung in REG_SALES löst die Ausführung des Makros PCTABLE und damit die Verarbeitung der Tabelle SHOES aus. Dieses Beispiel veranschaulicht neben der Funktionsweise CALL EXECUTE zwei weitere Aspekte: a) Mittels des Aufrufens von Makros können standardisierte Tabellen automatisch erzeugt werden. (b) Dabei können völlig unkompliziert auch separate Datensätze SHOES und REG_SALES aufeinander bezogen werden.

```
proc sql ;
      create table REG_SALES as
        select unique REGION as REGION_N
        from SASHELP.SHOES ;
quit ;

%macro PCTABLE (REGION_N) ;
proc tabulate data = SHOES ;
        where REGION="&REGION_N.";
            title "Tabelle für Region &REGION_N." ;
class SUBSIDIARY PRODUCT ;
var SALES ;
tables SUBSIDIARY="" All="Insgesamt",
    (PRODUCT="Produktreihe"
     All="Insgesamt")*SALES=""*(sum="Summe")
```

```
            /rts=18 box=[label="Sales in der Region -&REGION_N.-
            und den jeweiligen Niederlassungen:"];
run ;
%mend PCTABLE ;

data _null_ ;
      set REG_SALES ;
      call execute('%PCTABLE('||REGION_N||')') ;
run ;
```

Die TABULATE Tabellen für die Regionen „Africa", „Asia" (s.u.) usw. werden in diesem CALL EXECUTE Beispiel pro vorhandene Ausprägung im Feld REGION automatisch erzeugt, also ohne dass eine einzige IF-Bedingung oder Werteliste anzugeben ist.

Ausgabe im SAS Output:

Tabelle für Region Asia

Sales in der Region -Asia- und den jeweiligen Niederlassungen:	Produktreihe		Insgesamt
	Men's Casual	Women's Casual	
	Summe	Summe	Summe
Bangkok	.	5389.00	5389.00
Seoul	11754.00	20448.00	32202.00
Insgesamt	11754.00	25837.00	37591.00

(gekürzt)

Ausgabe im SAS Log:

```
HINWEIS: Es wurden 9 Beobachtungen aus der Datei WORK.SHOES. ausgelesen
         WHERE REGION='Africa'; (gekürzt)
HINWEIS: Es wurden 3 Beobachtungen aus der Datei WORK.SHOES. ausgelesen
         WHERE REGION='Asia'; (gekürzt)
HINWEIS: Es wurden 8 Beobachtungen aus der Datei WORK.SHOES. ausgelesen
         WHERE REGION='Canada'; (gekürzt)
HINWEIS: Es wurden 10 Beobachtungen aus der Datei WORK.SHOES. ausgelesen
         WHERE REGION='Pacific'; (gekürzt)
```

Beispiel 2: CALL EXECUTE mit IF-Bedingungen

Das zweite Beispiel unterscheidet sich vom ersten Beispiel im Wesentlichen nur darin, dass im dritten Schritt zusätzliche IF-Bedingungen formuliert sind. Im ersten Schritt wird ein temporärer Teildatensatz REG_SALES2 aus der temporären SHOES angelegt. Im zweiten Schritt wird ein Makro PCTABLE2 angelegt (aber noch nicht ausgeführt). Im dritten Schritt ruft CALL EXECUTE das Makro PCTABLE2 auf (sofern die Bedingungen nach IF erfüllt sind) und löst pro vorhandene Region in der Datei REG_SALES2 die standardisierte Erzeugung einer Tabelle mittels PROC TABULATE aus.

```
proc sql ;
    create table REG_SALES2 as
    select REGION, SUBSIDIARY, PRODUCT,
    sum(SALES) as SALE_SUM
    from SHOES group by REGION, SUBSIDIARY, PRODUCT ;
quit;

%macro PCTABLE2 (REGION) ;
proc tabulate data = SHOES ;
        where REGION="&REGION." ;
class SUBSIDIARY PRODUCT ;
var SALES ;
tables SUBSIDIARY="" All="Insgesamt",
    (PRODUCT="Produktreihe"
    All="Insgesamt")*SALES=""*(sum="Summe")
    /rts=18 box=[label="Sales in der Region -&REGION.-
    und den jeweiligen Niederlassungen:"];
run ;
%mend PCTABLE2 ;

data _null_ ;
set REG_SALES2 ;
    if PRODUCT in ("Men's Casual") and SALE_SUM > 200000
    then call execute('%PCTABLE2('||REGION||')');
run ;
```

Ausgabe im SAS Output:

Sales in der Region -Africa- und den jeweiligen Niederlassungen	Produktreihe		Insgesamt
	Men's Casual	Women's Casual	
	Summe	Summe	Summe
Addis Ababa	67242.00	51541.00	118783.00
Algiers	63206.00	.	63206.00
Cairo	360209.00	328474.00	688683.00
Khartoum	9244.00	19582.00	28826.00
Kinshasa	.	17919.00	17919.00
Luanda	62893.00	.	62893.00
Insgesamt	562794.00	417516.00	980310.00

(gekürzt)

Ausgabe im SAS Log:

```
HINWEIS: Es wurden 9 Beobachtungen aus der Datei WORK.SHOES. ausgelesen
    WHERE REGION='Africa'; (gekürzt)
```

HINWEIS: Es wurden 8 Beobachtungen aus der Datei WORK.SHOES. ausgelesen
        WHERE REGION='Canada'; *(gekürzt)*
HINWEIS: Es wurden 10 Beobachtungen aus der Datei WORK.SHOES. ausgelesen
        WHERE REGION='Pacific'; *(gekürzt)*

Die Tabelle für REGION="Asia" wird nicht erzeugt, da die IF-Bedingung für SALE_SUM nicht erfüllt ist. Weitere Hinweise auf die Konstruktion von multidimensionalen Tabellen mittels PROC TABULATE finden interessierte Anwender in Schendera (2004, Kap. 11.4.5).

```
*--------------------------*
|   CALL SYMPUTX/SYMPUT    |
*--------------------------*;
```

CALL SYMPUTX bzw. CALL SYMPUT übergeben einen Wert aus einem DATA Step an eine Makrovariable. Der Unterschied zwischen CALL SYMPUTX und CALL SYMPUT ist, dass CALL SYMPUTX zusätzlich automatisch leading und trailing Blanks entfernt. Das folgende Beispiel ist Abschnitt 8.2 (Band I) über die Berechnung von Lage- und Streuungsmaßen angelehnt. PROC SQL enthält z.B. keine Auswertungsfunktion zur Berechnung des Medians; ein Median kann jedoch unkompliziert u.a. mit der SAS Funktion MEDIAN oder einer Routine ermittelt werden. Im folgenden Beispiel wird der Median mit der Routine SYMPUTX ermittelt und in einer Makrovariablen abgelegt. CALL SYMPUTX ist neu seit SAS v9. Die Funktionalität entspricht der von CALL SYMPUT mit dem v.a. für das Programmieren von Makros attraktiven Vorzug, dass diese Routine zusätzlich automatisch leading und trailing Blanks entfernt. Im folgenden Beispiel wird mittels PROC MEANS der Median für die Spalte SALES aus der SAS Datei SASHELP.SHOES ermittelt, durch CALL SYMPUTX an eine Makrovariable übergeben und von SQL in einer WHERE-Klausel wieder aufgenommen.

```
proc means data = SASHELP.SHOES noprint ;
var SALES ;
output out = MED_DATA (drop=_TYPE_ _FREQ_)
       median(SALES) = SALES_MED ;
run ;

data MED_DATA ;
set MED_DATA ;
     call symputx ("MEDIAN", SALES_MED) ;
run ;

proc sql ;
create table MYDATA as
select *
from SASHELP.SHOES
       where SALES ge 0 and SALES le &MEDIAN. ;
quit;
```

Hinweise: In PROC MEANS wird der Median für die Spalte SALES aus der SAS Datei SASHELP.SHOES ermittelt und als Wert SALES_MED im Output Dataset MED_DATA abgelegt. Die ebenfalls automatisch angelegten Parameter _TYPE_ und _FREQ_ können, müssen aber nicht aus MED_DATA entfernt werden. Im sich anschließenden DATA Step wird der Wert in der Spalte SALES_MED mittels CALL SYMPUTX an die Makrovariable MEDIAN übergeben. Die Schreibweise für die Makrovariable in CALL SYMPUTX unterscheidet sich von der nach INTO angegebenen Makrovariablen in zweierlei Hinsicht. Dem Variablennamen geht kein Doppelpunkt voraus und darüber hinaus wird die Bezeichnung in Anführungszeichen gesetzt. Das abschließende PROC SQL nimmt die Makrovariable &MEDIAN in einer WHERE-Klausel wieder auf und filtert die Daten aus SASHELP.SHOES entsprechend dieser Bedingung. Wird für dasselbe Beispiel CALL SYMPUT verwendet, besteht der einzige Unterschied darin, die leading und trailing Blanks „von Hand" zu entfernen, z.B. mittels TRIM und LEFT.

```
proc means data = SASHELP.SHOES noprint ;
var SALES ;
output out = MED_DATA (drop=_TYPE_ _FREQ_)
    median(SALES) = SALES_MED ;
run ;

data _NULL_ ;
set MED_DATA ;
    call symput("MEDIAN", trim(left(SALES_MED))) ;
run ;

proc sql ;
create table MYDATA as
select *
from SASHELP.SHOES
    where SALES ge 0 and SALES le &MEDIAN. ;
quit ;
```

Hinweise: Anstelle des DATA Step mit CALL SYMPUTX (und darin des Überschreibens derselben Datei mit sich selbst) wird bei CALL SYMPUT eine alternative Variante mit „data _NULL_" gewählt. Das Schlüsselwort _NULL_ ermöglicht, in der Umgebung eines DATA Step zu programmieren, ohne dazu extra einen Datensatz anlegen zu müssen. Dieser Ansatz ist i.A. effizienter als Überschreiben einer Datei durch sich selbst, da dabei kein Datensatz angelegt und daher auch keine Daten gelesen oder geschrieben werden müssen.

```
*--------------------------*
|       SYMGET             |
*--------------------------*;
```

SYMGET gibt den Wert einer Makrovariablen während der Ausführung eines DATA Steps zurück. SYMGET erlaubt dabei mindestens drei verschiedene Arten von Argumenten: Text in Anführungszeichen, eine Spalte aus einer SAS Datei, deren Werte den Namen von Makrovariablen entsprechen und ein Ausdruck, der sich zu einem Namen einer Makrovariablen auflöst. Die beiden letztgenannten Funktionsweisen von SYMGET werden in den folgenden Ansätzen veranschaulicht. Allen drei Ansätzen ist das Ziel gemeinsam, dass den Jungen und Mädchen aus der SASHELP Datei CLASS ein numerischer Code zugewiesen und in die neu angelegte Spalte CODE abgelegt werden soll. Jungen sollen dabei den (willkürlich gewählten) CODE=0 und Mädchen den CODE=1 erhalten.

```
%let M=0 ; %let F=1 ;
```

Ansatz ohne SYMGET: CASE/WHEN/THEN

```
proc sql ;
select *,
       case
              when SEX = "M"
              then  &M.
              else  &F.
       end as CODE
from SASHELP.CLASS ;
quit;
```

Das erste Beispiel arbeitet ohne SYMGET. Dieser Ansatz weist über eine an die Spalte SEX geknüpfte Bedingung die beiden Makrovariablen (und damit ihre Einträge) der neu angelegten Spalte CODE zu.

Ansatz mit SYMGET in CASE/WHEN/THEN-Logik

```
proc sql ;
select *,
       case
              when SEX = "M"
              then symget('M')
              else symget('F')
       end as CODE
from SASHELP.CLASS ;
quit;
```

Das zweite Beispiel arbeitet mit SYMGET. Die beiden SYMGET Ausdrücke nach THEN bzw. ELSE bewirken, dass sie sich zu Namen der unter %LET definierten Makrovariablen &M. und &F. auflösen. Dieser Ansatz weist über eine an die Spalte SEX geknüpfte Bedingung die Einträge der beiden Makrovariablen &M. und &F. der neu angelegten Spalte CODE zu.

Ansatz mit SYMGET: Dasselbe Resultat

```
proc sql ;
    select *, symget(SEX) as CODE
    from SASHELP.CLASS ;
```

Das dritte Beispiel arbeitet ebenfalls mit SYMGET. Dieser Ansatz setzt voraus, dass die Namen der eingangs unter %LET definierten Makrovariablen &M. und &F. den Ausprägungen der Spalte SEX entsprechen. Über die Ausprägung der Makrovariablen &M. weist SYMGET der Spalte CODE den Wert „0" zu bzw. über &F. den Wert „1".

Name	Sex	Age	Height	Weight	CODE	
Alfred	M	14	69	112.5	0	
Alice	F	13	56.5	84	1	
Barbara	F	13	65.3	98	1	
Carol	F	14	62.8	102.5	1	*(gekürzt)*

4.3.4 Schnittstellen II: Von PROC SQL in die SAS Macro Facility (INTO:)

Das bereits in Abschnitt 4.1.3 vorgestellte INTO ist eine wichtige Schnittstelle zur SAS Macro Facility. Dieser Abschnitt beschreibt die Richtung von SQL bzw. DATA Step der SAS zur Macro Facility. Abschnitt 4.3.3 beschreibt die entgegengesetzte Richtung von der SAS Macro Facility zu SQL und DATA Step (vgl. „Schnittstellen I").

Übergabe in einen DATA Step

Mittels SQL angelegte Makrovariablen können auch in den DATA Step übergeben werden. Die Makrovariable &MEANSALE wird dieses mal in einer WHERE-Klausel im DATA Step aufgenommen. Mittels des DATA Steps sollen alle Zeilen behalten werden, deren SALES-Werte sich zwischen 0 und dem durchschnittlichen SALES-Wert bewegen. In diese Makrovariable wird nur ein Wert geschrieben.

```
proc sql noprint ;
    select mean(SALES) into :meansale
    from SASHELP.SHOES ;
title "Alle Shops mit unterdurchschnittlichen
                        Verkäufen ($ &meansale.).";
data MYDATA ;
    set SASHELP.SHOES ;
        keep Region Subsidiary Product Sales ;
        where SALES ge 0 and SALES le &meansale. ;
run ;
```

Ausgabe (gekürzt):

Alle Shops mit unterdurchschnittlichen Verkäufen ($ 85700.17).

Region	Product	Subsidiary	Sales
Africa	Boot	Addis Ababa	$29,761
Africa	Men's Casual	Addis Ababa	$67,242
Africa	Men's Dress	Addis Ababa	$76,793
Africa	Sandal	Addis Ababa	$62,819
Africa	Slipper	Addis Ababa	$68,641
Africa	Sport Shoe	Addis Ababa	$1,690

Übergeben mehrerer Werte, z.B. einer Spalte inkl. Begrenzung der Ausgabe (%PUT)
In Makrovariablen können nicht nur eine, sondern auch mehrere (numerische) Werte übergeben werden. Im ersten Beispiel werden die ersten zehn, im zweiten Beispiel alle Werte einer Spalte abgelegt. Im Prinzip werden bei diesem Vorgang die Einträge aus einer Datenspalte in eine Datenzeile umgewandelt. Die erste Variante ist durch INOBS= eingeschränkt, die zweite Variante nicht.

Variante1: Ablegen der ersten zehn Werte:

```
proc sql noprint inobs=10 ;
select SALES into :sales
   separated by ","
   from SASHELP.SHOES ;
quit;

%put &sales. ;
```

Variante2: Ablegen aller Werte:

```
proc sql ;
select SALES into :sales
   separated by " "
   from SASHELP.SHOES ;
quit;

%put &sales. ;
```

Ausgaben (im SAS Log):

Beispiel 1:

$29,761,$67,242,$76,793,$62,819,$68,641,$1,690,$51,541,$108,942,$21,297,$63,206

Beispiel 2 (gekürzt):

$29,761 $67,242 $76,793 $62,819 $68,641 $1,690 $51,541 $108,942 $21,297
$63,206 $123,743 $29,198 $64,891 $2,617 $90,648 $4,846 $360,209 $4,051
$10,532 $13,732 $2,259 $328,474 $14,095 $8,365 $17,337 $39,452 $5,172 $42,682
$19,282 $9,244 $18,053 $26,427 $43,452 $2,521 ...

Hinweise: In Variante 1 werden die ersten zehn Werte der Variablen SALES in die Makrovariable :SALES abgelegt. Die Werte werden dabei durch ein Komma voneinander getrennt (vgl. SEPARATED BY). INOBS=10 begrenzt die Anzahl der Inputzeilen bzw. -beobachtungen und damit die der abzulegenden SALES-Werte auf die ersten 10. In Variante

2 werden alle Werte der Variablen SALES in :SALES abgelegt. Die Werte werden dabei durch einen Blank voneinander getrennt (vgl. SEPARATED BY). Wird SEPARATED BY weggelassen, wird nur der erste Wert aus SALES in die Makrovariable abgelegt. %PUT schreibt alle Werte der Makrovariablen &SALES in das SAS Log.

Ausgeben aller einzigartigen Ausprägungen einer Variablen (UNIQUE)
Die Funktion UNIQUE fragt alle einzigartigen Ausprägungen der Spalte REGION aus SASHELP.SHOES ab und schreibt diese in die Makrovariable UNIQ_REG. Mittels ORDER BY werden die Werte dabei alphabetisch geordnet. Über %PUT werden diese Werte in das SAS Log geschrieben.

```
proc sql noprint ;
   select unique(REGION)
       into :UNIQ_REG separated by " , "
   from SASHELP.SHOES
order by REGION ;
quit ;

%put &UNIQ_REG. ;
```

Ausgabe (im SAS Log):

```
Africa , Asia , Canada , Central America/Caribbean , Eastern Europe , Middle
East , Pacific , South America , United States , Western Europe
```

Schreiben der jeweils ersten Werte zweier Variablen
Die vorangehenden Beispiele legten jeweils einen oder mehrere Werte nur einer Variablen in eine Makrovariable ab. Mit PROC SQL können auch Werte in mehreren Makrovariablen gleichzeitig abgelegt werden. :REGION und :SALES wird jeweils der Wert aus der ersten Zeile der REGION bzw. SALES Spalte zugewiesen. Würde die Abfolge der Variablen nach INTO umgekehrt sein, würde der erste REGION-Wert in :SALES geschrieben werden und der erste SALES-Wert in :REGION. Über NOPRINT wird die Ausgabe der Abfrageergebnisse in den SAS Output unterdrückt.

```
proc sql noprint ;
select REGION, SALES into :REGION, :SALES
from SASHELP.SHOES ;
quit ;
```

Abfrage I: „Nur" Schreiben der Werte ins Log:

```
%put &REGION &SALES ;
```

Ausgabe (im SAS Log):

```
Africa                $29,761
```

4.3 Elemente der SAS Makrosprache

Hinweise: %PUT schreibt ausschließlich den Inhalt der beiden ersten Makrovariablen ins Log. Nicht ohne Weiteres zu erkennen ist, dass den Einträgen „Africa" und „$29,761" eine Reihe unsichtbarer Leerzeichen folgt, sog. trailing blanks.

Abfrage II: „Formatiertes" Schreiben ins Log:

```
%let REGION = &REGION;
%let SALES = &SALES;
%put In der Region &REGION wurden Verkaufsvolumen von &SALES erzielt.;
```

Ausgabe (im SAS Log):

```
In der Region Africa wurden Verkaufsvolumen von $29,761 erzielt.
```

Hinweise: Die beiden %LETs bewirken das Abschneiden der trailing blanks. %PUT schreibt anschließend die Werte im „Rahmen" des vorgegebenen Satzes ins Log. Man könnte den %LET Schritt auch überspringen. Der Preis dafür wäre jedoch, dass ggf. vorhandene trailing blanks den Satz „rahmen" sprengen.

Gezieltes Anfordern bestimmter Makrowerte (nonaggregiert)

Mit PROC SQL ist es auch möglich, einzelne Werte aus aufeinander folgenden Zeilen gezielt in separate Makrovariablen abzulegen. Jede Makrovariable REGION*n* enthält z.B. den *n*ten Wert aus REGION. Jede Makrovariable SALES*n* jeden *n*ten Wert von SALES. Das folgende Beispiel weist den Makrovariablen REGION1 bis REGION4 bzw. SALES1 bis SALES3 die ersten drei bzw. vier Werte aus REGION bzw. SALES in der Abfolge zu, so wie sie zum Zeitpunkt der Abfrage in der Query angeordnet sind.

```
proc sql noprint ;
   select REGION, SALES
       into :REGION1 - :REGION3, :SALES1 - :SALES4
from SASHELP.SHOES ;
quit ;
```

Anforderung der Ausgabe I:

```
%put &REGION1 &SALES1 ;
%put &REGION3 &SALES3 ;
%put          &SALES4 ;
```

Anforderung der Ausgabe II:

```
%put &REGION1 &REGION3 ;
%put &SALES1  &SALES3 ;
%put &SALES4 ;
```

Ausgabe (im SAS Log) I:

```
%put &REGION1 &SALES1 ;
Africa $29,761
%put &REGION3 &SALES3 ;
Africa $76,793
%put          &SALES4 ;
        $62,819
```

Ausgabe (im SAS Log) II:

```
%put &REGION1 &REGION3;
Africa Africa
%put &SALES1  &SALES3 ;
$29,761  $76,793
%put &SALES4 ;
$62,819
```

Hinweise: Mittels %PUT wird eine Auswahl der abgelegten Werte angefordert. SAS schreibt die Ergebnisse ins LOG, auch werden *weniger* Makrovariablen aufgerufen als eigentlich angelegt wurden. In Beispiel I und II werden jeweils die ersten bzw. dritten Werte aus REGION und SALES angefordert, sowie der vierte SALES Wert. Der einzige Unterschied besteht in der Anordnung der angeforderten Werte.

Gezieltes Anfordern bestimmter Makrowerte (aggregiert, gruppiert)
Im Gegensatz zum vorangegangenen Beispiel wird nun auf die Daten eine Aggregierungsfunktion (SUM) angewandt. Die ursprünglich 395 SALES Werte sind auf 9 SALES Werte aggregiert und nach REGION gruppiert. Das Ergebnis einer Query würde aus zwei Spalten und neun Zeilen bzw. Werten bestehen:

```
proc sql noprint ;
   select REGION, sum(SALES) into
     :REGION1 - :REGION11,
     :SALES1 - :SALES11
   from SASHELP.SHOES
group by REGION ;
quit ;
```

Query:

Region	
Africa	2342588
Asia	460231
Canada	4255712
(Ausgabe gekürzt)	

Hinweise: Über INTO: werden die 10 Wertepaare auf *11* Zeilen verteilt. Es werden in diesem Beispiel also mehr Makrovariablen angelegt als Wertezeilen in der Abfrage vorkommen. Werden die Makrovariablen mittels %PUT abgefragt, ist nun spannend, wie SAS mit dem Aufruf der beiden zuletzt angelegten Makrovariablen REGION11 und SALES 11 verfährt.

```
%put &REGION9 &SALES9 ;
%put &REGION10 &SALES10 ;
%put &REGION11 &SALES11 ;
```

Ausgabe (im SAS Log):

```
%put &REGION9 &SALES9 ;
United States 5503986
%put &REGION10 &SALES10 ;
Western Europe 4873000
%put &REGION11 &SALES11 ;
WARNUNG: Apparent symbolic reference REGION11 not resolved.
WARNUNG: Apparent symbolic reference SALES11 not resolved.
&REGION11 &SALES11
```

Hinweise: Bei der Abfrage aggregierter Daten muss zu jeder Zelle, die die aggregierten Daten enthält, immer die Zelle der dazugehörigen aggregierenden Gruppe angegeben werden. Ein beliebiges Anordnen der %PUT Abfrage, wie z.B. im Beispiel II (s.o.) würde eine irreführende SAS Ausgabe produzieren. Die Gruppierungsvariable (z.B. REGION*n*) muss im-

4.3 Elemente der SAS Makrosprache

mer bei der aggregierten Datenvariable (z.B. SALES*n*) stehen. Dies gilt auch dann, wenn die Daten nach mehreren Aggregierungsvariablen zusammengefasst werden, oder umgekehrt diverse Datenspalten nach jeweils derselben Aggregierungsvariablen. Werden mehr Makrovariablen angelegt, als Zeilen bzw. Werte in der Abfrage vorkommen (vgl. REGION11 bzw. SALES11), so löst dies zunächst keine Warnung seitens SAS aus. Erst wenn mittels %PUT die Werte bzw. Zeilen abgefragt werden, die nicht in der Query vorkommen, gibt SAS im Log eine Warnung aus (s.o.). Falls sog. „open code recursion" Probleme auftreten sollten, dann üblicherweise deshalb, weil der Makroprozessor an SAS übergebene Makrostatements nicht wie beabsichtigt lesen kann, z.B. oft als Folge von Tippfehlern.

Anfordern zahlreicher Makrovariablen per Makro

Ist das Anfordern zahlreicher Makrovariablen zu mühsam bzw. zu tippfehleranfällig, bietet SAS die Möglichkeit, eine Liste von Makrovariablen per Makro abzufragen.
Im folgenden Beispiel werden nun zwei Variablen nach REGION aggregiert und gruppiert. Mittels SUM und GROUP by REGION wird z.B. jeweils die Summe von SALES bzw. STORES pro REGION ermittelt und in &SALES*n* bzw. &STORES*n* abgelegt. Das optionale NOTRIM verhindert das Abschneiden von Blanks und bewahrt damit die spaltenweise Ausrichtung der Werte im SAS Log. Das Ergebnis einer Query würde aus drei Spalten und neun Zeilen bzw. Werten bestehen. Der zentrale Unterschied zu den vorangegangenen Beispielen besteht in der Anforderung über das %PUT.

```
proc sql noprint ;
    select REGION, sum(SALES), sum(STORES) into
        :REGION1 - :REGION9 notrim,
        :SALES1 - :SALES9 notrim,
        :STORES1 - :STORES9 notrim
    from SASHELP.SHOES
group by REGION ;
quit ;
```

Makroversion   **„von Hand" Version**

```
%macro LIST_IT ;                         %put &REGION1 &SALES1 ;
    %do i=1 %to 5;                       %put &REGION2 &SALES2 ;
        %put REGION&i: &&REGION&i        %put &REGION3 &SALES3 ;
              SALES&i:  &&SALES&i ;      %put &REGION4 &SALES4 ;
    %end;                                %put &REGION5 &SALES5 ;
%mend LIST_IT ;

%LIST_IT ;
```

In der %PUT Abfrage „von Hand" müsste für jeden einzelnen anzufragenden Makrowert eine eigene Makrovariable getippt werden, was bei umfangreichen Listen aufwendig und fehleranfällig sein dürfte. Ein Vorteil kann (v.a. bei kleineren Listen) sein, dass Makrowerte gezielt angefordert werden können. In der %PUT Abfrage des PUT_IT Makro werden die

Makrowerte mittels einer Schleife zeilenweise abgefragt. Nach I= bzw. %TO müssen nur der Anfang bzw. das Ende der Liste korrekt angegeben werden. Die Parameter 2 und 4 anstelle von 1 und 5 würden z.B. nur zum Anfordern der Werte von „Asia" bis „Central America/Caribbean" führen. Bei umfangreichen Listen dürfte die Makroversion effizient und wenig fehleranfällig sein. Ein Nachteil kann sein, dass mittels dieses listenweisen Anforderns im Allgemeinen nur *alle* Werte und nicht einzelne Werte gezielt abgefragt werden können.

Ausgabe der Makroversion:

```
REGION1: Africa                   SALES1:   2342588
REGION2: Asia                     SALES2:    460231
REGION3: Canada                   SALES3:   4255712
REGION4: Central America/Caribbean SALES4:  3657753
REGION5: Eastern Europe           SALES5:   2394940
```

4.4 Anwendung 1: Zeilenweises Aktualisieren von Daten mit Sicherheitsprüfung

In Kapitel 6 (Band I) wurde das INSERT-Statement vorgestellt. INSERT ermöglicht es, eine (leere) Tabelle zeilenweise um neue Variablen zu aktualisieren Da hier nun aber die Gefahr besteht, dass durch ein unbeabsichtigtes wiederholtes Abschicken von INSERT die neuen Zeilen versehentlich mehrmals an die bereits angelegte Tabelle anhängt werden, wird im vorgestellten Makro das INSERT-Beispiel um eine Sicherheitsprüfung ergänzt. Die Sicherheitsprüfung gibt einen Warnhinweis aus, ob bzw. dass die zuletzt übergebene Zeile bereits in der Tabelle vorhanden war.

```
proc sql ;
create table LEER
     (ID num,
      STRING char (30) label="Stringvariable",
      WERT1  num label="Numerische Variable",
      DATUM date format=ddmmyy8. label="Datumsvariable");
quit ;
```

Hinweise: Mittels CREATE TABLE *ohne* AS wird zunächst die leere Tabelle LEER mit den Variablen ID, STRING, WERT und DATUM angelegt. Mit INSERT wird nun dieser Tabelle der Fall mit der ID 1, dem Eintrag „Romeo" in STRING, dem Wert 123 in WERT, sowie das DATUM 15.01.1994 hinzugefügt. Die Tabelle, der ein Fall „von Hand" hinzugefügt wird, muss jedoch nicht notwendigerweise leer sein. Im Gegensatz zum INSERT-Beispiel in Kapitel 6 (Band I) ist nun das INSERT in ein Makro eingebettet.

4.4 Anwendung 1: Zeilenweises Aktualisieren von Daten mit Sicherheitsprüfung

```
%macro  INCHECK(ID, STRING, WERT1, DATUM);

 proc sql noprint;
   select count(*)
     into :count
     from LEER
   where STRING = &STRING.;
     %if &count >= 1
       %then %do;
           %put Hinweis: Hinweis: ID &ID. nicht eingefügt,
              STRING &STRING. war bereits vorhanden. ;
           select * from LEER where STRING = &STRING.;
       %end;
       %else %do;
           insert into LEER(ID, STRING, WERT1, DATUM)
           values(&ID.,&STRING., &WERT1., &DATUM.);
           %put Hinweis: ID &ID. has been added
                              for STRING - &STRING..;
       %end;
     quit;

%mend INCHECK;
```

Hinweise: Zwischen %macro und %mend wird das Makro INCHECK definiert. Der erste SELECT-Schritt in PROC SQL fragt die Anzahl der Ausprägungen der Variablen STRING ab und legt den Wert in die Makrovariable :COUNT ab. Ist der Wert von COUNT größer 1, wird die betreffende Zeile nicht in die Tabelle LEER aufgenommen und eine Rückmeldung in das SAS Log ausgegeben. Bei einem COUNT-Wert von 1 werden die Zeilen aufgenommen. Die Daten werden Zeile für Zeile ähnlich wie mit INSERT an SAS übergeben, in dieser Variante allerdings eingebettet in das Makro INCHECK. Um die Werte, wie auch die Makrovariablen flexibel und unkompliziert weiterverarbeiten zu können, wurden sie in einfache Anführungszeichen innerhalb des Makros gesetzt und nicht im Makroaufruf (also etwas abweichend vom INSERT-Statement). %INCHECK ist der eigentliche Aufruf des Makros. In der Klammer brauchen nur noch, mit Kommas getrennt, die zu übergebenden Werte angegeben werden.

```
%INCHECK(1,'Romeo',123,"15JAN94"d) ;
%INCHECK(2,'Julia',321,"15OCT94"d) ;
%INCHECK(3,'Prospero',124,"02JAN70"d) ;
%INCHECK(4,'Hamlet',111,"02SEP87"d) ;
%INCHECK(5,'Jago',124,"15JUL57"d) ;
%INCHECK(2,'Julia',321,"15OCT94"d) ;
```

Nach jedem Aufruf des Makros %INCHECK wird der Hinweis pro Zeile ins LOG ausgegeben, ob die betreffende Zeile aufgenommen wurde (z.B.):

```
%INCHECK(1,'Romeo',123,"15JAN94"d);
HINWEIS: 1 Zeile wurde eingefügt in WORK.LEER.

Hinweis: ID 1 has been added for STRING - 'Romeo'.
HINWEIS: PROZEDUR SQL benötigt. (Gesamtverarbeitungszeit):
        Echtzeit              0.00 Sekunden
        CPU-Zeit              0.00 Sekunden

606  %INCHECK(2,'Julia',321,"15OCT94"d);
HINWEIS: 1 Zeile wurde eingefügt in WORK.LEER.

Hinweis: ID 2 has been added for STRING - 'Julia'.
HINWEIS: PROZEDUR SQL benötigt. (Gesamtverarbeitungszeit):
        Echtzeit              0.01 Sekunden
        CPU-Zeit              0.01 Sekunden
```

Wurde eine Zeile nicht aufgenommen, weil z.B. der Wert von COUNT größer als 1 ist (z.B. die zweite „Julia"-Zeile), so wird die betreffende Zeile nicht in die Tabelle LEER aufgenommen und das Makro gibt eine entsprechende Rückmeldung in das SAS Log aus (z.B.).

```
%INCHECK(2,'Julia',321,"15OCT94"d);
Hinweis: Hinweis: ID 2 nicht eingefügt, STRING 'Julia' war bereits vorhanden.
HINWEIS: PROZEDUR SQL benötigt. (Gesamtverarbeitungszeit):
        Echtzeit              0.00 Sekunden
        CPU-Zeit              0.00 Sekunden
```

proc print data=LEER noobs ;
    run ;

Der schlussendlich angelegte Datensatz LEER sieht nun so aus:

Ausgabe:

ID	STRING	WERT1	DATUM
1	Romeo	123	15/01/94
2	Julia	321	15/10/94
3	Prospero	124	02/01/70
4	Hamlet	111	02/09/87
5	Jago	124	15/07/57

Hinweise: Anwender können das Programm in vielerlei Hinsicht für eigene Zwecke anpassen:

- Anwender können den Wert z.B. der COUNT-Variablen ihren eigenen Bedürfnissen anpassen, z.B. auf einen höheren Wert als 1 setzen.
- Anwender können den Wert für COUNT als Makrovariable definieren und flexibel pro zu übergebender Zeile mit in den Makroaufruf integrieren.

- Anwender können das Programm z.B. auch um ein ABORT-Statement ergänzen, das dann das Ausführen des Programms explizit abbricht und eine Fehlermeldung ins SAS Log schreibt usw.

4.5 Anwendung 2: Arbeiten mit mehreren Dateien (Aufteilen)

Aufteilen einer SAS Datei in einheitlich gefilterte Subdatensätze
Die beiden Makros SPLIT_DS1 und SPLIT_DS2 ermöglichen es, eine SAS Datei in einheitlich gefilterte Subdatensätze zu zerlegen und gleichzeitig die angelegten SAS Dateien nach Ausprägungen der verwendeten Split-Variablen (vgl. SPLIT_DS1) bzw. nach der verwendeten Split-Variablen samt einer konkreten ID zu benennen (vgl. SPLIT_DS2).
Eine Split-Variable ist eine Variable vom Typ „numerisch" oder „String", die mind. zwei nichtfehlende Ausprägungen vorweisen kann und es dadurch ermöglicht, diesen Datensatz in zwei Ausprägungen aufzuteilen bzw. zu splitten. Die Bezeichnung „Split-Variable" rührt also von der Funktion einer solchen Variablen her, nämlich einen Datensatz unterteilen zu können.
Selbstverständlich funktionieren die beiden nachfolgenden Programme auch dann, wenn die Split-Variable nur eine Ausprägung aufweist, allerdings kann man diesen Fall nur schlecht als das „Splitten" einer Datei bezeichnen.

4.5.1 Aufteilen eines Datensatzes in einheitlich gefilterte Subdatensätze (Split-Variable ist vom Typ „String")

Der folgende Ansatz erlaubt, einen Datensatz anhand einer Split-Variablen vom Typ „String" aufzuteilen und entsprechend gefiltert in separate Datensätze abzulegen. Eine Split-Variable ist eine String-Variable mit mind. zwei nichtfehlenden Ausprägungen. Anhand dieser Ausprägungen werden der Ausgangsdatensatz gefiltert, die gefilterten Inhalte in Teildateien abgelegt und mit dem Namen der betreffenden Ausprägung der Split-Variablen versehen. Kommt die Ausprägung einer Split-Variablen zweimal oder häufiger vor, so werden alle zusammengehörigen Datenzeilen in eine Datei abgelegt. Die Voraussetzung an eine solche SAS Datei sind:

- Der Datensatz enthält eine sog. Split-Variable vom Typ „String" mit mind. zwei gültigen Werten.
- Die Ausprägungen der Split-Variablen entsprechen den Konventionen der Namen für SAS Datasets, also z.B. keine Blanks oder Sonderzeichen wie z.B. kein „-", „,/" usw.
- Die Split-Variable enthält idealerweise keine Missings. Alternativ: Die Split-Variable kann dann Missings enthalten, wenn und weil dies für das Splitten gemäß aller anderen Ausprägungen ohne Bedeutung ist.

Beispiel:
Der Datensatz SASHELP.SHOES soll anhand der diskret skalierten String-Variablen REGION entsprechend gefiltert in separate Teildateien zerlegt werden. REGION ist also die Split-Variable. Darüber hinaus sollen die Teildateien die Bezeichnung der Split-Variablen annehmen (z.B. EASTERN, EUROPE, usw.).

```
%macro split_ds1 (SPLIT_DS=, SPLIT_BY=);
 proc sql ;
    select count(distinct &SPLIT_BY.)
       into :n
        from  &SPLIT_DS. ;
    select distinct &SPLIT_BY.
       into :&SPLIT_BY.1 - :&SPLIT_BY.%left(&n)
        from  &SPLIT_DS. ;
 quit ;
 %do i=1 %to &n;
       data WORK.&&&SPLIT_BY.&i ;
          set &SPLIT_DS. ;
          if &SPLIT_BY.="&&&SPLIT_BY.&i" ;
       run;
 %end;
%mend split_ds1 ;

%split_ds1   (SPLIT_DS=SASHELP.SHOES, SPLIT_BY=REGION);
```

Was passiert?
Zwischen %macro und %mend wird das Makro SPLIT_DS1 definiert. Der erste SELECT-Schritt in PROC SQL fragt die Anzahl der unterschiedlichen Ausprägungen der Split-Variablen ab und legt den Wert (hier z.B. 10) in die Makrovariable :N ab. Der zweite SELECT-Schritt fragt die unterschiedlichen Ausprägungen selbst ab und legt diese in die Makrovariable :I ab. Über ein NOPRINT nach PROC SQL könnte die Anzeige dieser Werte im Log deaktiviert werden. Die Ausgabe v.a. der Ausprägungen der Split-Variablen im Log ist jedoch hilfreich, um prüfen zu können, ob diese den Namenskonventionen für SAS Dateien entsprechen.
Zwischn %DO %TO läuft eine Schleife vom ersten bis zum Wert :N (hier: 10) durch; d.h. diese Schleife wird im Beispiel zehnmal durchlaufen. Bei jedem Durchlauf wird für jede Ausprägung (:I) ein Datensatz mit dem zweistufigen Namen *Work.AusprägungSplitvariable* angelegt und zuvor über Split-Variable und über die vorhandenen Ausprägungen der Split-Variablen gefiltert. Nach dem Erreichen des Maximalwerts 10 wird die Schleife beendet und es wird kein weiterer Datensatz angelegt.
%SPLIT_DS1 usw. ist der eigentliche Aufruf des Makros. Nach SPLIT_DS und SPLIT_BY brauchen nur noch der aufzuteilende Datensatz (z.B. SASHELP.SHOES), sowie die gewünschte Split-Variable (z.B. REGION) angegeben werden. Nach der Initialisierung des Makros gibt SAS u.a. folgende Hinweise im Log aus:

4.5 Anwendung 2: Arbeiten mit mehreren Dateien (Aufteilen) 209

```
HINWEIS: Es wurden 395 Beobachtungen aus der Datei SASHELP.SHOES. ausgelesen
HINWEIS: Die Datei WORK.ASIA weist 14 Beobachtungen und 7 Variablen auf.
HINWEIS: DATA-Anweisung benötigt. (Gesamtverarbeitungszeit):

HINWEIS: Es wurden 395 Beobachtungen aus der Datei SASHELP.SHOES. ausgelesen
HINWEIS: Die Datei WORK.CANADA weist 37 Beobachtungen und 7 Variablen auf.
HINWEIS: DATA-Anweisung benötigt. (Gesamtverarbeitungszeit):
```

Das Makro SPLIT_DS1 unterteilt also den Datensatz SASHELP.SHOES anhand der Ausprägungen von REGION und legt den Inhalt entsprechend gefiltert in separaten Datensätzen ab, die zur besseren Kennzeichnung ebenfalls den Namen der jeweiligen Ausprägung erhalten, also z.B. ASIA, CANADA, usw. Viele (aber nicht alle) Ausprägungen der Split-Variablen entsprechen im Beispiel den Konventionen der Namen für SAS Datasets, z.B. ASIA, CANADA. SAS kann daher die Ausprägungen der Split-Variablen (mit den entsprechenden Ausnahmen) zur Bezeichnung der SAS Datasets verwenden. Die Datensatzbezeichnungen geben also Auskunft darüber, welche Daten für welche Ausprägung der Split-Variablen REGION darin abgelegt wurden.

Der Inhalt der SAS Datei AFRICA sieht z.B. so aus:

```
Region     Product      Subsidiary   Stores   Sales      Inventory   Returns

Africa     Boot         Nairobi      25       $16,282    $66,017     $844
Africa     Men's Dress  Nairobi      1        $8,587     $20,877     $363
Africa     Sandal       Nairobi      19       $16,289    $47,406     $1,175
```

Je nach Verteilung der Daten kann die Anzahl der Messwerte in den jeweiligen Teildatensätzen gleich oder unterschiedlich, stetig ansteigend, kontinuierlich abnehmend oder bar jeglichen eindeutigen Musters sein. Im Beispiel nimmt die Anzahl der Messwerte über alle 33 Subsets allmählich ab.

Entspricht eine Ausprägung einer Split-Variablen nicht den Konventionen der Namen für SAS Datasets, z.B. „Central America/Caribbian", so löst dies eine Fehlermeldung aus (s.u.).

```
HINWEIS: Zeile durch aufgerufene Makrovariable "REGION4" erzeugt.
1      Central America/Caribbean
                 ---------
                 22
                 76
FEHLER 22-322: Syntaxfehler, erwartet wird eines der folgenden: BUFFERED,
               MISSOPT, NOMISSOPT, NONOTE2ERR, NOPASSTHRU, NOPMML, NOTE2ERR,
PASSTHRU, PGM, PMML, UNBUFFERED, VIEW.
FEHLER 76-322: Syntaxfehler, Anweisung wird ignoriert.

HINWEIS: Das SAS System hat die Verarbeitung dieses Schritts aufgrund von
Fehlern abgebrochen.
WARNUNG: Die Datei WORK.CENTRAL ist möglicherweise unvollständig. Beim Beenden des Schrittes waren 0 Beobachtungen und 7 Variablen vorhanden.
```

```
WARNUNG: Datei WORK.CENTRAL wurde nicht ersetzt, da dieser Schritt angehalten
         wurde.
WARNUNG: Die Datei WORK.AMERICA ist möglicherweise unvollständig. Beim Been-
         den des Schrittes waren 0 Beobachtungen und 7 Variablen vorhanden.
WARNUNG: Datei WORK.AMERICA wurde nicht ersetzt, da dieser Schritt angehalten
         wurde.
```

SAS kann z.B. den String „Central America/Caribbian" wegen des „/" nicht zur Bezeichnung des SAS Datasets verwenden. SAS Dateien mit der Bezeichnung „Central America/Caribbian" können daher nicht angelegt und die Strings nicht darin abgelegt werden. Das Log und *fehlende* Datensatzbezeichnungen im Zielverzeichnis (z.B. WORK) geben also Auskunft darüber, welche Daten für welche Ausprägung der Split-Variablen *nicht* abgelegt werden konnten, z.B. „UNITED STATES", „WESTERN EUROPE" usw.

Ist eine Ausprägung der Split-Variablen vom „Blank" (ist sie also ein Missing) oder enthält sie Sonderzeichen (außer u.a. „_", „$" oder „#"), so wird kein separater Datensatz für REGION angelegt; alle anderen Teildatensätze werden jedoch angelegt. Sonderzeichen und Blanks in der Split-Variablen führen also zu *nicht* angelegten Subdateien. Sollen Daten solcher Ausprägungen dennoch abgelegt werden, können Blanks einerseits zuvor in einen String gewandelt werden, der den Konventionen für SAS Dateinamen entspricht, z.B. „Missing". Sonderzeichen können einerseits mit den SAS Funktionen TRANWRD und TRANSLATE, sowie der Perl Regular Expression PRXCHANGE gesucht und besser geeignete Zeichen ersetzt werden. Andererseits ermöglicht es seit SAS v9.1 die SAS Option VALIDVARNAME mit dem Schlüsselwort ANY, Spalten mit derzeit *fast* beliebigen Namen zu versehen. In Kapitel 4.9 befasst sich Anwendungsbeispiel 6 mit VALIDVARNAME.

4.5.2 Aufteilen eines Datensatzes in einheitlich gefilterte Subdatensätze (Split-Variable ist vom Typ „numerisch")

Der folgende Ansatz erlaubt, einen Datensatz anhand einer numerischen Split-Variablen aufzuteilen und entsprechend gefiltert in separate Datensätze abzulegen. Eine Split-Variable ist eine diskret skalierte numerische Variable, die mind. zwei nichtfehlende Ausprägungen vorweisen kann und es somit erlaubt, diesen Datensatz in zwei Ausprägungen aufzuteilen bzw. zu splitten. Im Gegensatz zu String-Variablen kann der Inhalt einer numerischen Variablen nicht direkt für eine Datensatzbezeichnung verwendet werden (z.B. in der Form *Work.AusprägungderSplit-Variable*), da eine Zahl nicht der Konvention für die Bezeichnung einer SAS Datei entspricht. Im folgenden Beispiel werden die angelegten Subdateien in der Form *Work.NamederSplit-Variable_Ausprägung* angelegt. Kommt die Ausprägung einer Split-Variablen zweimal oder häufiger vor, so werden alle zusammengehörigen Datenzeilen in eine Datei abgelegt. Die Voraussetzung an eine solche SAS Datei sind:

- Der Datensatz enthält eine sog. Split-Variable vom Typ „numerisch" mit mind. zwei gültigen Werten.

4.5 Anwendung 2: Arbeiten mit mehreren Dateien (Aufteilen)

- Die Werte der Split-Variablen entsprechen den Konventionen der Namen für SAS Datasets und enthalten z.B. keine Minuszeichen, Punkte oder sonstige Formatierungen bzw. Interpunktionen, die gegen die Konventionen für SAS Dateinamen verstoßen.
- Die Split-Variable enthält idealerweise keine Missings. Alternativ: Die Split-Variable kann dann Missings enthalten, wenn und weil dies für das Splitten gemäß aller anderen Ausprägungen ohne Bedeutung ist.
- Ist die Split-Variable nicht non-negativ und diskret skaliert, kann einerseits die Split-Variable einem Preprocessingschritt unterzogen werden, in dem sie z.B. gerundet bzw. weiteren erforderlichen Transformationen unterzogen wird Alternativ kann das Makro z.B. um einen TRANWRD-Schritt ergänzt werden, der z.B. die Interpunktion eliminiert, bevor die numerischen Werte weiter verarbeitet werden.

Beispiel:
Der Datensatz SASHELP.SHOES soll anhand der diskret skalierten numerischen Variablen STORES entsprechend gefiltert in separate Teildateien zerlegt werden. STORES ist also die Split-Variable. Die Teildateien enthalten daher alle Zeilen aus SASHELP.SHOES mit derselben Anzahl an Läden. Darüber hinaus werden die Subdateien mit den Bezeichnungen *Work.STORES_10* usw. angelegt.

```
%macro split_ds2 (SPLIT_DS=, SPLIT_BY=);
 proc sql ;
    select count(distinct &SPLIT_BY.)
       into :n
        from  &SPLIT_DS. ;
    select distinct &SPLIT_BY.
       into :&SPLIT_BY.1 - :&SPLIT_BY.%left(&n)
       from  &SPLIT_DS. ;
 quit ;
 %do i=1 %to &n;
       data WORK.&SPLIT_BY._&i ;
          set &SPLIT_DS. ;
          if &SPLIT_BY.=&&&SPLIT_BY.&i ;
       run;
    %end;
 %mend split_ds2 ;

%split_ds2  (SPLIT_DS=SASHELP.SHOES, SPLIT_BY=STORES);
%split_ds2  (SPLIT_DS=SASHELP.CLASS, SPLIT_BY=AGE);
```

Was passiert?
Zwischen %macro und %mend wird das Makro SPLIT_DS2 definiert. Der erste SELECT-Schritt in PROC SQL fragt die Anzahl der unterschiedlichen Ausprägungen der Split-Variablen ab und legt den Wert (hier z.B. 33) in die Makrovariable „:n" ab. Der zweite SE-

LECT-Schritt fragt die unterschiedlichen Ausprägungen selbst ab und legt diese in die Makrovariable „:i" ab. Über ein NOPRINT nach PROC SQL könnte die Anzeige dieser Werte im Log deaktiviert werden.

Ab %DO %TO läuft eine Schleife vom ersten bis zum Wert „:n" (hier: 33) durch; d.h. diese Schleife wird im Beispiel 33mal durchlaufen. Bei jedem Durchlauf wird für jede Ausprägung („:i") ein Datensatz mit dem zweistufigen Namen *Work.NamederSplit-Variable_Ausprägung* angelegt und zuvor über Split-Variable und über die vorhandenen Ausprägungen der Split-Variablen gefiltert. Die angelegte SAS Datei STORES_3 enthält z.B. alle dreiunddreißig Zeilen für die Split-Variable STORES mit der Ausprägung 3 usw. Nach dem Erreichen des Maximalwerts 33 wird die Schleife beendet und es wird kein weiterer Datensatz angelegt.

%SPLIT_DS2 usw. ist der eigentliche Aufruf des Makros. Nach SPLIT_DS und SPLIT_BY brauchen nur noch der aufzuteilende Datensatz (z.B. SASHELP.SHOES), sowie die gewünschte Split-Variable (z.B. REGION) angegeben werden. Nach der Initialisierung des Makros gibt SAS u.a. folgende Hinweise im Log aus:

```
HINWEIS: Es wurden 395 Beobachtungen aus der Datei SASHELP.SHOES. ausgelesen
HINWEIS: Die Datei WORK.STORES_1 weist 37 Beobachtungen und 7 Variablen auf.

HINWEIS: Es wurden 395 Beobachtungen aus der Datei SASHELP.SHOES. ausgelesen
HINWEIS: Die Datei WORK.STORES_2 weist 29 Beobachtungen und 7 Variablen auf.

HINWEIS: Es wurden 395 Beobachtungen aus der Datei SASHELP.SHOES. ausgelesen
HINWEIS: Die Datei WORK.STORES_3 weist 33 Beobachtungen und 7 Variablen auf.
```

Je nach Verteilung der Daten kann die Anzahl der Messwerte in den jeweiligen Teildatensätzen gleich oder unterschiedlich, stetig ansteigend, kontinuierlich abnehmend oder ohne jegliche eindeutige Muster sein. Im Beispiel nimmt die Anzahl der Messwerte über alle 33 Subsets allmählich ab. Enthält die Split-Variable Missings, wird kein STORES-Subdatensatz angelegt. Kommt die Ausprägung einer Split-Variablen zweimal vor, so werden alle zusammengehörigen Datenzeilen in eine Datei abgelegt. Ist eine Ausprägung der Split-Variablen vom Typ Missing, so wird kein separater Datensatz für Missings in REGION angelegt; alle anderen Teildatensätze werden jedoch angelegt. Missings in der Split-Variablen führen also zu *nicht* angelegten Subdateien. Dieser Ansatz setzt voraus, dass die Split-Variable numerisch ist, mindestens zwei Ausprägungen mit Werten darin und keine Missings aufweist. Liegen Missings vor, müssen diese also vor der Anwendung dieses Programms zunächst in einen numerischen Kode umgewandelt werden, z.B. 99999 etc. Ist die Split-Variable ein String, kann entweder der String in eine numerische Variable konvertiert oder das Makro an die Besonderheiten des Split-Strings angepasst werden.

4.6 Anwendung 3: „Drehen" einer SAS Tabelle (stack/unstack)

Daten werden in Tabellen üblicherweise in Zeilen und Spalten angeordnet. Im Prinzip gibt es dabei keine Vorschrift, in welcher Struktur die Daten konkret angeordnet werden sollen; im Gegenteil, nicht nur kann ein und derselbe Dateiinhalt unterschiedlich strukturiert in Tabellen abgelegt werden, sondern er kann auch mittels Datenmanagement flexibel von einer Struktur in eine andere umgewandelt werden.

Das Umstrukturieren, das Drehen bzw. sog. „Loopen", einer Datei ist ähnlich wie das Transponieren eine Technik des Umwandelns von Tabellen aus einer ersten Struktur in eine andere Struktur. Beim sog. Transponieren werden z.B. Zeilen und Spalten einer Datei einfach „gedreht". Aus Zeilen werden Spalten, und aus Spalten werden Zeilen. Das Loopen funktioniert ähnlich, ändert aber dabei die Struktur der Tabelle. Der *Inhalt* der Tabellen wird dabei nicht verändert. Bei der Anordnung, der Struktur, von Daten in Tabellen (oder auch Diagrammen) wird zwischen „stack" und „unstack" unterschieden. Bei „stack" sind zusammengehörige Werte eines Falles *in einer Spalte untereinander* angeordnet. Bei „unstack" sind zusammengehörige Werte eines Falles *in einer Zeile nebeneinander* angeordnet.

„Stack":
Zusammengehörige Werte eines Falles sind *in einer Spalte untereinander* angeordnet (gestapelt, „gestacked"). Die Zugehörigkeit zu einem Fall wird durch einen gemeinsamen, wiederholt angegebenen Schlüsselwert (vgl. ID) angezeigt. Um die einzelnen Werte zeilenweise auseinanderhalten zu können, werden sie üblicherweise durch eine ganzzahlig hochzählende Zählvariable differenziert. Die drei DOSIS-Werte 45, 78 und 76 des Falles mit der ID 1 werden z.B. anhand der Zeit-Kodierungen 1, 2 und 3 auseinandergehalten.

Eine Key-Variable (z.B. ID) gewährleistet, dass Werte eines Falls, die in verschiedenen Zeilen abgelegt sind, als zu einem Fall gehörend identifiziert werden können. Eine Zählvariable (z.B. ZEIT) gewährleistet, dass Werte eines Zeitpunkts, die in verschiedenen Zeilen abgelegt sind, als zu einem gemeinsamen Zeitpunkt gehörend identifiziert werden können.

„Unstack":
Zusammengehörige Werte eines Falles sind *in einer Zeile nebeneinander* angeordnet. Die Zugehörigkeit zu einem Fall wird durch einen einmalig angegebenen ID-Wert (vgl. ID) angezeigt. Um die einzelnen Werte spaltenweise auseinanderhalten zu können, werden sie z.B. durch gleichlautende Spaltennamen differenziert, die sich z.B. in einer ganzzahlig hochzählenden Zählvariable als Suffix unterscheiden. Die drei DOSIS-Werte 45, 78 und 76 des Falles mit der ID 1 werden z.B. anhand der Spalten DOSIS1, DOSIS2 und DOSIS3 auseinandergehalten.

Tabelle in STACK-Struktur für zwei Fälle:			Tabelle in UNSTACK-Struktur für zwei Fälle:			
ID	ZEIT	DOSIS	ID	DOSIS1	DOSIS2	DOSIS3
01	1	45	01	45	78	76
01	2	78	02	82	83	………
01	3	76				
02	1	82				
02	2	83				
02	3	…2				

Im Beispiel (siehe die beiden Tabellen oben) liegen für einen Fall *vor* einem Umwandeln von „stack" nach „unstack" drei Zeilen bei drei Spalten vor; *danach* liegen allerdings vier Variablen vor, jedoch nur *eine* Zeile. Die Zeilen und Spalten werden zwar nicht vertauscht, allerdings verringert sich die Anzahl der Zeilen, wohingegen sich die Tabelle proportional um die entsprechende Anzahl der Spalten verbreitert (zur Veranschaulichung könnte man auch etwas vereinfachend formulieren: die Anzahl der Zeilen wurde um das 3fache verringert, die der Spalten dagegen um das 3fache vergrößert). Der Inhalt der Tabelle bleibt unverändert; er ist nur anders strukturiert bzw. kodiert.

Das Loopen erlaubt Daten in einer Art und Weise aufzubereiten, dass mit ihnen überhaupt erst grafische und statistische Analysen durchgeführt werden können. PROC GLM erwartet Tabellen z.B. in einer STACK-Struktur, PROC MIXED dagegen in einer UNSTACK-Struktur. Ein Nebeneffekt des Loopens von „unstack" nach „stack" ist, dass eine Tabelle in einer STACK-Struktur „in die Breite" übersichtlicher wird, weil die Variablenreihe kürzer ist. Ein Nebeneffekt des Loopens von „stack" nach „unstack" ist analog, dass eine Tabelle in einer UNSTACK-Struktur „in die Länge" übersichtlicher wird, weil die Zeilenzahl eine kleinere ist. Diese Vorteile können besonders für Analysen „per Augenschein" relevant sein, also für kleine Datenmengen (z.B. Messungen seltener Ereignisse) oder auch repräsentative Teildaten zum Testen von SQL Programmen.

Das Loopen zählt zu den fortschrittlicheren Techniken des Datenmanagement und wird daher im folgenden in Form von zwei Makros vorgestellt: Das Makro in Abschnitt 4.6.1 „dreht" SAS Tabellen von einer STACK-Struktur in eine UNSTACK-Struktur. Das Makro in Abschnitt 4.6.2 „dreht" SAS Tabellen von einer UNSTACK-Struktur in eine STACK-Struktur.

Beide Makros sind nach der Zielstruktur der zu erzeugenden Tabellen bezeichnet. UNSTACK_CLEAN legt eine Tabelle in einer UNSTACK-Struktur an. STACK_CLEAN legt eine Tabelle in einer STACK-Struktur an. Die beiden vorgestellten Makros können um weitere Prüfregeln oder Funktionalitäten ergänzt werden, z.B.

- um weitere (oder auch weniger) Prüfregeln, Schleifen, Formatierungsanweisungen usw.,
- um einen Abbruch (mittels eines ABORT- oder STOP-Statements) mit/ohne Anlegen einer Ausgabetabelle anstelle eines automatischen Fortfahrens,
- um automatische Korrekturen identifizierter Fehler (sofern von der Sach-/Datenlage her möglich) usw.

4.6.1 Umwandeln von stack nach unstack („aus 1 mach 3")

Das folgende Makro transformiert SAS Tabellen von einer STACK-Struktur in eine UNSTACK-Struktur. Aus Werten in einer Spalte (z.B. GRP=1, 2, 3) werden drei Spalten (GRP_1, GRP_2, GRP_3), daher auch die Merkhilfe „aus 1 mach 3". Nicht mit einer zeilenorientierten Betrachtungsweise verwechseln; hier gilt das umgekehrte: aus drei Zeilen werden eine. Das Beispiel basiert auf Schendera (2004, 280–283); zusätzlich wurde es in Form eines Makros geschrieben, das darüber hinaus diverse Integrity Constraints einschließlich der Ausgabe einer Audit-Datei enthält. Der Vorteil des Makros ist auch, dass das Loopen auch dann funktioniert, wenn alle numerischen Werte vom Typ „Character" sind.

Im Makro UNSTACK_CLEAN laufen ausgesprochen vielseitige Prozesse ab:

- Das Makro gibt eine SAS Tabelle in einer UNSTACK-Struktur aus und
- nimmt diverse Überprüfungen vor. Das Makro prüft z.B. IDs auf Doppelte bzw. Missings. IDs mit Doppelten bzw. Missings usw. werden automatisch ausgeschlossen und zur Überprüfung u.a. in die automatisch angelegte SAS Tabelle AUDIT abgelegt. Außerdem prüft das Makro u.a. auf Missings in Gruppen-, Event-Variable, sowie Messwertreihen.
- Das Makro legt darüber hinaus zwei Prüfdokumente an: Eine SAS Tabelle mit der Standardbezeichnung AUDIT, sowie ein RTF-Dokument mit der Standardbezeichnung AUDIT_zu_&data_in.RTF, das dieselbe Information enthält. Diese Dokumente sind von Anwendern unbedingt einzusehen, bevor sie mit dem weiteren Management oder der Analyse der Daten fortfahren.

Nach den Beispieldaten finden sich zwei detaillierte Übersichten zu den im Einzelnen ablaufenden Prozessen des Umstrukturierens, Prüfens und Filterns, sowie zu den diversen vorgenommenen Überprüfungen.
Hinweis: Die Gruppen in der ausgegebenen Tabelle in UNSTACK-Struktur sind nach dem Durchlaufen dieses Makros per definitionem exakt gleich groß und können sich darin von den ursprünglichen Gruppengrößen in der Tabelle in STACK-Struktur unter Umständen unterscheiden.

SAS Demo Daten
Die Demodaten enthalten u.a. Missings und Doppelte in der ID.

```
data STACKDbuggy ;
input ID CASECONT REPEATED RESULT @@;
datalines;
1  1   1 23   1 1   2  7
1  1   3  .   2 1   1 11
2  1   2 19   2 1   3  7
3  1   1 18   3 1   2 14
3  1   3  .   4 1   2 44
4  1   3 40   5 1   1  6
```

```
         5   1   2 50   5   1   3 31
         6   0   1 37   6   0   2 23
         6   0   3 34   7   0   1  5
         7   0   2 41   8   0   1  3
         8   0   2 56   8   0   3 42
         9   0   1 53   9   0   2 54
         9   0   3 13  10   0   1 13
        10   0   2 13  10   0   3 13
        10   0   3 13   .   0   3 13
        10   0   3 13
             ;
run ;
```

Übersicht zu den ablaufenden Prozessen des Umstrukturierens, Prüfens und Filterns:
Im Makro UNSTACK_CLEAN laufen zahlreiche Prozesse zum Umstrukturieren, Prüfen und Filtern ab. Die einzelnen Parameter werden weiter unten im Abschnitt zum Aufruf des Makros ausführlich erläutert *(die Ziffern in Klammern weisen auf die entsprechenden Stellen im Makro hin)*:

1. Die eingelesene Datei „STACKDbuggy" wird anhand ID_in in der Key-Variablen ID sortiert; zuvor wird ID_in auf Missings überprüft.
2. Die sortierte Datei wird anhand grpwident sortiert; meas_var und grpwident werden zuvor auf Missings überprüft.
3. Die sortierte Datei wird anhand ID_in und event sortiert; event wird ebenfalls auf Missings überprüft.
4. Im PROC SQL Schritt wird die Vollständigkeit der Messwertreihen geprüft; es werden nur Messwertreihen mit kompletten Daten behalten. ID_in wird dabei auf mehrfache Einträge überprüft.
5. Im DATA Step werden Datenreihen ausgeschlossen, deren ID häufiger als der Soll-Wert unter grp_size vorkommen. Die ausgeschlossenen Zeilen werden im PROC SQL Schritt in der original STACK-Struktur in die Datei mit der Standardbezeichnung AUDIT abgelegt.
6. AUDIT wird über ODS am Ende des ROOT-Pfades in ein RTF-Dokument abgelegt. Die SAS Version wird von PROC PRINT in der SAS Ausgabe angezeigt. Werden keine Zeilen ausgeschlossen, wird AUDIT leer angelegt.
7. Die über die Schritte (1) bis (5) vorbereiteten Daten werden an dieser Stelle endlich transponiert.
8. Die bereinigten Daten werden umgestellt. Die ungestackten Daten werden in der Ausgabedatei UNSTACKD_CLEAN abgelegt.
9. Hilfsdateien werden mittels PROC DATASETS gelöscht.
10. Die bereinigten und ungestackten Daten werden von PROC PRINT in der SAS Ausgabe angezeigt.

4.6 Anwendung 3: „Drehen" einer SAS Tabelle (stack/unstack)

Übersicht zu den vorgenommenen Überprüfungen:
Im folgenden Makro werden folgende Überprüfungen vorgenommen (die Ziffern in Klammern weisen auf die entsprechenden Stellen im Makro hin):

1. ID_in wird auf Missings überprüft.
2. meas_var und grpwident werden auf Missings überprüft.
3. event wird auf Missings überprüft.
4. - 5. Die Vollständigkeit der Messwertreihen wird überprüft, und es werden nur Messwertreihen mit kompletten Daten behalten. ID_in wird dabei auf mehrfache Einträge überprüft.

Makro UNSTACK_CLEAN

```
%macro UNSTACK_CLEAN
(data_in=, ID_in=, root=, meas_var=, event=, grpwident=,
grp_size=, data_out=);


/* (1) Filtern nach Missings in ID_in   */
proc sort data=&data_in. out=prep_01 ;
    by &ID_in. ;
        where &ID_in. is not missing ;
    run ;


/* (2) Filtern nach Missings in &grpwident. und &meas_var. */
proc sort data=prep_01 out=prep_02 (where=(&meas_var. is not
missing)) ;
    by &grpwident. ;
        where &grpwident. is not missing ;
    run ;


/* (3) Filtern nach Missings in &event. */
proc sort data=prep_02 out=prep_03 (where=(&event. is not mis-
sing));
        by &ID_in. &event.;
    run;


/* (4) Filtern nach vollständigen Messwertreihen*/
proc sql;
    create table prep_04
        as select *, count(*) as count
        from prep_03
        group by &ID_in.
        having count(*) = &grp_size.
        order by &ID_in.;
    quit;
```

```
/* (5) Ausschließen !zu häufiger! Datenreihen. Ablage der aus-
geschlossenen Daten in AUDIT */
data prep_05 (drop=count) ;
      set prep_04 ;
      where COUNT =  &grp_size. ;
run ;

proc sql ;
      create table AUDIT as
            select * from &data_in.
            except all
      select * from prep_05 ;
      quit ;


/* (6) Ausgabe der Audit-Dateien (SAS, RTF)  */
ods rtf file="&root.\AUDIT_zu_&data_in..rtf" ;
title1 "Zusammenstellung der ausgeschlossenen Daten" ;
title2 "- Vom Anwender zu prüfen -";

proc print data = AUDIT ;
      run;
title ;
ods rtf close;


/* (7)Transponieren der bereinigten Daten    */
data prep_06 ;
      set prep_05 ;
      by &ID_in. &grpwident. ;
      array LIST[*] RESULT1 - RESULT&grp_size. ;
            retain RESULT1 - RESULT&grp_size. ;
            if first.&ID_in. then do i=1 to &grp_size. ;
            LIST[i]=. ;
            end ;
            LIST[&grpwident.]=&meas_var. ;
                  if last.&ID_in. then output ;
      keep &ID_in. &event. RESULT1 - RESULT&grp_size. ;
run ;


/* (8) Umstellen der bereinigten Daten. Ablage der ungestack-
ten Daten in &data_out.  */
data &data_out. ;
      retain &ID_in. &event. RESULT1 - RESULT&grp_size. ;
      set prep_06 ;
run ;
```

4.6 Anwendung 3: „Drehen" einer SAS Tabelle (stack/unstack)   219

```
proc datasets   library=work memtype=data nolist;
      delete prep_01 prep_02 prep_03 prep_04 prep_05 prep_06 ;
      run ;


/* (9) Ausgabe in den SAS Output */
title1 "Ungestackter Datensatz (Methode: 'automatic cleaning'.)" ;
title2 "Auf vollständige Datenreihen reduziert." ;
proc print data = &data_out. ;
      run;
title ;

%mend UNSTACK_CLEAN;
```

Aufruf des Makros UNSTACK_CLEAN
Bei der Übergabe der Parameter an den Makroaufruf ist auf korrekte Groß- und Kleinschreibung zu beachten. In den Kommentaren sind Kurzerläuterungen zu den Parametern angegeben; ausführlichere Erläuterungen sind nach dem Aufruf des Makros angegeben.

```
%let root = %str(C:\);      /* root: Angabe des Ablagepfads für den */
                            /*       RTF-Output nach STR, z.B. 'C:\'*/

%UNSTACK_CLEAN
  (data_in=STACKDbuggy,     /* data_in: input dataset, z.B. STACKDbuggy */
   root=&root.,             /* root: Übernahme des Ablagepfads          */
   ID_in=ID ,               /* ID_in: Key-Variable im Input Dataset     */
   meas_var=RESULT,         /* meas_var: Messvariable (abh. Var,AV)     */
   event=CASECONT,          /* event: Event, z.B. Diagnose              */
   grpwident=REPEATED,      /* grpwident: ID innerh. ID, z.B REPEATED   */
   grp_size=3,              /* grp_size: Standardgröße der Gruppen)     */
   data_out=UNSTACKD_CLEAN) /* data_out: Output Dataset                 */
   ;
```

Erläuterung der Parameter im Makroaufruf (vom Anwender einzustellen)

- **data_in**= Input Dataset (im Beispiel: STACKDbuggy).
  Der Input Dataset enthält mindestens eine Key-Variable (numerisch), eine Event-Variable (numerisch), eine Gruppenvariable (numerisch), sowie eine Variable für die Messwerte (numerisch). Es kann ein zweistufiger Name in der Form LIBNAME.DSNAME angegeben werden.
- **root**= Ablagepfad für RTF-Output.
  An diesem Parameter ändert ein Anwender üblicherweise nichts. Um einen anderen Ausgabeort einzustellen, kann ein Anwender den gewünschten Pfad in der *%let*-Anweisung im Klammerausdruck nach STR an SAS übergeben.

- **ID_in**= Key-Variable aus dem Input-Dataset (im Beispiel: ID).
  ID_in ist numerisch. Die Angabe der ID_in ist essentiell für die Datentransformation und -qualität (5,7). Eine ID gruppiert entweder simultane Messungen am selben Batch (Assays) oder sukzessive Messungen am selben Fall (Messwiederholungen). Die Werte in ID_in treten nicht immer gleich häufig auf. ID_in wird auf Missings und auf zu häufig auftretende Fälle überprüft (1, 5).
- **meas_var**= Variable für die Messwerte (im Beispiel: RESULT).
  meas_var ist numerisch oder String. Die Skalierung von meas_var und ob es eine abhängige oder auch unabhängige Variable ist, ist für das Funktionieren des Makros unerheblich. Es kann nur eine Variable für Messwerte angegeben werden. meas_var wird auf Missings überprüft (2).
- **event**= Variable für das Event (im Beispiel: CASECONT).
  event ist numerisch. Event kann dabei je nach Studiendesign eine Kodierung für eine Diagnose, ein Treatment oder auch für eine Case-Control-Gruppenzuweisung sein. Event wird auf Missings überprüft (3).
- **grpwident**= Identifikationsvariable innerhalb der Zeilen, die durch ID gruppiert werden (im Beispiel: REPEATED).
  „grpwident" steht für group-within identifier. grpwident ist numerisch, diskret skaliert und weist mindestens zwei Ausprägungen auf. Um Werte in der Reihenfolge ihrer Messung bzw. zur invarianten Position in einem Batch auseinanderhalten zu können, werden sie pro ID i.A. durch eine ganzzahlig hochzählende Zählvariable differenziert. Das Makro geht von gleich häufigen Messungen aus, also einem gemeinsamen Maximum (Richtwert). Die Maximal-Anzahl der Ausprägungen von grpwident, also der Anzahl von simultanen oder sukzessiven Messungen, muss bekannt sein und kann in grp_size (s.u.) zusätzlich explizit angegeben werden. grpwident wird auf Missings überprüft (2).
- **grp_size**= Standardgröße der ausgegebenen Gruppen innerhalb von ID.
  grp_size legt die Standardgröße der Gruppen i.S.d. Anzahl der Messwerte bzw. Zeilen innerhalb einer ID für die Vereinheitlichung der Datenmengen pro ID fest. grp_size ermöglicht die explizite Angabe an das System, welchen Maximalwert die Variable grpwident konstant aufweisen muss bzw. wie gleichbleibend oft ein ID-Wert vorkommen darf. Die Angabe von grp_size ist essentiell für die Datentransformation und -qualität (5,7). grp_size ist kein Maximalwert, sondern eine Standardgröße. IDs mit mehr oder weniger Daten bzw. Zeilen als durch grp_size vorgegeben werden vom Makro aus der Tabelle ausgeschlossen und zur näheren Überprüfung in die Tabelle AUDIT abgelegt.
- **data_out**= Output Dataset.
  Der Output Dataset enthält den Input Dataset (ursprünglich STACK-Struktur) nun in UNSTACK-Struktur. Es kann ein zweistufiger Name in der Form LIBNAME.DSNAME angegeben werden. Der Output Dataset enthält eine neu angelegte Key-Variable, die Event-Variable, sowie für jede Ausprägung von groups (=grp_size) eine Variable für Messwerte.

4.6 Anwendung 3: „Drehen" einer SAS Tabelle (stack/unstack)

Ausgabe 1 – Datensatz UNSTACKD_clean in UNSTACK-Struktur (bereinigt um pot. fehlerhafte Daten)

```
           Ungestackter Datensatz (Methode: 'automatic cleaning').
                 Auf vollständige Datenreihen reduziert.
```

Beob.	SAMPLEID	CASECONT	RESULT1	RESULT2	RESULT3
1	2	1	11	19	7
2	5	1	6	50	31
3	6	0	37	23	34
4	8	0	3	56	42
5	9	0	53	54	13

Hinweis: Die Daten in der UNSTACK-Struktur enthalten keine Missings u.a. in ID und Messwertreihen, keine doppelten IDs, sowie exakt gleich große Gruppen.

Ausgabe 2 – Datensatz AUDIT (in STACK-Struktur)

```
            Zusammenstellung der ausgeschlossenen Daten.
                    - Vom Anwender zu prüfen -
```

Beob.	SAMPLEID	CASECONT	REPEATED	RESULT
1	.	0	3	13
2	1	1	1	23
3	1	1	2	7
4	1	1	3	.
5	3	1	1	18
6	3	1	2	14
7	3	1	3	.
8	4	1	2	44
9	4	1	3	40
10	7	0	1	5
11	7	0	2	41
12	10	0	1	13
13	10	0	2	13
14	10	0	3	13
15	10	0	3	13
16	10	0	3	13

Hinweis: Die Tabelle AUDIT enthält alle Zeilen, die die Integrity Constraints nicht einhielten. Also z.B. alle Zeilen u.a. mit Missings in ID und Messwertreihen, zu häufig auftretende IDs usw.

Ausgabe 3 – RTF-Output (im Beispiel unter Laufwerk C:\ )

Zusammenstellung der ausgeschlossenen Daten.
- Vom Anwender zu prüfen -

Beob.	SAMPLEID	CASECONT	REPEATED	RESULT
1	.	0	3	13
2	1	1	1	23
3	1	1	2	7
4	1	1	3	.
5	3	1	1	18
6	3	1	2	14
7	3	1	3	.
8	4	1	2	44
9	4	1	3	40
10	7	0	1	5
11	7	0	2	41
12	10	0	1	13
13	10	0	2	13
14	10	0	3	13
15	10	0	3	13
16	10	0	3	13

Hinweis: Der RTF-Output enthält denselben Inhalt wie AUDIT, nur im RTF- anstelle des SAS Formats.

Man kann natürlich eine Tabelle auch in die umgekehrte Richtung, von UNSTACK nach STACK zu transformieren.

4.6.2 Umwandeln von unstack nach stack („aus 3 mach 1")

Das im Anschluss vorgestellte Makro transformiert SAS Tabellen von einer UNSTACK-Struktur in eine STACK-Struktur. Aus Werten in drei Spalten (nebeneinander, z.B. GRP_1, GRP_2, GRP_3) wird eine Spalte (übereinander, z.B. GRP=1, 2, 3), daher auch die Merkhilfe „aus 3 mach 1" (nicht mit einer zeilenorientierten Betrachtungsweise zu verwechseln). Das Beispiel basiert auf Schendera (2004, 280–283); zusätzlich wurde es in Form eines Makros geschrieben, das darüber hinaus diverse Integrity Constraints einschließlich der Ausgabe einer Audit-Datei enthält. Der Vorteil des Makros ist auch, dass das Loopen auch dann funktioniert, wenn alle numerischen Werte vom Typ „Character" sind.

4.6 Anwendung 3: „Drehen" einer SAS Tabelle (stack/unstack)

Im Makro STACK_CLEAN laufen ebenfalls zahlreiche Prozesse ab:

- Das Makro gibt eine SAS Tabelle in einer STACK-Struktur aus und
- nimmt diverse Überprüfungen vor. Das Makro prüft z.B. IDs auf Doppelte bzw. Missings. IDs mit Doppelten bzw. Missings usw. werden automatisch ausgeschlossen und zur Überprüfung u.a. in die automatisch angelegte SAS Tabelle AUDIT abgelegt. Unter anderem prüft das Makro auch auf Missings in der Event-Variable, sowie den Messwertreihen als Ganzes.
- Das Makro legt ebenfalls zwei Prüfdokumente an: Eine SAS Tabelle mit der Standardbezeichnung AUDIT, sowie ein RTF-Dokument mit der Standardbezeichnung AUDIT_zu_&data_in.RTF, das dieselbe Information enthält. Diese Dokumente sind von Anwendern unbedingt einzusehen, bevor sie mit dem weiteren Management oder der Analyse der Daten fortfahren.

Nach den Beispieldaten finden sich zwei detaillierte Übersichten zu den im Einzelnen ablaufenden Prozessen des Umstrukturierens und Filterns, sowie zu den diversen vorgenommenen Überprüfungen.

Hinweis: Die Gruppen in der ausgegebenen Tabelle in STACK-Struktur sind nach dem Durchlaufen dieses Makros notwendigerweise exakt gleich groß, weil die Anzahl der Gruppenausprägungen durch die Anzahl der Spalten determiniert ist. Die Anzahl der Gruppen in der STACK-Tabelle kann sich daher *nicht* von den ursprünglichen Gruppengrößen in der Tabelle in UNSTACK-Struktur unterscheiden.

SAS Demo Daten

Die Demodaten enthalten u.a. Missings und Doppelte in der ID, sowie unvollständige Messwertreihen.

```
data USTACKDbuggy ;
input ID DIAGNOSE   RESULT1    RESULT2    RESULT3 ;
datalines;
.      1           23         7          24
1      1           23         .          24
2      0           .          19         7
3      0           18         14         46
4      1           21         44         40
5      1           6          50         89
5      1           6          50         51
;
run ;
```

Übersicht zu den ablaufenden Prozessen des Umstrukturierens und Filterns:

Im Makro STACK_CLEAN laufen zahlreiche Prozesse zum Umstrukturieren, Prüfen und Filtern ab. Die einzelnen Parameter werden weiter unten im Abschnitt zum Aufruf des Makros ausführlich erläutert *(die Ziffern in Klammern weisen auf die entsprechenden Stellen im Makro hin)*:

1. In der Input Datei USTACKDbuggy werden die durch list_a und list_e definierten Messwertreihen (RESULT1 bis RESULT3) auf Missings überprüft; es werden nur Messwertreihen mit kompletten Daten behalten.
2. event (DIAGNOSE) wird auf Missings überprüft. Zeilen mit Missings in DIAGNOSE werden ausgeschlossen.
3. Die Hilfsdatei wird anhand ID sortiert; Zeilen mit Missings und Doppelten in ID werden ausgeschlossen.
4. Die ausgeschlossenen Zeilen werden im PROC SQL Schritt in der original UNSTACK-Struktur in die Datei mit der Standardbezeichnung AUDIT abgelegt. Löschen erster Hilfsdateien.
5. Die Audit-Dateien (SAS, RTF) werden ausgegeben. Zuvor wird die SAS Datei AUDIT mittels ODS in ein RTF-Dokument unter dem angegebenen Pfad abgelegt. AUDIT selbst wird von PROC PRINT in der SAS Ausgabe angezeigt. Werden keine Zeilen ausgeschlossen, wird AUDIT leer angelegt.
6. Die über die Schritte (1) bis (5) vorbereitete Tabelle wird von unstack nach stack umstrukturiert. Die Variable GRPWIDENT wird dabei im Gegensatz zum UNSTACK_CLEAN-Makro automatisch angelegt (vgl. auch 4.6.1). GRPWIDENT steht für group-within identifier.
7. Die gestackten Daten werden in der Ausgabedatei STACKD_CLEAN abgelegt.
8. Die Hilfsdateien werden mittels PROC DATASETS gelöscht.
9. Die bereinigten und gestackten Daten werden von PROC PRINT in der SAS Ausgabe angezeigt.

Übersicht zu den vorgenommenen Überprüfungen:

Im folgenden Makro werden folgende Überprüfungen vorgenommen (die Ziffern in Klammern weisen auf die entsprechenden Stellen im Makro hin):

1. Die durch list_a und list_e gebildeten Messwertreihen werden auf Missings überprüft; es werden nur Messwertreihen mit kompletten Daten behalten.
2. event (DIAGNOSE) wird auf Missings überprüft. Zeilen mit Missings in DIAGNOSE werden ausgeschlossen.
3. ID wird auf Missings und Doppelte überprüft. Zeilen mit Missings und Doppelten in ID werden ausgeschlossen. Ein PROC SORT mit NODUPKEY anstelle des verwendeten SQL Filters würde nicht *alle* Zeilen mit mehrfach vorkommenden IDs ausschließen, sondern *alle außer der ersten* gefundenen Zeile.

Makro STACK_CLEAN

```
%macro STACK_CLEAN
(data_in=, root=, event=, id_in=, list_a=, list_e=, nvar=,
outvar=, data_out=);

/* (1) Filtern nach unvollständigen Messwertreihen */
/* (2) Filtern nach Missings in Event               */
data prep_01 (where=(&event. is not missing));
```

4.6 Anwendung 3: „Drehen" einer SAS Tabelle (stack/unstack)

```
        set &data_in. ;
            array MISSKILL{&nvar.} &list_a. - &list_e. ;
            do i=1 to dim(MISSKILL);
                if MISSKILL(i) = . then delete;
            end;
    run ;

/* (3) Filtern nach Missings und Doppelten in ID */
proc sql ;
    create table prep_02 as
        select *, count(&id_in.) as FILTER
        from prep_01
    group by &id_in.
    having FILTER = 1 ;
    quit ;

/* (4) Ablage der ausgeschlossenen Daten in AUDIT */
data prep_03 ;
    drop i FILTER ;
    set prep_02 ;
run ;
proc sql ;
    create table AUDIT as
            select * from &data_in.
            except all
        select * from prep_03 ;
quit ;

/* (5) Ausgabe der Audit-Dateien (SAS, RTF) */
ods rtf file="&root.\AUDIT_zu_&data_in..rtf" ;
title1 "Zusammenstellung der ausgeschlossenen Daten" ;
title2 "- Vom Anwender zu prüfen -";
proc print data = AUDIT ;
run;
title ;
ods rtf close;

/* (6) Transponieren der bereinigten Daten */
data prep_04 ;
set prep_03 ;
        array LIST[&nvar.] &list_a. - &list_e. ;
            do GRPWIDENT=1 to &nvar. ;
            RESULTS=LIST[GRPWIDENT] ;
            output ;
            end ;
        drop &list_a. - &list_e. ;
    run ;
```

```
/* (7) Ablage der gestackten Daten in &data_out. */
data &data_out. ;
set prep_04 ;
run;


/* (8) Hilfsdateien werden mittels PROC DATASETS gelöscht.*/
proc datasets  library=work memtype=data nolist;
delete prep_01 prep_02 prep_03 prep_04 ;
run ;


/* (9) Ausgabe in den SAS Output */
title1 "Gestackter Datensatz (Methode: 'automatic cleaning')" ;
title2 "Auf vollständige Datenreihen reduziert." ;

proc print data = &data_out.;
run ;
title ;


%mend STACK_CLEAN ;
```

Aufruf des Makros STACK_CLEAN
Bei der Übergabe der Parameter an den Makroaufruf ist auf korrekte Groß- und Kleinschreibung zu beachten. In den Kommentaren sind Kurzerläuterungen zu den Parametern angegeben; ausführlichere Erläuterungen sind nach dem Aufruf des Makros angegeben.

```
%let root = %str(C:\);     /* root: Angabe des Ablagepfads für den */
                           /*      RTF-Output nach STR, z.B. 'C:\'*/

%STACK_CLEAN
   (data_in=USTACKDbuggy,  /* data_in: Input Dataset, z.B. USTACKDbuggy*/
    root=&root.,           /* root: Übernahme des Ablagepfads        */
    event=DIAGNOSE,        /* event: Event, z.B. Diagnose            */
    ID_in=ID ,             /* ID_in: Key-Variable im Input Dataset   */
    list_a=RESULT1,        /* Variable am Listenanfang, z.B. RESULT1 */
    list_e=RESULT3,        /* Variable am Listenende, z.B. RESULT3   */
    nvar=3,                /* Anzahl der Variablen in der Liste, z.B. 3*/

    outvar=RESULTS,        /* Name der Ausgabevariable (wird die ge- */
                           /* stackten Werte enthalten), z.B. RESULTS */
    data_out=STACKD_CLEAN) /* data_out: Output Dataset.              */
       ;
```

4.6 Anwendung 3: „Drehen" einer SAS Tabelle (stack/unstack)

Erläuterung der Parameter im Makroaufruf (vom Anwender einzustellen)

- **data_in**= Input Dataset (im Beispiel: USTACKDbuggy).
  Der Input Dataset enthält mindestens eine Key-Variable (numerisch), eine Event-Variable (numerisch), eine Gruppenvariable (numerisch), sowie mindestens zwei Variablen für die Messwerte (numerisch; vgl. list_a, list_e: z.B. RESULT1, RESULT2). Es kann ein zweistufiger Name in der Form LIBNAME.DSNAME angegeben werden.
- **root**= Ablagepfad für RTF-Output.
  An diesem Parameter ändert ein Anwender üblicherweise nichts. Um einen anderen Ausgabeort einzustellen, kann ein Anwender den gewünschten Pfad in der *%let*-Anweisung im Klammerausdruck nach STR an SAS übergeben.
- **ID_in**= Key-Variable aus dem Input-Dataset (im Beispiel: ID).
  ID_in ist numerisch. Die Angabe der ID_in ist essentiell für die Datentransformation und -qualität (6). Eine ID gruppiert entweder simultane Messungen am selben Batch (Assays) oder sukzessive Messungen am selben Fall (Messwiederholungen). Die Werte in ID_in treten nicht immer gleich häufig auf. ID_in wird auf Missings überprüft (3).
- **event**= Variable für das Event (im Beispiel: CASECONT).
  event ist numerisch. Event kann dabei je nach Studiendesign eine Kodierung für eine Diagnose, ein Treatment oder auch für eine Case-Control-Gruppenzuweisung sein. Event wird auf Missings überprüft (2).
- **list_a**= Variable am Anfang einer Liste numerischer Messwertvariablen (2,6). Die Variable hat ein numerisches Suffix. Die Messwertvariablen werden idealerweise durch eine ganzzahlig hochzählende Zählvariable im Suffix differenziert. Zwischen list_a und list_e stehen weitere oder gar keine Messwertvariablen. Befinden sich Messwertvariablen zwischen list_a und list_e, so weisen sie ein numerisches Suffix auf, das nicht kleinergleich ist als in list_a und nicht größergleich als in list_e.
- **list_e**= Variable am Ende einer Liste numerischer Messwertvariablen (2,6). Die Variable hat ein numerisches Suffix. Zwischen list_a und list_e stehen entweder weitere oder gar keine Messwertvariablen. Variablen, die nicht gestackt werden sollen, dürfen in der Tabelle nicht zwischen list_a und list_e stehen. Die durch list_a und list_e gebildeten Messwertreihen werden auf Vollständigkeit überprüft. Zeilen mit Missings werden ausgeschlossen.
- **nvar**= Explizite Angabe an das System, wieviele Variablen die Variablenliste bilden. Diese Angabe ist essentiell für die Datentransformation (2,6).
- **outvar**= Ausgabevariable, in die die Werte der gestackten Messwertvariablen abgelegt werden (6). Es ist oft hilfreich, wenn der Name von outvar den Namen der Variablen in list_a und list_e ähnelt.
- **data_out**= Output Dataset.
  Der Output Dataset enthält den Input Dataset (ursprünglich in UNSTACK-Struktur) nun in STACK-Struktur. Es kann ein zweistufiger Name in der Form LIBNAME.DSNAME angegeben werden. Der Output Dataset enthält eine Key-Variable, die Event-Variable, GRPWIDENT als group-within identifier, sowie eine neu angelegte Variable outvar für die Messwerte.

Ausgabe 1 – Datensatz STACKD_clean in STACK-Struktur (bereinigt um pot. fehlerhafte Daten)

```
          Gestackter Datensatz (Methode: 'automatic cleaning')
               Auf vollständige Datenreihen reduziert.

          Beob.     ID     DIAGNOSE     GRPWIDENT     RESULTS

            1        3         0            1           18
            2        3         0            2           14
            3        3         0            3           46
            4        4         1            1           21
            5        4         1            2           44
            6        4         1            3           40
```

Hinweis: Die Daten in der STACK-Struktur enthalten u.a. lückenlose Messwertreihen, sowie weder Missings, noch Doppelte in der Spalte ID.

Ausgabe 2 – Datensatz AUDIT (in original UNSTACK-Struktur)

```
          Zusammenstellung der ausgeschlossenen Daten.
                  - Vom Anwender zu prüfen -

     Beob.    ID    DIAGNOSE    RESULT1    RESULT2    RESULT3

       1      .        1          23          7         24
       2      1        1          23          .         24
       3      2        0           .         19          7
       4      5        1           6         50         51
       5      5        1           6         50         89
```

Hinweis: Die Tabelle AUDIT enthält alle Zeilen, die die Integrity Constraints nicht einhielten. Also z.B. alle Zeilen u.a. mit Missings oder Doppelten in der Spalte ID, Messwertreihen mit fehlenden Werten usw.

Ausgabe 3 – RTF-Output (im Beispiel unter Laufwerk C:\ )

Zusammenstellung der ausgeschlossenen Daten.
- Vom Anwender zu prüfen -

Beob.	ID	DIAGNOSE	RESULT1	RESULT2	RESULT3
1	.	1	23	7	24
2	1	1	23	.	24
3	2	0	.	19	7
4	5	1	6	50	51
5	5	1	6	50	89

Hinweis: Der RTF-Output enthält denselben Inhalt wie AUDIT, nur im RTF- anstelle des SAS Formats.
Man kann natürlich eine Tabelle auch in die umgekehrte Richtung, von STACK nach UNSTACK transformieren (vgl. 4.6.1).

4.7 Anwendung 4: Makros für den Abruf von Systeminformationen

SAS bietet viele Möglichkeiten, detaillierte Informationen zu recherchieren. Dieser Abschnitt stellt diverse Makros für den Abruf von Informationen über SAS Tabellen bzw. aus den SAS Dictionaries vor. SAS Dictionaries enthalten umfangreiche Informationen über Verzeichnisse, SAS Tabellen und Views, SAS Kataloge usw. und werden im Abschnitt 7.7 vorgestellt.

- Makros (VARLIST, VARLIST2), um den Inhalt von SAS Tabellen abzufragen (Data Step Ansatz).
- Makros (IST_VAR_VH, IST_VAR_VH2), um eine SAS Tabelle auf eine bestimmte Spalte abzusuchen (PROC SQL Ansatz, DATA Step Ansatz).
- Makro IST_TERM und PROC OPTION, um in den Dictionary.Options etwas zu finden (u.a. PROC SQL Ansatz).

Abfragen des Inhalts von SAS Tabellen (VARLIST, VARLIST2):
Das Makro VARLIST listet den kompletten Inhalt von SAS Tabellen auf. VARLIST basiert auf dem DATA Step und der Verwendung der SAS Funktion SYSFUNC. SYSFUNC wurde bereits in Abschnitt 4.3.1 vorgestellt. Im Aufruf des Makros VARLIST braucht nur der Name der SAS Tabelle angegeben werden, deren Variablennamen in Form einer Liste ausgegeben werden sollen.

```
%macro VARLIST(data_in);
  %let FIELDS=;
  %let DINFO=%sysfunc(open(&data_in.));
  %let N=%sysfunc(attrn(&DINFO,nvars));
  %do i = 1 %to &N;
      %let FIELDS=&FIELDS %sysfunc(varname(&DINFO,&i));
  %end;
  %let rc=%sysfunc(close(&DINFO));
  %put Variablen in &data_in. sind: &FIELDS ;
%mend VARLIST ;
```

Im Aufruf wird die Tabelle SASHELP.CLASS angegeben; die Variablen dieser Tabelle sollen als Liste ausgegeben werden.

```
%VARLIST(sashelp.class) ;
```

Ausgabe im SAS Log:

```
Variablen in sashelp.class sind: Name Sex Age Height Weight
```

Im SAS Log werden die Namen von fünf Variablen aus der Tabelle SASHELP.CLASS ausgegeben.

Das Makro VARLIST2 listet den kompletten Inhalt von SAS Tabellen auf. VARLIST2 basiert ebenfalls auf dem DATA Step und der Verwendung von SYSFUNC. Neben den Variablennamen in Form einer Liste gibt Makro VARLIST2 zusätzlich die Anzahl der Zeilen und Spalten aus.

```
%macro VARLIST2 (data_in);
   %let FIELDS= ; %let N_ROWS= ; %let N_FIELDS= ;
   %let DINFO=%sysfunc(open(&data_in.));
   %let N_FIELDS=%sysfunc(attrn(&DINFO,nvars));
   %do i = 1 %to &N_FIELDS;
      %let FIELDS=&FIELDS %sysfunc(varname(&DINFO,&i));
      %let N_ROWS=%sysfunc(attrn(&DINFO,nobs));
   %end;
   %let rc=%sysfunc(close(&DINFO));
      %put Variablen in &data_in. sind: &FIELDS. ;
      %put Anzahl Zeilen in &data_in. sind: &N_ROWS. ;
      %put Anzahl Spalten in &data_in. sind: &N_FIELDS. ;
%mend VARLIST2 ;
```

Im Aufruf wird die Tabelle SASHELP.CLASS angegeben; die Variablen dieser Tabelle sollen als Liste ausgegeben werden.

```
%VARLIST2(sashelp.class) ;
```

Ausgabe im SAS Log:

```
Variablen in sashelp.class sind: Name Sex Age Height Weight
Anzahl Zeilen in sashelp.class sind: 19
Anzahl Spalten in sashelp.class sind: 5
```

Im SAS Log werden nach den Namen der Variablen aus der Tabelle SASHELP.CLASS zusätzlich die Anzahl der Zeilen und Spalten ausgegeben.
Fall es bei sehr umfangreichen Tabellen u.U. effizienter ist, eine ausgewählte SAS Tabelle daraufhin abzusuchen, ob sie eine *bestimmte* Variable enthält, ist der folgender Ansatz womöglich geeigneter.

Die beiden DATA Step Ansätze erscheinen im Vergleich zum im Folgenden vorgestellten PROC SQL Ansatz etwas flexibler.

4.7 Anwendung 4: Makros für den Abruf von Systeminformationen

Absuchen einer SAS Tabelle auf eine bestimmte Spalte (IST_VAR_VH / 2):
Die beiden Makros IST_VAR_VH und IST_VAR_VH2 suchen eine ausgewählte SAS Tabelle daraufhin ab, ob sie eine bestimmte Variable enthält. Das Makro IST_VAR_VH operiert dabei mit einem Zugriff auf SAS Dictionaries, das Makro IST_VAR_VH2 dagegen mit DATA Step-Funktionalitäten.

Das Makro IST_VAR_VH sucht mit Hilfe von Dictionaries eine ausgewählte SAS Tabelle daraufhin ab, ob sie eine bestimmte Variable enthält. Im Aufruf des Makros IST_VAR_VH werden das Verzeichnis angegeben, in der sich die ausgewählte SAS Tabelle befinden soll, der Name der SAS Tabelle, sowie die Variable, die gesucht werden soll.

```
%macro IST_VAR_VH(LIBRARY, MEMNAME, NAME);
proc sql;
    select LIBNAME, MEMNAME, NAME, MEMTYPE
    from DICTIONARY.COLUMNS
    where LIBNAME="&LIBRARY." and MEMNAME="&MEMNAME." and
NAME="&NAME." and MEMTYPE="DATA";
quit;
%MEND IST_VAR_VH ;
```

Im Beispielaufruf von IST_VAR_VH werden das Verzeichnis (SASHELP) angegeben, der Name der abzusuchenden SAS Tabelle (CLASS), sowie die zu suchende Variable (Sales).

```
%IST_VAR_VH(SASHELP,SHOES,Sales);
```

Ausgabe im SAS Log:
`Variablen in sashelp.class sind: Name Sex Age Height Weight`

Erscheint eine Ausgabe im Fenster der SAS Ausgabe, so ist dies als Bestätigung zu verstehen, dass die gesuchte Variable in der angegebenen Tabelle im angegebenen Verzeichnis gefunden werden konnte.

Bibliotheksname	Membername	Spaltenname	Membertyp
SASHELP	SHOES	Sales	DATA

War die Suche ergebnislos (aus welchen Gründen auch immer), erscheint im SAS Log folgender Hinweis:

`HINWEIS: Keine Zeilen wurden ausgewählt.`

Dieser Hinweis ist so zu verstehen, dass die angegebene Variable entweder gar nicht existiert (oder zumindest nicht im angegebenen Verzeichnis bzw. Tabelle), oder dass eine oder mehr dieser Angaben falsch geschrieben an SAS übergeben wurden.

Das Makro IST_VAR_VH2 sucht mit Hilfe von DATA Step-Funktionalitäten eine ausgewählte SAS Tabelle daraufhin ab, ob sie eine bestimmte Variable enthält. Im Aufruf des Makros IST_VAR_VH2 werden die SAS Tabelle angegeben, in der sich die ausgewählte

SAS Tabelle befinden soll, sowie der Name der Variablen, die darin gesucht werden soll. Eine Einschränkung dieser Programmversion ist, neben seiner etwas komplexeren Programmierung im Vergleich zum PROC SQL / Dictionaries-Ansatz, dass sie in dieser Variante nur für die korrekte Groß- und Kleinschreibung von Spaltennamen funktioniert (vgl. „NAME" vs. „Name").

```
%macro IST_VAR_VH2(data_in, var);
    %let CHECK= ;
    %let DINFO=%sysfunc(open(&data_in));
    %let N_FIELDS=%sysfunc(attrn(&DINFO,nvars)) ;
    %do i=1 %to &N_FIELDS ;
        %let FIELDS=%sysfunc(varname(&DINFO,&i)) ;
        %if &FIELDS=&var %then %do ;
            %let CHECK=Variable gefunden ;
            %let i=&N_FIELDS ;
        %end;
        %else %let CHECK=Variable nicht gefunden ;
    %end ;
    %put CHECK: &CHECK;
    %let rc=%sysfunc(close(&DINFO));
%mend ;
```

Im Aufruf von IST_VAR_VH2 werden der Name der abzusuchenden SAS Tabelle (SASHELP.CLASS), sowie die zu suchende Variable („Name") angegeben.

```
%IST_VAR_VH2(SASHELP.CLASS,Name) ;
%IST_VAR_VH2(SASHELP.CLASS,NAME) ;
```

Pro Aufruf wird im SAS Log zurückgemeldet, ob die gesuchte Variable in der angegebenen Tabelle gefunden werden konnte oder nicht.

```
nnn     %IST_VAR_VH2(SASHELP.CLASS,Name) ;
CHECK:  Variable gefunden
nnn     %IST_VAR_VH2(SASHELP.CLASS,NAME) ;
CHECK:  Variable nicht gefunden
```

Wurde eine Variable nicht gefunden, so kann dies so interpretiert werden, dass die angegebene Variable entweder gar nicht existiert (zumindest nicht in der angegebenen Tabelle), oder dass eine oder mehr dieser Angaben falsch geschrieben an SAS übergeben wurden. Der SQL Ansatz erscheinen im Vergleich zu den vorher vorgestellten DATA Step Ansätzen etwas eleganter.

Suche in den Dictionary.Options (IST_TERM):
Der Vorzug von SAS, viele und detaillierte Informationen bereitzustellen, kann sich in einen Nachteil kehren, wenn man nicht mehr genau weiß, was man eigentlich finden möchte, z.B. wenn man einen Begriff nicht mehr genau weiß, z.B. für eine SAS Option. Das nachfolgende

4.7 Anwendung 4: Makros für den Abruf von Systeminformationen

Vorgehen zeigt, wie man sich in drei Schritten die benötigten Informationen von ersten Schlagwörtern (ganz oder auch in Teilen) bis zu den genauen Informationen über Optionen, Einstellungen und Beschreibungen hindurchfinden kann. In einem ersten Schritt wird dabei im Makro IST_TERM die Bezeichnung einer Option, einer Einstellung oder einer Beschreibung angegeben. In weiteren Schritten können die gefundenen Informationen weiter eingegrenzt werden.

Schritt I: Suche nach der Bezeichnung einer Option, Einstellung oder Beschreibung
In Makro IST_TERM wird die Bezeichnung einer Option, einer Einstellung oder einer Beschreibung angegeben. Der angegebene Suchbegriff kann auch nur ein Teil der Bezeichnung einer Option, Einstellung oder Beschreibung sein, z.B. „Macr" anstelle von „Macro" usw. Das Makro IST_TERM funktioniert für Groß- und Kleinschreibung.

```
%macro IST_TERM(FINDE) ;
proc sql ;
        select group, OPTNAME ,SETTING, OPTDESC
         from   DICTIONARY.OPTIONS
         where  index(upcase(OptName),upcase("&FINDE."))
            or  index(upcase(Setting),upcase("&FINDE."))
            or  index(upcase(OptDesc),upcase("&FINDE.")) ;
         quit ;
%mend IST_TERM ;

%IST_TERM(macr) ;
```

Der Aufruf von IST_TERM fordert z.B. vom Makro an, nach „Macr" in Optionen, Einstellungen oder Beschreibungen unabhängig von der Groß- und Kleinschreibung zu suchen. Die Treffer von IST_TERM werden im SAS Output ausgegeben (z.B.).

Ausgabe (im SAS Output, v9.1.3):

Optionsgruppe Optionsbeschreibung	Optionsname	Optionseinstellung
MACRO Verwendung der SAS-Makrofunktionalität zulassen	MACRO	MACRO
MACRO Display macro execution Information	MEXECNOTE	NOMEXECNOTE (Ausgabe gekürzt)

Die Spalte links gibt die übergeordneten Gruppen von Optionen wieder (z.B. die SAS-Optionsgruppe MACRO). Die Spalte in der Mitte gibt die konkrete Option aus dieser Gruppe wieder (ebenfalls z.B. MACRO). Weitere übergeordnete Gruppen sind z.B. DATAQUALI-

TY, GRAPHICS oder PERFORMANCE. Die Bezeichnungen für SAS-Optionsgruppen können z.T. dieselben sein wie konkrete Optionen. Die Option MACRO gehört z.B. zur übergeordneten Gruppe MACRO, zu der aber auch z.B. andere SAS Optionen gehören, z.B. MEXECNOTE. Links wiederum werden die einzelnen Optionen beschrieben. Die Spalte rechts gibt die momentane Einstellung der betreffenden Option im SAS System wieder (z.B. MACRO). Die Spalte in der Mitte gibt die konkrete Option aus dieser Gruppe wieder. Die Option MEXECNOTE aus der Optionsgruppe MACRO ist z.B. auf die Einstellung NOMEXECNOTE gesetzt.

Die beiden weiteren Schritte erlauben nun, sich eine genaueren Einblick in die aktuellen Einstellungen in den Optionen innerhalb einer SAS-Optionsgruppe zu verschaffen.

Schritt II: Einblick in eine Gruppe von Optionen (SAS-Optionsgruppenname)
Man kann sich jetzt an dieser Stelle unkompliziert eine Übersicht über alle Optionen innerhalb einer SAS-Optionsgruppe verschaffen, indem man die im ersten Schritt gefundene Bezeichnung für die übergeordnete Gruppe (z.B. MACRO) nach GROUP= an PROC OPTIONS übergibt. Die Angabe einer konkreten SAS Option (z.B. MEXECNOTE) funktioniert noch nicht mit dem SAS Beispielcode für Schritt II und wird stattdessen in Schritt III veranschaulicht.

```
proc options group = MACRO ;
run ;
```

Die Informationen seitens PROC OPTIONS GROUP= werden im SAS Log ausgegeben (z.B.):

Ausgabe (im SAS Log, v9.1.3):

```
MACRO              Verwendung der SAS-Makrofunktionalität zulassen
NOMAUTOLOCDISPLAY  Verzeichnis nicht anzeigen, in dem der Quellcode für
                   autom. aufgerufene Makros kompiliert wird
MAUTOSOURCE        Automatische Makroaufruffunktion zulassen
MCOMPILENOTE=NONE  Hinweis bei erfolgreicher Makrokompilierung ausgeben
MERROR             Scheinbar nicht definierte Makros als Fehler behandeln
NOMEXECNOTE        Do not display macro execution information
```

(Ausgabe gekürzt)

Links sind die einzelnen Optionen der SAS-Optionsgruppe MACRO angegeben, rechts ihre aktuelle Einstellung im System.

Schritt III: Einblick in eine konkrete SAS Option
Hat man sich in den vorangegangenen Schritten eine Übersicht über alle Optionen in einer SAS-Optionsgruppe verschafft, kann man sich nun in Schritt III die gefundenen Optionen genauer ansehen. Nach OPTIONS= kann eine konkrete SAS Option (z.B. MEXECNOTE) angegeben werden.

```
proc options define value option = MEXECNOTE ;
run ;
```

Das Schlüsselwort DEFINE zeigt u.a. eine kurze Beschreibung der Option, der SAS-Optionsgruppe und den Optionstyp. Es zeigt darüber hinaus an, ob die Option u.a. eingestellt oder auch eingeschränkt werden kann. VALUE zeigt den Wert und Scope der angegebenen Option und auch, wie der Wert (vor)eingestellt war. Die Informationen seitens PROC OPTIONS OPTION = werden ebenfalls im SAS Log ausgegeben (z.B.):

Ausgabe (im SAS Log, v9.1.3):

```
Optionswertinformation für SAS-Option MEXECNOTE
    Option Value: NOMEXECNOTE
    Option Scope: Default
    How option value set:   Shipped Default
Optionsdefinitionsinformation für SAS-Option MEXECNOTE
    Group= MACRO
    Group Description: Einstellungen zur SAS-Makrosprache
    Description: Do not display macro execution information
    Typ: Der Optionswert ist vom Typ BOOLEAN
    When Can Set: Startup or anytime during the SAS Session
    Zurückweisung: Ihr Site-Administrator can hat die Änderung dieser Option
    nicht gestattet.
    Optsave: Mit PROC OPTSAVE oder Kommando Dmoptsave will können Sie diese
    Option speichern.
```

4.8 Anwendung 5: Anlegen von Verzeichnissen für das Ablegen von Daten

Wie es sich beim Makro zum Loopen von SAS Dateien andeutete, kann es sehr praktisch sein, wenn man einen Ablegepfad über eine Makrovariable angeben kann. Diese dort vorgestellte Vorgehensweise setzt voraus, dass die gewünschten Ablagepfade bekannt und vor allem: vorhanden sind. Diese zentral gesteuerte Definition des/der Ablageverzeichnisse erspart durch ihre Einheitlichkeit u.a. viel Tipparbeit v.a. bei sehr langen Pfaden und schließt durch die zentrale Definition aus, dass die Daten an einzelnen Stellen nicht doch versehentlich woanders abgelegt werden. Das zentrale Angeben von gewünschten (aber vorhandenen) Pfaden kann also dadurch noch getoppt werden, indem ein SAS Makro gleichzeitig auch das Anlegen der gewünschten Ablagepfade ermöglicht.

Das folgende SAS Makro kombiniert beide Anforderungen: Angeben und Anlegen von (Ablage)Pfaden und gewährleistet also, dass die Daten dort abgelegt werden, wohin sie auch abgelegt werden sollen. Darüber hinaus vergibt dieser Ansatz einen Zeitstempel. Dieser Zeitstempel bewirkt, dass unterschiedliche Pfade angelegt werden, wenn das Programm an unterschiedlichen Tagen ausgeführt wird. Die Folge ist, dass verschiedene Ergebnisversionen nicht ohne weiteres überschrieben werden, wenn mehrere Anwender mit denselben Daten oder Programmen arbeiten.

Diesem Ansatz können gewisse Grenzen gesetzt sein: Zunächst physikalische, also z.B. ob bestimmte Speicherorte überhaupt physikalisch vorhanden sind. Man kann z.B. schlechterdings einen Pfad auf das Laufwerk „D:\" definieren, wenn dieses Laufwerk gar nicht existiert. Je nach Betriebssystemumgebung kann es auch Einschränkungen bei der Länge des Pfades geben. Das folgende Programm wurde auf mehreren Windows Betriebssystemen (z.B. Windows XP) erfolgreich getestet.

```
/* I. Definition des anzulegenden Ablageverzeichnisses   */
%let PFAD=%str(C:\Tabellen\LAUF_&sysdate9.\);

/* II. Befehl zur Anlage des Verzeichnisses   */
%sysexec md "&PFAD.";

/* III. Befehl zur Ablage von Daten in das o.a. Verzeichnis */
%macro ABLAGE(PFAD=);
ods listing close;
ods TAGSETS.CSVNOQ file="&PFAD2.TABELLE_&sysdate9..txt" ;
   proc print data=SASHELP.CLASS noobs ;
   run;
ods _ALL_ close ;
ods listing ;

%mend ABLAGE ;

%ABLAGE(PFAD2=&PFAD.) ;
```

Hinweise: In I. wird der gewünschte Pfad definiert. Sind alle Pfade frühzeitig und einheitlich definiert, kann auch diese scheinbar unscheinbare Maßnahme die Performanz von SAS durchaus ein wenig steigern. In II. wird das Verzeichnis für den gewünschten Pfad angelegt. Der Ansatz mittels %sysexec ist nur eine von mehreren Varianten, die SAS anbietet, z.B. ist ggf. eine Kombination aus %SYSFUNC und der SAS Funktion DCREATE zum Anlegen eines externen Verzeichnisses möglich. In beiden Angaben für die Pfade wurde außerdem die automatische SAS Makrovariable SYSDATE9. als Zeitstempel aufgenommen. Der entstehende Zeitstempel im Pfad bzw. Verzeichnis ist von der Form TTMMMJJJJ, z.B. 12NOV2010. Diese Angabe bewirkt, dass unterschiedliche Pfade angelegt werden, wenn das Programm an unterschiedlichen Tagen ausgeführt wird, z.B. in der Form: „C:\Tabellen\LAUF_10NOV2010\" bzw. „C:\Tabellen\LAUF_12NOV2010\" usw. Die Folge ist, dass verschiedene Ergebnisversionen nicht ohne Weiteres überschrieben werden, wenn mehrere Anwender mit denselben Daten oder Programmen arbeiten, sondern dass die Daten in verschiedenen, tagesaktuellen Verzeichnissen abgelegt werden. – Weitere Möglichkeiten für die Definition von Pfaden bzw. Verzeichnissen sind die explizite Aufnahme eines Kürzels für den konkreten Anwender in die Definition von Verzeichnis, Pfad oder Tabelle, oder ggf. die implizite Protokollierung des jeweiligen SAS Anwenders über die SAS Makrovariable SYSUSERID. – Je nach Betriebssystem öffnet sich ggf. ein DOS Fenster. Dieses Fenster kann einfach mit dem Befehl „EXIT" wieder geschlossen werden. Unter III. nimmt ein Befehl zur Ablage von Daten über &PFAD2. die Pfadangabe auf. Der Zeitstempel &SYSDATE9. wird hier außerdem zum Bezeichnen der abzuspeichernden SAS Tabellen verwendet, z.B. „TABELLE_12NOV2010.txt". Der TAGSETS Ansatz wird in Abschnitt 9.1 erläutert.

4.9 Anwendung 6: Fortlaufende „exotische" Spaltennamen („2010", „2011", …)

Bei der praktischen Arbeit mit SAS kommt es oft genug vor, dass Daten in Spalten mit einer Bezeichnung (v.a. zum Export) abgelegt werden sollen, die keinen SAS Format entspricht. Obwohl SAS diverse Konventionen zur Definition von u.a. Spaltennamen erfordert, z.B maximale Länge 32 Zeichen, das erste Zeichen ein Buchstabe („A", „B", „C", …, „Z") oder Unterstrich („_"), ohne Sonderzeichen (außer u.a. „_", „$", „#" oder „&") und Leerstellen (Blanks), ist SAS flexibel genug, um auch Spalten und Daten in einem beinahe beliebig zu nennenden Format anzulegen. SAS stellt z.B. seit 9.1 die SAS Option VALIDVARNAME zur Verfügung. Die Option VALIDVARNAME mit dem Schlüsselwort ANY ermöglicht es, Spalten mit derzeit *fast* beliebigen Namen zu versehen. Die Option VALIDVARNAME ist derzeit experimentell und wird nur für SAS Base und SAS/STAT Prozeduren unterstützt. Weitere Hinweise zu VALIDVARNAME finden sich in Abschnitt 9.1. Die Hauptfunktionen des Makros EXOTICS sind:

- Anlegen einer einzelnen „exotischen" Variable (String) mit der Bezeichnung „!?"
- Befüllen von EXOTICVAR (s.o.) mit einem konstantem Stringeintrag („*/|").
- Anlegen einer Liste fortlaufender, „exotischer" Variablen (numerisch) mit den Bezeichnungen „2010", „2011" etc.
- Befüllen der fortlaufenden „exotischer" Variablen mit einer Konstanten („0").
- Anbinden der angelegten Variablen „links" und „rechts" von SASHELP.CLASS.
- Mehrere Checks auf Korrektheit der Eingaben im Makroaufruf.

Weitere Hinweise finden Sie am Ende des Programms.

Beispielausgabe

!? NAME SEX AGE HEIGHT WEIGHT 2010 2011 2012 2013 2014 2015 2016 2017 2018 2019 2020

```
*/| Alfred   M 14  69.0 112.5  0 0 0 0 0 0 0 0 0 0 0
*/| Alice    F 13  56.5  84.0  0 0 0 0 0 0 0 0 0 0 0
*/| Barbara  F 13  65.3  98.0  0 0 0 0 0 0 0 0 0 0 0
*/| Carol    F 14  62.8 102.5  0 0 0 0 0 0 0 0 0 0 0
*/| Henry    M 14  63.5 102.5  0 0 0 0 0 0 0 0 0 0 0
```

SAS Programm

```
/* I. Definition des Speicherorts */
%let ROOT=%str(C:\Eigene Dateien\Tabellen\);

%macro EXOTICS (INDATA=, START=, STOPP=, BASEVAL=, OUTDATA=,
EXOTICVAR=, ROOT2= );


/* II. Option für Anlegen "exotischer" Spaltennamen */
options validvarname=any ;


/* III. Checks auf Korrektheit der Eingaben im Makroaufruf */
%let check1=%sysevalf(&STOPP. - &START.) ;
    %if &check1. <= 0 %then %put
"--------- ERROR: Start-/Zieljahr passen nicht ---------" ;

%let check2=%sysevalf(&STOPP. - 2000) ;
    %if &check2. <= 0 %then %put
"--------- ERROR: Zieljahr zu niedrig ---------" ;

%let MAXVAL=%sysevalf(&STOPP. - 2000) ;

%if &START. >= 2010 %then %do ;
    data STEP_1 ;
    retain "&EXOTICVAR."n NAME SEX AGE HEIGHT WEIGHT ;
         drop i ;

/* IV. Anlegen der fortlaufenden Liste, noch mit "_"-Präfix,
als zweistellige Jahreszahlen _2010 bis _20maxVAL */
              array _20[&maxVAL.];
                 do i = 10 to dim(_20);
                     _20[i] = &BASEVAL. ;
                 end ;
              drop _201 -- _209 ;
              set &INDATA. ;
```

4.9 Anwendung 6: Fortlaufende „exotische" Spaltennamen („2010", „2011", ...)   239

```
/* V. Anlegen der einzelnen exotischen Variablen */
        "&EXOTICVAR."n= '*/|';
        run;
        %end;


/* VI. Umbenennen der Spalten in der Liste in "exotische" Na-
men */
        proc datasets library=work;
          delete &OUTDATA. ;
        quit;
         proc sql noprint ;
            select NAME||"="||"'"||trim(substr(NAME,2,4))||"'"n"
            into: RENAMEV separated by " "
            from SASHELP.VCOLUMN
            where Libname="WORK" and memname="STEP_1" and
               prxmatch("/_20/", NAME) ;
         quit;
            proc datasets library=work memtype=data nolist;
               change STEP_1=&OUTDATA. ;
               modify &OUTDATA. ;
               rename &RENAMEV ;
            quit;

            proc print data=&OUTDATA. (obs=5) noobs ;
            run;

%mend EXOTICS ;
```

Hinweise: In I. wird der gewünschte Pfad definiert. In II. wird die SAS Option für das Anlegen „exotischer" Spaltennamen initialisiert. Ab III. sind diverse Checks auf die Korrektheit der Eingaben im Makroaufruf eingebaut, z.B. ob das START Jahr kleiner als das STOPP Jahr ist. Der MAXVAL Parameter wird ermittelt, um das Ende (=Maximum) der Liste der fortlaufend angelegten „Jahres"variablen ermitteln zu können. Unter IV. wird die fortlaufende Liste der „Jahres"variablen angelegt, an dieser Stelle noch mit „_"-Präfix. Es werden zweistellige „Jahres"zahlen in der Form „_2010" bis „_20maxVAL" angelegt (das Programm ist für Jahreszahlen zwischen 2010 und 2099 geschrieben). Für zusätzliche bzw. zusätzliche Spalten können weitere Arrays angelegt werden. Unter V. wird die einzelne „exotische" Variable an der Stelle der Makrovariablen &EXOTICVAR. angelegt. Anwender könnten die Befüllung von &EXOTICVAR. mittels „*/|" alternativ auch über eine weitere Makrovariable im Aufruf steuern. Im Schritt VI. werden die Spalten aus der Liste (noch mit „_"-Präfix) in „exotische" Namen ohne Präfix umbenannt. Das Ergebnis sind Spaltennamen in der Form „2010" bis „_20maxVAL". Die konkrete Funktionsweise dieses Umbenennungsschritts mit Hilfe eines SAS Views wird im Abschnitt 7.7 zur Arbeit mit SAS Dictionaries erläutert.

Beispielaufruf

```
%EXOTICS (START=2010,
         STOPP=2020,
         BASEVAL=0.0,
         INDATA=SASHELP.CLASS,
         OUTDATA=EXOTICDATA,
         EXOTICVAR=!?,
         ROOT2=&ROOT.) ;
```

Durch die Angaben in START und STOPP werden insgesamt elf Spalten mit Bezeichnungen von „2010" bis „2020" angefordert. Alle Variablen in dieser Liste werden mit 0,0 befüllt. Als SAS Datei, die all diesen Transformationen unterzogen werden soll, wird SASHELP.CLASS angegeben. Als Ausgabedatei, in die u.a. all diese Spalten mit den „exotischen" Spaltenbezeichnungen abgelegt werden sollen, wird die temporäre SAS Datei EXOTICDATA angelegt. Die einzelne „exotische" Spalte wird als „!?" bezeichnet. Unter ROOT wird der gewünschte Pfad aus I. übernommen.

4.10 Anwendung 7: Konvertieren ganzer Variablenlisten von String nach numerisch

Oft genug stellt man als SAS Anwender nach dem Einlesen von Fremddaten in SAS fest, dass die Spalten für numerische Einträge bereits vor dem Einlesen fälschlicherweise als vom Typ String definiert worden waren. Ein Umdefinieren des Typs von hunderten oder tausenden von Spalten „per Hand" (!) kommt für gewiefte SAS Anwender selbstverständlich nicht in Frage. Die folgende PROC SQL Anwendung ermöglicht, komplette Variablenlisten, genauer: vollständige SAS Dateien vom Typ String in ein numerisches Format umzuwandeln. Die Werte der (ehemaligen) Stringvariablen werden dabei beibehalten.

Das Programm geht von zwei Voraussetzungen aus:

(1) Ein numerisches Format ist als einheitliches Format ausreichend; in anderen Worten: Allen (ehemaligen) Stringvariablen wird dasselbe numerische Format zugewiesen. Sollen unterschiedliche numerische Formate zugewiesen werden, so ist erforderlich, die Stringvariablen für jedes erforderliche numerische Format in eine Teilgruppe zu unterteilen und jeweils einem eigenen Konvertierungsdurchlauf zu unterziehen.

(2) Alle Variablen in der SAS Datei werden in ein numerisches Format konvertiert; in anderen Worten: SAS versucht, auch „echten" Stringvariablen mit Texteinträgen ein numerisches Format zuzuweisen. Für die ursprünglichen Texteinträge hat dies ausnahmslos Missings zur Folge. Ist dies nicht erwünscht, so ist erforderlich, auch die „echten" Stringvariablen in eine eigene SAS Datei abzulegen (um sicherzustellen, dass diese keine Konvertierung durchlaufen) und diese ggf. später an das File mit den konvertierten Daten anzufügen. Um die separa-

4.10 Anwendung 7: Konvertieren ganzer Variablenlisten von String nach numerisch

ten SAS Dateien unkompliziert zusammenfügen zu können, ist das Anlegen einer Schlüsselvariablen (z.B. ID) hilfreich, sofern noch nicht vorhanden.

Im Prinzip durchläuft das folgende Programm sechs Schritte: (1) Anlegen einer SAS Datei für die zu konvertierenden Daten. Dieser Schritt entfällt, falls alle Variablen in der SAS Datei konvertiert werden sollen. (2) Mittels PROC CONTENTS wird eine SAS Datei VAR_LIST angelegt, die eine Liste der Namen und des Typs der Spalten aus Schritt (1) enthält. (3) Mittels des folgenden DATA Step werden nur die Namen der String-Variablen behalten; anschließend wird für jeden Spaltennamen eine Kopie mit dem zusätzlichen Suffix „_n" am Ende des Spaltennamens angelegt. Das Format der Variablennamen mit dem Suffix „_n" ist ebenfalls vom Typ String. (4) PROC SQL legt anschließend drei Makrovariablen an: CHAR_LIST als Liste der zu konvertierenden Stringvariablen, NUM_LIST als Liste der neu angelegten Variablennamen mit dem Suffix „_n", sowie RNAME_LIST als Anweisung für die paarweisen Umbenennungen im RENAME-Statement des anschließenden DATA Step. (5) Die eigentliche „Konvertierung" von String läuft im DATA Step mit Hilfe der Einträge in den Makrovariablen aus (4) in zwei Schritten ab: Zuerst werden alle Einträge aus den original Stringvariablen in das angegebene numerische Format konvertiert und in die entsprechenden Spalten mit dem Suffix „_n" abgelegt. Anschließend werden die nun numerischen Spalten mit dem „_n"-Suffix in die Namen der original String-Variablen umbenannt. Damit ist die „eigentliche" Konvertierung abgeschlossen. (6) Abschließend werden die konvertierten Daten mit den nicht zu konvertierenden Daten wieder zusammengefügt. Dieser Schritt entfällt, falls alle Variablen in der SAS Datei konvertiert wurden. Weitere Hinweise finden Sie am Ende des Programms.

```
/* (1) Separate SAS Dateien für die konvertierenden und die
nicht zu konvertierenden Daten     */

data ALL_VORHER ;
input id var_a $ var_b $ var_c $
      var_d var_x $ var_y $ var_z $;
datalines;
1 50 11 1 222 22 1 8
2 35 12 2 250 25 2 8
3 75 13 3 990 99 3 8
;
run ;

proc contents data=ALL_VORHER ;
run ;
```

PROC CONTENTS Ausgabe vor der Konvertierung (Auszüge):

```
Die Prozedur CONTENTS
Dateiname         WORK.ALL_VORHER
```

Alphabetische Liste der Variablen und Attribute

#	Variable	Typ	Länge
1	id	Numerisch	8
2	var_a	Alphanumerisch	8
3	var_b	Alphanumerisch	8
4	var_c	Alphanumerisch	8
5	var_d	Numerisch	8
6	var_x	Alphanumerisch	8
7	var_y	Alphanumerisch	8
8	var_z	Alphanumerisch	8

```
/* Nicht zu konvertierende Daten */
data DATAkeep
      (drop= VAR_A VAR_B VAR_C
             VAR_X VAR_Y VAR_Z );
set ALL_vorher ;
run ;


/* Zu konvertierende Daten */
data DATAcvrt
     (keep=ID VAR_A VAR_B VAR_C
           VAR_X VAR_Y VAR_Z );
set ALL_VORHER (rename=(ID=IDnum));
     ID=put(IDnum,4.) ;
run ;



/* (2) Anlegen der SAS Datei VAR_LIST mit Namen und Typ der
Spalten aus Schritt (1) */

proc contents data=DATAcvrt
         out=VAR_LIST(keep=NAME TYPE)
noprint ;
run ;



/* (3) Behalten der String-Variablen; Anlegen einer Kopie der
Spaltennamen mit zusätzlichem Suffix "_n"*/

data VAR_LIST ;
   set VAR_LIST ;
   if TYPE=2 and NAME ne 'id';
   NEUNAME=trim(left(NAME))||"_n";
run ;
```

4.10 Anwendung 7: Konvertieren ganzer Variablenlisten von String nach numerisch

```
/* (4) Anlegen der drei Makrovariablen CHAR_LIST, NUM_LIST,
sowie RNAME_LIST */

options symbolgen;
proc sql noprint;
select trim(left(NAME)), trim(left(NEUNAME)),
       trim(left(NEUNAME))||'='||trim(left(NAME))
              into :CHAR_LIST separated by ' ',
                   :NUM_LIST separated by ' ',
                   :RNAME_LIST separated by ' '
       from VAR_LIST ;
quit ;


/* (5) Ablegen in ein numerisches Format und Umbenennen in die
original Spaltennamen */

data DATAcvrt_2 ;
    set DATAcvrt ;
   array chrvar(*) $ &CHAR_LIST ;
   array numvar(*) &NUM_LIST ;
          do i = 1 to dim(chrvar) ;
                  numvar(i)=input(chrvar(i),8.) ;
          end ;
   drop i &CHAR_LIST ;
   rename &RNAME_LIST ;
run ;


/* (6) Zusammenfügen der konvertierten und der nicht konver-
tierten Daten   */

data ALL_NACHHER ;
   retain ID VAR_A VAR_B VAR_C VAR_D VAR_X VAR_Y VAR_Z ;
   merge DATAkeep DATAcvrt_2 ;
   by ID ;
run ;

proc contents data=ALL_NACHHER ;
run ;
```

PROC CONTENTS Ausgabe vor der Konvertierung (Auszüge):

```
Die Prozedur CONTENTS
Dateiname          WORK.ALL_NACHHER
```

Alphabetische Liste der Variablen und Attribute

#	Variable	Typ	Länge
1	ID	Numerisch	8
2	VAR_A	Numerisch	8
3	VAR_B	Numerisch	8
4	VAR_C	Numerisch	8
5	VAR_D	Numerisch	8
6	VAR_X	Numerisch	8
7	VAR_Y	Numerisch	8
8	VAR_Z	Numerisch	8

Weitere Hinweise zu den sechs dargestellten Schritten: (1) Die Syntax für das Unterteilen der Datei ALL_VORHER in zu konvertierende und nicht zu konvertierende Daten unterscheidet sich in zwei Punkten: KEEP für die zu konvertierenden Daten und DROP für die nicht zu konvertierenden Daten (je nach Datenmenge kann jedoch auch die „umgekehrte" Programmierung sinnvoll sein). Je nach Typ der Schlüsselvariablen wird diese entweder behalten oder ausgeschlossen. Sollte keine Schlüsselvariable vorhanden sein, ist es empfehlenswert, eine anzulegen, entweder über PROC SQL (z.B. MONOTONIC) oder dem DATA Step (z.B. RETAIN) (vgl. 8.3). (2) Die angelegte Hilfsdatei VAR_LIST enthält selbst keine Daten, sondern Metadaten, z.B. die Liste der Namen (NAME) und des Typs (TYPE) der zu konvertierenden Daten aus Schritt (1). Es ist sicherzustellen, dass diese Datei tatsächlich auch nur diejenigen Stringvariablen enthält, die auch konvertiert werden sollen. Texteinträge werden ansonsten ausnahmslos in Missings umgewandelt bzw. vollständig ausgefüllte Textspalten in ausnahmslos mit Missings befüllte numerische Spalten. (3) Im DATA Step wird für jeden Namen einer String-Variablen eine Kopie mit dem zusätzlichen Suffix „_n" am Ende des Spaltennamens angelegt. (4) Die zuvor gesetzte Makrosystemoption SYMBOLGEN ermöglicht, die Inhalte der Makrovariablen CHAR_LIST, NUM_LIST, sowie RNAME_LIST im SAS Log einzusehen. (5) Der Doppelschritt basiert für das Anlegen neuer Variablen auf zwei Arrays, sowie einer DO/END Schleife, die die String-Einträge der Variablen im ersten Array der Stringvariablen (original, ohne „_n") in numerische Einträge der Variablen im zweiten Array (mit „_n") konvertiert. Abschließend werden die numerischen Variablen in die Bezeichnungen der Variablen aus dem ersten Array (ohne „_n") umbenannt. Diesen Doppelschritt kann man sich vereinfachen, falls eine Rückbenennung in die Bezeichnungen der original Stringvariablen nicht erforderlich ist.

5 Fokus: SQL für Geodaten

Im Bereich des Business Intelligence und der Analyse von Daten fällt auch die Analyse von Geodaten. Die Berechnung einer Entfernung und mit ihr zusammenhängende Parameter wie z.B. Zeit oder Kosten sind eine nicht seltene Aufgabe. Neben diesen grundlegenden Aufgaben kann es auch eine Aufgabe sein, die kürzeste, schnellste oder auch günstigste Strecke zu berechnen. Logistik-Unternehmen gehen bei ihren Analysen so weit, dass sie dabei Lieferrouten u.a. so berechnen, dass ein Fahrer beim Fahren möglichst nicht die Spur wechseln muss, beim Ausliefern möglichst immer auf der Gehwegseite das Fahrzeug verlassen braucht und möglichst viel Stückgut bei möglichst wenig Verlust durch Tankzeiten ausliefern können. Noch anspruchsvollere Analysen bzw. sog. GIS Systeme sind dabei ohne weiteres in der Lage, zahlreiche weitere Parameter wie z.B. die Tageszeit und das zu ihr übliche Verkehrsaufkommen, zulässige Höchstgeschwindigkeiten, Steigungen und Höhenunterschiede, sowie Wetter- und Straßenverhältnisse zu berücksichtigen.

Abschnitt 5.1 führt ein in die grundlegenden Ansätze der Analyse von sog. Geodaten und der Ermittlung u.a. der geographischen Distanz. Diese Art der Analyse von Geodaten ist z.B. besonders für den Fall empfehlenswert, wenn die Ermittlung erster Näherungsdaten in einer bereits bestehenden SAS Umgebung für eine Beurteilung bzw. Entscheidung ausreichend sind und Details von Routen, Strecken und Entfernungen für diesen Zweck zunächst vernachlässigt werden können. Abschnitt 5.1.1 stellt z.B. die Ermittlung von Distanzen im zweidimensionalen Raum auf der Basis von metrischen Koordinaten vor. Abschnitt 5.1.2 Distanzen im sphärischen Raum auf der Basis von Längen- und Breitengraden vor. Abschnitt 5.1.3 stellt drei SQL Abfragen auf der Basis von Koordinatendaten vor. Weitere Abschnitte befassen sich mit Projektionen, Visualisierungen usw. Abschnitt 5.2 führt ein in das Visualisieren von Daten in Form von Karten und damit das Zusammenspiel zwischen SQL, Roh- und Kartendaten. Visualisierungen sind z.B. besonders dann empfehlenswert, wenn die effiziente Vermittlung komplexer Information Priorität hat vor der mathematischen Präzision einzelner Kennwerte.

5.1 Geodaten und Distanzen

Je nach Anforderung an die Analyse, z.B. die Präzision der Ergebnisse, können die vorgestellten SQL und SAS Base Beispiele um weitere Parameter oder komplexere Formeln erweitert werden oder ganz auf spezielle GIS Systeme ausgewichen werden (vorausgesetzt, der erforderliche Informationsgehalt in Gestalt der Daten ist gegeben). Nicht nur das neu im Zusammenspiel mit Teradata eingesetzte Geo-SQL eröffnet SAS Anwendern zahlreiche weitere Analysemöglichkeiten, sondern auch die seit 9.2 aufgenommenen Funktionen GEODIST() und ZIPCITYDIST() zur Berechnung zwischen Distanzen zwischen paarigen Koordinatendaten. GEODIST() berechnet dabei die Entfernung zwischen einem Paar aus Längen- und Breitengraden in Meilen und Kilometern. ZIPCITYDIST() berechnet dagegen die Entfernung zwischen zwei US Zip Codes in Meilen. Die Funktion GEODIST() ist nicht zu verwechseln mit dem Makro %GEODIST, mit auch dem die Entfernung zwischen zwei Zip Code Zentroiden berechnet werden kann (vgl. Hadden et al., 2007). Bei dieser Gelegenheit soll auch auf die SAS Datei SASHELP.ZIPCODE verwiesen werden, die ZIPCODE Informationen für die USA enthält, darin u.a. ZIPCODE Zentroiden (x, y Koordinaten), sog. Area Codes, Stadtnamen, FIPS-Kodes und vieles andere mehr. SASHELP.ZIPCODE wird seit V9 bereitgestellt und ist v.a. dann nützlich, wenn man Karten der USA formatieren (vgl. das Beispiel in Abschnitt 5.2) oder eben auch Entfernungen zwischen US Zip Codes berechnen möchte (vgl. Hadden & Zdeb, 2010).

Bei der Analyse von Geodaten unterscheidet man im Vergleich zur „üblichen" Analyse von (metrischen) Daten nicht zwischen N=1 (Einzelfallanalysen) und N=n Ansätzen (Analyse von Massendaten). Bei Geodaten ist das Ziel die optimale Ermittlung *jeder* Strecke, unabhängig davon, ob es sich um viele oder eine einzelne handelt (die sich ggf. aus vielen Teilstrecken zusammensetzen könnte). Ein einfaches Beispiel für eine Einzelfallanalyse (N=1) wäre, wenn man für sich die optimale (kürzeste, schnellste usw.) Strecke für die Fahrt zur Arbeit ermittelt. Beispiele für Massendatenanalysen (N=n) sind z.B. der durchschnittliche Anfahrtsweg aller Kunden eines Einkaufszentrums oder die Entfernungen von Patienten zu einem Versorgungszentrum.

In diesem Abschnitt werden zwei grundlegende Ansätze der Berechnung von Distanzen vorgestellt. Abschnitt 5.1.1 stellt z.B. die Ermittlung von Distanzen im flachen zweidimensionalen Raum vor. Eine solche Situation liegt dann vor, wenn Sie die Entfernung zwischen zwei Kreuzen auf einem glatten Blatt Papier anhand einer geraden Linie berechnen. Abschnitt 5.1.2 stellt dagegen die Ermittlung von Entfernungen im sphärischen Raum vor. Eine solche Situation liegt dann vor, wenn das Blatt Papier mit den zwei Kreuzen gekrümmt ist. Eine Ermittlung der Entfernung mittels einer geraden Linie ist nicht mehr möglich, es muss nun eine Funktion angewandt werden, die die Krümmung des Raumes berücksichtigt. Der (nicht unbedingt) spitzfindige Leser wird an dieser Stelle feststellen, dass es fließende Übergänge bei der Wahl zwischen Ansätzen für den zwei- und dreidimensionalen Raum gibt:

- Eine Entfernung sollte auf jeden Fall mittels Formeln für den sphärischen Raum ermittelt werden, je größer die Entfernung und stärker die Krümmung zwischen zwei (oder mehr) Punkten ist.
- Eine Entfernung sollte mittels Formeln für den 2dimensionalen Raum ermittelt werden, wenn, unabhängig vom Ausmaß ihrer Entfernung, keine Krümmung zwischen zwei (oder mehr) Punkten vorhanden ist.

- Je kürzer jedoch eine Entfernung zwischen zwei Punkten im gekrümmten (sphärischen) Raum ist, umso eher kann sie durch eine direkte Linie, also einer Formel für den 2dimensionalen Raum ermittelt werden. Die Begründung ist, dass mit zunehmender relativer Kürze des Abstands zwischen zwei Punkten der Effekt der Krümmung abnimmt.

5.1.1 Distanzen im zweidimensionalen Raum (Basis: Metrische Koordinaten)

Stellen Sie sich vor, vor Ihnen liegt ein kariertes Blatt Papier flach auf Ihrem Tisch. Auf diesem Blatt Papier befinden sich zwei Kreuze. Jedes Kreuz befindet sich der Einfachheit halber auf einer der Schnittpunkte der waagerechten und senkrechten Linien des karierten Blatts. Die beiden Punkte können zwei beliebige Objekte darstellen, der Abstand auf dem Blatt die zu berechnete Entfernung bzw. Distanz zwischen den beiden Kreuzen. Erfahrungsgemäß ist einer der Punkte ein Start-, Ausgangs- oder auch Versendepunkt und der jeweils andere Punkt ein Ziel- oder Empfangspunkt. Mögliche Beispiele für alltagsnahe Fragestellungen können z.B. sein:

- Bsp.1: Punkt 1: Abfahrtsort, Punkt 2: Ankunftsort; Distanz: Anfahrtweg (z.B. zur Arbeit).
- Bsp.2: Punkt 1: Versandort, Punkt 2: Empfängerort; Distanz: Versandweg.
- Bsp.3: Punkt 1: Einstieg ins Taxi, Punkt 2: Ausstieg aus Taxi, Distanz: Fahrtstrecke.
- Bsp.4: Punkt 1: Beginn des mobilen Medienkonsums (z.B. durch Einschalten einer entsprechenden App, Punkt 2: Update des mobilen Medienkonsums, Distanz: Medienkonsumstrecke.

Die ermittelten Distanzen werden in Kombination mit bereits einer weiteren Variablen sehr bedeutsam. Beim Weg zur Arbeit spielt z.B. oft das Kilometergeld pro Kilometer der errechneten Entfernung eine Rolle. Beim Versandweg (u.a. von verderblichen Produkten) spielt z.B. die erwartende Dauer für die Planung des Versandwegs eine Rolle. Bei Taxis spielt die zu erwartende Entfernung u.a. für die Vorabkalkulation eine Rolle, ob man die Strecke zu Fuß bewältigen oder sich lieber ein Taxi leisten möchte. Erfahrungsgemäß ist die Anwendung von Distanzen deutlich komplexer als diese Beispiele. Bei Fahrten zur Arbeit kommt z.B. selbstverständlich neben der Entfernung und der zu erwartenden Fahrtdauer (abhängig von der zu erwartenden Durchschnittsgeschwindigkeit) der rechtzeitige Abfahrtzeitpunkt hinzu, sowie, ob man z.B. für weit entfernte Fahrtziele z.B. auch eine ausreichende Tankfüllung hat. Beim mobilen Medienkonsum können neben der Strecke des Medienkonsums u.a. auch Modus (u.a. Handy, Radio, TV, Laptop) und Inhalt der konsumierten Medien (u.a. Sendungen, Genres, Werbung, Sender) erfasst und analysiert werden. Für Sender ist dabei oft auch die Reichweite ihrer Sendungen interessant, wie weit z.B. lokale Fernseh- oder Radiosender gehört bzw. gesehen werden.

Für zwei (oder mehr) Punkte, die sich in einer Ebene befinden (Punkte im gekrümmten Raum werden im nächsten Abschnitt behandelt) gibt es zahlreiche Möglichkeiten, den Abstand zwischen ihnen zu berechnen. Im folgenden Abschnitt sollen drei Ansätze vorgestellt werden:

Gerade Linie (Euklidische Distanz)
Die gerade Linie (Euklidische Distanz) zwischen zwei Punkten in einer Ebene ist dann zu berechnen, wenn die Distanz tatsächlich einer realen, direkten und geraden Linie in der empirischen Realität entspricht bzw. (b) kein Objekt in der empirischen Realität das Ziehen einer gedachten Linie blockieren würde. Die Berechnung der Euklidischen Distanz nach Pythagoras basiert auf der Hypotenuse eines rechtwinkligen Dreiecks.

Block-Maß (City-Block-Metrik, Manhattan-Distanz).
Die City-Block-Metrik zwischen zwei Punkten in einer Ebene ist dann zu berechnen, wenn (a) die Distanz annähernd gerade ist, aber keiner realen oder auch gedachten Linie in der empirischen Realität entspricht, z.B. weil ein Objekt (z.B. ein Häuserblock) eine tatsächliche oder auch nur gedachte Linie blockieren würde. (b) Die Entfernung vom Start- zum Zielpunkt kann über ein „um den Block" gehen bzw. fahren zurückgelegt werden (daher auch die Bezeichnung City-Block-Metrik). Die Berechnung der City-Block-Metrik basiert also im Gegensatz zur Euklidischen Distanz auf den beiden Seiten des rechtwinkligen Dreiecks.

Minkowski-Maß
Die Minkowski-Metrik (für zweidimensionale Räume) macht sich die Eigenschaft zunutze, dass die Euklidische Distanz und die City-Block-Metrik mathematisch eng miteinander zusammenhängen. Die Euklidische Distanz basiert auf dem direkten Weg zum Ziel (sozusagen „durch Wände"), das Block-Maß geht auf dem direkten Weg zum Ziel „um Wände herum". Biegt dabei ein Taxi auf dem Weg zum Ziel regelmäßig nach links und rechts ab und sind die dabei zurückgelegten Teilstrecken gleich lang (und addieren sie sich in der Summe zu gleichen Teilen auf), so nähert sich das Block-Maß bei unendlich häufigem und feinem regelmäßigen Abbiegen dem Ideal der direkten geraden Linie der Euklidischen Distanz an. Die Formeln von Euklidischer Distanz und Block-Maß können in eine gemeinsame Formel basierend auf der Minkowski-Metrik überführt werden, in der nur noch der Exponent k variiert wird. Im Gegensatz zu Euklidischer Distanz und Block-Maß ist die Minkowski-Metrik ein mathematisch ermittelter Schätzer, dessen Ergebnis nicht notwendigerweise im 2dimensionalen Raum der empirischen Realität beobachtet werden kann (v.a. bei k>2).

Frank Ivis (2006) gestattete freundlicherweise die Wiedergabe seiner auf der NESUG 26 präsentierten Makros zur Ermittlung von Distanzen mittels Euklidischer Distanz, Block-Maß, sowie Minkowski-Metrik. Das Makro DISTANZ2D enthält fünf Parameter: x1/y1 repräsentieren die Koordinaten des Ausgangs- bzw. Startpunkts im 2dimensionalen Raum. x2/y2 repräsentieren die Koordinaten des Ziel- oder Empfangspunkts im 2dimensionalen Raum. Als fünfter Parameter wird der k-Wert (Exponent) an SAS übergeben. k entspricht dem vom Anwender einstellbaren Exponenten.

5.1 Geodaten und Distanzen

- k=1: Block-Maß.
- k>1&<2: Minkowsi-Metrik1 (Ergebnis zwischen Block-Maß und Euklidischer Distanz.
- k=2: Euklidische Distanz.
- k>2: Minkowsi-Metrik2 (Ergebnis entspricht der längeren von zwei Seiten beim Block-Maß).

Das Makro von Ivis enthält genau betrachtet zwei Gleichungen: Ist der Exponent $1 <= k <= 2$ wird die erste, einfache Minkowski-Metrik ermittelt. Bei k > 2 wird eine alternative Formel für rechenintensive Berechnungen angewandt.

```
%macro DISTANZ2D (x1=, y1=, x2=, y2=, k=) ;
    ( max( abs(&x2 - &x1), abs(&y2 - &y1) ) * (&k > 2) )
  + ( ( abs(&x2 - &x1)**&k + abs(&y2 - &y1)**&k )**(1/&k) )
  * ( 1 <=&k <=2 )
%mend DISTANZ2D ;
```

Bei der Berechnung von Distanzen ist darauf zu achten, dass die Werte in den x- und y-Koordinaten in derselben Skala und Einheit sind (vgl. Schendera, 2010, Kap. 1.2). Unterschiedliche Maße (z.B. Meilen und Kilometer) oder auch unterschiedliche Einheiten (z.B. 100 m und 0,1 km) sollten vor der Berechnung vereinheitlicht sein.

Im folgenden Beispiel werden in einem DATA Step zunächst die Attribute für die Spalten ID bis DEST_Y zum Anlegen der SAS Datei PUNKTE festgelegt. Anschließend wird das Makro DISTANZ2D mehrmals zur Berechnung der gewünschten Distanzen aufgerufen. DISTANZ2D enthält, neben den fünf Parametern x1 bis y2 für die Koordinaten der Ziel- oder Empfangspunkte im 2dimensionalen Raum, auch den Parameter *k*. Die Werte für k wurden dabei „händisch" variiert, um Distanzen als Euklidische Distanz, Block-Maß und als Minkowski-Metriken berechnen zu können. Wird der DATA Step ausgeführt, werden die angeforderten Distanzwerte direkt nach dem Einlesen der Daten für die Koordinaten berechnet und in der SAS Ausgabe ausgegeben.

```
data PUNKTE ;
input id $2. +1 org_x 2. +1 org_y 2. +1 dest_x 2. dest_y +1 ;
BLOCK =
%DISTANZ2D (x1=org_x, y1=org_y, x2=dest_x, y2=dest_y, k=1) ;
MINKOWSKI1 =
%DISTANZ2D (x1=org_x, y1=org_y, x2=dest_x, y2=dest_y, k=1.2) ;
EUCLID =
%DISTANZ2D (x1=org_x, y1=org_y, x2=dest_x, y2=dest_y, k=2) ;
MINKOWSKI2 =
%DISTANZ2D (x1=org_x, y1=org_y, x2=dest_x, y2=dest_y, k=3) ;
format BLOCK MINKOWSKI1 EUCLID MINKOWSKI2 8.2 ;
put 'City-Block=' BLOCK          'Minkowski1=' MINKOWSKI1
    'Euklidische Distanz=' EUCLID 'Minkowski2=' MINKOWSKI2 ;
datalines ;
1 11 53 19 45
```

```
2 82 74 68 58
3 20 20 15 33
4 13 61 63 17
5 67 31 92 41
;
run ;
```

Der DATA Step führt direkt nach dem Einlesen der Koordinatendaten die Ermittlung der Distanzwerte durch mehrfache Aufrufe des Makros DISTANZ2D aus. Das Spaltenpaar org_x/org_y enthält dabei die Koordinaten des Ausgangs- bzw. Startpunkts. Die beiden Werte 11 und 53 legen z.B. die Position des ersten Punktes im zweidimensionalen Raum fest. Das Spaltenpaar dest_x/dest_y enthält analog die Koordinaten des Ziel- oder Empfangspunkts (z.B. 19, 45). k entspricht den vom Anwender eingestellten Werten.

Anhand der SAS Ausgabe für die fünf übergebenen Koordinatenpaare ist zu erkennen, dass City-Block usw. für ein und dieselben Koordinaten deutlich unterschiedliche Distanzen ergeben.

SAS Ausgabe:

```
City-Block=50.00 Minkowski1=46.73 Euklidische Distanz=42.76 Minkowski2=42.00
City-Block=60.00 Minkowski1=57.20 Euklidische Distanz=54.33 Minkowski2=54.00
City-Block=38.00 Minkowski1=35.83 Euklidische Distanz=33.38 Minkowski2=33.00
City-Block=16.00 Minkowski1=16.00 Euklidische Distanz=16.00 Minkowski2=16.00
City-Block=45.00 Minkowski1=42.73 Euklidische Distanz=40.31 Minkowski2=40.00
HINWEIS: Die Datei WORK.PUNKTE weist 5 Beobachtungen und 9 Variablen auf.
```

Für das Koordinatenpaar 11/53 und 19/45 erzielt City-Block z.B. 50, Minkowski1, Euklidische Distanz 42.76 sowie Minkowski2 42. Tendenziell sind die City-Block Werte größer als Minkowski1, diese größer als die Euklidische Distanz und letzter mindestens gleichgroß wie Minkowski2. Bei der Beurteilung einer Distanz können sich die Ergebnisse der einzelnen Maße massiv unterscheiden, im Beispiel ist z.B. City-Block um knapp 25% größer als die Euklidische Distanz oder Minkowski2. Welche Distanzmaße nun verwendet werden sollen, kann aus zwei Sichtweisen entscheiden werden. Von der Theorieseite her sollten die Maße verwendet werden, die am angemessensten der gemessenen Strecke entsprechen. Da die Maße selbst oft eine Vereinfachung der empirischen Realität und ihrer Messung sind, kann aber genau dies in der Praxis nicht genau beurteilt werden. Mit der Folge, dass nicht klar ist, welches der Maße die empirische Realität (ggf. trotz Vereinfachung) am besten misst. Allerdings besteht auch die Möglichkeit, dass sich Anwender diese Frage von der Praxisseite her selbst beantworten, und zwar mit Hilfe welcher Werte welchen Maßes sie in der Praxis die besten Ergebnisse erzielen, z.B. bei einer Simulation oder einer Vorhersage. Der entscheidende Unterschied ist die Interpretation: Die gewählte Modellierung der geographischen Realität mit Maß *x* erzielt das *beste Resultat* in der Praxis und *nicht*, dass Maß *x* die geographische Realität am besten *misst*. Als eine erste Daumenregel kann jedoch gelten: Je länger die Distanzen, desto ähnlicher sollten die erzielten Schätzwerte sein.

5.1 Geodaten und Distanzen

Alternativ bietet SAS seit SAS v9.2 diverse SAS Funktionen zur Berechnung von geodätischen Distanzen:

- zwischen zwei Punkten die Euklidische Distanz mittels der Funktion EUCLID.
- zwischen Längen- und Breitengraden mittels GEODIST.
- zwischen ZIP-Kodes mittels der SAS Funktion ZIPCITYDISTANCE.

Die Berechnung der geodätischen Distanz i.S.d. Distanz zwischen zwei (oder mehr) Punkten auf der Basis von x/y Koordinaten ist nicht verwechseln mit Distanzen zwischen zwei (oder mehr) Einzelwerten, wie sie z.B. der Clusteranalyse zugrunde liegen (vgl. z.B. Schendera, 2010).

```
proc distance data=PUNKTE
              method=cityblock absent=0 out=dist_euclid ;
     var ratio(org_x--dest_y) ;
     id ID ;
  run;
proc print data=dist_euclid;
   run ;
```

id	_1	_2	_3	_4	_5
1	0	.	.	.	.
2	16	0	.	.	.
3	20	34	0	.	.
4	38	50	22	0	.
5	19	31	19	29	00

5.1.2 Distanzen im sphärischen Raum (Basis: Längen- und Breitengrade)

Stellen Sie sich nun vor, das karierte Blatt Papier liegt nun nicht mehr flach auf einem Tisch, sondern gewölbt, z.B. wie auf einem Globus. Auf diesem Globus befinden sich nun ebenfalls zwei Kreuze. Jedes Kreuz befindet sich auf den Schnittpunkten der waagerechten und senkrechten Linien des Globus, den sog. genannten Längen- und Breitengrade. Auch diese Punkte können zwei beliebige Objekte darstellen, ihr Abstand die zu berechnete Entfernung bzw. Distanz zwischen den beiden Kreuzen. Die Besonderheit ist nun die, dass die Verbindungslinie zwischen zwei Punkten nicht gerade, sondern gekrümmt ist. Bei sehr langen Distanzen im 2dimensionalen Raum (z.B. von Flugdistanzen) ist die Berücksichtigung der Erdkrümmung zur Erzielung präziser Ergebnisse unverzichtbar. Mögliche Beispiele für alltagsnahe Fragestellungen können z.B. sein:

- Bsp.1: Punkt 1: Großstadt , Punkt 2: Großstadt 2; Distanz: geodätische Entfernung.
- Bsp.2: Punkt 1: Abflugflughafen, Punkt 2: Zielflughafen; Distanz: Flugstrecke.

- Bsp.3: Punkt 1: Markierung eines Tieres, Punkt 2: Ortung; Distanz: Migrationsstrecke.
- Bsp.4: Punkt 1: Lokation eines Events, Punkt 2: Ortung; Distanz: Effektreichweite, z.B. Umweltschaden usw.

Auch die Variante der Analyse von Distanzen im sphärischen Raum wird in Kombination mit einer oder auch mehr Variablen sehr bedeutsam. Bei Flügen spielt die zu erwartende Entfernung u.a. für die Berechnung der Betankung eine essentielle Rolle. Erfahrungsgemäß ist die Anwendung von Distanzen deutlich komplexer als diese Beispiele. Bei Flügen kommt z.B. selbstverständlich neben der Entfernung und Grad der Betankung auch die zu erwartende Flugdauer hinzu (wiederum u.a. abhängig von der Reisegeschwindigkeit und Windrichtung und -geschwindigkeit). In der Biologie ist z.B. die aktive Markierung von migrierenden Tieren gang und gäbe, z.B. von Tauben, Störchen, Walen oder auch Haien. Typischerweise wird oft zum Zeitpunkt der Markierung eine erste Verortung vorgenommen. Die zweite Ortung gibt erste Aufschlüsse über Richtung, Distanzen und unter Hinzunahme weitere Parameter auch Dauer und Geschwindigkeit der Migration. Im Bereich des Umweltschutzes gibt es oft den Fall der passiven Markierung. Hier kann z.B. eine erste Position den Ausgangsorts einer Umweltbelastung, eine zweite Position (erfahrungsgemäß mehr) zeigt dann die räumliche Verbreitung des Umweltschadens. Aktuelle Beispiele sind z.B. der sich über mehrere Wochen hinziehende Aktivität des isländischen Vulkans Eyjafjallajökull oder z.B. ist z.B. das räumliche Ausmaß der Umweltkatastrophe, verursacht durch die Explosion der Bohrinsel „Deepwater Horizon" im Golf von Mexiko. Ein weiteres, bekanntes Beispiel sind z.B. die Wanderwege von Gummientchen im Atlantik. Im Jahre 1992 verlor ein Frachter während eines schweren Sturms eine Ladung Gummientchen. Die Strände, an denen die Gummientchen bis heute an Land gespült werden, erlauben u.a. Rückschlüsse über die Verbreitungswege von Müll in den Ozeanen (vgl. Ebbesmeyer & Ingraham, 1994).

Die Berechnung von sehr langen Distanzen im 2dimensionalen Raum unter Berücksichtigung der Erdkrümmung wird im Allgemeinen unter Zuhilfenahme von Längen- und Breitengraden vorgenommen (vgl. auch Slocum et al., 2009). Hier drei Beispiele für die Angabe von Orten in geographischen Koordinaten im Sexagesimalsystem:

London: 51° 30′ 33.8″ N, 0° 7 5.95″ W
Nanjing: 32° 3 0″ N, 118° 46′ 0″ O
Sydney: 33° 52′ 50″ S 151° 13′ 54″ O

Neben dem klassischen Sexagesimalsystem gibt zahlreiche weitere Koordinatensysteme, u.a. das UTM: Universal Transverse Mercator, GEOREF: World Geographic Reference System, GARS: Global Area Reference System, MGRS: Military Grid Reference System.
Eine Besonderheit der Arbeit mit Längen- und Breitengraden ist die Konvertierung von Koordinaten im Sexagesimalsystem (Grade, Minuten und Sekunden) in das Dezimalsystem, sowie die Unterscheidung in Nord und Süd (Position zum Äquator), wie auch Ost und West (Position zum Meridian), entweder durch N/S oder W/O Zeichen. Die Angabe von Sekunden kann übrigens bei der Verortung großflächiger Städte u.U. sogar eine gewisse Ungenauigkeit in Analysen einführen, da sie sich nur auf ein einzelnes offizielles Messzentrum beziehen

5.1 Geodaten und Distanzen

aber nicht auf die Abweichung einzelner Stadtteile davon, und werden aus diesem Grund daher aus manchen Analysen sogar ausgeschlossen. In Berlin befindet sich das geodätische Zentrum z.B. in der Nähe der Nähe des Berliner Fernsehturms in Berlin Alexanderplatz. Orte in den Bezirken Köpenick oder Pankow liegen von diesem „Zentrum" z.B. bereits mehrere Kilometer entfernt. Bei der chinesischen Stadt Chongqing (ca. 28,6 Millionen Einwohner) sind die Maßstäbe noch extremer. Die administrativen Stadtgrenzen von Chongqing umfassen eine Fläche von ca. 82.000 Quadratkilometern. Damit Chongqing ist fast so groß wie der Staat Österreich (84.871 Quadratkilometer). Ein einzelnes geodätisches Zentrum alleine ist bei diesen Dimensionen zur Beschreibung von zufriedenstellend präzisen Distanzen sicherlich nicht mehr ausreichend.

Das folgende Beispiel durchläuft vier Phasen:

- Im ersten Schritt werden die Daten im Sexagesimalsystem eingelesen (vgl. I.). Die Koordinaten sind so gerundet, so dass sie ohne Nachkommastelle auskommen (vgl. London).
- Im zweiten Schritt werden die Koordinaten aus den Graden, Minuten und Sekunden des Sexagesimalsystems in das Dezimalsystem konvertiert (vgl. II.).
- Im dritten Schritt wandelt das Makro SPH_DISTANZ die Dezimalwerte in Radialwerte um (vgl. III.).
- Im vierten Schritt berechnet die SQL Abfrage die Distanzen zwischen den Städten auf der Grundlage der Daten im Dezimalsystem (vgl. IV.).

```
data KOORDINATEN ;
* (I.) Einlesen der Daten * ;
input SZ $1. +1 STADT $char14. +2 KONTINENT $char2. +1
_BG_Grd 2. +2 _BG_Min 2. +2 _BG_Sek 2. +2 _BG_Richtung $1. +1
_LG_Grd 3. +2 _LG_Min 2. +2 _LG_Sek 2. +2 _LG_Richtung $1.;
* (II.) Konvertierung ins Dezimalformat * ;
Breite_Dez = ( _BG_Grd + _BG_Min/60 + _BG_Sek/3600 );
  if _BG_Richtung = 'S'
    then Breite_Dez = Breite_Dez* -1 ;
Laenge_Dez = ( _LG_Grd + _LG_Min/60 + _LG_Sek/3600) ;
  if _LG_Richtung = 'W'
    then Laenge_Dez = Laenge_Dez* -1 ;
drop _: ;
datalines ;
S London          EU 51° 30' 34" N   0°  7'  6" W
Z Stockholm       EU 59° 21' 30" N  18°  4' 15" O
S Frankfurt       EU 50°  6' 43" N   8° 41'  9" O
Z Haikou          AS 20°  2' 34" N 110° 20' 30" O
S Nanjing         AS 32°  3'  0" N 118° 46'  0" O
S Berlin          EU 52° 31'  7" N  13° 24' 29" O
Z Rom             EU 41° 53' 17" N  12° 38' 21" O
Z Miami           NA 25° 47' 16" N  80° 13' 27" W
S Zürich          EU 47° 22' 45" N   8° 32' 28" O
```

```
S Sydney            AU 33° 52'  50" S 151° 13' 54" O
Z Luzern            EU 47°  3'   0" N   8° 18'  0" O
S Shanghai          AS 31° 14'   0" N 121° 28'  0" O
S Guangzhou         AS 23°  7'  44" N 113° 15' 32" O
Z Johannesburg      AF 26° 11'  12" S  28°  3'  0" O
;
run ;
proc print;
run ;
```

Im ersten Schritt werden die Daten im Sexagesimalsystem eingelesen (vgl. I.). Unter SZ wird abgelegt, ob es sich um einen Start- (S) oder Zielort (Z) handelt. Diese Information wird in einigen Analysebeispielen zur Anwendung kommen. Unter STADT wird der Name der Stadt eingelesen. Unter KONTINENT wird der Kontinent eingelesen, auf denen sich die angegebene Stadt befindet. „AF" steht für Afrika, „AS" für „Asien", usw. In den Spalten mit dem Präfix _BG (_BG_Grd, _BG_Min, _BG_Sek) werden die Grade, Minuten und Sekunden für die geographische Breite eingelesen. In den Spalten mit dem Präfix _LG (_LG_Grd, _LG_Min, _LG_Sek) werden die Grade, Minuten und Sekunden für die geographische Länge eingelesen. Mittels _BG_Richtung bzw. _LG_Richtung wird die notwendige Unterscheidung in Nord und Süd bzw. Ost und West an das SAS übergeben.

Im zweiten Schritt (vgl. II.) werden die Koordinaten für die geographische Länge und Breite aus den Angaben im Sexagesimalsystem (Grade, Minuten, bzw. Sekunden) in das Dezimalsystem konvertiert, wie auch die negativen Vorzeichen für Westen und Süden vergeben. Bei der Konvertierung werden Minuten durch 60 und Sekunden durch 3600 dividiert. Anschließend werden Grade, Minuten und Sekunden aufaddiert und mit dem entsprechenden Vorzeichen versehen. Am Ende dieses Schritts werden alle eingelesenen Felder mit einem Underscore („_") aus dem Analysedatensatz entfernt.

```
* (III.) Konvertierung ins Radialformat * ;
%macro SPH_DISTANZ
       (breite1=,laenge1=,breite2=,laenge2=, einheit= );
%local KNSTNT ;
%let KNSTNT = constant('pi')/180 ;
%if %upcase(&einheit) = KM %then %let radius = 6371 ;
    %else %if %upcase(&einheit) = MI
         %then %let radius = 3959 ;
&radius * ( 2 * arsin(min(1,sqrt( sin( ((&Breite2 -
&Breite1)*&KNSTNT)/2 )**2 + cos(&Breite1*&KNSTNT) *
cos(&Breite2*&KNSTNT) * sin(((&laenge2-
&laenge1)*&KNSTNT)/2)**2))) )
%mend SPH_DISTANZ ;
```

Im dritten Schritt werden die Daten im Dezimalformat mittels des Makros SPH_DISTANZ in Radialwerte umgewandelt. Bei dieser Konvertierung werden die Dezimalwerte einfach mit

5.1 Geodaten und Distanzen

π/180 multipliziert. Unter EINHEIT wird angegeben, ob die berechneten Entfernungen in der Einheit Meilen (MI) oder Kilometer (KM) ausgegebenen werden sollen. Das SPH_DISTANZ Makro basiert übrigens auf der Haversine-Formel (vgl. Ivis, 2006, 5–6). Die Ermittlung der Entfernung basiert dabei u.a. auf der (vereinfachenden) Annahme, dass die Erde eine perfekte Kugel ist (sie gleicht in Wirklichkeit allerdings eher einer Mandarine). Das Makro wird in der SQL Abfrage unter IV. aufgerufen. Auch die Beispiele im nächsten Abschnitt verwenden dieses Makro.

```
* (IV.) Ermittlung der Distanzen zwischen den Städten * ;

proc sql number;
select S.Stadt, Z.Stadt,
       Z.Breite_Dez  as ZIEL_Breite,
       Z.Laenge_Dez as ZIEL_Laenge,
       S.Breite_Dez  as START_Breite,
       S.Laenge_Dez as START_Laenge,
%SPH_DISTANZ
    (Breite1= START_Breite, laenge1= START_Laenge,
     Breite2= ZIEL_Breite,  laenge2= ZIEL_Laenge,
     Einheit = KM)
        as Entfernung format = 8.2
            from KOORDINATEN (where = (SZ eq 'Z')) as Z,
                 KOORDINATEN (where = (SZ eq 'S')) as S
        order by S.Stadt, Z.Stadt ;
quit ;
```

Im vierten Schritt werden mittels einer SQL Abfrage die Distanzen zwischen den Städten ermittelt. Das FROM-Statement mit der WHERE-Klausel legt fest, dass für jede Kombination aus Start- und Zielort die Entfernung berechnet soll. Dazu wird im Aufruf des Makros SPH_DISTANZ angegeben, wie die Spalten heißen, in denen die entsprechenden Werte für geographische Länge und Breite abgelegt sind, und dass die Entfernungen in Kilometer ausgegeben werden sollen (vgl. EINHEIT). Die Variablennamen werden dazu zuvor im SELECT-Statement für die Aufnahme in das Makro umbenannt. Abschließend wird die Abfrage zunächst nach der Start-, dann nach der Zielstadt sortiert (die Beispielausgabe ist gekürzt).

Zeile	STADT	STADT	ZIEL_Breite	ZIEL_Laenge	START_Breite	START_Laenge	Entfernung
1	Berlin	Haikou	20.04278	110.3417	52.51861	13.40806	8705.45
2	Berlin	Johannesburg	-26.1867	28.05	52.51861	13.40806	8866.64
3	Berlin	Luzern	47.05	8.3	52.51861	13.40806	709.70
4	Berlin	Miami	25.78778	-80.2242	52.51861	13.40806	7996.00
5	Berlin	Rom	41.88806	12.63917	52.51861	13.40806	1183.47
6	Berlin	Stockholm	59.35833	18.07083	52.51861	13.40806	813.61

7	Frankfurt	Haikou	20.04278	110.3417	50.11194	8.685833	9104.59
8	Frankfurt	Johannesburg	-26.1867	28.05	50.11194	8.685833	8696.67
9	Frankfurt	Luzern	47.05	8.3	50.11194	8.685833	341.65
10	Frankfurt	Miami	25.78778	-80.2242	50.11194	8.685833	7764.86
11	Frankfurt	Rom	41.88806	12.63917	50.11194	8.685833	963.73
12	Frankfurt	Stockholm	59.35833	18.07083	50.11194	8.685833	1189.14
13	Guangzhou	Haikou	20.04278	110.3417	23.12889	113.2589	456.84
14	Guangzhou	Johannesburg	-26.1867	28.05	23.12889	113.2589	10673.99
15	Guangzhou	Luzern	47.05	8.3	23.12889	113.2589	9204.14
16	Guangzhou	Miami	25.78778	-80.2242	23.12889	113.2589	14385.36
17	Guangzhou	Rom	41.88806	12.63917	23.12889	113.2589	9137.77
18	Guangzhou...gekürzt)						

Geographische Koordinaten können auch im zweidimensionalen Raum weiterverarbeitet werden. Zur Umwandlung in zweidimensionale Koordinaten kann auf sog. Projektionen und die SAS Prozedur GPROJECT zurückgegriffen werden. In einer beispielhaften Anwendung unterzieht Frank Ivis (2006, 7–8) z.B. die Längen- und Breitengrade (Sexagesimalsystem) ausgewählter nordamerikanische Städte zunächst einer sog. Albers-Projektion und projiziert sie dadurch in den zweidimensionalen Koordinatenraum. Anschließend berechnet Ivis die Entfernung zwischen den Städten einmal mit der Euklidischen Distanz und anschließend auch mittels des Maßes für eine sphärische Distanz. Der absolute Unterschied zwischen beiden Maßen liegt dabei bei unter 5 Meilen. Der nachfolgende Abschnitt stellt drei SQL Abfragen auf der Basis von Koordinatendaten vor.

5.1.3 Drei Beispiele für SQL Abfragen für Koordinatendaten

Dieser Abschnitt stellt drei typische SQL Abfragen für Koordinatendaten vor. Alle drei Beispiele basieren auf dem Datensatz KOORDINATEN aus dem vorangegangen Abschnitt und fragen im Wesentlichen die Entfernungen zwischen Start- und Zielflughafen ab. Die Ausgabe zeigt Start- und Zielflughafen und die dazwischenliegende Entfernung:

- Die erste Abfrage sucht nach dem am weitesten entfernten Ziel für jeden Abflughafen. Die Abfrage besteht aus einer Kombination aus SQL Query und DATA Step mit IF.FIRST.
- Die zweite Abfrage sucht nach dem nächstgelegenen Ziel für jeden Abflughafen. Diese recht ähnliche Abfrage besteht aus derselben SQL Query, allerdings in Kombination mit IF.LAST. Bei diesen beiden Abfragen ist die Einheit in Kilometern.
- Die dritte Abfrage basiert auf Meilen; sie sucht nach Zielen, die von einem Abflughafen über 10.000 Meilen entfernt liegen. Diese Abfrage ergänzt die bereits bekannte SQL Query um eine WHERE-Klausel.

Allen drei Beispielen ist gemein, dass sie auf einer im Wesentlichen ähnlichen SQL Query aufbauen, das bereits eingangs vorgestellte Makro SPH_DISTANZ zur Berechnen der Dis-

5.1 Geodaten und Distanzen

tanzen aufrufen und jeweils vom Typ eines Self-Joins (Reflexive Joins) sind (vgl. Abschnitt 5.5, Band I). Die SQL Query ermittelt u.a. die benötigten Entfernungen zwischen Abflug- und Zielflughafen und sortiert die Ergebnisse darüber hinaus nach dem Ausmaß der Entfernung pro Abflugort.

Die erste Abfrage sucht nach dem am weitesten entfernten Ziel für jeden Abflughafen. Die Abfrage besteht aus einer Kombination aus SQL Query und DATA Step mit IF.FIRST. Das IF.FIRST sucht den am weitesten entfernten Flughafen.

```
proc sql ;
create view _entfernungen as
   select S.STADT as START_STADT, Z.STADT as ZIEL_STADT,
      %SPH_DISTANZ
        ( Breite1 = S.Breite_Dez, laenge1 = S.Laenge_Dez,
          Breite2 = Z.Breite_Dez, laenge2 = Z.Laenge_Dez,
          Einheit = KM) as Entfernung
      from KOORDINATEN (where = (SZ eq 'S')) as S,
           KOORDINATEN (where = (SZ eq 'Z')) as Z
      order by START_STADT, Entfernung ;
quit ;

title
"Bsp. 1: Entferntestes Ziel für jeden Abflughafen (in km)";
data max_distance
   / view = max_distance;
set _entfernungen ;
by START_STADT ;
if last.START_STADT ;
run ;
proc print data = max_distance noobs ;
run ;
```

Die Ausgabe zeigt Start- und Zielflughäfen und die dazwischenliegende Entfernung. Miami ist demnach mit rund 13.275 km der am weitesten entfernte Zielflughafen von Nanjing.

Bsp. 1: Entferntestes Ziel für jeden Abflughafen (in km)

START_STADT	ZIEL_STADT	Entfernung
Berlin	Johannesburg	8866.64
Frankfurt	Haikou	9104.59
Guangzhou	Miami	14385.36
London	Haikou	9600.35
Nanjing	Miami	13275.76
Shanghai	Miami	13268.71

Sydney	Luzern	16595.63
Zürich	Haikou	9227.70

Die zweite Abfrage sucht nach dem nächstgelegenen Ziel für jeden Abflughafen. In dieser recht ähnlichen Abfrage besteht der wesentliche Unterschied im DATA Step. Das IF.LAST sucht den nächstgelegenen Flughafen.

```
title
"Bsp. 2: Nächstgelegenes Ziel für jeden Abflughafen (in km)";
data min_distance
    / view = min_distance ;
set _entfernungen ;
by START_STADT ;
if first.START_STADT ;
run ;
proc print data = min_distance noobs ;
run ;
```

Die Ausgabe zeigt Start- und Zielflughäfen und die dazwischenliegende Entfernung. Luzern ist demnach mit rund 786 km Distanz der am nächsten gelegene Zielflughafen von London.

Bsp. 2: Nächstgelegenes Ziel für jeden Abflughafen (in km)

START_STADT	ZIEL_STADT	Entfernung
Berlin	Luzern	709.70
Frankfurt	Luzern	341.65
Guangzhou	Haikou	456.84
London	Luzern	785.79
Nanjing	Haikou	1576.80
Shanghai	Haikou	1668.75
Sydney	Haikou	7395.91
Zürich	Luzern	40.88

Die dritte Abfrage sucht nach Zielflughäfen, die von einem Abflughafen über 10.000 Meilen entfernt liegen. Diese Abfrage besteht im Prinzip aus der bereits bekannten SQL Query, nur um eine WHERE-Klausel ergänzt.

```
title
"Bsp. 3: Ziele über 10.000 Meilen vom Ausgangspunkt entfernt";
proc sql ;
select S.STADT as START_STADT, Z.STADT as ZIEL_STADT,
    %SPH_DISTANZ
(Breite1 = S.Breite_Dez, laenge1 = S.Laenge_Dez,
 Breite2 = Z.Breite_Dez, laenge2 = Z.Laenge_Dez,
```

```
   Einheit = MI) as Entfernung format = 8.1
from KOORDINATEN (where = (SZ eq 'S')) as S,
     KOORDINATEN (where = (SZ eq 'Z')) as Z
where calculated Entfernung > 10000
order by S.STADT, Entfernung ;
quit ;
```

Die Ausgabe zeigt Start- und Zielflughafen und die dazwischenliegende Entfernung. Rom und Luzern sind jeweils von Sidney über 10.000 Meilen entfernt.

Bsp. 3: Ziele über 10.000 Meilen vom Ausgangspunkt entfernt:

START_STADT	ZIEL_STADT	Entfernung
Sydney	Rom	10136.2
Sydney	Luzern	10312.7

5.2   SQL und Karten

Dieser Abschnitt führt ein in das Visualisieren von Daten in Form von Karten und damit das Zusammenspiel zwischen SQL, Roh- und Kartendaten. Visualisierungen sind z.B. besonders dann empfehlenswert, wenn v.a. die effiziente Vermittlung komplexer Information Priorität hat vor der mathematischen Präzision einzelner Kennwerte. Im Vordergrund dieses Abschnitts steht die Erläuterung der Vorgehensweise bei der Visualisierung von Rohdaten in der Form von Karten mittels SQL, also v.a. das Vorbereiten und Mergen von SAS Datentabellen mit SAS Tabellen mit Karteninformationen. Mathematische Prozesse sind nicht Thema dieses Abschnitts, auch nicht das Designen von Karten und Diagrammen (vgl. dazu Schendera, 2004, 717–821).
Das dargestellte Beispiel basiert auf der SAS Datei FREQUENTFLYERS. Falls diese Datei nicht mit SAS ausgeliefert und unter „My SAS Files" und „9.1" angelegt wurde, kann sie ggf. über ein auf der Seite des SAS Supports erhältliches Programm selbst erzeugt werden. Anhand dieser Daten kann das Zusammenspiel von SQL mit GRAPH schön veranschaulicht werden. Die SAS Datei FREQUENTFLYERS enthält (fiktive) Informationen über Teilnehmer eines Vielfliegerprogramms. Jeder Teilnehmer dieses Programms ist u.a. durch Namen und US Zip Code identifiziert. Das Ziel der Visualisierung soll sein, die Häufigkeit der Teilnehmer zusammenzufassen und pro Ort in einer Karte der USA darzustellen. Die Datenmenge ist ausgesprochen überschaubar; sie liegt bei N <= 250 (je nach Zählweise) und mündet in maximal 4 Teilnehmer pro US Ort. Die schlussendlich erzeugte Karte sieht so aus:

SQL mit U.S. Zip Codes

Vielflieger (SAS File FREQUENTFLYERS)

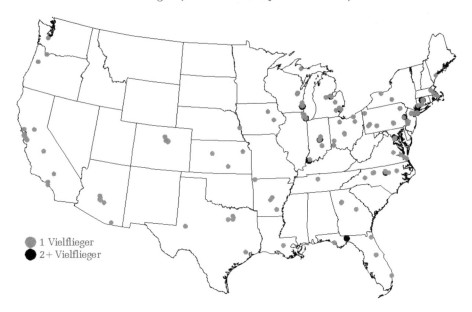

Das für die Erzeugung dieser Karte erforderliche Programm durchläuft folgende Schritte (in dieser Variante sind insgesamt 5 SQL Schritte enthalten):

- (1) Einstellungen
- (2) Anlegen eines numerischen Zip Codes für Merge
- (3) Aggregieren der Rohdaten pro Zip Code (Key)
- (4) Mergen der aggregierten Daten mit der SASHELP Datei ZIPCODE
- (5) „Drehen" der x/y Koordinaten der Städte
- (6) Anlegen einer ANNOTATE Datei für Symbole
- (7) Entfernen von Alaska, Hawaii und Puerto Rico
- (8) Projektieren der Kartendaten und Designen der Grafik
- (9) Anlegen einer ANNOTATE Datei für eine Legende
- (10) Anfordern der SAS Graphik im GIF Format

Weitere Hinweise finden sich am Ende des SAS Programms.

5.2 SQL und Karten

```
*--------------------*
| (1) Einstellungen  |
*--------------------*;

goptions reset=global ;
goptions xpixels=1000 ypixels=750 keymap=winansi;
libname PFAD 'C:\My SAS Files\9.1\';


*-------------------------------------------------------*
| (2) Anlegen eines numerischen Zip Codes für Merge     |
*-------------------------------------------------------*;
data FREQFLY1;
   retain numlst '1234567890';
   set PFAD.FREQUENTFLYERS ;
   if (verify(zipcode,numlst) EQ 0) then do;
      zipnum=0; zipnum=zipcode;
      output;
      end;
run;


*-------------------------------------------------------*
| (3) Aggregieren der Rohdaten pro Zip Code (=Key)      |
*-------------------------------------------------------*;
proc sql;
  create table FREQFLY2 as
  select * from
   (select zipnum, zipcode, count(zipcode) as ANZAHL
     from FREQFLY1
   group by ZIPCODE) ;
quit;


*---------------------------------------------------------*
| (4) Mergen der aggregierten Daten mit SASHELP.ZIPCODE   |
*---------------------------------------------------------*;
proc sql undo_policy=none ;
  create table FREQFLY2 as
    select unique FREQFLY2.*,
    city, zip, -1*x as longitude, y as latitude
    from FREQFLY2 left join SASHELP.ZIPCODE
    on FREQFLY2.ZIPNUM=ZIPCODE.ZIP;
quit ;
```

```
*-----------------------------------------------------*
|   (5) „Drehen" der x/y Koordinaten der Städte       |
*-----------------------------------------------------*;
data FREQFLY2 ;
     set FREQFLY2 ;
    STT=zipstate(ZIPCODE) ;
  STATE=stfips(STT) ;
    if (longitude ne . AND latitude ne .) then
       do;
           x=atan(1)/45 * longitude;
           y=atan(1)/45 * latitude;
          output ;
       end ;
   run ;


*-----------------------------------------------------*
|   (6) Anlegen einer ANNOTATE Datei für Symbole      |
*-----------------------------------------------------*;
data FREQFLY2;
   length function style color $ 8 position $ 1 ;
   retain xsys ysys '2' hsys '3' when 'a';
   set FREQFLY2;
   anno_flag=1;
   if ANZAHL=1 then color='gray' ;
   else if ANZAHL>=2 then color='black';
   size=.5+(ANZAHL/10); rotate=360; style='solid';
                        function='pie'; position='5';
   output;
run;

proc sql undo_policy=none ;
  create table FREQFLY2
  as select * from FREQFLY2
  order by ANZAHL descending;
quit ;


*-----------------------------------------------------*
|   (7) Entfernen von Alaska, Hawaii und Puerto Rico  |
*-----------------------------------------------------*;
proc greduce data=MAPS.STATES out= STATES;
  id STATE ;
run ;
```

5.2 SQL und Karten

```
proc sql undo_policy=none ;
  create table STATES as select * from STATES
    where fipstate(STATE) not in ('AK' 'HI' 'PR')   ;
quit;

proc sql undo_policy=none ;
  create table FREQFLY2 as select * from FREQFLY2
    where STT not in ('AK' 'HI' 'PR');
quit;


*--------------------------------------------------------*
| (8) Projektieren der Kartendaten                       |
*--------------------------------------------------------*;
data STAT_FQFLY ;
  set STATES FREQFLY2 ;
run ;

proc gproject data=STAT_FQFLY out=STAT_FQFLY dupok ;
  id state ;
run ;

data STATES FREQFLY2 STATES2 ;
  set STAT_FQFLY ;
  if anno_flag=1 then output FREQFLY2 ;
  else output STATES2 ;
run ;


*--------------------------------------------------------*
| (9) Anlegen einer ANNOTATE Datei für eine Legende      |
*--------------------------------------------------------*;
data LEGENDE ;
  length function text $14 ;
        xsys='2'; ysys='2'; hsys='3';
        when='A';
        function='PIE'; line=0; angle=0.0;
        rotate=360.0; size=1.5; style='SOLID';
  /* Formatierung: Punkte */
  color='black'; x=-.35; y=-.13; output;
  color='gray';  x=-.35; y=-.11; output;
  /* Formatierung: Text    */
  function='LABEL'; size=2.75; style='zapf'; position='6';
color='dag';
```

```
   text='1 Vielflieger'; x=-.335; y=-.105; output;
   text='2+Vielflieger'; x=-.335; y=-.125; output;
run;

data FREQFLY3;
   set FREQFLY2 LEGENDE ;
run;


*---------------------------------------*
| (10) Erzeugen einer SAS Graphik       |
*---------------------------------------*;
   filename grafout 'C:\US_Karte.gif';

   GOPTIONS DEVICE=gif gsfname=grafout gsfmode=replace ;

   pattern v=s c=white r=100;
   goptions border;
   goptions cback=white ;
   goptions htitle=2.5 htext=1.2 ftext=zapf ;

   title c=dag "SQL mit U.S. Zip Codes";
   title2 ;
   title3 c=dag "Vielflieger (SAS File FREQUENTFLYERS)";

   proc gmap data=WORK.STATES2 map=WORK.STATES2
                      anno=work.FREQFLY3;
      id state;
      choro state / coutline=black nolegend;
   run;
   quit;
```

Weitere Hinweise:

(1) Einstellungen
Unter „Einstellungen" werden u.a. der Zugriffspfad auf die benötigte SAS Tabelle und die gewünschte Auflösung der erzeugten Karte festgelegt. Die Anweisung keymap=WINANSI ermöglicht die Ausgabe von Umlauten, z.B. ä, ö, etc.

(2) Anlegen eines numerischen Zip Codes für Merge
In der SAS Datei FREQUENTFLYERS ist der US Zip Code im Format Character angelegt. Für das spätere Mergen mit den Kartendaten ist ein US Zip Code im Format numerisch erforderlich.

(3) Aggregieren der Rohdaten pro Zip Code (Key)
Die Rohdaten in der SAS Datei FREQUENTFLYERS werden pro US Zip Code zusammengefasst.

(4) Mergen der aggregierten Daten mit der SASHELP Datei ZIPCODE
Die aggregierten Daten werden mit der SASHELP Datei ZIPCODE zusammengefügt. Bei dieser Gelegenheit wird das Vorzeichen der „x"-Werte (Längengrade) umgepolt.

(5) „Drehen" der x/y Koordinaten der Städte
Die x/y Koordinaten aus der SASHELP Datei ZIPCODE werden „gedreht", um die ursprünglich kartesischen Koordinaten in Polkoordinaten umzuwandeln. Die Polkoordinaten sind für die Kartendaten erforderlich (s.u.). Die „Drehung" erfolgt über den Arkustangens (inverse Tangente).

(6) Anlegen von ANNOTATE Informationen für Symbole
Die ANNOTATE Informationen legen u.a. Farbe, Position und Größe für die Kartensymbole pro US Zip Code fest. Die Festlegung ist darüber hinaus u.a. bedingungsgesteuert (vgl. IF_ELSE). Das ORDER im SQL Schritt verhindert, dass kleinere Symbole für kleinere Werte durch größere Symbole für größere Werte verdeckt werden. Zur Arbeit mit der Annotate Facility vgl. Schendera (2004, Kap. 23, *passim*).

(7) Entfernen von Alaska, Hawaii und Puerto Rico
Die Karte für die USA enthält auch Alaska, Hawaii und Puerto Rico. Aus ästhetischen Gründen werden diese Bundesstaaten aus den Geodaten aus SASHELP.ZIPCODE und MAPS.STATES entfernt. Der interessierte Anwender kann diesen Schritt ausschließen und den Effekt auf die erzeugte Grafik beobachten.

(8) Projektieren der Kartendaten und Designen der Grafik
In diesem Schritt werden die Kartendaten (ohne Alaska, Hawaii und Puerto Rico) mit den adjustierten Daten aus SASHELP.ZIPCODE zusammengefügt; anstelle des DATA Step wäre auch PROC SQL möglich gewesen. Der interessierte Anwender kann diesen Schritt ausschließen und den Effekt auf die erzeugte Grafik beobachten. Mittels der GPROJECT Prozedur werden die ursprünglich nichtprojizierten Koordinaten mittels der Albers-Projektion projiziert, bei der die Erdoberfläche auf einen Kegel projiziert wird. Neben der Albers-Projektion (Voreinstellung) bietet GPROJECT auch Lambertsche und gnomonische Projektionen an. Wegen dem Flag ANNO=1 aus (6) werden die Koordinaten der US Städte (wg. den US Zip Codes) mit den Karteninformationen zusammen in FREQFLY2 abgelegt.

(9) Anlegen einer ANNOTATE Datei für eine Legende
Die ANNOTATE Datei LEGENDE legt Text, Farbe und Position für die Legende in der Karte fest. Abschließend wird die ANNOTATE Datei LEGENDE mit FREQFLY2 zusammengefügt und als FREQFLY3 abgelegt.

(10) Anfordern der SAS Graphik im GIF Format
Abschließend wird eine SAS Graphik im GIF-Format angefordert und unter „C\" abgelegt.

6 Fokus: Hashing als Alternative zu SQL

SAS bietet das Programmieren von PROC SQL bzw. DATA Step Funktionalitäten auch mittels „Hash Programming" an. Möglich wurde dies durch das Einführen zweier Objekte (Hash Object, Hash Iterator) in den DATA Step. Diese Objekte ermöglichen das Speichern, Suchen und Abfragen von Daten aus (Nachschlage)Tabellen ((look-up) tables). Hashs sind im SAS System allerdings nichts neues, sondern gibt es bereits schon länger, z.B. in Arrays, SQL (u.a. Interner Optimierer) und Indexen. Seit SAS v9.1 besteht nun aber die Möglichkeit, Hash Objekte gezielt zu programmieren. Hash Programming kann derzeit ausschließlich innerhalb eines DATA Steps ausgeführt werden. Eines der wichtigsten Merkmale eines Hash Objects ist dabei, dass es u.a. vollständig im (physikalischen) Speicher des DATA Step residiert. Daraus folgt genau der Grund, warum dem Hash Programming in diesem Band zu fortgeschrittenerem SQL ein eigenes Kapitel gewidmet ist: Performanz, besonders bei sehr großen Datenmengen (z.B. Theuwissen, 2011, 2010, 2009; Warner-Freeman, 2007).

Abschnitt 6.1 streift mehrere funktionale Gemeinsamkeiten und Unterschiede zwischen Hash Programming und PROC SQL (u.a. Programmiersprache und -logik, Verarbeitungsort, Performanz, sowie Verfügbarkeit temporärer Tabellen). Abschnitt 6.2 stellt ausgewählte Anwendungen mittels Hash Programming an Beispielen für nur eine Tabelle vor: z.B. Aggregieren (6.2.1), Sortieren (6.2.2), Subsetting (einschl. Filtern und zufälliges Ziehen, 6.2.3), Eliminieren von Zeilen mit doppelten Keys (6.2.4), sowie Abfragen von Werten (Retrieval) (6.2.5). Zum Teil werden dem Hash Programming mit vergleichenden Programmierungen mittels PROC SQL oder auch SAS Prozeduren, wie z.B. SORT oder SUMMARY gegenübergestellt. Abschnitt 6.3 stellt diverse Anwendungen für zwei Tabellen (One-to-One-Szenario) vor. Als Beispiele für das Hash Programming werden vorgestellt (z.T. im Vergleich mit PROC SQL): Joins (Inner Outer) mit zwei Tabellen (6.3.1), Fuzzy-Join mit zwei Tabellen (6.3.2), sowie das Splitten einer (nicht) sortierten SAS Tabelle (6.3.3). Abschnitt 6.4 stellt abschließend die momentan angebotenen Elemente für das Hash Programming vor.

6.1 Was ist Hash Programmieren?

Zwischen Hash Programming und PROC SQL gibt mehrere funktionale Gemeinsamkeiten: Es können u.a. Daten und Schlüssel (Keys) definiert oder auch gelöscht werden, es können Tabellen gemerged werden, und es können u.a. Aggregierungen, Abfragen oder auch Zählungen vorgenommen werden. Zwischen Hash Programming und PROC SQL gibt es jedoch auch mehrere zentrale Unterschiede:
SQL Anweisungen werden auf der Disk verarbeitet; Hash Objekte werden im Speicher verarbeitet. Werden bei SQL Tabellen (nicht: Views) angelegt, so sind dies physikalisch vorhandene Tabellen. Werden mittels Hash Programming Objekte angelegt, so sind diese „Tabellen" physikalisch nicht vorhanden.
Anweisungen werden auf der Disk verarbeitet; Hash Objekte werden im Speicher verarbeitet. Hash Programming kommt daher ohne die zeitintensiven Lese-/Schreibprozesse von SQL aus. Bei sehr großen Datenmengen gilt die Verarbeitung von SAS Tabellen als Hash Objekten als deutlich performanter als PROC SQL. Hash Programming kommt v.a. dann in Frage, wenn wenig Plattenplatz für Tabellen oder Auslagerungsdateien vorhanden ist und/oder wenn zeitintensive Lese-/Schreibprozesse das Verarbeiten mittels SQL usw. nicht innerhalb eines kritischen Zeitfensters oder sogar überhaupt nicht mehr möglich machen.

Die Hintergrundkonzepte von PROC SQL und Hash Programming sind völlig verschieden. So verschieden, dass sich auch Unterschiede in der Terminologie ergeben. Der wichtigste ist der der zu verarbeitenden Daten: Bei SQL ist dies die SAS Tabelle, beim Hashing ist dies ein „Hash Object". Ein Hash Object ist ein bereitgestelltes Objekt für das Einfügen oder auch Abrufen von mit einem Schlüssel versehenen Dateneinträgen. Der *Lesbarkeit* halber wird dieser Abschnitt auch Hash Objekte als Tabellen bezeichnen, obwohl Logik und Physik völlig verschieden sind. Interessierte Anwender werden für weitergehende Informationen v.a. auf diverse SAS Global Forum Präsentationen mit Paul Dorfman (z.B. 2010, 2009, 2008) verwiesen. Die Programmiersprachen und -logiken sind entsprechend völlig verschieden. PROC SQL entspricht (mit Einschränkungen) dem ANSI SQL. Hash Programming lässt sich am Besten als erweiterten DATA Step beschreiben. Tatsächlich werden Hash Objekte im Allgemeinen im Rahmen eines DATA Step bzw. DATA _Null_ Steps programmiert. Mit der Konsequenz, dass das Programmieren derselben (wenn auch performanteren Funktionalitäten) mittels Hash Programming durchaus etwas anspruchsvoller oder zumindest zeitaufwendiger anmutet, zumindest am Anfang (vgl. dazu das Aggregieren mittels PROC SQL, PROC SUMMARY und auch Hash Programming gleich im nächsten Abschnitt).

Der Vorzug der schnellen Verarbeitung im Speicher kann oft jedoch zugleich ein Nachteil des Verarbeitens von Tabellen i.S.v. Hash Objekten sein, nämlich dann, wenn der Speicher für das Verarbeiten der „Tabellen" nicht ausreicht. Falls sich die Tabellen als zu groß für das Laden oder Verarbeiten im Speicher herausstellen sollten, bricht der Verarbeitungsvorgang im Allgemeinen sang- und klanglos mit einer Fehlermeldung ab (vgl. das Beispiel am Ende von 6.3.1). Als erste Gegenmaßnahme könnte man versuchen, die Option MEMSIZE anzupassen.

6.1 Was ist Hash Programmieren?

Unterschiede und Gemeinsamkeiten zwischen PROC SQL und Hash Programming	
PROC SQL	**Hash Programming**
+ Verarbeitung auf der Festplatte.	+ Verarbeitung im Speicher.
+ intuitive Logik und Programmiersprache.	+ eine der schnellsten Verarbeitungstechniken (außer u.a. temporäre Arrays).
+ kommt ohne großen Speicher für Verarbeiten von Tabellen aus.	+ kein Sortieren oder Indexieren erforderlich.
+ kein Sortieren erforderlich (Indexieren je nach Anforderung).	+ flexiblere Programmiersprache als SQL (da über DATA Step erweitert).
+ enthält Hash-Joins (vgl. sqxjhsh).	- großer Speicher für Verarbeiten von Tabellen erforderlich.
- i.A. langsamer als Hash Processing (I/O) und manchmal auch als DATA Step oder SAS Prozeduren.	- „andere" Programmierlogik und -sprache (z.B. „Methoden" vs. „Statements").
+ temporäre SAS Tabellen nach SQL Session weiter vorhanden.	- temporäre Hash Tables nach DATA Step nicht weiter vorhanden.
- relativ limitierte Programmiersprache.	- erst ab SAS v9.1 verfügbar.

Zuguterletzt kann man noch darauf verweisen, dass beide Ansätze empfindlich bei nicht distinkten Schlüsselvariablen sind: PROC SQL besonders bei Joins von zwei oder mehr Tabellen; beim Hash Programming mussten Schlüsselvariablen ab SAS v9.1 noch distinkt sein. Ab SAS v9.2 kann mit MULTIDATA und der Option „Y" darauf verwiesen werden, dass Schlüsselvariablen u.U. auch multiple Einträge enthalten können. Arbeitet man mit einer früheren SAS Version, könnte man versuchsweise eine zweite, zusätzliche Schlüsselvariable einbeziehen, um die mehrfachen Einträge in der ersten Schlüsselvariablen zu kontrollieren.

Um die Performanz des Hash Programming im Vergleich mit anderen Ansätzen zu veranschaulichen, werden die Ergebnisse diverser Benchmarktests vorgestellt. Die Testergebnisse basieren auf jeweils auf dem Mittelwert dreier Durchläufe, um Ausreißer zu kompensieren.

Anlegen der Beispieldaten für die Benchmarktests:
Mit dem folgenden DATA Step wird die SAS Datei BNCHMARK angelegt. BNCHMARK wird für diverse Benchmarktests verwendet werden.

```
data BNCHMARK (drop=i) ;
   retain ID 1 GRUPPE PRODUKT VALUE STRING ;
   do i=1 to 8000000  ;
       VALUE = round(ranuni(12345)*10000) ;
       STRING = strip(translate(round(VALUE),
                      "ABCDEFGHIK", "1234567890")) ;
```

```
            GRUPPE   =  1 + (i>2000000) + (i>4000000) + (i>6000000) ;
            PRODUKT  =  1 + (i>1000000) + (i>2000000) + (i>3000000)
                          + (i>4000000) + (i>5000000) + (i>6000000)
                          + (i>7000000) ;
            output ;
            ID + 1 ;
      end ;
      run ;
      proc sort data=BNCHMARK ;
      by VALUE ;
      run ;
```

Die temporäre SAS Datei BNCHMARK wird im Beispiel mit 8.000.000 Zeilen und fünf Feldern angelegt: ID, GRUPPE, PRODUKT, VALUE und STRING. Das angelegte Feld „GRUPPE" enthält vier Ausprägungen 1 bis 4 mit jeweils N=2.000.000. Das angelegte Feld „PRODUKT" enthält acht Ausprägungen 1 bis 8 mit jeweils N=1.000.000. VALUE enthält einen ganzzahligen Zufallswert. STRING ist eine Folge alphanumerischer Zeichen auf der Basis von VALUE. Die abschließende Sortierung nach der Zufallsvariablen VALUE sorgt dafür, dass keine implizite Vorsortierung während des Anlegens von BNCHMARK die Testergebnisse möglicherweise beeinträchtigt. Für größere Tabellen werden die Grenzwerte entsprechend höhergesetzt. Für das Benchmarktesten eines Outer Right Joins werden mit diesem Programm *zwei* Tabellen angelegt.

6.2 Arbeiten innerhalb einer Tabelle

Als vergleichende Beispiele für Anwendungen des Hash Programming innerhalb einer Tabelle werden vorgestellt:

- Aggregieren mit SQL, SUMMARY und Hash (6.2.1)
- Sortieren mit SORT, SQL und Hash (6.2.2)
- Subsetting: Filtern und zufälliges Ziehen (6.2.3)
- Eliminieren von doppelten Keys (6.2.4)
- Abfragen von Werten (Retrieval) (6.2.5)

Kapitel 6.3 wird Anwendungen für zwei Tabellen vorstellen.

6.2.1 Aggregieren mit SQL, SUMMARY und Hash

Dieser Abschnitt stellt das Aggregieren mit PROC SQL, PROC SUMMARY und mittels Hash Programming vor. Die Erläuterungen zu PROC SQL und PROC SUMMARY werden sich auf das Nötigste beschränken. Das Hash Programming wird ausführlich behandelt. Zahlreiche weitere Beispiele zum Aggregieren mittels SQL findet der interessierte Anwender in Kapitel 5 (Band I).

Dieser Abschnitt behandelt zwei Beispiele: Beispiel 1 behandelt das Bilden der Summe von SALES für jede Ausprägung von REGION der SASHELP Datei SHOES. Beispiel 2 behandelt das Bilden der Summe von SALES, jeweils für Kombinationen der Ausprägungen von SUBSIDIARY und PRODUCT der SASHELP Datei SHOES.

Beispiel 1:
Beispiel 1 behandelt das Bilden der Summe von SALES für jede Ausprägung von REGION aus SASHELP.SHOES.

```
*-------------------*
| SQL Prozedur      |
*-------------------*;
```

In der Tabelle SASHELP.SHOES wird von PROC SQL die Summe von SALES pro Ausprägung von REGION ermittelt und als Total in die Tabelle SQL_sum abgelegt.

```
proc sql ;
create table SQL_sum as
select REGION, sum(SALES) as Total format=dollar10.
from SASHELP.SHOES
group by REGION ;
quit ;
```

```
*-------------------*
| SUMMARY Prozedur  |
*-------------------*;
```

In der Tabelle SASHELP.SHOES wird von PROC SUMMARY die Summe von SALES pro Ausprägung von REGION ermittelt und als Total in die Tabelle SMRY_sum abgelegt.

```
proc summary data=SASHELP.SHOES nway ;
class REGION / missing groupinternal ;
var SALES ;
output out=SMRY_sum(drop=_:) sum=Total ;
run ;
```

```
*-------------------*
| Hash Object       |
*-------------------*;
```

In der Tabelle SASHELP.SHOES wird mittels Hash Programming die Summe von SALES pro Ausprägung von REGION ermittelt und direkt in den SAS Output ausgegeben.

```
data _null_ ;
if _N_ = 1 then do ;
declare hash ht(suminc:"SALES", dataset:"SASHELP.SHOES") ;
ht.defineKey("REGION") ;
ht.defineDone() ;
do until (eof) ;
set SASHELP.SHOES end=eof ;
ht.ref() ;
end ;
end ;
file print ;
set SASHELP.SHOES ;
by REGION ;
if first.REGION then do ;
ht.sum(sum:Total) ;
put REGION @30 Total dollar10. ;
end ;
run ;

NOTE: 10 lines were written to file PRINT.
NOTE: There were 395 observations read from the data set SASHELP.SHOES.
NOTE: There were 395 observations read from the data set SASHELP.SHOES.
```

Beispielausgabe (vollständig):

```
    Region                           Total
    Africa                      $2,342,588
    Asia                          $460,231
    Canada                      $4,255,712
    Central America/Caribbean   $3,657,753
    Eastern Europe              $2,394,940
    Middle East                 $5,631,779
    Pacific                     $2,296,794
    South America               $2,434,783
    United States               $5,503,986
    Western Europe              $4,873,000
```

Erläuterungen:

Im Beispiel wird nach IF _N_ im DATA _NULL_ Step das Hash Object HT (kurz für „hash table"; im Prinzip könnte jede beliebige andere Bezeichnung gewählt werden) durch das DECLARE Statement als Instanz erstellt. Wegen dem DATASET Argument wird das Hash Object mit den Inhalten der SAS Tabelle SASHELP.SHOES befüllt. Das SUMINC (SAS v9.2) Argument bezeichnet das Feld, aus deren Werten gruppenweise Summen ermittelt werden sollen. Die Methode DEFINEKEY definiert die Spalte REGION als Schlüsselvariable für das Hash Object HT. Dieser Ansatz verwendet keine Methode DEFINEDATA. Die

Methode DEFINEDONE und die leere Klammer zeigen an, dass alle Definitionen vollständig sind. Innerhalb der sich anschließenden DO/UNTIL Schleife wird SASHELP.SHOES geladen. Die Methode REF (SAS v9.2) fügt gefundene SALES Werte der bereitgestellten Tabelle gruppiert nach REGION hinzu. Mittels IF FIRST und der Methode SUM wird eine Summe von SALES pro Ausprägung von REGION ermittelt und unter TOTAL abgelegt. PUT verleiht der Ausgabe die vom Anwender gewünschte Formatierung.

Beispiel 2:
Beispiel 2 behandelt das Bilden der Summe von SALES, jeweils für Kombinationen der Ausprägungen von SUBSIDIARY und PRODUCT der SASHELP Datei SHOES.

```
*------------------*
| SQL Prozedur     |
*------------------*;
```

In der Tabelle SASHELP.SHOES wird von PROC SQL die Summe von SALES jeweils für Kombinationen der Ausprägungen von SUBSIDIARY und PRODUCT ermittelt und als Total in die Tabelle SQL_sum abgelegt.

```
proc sql ;
create table SQL_sum as
select SUBSIDIARY, PRODUCT, sum(SALES) as Total
from SASHELP.SHOES
group by SUBSIDIARY, PRODUCT ;
quit ;
```

```
*------------------*
| SUMMARY Prozedur |
*------------------*;
```

In der Tabelle SASHELP.SHOES wird von PROC SUMMARY die Summe von SALES jeweils für Kombinationen der Ausprägungen von SUBSIDIARY und PRODUCT ermittelt und als Total in die Tabelle SMRY_sum abgelegt.

```
proc summary data = SASHELP.SHOES nway ;
class SUBSIDIARY PRODUCT ;
var SALES;
output out = SMRY_sum (drop = _:) sum = TOTAL;
run ;
```

```
*-------------------*
| Hash Object       |
*-------------------*;
```

In der Tabelle SASHELP.SHOES wird mittels Hash Programming die Summe von SALES jeweils für Kombinationen der Ausprägungen von SUBSIDIARY und PRODUCT ermittelt und als Total in die Tabelle HASH_sum abgelegt. Im Vergleich zu PROC SQL und PROC SUMMARY wird wie in Beispiel 1 deutlich, wie für das Programmieren derselben Funktionalität mehr Schritte und Komplexität erforderlich sind.

```
data _null_ ;
if 0 then set SASHELP.SHOES ;
declare hash ht (hashexp:18 ) ;
ht.definekey ("SUBSIDIARY", "PRODUCT" ) ;
ht.definedata ("SUBSIDIARY", "PRODUCT", "TOTAL") ;
ht.definedone () ;
do until (eof) ;
set SASHELP.SHOES end = eof ;
if ht.find () ne 0
     then Total= 0 ;
     Total + SALES ;
ht.replace () ;
 end ;
rc = ht.output (dataset: "HASH_sum") ;
run ;
proc print ;
run ;
```

Beispielausgabe (gekürzt):

Subsidiary	Product	Total
Addis Ababa	Boot	29761
Addis Ababa	Men's Casual	67242
Addis Ababa	Men's Dress	76793
Addis Ababa	Sandal	62819
Addis Ababa	Slipper	68641
Addis Ababa	Sport Shoe	1690
Addis Ababa	Women's Casual	51541
Addis Ababa	Women's Dress	108942
Al-Khobar	Boot	15062
Al-Khobar	Men's Casual	340201
Al-Khobar	Men's Dress	261445

6.2 Arbeiten innerhalb einer Tabelle

Erläuterungen:
Im Beispiel wird im DATA Step die Tabelle SASHELP.SHOES geladen. Nach dem DECLARE Statement wird das Hash Object HT angelegt. Indem dem HASHEXP Argument der Wert 18 zugewiesen wird, wird festgelegt, dass das Hash Object 2 hoch 18 (=262.144) Slots auf der obersten Ebene bereitstellen soll. Das Hash Object wird dann wegen dem DATASET Argument mit den Inhalten der SAS Tabelle SASHELP.SHOES befüllt. Mittels der Methode DEFINEKEY werden die beiden Spalten SUBSIDIARY und PRODUCT als Schlüsselvariablen für das Hash Object HT definiert. Mittels der Methode DEFINEDATA wird die Auswahl und Abfolge der Spalten für das Hash Object definiert, also SUBSIDIARY, PRODUCT, sowie das noch anzulegende Feld TOTAL. Mittels der Methode DEFINEDONE und der leeren Klammer wird angezeigt, dass alle Definitionen vollständig sind. Die folgende DO UNTIL Schleife veranlasst die Berechnung von TOTAL; END schließt diese Schleife. Die Methode REPLACE veranlasst, dass die Slots im Hash Object durch die ermittelten Werte überschrieben werden. Über den Return Code RC wird die Methode OUTPUT veranlasst, den kompletten Inhalt des Hash Objects in die SAS Tabelle HASH_SUM abzulegen.

Ergebnis Benchmarktest (Sekunden)

Test (N Zeilen)	Zeit	SQL	SUMMARY	Hash Object
8.000.000	**CPU-Zeit**	27.96	8.96	12.76
	Echtzeit	156.51	18.15	15.06
80.000.000	**CPU-Zeit**	140.83	45.94	71.87
	Echtzeit	658.27	251.93	158.09

Die Benchmarktests zeigen, dass das Verarbeiten mittels Hash Objekten der Verarbeitung PROC SQL und PROC SUMMARY mit zunehmender Datenmenge in Echtzeit eindeutig überlegen ist. Das Verarbeiten mittels eines Hash Objects benötigt in etwa dieselbe (Echt)Zeit wie PROC SQL für eine *10mal* kleinere Datenmenge *ab einer substantiellen Datenmenge*. Die Performanzunterschiede zwischen Hash Programming, PROC SQL und PROC SUMMARY würden bei mehr Datenspalten vermutlich noch deutlicher werden. Für Datenvolumen unter 1.000.000 Datenzeilen bei ggf. noch weniger Spalten können allerdings durchaus andere Ergebnisse die Folge sein. Interessant ist, dass PROC SUMMARY jeweils bessere CPU-Zeiten als das Hash Programming erreicht. Die angezeigten Werte basieren auf dem Mittelwert dreier Durchläufe. Ist Performanz ein „Thema", so wird empfohlen, die Laufzeiten der vorgestellten Hash Ansätze auf dem eigenen System mit angemessenen Datenmengen zu testen. Um die durchgeführten Tests z.B. replizieren zu können, werden in den oben angegebenen Programmen folgende Ersetzungen vorgenommen: SASHELP.SHOES durch BNCHMARK, SUBSIDIARY durch GRUPPE, PRODUCT durch PRODUKT, sowie SALES durch VALUE. Entsprechend können Anwender die Performanz auf ihrem eigenen System testen und vergleichen. Je komplexer ein System ist (und z.B. je mehr unterschiedliche Faktoren seine Performanz beeinflussen können) und je relevanter die Performanz, um so mehr Durchlaufsdaten sollten in das Berechnen der durchschnittlichen Performanz einbezogen werden.

6.2.2 Sortieren mit SORT, SQL und Hash

Dieser Abschnitt stellt das Sortieren mit PROC SORT, PROC SQL und mittels Hash Programming vor. Die Erläuterungen zu PROC SORT und PROC SQL werden sich auf das Nötigste beschränken. Das Hash Programming wird ausführlich behandelt. In Abschnitt 6.2.4 wird ein Beispiel zur Umsetzung der NODUPKEY von PROC SORT vorgestellt. Zahlreiche weitere Hinweise zum Gruppieren und Sortieren mittels SQL findet der interessierte Anwender ebenfalls in Kapitel 5 (Band I). Im Gegensatz zu allen anderen Kapiteln werden für die Beispiele zum Sortieren keine SAS Ausgaben wiedergegeben.

```
*-------------------*
| SORT Prozedur     |
*-------------------*;
```

Die Tabelle SASHELP.PRDSALE wird mittels PROC SORT nach YEAR und MONTH aufsteigend sortiert. Das Resultat der Sortierung wird in die Tabelle SORT_SORT abgelegt.

```
proc sort data = SASHELP.PRDSALE
     out = sort_sort ;
     by YEAR MONTH ;
run ;
```

```
*-------------------*
| SQL Prozedur      |
*-------------------*;
```

Die Tabelle SASHELP.PRDSALE wird mittels PROC SQL nach YEAR und MONTH aufsteigend sortiert. Das Resultat der Sortierung wird in die Tabelle SQL_SORT abgelegt.

```
proc sql;
     create table sql_sort as
          select *
     from SASHELP.PRDSALE
     order by YEAR, MONTH ;
quit ;
```

```
*-----------------*
| HASH Object     |
*-----------------*;
```

Die Tabelle SASHELP.PRDSALE wird mittels Hash Programming nach YEAR und MONTH aufsteigend sortiert. Das Resultat der Sortierung wird in die Tabelle HASH_SORT abgelegt.

```
data _null_ ;
if _n_ = 0 then set SASHELP.PRDSALE ;
if _n_ = 1 then do ;
```

6.2 Arbeiten innerhalb einer Tabelle 277

```
declare hash ht (dataset: "SASHELP.PRDSALE",
      ordered: "A", multidata: "Y") ;
      ht.definekey ("YEAR", "MONTH") ;
      ht.definedata ("ACTUAL","PREDICT",
      "COUNTRY", "REGION", "DIVISION",
      "PRODTYPE", "PRODUCT", "QUARTER",
           "YEAR", "MONTH") ;
ht.definedone ( ) ;
end ;
ht.output (dataset: "hash_sort") ;
run ;
```

Erläuterungen:
Bevor irgendeine Objektmethode aufgerufen und Operationen an den Hash Einträgen vorgenommen werden können, muss das Hash Object als Instanz erstellt werden. Im Beispiel wird nach DATA Step _N_ = 1 und dem DECLARE Statement das Hash Object HT angelegt. In der Klammer wird zunächst wegen dem DATASET Argument der Inhalt von SASHELP.PRDSALE in das Hash Object HT geladen. Nach dem Komma veranlassen der Parameter ORDERED und die Option „A", dass das Hash Object als „ascending", also ansteigend sortiert, als Instanz erstellt wird. Da das Thema dieses Abschnitts das Sortieren ist, sollen an dieser Stelle auch die weiteren ORDERED Optionen vorgestellt werden: „A" bzw. „a": ansteigend („ascending"), „Y" bzw. „y": ansteigend („ascending"), „D" bzw. „d": absteigend („descending"), „N" bzw. „n": interne Hash Sortierung (d.h. *nicht* sortiert; eine ursprüngliche Sortierung wird nicht berücksichtigt). Nach einem weiteren Komma verweist der Parameter MULTIDATA (seit SAS v9.2) mit der Option „Y" darauf, dass in Schlüsselvariablen u.U. auch multiple Einträge vorkommen können. Mittels der Methode DEFINEKEY werden die beiden Spalten YEAR und MONTH als Schlüsselvariablen für das Hash Object HT definiert. Mittels der Methode DEFINEDATA wird die Auswahl und Abfolge der Spalten für das Hash Object definiert. Die Methode DEFINEDONE und die leere Klammer zeigen an, dass alle Definitionen vollständig sind. Das abschließende END schließt die durch den DATA Step initialisierte DO Schleife. Die Methode OUTPUT veranlasst, dass der komplette Inhalt des Hash Objects in die SAS Tabelle HASH_SORT abgelegt wird. Die Sortierung wird mit abgelegt; Schlüsselvariablen nur dann, sofern sie (wie im Beispiel) mittels der Methode DEFINEDATA definiert wurden.

6.2.3 Subsetting: Filtern und zufälliges Ziehen

Dieser Abschnitt stellt verschiedene Ansätze für das Subsetting mittels Hash Programming vor. Als Ansätze werden vorgestellt:

- Ansatz 1: Einfaches Subsetting mit WHERE
- Ansatz 2: Subsetting mittels einer Filtertabelle
- Ansatz 3: Zufälliges Ziehen von Einträgen aus einer SAS Tabelle

Die diversen Ansätze des Hash Programmings werden ausführlich behandelt. Bei unkomplizierten Beispielen werden keine SAS Ausgaben, dafür zentrale Informationen aus SAS Logs wiedergegeben. Bei komplexeren Beispielen werden ggf. auch SAS Ausgaben wiedergegeben.

Ansatz 1: Einfaches Subsetting mit WHERE
Der folgende Vergleich zwischen SQL und Hash Programming wird zeigen, dass für das Programmieren derselben Funktionalität mehr Schritte und Komplexität erforderlich sind. Das Ziel der beiden folgenden Beispiele ist jeweils, alle Zeilen mit der Ausprägung „Africa" im Feld REGION auszufiltern und in einen Subset abzulegen.

```
*-------------------*
| SQL Prozedur      |
*-------------------*;
```

Aus der Tabelle SASHELP.SHOES werden alle Zeilen mit der Ausprägung „Africa" in der Spalte REGION ausgefiltert und die SAS Tabelle SQL_filtrd abgelegt.

```
proc sql ;
create table SQL_fltrd as
select *
from SASHELP.SHOES
where REGION="Africa" ;
quit ;

HINWEIS: Tabelle WORK.SQL_FLTRD wurde erstellt mit 56 Zeilen und 7 Spalten.


*-------------------*
| Hash Object       |
*-------------------*;
```

Dieses Beispiel veranschaulicht, wie das Ergebnis für eine Abfrage mittels einer Bedingung *auch* in eine SAS Tabelle abgelegt wird. Alle Einträge, für die die formulierte Bedingung zutrifft, werden in das SAS Log ausgegeben und parallel in die SAS Tabelle abgelegt.

```
data HASH_fltrd (drop=RC) ;
  declare hash ht () ;
  ht.DefineKey ( "REGION" ) ;
  ht.DefineData ( "SALES" ) ;
  ht.DefineDone () ;
  do until (eof) ;
     set SASHELP.SHOES
         (where=( REGION="Africa")) end=eof ;
    rc = ht.add () ;
output ;
  end ;
  stop ;
run ;
```

```
HINWEIS: Es wurden 56 Beobachtungen aus der Datei SASHELP.SHOES. ausgelesen
    WHERE REGION='Africa';
HINWEIS: Die Datei WORK.HASH_FLTRD weist 56 Beobachtungen und 7 Variablen auf.
```

Im Beispiel wird im DATA Step die (noch leere) SAS Tabelle HASH_fltrd initialisiert. Nach dem DECLARE Statement wird das Hash Object HT angelegt. Mittels DEFINEKEY wird die Spalte REGION als Schlüsselvariable für HT definiert. Mittels DEFINEDATA wird SALES als Datenspalte für HT definiert. DEFINEDONE und die leere Klammer zeigen an, dass alle Definitionen vollständig sind. Die DO UNTIL Schleife veranlasst das Laden aller Zeilen aus SASHELP.SHOES, die in REGION die Ausprägung „Africa" enthalten. Die Methode ADD fügt die Daten in die bereitgestellte Tabelle auch dann ein, wenn der Schlüssel bereits in der Tabelle vorhanden ist. „ht.add" würde jedoch bei doppelten Schlüsseln abbrechen. OUTPUT legt die Daten in die bereitgestellte SAS Tabelle HASH_FLTRD ab. END und STOP beenden die Schleifen.

Ergebnis Benchmarktest (Sekunden):

Test (N Zeilen)	Zeit	SQL	Hash Object
8.000.000	CPU-Zeit	1.16	1.17
	Echtzeit	2.95	1.31
80.000.000	CPU-Zeit	11.43	11.76
	Echtzeit	213.41	214.43

Die Benchmarktests zeigen, dass das Verarbeiten mittels Hash Objekten und PROC SQL *trotz* substantieller Datenmenge keine signifikanten Performanzunterschiede in Echt- und CPU-Zeit erzielt. Die Unterschiede in der kleineren Datenmenge sind durch einen Ausreißer in den PROC SQL Durchläufen für N=8.000.000 verursacht. Auffällig ist die (grob gesprochen) rund 100fach höhere Echtzeit bei nur 10facher höherer Datenlast. Dieses Ergebnis wurde sicherheitshalber in einem zweiten Durchlauf der Benchmarktests geprüft und auch bestätigt. Um die durchgeführten Tests zu replizieren, brauchen in den oben angegebenen Programmen nur folgende Ersetzungen vorgenommen werden: SASHELP.SHOES durch BNCHMARK, SUBSIDIARY durch GRUPPE, PRODUCT durch PRODUKT und SALES durch VALUE; die WHERE-Klausel filterte nach der Zeichenfolge „FIFI".

Ansatz 2: Subsetting mit einer Filtertabelle

```
*-------------------*
| Hash Object       |
*-------------------*;
```

Aus der Tabelle SASHELP.SHOES werden alle Zeilen mit der Ausprägung „Africa" in der Spalte REGION ausgefiltert und die SAS Tabelle HASH_filtrd abgelegt.

```
data filterliste ;
length REGION $25 ;
REGION="Africa" ;
Output ;
run ;
```

```
data HASH_fltrd ;
if _N_ =1 then do ;
declare hash ht (dataset: "filterliste") ;
   ht.DefineKey ("REGION" ) ;
   ht.DefineDone () ;
end ;
set SASHELP.SHOES ;
   rc = ht.find();
if (rc = 0) then output;
          /* abkürzbar zu: if ht.find()=0 then output ;   */
run ;

proc print data=HASH_fltrd ;
run ;

HINWEIS: Es wurden 1 Beobachtungen aus der Datei WORK.FILTERLISTE. ausgelesen
HINWEIS: Es wurden 395 Beobachtungen aus der Datei SASHELP.SHOES. ausgelesen
HINWEIS: Die Datei WORK.HASH_FLTRD weist 56 Beobachtungen und 7 Variablen auf.
```

Dieser Absatz basiert auf zwei Schritten: In einem ersten Schritt wird eine Filterdatei („filterliste") angelegt. Diese Filterdatei enthält Felder und Werte(kombinationen). Im Beispiel enthält „filterliste" *eine* Beobachtung „Africa" im Feld REGION. In einem zweiten Schritt wird diese Filterdatei („filterliste") in den Hash Programming Ansatz übernommen. Im DATA Step wird die SAS Tabelle HASH_filtrd initialisiert. Mittels IF _N_ = 1, DO und dem DECLARE Statement wird das Hash Object HT angelegt. In der Klammer wird zunächst wegen DATASET der Inhalt von FILTERLISTE in HT geladen. Mittels DEFINEKEY wird REGION als Schlüsselvariable für HT definiert. Mittels DEFINEDONE und der leeren Klammer wird angezeigt, dass alle Definitionen vollständig sind. Das abschließende END schließt die durch den DATA Step initialisierte DO Schleife. Das anschließende SET lädt SASHELP.SHOES. Die Methode FIND sucht nach einer Übereinstimmung zwischen Schlüssel und den REGION-Werten aus SASHELP.SHOES. Wird eine Übereinstimmung gefunden, ist RC gleich 0; wird eine Übereinstimmung gefunden, werden die Daten in die initialisierte SAS Tabelle abgelegt. Stimmt also ein REGION-Wert aus SASHELP.SHOES mit einem REGION-Eintrag aus FILTERLISTE überein (z.B. „Africa"), so werden die entsprechenden Zeilen in HASH_filtrd abgelegt. In einem Satz zusammengefasst: In einem ersten Schritt wird eine Filterdatei angelegt; in einem zweiten Schritt werden mittels der Hash Methode FIND zwischen DATA und SET alle Fälle behalten, die den Kriterien der Filterdatei entsprechen.

Beispielausgabe (gekürzt):

Region	Product	Subsidiary	Stores	Sales	Inventory	Returns
Africa	Boot	Addis Ababa	12	$29,761	$191,821	$769
Africa	Men's Casual	Addis Ababa	4	$67,242	$118,036	$2,284
Africa	Men's Dress	Addis Ababa	7	$76,793	$136,273	$2,433

6.2 Arbeiten innerhalb einer Tabelle

Ansatz 3: Zufälliges Ziehen aus einer SAS Tabelle
Das folgende Beispiel wird eine Anwendung von PROC SQL und Hash Programming zeigen, die das Ziel hat, eine bestimmte Anzahl an Zeilen zufällig aus einer SAS Tabelle zu ziehen.

```
*-------------------*
| SQL Prozedur      |
*-------------------*;
```
PROC SQL zieht 5 Zeilen per Zufall aus der Tabelle SASHELP.SHOES und legt sie in die Tabelle RANDOM_SQL ab.

```
proc sql outobs=5 ;
create table RANDOM_SQL as
select *
from SASHELP.SHOES
where ranuni(0) between .10 and .20 ;
quit;
proc print data= RANDOM_SQL noobs ;
run ;
```

PROC SQL zieht 5 Zeilen (vgl. OUTOBS) aus der Tabelle SASHELP.SHOES, deren RANUNI-Werte zwischen 0.1 und 0.2 liegen. RANUNI ist eine SAS Funktion, die eine Zahl einer Zufallsvariablen mit einer uniformen Verteilung zwischen 0 und 1 wiedergibt. Der Seed gleich Null bewirkt, dass die Systemzeit als Seed verwendet wird; ein wiederholtes Abschicken des Programms mit einem Seed gleich Null hat unterschiedliche Ziehungsergebnisse zur Folge. Ein wiederholtes Abschicken des Programms bei einem Seed größer Null wird bei unverändertem Seed (z.B. 1234) jedoch zum selben Ergebnis führen (ein zusätzliches Variieren des Ranges würde jedoch andere Ziehungsergebnisse produzieren).

```
*-------------------*
| Hash Object       |
*-------------------*;
```

Der folgende Hash Programming Ansatz zieht 5 zufällige Zeilen aus der Tabelle SASHELP.SHOES und legt sie in die Tabelle RANDOM_HASH ab. Dieser ausgesprochen elegante Ansatz basiert auf einer doppelten Schleife und schließt darüber hinaus doppelte Treffer aus (vgl. Ray & Secosky, 2008, 13–15). Dieser Ansatz verwendet ebenfalls die RANUNI-Funktion mit einem Seed gleich Null.

```
data random_hash (drop=RC I) ;
/* Deklarieren des Hash Objects */
declare hash HT() ;
        HT.defineKey("R") ;
        HT.defineDone() ;
```

```
/* 1. Schleife. Anlegen von fünf Zufallswerten R      */
do I = N-5+1 to N ;
    R = int(ranuni(0) * I) + 1 ;
    if HT.find() = 0 then R = I ;
       HT.add() ;
end ;
/* Deklarieren des Hash Iterators                     */
declare hiter HI("HT") ;
    rc = HI.first() ;
/* 2. Schleife: Zusammenstellen der Zeilen mit R      */
do while (rc = 0) ;
    set SASHELP.SHOES nobs=N point=R ;
    output ;
    rc = HI.next() ;
end ;
    stop ;
run ;
proc print data= RANDOM_HASH noobs ;
run ;
```

Dieser Ansatz basiert im Prinzip auf zwei Schleifen und dem Anlegen eines Hash Objects sowie eines Hash Iterators. Der DATA Step initialisiert eine SAS Tabelle unter dem Namen RANDOM_HASH, aus der später die beiden (noch anzulegenden) Spalten RC und I ausgeschlossen werden sollen. Mittels DECLARE Statement wird das Hash Object HT als Instanz angelegt. Die leere Klammer bedeutet, dass das Hash Object noch nicht befüllt werden soll. Mittels DEFINEKEY wird die noch zu erzeugenden Spalte R als Schlüsselvariable für HT definiert. Mittels der Methode DEFINEDONE und der leeren Klammer wird angezeigt, dass alle Definitionen vollständig sind. Die *erste Schleife* zieht 5 (weil insgesamt fünf Zeilen gezogen werden sollen) aus N Zufallszahlen. Die Schleife zwischen DO und END wird im Beispiel fünfmal durchlaufen. Dabei werden ganzzahlige Zufallszahlen R aus dem Bereich zwischen 1 und N gezogen. N wird durch NOBS im SET Statement initialisiert und entspricht im Beispiel dem Wert 395. Die Methode FIND sucht nach einer Übereinstimmung; wird eine Übereinstimmung gefunden, ist der Returnkode gleich 0 und zugleich R gleich I. Die Methode ADD fügt die Daten in das bereitgestellte Hash Object ein, sofern der Schlüssel noch nicht in der Tabelle vorhanden ist. Das zweite DECLARE erzeugt den Hash Iterator namens HI, um Einträge aus dem Hash Object in der Klammer („HT") abzurufen. Die *zweite Schleife* weist die Zufallszahlen R der SAS Datei zu und veranlasst dadurch das zufällige Ziehen der Datenzeilen: RC mit HI.*first* kopiert die Daten des ersten Eintrags in HT in die Datenvariablen des Hash Objects, solange Daten vorhanden sind. Das SET Statement lädt den zu filternden Datensatz SASHELP.SHOES mit den Optionen NOBS und POINT. NOBS= initialisiert eine temporäre Variable N, die die Gesamtzahl aller Zeilen der betreffenden SAS Tabelle enthält (SASHELP.SHOES enthält z.B. 395 Zeilen; N ist also 395). POINT= initialisiert eine weitere temporäre Variable, R, deren numerischer Wert bestimmt, welche Beobachtung gelesen wird. POINT= bewirkt über R einen zufälligen Zugriff auf die einzulesende SAS Tabelle; das spätere STOP beendet POINT. OUTPUT veranlasst die Ausgabe der gelesenen Daten. Die Methode NEXT kopiert die Daten des nächsten Eintrags im Hash Object in die Datenvariablen von HT. Das abschließende END schließt die DO Schleife.

```
Region                     Product           Subsidiary      Stores
Central America/Caribbean  Men's Dress       Mexico City     3
United States              Men's Casual      Los Angeles     9
Canada                     Women's Casual    Ottawa          1
Pacific                    Men's Dress       Singapore       3
Western Europe             Sport Shoe        Copenhagen      13
```

6.2.4 Eliminieren von doppelten Keys

Dieser Abschnitt vergleicht Ansätze mittels PROC SORT, PROC SQL und Hash Programming zum Ausfiltern von mehrfach auftretenden Keys (NODUPKEY Funktionalität).

```
*--------------------*
| SORT Prozedur      |
*--------------------*;
```

Die SORT Prozedur geht in einem Schritt vor: Die Tabelle SASHELP.PRDSALE wird mittels PROC SORT nach ACTUAL aufsteigend sortiert. ACTUAL wird in diesem Beispiel also als Key-Variable interpretiert. Die Option NODUPKEY löscht dabei alle Zeilen, die in der ID (also gleiche Werte in ACTUAL) mehr als einmal auftreten. Das Resultat der Sortierung wird in die Tabelle SORT_SORT abgelegt. Die Option EQUALS sorgt dabei dafür, dasss dabei die relative Sortierung innerhalb der BY Gruppen beibehalten bleibt. Die Option NODUPKEY ist ausgesprochen komfortabel; als Ergebnis werden unter NDPKEY_SORT *zehn* Spalten abgelegt.

```
proc sort data = SASHELP.PRDSALE
out = ndpkey_sort equals nodupkey ;
by ACTUAL ;
run ;
```

HINWEIS: Es wurden 1440 Beobachtungen aus der Datei SASHELP.PRDSALE. ausgelesen
HINWEIS: 679 Beobachtungen mit doppelten Schlüsselwerten wurden gelöscht.
HINWEIS: Die Datei WORK.NDPKEY_SORT weist 761 Beobachtungen und 10 Variablen auf.

```
*--------------------*
| SQL Prozedur       |
*--------------------*;
```

Der SQL Ansatz geht in zwei Schritten vor: Zunächst werden in einer Subquery alle distinkten Zeilen ausgefiltert. Da darin durchaus noch doppelte ACTUAL-Werte vorkommen können, filtert die anschließende Query daraus noch alle ACTUAL-Zeilen aus, die nur noch einmal vorkommen. Diese Subquery-Methode ist daher wegen des doppelten Durchlaufs bereits vom Ansatz her weniger effizient; als Ergebnis werden unter NDPKEY_SQL auch nur *zwei* Spalten abgelegt. Nichtsdestotrotz sollte dieser Ansatz vorgestellt werden, um zu zeigen, dass die NODUPKEY Funktionalität aus PROC SORT in PROC SQL umgesetzt werden könnte, sofern nur distinkte ID-Werte für die weitere Analyse benötigt werden.

```
proc sql ;
create table ndpkey_sql as
    select distinct ACTUAL, count(*) as cnt
        from (select distinct ACTUAL,PREDICT,
      COUNTRY, REGION, DIVISION,
      PRODTYPE, PRODUCT, QUARTER,
          YEAR, MONTH
            from SASHELP.PRDSALE)
    group by ACTUAL ;
quit ;

HINWEIS: Tabelle WORK.NDPKEY_SQL wurde erstellt mit 761 Zeilen und 2 Spalten.


*-------------------*
| HASH Object       |
*-------------------*;
```

Der Ansatz mittels Hash Programming geht ebenfalls in einem Schritt vor: Die Tabelle SASHELP.PRDSALE wird in ein Hash Object geladen. Alle Zeilen mit mehrfach auftretenden Werten in der Key-Variablen werden dabei automatisch ausgeschlossen. Das Hash Programming ist nicht besonders kompliziert; als Ergebnis werden unter NDPKEY_HASH *zehn* Spalten abgelegt. Bei Tabellen mit zahlreichen Feldern kann das Hardcoden der weiteren Felder allerdings als unnötig arbeitsintensiv empfunden werden. (Programmier)Abhilfe könnte an dieser Stelle eine mittels INTO befüllte Makrovariable schaffen; es wäre jedoch zu prüfen, ob diese zusätzliche Operation die Effizienz der Verarbeitung eventuell beeinträchtigt.

```
data _null_;
if _n_ = 0 then set SASHELP.PRDSALE ;
if _n_ = 1 then do ;
declare hash ht (dataset: "SASHELP.PRDSALE",
ordered: "A") ;
```

```
            ht.definekey ("ACTUAL");
            ht.definedata ("ACTUAL","PREDICT",
            "COUNTRY", "REGION", "DIVISION",
            "PRODTYPE", "PRODUCT", "QUARTER",
            "YEAR", "MONTH") ;
      ht.definedone ( ) ;
      end ;
      ht.output (dataset: "ndpkey_hash") ;
      run ;
```

Nach dem DATA _NULL_ und den IFs wird im DECLARE Statement das Hash Object HT angelegt. In der Klammer wird der Inhalt von SASHELP.SHOES in HT geladen. Der Parameter ORDERED veranlasst durch die Option „A", dass HT als „ascending", also ansteigend sortiert, als Instanz erstellt wird (zu weiteren Optionen der Sortierung siehe oben). DEFINEKEY definiert die Spalte ACTUAL als Schlüsselvariable für HT. Beim Laden in HT wird jedoch nur der erste von möglicherweise multiplen Einträgen in einer Schlüsselvariablen berücksichtigt. Alle weiteren Werte (und Zeilen) mit gleichen Werten in der Key-Variablen werden ausgeschlossen. DEFINEDATA definiert die Auswahl und Abfolge der Spalten für HT. DEFINEDONE und die leere Klammer zeigen an, dass alle Definitionen vollständig sind. Das abschließende END schließt die durch den DATA Step initialisierte DO Schleife. OUTPUT veranlasst, dass der komplette Inhalt aus HT in die SAS Tabelle NDPKEY_HASH abgelegt wird. Die Sortierung wird mit abgelegt; die Schlüsselvariable ACTUAL ebenfalls, da sie mittels DEFINEDATA definiert wurde.

HINWEIS: Es wurden 1440 Beobachtungen aus der Datei SASHELP.PRDSALE. ausgelesen
HINWEIS: Die Datei WORK.NDPKEY_HASH weist 761 Beobachtungen und 10 Variablen auf.

6.2.5 Abfragen von Werten (Retrieval)

Dieser Abschnitt stellt verschiedene Ansätze für das Abfragen (Retrieval) von einzelnen Werten oder auch Wertelisten mittels Hash Programming vor. Im Gegensatz zu den vorherigen Abschnitten werden keine Programmierungen mit SQL zum Vergleich vorgestellt.

```
*-------------------*
| Hash Beispiel 1   |
*-------------------*;
```

Beispiel 1: Abfrage des kompletten Inhalts von Datenfeldern (NAME, AGE)
Die beiden folgenden Beispiele veranschaulichen die Abfrage und Ausgabe kompletter Wertelisten. Die Inhalte zweier Felder werden, sofern befüllt, vollständig im SAS Log ausgegeben. Das Hash Programming fragt die Inhalte der Felder NAME und AGE aus der SAS Ta-

belle SASHELP.CLASS ab und gibt sie vollständig im SAS Log aus. Das Format z3. stellt dabei numerischen Werten mit nur zwei Stellen eine Null voran.

Ansatz 1:

```
data _NULL_ ;
  declare hash ht () ;
  ht.DefineKey ( "AGE" ) ;
  ht.DefineData ( "NAME" ) ;
  ht.DefineDone () ;
  do until (eof) ;
     set SASHELP.CLASS end=eof ;
   rc = ht.add () ;
put NAME 10. AGE z3. ;
  end ;
  stop ;
run ;
```

Nach DATA _NULL_ Step erstellt DECLARE das Hash Object HT als Instanz. DEFINE-KEY definiert AGE als Schlüsselvariable für HT. DEFINEDATA definiert NAME als Datenspalte für HT. DEFINEDONE und leere Klammer zeigen, dass alle Definitionen vollständig sind. Die DO UNTIL Schleife veranlasst das Laden aller Zeilen aus SASHELP.CLASS. Die Methode ADD fügt die Daten in die bereitgestellte Tabelle auch dann ein, wenn der Schlüssel bereits in der Tabelle vorhanden ist. PUT verleiht der Ausgabe die vom Anwender gewünschte Formatierung. END und STOP beenden die Schleifen.

Ansatz 2:

```
data _null_ ;
if 0 then set SASHELP.CLASS ;
declare hash ht (dataset: "SASHELP.CLASS", ordered: "a") ;
declare hiter hi ("ht") ;
ht.DefineKey ("NAME") ;
ht.DefineData ("NAME", "AGE" ) ;
ht.DefineDone () ;
call missing(NAME, AGE);
do rc = hi.first () by 0 while (rc = 0) ;
put NAME 10. AGE z3. ;
rc = hi.next () ;
end ;
stop ;
run ;
```

Der DATA _NULL_ Step initialisiert die Tabelle SASHELP.CLASS. DECLARE legt das Hash Object HT als Instanz an und befüllt es mit den Inhalten von SASHELP.CLASS. OR-DERED und die Option „A" veranlassen, dass HT nach NAME ansteigend sortiert als Instanz erstellt wird. Der Klammerausdruck könnte im Prinzip noch um ein HASHEXP Argument ergänzt werden, dessen Wert bestimmt, wie viele Slots HT auf der obersten Ebene bereitstellen soll. DECLARE erzeugt anschließend noch einen Hash Iterator namens HI, um Einträge aus HT abzurufen. DEFINEKEY definiert NAME als Schlüsselvariable für HT. DEFINEDATA definiert Auswahl und Abfolge der Spalten für HT, also NAME und AGE. DEFINEDONE und leere Klammer zeigen, dass alle Definitionen vollständig sind. Das Verwenden von CALL MISSING ist ein Trick, um die Hinweise „Variable *xyz* ist nicht initialisiert" im SAS Log abzustellen. CALL MISSING setzt dazu Schlüssel und Daten im PDV zunächst auf Missing. Innerhalb der DO/WHILE-Schleife kopiert RC mittels HI.*first* solange Einträge in NAME und AGE aus dem Hash Iterator HI in das SAS Log, solange Daten vorhanden sind. Die Ausgabe im SAS Log ist abgesehen von *z3.* nicht formatiert.

Ausgabe für Ansatz 1 und 2 im SAS Log (gekürzt):

```
Alfred     014
Alice      013
Barbara    013
Carol      014
Henry      014
James      ...
```

```
*-------------------*
| Hash Beispiel 2   |
*-------------------*;
```

Beispiel 2: Abfrage von Werten mittels einer Bedingung (AGE=14): Ausgabe eines Treffers

Dieses Beispiel stellt die Abfrage eines Feldes mittels einer Bedingung vor. Der Inhalt eines Feldes wird, sofern befüllt, jedoch nur mittels eines repräsentativen Treffers im SAS Log ausgegeben. Das Hash Programming fragt den Inhalt des Feldes AGE aus SASHELP.CLASS nach dem Zutreffen der Bedingung 14 ab und gibt, falls mehrere Werte vorhanden sein sollten, *nur einen Treffer* im SAS Log aus. Dieser Ansatz gibt also im SAS Log nur einen Treffer aus, auch falls mehrere Treffer vorhanden sein sollten. Im Gegensatz zum obigen Beispiel ist die Ausgabe im SAS Log formatiert.

```
data _null_;
length AGE HEIGHT WEIGHT 8 NAME $8 SEX $1 ;
declare hash ht(dataset:"SASHELP.CLASS") ;
ht.defineKey("AGE") ;
ht.defineData("AGE", "NAME", "HEIGHT", "WEIGHT");
ht.defineDone() ;
call missing (of _all_) ;
age = 14 ;
rc = ht.find() ;
```

```
if rc = 0
   then put "Daten vorhanden zu AGE " AGE ": " NAME
                                        HEIGHT WEIGHT ;
   else put "Keine Daten vorhanden zu: " "Age: " AGE ;
run ;
```

Im DATA _NULL_ Step definiert LENGTH zunächst die Länge der auszugebenden Felder. DECLARE legt das Hash Object HT als Instanz an und befüllt es mit den Inhalten von SASHELP.CLASS. DEFINEKEY und DEFINEDATA definieren Schlüsselvariable und Datenspalten für HT. Wichtig ist, dass das Feld für die Bedingung immer mittels DEFINEKEY und nicht DEFINEDATA definiert wurde. DEFINEDONE und leere Klammer zeigen, dass alle Definitionen vollständig sind. Nach CALL MISSING wird die Bedingung gesetzt. Gesucht werden soll mindestens ein AGE-Wert mit der Ausprägung 14. FIND sucht nach einer Übereinstimmung zwischen der Bedingung und den AGE-Werten aus SASHELP.CLASS. Wird eine Übereinstimmung gefunden, wird ein Treffer in das SAS Log ausgegeben. PUT verleiht der Ausgabe die vom Anwender gewünschte Formatierung. IF/THEN bestimmt darüber, welche Formatierung in welcher Situation (Treffer oder nicht) in das SAS Log ausgegeben werden soll. Achtung: Schlüssel und Datenfelder, die im SAS Log ausgegeben werden sollen, müssen zuvor in DEFINEKEY und DEFINEDATA definiert sein.

Ausgabe im SAS Log:

Ausgabe bei einem Treffer:
```
Daten vorhanden zu AGE 14 : Alfred 69 112.5
```
Ausgabe bei nicht vorhandenen Daten:
```
Keine Daten vorhanden zu: Age: 19
```

```
*------------------*
| Hash Beispiel 3  |
*------------------*;
```

Im folgenden werden zwei Beispiele für die Abfrage eines Feldes mittels einer Bedingung vorgestellt. In diesem Beispiel werden *alle* Einträge in das SAS Log ausgegeben, für die die Bedingung zutrifft. Die Unterschiede zwischen beiden Beispielen bestehen weniger im Hash Programming, als in der Formatierung der Ausgabe und der Anzahl der Felder, die in das SAS Log ausgegeben werden sollen.

Beispiel 3: Abfrage von Werten mittels einer Bedingung(AGE=14): Ausgabe *mehrerer* Treffer

Das erste Beispiel veranschaulicht die Abfrage eines Feldes mittels einer Bedingung. Der Inhalt des betreffenden Feldes wird, sofern befüllt, komplett in das SAS Log ausgegeben. Das Hash Programming fragt den Inhalt des Feldes AGE aus SASHELP.CLASS nach dem Zutreffen der Bedingung 14 ab. Für *alle* Treffer werden die Einträge in den Feldern AGE und NAME in das SAS Log ausgegeben. Dieses Beispiel kann unkompliziert auf komplexere Bedingungen erweitert werden.

```
data _NULL_ ;
  declare hash ht () ;
  ht.DefineKey ("AGE") ;
  ht.DefineData ("NAME") ;
  ht.DefineDone () ;
  do until (eof) ;
     set SASHELP.CLASS (keep=NAME AGE WEIGHT HEIGHT SEX
         where=(AGE=14)) end=eof ;
   rc = ht.add () ;
put AGE = z2. NAME = 10. ;
  end ;
  stop ;
run ;
```

Ausgabe im SAS Log:

```
Age=14 Name=Carol
Age=14 Name=Judy
Age=14 Name=Alfred
Age=14 Name=Henry
```

DEFINEKEY und DEFINEDATA definieren Schlüsselvariable und Datenspalten für HT. Die DO UNTIL Schleife veranlasst das Laden von Zeilen aus SASHELP.CLASS, die in AGE den Wert 14 enthalten. Die Methode ADD fügt die Daten in die bereitgestellte Tabelle auch dann ein, wenn der Schlüssel bereits in der Tabelle vorhanden ist. „ht.add" würde jedoch bei doppelten Schlüsseln abbrechen. PUT formatiert die Ausgabe im SAS Log.

```
*-------------------*
| Hash Beispiel 4   |
*-------------------*;
```

Beispiel 4: Abfrage mehrerer Ausprägungen (NAME="Joyce", AGE=11): Eine Ausgabe

Dieses Beispiel veranschaulicht eine Abfrage mittels zweier Bedingungen. Für alle Einträge, für die beide Bedingungen zutreffen, wird nur *ein* Treffer in das SAS Log ausgegeben. Der einzige Unterschied zu den vorausgegangen Beispielen besteht in der Art und Anzahl der Bedingungen. Neben einer numerischen Bedingung (vgl. AGE) ist nun auch eine zweite Bedingung vom Typ String („Joyce" in NAME) zu erfüllen. Die Funktionalität des Hash Programming dürfte anhand der vorausgehenden Beispiele bereits nachvollziehbar sein und wird nicht weiter erläutert.

```
data _null_ ;
length AGE HEIGHT WEIGHT 8 NAME $8 ;
declare hash ht(dataset:"SASHELP.CLASS") ;
```

```
ht.defineKey("NAME", "AGE") ;
ht.defineData("HEIGHT", "WEIGHT") ;
ht.defineDone() ;
call missing (of _all_) ;
name = "Joyce" ;
age = 11 ;
rc = ht.find() ;
if rc = 0
   then put "Daten vorhanden zu:         "
                                    NAME AGE HEIGHT WEIGHT ;
   else put "Keine Daten vorhanden zu: "
                                    NAME AGE ;
run;
```

Ausgabe im SAS Log:

Ausgabe bei einem Treffer:
`Daten vorhanden zu:        Joyce 11 51.3 50.5`

Ausgabe bei nicht vorhandenen Daten:
`Keine Daten vorhanden zu: Joyce 12`

Beispiel 5: Abfrage mehrerer Ausprägungen (AGE=14, SEX="M"): Mehrere Ausgaben

Dieses Beispiel veranschaulicht eine Abfrage mittels zweier Bedingungen. Für alle Einträge, für die beide Bedingungen zutreffen, werden *alle* Treffer in das SAS Log ausgegeben. Die Funktionalität des Hash Programming wird nicht weiter erläutert.

```
data _null_ ;
if _n_ = 1 then do ;
declare hash ht() ;
ht.definekey("AGE", "SEX") ;
ht.definedata("AGE") ;
ht.definedone() ;
end ;
do until(eof) ;
set SASHELP.CLASS (keep=NAME AGE WEIGHT HEIGHT SEX
   where=(AGE=14 & SEX="M")) end=eof ;
   rc = ht.add () ;
   put "Daten vorhanden zu: " NAME AGE HEIGHT WEIGHT ;
end ;
stop ;
run ;
```

Ausgabe im SAS Log:

Ausgabe bei einem Treffer (oder mehr):
`Daten vorhanden zu: Alfred 14 69 112.5`

Daten vorhanden zu: Henry 14 63.5 102.5

Beispiel 6: Abfrage mehrerer Ausprägungen (AGE=14, SEX="M"): Ausgaben in SAS Tabelle
Dieses Beispiel veranschaulicht, wie das Ergebnis für eine Abfrage mittels zweier Bedingungen *auch* in eine SAS Tabelle abgelegt wird. Alle Einträge, für die beide Bedingungen zutreffen, werden in das SAS Log ausgegeben und parallel in die SAS Tabelle SUBSET abgelegt.

```
data SUSBET ;
  declare hash ht () ;
  ht.DefineKey ( "AGE" ) ;
  ht.DefineData ( "NAME" ) ;
  ht.DefineDone () ;
  do until (eof) ;
     set SASHELP.CLASS (keep=NAME AGE WEIGHT HEIGHT SEX
         where=(AGE=14)) end=eof ;
   rc = ht.add () ;
put AGE = z2. NAME = 10. ;
output ;
  end ;
  stop ;
run ;
```

6.3 Arbeiten mit mehreren Tabellen

Das Zusammenfügen von Tabellen gehört zu den grundlegenden Aufgaben des Datenmanagements. Das „Nebeneinanderstellen" von verschiedenen Variablen bei gleichen Fällen wird z.B. als (One-to-One) Merging bzw. Join bezeichnet. Das „Untereinanderhängen" von verschiedenen Fällen bei gleichen Variablen wird z.B. als Concatenating bzw. Interleaving bezeichnet. Im folgenden sollen diverse Join-Ansätze mittels Hash Programming vorgestellt werden. Das Hash Programming soll in diesem Kapitel nicht weiter erläutert werden. Dagegen wird auf Besonderheiten des Joinens mit PROC SQL verwiesen, da dieses ja mittels Hash Programming nachprogrammiert werden soll. Die Join-Beispiele beschränken sich auf das One-to-One-Szenario. Bei einer One-to-One-Beziehung referenziert ein Fall in einer ersten Tabelle auf genau einen Fall in einer zweiten Tabelle, z.B. auf der Grundlage einer oder mehrerer Schlüsselvariablen. Eine One-to-One-Beziehung liegt dann vor, wenn im Falle einer einzelnen Schlüsselvariablen die Werte der Schlüsselvariablen in allen zusammenzufügenden Tabellen nur einmal auftreten bzw. im Falle mehrerer Schlüsselvariablen Kombinationen der Werte aller Schlüsselvariablen in allen zusammenzufügenden Tabellen nur einmal auftreten (für One-to-Many, Many-to-One und Many-to-Many Szenarios vgl. Schendera,

2011, Kap. 7). Als Beispiele für Anwendungen des Hash Programming mit zwei Tabellen werden vorgestellt:

- Joins (Inner Outer) mit zwei Tabellen (6.3.1)
- Fuzzy-Join mit zwei Tabellen (6.3.2)
- Splitten einer (nicht) sortierten SAS Tabelle (6.3.3)

6.3.1 Joins (Inner, Outer) mit zwei Tabellen

Für das Nebeneinanderstellen von verschiedenen Variablen (bei idealerweise, aber nicht notwendigerweise einheitlich bezeichneten Fällen/Zeilen) aus mehreren Tabellen werden in PROC SQL die sogenannten Join-Operatoren eingesetzt. Varianten dieser Form des Verbindens von Tabellen sind u.a. Inner Joins (InnerJoin1, InnerJoin2) sowie Outer Joins (Left, Right, Full). Das Ziel dieses Kapitels ist zu zeigen, dass sich mit Hash Objects auch das Joinen (Inner, Outer) von Tabellen unkompliziert programmieren lässt. Zunächst wird jeweils ein Join-Ansatz mit PROC SQL vorgestellt, anschließend wird die jeweilige Join-Funktionalität mittels Hash Programming umgesetzt. Die verwendeten Daten und Beispiele sind Schendera (2011, Kap. 6.2) entnommen.

```
/***********************************/
/* Demodaten für JOIN-Operatoren   */
/***********************************/;

data EINS ;                        data DREI ;
   input ID A B C ;                   input ID E F G ;
datalines;                         datalines;
01 1  2  3                         01 4  4  4
02 1  2  3                         02 4  4  4
03 99 99 99                        03 99 99 99
04 1  2  3                         05 4  4  4
05 1  2  3                         06 4  4  4
;                                  ;
                                   run ;
```

Die Tabelle EINS enthält die IDs 1 bis 5 und die Variablen A, B und C. Die Tabelle DREI enthält die Variablen E, F, G und ebenfalls die Variable ID. Die beiden Tabellen unterscheiden sich jedoch in ihren Werten in ID: In EINS fehlt der Wert 6 (statt dessen kommt der Wert 4 vor). In DREI fehlt der Wert 4 (statt dessen kommt der Wert 6 vor). Mit Join-Operatoren werden diese Tabellen nebeneinandergestellt. Für eine Einführung in das Verbinden von Tabellen mittels Join-Operatoren wird auf Kapitel 6 (Band I) verwiesen, darin wird insbesondere der Umgang mit fehlenden und doppelten IDs behandelt.

```
*-------------------*
| Inner Join        |
*-------------------*;
```

Ein Inner Join kann mit PROC SQL in zwei Varianten definiert werden (vgl. Schendera, 2011, 195ff:). Die Variante Inner Join1 wird mittels Kommata in der FROM-Klausel programmiert und gibt als Ergebnistabelle das Kreuzprodukt aller Tabellen in der FROM-Klausel zurück. Vorgestellt werden soll jedoch die Variante Inner Join2: Die Variante Inner Join2 wird mittels der Schlüsselwörter INNER, JOIN und ON programmiert und gibt als Ergebnistabelle ausschließlich alle Zeilen mit übereinstimmenden IDs der Tabellen in der FROM-Klausel zurück. Die Variante Inner Join2 führt damit eine Zusatzbedingung ein: Die Gleichheit in den Zeilen im ON-Ausdruck (vgl. die WHERE-Klausel bei Equi-Joins). Ein Inner Join kann in der FROM-Klausel bis zu 32 Tabellen gleichzeitig aufnehmen; alle anderen Join-Varianten sind immer nur zweitabellig (wenn man von Subqueries absieht).

```
proc sql ;
create table IJ_SQL
as select EINS.ID, A,B,C,E,F,G
from DREI inner join
EINS on DREI.ID=EINS.ID ;
quit ;
proc print data=IJ_SQL noobs ;
run ;
```

Die Tabellen EINS und DREI werden nebeneinandergestellt und über die in beiden Tabellen vorkommende Schlüsselvariable ID verkettet. EINS ist strukturgebend und gibt die ID vor. Wegen ON und darin EINS.ID = DREI.ID werden alle Zeilen behalten, deren IDs übereinstimmen (vgl. die Ausgabe weiter unten).

```
data IJ_HASH(drop=rc) ;
if 0 then set EINS ;
declare hash ht(dataset:"EINS") ;
rc=ht.defineKey("ID") ;
rc=ht.defineData("A", "B", "C") ;
rc=ht.defineDone() ;
do until(eof) ;
set DREI end=eof ;
call missing(A, B, C) ;
rc=ht.find() ;
if rc=0 then output ;
end ;
stop ;
run ;
proc print data=IJ_HASH noobs ;
run ;
```

ID	A	B	C	E	F	G
1	1	2	3	4	4	4
2	1	2	3	4	4	4
3	99	99	99	99	99	99
5	1	2	3	4	4	4

Die entstehenden Tabellen IJ_SQL und IJ_HASH stimmen überein; sie enthalten 4 Zeilen und 5 Variablen. Die Zeile der ID 4 aus EINS fehlt vollständig, wie auch die Zeile der ID 6 aus DREI.

```
*-------------------*
| Outer Joins       |
*-------------------*;
```

Outer Joins sind vom Prinzip her Inner Joins vom Typ Inner Join2, die im Ergebnis zusätzlich die Zeilen enthalten, die nicht mit den anderen Tabellen übereinstimmen. Outer Joins sind daher in der Ergebnistabelle üblicherweise erweiterte Inner Joins vom Typ Inner Join2. Nach einem Outer Join weist eine entstehende Tabelle daher mindestens gleich viele, üblicherweise aber mehr Werte auf als nach einem Inner Join vom Typ Inner Join2. Alle drei Varianten des Outer Joins enthalten alle Zeilen des durch den ON-Ausdruck eingeschränkten Kartesischen Produkts der beiden Tabellen, für die der SQL Ausdruck wahr ist. Der Left Outer Join besitzt zusätzlich die Zeilen von der linken Tabelle, die mit keiner Zeile in der zweiten Tabelle übereinstimmen. Der Right Outer Join besitzt dagegen zusätzlich die Zeilen von der rechten Tabelle, die nicht mit einer Zeile in der ersten Tabelle übereinstimmen. Der Full Outer Join besitzt zusätzlich alle Zeilen beider Tabellen, die nicht mit irgendeiner Zeile in der jeweils anderen Tabelle übereinstimmen.

```
*-------------------*
| Outer Left Join   |
*-------------------*;
proc sql ;
create table OLJ_SQL as
select *
from EINS a left join DREI b
on a.ID=b.ID ;
quit ;

proc print data=OLJ_SQL noobs ;
run ;
```

Die Tabellen EINS und DREI werden nebeneinandergestellt und über die in beiden Tabellen vorkommende Schlüsselvariable ID verkettet. EINS ist strukturgebend und gibt die ID vor (vgl. die Ausgabe weiter unten).

6.3 Arbeiten mit mehreren Tabellen

```
data OLJ_HASH (drop=RC) ;
length ID A B C E F G 4. ;
if _n_=0 then set EINS ;
if _n_=1 then do ;
declare hash ht (dataset: "DREI") ;
ht.definekey("ID") ;
ht.definedata("E", "F", "G") ;
ht.definedone() ;
call missing(of _ALL_) ;
end ;
set EINS ;
RC=ht.find() ;
/* if RC ne 0 then ID=. ; ggf. dekommentieren */
run ;
```

Nach DECLARE werden die Inhalte der Tabelle DREI geladen. Wird die Kommentierung um die Zeile mit „IF RC…" entfernt, wird die Zeile mit ID 4 aus OLJ_HASH ausgeschlossen.

```
proc print data=OLJ_HASH noobs ;
run ;
```

ID	A	B	C	E	F	G
1	1	2	3	4	4	4
2	1	2	3	4	4	4
3	99	99	99	99	99	99
4	1	2	3	.	.	.
5	1	2	3	4	4	4

Die entstehenden Tabellen OLJ_SQL und OLJ_HASH stimmen überein; sie enthalten 5 Zeilen und 6 Variablen. Die Zeile der ID 6 aus DREI fehlt komplett. Bei PROC SQL dominiert die Länge der „ersten", strukturgebenden Tabelle EINS das Vorhandensein von IDs in DREI.

```
*--------------------*
| Outer Right Join   |
*--------------------*;

proc sql ;
create table
ORJ_SQL as select
b.ID,A,B,C,E,F,G
from EINS a right join DREI b
on a.ID=b.ID
order by ID ;
quit ;
```

```
proc print data=ORJ_SQL noobs ;
run ;
```

Die Tabellen EINS und DREI werden nebeneinandergestellt und über die in beiden Tabellen vorkommende Schlüsselvariable ID verkettet. EINS ist strukturgebend und gibt die ID vor. Wegen ON und darin EINS.ID = DREI.ID werden alle Zeilen behalten, deren IDs übereinstimmen (vgl. die Ausgabe weiter unten).

```
data ORJ_HASH(drop=RC) ;
if 0 then set EINS ;
declare hash ht(dataset:"EINS") ;
rc=ht.defineKey("ID") ;
rc=ht.defineData("A", "B", "C") ;
rc=ht.defineDone() ;
do until(eof) ;
set DREI end=eof ;
call missing(of A, B, C) ;
rc=ht.find() ;
output ;
end ;
stop ;
run ;
```

Nach DECLARE werden die Inhalte der Tabelle EINS geladen.

```
proc print data=ORJ_HASH noobs ;
run ;
```

ID	A	B	C	E	F	G
1	1	2	3	4	4	4
2	1	2	3	4	4	4
3	99	99	99	99	99	99
5	1	2	3	4	4	4
6	.	.	.	4	4	4

Die entstehenden Tabellen IJ_SQL und IJ_HASH stimmen überein; sie enthalten 5 Zeilen und 6 Variablen. Die Zeile der ID 4 aus EINS fehlt vollständig.

Ergebnis Benchmarktest (Sekunden)

Test (N Zeilen)	Zeit	SQL	Hash Object
8.000.000	CPU-Zeit	47.14	61.00
	Echtzeit	318.65	236.12
12.000.000	CPU-Zeit	68.07	61.74
	Echtzeit	587.88	224.40

Beim Verarbeiten eines Outer Right Joins treten signifikante Performanzunterschiede in Echtzeit mittels Hash Objekten bzw. PROC SQL zutage. Um die durchgeführten Tests zu replizieren, werden in den oben angegebenen Programmen folgende Ersetzungen vorgenommen: Einerseits SASHELP.SHOES durch EINS, SUBSIDIARY durch GRUPPE, PRODUCT durch PRODUKT und SALES durch VALUE; andererseits SASHELP.SHOES durch DREI, SUBSIDIARY durch GRUPPE2, PRODUCT durch PRODUKT2, sowie SALES durch VALUE2. Hinzugenommen werden STRING bzw. STRING2 für eine größere Datenlast. Zusammengeführt werden beide Tabellen über den Schlüssel ID. Eine Tabelle wurde zuvor über ID zufallssortiert, um eine mögliche einheitliche Vorsortierung zu kompensieren. Höhere Grenzwerte (z.B. 80.000.0000 oder auch 40.000.000) führten beim Benchmarktesten des Hash Objekts zu Abbruch wegen Speichermangel:

SCHWERER FEHLER: Nicht genügend Speicher, um das DATA-Schritt-Programm auszuführen.   Abbruch in der Phase EXECUTION.

HINWEIS: Das SAS System hat die Verarbeitung dieses Schritts aus Speichermangel abgebrochen.

6.3.2 Fuzzy-Join mit zwei Tabellen

In allen Beispielen zum Zusammenfügen mit Tabellen mittels PROC SQL und Hash Programming wurde bislang das *exakte* Zusammenfügen (Mergen, Joinen) von Tabellen behandelt. Beim *exakten* Zusammenfügen werden Zeilen aus verschiedenen Tabellen nur dann miteinander verknüpft, sofern sie über jeweils die *exakt* gleichen Werte in der Schlüsselvariablen verfügen. Liegen keine exakt gleichen Werte in der gemeinsamen Schlüsselvariablen vor, ist dadurch ein schlüsselbasiertes Joinen von SAS Tabellen logischerweise nicht möglich.

Beim *Fuzzy-Join* werden dagegen Zeilen aus verschiedenen Tabellen auch dann miteinander verknüpft, wenn sie nur über den *ungefähr* gleichen Wert in der Schlüsselvariablen verfügen. Tabellen können mittels Fuzzy-Join also auch dann miteinander verknüpft werden, wenn keine exakt gleichen Werte in den Schlüsselvariablen vorkommen.

```
data REFERENCE ;
input
VAL_SLOT TIMESTMP time5. ;
datalines ;
105 08:00
110 09:59
115 12:51
120 14:30
125 16:59
;
```

```
data DATA_ADDED ;
input
VAL_ADDED TIME_ADDED time5. ;
Datalines ;
102 08:02
110 10:03
110 13:00
130 14:38
135 16:52
;
```

Die Datei REFERENCE enthält die Zeilen, an die die Daten aus DATA_ADDED hinzugefügt werden sollen. Die Tabelle REFERENCE enthält als Key die Spalte VAL_SLOT und TIMESTMP als sonstiges Feld (vgl. dagegen Beispiel 2 für das Joinen anhand eines Zeitstempels). Die Tabelle DATA_ADDED enthält als Key die Spalte VAL_ADDED und TIME_ADDED als sonstiges Feld. Die Tabellen REFERENCE und DATA_ADDED enthalten nur einen übereinstimmenden Schlüsselwert, nämlich 110. Von einem erfolgreichen Joinen bzw. Match-Mergen anhand gemeinsamer Einträge in einer Schlüsselvariablen kann also nicht ausgegangen werden. Abhilfe schafft nun der Ansatz des Fuzzy-Joins.

Beim Fuzzy-Join wird im Prinzip über eine Bedingung festlegt, wie weit sich die Werte in den beiden Schlüsselvariablen voneinander unterscheiden dürfen. Die vom Anwender festgelegte *zulässige* Toleranz bzw. Unschärfe („fuzziness") ermöglicht dann das Zusammenfügen von Tabellen, wenn die Einträge in der Schlüsselvariablen einander nicht exakt, sondern nur ungefähr entsprechen. Ist die Bedingung für die Unschärfe abs(VAL_ADDED - VAL_SLOT) gleich Null, entspricht dies einem Match-Mergen. Je größer die (absolute) Abweichung, also „fuzziness", ist, umso größer ist die Toleranz beim Abgleich von Einträgen in einer Schlüsselvariablen. Der Fuzzy-Join unterscheidet nicht zwischen einer exakten und ungefähren Passung. Eine ungefähre Entsprechung kann also durchaus Vorrang vor einer exakten Entsprechung haben.

Beispiel 1: Fuzzy-Join für numerische Key-Variablen
Die Tabellen REFERENCE und DATA_ADDED sollen miteinander verknüpft werden. Die numerischen Werte in den Schlüsselvariablen VAL_SLOT und VAL_ADDED sollen dazu die Verbindung herstellen. Die Tabelle REFERENCE bildet dabei die Referenz: Die Einträge aus DATA_ADDED werden der Struktur von REFERENCE über das Ausmaß der ungefähren Passung von VAL_SLOT und VAL_ADDED zugeordnet.

```
*---------------------------*
| Fuzzy Join von num.Werten |
*---------------------------*;
data FUZZY_NUM ;
   length VAL_SLOT TIMESTMP 8 ;
   if _n_=1 then do ;
     declare hash ht(dataset:"DATA_ADDED") ;
     ht.definekey("VAL_ADDED") ;
     ht.definedata("VAL_ADDED", "TIME_ADDED") ;
     declare hiter hi("ht") ;
     ht.definedone() ;
     call missing(VAL_SLOT, TIMESTMP) ;
   end ;
  set REFERENCE ;
     RC1=hi.first() ;
```

```
  do while (RC1=0) ;
    if abs(VAL_ADDED - VAL_SLOT) lt 15 then leave ;
    RC2=hi.next() ;
    if RC2 ne 0 then do ;
     VAL_ADDED=. ; TIME_ADDED=. ;
      leave ;
    end ;
  end ;
run ;
```

VAL_SLOT gibt z.B. das Raster 105, 110, 115, 120 und 125 vor. Die „Passung" von VAL_SLOT und VAL_ADDED ordnet den Wert 102 aus DATA_ADDED der 105 aus REFERENCE zu; 102 aus DATA_ADDED wird *ebenfalls* 110 bzw. 115 aus REFERENCE zugewiesen. 130 aus DATA_ADDED wird jeweils 120 und 125 aus REFERENCE zugewiesen. 110 aus REFERENCE wird *nicht* der Wert 110 aus DATA_ADDED zugewiesen.

```
proc print data= FUZZY_NUM noobs ;
var VAL_SLOT VAL_ADDED TIMESTMP TIME_ADDED ;
  format TIMESTMP  TIME_ADDED time5. ;
run ;
```

VAL_SLOT	VAL_ADDED	TIMESTMP	TIME_ADDED
105	102	8:00	8:02
110	102	9:59	8:02
115	102	12:51	8:02
120	130	14:30	14:38
125	130	16:59	14:38

Die Tabellen REFERENCE und DATA_ADDED konnten über eine ungefähre Entsprechung der Einträge in den Schlüsselvariablen VAL_SLOT und VAL_ADDED miteinander verknüpft werden. Eine möglicherweise exakte Passung zwischen exakt übereinstimmenden Werten in den Schlüsselvariablen wird im Fuzzy-Join nicht berücksichtigt.

Beispiel 2: Fuzzy-Join für Zeitwerte
Beispiel 2 unterscheidet sich nur im Format der Schlüsselvariablen von Beispiel 1. Die Schlüsselvariablen TIMESTMP und TIME_ADDED sind nun im SAS Uhrzeitformat TIME5. Die Tabelle REFERENCE bildet auch hier die Referenz: Die Einträge aus DATA_ADDED werden der Struktur von REFERENCE über das Ausmaß der ungefähren Passung von TIMESTMP und TIME_ADDED zugeordnet.

```
*--------------------------*
| Fuzzy Join von Uhrzeiten |
*--------------------------*;
data FUZZY_TMS ;
   length TIMESTMP VAL_SLOT 8 ;
   if _n_=1 then do ;
      declare hash ht(dataset:"DATA_ADDED") ;
      ht.definekey("TIME_ADDED") ;
      ht.definedata("TIME_ADDED", "VAL_ADDED") ;
      declare hiter hi("ht") ;
      ht.definedone() ;
      call missing(TIMESTMP, VAL_SLOT) ;
    end ;
   set REFERENCE ;
      RC1=hi.first() ;
   do while (RC1=0) ;
     if abs(TIME_ADDED-TIMESTMP) lt 600 then leave ;
     RC2=hi.next() ;
     if RC2 ne 0 then do ;
        VAL_ADDED=. ; TIME_ADDED=. ;
        Leave ;
     end ;
   end ;
run ;

proc print data= FUZZY_TMS noobs ;
var TIMESTMP TIME_ADDED VAL_SLOT VAL_ADDED ;
   format TIMESTMP  TIME_ADDED time5. ;
run ;
```

TIMESTMP gibt z.B. das Raster 8:00, 9:59, 12:51, 14:30 und 16:59 vor. Die „Passung" von TIMESTMP und TIME_ADDED ordnet den Wert 8:02 aus DATA_ADDED dem Wert 8:00 aus REFERENCE zu; 10:03 aus DATA_ADDED wird z.B. 9:59 aus REFERENCE zugewiesen usw.

TIMESTMP	TIME_ADDED	VAL_SLOT	VAL_ADDED
8:00	8:02	105	102
9:59	10:03	110	110
12:51	13:00	115	110
14:30	14:38	120	130
16:59	16:52	125	135

6.3 Arbeiten mit mehreren Tabellen

Obwohl die Tabellen REFERENCE und DATA_ADDED über keine exakt gleichen Werte in den Schlüsselvariablen verfügen, konnten sie über eine ungefähre Entsprechung der Einträge in den Schlüsselvariablen TIMESTMP und TIME_ADDED miteinander verknüpft werden. Stellt das Ergebnis eines Fuzzy-Joins nicht zufrieden, könnte ein Anwender die Bedingungen für die Unschärfe im Ausdruck abs(VAL_ADDED – VAL_SLOT) solange anpassen, bis ein besseres Ergebnis erzielt ist. Exakt übereinstimmende Werte in den Schlüsselvariablen kamen in diesem Beispiel nicht vor.

6.3.3 Splitten einer (nicht) sortierten SAS Tabelle

Dieser Abschnitt stellt das Splitten einer (nicht) sortierten SAS Tabelle mittels PROC SQL und Hash Programming vor, jeweils im Zusammenspiel mit dem DATA Step und im Falle des SQL Ansatzes auch mit Makrovariablen. Die Aufgabe von PROC SQL und dem Hash Programming ist, die SAS Tabelle SASHELP.CLASS anhand der Ausprägungen in der Variablen AGE zu segmentieren und die Inhalte aus SASHELP.CLASS in jeweils gefilterte Subsets abzulegen. Als weitere Möglichkeit wird auf Makroansätze an anderer Stelle in diesem Band verwiesen.

```
*--------------------*
| SQL Prozedur       |
*--------------------*;
proc sql noprint ;
select distinct "AGE" || put (AGE, best.-l)
into : name_list
      separated by " "
from SASHELP.CLASS ;
select "when (" || put (AGE, best.-l) || ")
        output AGE" || put (AGE, best.-l)
into : renamelist
    separated by ";"
from SASHELP.CLASS ;
quit ;

proc sort data = SASHELP.CLASS force ;
by AGE ;
run ;

data &name_list. ;
set SASHELP.CLASS ;
select (AGE) ;
```

```
&renamelist. ;
otherwise ;
end ;
run ;
```

Bereits der SQL Ansatz besteht aus zwei Schritten: In einem ersten Schritt werden die zukünftigen Bezeichnungen der anzulegenden SAS Tabellen in der Form „AGE_*nn*" (z.B. AGE_11) angelegt und in die Makrovariable NAME_LIST abgelegt. In einem zweiten Schritt werden die Umbenennungsanweisungen in der Form „when (14) output AGE14" angelegt und in die Makrovariable RENAME_LIST abgelegt. Zur Performanzsteigerung wird SASHELP.CLASS in einem dritten Schritt außerdem nach AGE sortiert. Abschließend greift der DATA Step auf die Einträge in den Makrovariablen NAME_LIST und RENAME_LIST zu und segmentiert dadurch SASHELP.CLASS anhand der Ausprägungen in AGE und legt die entsprechend gefilterten Inhalte daraus in Subsets mit den Namen AGE_11 usw. ab.

```
HINWEIS: Es wurden 19 Beobachtungen aus der Datei SASHELP.CLASS. ausgelesen
HINWEIS: Die Datei WORK.AGE11 weist 2 Beobachtungen und 5 Variablen auf.
HINWEIS: Die Datei WORK.AGE12 weist 5 Beobachtungen und 5 Variablen auf.
HINWEIS: Die Datei WORK.AGE13 weist 3 Beobachtungen und 5 Variablen auf.
HINWEIS: Die Datei WORK.AGE14 weist 4 Beobachtungen und 5 Variablen auf.
HINWEIS: Die Datei WORK.AGE15 weist 4 Beobachtungen und 5 Variablen auf.
HINWEIS: Die Datei WORK.AGE16 weist 1 Beobachtungen und 5 Variablen auf.


*--------------------*
| SAS Makro          |
*--------------------*;
```

An dieser Stelle soll auch auf die beiden Makros SPLIT_DS1 (alphanumerische Split-Variable) und SPLITDS2 (numerische Split-Variable; siehe unten) hingewiesen werden. Die Syntax des Makros mit einer numerischen Split-Variablen soll zur Veranschaulichung wiedergegeben werden; das Ergebnis entspricht mit Ausnahme der Bezifferung der angelegten SAS Tabellen im Wesentlichen der eingangs formulierten Aufgabenstellung. Die Erläuterungen zu diesem Makro finden interessierte Anwender im Kapitel 4.5.

```
%macro split_ds2 (SPLIT_DS=, SPLIT_BY=);
  proc sql ;
     select count(distinct &SPLIT_BY.)
        into :n
         from  &SPLIT_DS. ;
     select distinct &SPLIT_BY.
        into :&SPLIT_BY.1 - :&SPLIT_BY.%left(&n)
         from &SPLIT_DS. ;
  quit ;
```

6.3 Arbeiten mit mehreren Tabellen

```
   %do i=1 %to &n;
       data WORK.&SPLIT_BY._&i ;
           set &SPLIT_DS. ;
           if &SPLIT_BY.=&&&SPLIT_BY.&i ;
       run;
   %end;
%mend split_ds2 ;

%split_ds2  (SPLIT_DS=SASHELP.CLASS, SPLIT_BY=AGE);

HINWEIS: Die Datei WORK.AGE_1 weist 2 Beobachtungen und 5 Variablen auf.
HINWEIS: Die Datei WORK.AGE_2 weist 5 Beobachtungen und 5 Variablen auf.
HINWEIS: Die Datei WORK.AGE_3 weist 3 Beobachtungen und 5 Variablen auf.
HINWEIS: Die Datei WORK.AGE_4 weist 4 Beobachtungen und 5 Variablen auf.
HINWEIS: Die Datei WORK.AGE_5 weist 4 Beobachtungen und 5 Variablen auf.
HINWEIS: Die Datei WORK.AGE_6 weist 1 Beobachtungen und 5 Variablen auf.


*--------------------*
| Hash Object        |
*--------------------*;
```

Der Ansatz mittels Hash Programming geht im Gegensatz zu den SQL bzw. Makroansätzen im Wesentlichen nur in einem einzigen Schritt vor.

```
data _null_ ;
declare hash ht (ordered: "a") ;
    ht.definekey ("Name", "Sex", "Age", "Height",
                                  "Weight", "_n_") ;
    ht.definedata ("Name", "Sex", "Age", "Height", "Weight") ;
    ht.definedone ( ) ;
do _n_ = 1 by 1 until (last.age) ;
    set   SASHELP.CLASS   ;
    by age ;
    ht.add() ;
end ;
    ht.output (dataset: "AGE" || put (age, best.-1)) ;
run ;
```

Nach DATA _NULL_ legt DECLARE das Hash Object HT an. Wegen der Option „A" wird HT als ansteigend sortierte Instanz erstellt. Nach DEFINEKEY werden die Schlüsselspalten für HT definiert. Das _N_ soll dabei Zeilen *behalten*, auch wenn sie doppelte Einträge in Zeilen über die Spalten von NAME bis WEIGHT enthalten sollen. Sollten doppelte Zeilen ausgeschlossen werden, braucht nur _N_ weggelassen werden. Nach DEFINEDATA wird die Auswahl und Abfolge der Spalten für HT definiert. DEFINEDONE und die leere Klammer zeigen an, dass alle Definitionen vollständig sind. Die anschließende DO/END-Schleife lädt eine erste distinkte Ausprägung von AGE, fügt mittels ADD jede Zeile aus der Tabelle

SASHELP.CLASS anhand dieses Wertes dem Hash Object hinzu und legt den Inhalt mittels OUTPUT letztlich unter der Bezeichnung AGE_*nn* ab. Diese DO/END-Schleife wird solange durchlaufen, bis keine weiteren Ausprägungen von AGE zu verarbeiten sind.

```
HINWEIS: Die Datei WORK.AGE11 weist 2 Beobachtungen und 5 Variablen auf.
HINWEIS: Die Datei WORK.AGE12 weist 5 Beobachtungen und 5 Variablen auf.
HINWEIS: Die Datei WORK.AGE13 weist 3 Beobachtungen und 5 Variablen auf.
HINWEIS: Die Datei WORK.AGE14 weist 4 Beobachtungen und 5 Variablen auf.
HINWEIS: Die Datei WORK.AGE15 weist 4 Beobachtungen und 5 Variablen auf.
HINWEIS: Die Datei WORK.AGE16 weist 1 Beobachtungen und 5 Variablen auf.
```

6.4 Übersicht: Elemente des Hash Programming

Die folgende Übersicht stellt Elemente des Hash Programming zusammen (Stand SASv9.2). Die Elemente sind nach Attributen, Operatoren, Statements und Methoden sortiert. Für weitere Hinweise wird auf die technische Dokumentation von SAS verwiesen.

Attribute:

ITEM_SIZE: Gibt die Größe eines Elements eines Hash Objects in Bytes zurück.

NUM_ITEMS: Gibt die Anzahl von Items im Hash Object zurück.

Operatoren:

NEW: Legt eine neue Instanz eines Hash oder Hash-Iterator Objects an.

Statements:

DECLARE: Deklariert ein Hash oder Hash-Iterator Object. Erstellt eine Instanz von und initialisiert Daten für ein Hash oder Hash-Iterator Object.

Methoden:

ADD Fügt die angegebenen Daten, die mit dem Schlüssel verknüpft sind, dem Hash Object zu.

CHECK: Überprüft, ob der angegebene Schlüssel im Hash Object gespeichert ist. Falls gefunden, wird RC=0 zurückgegeben, ansonsten ein Wert ungleich 0.

CLEAR: Entfernt alle Elemente aus dem Hash Object, ohne die Hash Object-Instanz zu löschen (vgl. dazu DELETE).

6.4 Übersicht: Elemente des Hash Programming

DEFINEDATA: Daten werden definiert, indem die Variablennamen an die DEFINEDATA Methode übergeben werden. Die DEFINEDATA Methode definiert wiederum Daten, die mit den angegebenen Datenvariablen verknüpft sind, um sie im Hash Object zu speichern.

DEFINEDONE: Zeigt dem SAS System, dass alle Schlüssel- und Datendefinitionen vollständig sind.

DEFINEKEY: Definiert einen oder mehrere Keys (Schlüssel) für das Hash Object.

DELETE: Löscht das Hash oder Hash-Iterator Object.

EQUALS: Prüft, ob zwei Hash Objects gleich sind.

FIND: Prüft, ob der angegebene Schlüssel im Hash Object gespeichert ist.

FIND_NEXT: Setzt das aktuelle Listenelement auf das nächste Element in der Liste des aktuellen Schlüssels mit multiplen Listenelementen.

FIND_PREV: Setzt das aktuelle Listenelement auf das vorherige Element in der Liste des aktuellen Schlüssels mit multiplen Listenelementen.

FIRST: Gibt den ersten Datenwert im zugrundeliegenden Hash Object zurück. Ist das Hash Object sortiert, wird zunächst der Datenwert mit dem kleinsten (alpha/numerischen) Schlüsselwert zurückgegeben.

HAS_NEXT: FIND prüft, ob der Schlüssel im Hash Object vorkommt. HAS_NEXT prüft, ob damit mehrere Einträge verknüpft sind, genauer: ob es ein nächstes Element in der Liste des Schlüssels mit multiplen Listenelementen gibt.

HAS_PREV: FIND prüft, ob der Schlüssel im Hash Object vorkommt. HAS_PREV prüft, ob damit mehrere Einträge verknüpft sind, genauer: ob es ein vorheriges Element in der Liste des Schlüssels mit multiplen Listenelementen gibt.

LAST: Gibt den letzten Datenwert im zugrundeliegenden Hash Object zurück. Ist das Hash Object sortiert, wird zunächst der Datenwert mit dem größten (alpha/numerischen) Schlüsselwert zurückgegeben.

NEXT: Gibt den nächsten Datenwert aus dem zugrundeliegenden Hash Object zurück.

OUTPUT: Legt einen oder mehr SAS Datensätze an, um darin die Daten aus dem Hash Object abzulegen. Sind die Daten im Hash Object sortiert, werden sie auch sortiert abgelegt. Um Schlüsselvariablen abzulegen, müssen sie in DEFINEMETHOD definiert sein.

PREV: Gibt den vorherigen Wert aus dem zugrundeliegenden Hash Object zurück.

REF: Fasst die Funktionalität der FIND und ADD Methoden in einem einzigen Aufruf zusammen. REF ist nützlich zum Zählen des Auftretens eines jeden Schlüssels in einem Hash Object.

REMOVE: Entfernt Daten einschließlich Schlüssel, die dem angegebenen Schlüssel im Hash Object zugeordnet ist.

REMOVEDUP: Entfernt die Daten, die dem aktuellen Datenelement des angegebenen Schlüssels im Hash Object zugeordnet sind.

REPLACE: Ersetzt die Daten, die mit dem angegebenen Schlüssel verknüpft sind, mit neuen Daten.

REPLACEDUP: Ersetzt die Daten, die mit dem aktuellen Datenelement des Schlüssels verknüpft sind, durch neue Daten.

SETCUR: Legt eine Schlüsselvariable als Ausgangspunkt für eine Iteration fest.

SUM: Fragt einen aggregierten Wert für einen angegebenen Schlüssel ab (wenn nur ein Datenelement pro Schlüssel vorliegt) und legt den Wert in einer DATA Step Variablen ab.

SUMDUP: Fragt einen aggregierten Wert für das aktuelle Datenelement eines Schlüssels ab, wenn mehr als ein Datenelement für einen Schlüssel vorliegt, und legt den Wert in einer DATA Step Variablen ab.

7 Fokus: Performanz und Effizienz

Performanz bezeichnet die Leistung von Anwendern oder Systemen. Effizienz bezeichnet die Leistung von Anwendern oder Systemen unter Berücksichtigung von Größen wie z.B. Investition, Umgebungsfaktoren oder auch Nachhaltigkeitsüberlegungen. Performanz und Effizienz gelten erfahrungsgemäß deswegen als schwierig zu quantifizieren, weil bereits die Grunddefinition je nach Anwendungszusammenhang durchaus eine andere Gewichtung haben kann: Ist z.B. reine Geschwindigkeit wichtiger als Zuverlässigkeit oder die Leistungsvielfalt? Auch ist häufig die erforderliche Festlegung der Messkriterien unklar. Häufig veranschlagte Kenngrößen sind Manpower (z.B. Zeit und Kosten für Programmieren und Validierung), (u.a.) Anzahl I/O Prozesse, Verarbeitungszeit, Arbeitsspeicher, Prozessoren und Plattenplatz des Systems (CPU, I/O, Disks), dafür erforderliche Anschaffungskosten (Hardware, Software), wie auch Wert, Menge und Dringlichkeit der verarbeiteten Informationen. Je nach Scope der Kalkulation können zahlreiche weitere relevante Größen(bereiche) einbezogen werden, z.B. Training, System-Wartung, sowie auch strategische Nachhaltigkeit bzw. ökologische Energieeffizienz („Green IT") (vgl. Schendera, 2007, Kap.13). Performanz wird auch in die *individuelle* Performanz einzelner Prozesse (DATA Steps, Prozeduren), Speicher und Platzbedarf, sowie die *systemübergreifende* Performanz der Gesamtheit aller individuellen Prozesse unterschieden.

Abschnitt 7.1 hebt die Bedeutung hervor, Maßnahmen für Performanz und Effizienz zwar motiviert, dennoch als mit kühlem Kopf geplante Strategie anzugehen. Von Anfang an sind die mittel- und langfristig kritischen Größen im Kontext von Effizienz vs. Performanz zu identifizieren und zu optimieren, z.B. kurzfristige Effizienz beim Schreiben und Testen von SAS Programmen vs. langfristige Performanz beim Verarbeiten von auch sehr großen Datenmengen. Die Abschnitte 7.2 bis 7.6 stellen anschließend thematisch geordnete grundlegende Vorschläge für das beschleunigte Verarbeiten von Daten mit SAS vor. Diese Tipps und Tricks beginnen bei grundlegenden Empfehlungen (z.B. Code von SAS erzeugen zu lassen), bis hin zu ausgesprochen speziellen SAS Software-nahen „Tuning"tipps, wie z.B. SQL-spezifischen globalen SAS System Optionen. Gerade wegen des Umfangs, der Komplexität und der Entwicklungsdynamik des SAS Systems kann und wird diese Zusammenstellung nur eine erste allgemeine Empfehlung sein, die jedoch sicher keinen Anspruch auf Vollständigkeit haben kann und will:

- Abschnitt 7.2 empfiehlt z.B., so früh und so weit als möglich die Anzahl von Spalten, Zeilen, Tabellen, Strukturen oder u.a. auch Zeichen (z.B. durch maßgeschneiderte Tagsets) zu verzichten.
- Abschnitt 7.3 empfiehlt z.B. die Maßnahmen des Verkürzens und Komprimierens mittels LENGTH und COMPRESS, um z.B. vor allem mehr Platten- oder Speicherplatz zu gewinnen (was zumindest bei COMPRESS zulasten der CPU geht).
- Abschnitt 7.4 empfiehlt z.B. den weitestgehenden, idealerweise vollständigen Verzicht auf unnötige Sortiervorgänge, z.B. über das Optimieren von PROC SQL Vorgängen, Indexing, Ausweichen auf Hash Programming, BY-Processing oder auch Multi-Threading.
- Abschnitt 7.5 stellt Tuningtipps in drei thematisch unterschiedlich gewichteten Unterabschnitten vor. Unterabschnitt 7.5.1 stellt zunächst diverse grundlegende Vorschläge für das Beschleunigen von Verarbeitungsprozessen zusammen, u.a. grundlegende Techniken wie z.B. Wahl des Verarbeitungsansatzes und -ortes oder auch des Feintunings mittels globaler SAS System Optionen. Unterabschnitt 7.5.2 stellt anschließend eher SQL-spezifische Tipps vor, z.B. Wahl des Tabellenformats (Views vs. Tabellen) oder für das Beschleunigen des Zusammenfügen von Tabellen oder auch von Queries. Unterabschnitt 7.5.3 empfiehlt weitere Techniken, wie z.B. Stored Compiled DATA Step Programs und natürlich den Einsatz von Makrovariablen und -programmen für sich wiederholende Abläufe.
- Abschnitt 7.6 könnte interessant sein, falls mittels eines DBMS gearbeitet wird und die Entscheidung anstünde, die Daten in SAS oder im DBMS zu verarbeiten. Nachdem zwischen Vor- und Nachteilen von Pass-Through Facility und LIBNAME-Statement abgewogen wurde, werden u.a. diverse PROC SQL Operationen zusammengestellt, die an das DBMS übergeben werden könnten.
- Abschnitt 7.7 teilt die vorgestellten Maßnahmen abschließend danach ein, ob sie eher Input/Output (I/O), CPU oder Arbeitsspeicher optimieren helfen.

Der Preis der Performanz (Effizienz)

Performanz ist ein Maß für optimale Leistung ohne Berücksichtigung der erforderlichen Investition. Der nicht seltene Anspruch an Performanz: (1) *Optimale Ergebnisqualität* (2) in *kürzester Zeit* (3) bei *minimalen Kosten* (vgl. Schendera, 2007, 22–23) ist zwar ein Wunsch so alt wie die Menschheit, im IT- bzw. BI-Bereich jedoch fern jeglicher Realitäten.

Wird jedoch als Ziel die optimale Ergebnisqualität gesetzt (alles andere wäre auch aus professioneller bzw. unternehmerischer Sicht kaum sinnvoll), können Zeit und Kosten in Faktoren auf Anwender- und Systemseite differenziert werden:

- Die (*kürzeste*) *Zeit* z.B. in Zeit des Systems (z.B. Verarbeitungsgeschwindigkeit) oder des Programmierers (Programmierung, Validierung, IT Tuning usw.).
- Die *minimalen Kosten* z.B. in Kosten der erforderlichen Manpower (z.B. Stundensatz multipliziert mit der benötigten Zeit) oder des Systems (z.B. Anschaffung von Hard- und Software, Maintenance usw.).

Diese Auflösung erlaubt nun auch System- und Manpowerzeit und -kosten zueinander ins Verhältnis i.S.v. relativen, *angemessenen* Kosten zu setzen. Performanz hat also seinen Preis: Spielen auch Kosten eine Rolle, wandelt sich Performanz in Effizienz. Effizienz ist demnach ein Maß für Leistung (Performanz) *mit* Berücksichtigung der erforderlichen Kosten.

Als *performant* gilt demnach, wenn die erforderliche Datenmenge in minimaler Zeit optimal verarbeitet wird. Performanz impliziert somit (nachgeordnete!) hardware- und systemseitig Investitionen (Zeit und Kosten). Als *effizient* gilt dagegen, wenn die erforderliche Datenmenge in angemessenem Aufwand (Zeit und Kosten) optimal verarbeitet wird. Effizienz ist Performanz an Kosten gemessen. Wird im Folgenden von Effizienz gesprochen, dann immer als Wechselspiel der Größen Zeit, Kosten und Performanz zwischen Anwender und System (in Wirklichkeit ist es natürlich etwas komplexer).

Beispiel: Ein Programm zu schreiben, das ein System optimal nutzt, kostet einerseits auf Seiten des Anwenders Zeit (und damit Geld); auf Seiten des Systems werden jedoch Rechenzeit und somit Budgets gespart. Ein angemessenes Verhältnis der Zeit (und damit der Kosten) für performanzstützende (genauer: effiziente) Programme usw. zu den (eingesparten) Kosten und Zeit auf Seiten des Systems sichert die Effizienz des Wechselspiels insgesamt. Ein System ist nur so gut und effizient wie die Gesamtheit seiner Anwender.

Die folgenden Ausführungen werden sich auf den Anwender konzentrieren, wie sie oder er beim Planen und Programmieren von Anfang auch die Größe „Effizienz" für sich *und* das System berücksichtigen kann. Es versteht sich von selbst, dass die folgenden Überlegungen allgemeiner Natur sein müssen: Nicht alles, was schnell programmiert ist, ist auch effizient in dem Sinne, dass das System in der Lage ist, das Programm performant zu verarbeiten. Umgekehrt kann das Entwickeln performanter Programme derart aufwendig sein, dass die Kosten für die Manpower in keinem Verhältnis zur gewonnenen Performanz auf der Systemseite stehen. Die Performanz eines PCs kann in ganz anderen Maßstäben getunt werden wie z.B. ein Großrechner oder eine multinational verteilte Systemlandschaft. Dasselbe gilt für die verschiedenen Anwendungen bzw. Systemumgebungen selbst: Nicht alles, was bei der einen funktioniert, funktioniert damit automatisch in derselben Größenordnung auch bei der anderen.

The Need for Speed: Überlegungen und Tipps für mehr Performanz
Beim Umgang mit (nicht nur großen) Datenmengen mit SQL stellt sich irgendwann die Frage nach Performanz. Die Frage nach der Performanz stellt sich erfahrungsgemäß dann, wenn Programme geschrieben sind, die Datentabellen und die Systemumgebung bereits vorliegen. Performanz ist ein ex post-Prozess. Faktisch sollte sich diese Frage im Prinzip von Anfang an stellen. Das bei dieser Gelegenheit gewonnene Wissen, das Know-how kann in ein Konzept, eine Strategie umgesetzt werden, das *von vornherein* (zusätzliche) Maßnahmen für Performanz auf ein Minimum zu reduzieren erlaubt. Wenn z.B. bei der Prüfung von Performanz festgestellt wird, dass bestimmte Phasen der Verarbeitung von Daten extrem langsam oder speicherintensiv sind, dann können diese Phasen gezielt optimiert und ihre Performanz deutlich gesteigert werden. Je früher Anwender die Performanz prüfen und erfolgreich optimieren können, desto besser: Zeit ist *auch* Geld.

Performanz sind dabei auf der SAS- bzw. Systemseite Aspekte wie z.B. Tools, Verarbeitungsgeschwindigkeit und Speicherplatz. Auf der Seite der Anwender Zeit (für konzeptionelles Arbeiten, Programmieren und Testen), sowie auch Know-how. Effizienz ist dabei das Verhältnis der erzielten Performanz zu den dafür erforderlichen Kosten (z.B. für Hardware) und Zeit (Anwenderzeit, Systemzeit). Die folgenden Ausführungen zur Antwort auf die Frage nach *mehr* Performanz werden dabei folgendes zeigen:

- Performanz ist *nicht* umsonst: Performanz geht *immer* zulasten der Kosten. Die Bestimmung von Effizienz ist nicht immer einfach und bemisst sich letztlich nach der wichtigsten Ressource: Systemperformanz, Manpower, in größeren Systemen auch Hardware.
- Performanz *kann* optimiert werden. Die folgenden Ausführungen stellen eine Auswahl der gebräuchlichsten Techniken u.a. mit SQL und DATA Step vor, mit jeweils einer kurzen Diskussion ihrer jeweiligen Vor- und Nachteile verbunden mit der Hoffnung, damit Anwendern erste Anregungen an die Hand geben zu können.
- Die meisten Techniken zur Optimierung von Performanz haben Vor- und Nachteile. Performanz hängt dabei meistens von vielen spezifischen Faktoren (z.B. Datendichte, Tabellenstruktur, wie auch der Systemumgebung (z.B. Hardware) selbst ab. Es ist daher schwierig, allgemeingültige Empfehlungen auszusprechen. Ein eigenes *Benchmarktesten*, an eigenen Daten, im eigenen System vor Ort, ist unumgänglich.
- Performanz repräsentiert die Qualität eines Systems, aufeinander abgestimmter Soft- und Hardware, den darin ablaufenden Prozessen und des eingebrachten Know-hows seiner Entscheider, Betreiber und Anwender.

Die wichtigste Ressource auf Anwenderseite sind Know-how, Motivation und Zeit. Faktisch sind Sie bereits in diesem Moment motiviert, Zeit zu investieren, um Ihr Know-how herauszufordern und unter Umständen zu erweitern.

Der Verfasser würde gerne erfolgreiche Performanzsteigerungen in zukünftigen Auflagen veröffentlichen und würde sich daher über Rückmeldungen sehr freuen, umso mehr, wenn Ihre Erfolge anhand der einen oder anderen aufgeführten Technik, einzelnen Tipps oder anderer Vorgehensweisen erzielt werden konnten. Ihre erzielten Tuning-Erfolge werden in zukünftigen Auflagen selbstverständlich anonym vorgestellt.

7.1 Eine Strategie als SAS Programm

Plane das Programm, programmiere den Plan, teste das Programm
Ein SAS Programm ist nichts anderes als die Umsetzung einer Strategie. Die Stringenz einer Strategie ist eine notwendige Voraussetzung für die Transparenz eines SAS Programms. Wenn für eine Strategie alle Schritte klar, vollständig bzw. redundanzfrei und korrekt sein müssen, so gilt dies umso mehr für das Schreiben eines SAS Programms.

7.1 Eine Strategie als SAS Programm

Enthusiasmus und Motivation in allen Ehren, jedoch: Es ist generell nicht ratsam, wie wild loszuprogrammieren. Vermeiden Sie ad hoc-Ansätze. Ad hoc-Ansätze sind Vorgehensweisen, die sich u.a. durch folgende Merkmale auszeichnen:

- Das Vorgehen ist konzeptlos. Dem Vorgehen liegen weder Plan, Priorisierung von Tabellen, Performanzgrößen (Programmier- und Testaufwand (Zeit/Kosten), Plattenplatz, CPU, Input/Output (I/O) usw.) und Maßnahmen, noch konkretes Ziel zugrunde. Suboptimale Arbeitsbedingungen (z.B. Terminzwänge) werden z.B. auch nach der Installation völlig neuer Systeme suboptimale Performanz verursachen.
- Es werden nicht alle relevanten Performanzbereiche und -größen geprüft bzw. optimiert, sondern nur eine willkürliche Auswahl. Es werden also unter Umständen weniger Kriterien überprüft und optimiert als erforderlich und effektiv wäre.
- Die zur Optimierung der ausgewählten Kriterien eingesetzten Maßnahmen sind banal, z.B. nur ein mehrmaliges Abschicken eines Programms „von Hand" anstelle eines weit effizienteren Makro-Ansatzes.
- Die eingestellten Schwellen für die Performanzgrößen sind zu tolerant. Anstelle von z.B. von 50% möglicher Performanzsteigerung wird die Performanz nur um 20% verbessert und dies auch ohne weitere Begründung.

Stattdessen ist es empfehlenswert, sich zunächst eine Übersicht Ihrer Arbeitsumgebung zu verschaffen (sofern erforderlich):
Prüfen Sie Softwareversion inkl. Patches und Hotfixes, Plattenplatz, Arbeitsspeicher, Prozessoren, usw. Sind die SAS System Optionen optimal gesetzt bzw. deaktiviert?
Entwerfen Sie anschließend eine grobe Skizze Ihres konkreten Vorgehens: Berücksichtigen Sie dabei nicht nur die erforderlichen Schritte (Einlesen, Subsetten, Sortieren, Löschen, Aggregieren, Berechnen, Formatieren usw.), sondern auch in ihrer angemessenen Abfolge zur Gewährleistung von Logik und Effizienz.
Priorisieren Sie ggf. in einem ersten Schritt relevante bzw. aktuelle Tabellen, die erforderlichen Performanzgrößen (Aufwand (Zeit/Kosten), Plattenplatz, CPU, I/O usw.) und dafür zu prüfende Maßnahmen (z.B. Teilen von Tabellen, neue Hardware). Denken Sie dabei langfristig und nachhaltig. Wenn Sie nicht sicher sind, ob bestimmte Tabellen, Performanzgrößen oder Maßnahmen nicht doch irgendwann einmal relevant werden könnten, dann ist es ökonomischer, diese bei dieser Gelegenheit gleich mit zu prüfen bzw. zu optimieren. Auf einem übersichtlichen Plan ist auch *vorher* eher zu erkennen, ob ein Prozess effizient programmiert ist, also z.B.

- ohne unnötig „mitgeschleppte" (temporäre) Zeilen, Spalten oder sogar ganze Tabellen (vgl. Abschnitt 7.2),
- ohne unnötig verschwendeten Speicher- oder Plattenplatz (vgl. Speichern und Komprimieren, Abschnitt 7.3),
- der weitestgehenden Verzicht auf Sortier- (PROC SORTs) oder auch Lesevorgänge (vgl. Abschnitt 7.4),

- durch Beschleunigung, z.B. die gezielte Beschleunigung des einen oder anderen Teilprozesses, wie bspw. gezielt eingeführte „Abkürzungen" wie z.B. die SQL Option ALL (vgl. Abschnitt 7.5) oder die
- Datenverarbeitung in SAS oder im DBMS (Datenbankmanagementsystem) vornehmen zu lassen (vgl. Abschnitt 7.6).

Werden die Anforderungen an die Aktionen und damit an das Programm komplizierter, darf bzw. sollte die Skizze entsprechend detailliert sein. Ein klarer Plan macht es nicht nur leichter zu programmieren, sondern erspart auch Zeit und Ressourcen, wenn erst während des (zunächst) planlosen Programmierens festgestellt werden musste, dass der gewählte Ansatz vielleicht gar nicht das leistet, was von ihm (vorschnell) erwartet wurde. Was man in einen Plan als Planungsarbeit als Investition hineinsteckt, erspart man sich erfahrungsgemäß um ein Vielfaches an Aufwand hinterher beim Programmieren.

- Hilfreiche Techniken *vorher* sind z.B., sich den SAS Kode generieren zu *lassen*, z.B. mittels des SQL Query Windows, dem Enterprise Guide, dem SAS Data Integration Studio oder auch dem SAS Enterprise Miner. Um SAS Kode selbst zu schreiben, lohnt es sich u.a. auf die SAS Prozeduren PROC CONTENTS und PROC DATASETS zurückzugreifen.
- Hilfreiche Techniken *während* des Programmierens sind einerseits u.a. Programmierstandards (inkl. Regeln für Header, Kommentare, Einrückungen usw.; ggf. gibt es sogar unternehmensspezifische Standards), Protokolle, Dokumentationen, Sicherheitsabfragen, Integrity Constraints, Audit Reviews, Validierungen nach dem Vier Augen-Prinzip usw. Andererseits ist es im Hinblick auf Performanz empfehlenswert, diverse Programmieransätze an den eigenen Daten auf Verarbeitungsgeschwindigkeit, Verarbeitungsort und ggf. weitere Beschleunigungsmöglichkeiten zu prüfen. Bei den Benchmarktests wird zunächst empfohlen, jede Programmiervariante mehrmals, in jeweils separaten SAS Sessions, auf dieselben Daten abzuschicken In einem nächsten Schritt wird empfohlen, die zu verarbeitenden Daten zu variieren, z.B. mehr Zeilen oder mehr numerische bzw. Stringvariablen. Benchmarktests können durchaus vom Inhalt der verarbeitenden Tabellen abhängen (vgl. u.a. die COMPRESS-Funktion). Konfigurationen (i.S.v. Wechselwirkungen) aus SAS (Programmiervariante, Datenmenge und Dateninhalt), die besonders auffällige (langsame, schnelle) Verarbeitungszeiten erzielen, sind sorgfältig auf mögliche Ursachen zu untersuchen. Abschließend wird pro Programmiervariante die durchschnittliche Verarbeitungszeit ermittelt; die Programmiervariante mit den durchschnittlich kürzesten Verarbeitungszeiten sollte schlussendlich standardmäßig auf die Daten angewandt werden.
- Hilfreiche Techniken u.a. *nach* dem Programmieren sind z.B. der regelmäßige Einsatz u.a. der beiden SQL Optionen FEEDBACK und VALIDATE. FEEDBACK ist v.a. dann nützlich, wenn es notwendig ist, die Funktionsweise von prinzipiell funktionierenden, aber ggf. unverständlichen SQL Queries nachvollziehen zu können, die Dritte geschrieben haben. VALIDATE ist v.a. dann nützlich, wenn es erforderlich ist, selbstgeschriebene SQL Queries auf eine korrekte Funktionsweise zu prüfen und sich erste Empfehlungen von SAS geben lassen zu können (vgl. Kapitel 7.5 und 9, Band I).

Wenn Sie ein SAS Programm schreiben, bedenken Sie, dass die Klarheit des Programms in vielfacher Hinsicht eine Stütze für Effizienz ist. Ist ein Programm klar geschrieben i.S.v. Überschriften, Abständen, Einrückungen, Farben und Erläuterungen, so hilft dies, ein Programm schneller zu verstehen (und anzuwenden). Ist ein Programm i.S. eines *Dokuments* (i.S.v. Form) klar geschrieben, so hilft dies auch schneller zu verstehen, ob die *Logik* dieses Programms (i.S.v. Inhalt) korrekt ist, diese korrigieren und schlussendlich erfolgreich anzuwenden. Ein Programm, das nicht klar ist (i.S.v. Struktur), kann nicht verstanden werden (i.S.v. Logik). Ein Programm, das nicht verstanden werden kann, kann nicht richtig oder überhaupt nicht angewandt werden. Denken Sie auch daran, im Programm Labels für Variablen zu vergeben und ggf. erforderliche Transformationen in Kommentaren zu erläutern. Die Investition in das Nachvollziehen überhaupt nicht gepflegter Programme ist um ein Vielfaches höher als in die Zeit für eine saubere Dokumentation.

Die Performanz bei der Arbeit mit großen Datensätzen kann bereits durch einfache Maßnahmen erhöht werden. Die meisten der im folgenden vorgestellten Maßnahmen fokussieren das Optimieren von Input/Output (I/O) Prozessen. Das Optimieren von I/O Prozessen optimiert meist gleichzeitig auch die Verwendung des Arbeitsspeichers und die CPU-Leistung, diese sind daher immer auch mitgemeint. In Abschnitt 7.7 werden stichwortartig weitere Techniken für das gezielte Optimieren des Arbeitsspeichers oder der CPU-Leistung aufgeführt.

Performanz und Effizienz werden erfahrungsgemäß von Spezifika von Daten, Tabellen, wie auch Systemumgebungen (Hardware) unterschiedlich beeinflusst und profitieren daher auch unterschiedlich von Performanzmaßnahmen. Maßnahmen sind daher gezielt anzusetzen, differenziert anzuwenden und selbst immer eigenen Benchmarktests zu unterziehen.

7.2 Weniger ist mehr: Eingrenzen großer Tabellen auf das Wesentliche

Effizientes Programmieren zeichnet sich dadurch aus, dass man von Daten nur diejenigen Tabellen, Spalten oder Zeilen behält, die wirklich zum Erzielen des gewünschten Ergebnisses benötigt werden. Löschen Sie nicht mehr benötigte Tabellen, Spalten usw. in einem Programm sobald als möglich und möglichst am Anfang eines SQL Programms bzw. DATA Steps. Dies gilt sowohl für Tabellen im SAS Format und umso mehr für das Einlesen bzw. Weiterverarbeiten *externer* Daten. Auf diese Weise werden nur die benötigten Teilmengen aus SAS Tabellen an den PDV (Program Data Vector) übergeben und dadurch die I/O Zeit verringert. Auf diese Weise wird auch der Speicherplatz für die entstehende Ausgabetabelle reduziert. SAS verarbeitet darüber hinaus externe Daten erfahrungsgemäß schneller, sobald sie als SAS Tabellen angelegt sind. Daten externer Dateien sollten daher so schnell als wie möglich als SAS Tabellen angelegt werden, zumindest für die Dauer der Verarbeitung und

Analyse. Auch wenn abschließend das Ergebnis der Datenverarbeitung wieder als externe Datei angelegt wird, gilt der Performanzgewinn als im Allgemeinen beträchtlich.

Folgende einfache Maßnahmen können Speicherplatz und Verarbeitungsgeschwindigkeit deutlich erhöhen. Erste Möglichkeiten sind:

- *Reduzieren von Spalten:* Mittels der SQL/DATA Step Statements KEEP= bzw. DROP=. Die Funktionalität des Behaltens oder Ausschließens mittels des SELECT-Statements von PROC SQL ist immer mitgemeint. Platzieren Sie alle KEEP/DROP-Statements möglichst an den Anfang des SQL Programms bzw. des DATA Step.
- *Reduzieren von Zeilen:* WHERE bzw. IF sollten ebenfalls so früh und so häufig wie möglich angewandt werden; ggf. sind auch die Data Set Optionen OBS= und FIRSTOBS= eine interessante Alternative.
- *Reduzieren von Tabellen:* Löschen (DELETE): Löschen Sie nicht mehr benötigte (temporäre) Hilfsdateien durch das DELETE-Statement in z.B. PROC SQL oder PROC DATASETS und ebenfalls sobald als möglich.
- *Reduzieren von Strukturen:* Umstrukturieren von Tabellen (Transponieren): Der Vorzug des Transponierens ist, dass je nach „Richtung" einerseits die Umwandlung der Struktur in Gestalt von *weniger* Spalten (dafür mehr Zeilen) oder Zeilen (dafür mehr Spalten) kontrolliert wird und andererseits gleichzeitig der Umfang von Tabellen durch *weniger* Zeilen (mittels WHERE/IF usw.) oder Zeilen (mittels DROP/KEEP) *verringert* werden kann.
- *Reduzieren von Zeichen:* Verzicht auf „Ballast" in der Form nicht benötiger Zeichen bei der Definition von Datentabellen: Maßgeschneiderte Tagsets ermöglichen es, u.a. auf Anführungszeichen und Komma zu verzichten.
- *Reduzieren durch Aggregieren von Zeilen oder Spalten:* Frühzeitiges zeilen- oder spaltenweises Aggregieren von Daten, z.B. mittels PROC SQL oder auch PROC SUMMARY reduziert ebenfalls die Anzahl an Spalten oder Zeilen in einer oder mehreren Tabellen.

Die folgenden Absätze werden Beispiele zu diesen stichpunktartig aufgeführten Maßnahmen vorstellen.

Reduzieren von Spalten: KEEP, DROP (Data Set Option) und SELECT-Statement
Das KEEP=-Statement beim Einlesen einer SAS Tabelle hat drei Vorzüge: KEEP= kann deutlich den erforderlichen Speicherplatz reduzieren, die Zeit zur Verarbeitung einer Tabelle entsprechend verringern (jeweils *vorausgesetzt*, die Daten können gelöscht werden) und darüber hinaus auch noch unkompliziert als Data Set Option angewandt werden. KEEP= (mit Gleichheitszeichen) sollte als Data Set Optionen den KEEP= oder DROP=-Statements als Data Step Optionen (ohne Gleichheitszeichen) vorgezogen werden. Bei KEEP= braucht SAS nur für die benötigten Daten Platz im PDV zu schaffen; dies ist deutlich effizienter, als erst alle Daten einzulesen, um dann erst mittels des Data Step die nicht benötigten Daten wieder auszuschließen. Im folgenden Beispiel links ist z.B. SALES bei DROP= von vorneherein aus der Verarbeitung ausgeschlossen. Im Beispiel rechts ist SALES bei DROP in der

Verarbeitung eingeschlossen, in MYDATA abgelegt und dann erst aus MYDATA ausgeschlossen. Vergleichbares gilt für das WHERE-Statement bzw. das Subsetting IF.

KEEP/DROP (Data Set Option)

```
data MYDATA ;
set SASHELP.SHOES(drop=SALES) ;
run ;
```

KEEP/DROP= (Data Step Option)

```
data MYDATA2 ;
  set SASHELP.SHOES ;
  drop SALES ;
run ;
```

Je nachdem, wie in PROC SQL mit dem SELECT-Statement programmiert wird, kann die Funktionalität einem KEEP, aber auch einem DROP entsprechen:

- Werden die aus der Tabelle in der FROM-Klausel zu behaltenden Variablen explizit oder über * referenziert, entspricht die Funktionalität des SELECT-Statements einem KEEP.
- Werden die Variablen aus der Tabelle in der FROM-Klausel gar nicht referenziert, also u.a. weder explizit über einen Spaltennamen, noch über *, so entspricht die Funktionalität des SELECT-Statements einem DROP.

In der weiteren Diskussion vom Behalten oder Ausschließen von Variablen bzw. Spalten mittels DROP bzw. KEEP sind diese beiden Funktionalitäten des SELECT-Statements immer mitgemeint.

Reduzieren von Zeilen: WHERE-Statement, Subsetting IF und Data Set Optionen
Während KEEP bzw. DROP die Anzahl der Spalten festlegen, kontrollieren das WHERE-Statement bzw. das sog. subsetting IF die Anzahl der Zeilen (die Data Step Option DELETE wird im Abschnitt zur PROC SQL Option DELETE erläutert). WHERE bzw. IF können daher ebenfalls deutlich den erforderlichen Speicherplatz, wie auch die Zeit zur Verarbeitung einer Tabelle reduzieren (sofern möglich). Analog wie KEEP bzw. DROP sollten WHERE bzw. IF so früh und so häufig wie möglich angewandt werden.

Ein WHERE-Ausdruck gilt im Allgemeinen als leistungsfähiger und effizienter als ein IF-Ausdruck (sog. „subsetting IF"): Ein WHERE-Ausdruck wählt Daten nach Bedingungen aus, *bevor* sie in den PDV (Program Data Vector) gelesen werden (was bereits bei einer sehr langen Zeichenvariablen von Vorteil sein kann), IF wählt dagegen Fälle nach Bedingungen erst nach dem Einlesen in den PDV aus. Bei einem WHERE-Ausdruck können mehr Operatoren als bei einem IF angegeben werden, z.B. BETWEEN/AND, CONTAINS, IS MISSING/NULL, LIKE und SAME/AND. Ein WHERE-Ausdruck kann sowohl als Data Set bzw. Data Step Option, SAS Prozeduren und bei vielen weiteren Gelegenheiten eingesetzt werden und erlaubt außerdem mit einem Index versehene Tabellen zu verarbeiten. Für weitere Unterschiede zwischen WHERE und IF (z.B. BY-Processing) wird auf die SAS Dokumentation verwiesen.

WHERE als Data Set Option

```
data MYDATA
   (where=(REGION="Africa"));
set
   SASHELP.SHOES(drop=SALES);
run ;
```

WHERE als Data Step Option

```
data MYDATA ;
set
   SASHELP.SHOES(drop=SALES) ;
   where REGION="Africa" ;
run ;
```

Die einzulesenden bzw. verarbeitenden Datentabellen entscheiden, ob KEEP bzw. DROP oder WHERE bzw. IF effektiver sind. Befinden sich die auszuschließenden Daten vorrangig in vielen Spalten (aber wenigen Zeilen), so sind KEEP bzw. DROP ggf. effektiver als WHERE bzw. IF. Befinden sich die auszuschließenden Daten dagegen in vielen Zeilen (aber wenigen Spalten), so sind WHERE bzw. IF evtl. effektiver als KEEP bzw. DROP. Idealerweise sollten KEEP bzw. DROP und WHERE bzw. IF gleichzeitig angewandt werden (sofern möglich), um durch die Auswahl von Spalten und Zeilen die Menge an einzulesenden Zeilen und Spalten „maßzuschneidern". Das Subsetting kann mit der WHERE-Klausel oder auch mit dem IF-Statement erfolgen. Wie sieht es mit Performanzunterschieden zwischen WHERE-Klausel und IF-Statement aus? Langston (2005) fand z.B. in seinen Benchmarktests keine bedeutsamen Unterschiede zwischen diesen beiden Ansätzen. Welche Empfehlungen können ausgesprochen werden?

- So früh und so oft wie möglich mittels WHERE oder IF den Umfang zu verarbeitender Tabellen begrenzen.
- WHERE ist dann dem IF vorzuziehen, sofern ein DBMS für ein WHERE-Processing optimiert ist (Langston, 2005).
- Ist eine Verarbeitung in einem DBMS vorgesehen, ist die Programmierung von SQL Syntax auf Verarbeitungsort und -weise von Missings (NULL-Werten, NULL) abzustimmen (vgl. Abschnitt 7.6).
- Das Schreiben von WHERE-Bedingungen optimieren (vgl. dazu die weiter unten aufgeführten Empfehlungen; vgl. auch Kapitel 5.2, Band I). Logisch gesehen kommen ineffiziente und effiziente WHERE-Klauseln zum selben Ergebnis. Die Verarbeitungszeiten von effizienten WHERE-Klauseln sind bei großen Datenmengen jedoch deutlich niedriger (Performanz). Bereits kleinere Unterschiede in der Programmierung können größere Unterschiede in der Performanz nach sich ziehen.
Vermeiden des NOT-Operators, sofern eine logisch äquivalente Form möglich ist.
Ineffizient: where VALUE not > 5 ; . *Effizient:* where VALUE <= 5 ; .
Vermeiden von arithmetischen Ausdrücken in einem Prädikat.
Ineffizient: where VALUE > 8*4 ;. *Effizient:* where VALUE > 32 ; .
Vermeiden von LIKE-Prädikaten, die mit % or _ beginnen, sofern möglich.
Ineffizient: where STRING like '%ARIA' ; . *Effizient:* where STRING like 'M%RIA' .
Verwenden des BETWEEN-Prädikats anstelle der >= und <= Operatoren.
Ineffizient: where VALUE >= 1 and VALUE <= 5. *Effizient:* where VALUE between 1 and 5.

- Falls erforderlich, ist SAS in der Lage, im Rahmen eines DATA Step eine große Tabelle während eines einzigen Lesevorgangs mittels DO IF in mehrere, kleinere Teiltabellen zur weiteren Verarbeitung aufzuteilen. Auch auf diese Weise kann die I/O Zeit drastisch reduziert werden. Als äußerst effiziente Alternative zum Rekodieren von Werten mittels IF THEN ELSE gilt auch die Prozedur PROC FORMAT. Das FORMAT-Statement wiederum kann darüber hinaus auch für das effiziente Konvertieren von String- und numerischen Werten eingesetzt werden.
- Die Data Set Optionen OBS= und FIRSTOBS= sind eine weitere Möglichkeit, die Anzahl der erforderlichen Zeilen einer SAS Tabellen vor ihrer weiteren Verarbeitung zu kontrollieren.

Langston (2005) verglich u.a. auch die Performanz von SELECT/WHEN-Statements mit IF THEN ELSE-Statements in einem Data Step. SELECT/WHEN-Statements (nicht zu verwechseln mit CASE/WHEN in SQL, vgl. 5.2, 5.3, Band I) performen demnach leicht besser als IF THEN ELSE-Statements. Die größeren Unterschiede liegen jedoch in ihrer grundsätzlichen Funktionalität: SELECT/WHEN-Klauseln sind im Vergleich zu IF THEN ELSE-Statements insofern limitiert, da sie nur Skalarwerte verarbeiten können. Wird die ELSE-Klausel bei IF THEN ELSE-Statements jedoch weggelassen, verschlechterte sich ihre Performanz allerdings signifikant.

Reduzieren von Tabellen durch Löschen (DELETE)
Was KEEP bzw. DROP für Spalten und WHERE bzw. IF für Zeilen bedeuten, bedeutet DELETE für das Löschen nicht mehr benötigter (temporärer) Tabellen. Löschen Sie nicht mehr benötigte (temporäre) Tabellen sobald als möglich mittels des DELETE-Statement z.B. in PROC SQL und PROC DATASETS oder auch die Option KILL („alle löschen ohne Ausnahme") bzw. das SAVE-Statement („alle löschen außer ..."") aus PROC DATASETS. Auch diese Maßnahme erhöht Speicherplatz und Verarbeitungsgeschwindigkeit.

DELETE als *Data Step Option* ermöglicht das Löschen von Zeilen analog zu WHERE bzw. IF. DELETE (Data Step Option) gilt als komfortabler zum Ausschließen, WHERE/IF dagegen eher zum Behalten von Zeilen.

Reduzieren von Strukturen: Umstrukturieren von Tabellen (Transponieren)
Das Transponieren (syn.: Loopen, Flippen, Drehen) einer Tabelle von der Struktur "stack" (vertikal) in die Form "unstack" (horizontal) ist eine naheliegende, aber oft übersehene Maßnahme. Beim sog. Transponieren werden z.B. Zeilen und Spalten einer Datei einfach „gedreht". Der *Inhalt* der Tabellen wird dabei nicht verändert. Bei der Struktur der Tabellen wird zwischen „stack" und „unstack" unterschieden. Bei „stack" sind zusammengehörige Werte eines Falles *in einer Spalte untereinander* angeordnet. Bei „unstack" sind zusammengehörige Werte eines Falles *in einer Zeile nebeneinander* angeordnet. Der Performanzgewinn im Zusammenhang mit dem Transponieren ist vor Ort an Teildaten vorab abzuschätzen: Als Investitionen in die Performanz sind zwei Größen zu berücksichtigen: a) Das

Schreiben und Testen eines Programms zum Transponieren der Tabelle/n (vgl. das Beispiel in Kap. 4). b) Der Vorgang des Transponierens selbst kann gerade bei großen Tabellen durchaus rechenintensiv sein. Die jeweiligen Vorzüge sind: Weil in einer (horizontalen) „unstack"-Struktur zusammengehörige Werte eines Falles *in einer Zeile nebeneinander* angeordnet sind, sind daher deutlich *weniger Zeilen* zu verarbeiten. Eine zusätzliche DROP/KEEP Data Step Option für die vielen Spalten kann in dieser Variante sehr effektiv sein. Weil bei einer (vertikalen) „stack"-Struktur dagegen zusammengehörige Werte eines Falles *in einer Spalte untereinander* angeordnet sind, sind daher deutlich *weniger Spalten* zu verarbeiten. In dieser Variante könnte eine zusätzliche WHERE-Klausel für die vielen Zeilen sehr effektiv sein. Ob es nun für Tabellen in einer Stack- oder einer Unstack-Struktur aufwendiger ist, Abfragen oder Analysen zu programmieren, hängt von der konkret zu programmierenden Aufgabe ab. Manchmal setzt eine Analysesyntax bestimmte Tabellenstrukturen voraus: z.B. PROC GLM in SAS/STAT „stack" für eine Varianzanalyse, aber eine Varianzanalyse mit Messwiederholung dagegen „unstack". In jedem Falle sollte das Transponieren einer Tabelle in Erwägung gezogen werden, um den Faktor Manpower auch beim Programmieren von Analysen bzw. Abfragen zu reduzieren. Der Vorzug des Transponierens ist also, dass je nach „Richtung" einerseits die Umwandlung der Struktur in Gestalt von *weniger* Spalten (dafür mehr Zeilen) oder Zeilen (dafür mehr Spalten) kontrolliert wird und andererseits der Umfang von Tabellen durch *weniger* Zeilen (mittels WHERE/IF usw.) oder Zeilen (mittels DROP/KEEP) gleichzeitig *verringert* werden kann.

Verzicht auf unnötige Zeichen mittels Tagsets
Bei sehr großen Datenmengen kommt es darauf an, (Text) Dateien mit so wenig „Ballast" wie möglich zu verarbeiten. Das voreingestellte Tagset-Template TAGSETS.CSV definiert Tabellenausgaben standardmäßig mit durch Komma getrennten Daten. Stringvariablen werden außerdem standardmäßig in Anführungszeichen gesetzt. Wird die Tagset-Datei maßgeschneidert und z.B. auf Anführungszeichen und Komma beim Export nach CSV (oder vergleichbaren Anwendungen) verzichtet, kann die Performanz beim Exportieren von v.a. Millionen oder noch mehr Datenzeilen besonders bei Stringvariablen (weil nun u.a. ohne Anführungszeichen) spürbar gesteigert werden. Ein Beispiel für die Anwendung von maßgeschneiderten Tagsets finden Anwender in Abschnitt 8.3.

Aggregieren
Frühzeitiges zeilen- oder spaltenweises Aggregieren von Daten, z.B. mittels PROC SQL oder auch PROC SUMMARY erlaubt ebenfalls die Anzahl an Spalten oder Zeilen in einer Tabelle (oder mehreren) zu reduzieren, ohne auf die relevante Information seitens ihres Inhalts verzichten zu müssen. PROC SQL ermöglicht z.B. diverse Aggregierungsfunktionen direkt auf Daten anzuwenden. Mit dem DATA Step können Auswertungsfunktionen mit etwas Aufwand selbst programmiert werden. Unerreicht sind jedoch die SAS Prozeduren SUMMARY oder MEANS. Zur Beschreibung von Zeilen oder Spalten mittels Lage- und Streuungsmaßen aus der deskriptiven Statistik wird auf Kapitel 8 (Band I) verwiesen.

```
proc sql ;                          proc summary data=
create table MYDATA                     SASHELP.SHOES ;
as select REGION, SUBSIDIARY,       var SALES ;
 sum(SALES) as SALE_SUM             class REGION SUBSIDIARY;
 from SASHELP.SHOES                 output out=MYDATA
group by REGION, SUBSIDIARY ;           sum=SALE_SUM ;
quit ;                              types REGION*SUBSIDIARY ;
                                    run ;
```

Die beiden angeführten PROC SQL bzw. PROC SUMMARY Beispiele verdichten z.B. den Informationsgehalt von ursprünglich 395 Zeilen mit Verkaufszahlen pro Produktlinie auf nur noch 53 Zeilen für die Gesamtsummen SALE_SUM (alle Produktlinien zusammenfassend) pro Niederlassung pro Land.

Im Gegensatz zu den oben vorgeschlagenen Maßnahmen werden die Zeilen oder Spalten nicht durch WHERE/IF bzw. Zeilen (mittels DROP/KEEP) reduziert, sondern vorrangig mittels Aggregierungsfunktionen. Die Prozeduren SQL, MEANS und SUMMARY sind jedoch in der Lage, zusätzlich WHERE/IF bzw. DROP/KEEP zur Reduktion von Zeilen bzw. Spalten einzusetzen. Beim Neuanlegen bzw. Berechnungen von Variablen hilft außerdem die Festlegung der Variablenlänge mittels LENGTH beim Einsparen von Speicherplatz und dem Erhöhen der Verarbeitungsgeschwindigkeit (vgl. das nächste Kapitel).

7.3 Noch mehr Luft rauslassen: Verkürzen und Komprimieren

Ist eine Tabelle bereits mittels KEEP/DROP bzw. WHERE/IF weitestgehend von ihrer Struktur her auf die minimal erforderliche Anzahl an Spalten und Zeilen reduziert, so ermöglichen das LENGTH-Statement und die COMPRESS-Funktion weitere Performanzgewinne.

- *Verringern der Variablenlänge (LENGTH-Statement):* Ist die ungefähr Anzahl der Stellen der Werte einer Variablen bekannt, kann durch das gezielte Zuweisen kürzerer Variablenlängen nicht unerheblicher Speicherplatz sowie CPU-Zeit gewonnen werden.
- *Verringern des Speicherplatzes (COMPRESS-Funktion):* Diese SAS Funktion komprimiert jede angelegte Tabelle und kann dadurch ebenfalls Speicherplatz und Rechenzeit einsparen helfen.

Verringern der Variablenlänge (LENGTH-Statement)
Eine numerische Variable wird in einer SAS Tabelle in der voreingestellte Länge von 8 Bytes gespeichert. In diese 8 Bytes kann SAS eine Zahl mit 15 bis 16 Stellen ablegen. In anderen Worten: SAS reserviert beim Speichern standardmäßig soviel Platz, als ob es sich dabei immer um Werte in der Größenordnung 8.888.888.888.888.888 (oder noch höher, vgl. UNIX) handelt. Angesichts der faktisch abgespeicherten Größe der Werte geht diese Groß-

zügigkeit oft in die Verschwendung allzu knapper Ressourcen über. Für die praktische Arbeit bedeutet dies auf der anderen Seite: Man muss nicht in 8 Bytes speichern, wenn derselbe Zweck auch mittels 4 oder sogar 3 Bytes erreicht ist. Ist die ungefähr Anzahl der Stellen der Werte einer Variablen bekannt, kann durch das Zuweisen kürzerer Längen i.S.v. Bytes ebenfalls Speicherplatz gespart werden. Die Verarbeitungsgeschwindigkeit erhöht sich einerseits durch geringere CPU-Zeit, wie auch geringere Zeit für arithmetische Operationen (oft verursacht durch die abgeschnittenen Nachkommastellen mit dem Preis geringerer Präzision). Im folgenden kleinen Beispiel wird z.B. die standardmäßig vergebene Länge in vier numerischen Variablen der SASHELP Datei SHOES von 8 Bytes auf 4 bzw. sogar 3 Bytes reduziert. Diese kleine Anpassung reduziert das Speichervolumen von SASHELP.SHOES um knapp 25% von 41 KB auf 33 KB. Man stelle sich nun ein Szenario mit viel mehr Daten vor, z.B. im Gigabytebereich ...

```
data MYDATA ;
   set SASHELP.SHOES ;
   length Stores 3 ;
   length Sales Inventory Returns 4 ;
run;
```

Die folgende Tabelle veranschaulicht den Zusammenhang zwischen Bytes, Stellen und größte exakt abgebildete Ganzzahl in einer numerischen SAS Variable (Beispiel: UNIX; Quelle: SAS Institute).

Länge in Bytes	Signifikante Stellen beibehalten	Größte exakt abgebildete Ganzzahl
3	3	8.192
4	6	2.097.152
5	8	536.870.912
6	11	137.438.953.472
7	13	35.184.372.088.832
8	15	9.007.199.254.740.992

Die maximale Größe einer Zahl, ihre Länge in Bytes, sowie die Anzahl der Stellen können je nach Betriebssystem unterschiedlich sein. Die Dokumentation des jeweiligen Betriebssystems gibt Aufschluss über eine Länge in Bytes und welche Zahlen sie exakt abbilden bzw. speichern kann. Für das Anwenden des LENGTH-Statements gibt es jedoch grundlegende Empfehlungen, von denen einige an dieser Stelle zusammengestellt werden sollen.

- *Ganzzahlige numerische Werte:* Das Zuweisen kürzerer Längen wird empfohlen, solange es sich nicht um große ganzzahlige Werte handelt. Ist z.B. bekannt, dass die ganzzahligen Werte der numerischen Variablen zwischen 0 und 999 liegen, kann als Länge 3 Bytes angegeben werden, um die Werte dieser Variablen platzsparend zu speichern. Numerische Dummy-Variablen, also Variablen, die z.B. nur die Ausprägungen 1/0 oder 1/2 anneh-

men, können ebenfalls in einer Variablen mit der Länge 3 *im Allgemeinen* gespeichert werden.
- *Lebenswichtige bzw. geldwerte Daten (Bedeutung der Präzision):* Lebenswichtige (z.B. Labordaten) bzw. geldwerte Daten (z.B. Währungsraten) erfordern die größtmögliche Genauigkeit für die Analyse, Filterung und weitere Verarbeitung. Je mehr Nachkommastellen bei Gleitkommazahlen abgeschnitten werden (Trunkieren), desto höher ist der Präzisionsverlust. Für potentiell lebenswichtige bzw. geldwerte Daten wird die höchstmögliche Präzision empfohlen. Der erforderliche Grad an Präzision ist in Rücksprache mit den zuständigen Fachpersonen festzulegen. Ein Verlust an Präzision kann u.a. auch durch suboptimale Hardware oder Unterschieden zwischen Betriebs- und Datenbankmanagementsystemen verursacht sein.
- *Datumswerte:* Für Datumswerte bzw. -variablen ist das LENGTH-Statement ein Muss. SAS Datumswerte bis zum Jahr 5000 können ruhigen Gewissens in einer Länge mit 4 Bytes gespeichert werden. Dadurch reduziert man den Platzbedarf für Datumsvariablen um die Hälfte.
- *Achtung bei Dezimalwerten!* Das Zuweisen kürzerer Längen wird nur bei Einhaltung größter Sorgfalt empfohlen. Die Längenreduktion durch das Zuweisen kürzerer Längen schneidet faktisch die gespeicherte Nachkommastelle ab. Das Zuweisen kürzerer Längen bei Dezimalwerten sollte nur dann vorgenommen werden, sofern die Nachkommastellen und die durch sie beeinflusste Präzision in Analysen und Berechnungen tatsächlich irrelevant sind.
- *Konvertieren:* Das Konvertieren von Kodes oder Konstanten in Werte von Stringvariablen wird deshalb nahegelegt, da Textzeichen ca. 2–3mal weniger Speicherplatz benötigen als Werte numerischer Variablen. (Einmalige) Konvertierungen kosten auf der einen Seite Programmier- oder Systemzeit; auf der anderen Seite können Werte in Stringvariablen üblicherweise nicht mehr als numerische Werte in Analysen einbezogen werden.
- *Kompression:* Mit dem Vorteil der Längenreduktion von numerischen ganzzahligen Werten durch Kompression (vgl. COMPRESS-Funktion) geht auch der Aufwand zusätzlicher CPU-Zeit einher, die erforderlich ist, um komprimierte numerische Werte wieder auf die Originallänge zu dekomprimieren, sobald sie in einen DATA Step oder eine SAS Prozedur eingelesen werden.

Komprimieren? Oder nicht komprimieren? COMPRESS-Funktion
Die COMPRESS-Funktion komprimiert jede angelegte Tabelle. Der Vorzug dieser Funktion ist im Allgemeinen, unkompliziert Speicherplatz und Rechenzeit zu gewinnen. Das Konvertieren von numerischen Kodes oder Konstanten in Stringwerte wird z.B. oft deshalb nahegelegt, weil Textzeichen oft ca. 2–3mal weniger Speicherplatz benötigen als numerische Werte. Der Nachteil (des eigentlich: Doppelvorgangs) der Kompression ist, dass das Komprimieren selbst CPU-Zeit und Speicherplatz benötigt, wie auch, dass für das Weiterverarbeiten mittels eines DATA Step oder einer SAS Prozedur, nochmals CPU-Zeit und Speicherplatz für eine *Dekompression* erforderlich sind. Die COMPRESS-Funktion wird in SAS als Dataset Option und auch als System Option angeboten. Die konkreten Einsparungen an Speicherplatz und Rechenzeit hängen neben den Aufwänden für den (eigentlich: Doppel)Vorgang des Komp-

rimierens auch von Merkmalen wie z.B. Dichte und Zeichensatz der zu komprimierenden Tabelle(n) ab. Zumindest in Bezug auf die CPU-Zeit ist es empfehlenswert zu prüfen, was weniger CPU benötigt, also schneller ist: Ist der direkte Zugriff auf nicht komprimierte Daten und ihr Weiterverarbeiten schneller? Oder ist das Arbeiten mit komprimierten Daten schneller? Sind also die beiden Vorgänge des Komprimierens (für das Speichern) und des Dekomprimierens (für das Weiterverarbeiten) zusammengenommen trotzdem schneller als das direkte Zugreifen und Weiterverarbeiten? Wie bereits erwähnt, spielen darüber hinaus auch Merkmale wie „Dichte" und Zeichensatz der zu komprimierenden Tabelle eine Rolle:

- „Dichte": Je weniger eine Tabelle sich wiederholende Zeichen enthält, als desto „dichter" wird sie bezeichnet. Die geringste Ausprägung an Dichte ist, wenn eine Tabelle nur ein sich wiederholendes Zeichen enthält. Die maximale Dichte weist eine Tabelle auf, wenn sich keine Zeichen in ihr wiederholen. Je dichter eine Tabelle ist, umso mehr CPU-Zeit ist erforderlich, sie zu komprimieren bzw. zur Weiterverarbeitung zu dekomprimieren, andererseits kann es außerdem sein, dass der gewonnene Speicherplatz nicht substantiell ist. Je weniger dicht eine Tabelle dagegen ist, umso mehr Speicherplatz kann andererseits durch das Komprimieren gewonnen werden, und desto weniger CPU ist für den Doppelvorgang des De-/Komprimierens erforderlich.
- Zeichensatz: Beim Zeichensatz wird u.a. zwischen Tabellen unterschieden, die lange Strings mit vielen Leerzeichen (Blanks) enthalten und Tabellen, die lange Beobachtungen enthalten. Für Tabellen mit langen Strings mit vielen Leerzeichen (Blanks) kann die Option COMPRESS=CHAR|YES verwendet werden. Für Tabellen, die lange Beobachtungen (> 1000 Bytes) enthalten, kann COMPRESS=BINARY verwendet werden. Die Kompression mittels BINARY benötigt deutlich mehr CPU-Zeit zum Dekomprimieren als CHAR.

In der SAS Dokumentation ist ein anschauliches Beispiel für das Komprimieren von numerische und Zeichendaten zu finden. Kompression erzielt z.B. bei 235 MB nicht komprimierten, überwiegend langen Zeichenwerten mit vielen Trailing Blanks einerseits 181 MB Speicherplatz bei andererseits ca. 23 Sekunden mehr CPU, was CPU Kosten von ca. 0.1 Sekunden pro MB ergibt. Bei 52 MB nicht komprimierten, überwiegend numerischen Daten erzielt Kompression einerseits 13 MB Speicherplatz bei andererseits ca. 13 Sekunden mehr CPU, was wiederum CPU Kosten von ca. 1.0 Sekunden pro MB ergibt.

Benchmarktests sind also auch bei der COMPRESS-Funktion empfehlenswert. Ihr Ergebnis hängt neben der Anzahl von Zeilen und Spalten der Tabellen auch vom *Inhalt* der Tabellen ab, nämlich der Anzahl unterschiedlicher Zeichen und des Ausmaßes, in dem sie sich jeweils wiederholen. Benchmarktests können daher von Tabelle zu Tabelle unterschiedlich ausfallen.

7.4 Sortieren? Je weniger, desto besser

Ist eine Tabelle über KEEP/DROP bzw. WHERE/IF und u.a. LENGTH und COMPRESS-Funktion auf minimalen Platz bzw. CPU reduziert, so ermöglichen weitere Techniken trotzdem weitere Performanzgewinne. Eine der grundlegendsten Techniken ist dabei der weitestgehende oder sogar vollständige Verzicht auf das Sortieren, *auch innerhalb von SQL*. Die weitverbreitete Ansicht, bei PROC SQL bräuchte man nicht sortieren, muß dahingehend präzisiert werden, daß PROC SQL sehr wohl *interne* Sortiervorgänge vornimmt, z.B. bei Verwendung von ORDER BY. Diese Vorgänge treten dann explizit zutage, wenn sie nicht erfolgreich abgeschlossen werden können, z.B. bei mangelndem Plattenplatz für erforderliche Auslagerungsdateien:

```
FEHLER: Schreibvorgang nach WORK._tf0014.UTILITY fehlgeschlagen. Datei ist
voll und eventuell beschädigt.
HINWEIS: Fehler entdeckt bei Verarbeitung der Utility-Datei. Sie können die
SQL-Anweisung eventuell erfolgreich ausführen, wenn Sie der Bibliothek WORK
mehr Platz einräumen.
FEHLER: Nicht genügend Plattenplatz in WORK, um das Ergebnis einer internen
Sortierphase zu speichern.
FEHLER: Ein Fehler ist aufgetreten.
```

Sortieren (auch *implizites* Sortieren) ist extrem rechenintensiv und benötigt neben ausreichend Plattenplatz vor allem entsprechende Prozessorkapazität. Soweit als möglich, sollte auf das Sortieren verzichtet werden. Stattdessen sollten Techniken und Tricks eingesetzt werden, wie z.B.

- *Kein Sortieren:* Der weitestgehende oder sogar vollständige Verzicht auf das Sortieren ist eine grundlegende Technik. Diese Technik impliziert jedoch, auch PROC SQL Programme auf unnötige Sortiervorgänge zu prüfen (ggf. kann auf Hash Programming ausgewichen werden, vgl. Kapitel 6).
- *Minimales Sortieren*: Das sog. Indexing ist sehr effektiv und gilt gemeinhin schon fast als Industriestandard für das Erzielen von Performanzgewinnen beim Umgang mit auch sehr großen Datenmengen.
- *Minimales Lesen* (BY-Processing): Das sog. BY-Processing kann ebenfalls den mehrmaligen Aufruf einer SAS Prozedur verringern, weil ein Lesevorgang ausreicht, um im Anschluss mehrere Vorgänge, Analysen oder Berichte für jede Gruppe pro BY-Ausprägung auszuführen.
- *Hardware-seitig unterstütztes Sortieren* (Multi-Threading): Falls die Datenmengen so groß sein sollten, dass Speicherplatz oder CPU für das Sortieren selbst innerhalb von PROC SQL (oder auch PROC SORT) nicht (mehr) ausreichen sollten, kann z.B. das Verarbeiten (z.B. Sortieren) von SAS Tabellen auf verschiedenen Laufwerken parallel vorgenommen werden.

Kein Sortieren: u.a. Verzicht auf ORDER BY

Der weitestgehende oder sogar vollständige Verzicht auf das Sortieren ist eine der grundlegendsten Techniken. Diese Technik impliziert, auch PROC SQL Programme daraufhin zu überprüfen, ob in ihnen unnötige Sortiervorgänge vorkommen. Selbst in PROC SQL sollte man z.B. beim Anlegen von Tabellen und Views, sofern möglich, auf das Schlüsselwort ORDER BY verzichten. Für ORDER BY müssen die Daten jedes Mal neu sortiert werden, was bei großen Datensätzen bzw. komplizierter Verschachtelung der Views bzw. Tabellen sehr rechenintensiv sein kann.

Eine weitere Möglichkeit bietet das sog. Hash Programming an (vgl. Kapitel 6). Die Verarbeitung von Daten mittels Hash Objecten findet im Speicher und nicht auf der Festplatte statt und gilt bereits von daher als eine der performantesten Verarbeitungstechniken gerade für sehr große Datenmengen. Hinzu kommt, dass beim Laden von Daten in das Hash Object kein Sortieren oder Indexing erforderlich ist (vgl. Dorfman et al., 2010, 2009). Die Abschnitte 6.2.2 und 6.2.4 stellen Beispiele zur Sortierung mittels Hash Programming vor.

Ob nun beim Programmieren des Joins (o.ä.) von Tabellen ein PROC SQL, Hash Programming oder ein DATA Step Ansatz zum Einsatz kommen soll, kann einerseits auf die Datenmenge, Systemstruktur (Festplatte, Arbeitsspeicher), *aber auch* die Merkmale der zu verarbeitenden Tabellen ankommen (u.a. Anzahl, sowie einheitliche Struktur und Sortierung) und wird im Abschnitt 7.5 weiter diskutiert werden.

Minimales Sortieren mittels CREATE INDEX: Indexing anstelle Sorting

Das Indexing gilt gemeinhin fast schon als Industriestandard für das Erzielen von Performanzgewinnen beim Umgang mit auch sehr großen Datenmengen. Das Indexing kommt dann in Frage, wenn große Tabellen ein WHERE- oder BY-Processing durchlaufen. Da das damit einhergehende sequentielle Absuchen (WHERE) bzw. Sortieren (BY) extrem rechenintensiv ist, zielt das Indexing als Technik darauf ab, sich die Aufwände für diese Prozesse soweit als möglich zu ersparen. Der Nachteil von Indexing ist einerseits, dass es wie jede andere Technik selbst u.a. CPU, I/O, Arbeitsspeicher oder auch Plattenplatz erfordert. Andererseits gleicht es Indexing über die erzielten Performanzgewinne im Allgemeinen wieder aus. Das Indexing gilt als sehr effektiv: Bereits 1999 berichtet Sadof (2000, 1999) eine Vervierfachung der Verarbeitungsgeschwindigkeit mittels einer WHERE-Bedingung bei 500.000 Fällen. Ein Merge mit SQL auf einer indexierten Tabelle (250.000 Zeilen) ist mehr als dreimal so schnell trotz des immer zusätzlich erforderlichen Index-Vorganges.

Was ist nun ein Index? Ein beim Indexing angelegter Index ist Teil eines internen Suchmechanismus und dabei nichts anderes als eine Art „Inhaltsverzeichnis" in einer separaten Datei (je nach Betriebssystem), die für die betreffenden SAS Tabelle angelegt wird, um auf bestimmte Beobachtungen direkt zugreifen zu können. Der Index in der Index-Datei legt dabei Werte für das Auffinden von Beobachtungen in der assoziierten SAS Tabelle an. Ohne einen Index würde SAS in der SAS Tabelle jede einzelne Beobachtung nacheinander (sequentiell) lesen müssen, bis eine bestimmte Beobachtung gefunden ist. Mit einem Index geht SAS die Indexdatei mittels einer binären Suche durch, findet den entsprechenden Index-Wert (deutlich schneller) und greift anschließend direkt auf die betreffende Beobachtung in der SAS

7.4 Sortieren? Je weniger, desto besser

Tabelle zu, ohne die Einträge in der SAS Tabelle sequentiell lesen zu müssen. Ein Index ist aus dieser Perspektive eine „Abkürzung" für einen Such-und-Finde Vorgang.

SAS spricht folgende Empfehlungen für das Anlegen eines Index aus:

- *Arbeit mit großen Datenmengen:* Ein Index ist z.B. dann anzulegen, wenn aus großen Datenmengen nur eine kleine Teilmenge abgerufen werden soll, z.B. < 25%.
- *Arbeit mit kleinen Datenmengen: Kein* Index ist z.B. dann anzulegen, wenn eine Tabelle weniger als drei Seiten lang ist. In diesem Falle wäre der übliche sequentielle Zugriff schneller. Die Länge einer Tabelle (in Seiten) kann z.B. von PROC DATASETS oder PROC CONTENTS angezeigt werden (auch die Anzahl und Bezeichnungen möglicherweise bereits vorhandener Indexe in einer SAS Tabelle).
- *Variablen für einen Index:* Für einen Single-Index (mit nur einer Variablen) sollten Variablen verwendet werden, die idealerweise einer ID (Primary Key) gleichkommen. Für einen Composite-Index (für mehrere Variablen) sollten Variablen verwendet werden, die idealerweise in einer Query verwendet werden, v.a. im WHERE- oder BY-Processing. Beim Anlegen eines Index nach einer *oder* mehreren Variablen sollten die Daten entsprechend diesen Variablen sortiert sein.
- *Arbeit mit sich häufig ändernden Daten:* Bei einer sich häufig ändernden Datentabelle sollte berücksichtigt werden, dass die jeweilige Aktualisierung des Index u.U. die erzielten Vorteile in der Verarbeitungsgeschwindigkeit wieder kompensiert.
- *Indexe für Views:* Indexe können nicht direkt in Views angelegt werden. Dennoch können Views mit Indexen über einen Umweg versehen werden. Der Trick besteht darin, zunächst eine SAS Tabelle mit einem Index zu versehen und anschließend aus der SAS Tabelle eine View anzulegen.

Bei PROC SORT kommen übrigens keine Indexe zum Einsatz; SAS Tabellen mit Index können zwar mittels PROC SORT sortiert werden. Die mittels OUT= neu angelegte SAS Tabelle besitzt damit jedoch nicht automatisch einen Index.

Neben PROC SQL können Indexe u.a. mit PROC DATASETS, im Data Step oder auch weiteren SAS Prozeduren oder Anwendungen angelegt werden. In den folgenden PROC SQL Beispielen weiter unten kann ein Fall in einer Tabelle eindeutig durch die Sortierung der Spalten REGION, SUBSIDIARY und PRODUCT identifiziert werden; dasselbe leistet der „stattdessen" angelegte Index INDEX. Ein Index ermöglicht dabei, ähnlich wie ein Primary Key, einen Fall (Zeile) durch einen einzelnen Wert zu identifizieren. Die Sortierung einer Tabelle durch einen einzelnen Index in einem WHERE- oder BY-Processing ist naheliegenderweise immer schneller, als wenn dieselbe Tabelle anhand von zwei oder sogar mehr Variablen sortiert werden müsste. Ein zusammengesetzter Index (syn.: Composite-Index) kann anstelle von mehreren, immer zusammen verwendeten Variablen eingesetzt werden. Ein Index erhöht auf diese Weise enorm die Performanz bei großen Datensätzen, vor allem im WHERE- und BY-Processing.

```
proc sql;
create index INDEX on
     sashelp.shoes (REGION,SUBSIDIARY, PRODUCT);
quit ;
```

Hinweise: CREATE INDEX legt Indexe für Spalten in Tabellen an. CREATE INDEX kann nicht verwendet werden, wenn auf die Tabelle mit einer Engine zugegriffen wird, die kein UPDATE Processing unterstützt. Über CREATE INDEX wird im Datensatz SASHELP.SHOES ein zusammengesetzter Index (INDEX) für die Spalten REGION, SUBSIDIARY und PRODUCT angelegt (vgl. Beispiel rechts). Ein angelegter Index-Wert entspricht dabei jeweils konkatenierten Werten aus REGION, SUBSIDIARY und PRODUCT. Der einzelne (zusammengesetzte) Index INDEX kann so anstelle der drei zusammen verwendeten (Sortier)Variablen REGION, SUBSIDIARY und PRODUCT eingesetzt werden. Zu den weiteren Vorzügen eines Index zählt, dass er das BY- und WHERE-Processing effektiver macht und unkompliziert zu programmieren ist (s.o.). Sobald ein Index angelegt wurde, wird er als Teil des Datensatzes behandelt. Werden dem Datensatz dann Fälle zugewiesen oder daraus gelöscht, wird der Index automatisch aktualisiert (womit allerdings wiederum Aufwände für die Aktualisierung einhergehen). Wird außerdem zwischen CREATE und INDEX ein UNIQUE platziert (wie etwa im folgenden Beispiel),

```
proc sql;
create unique index INDEX on
       sashelp.shoes(REGION,SUBSIDIARY, PRODUCT);
quit ;
```

so wird SAS veranlasst, jede Veränderung abzulehnen, die dazu führen würde, dass mehr als eine Zeile denselben Index-Wert aufweist. Für den Umgang mit Missings kann die Option NMISS im PROC DATASETS-Statement INDEX verwendet werden.

All diesen Vorzügen steht nur *eine* Voraussetzung gegenüber, die man sogar nicht einmal als Nachteil des Index bezeichnen kann, sondern als eine grundlegende Voraussetzung der zu „ersetzenden" Variablen hervorheben muss: Der Index muss anhand der ausgewählten Variablen (z.B. REGION, SUBSIDIARY und PRODUCT) tatsächlich in der Lage sein, vergleichbar zu einem Primary Key einen Fall (Zeile) eindeutig zu identifizieren. Tun es jedoch bereits die vorher zugewiesenen Variablen nicht (z.B. weil nur REGION und SUBSIDIARY als (Sortier)Variablen zugewiesen wurden), setzt der angelegte Index „nur" einen bereits an früherer Stelle begangenen Fehler des Anwenders fort. Für das Anlegen eines Index muss daher die Struktur (Verschachtelung, Sortierung) der zu indexierenden Tabelle und die Anzahl und Abfolge der (Sortier)Variablen genau bekannt sein. Für die Arbeit mit Indexen kann auch die Data Set-Option DBINDEX= interessant sein (s.u.). Bei unsachgemäßer Anwendung kann sie jedoch nicht nur die Performanz verschlechtern, sondern unter bestimmten Umständen (z.B. doppelten Einträgen) auch das Ergebnis eines Queries beeinträchtigen.

SAS bietet weitere Möglichkeiten für das Tunen eines effizienten Sortierens an, je nach Betriebssystem (vgl. für z/OS die SAS System Optionen SORTPGM=, MEMSIZE=/MEMLEAVE= oder ggf. auch HIPERSPACE; für UNIX z.B. SORTSIZE= oder auch

REALMEMSIZE), DBMS (vgl. für ORACLE z.B. SQL*Loader Index), oder anderer Installationen, z.B. DFSORT von IBM (vgl. SORTBLKMODE, u.a. als OPTIONS-Statement). SAS berichtet für den Einsatz der Option SORTBLKMODE eine Reduzierung von CPU um bis zu 25%. Für weitere Möglichkeiten und Informationen wird auf die Dokumentation des SAS Systems verwiesen.

Minimales Lesen (BY-Processing)

Das sog. BY-Processing kann ebenfalls den mehrmaligen Aufruf einer SAS Prozedur verringern, weil ein Lesevorgang ausreicht, um im Anschluss daran mehrere Vorgänge, Analysen oder Berichte für jede Gruppe pro BY-Ausprägung auszuführen. Im Idealfall wird eine SAS Prozedur nur *einmal* aufgerufen.

Im Kontext des Multi-Threading (vgl. nächster Abschnitt) kann u.a. die Data Set Option DBSLICE (seit SAS v9.1) interessant sein. DBSCLICE erlaubt die Datenlast anhand explizit angegebener Ausprägungen einer BY-Variablen auf separate Threads zu verteilen. Im Gegensatz zum BY-Processing, das große Datenmengen einmalig liest, lässt sich die Wirkweise von DBSLICE als das Lesen großer Datenmengen nach den BY-Ausprägungen *parallel* umschreiben („parallel-Processing"). Im BY-Processing würden z.B. die Daten aus SASHELP.SHOES einmalig gelesen und dann z.B. pro Ausprägung von REGION (z.B. „Europe", usw.) nacheinander weiterverarbeitet. Im parallel-Processing mittels DBSLICE= werden die Daten in der Tabelle SASHELP.SHOES anhand der vollständig(!) angegebenen Ausprägungen von REGION unterteilt, für jede Ausprägung ein eigener Thread eingerichtet und die Daten parallel zur Verfügung gestellt.

```
proc print data=sashelp.shoes
    (dbslice=("REGION='Africa'" "REGION='Asia'"
              "REGION='Canada'" ));
    where SALES > 3020 ;
run ;
```

Das Anwenden von DBSLICE= setzt voraus, dass die BY-Ausprägungen der zu lesenden Daten bekannt sind und diese im Klammerausdruck vollständig angegeben werden. Das obige Beispiel ist vereinfacht und enthält z.B. nicht die REGION-Ausprägungen „Central America/Caribbean", „Eastern Europe" usw. Eine weitere Anforderung ist, dass die Datenmenge in allen REGION-Ausprägungen in etwa gleich groß ist. Diese Anforderung ist erforderlich, um eine einigermaßen gleiche Verteilung der Verarbeitungslast auf die Threads zu gewährleisten. Wenn eine Ausprägung einen überproportionalen Anteil an den zu verarbeitenden Daten enthält, ist ein effizientes paralleles Verarbeitung nach BY-Ausprägungen nicht zu gewährleisten. Verteiltes Verarbeiten mittels paralleler Threads bedeutet kürzeres Verarbeiten (insgesamt) durch schnelleres Verarbeiten wegen weniger Verarbeiten (pro CPU). Liegen keine annähernd gleichmäßigen Datenverteilungen vor, können Anwender diese mittels PROC SQL in fast schon beliebig zu nennender Granularität selbst erzeugen. Einen Ansatz mit der MOD Funktion zeigt z.B. Abschnitt 8.3.

Hardware-seitig unterstütztes Sortieren (Multi-Threading)
Falls Sortierungen unumgänglich sind, jedoch u.a. Arbeitsspeicher, Speicherplatz oder CPU für das Sortieren selbst innerhalb von PROC SQL (also auch PROC SORT) nicht (oder zumindest nicht mehr lange) ausreichen sollten, kann seit SAS v9.1.3 das Verarbeiten (z.B. Sortieren) von SAS Tabellen mittels sog. Multi-Threading auf mehreren Laufwerken parallel vorgenommen werden (syn.: Parallel Processing, Symmetric Multiprocessing, SMP). SMP setzt daher mehr als ein Laufwerk voraus, pro CPU sollte mit mindestens *zwei* Laufwerken gerechnet werden. Der Unterschied von Multi-Threading zu den bereits vorgestellten Techniken ist also, dass sie weniger durch eine (relativ) zeitaufwendige Optimierung von Daten oder Programmierung profitiert, sondern vor allem durch eine Investition in thread-fähige Hardware, v.a. mehrere CPUs, Laufwerke, sowie einer thread-fähigen Software. Neben Multi-Threading bietet SAS weitere Technologien für High Performance Computing an, z.B. In-Memory Analytics, In-Database Computing und Grid Computing. Das sog. Multi-Threading verteilt dabei die Verarbeitungslast auf mehrere CPUs. Je nach Threading-Ansatz kann die Aufteilung nach Datenpaketen („boss-worker") oder nach Programmschritten erfolgen („pipeline"). In einer ideal optimierten, skalierbaren SMP Umgebung kann die Anzahl von n CPUs durchaus der entsprechend proportionalen $n$fachen Beschleunigung von Prozessen entsprechen. Es gibt demgegenüber auch Threading-Ansätze, die bereits mit nur einer CPU funktionieren, dafür aber z.B. mehrere Laufwerke benötigen. Weitere SAS Prozeduren, die die Verwendung mehrerer Prozessoren unterstützen, sind u.a. MEANS, TABULATE und REPORT. Welche weitere thread-fähige Hardware, Anwendungen und Prozeduren das SAS Institute bereitstellt, kann der aktuellen SAS Dokumentation entnommen werden. Als Beispiele sollen an dieser Stelle die für das Multi-Threading optimierte SAS SPD Engine oder auch der SAS SPD Server erwähnt werden. „SPD" steht dabei für „Scalable Performance Data". Sowohl Engine wie Server sind auf mehreren Ebenen optimiert, so dass sie Anwendungen auch sehr große Datenmengen schnell und zuverlässig bereitstellen. Bereits die Verwendung der globalen SAS Option THREADS kann zu substantiellen Performanzgewinnen in Echtzeit führen. Um den konkreten Performanzgewinn zu dokumentieren, wird auch hier der Anwender u.a. I/O, CPU oder auch Arbeitsspeicher seines Systems diversen vergleichenden Benchmarktests unterziehen. Angesichts zunehmender Datenmengen bei (meistens) zugleich sinkenden Hardwarepreisen sollte Multi-Threading als langfristige technologische Strategie ernsthaft ins Auge gefasst werden. Der Vorzug von Multi-Threading ist, nicht nur das Sortieren zu beschleunigen, sondern (langfristig gesehen) alle denkbaren jegliche Prozesse der Verarbeitung und Analyse von Daten. Das Multi-Threading ist aus einer anderen Perspektive daher auch eine ideale Überleitung zum nächsten Thema, dem Beschleunigen ausgewählter, v.a. SQL Vorgänge durch eine gar nicht mal so aufwendige, *zusätzlich* optimierende Programmierung.

7.5 Beschleunigen: Besondere Tricks für besondere Anlässe (SQL und mehr)

Ist eine Tabelle über KEEP/DROP bzw. WHERE/IF und u.a. LENGTH und COMPRESS-Funktion auf minimalen Speicher bzw. CPU reduziert, so ermöglichen weitere Techniken trotzdem weitere Performanzgewinne. Alle Techniken setzen jedoch voraus, dass man sich über Merkmale des Prozesses und der darin zu verarbeitenden Tabellen im Klaren sein muss. Exemplarisch sind dabei z.B. die Überlegungen, ob PROC SQL, der DATA Step oder doch eher das Hash Programming beim Merge von Tabellen eingesetzt werden sollen. Die folgenden Techniken können z.B. eingesetzt werden, falls bestimmte Prozesse, Transformationen oder Anwendungen beschleunigt werden sollen. Abschnitt 7.5.1 stellt eher allgemeine Techniken vor, Abschnitt 7.5.2 geht dann auf eher SQL-spezifische Techniken über. 7.5.3 empfiehlt weitere Techniken, wie z.B. Stored Compiled DATA Step Programs und die Arbeit mit Makrovariablen und -programmen.

7.5.1 Grundlegende Techniken

Dieser Abschnitt stellt diverse grundlegende Techniken der Beschleunigung der Verarbeitung von Daten vor, dazu zählen u.a. das Hash Programming, das Anpassen von Verarbeitungsort und -zeit, das Feintuning der SAS Systems, sowie das Abspeichern von Daten als SAS Tabellen zur Beschleunigung von Prozessen.

Hash Programming
Eine grundlegende Technik ist z.B. das Anwenden eines technisch völlig anderen Verarbeitungsansatzes, den z.B. des Hashing. Die Verarbeitung von Daten über das Hash Programming findet im Speicher und nicht auf der Festplatte statt und gilt bereits von daher als eine der performantesten Verarbeitungstechniken gerade für sehr große Datenmengen. SAS bietet seit v9.1 die Möglichkeit, Hash Objekte explizit zu programmieren. Hash Programming ist derart vielseitig, flexibel und auch performant, dass ihm ein eigenes Kapitel in diesem Band gewidmet wurde (vgl. Kapitel 6).

Gewusst wann und wo (PROC UPLOAD, PROC DOWNLOAD)
Falls Anwender in einer SAS Umgebung mit einem Host- und einem Lokalbereich arbeiten, ist es empfehlenswert, zunächst die durchschnittlichen Verarbeitungsgeschwindigkeiten beider potentiellen Verarbeitungsumgebungen miteinander zu vergleichen. Hostumgebungen sind üblicherweise (aber nicht ausschließlich) performanter bei der Verarbeitung von sehr großen Datenmengen als ein lokaler PC. In diesem Falle ist es z.B. einerseits empfehlenswert, die Daten und Prozesse vom lokalen PC über PROC UPLOAD und SUBMIT auf den Host zu übertragen und dort verarbeiten zu lassen. Hostumgebungen werden aber andererseits üblicherweise mit anderen SAS Anwendern geteilt, mit der Folge, dass die Verarbei-

tung auf dem Host gerade zu bestimmten Tages- und Monatszeiten (z.B. über die Mittagszeit oder zum Monats- oder Quartalsende) durchaus unangenehme Performanzeinbußen annehmen kann. In diesem Falle ist es naheliegend, die Daten und Prozesse vom Host über PROC DOWNLOAD bzw. RSUBMIT auf den lokalen PC zu übertragen und dort unabhängig von äußeren Risiken der Performanzbeeinträchtigung verarbeiten zu lassen. Zusätzlich zur eigentlichen Verarbeitungszeit sind jeweils die zusätzlichen Zeiten für den Up- bzw. Download von Daten zu berücksichtigen.

Nach dieser eher generellen Empfehlung für die Eingrenzung eines Ortes und Zeitpunktes der Verarbeitung von Daten werden die weiteren Empfehlungen wieder den Fokus auf SQL und SAS richten, z.B. Tuning der Optionen des SAS Systems.

Feintuning der SAS System Optionen:
Die Anzahl der Zugriffe bei der Datenverarbeitung (ggf. zulasten zusätzlich erforderlichen Arbeitsspeichers) kann auch durch das Feintuning des SAS System reduziert werden. SAS bietet dazu allgemeine und seit SAS v9.2 SQL-spezifische globale SAS System Optionen zur Optimierung der SQL Performanz an.

SQL spezifisch

Seit SAS v9.2 bietet SAS folgende SQL-spezifische globale SAS System Optionen zur Optimierung der SQL Performanz an. Ähnlich lautende Funktionen sind auch als PROC SQL Funktionen verfügbar, z.B. als SAS Optionen SQLREDUCEPUT bzw. NOSQLREMERGE und als PROC SQL Option NOREMERGE bzw. REDUCEPUT:

- DBIDIRECTEXEC steuert die SQL Optimierung für SAS/ACCESS Engines.
- SQLCONSTANTDATETIME legt fest, ob PROC SQL Referenzen auf die DATE, TIME, DATETIME und TODAY Funktionen in einer Query vor ihrer Ausführung durch äquivalente konstante Werte ersetzt.
- SQLMAPPUTTO legt fest, ob die PUT-Funktionen (z.B. SQLREDUCEPUT usw.) in PROC SQL durch SAS oder die SAS_PUT() Funktion von Teradata verarbeitet werden (vgl. den späteren Abschnitt zur Beschleunigung von Queries).
- SQLREDUCEPUT legt den Engine-Typ für eine Query fest, die durch das Ersetzen der PUT-Funktionen durch einen logisch äquivalenten Ausdruck optimiert werden soll.
- SQLREDUCEPUTOBS legt für PROC SQL bei SQLREDUCEPUT=NONE die Mindestanzahl an Zeilen in einer Tabelle fest, um zu bestimmen, ob das Optimieren der PUT-Funktionen in einer Query erforderlich ist.
- SQLREDUCEPUTVALUES legt für PROC SQL bei SQLREDUCEPUT=NONE die maximale Anzahl an SAS Formatwerten fest, die in einem Ausdruck mit PUT-Funktionen vorkommen können, um zu bestimmen, ob das Optimieren der PUT-Funktionen in einer Query erforderlich ist.
- SQLREMERGE legt fest, dass PROC SQL Queries verarbeiten soll, bei denen Remerging (Wiederzusammenführung) erforderlich sein kann. Remerging kann dann vorkommen, wenn eine Aggregierungsfunktion in einer SELECT- oder HAVING-Klausel ver-

wendet wird. Remerging ist I/O intensiv, da zwei Datendurchläufe erforderlich sind. NOSQLREMERGE legt fest, dass PROC SQL kein Remerging durchführt.
- SQLUNDOPOLICY legt fest, ob PROC SQL aktualisierte Daten beibehält oder verwirft, falls Fehler während des Aktualisierungsprozesses auftreten.

SAS bietet neben den SQL spezifischen Optionen auch allgemeine globale SAS System Optionen zur Optimierung der Performanz an. SAS bietet dazu u.a. diverse Möglichkeiten mittels BUFNO=, BUFSIZE= und SASFILE an:

- Das Hochsetzen von BUFNO-Werten bewirkt, dass mehr Daten in weniger Durchläufen verarbeitet werden können, und kann somit die Verarbeitung einer SAS Tabelle beschleunigen.
- Der voreingestellte BUFSIZE-Wert ist bereits für den sequentiellen Zugriff optimiert. Das Hochsetzen von BUFSIZE-Werten (z.B. für den direkten Zugriff) bewirkt, dass eine größere Seite für eine SAS Tabelle angelegt wird. Für kleine Tabellen kann der BUFSIZE-Wert auch gesenkt werden. Die Seitengröße („page size") ist die Datenmenge, die in einen Puffer für eine I/O Operation übertragen werden kann.
- Das SASFILE-Statement ermöglicht eine beschleunigte Verarbeitung, indem es z.B. die betreffende SAS Tabelle in den Arbeitsspeicher liest und dadurch die Anzahl der Leseschritte verringert.

Für weiterführende Optionen (z.B. IMPLMAC zusammen mit MAUTOSOURCE, SPOOL/NOSPOOL) und Informationen wird auf die SAS Dokumentation verwiesen.

Das Anlegen von SAS Tabellen zur Beschleunigung von Prozessen:
Das Anlegen von SAS Tabellen kommt v.a. bei drei Szenarien in Frage:

- Bei *externen* Daten. Externe Daten können erfahrungsgemäß schneller verarbeitet werden, sobald sie als SAS Tabellen angelegt sind.
- Bei *alten* SAS Daten: SAS Daten in alten SAS Versionen könnten in aktuelleren SAS Umgebungen evtl. schneller verarbeitet werden, wenn die alten SAS Daten zuvor in eine SAS Tabelle im aktuellen SAS Format angelegt oder konvertiert werden.
- Bei *wiederholt ablaufenden, längeren Prozessen*: Anstelle von Anfang bis Ende durchlaufender, sehr langer Prozesse kann es eine Option sein, „Zwischendateien" anzulegen. Spätere Durchläufe beginnen dann nicht mehr ganz am Anfang, sondern an der zuletzt abgespeicherten „Zwischendatei".
- Wird bei der Angabe des Speicherorts von Daten mittels LIBNAME gleich die Engine mit angegeben, erspart man SAS diverse Prozessschritte zur Überprüfung auf die geeignete Engine.

LIBNAME ohne Engine	LIBNAME mit Engine
`libname PFAD "C:\";`	`libname PFAD v9 "C:\";`

- Falls immer möglich, sollten Views anstelle von Tabellen angelegt werden, was zusätzlich I/O und Plattenplatz einsparen würde. Unter bestimmten Umständen können jedoch (temporäre) SAS Tabellen performanter als Views sein. Benchmarktests helfen im Zweifel weiter.

7.5.2 SQL-spezifische Techniken

Dieser Abschnitt stellt SQL-spezifische Techniken der Beschleunigung von Verarbeitungsschritten mit SQL vor. Neben eher grundsätzlichen Ansätzen (Joins, Subqueries oder Queries?) oder ob Plattenplatz wichtiger als Geschwindigkeit ist (Views vs. Tabellen), werden konkrete Techniken für das Beschleunigen von Joins und Queries vorgestellt. Vorgestellt werden unter anderem:

- Joins, Subqueries oder Queries?
- Ist Plattenplatz wichtiger als die Geschwindigkeit? Views anstelle von Tabellen.
- Überlegungen zum Zusammenfügen von Tabellen (generell)
- Merge von Tabellen: SQL anstelle des DATA Step? Es kommt darauf an...
- Beschleunigtes Zusammenfügen von Tabellen (SQL).
- Beschleunigen von Queries (SQL).

Joins, Subqueries oder Queries?
Viele Abfragen können als Joins oder Subqueries formuliert werden. Joins gelten allgemein als einfacher abzuarbeiten. Soll auf Daten aus mehreren Tabellen bzw. Views zugegriffen werden, müssen Joins ausgeführt werden. Sollte ein gewünschtes Ergebnis mehrere Queries erforderlich machen, sollten Subqueries verwendet werden. Subqueries sollten auch verwendet werden, wenn nach einer Kategorienzugehörigkeit gefragt wird. Bei der NOT EXISTS-Bedingung muss eine Subquery eingesetzt werden. Subqueries wiederum gelten i.A. als nicht besonders performant; hier wäre zu prüfen, ob sie nicht in einfachere bzw. performantere Queries umgeschrieben werden können.

Ist Plattenplatz wichtiger als die Geschwindigkeit? Views anstelle von Tabellen
Views sind nur Ansichten auf Daten und erfordern daher keinen physikalischen Speicherplatz im Gegensatz zu Tabellen. Der Vorteil an Plattenplatz gerät im Allgemeinen zum Nachteil der Verarbeitungsgeschwindigkeit. Ein Nachteil von (vielen) Views kann u.U. sein, dass das Einbeziehen von Views in DATA Steps dennoch langsamer kann als DATA Steps, die nur mit Tabellen arbeiten. Langston (2005, 4–5) berichtet z.B., dass das Anlegen, wie auch das Einlesen eines (DATA Step) Views insgesamt langsamer sei als ein DATA Step Ansatz, der ausschließlich mit Tabellen arbeitet. Eigene Benchmarktests sind auch hier unumgänglich. Zu weiteren Einschränkungen von Views, u.a. im Hinblick auf Sicherheit vs. Effizienz (vgl. Kap. 2.4, Band I).

Überlegungen zum Zusammenfügen von Tabellen (generell)

Im Zusammenhang mit dem Anlegen von SAS Tabellen steht das Zusammenfügen von zwei (oder mehr) Tabellen. Im Anschluss an diesen Abschnitt sind allfällige Überlegungen zur Entscheidung zusammengestellt, ob eher PROC SQL oder der DATA Step beim Merge von Tabellen eingesetzt werden sollen. Hat man sich z.B. für PROC SQL entschieden (es gibt jedoch auch Gründe, die eher für den DATA Step sprechen würden, vgl. den nächsten Abschnitt), werden weitere Möglichkeiten zur Beschleunigung von SQL Prozessen vorgestellt:

- Anpassen des Zugriffs auf den Verarbeitungsort: Falls SAS auf ein DBMS zugreift, können Operationen mittels des LIBNAME-Statements oder auch der Pass-Through Facility an das DBMS übergeben werden. Beide Zugriffe unterscheiden sich in Funktionalität und Performanz. Das LIBNAME-Statement übersetzt z.B. abgeschickte Statements automatisch in das DBMS-spezifische SQL. Die Pass-Through Facility übergibt dagegen ANSI SQL kompatible Aggregierungsfunktionen direkt an das DBMS. Die Vor- und Nachteile beider Ansätze, wie auch das Optimieren des bevorzugten Zugriffs werden ausführlich im Abschnitt 7.6 erläutert.
- Beschleunigtes „Untereinanderhängen" von Tabellen: SQL Schlüsselwort ALL: Geben Sie z.B. das Schlüsselwort ALL bei Set Operationen an, wenn in den Tabellen keine mehrfachen Datenzeilen vorkommen, oder wenn das Vorkommen mehrfacher Datenzeilen in der Ausgabetabelle irrelevant ist.
- SQL Abfragen sollten bevorzugt als Joins, ggf. als Subqueries formuliert werden. Joins gelten allgemein als einfacher zu verarbeiten.
- Joins können u.a. anhand der Data Set-Optionen DBINDEX= und DBKEY= zusätzlich optimiert werden.
- Ist bei der Arbeit mit PROC SQL evtl. der Plattenplatz wichtiger als die Geschwindigkeit, dann kann mit Views anstelle von Tabellen gearbeitet werden.

Joinen von Tabellen: SQL anstelle des DATA Step? Es kommt darauf an...

SQL gilt, richtig programmiert, als effizienter als ein DATA Step Merge. Man erspart sich Sortieren (Prozessorlast), Zwischenschritte (Zusatzaufgaben), sowie Hilfsdateien (Plattenplatz). Als ein Nachteil von PROC SQL gegenüber MERGE gilt die Anzahl der Tabellen, die je nach Methode des Zusammenfügens in einem Schritt auf einmal zusammengefügt werden können. Beim Inner Join können maximal 32 Tabellen gleichzeitig in einem Schritt auf einmal gejoint werden; alle anderen Join-Varianten sind z.B. immer nur Abfolgen zweitabelliger Joins (wenn man von Subqueries absieht). Ein DATA Step kann im Vergleich dazu prinzipiell unbegrenzt viele Tabellen gleichzeitig verarbeiten. Von der zu programmierenden Syntax her erscheint der DATA Step zunächst attraktiver.
Allerdings wurde in Band I (Kapitel 6) bereits vor dem Zusammenfügen von nur zwei Tabellen (umso mehr, sobald es sich um mehrere Tabellen handelt) ohne sorgfältig geprüfte Arbeitsschritte uneingeschränkt und unmissverständlich abgeraten. Denkt man sich gerade bei „schwierigen" Tabellen (umso mehr, von sie nicht aus dem eigenen Hause, sondern von Fremdanbietern stammen) nun den u.U. nicht unerheblichen Prüfaufwand hinzu, dann fällt der Vorzug einer vielleicht auch tatsächlich „benutzerfreundlichen" Syntax und der Gewinn

an Programmierzeit damit im Vergleich zum vermutlich deutlich höheren Prüfaufwand nicht mehr besonders ins Gewicht. Die Frage, ob SQL, DATA Step oder evtl. auch Hash Programming beim Join (Merge), können die Anwender nur nach Prüfung ihrer Tabellen, u.a. von Umfang, Strukturen und Datenqualität selbst beantworten. Zur ersten Orientierung könnte man z.B. folgende Überlegungen zu Tabellenmerkmalen anstellen:

Ansatz	Daten-menge	Viele Tabellen	DQ nicht gegeben	Struktur-ungleichheit	Sortierung erforderlich	CPU Zeit relevant
PROC SQL	●	●			●	
DATA Step	●	●	●	●		
Hashing	●		●	●	●	●

Alle Ansätze, ob nun PROC SQL, DATA Step oder auch Hash Programming, können mit großen Datenmengen umgehen. Operationen für viele (v.a. strukturgleiche) Tabellen lassen sich am unkompliziertesten mit PROC SQL oder auch dem DATA Step programmieren. Sind jedoch einerseits zusätzliche Operationen zur Prüfung und Gewährleistung der Datenqualität (DQ) erforderlich, müsste evtl. auf die Flexibilität von DATA Step oder Hash Programming ausgewichen werden. Dasselbe gilt, wenn die Strukturgleichheit für das Joinen usw. suboptimal ist und erst hergestellt werden müsste. Ist andererseits eine Sortierung der Daten erforderlich, wären dagegen Hash Programming und PROC SQL tendenziell dem DATA Step vorzuziehen. Spielt die CPU Zeit eine entscheidende Rolle, v.a. bei wenigen, sehr großen SAS Tabellen, verbleibt nur der Rückgriff auf das Hash Programming.

Ob nun beim Joinen von Tabellen PROC SQL anstelle des DATA Step inkl. Hash Programming (oder umgekehrt) verwendet werden soll, kommt letztlich auf die Merkmale der zu verarbeitenden Tabellen an, u.a. Umfang, Anzahl, sowie einheitliche Struktur und Sortierung, wie auch die gewünschten Vorzüge der Ansätze, also: Unkompliziertes Programmieren, Flexibilität der Ansätze und/oder Effizienz in der Verarbeitung. Es kommt darauf an …

Beschleunigtes Zusammenfügen von Tabellen (SQL)
Beim Zusammenfügen von Tabellen kann sowohl das „Nebeneinanderstellen", wie auch das „Untereinanderhängen" von Tabellen beschleunigt werden:

- *„Nebeneinanderstellen" von Tabellen: ON-/WHERE-Klauseln (Inner Joins)*
  Die ON- bzw. WHERE-Klauseln in Inner Joins (Typ 1 und 2) sollten als `where t1.ID = t2.ID ;` und nicht als `where t1.ID - t2.ID = 0 ;` formuliert sein. SAS verarbeitet die erste Variante effizienter als die zweite.
  Darüber hinaus können Joins u.a. zusätzlich mittels der Data Set-Optionen DBINDEX= und DBKEY= weiter optimiert werden. DBINDEX identifiziert und verifiziert, dass Indexe in einer DBMS Tabelle existieren. DBKEY benennt dagegen eine Schlüsselvariable

zur Optimierung einer DBMS Abfrage. Die Optionen DBINDEX= und DBKEY= können allerdings bei unsachgemäßer Anwendung nicht nur die Performanz verschlechtern, sondern unter bestimmten Umständen (z.B. doppelten Einträgen) auch das Ergebnis einer Query beeinträchtigen. Für weitere Hinweise zu diesen Optionen, sowie den erzielten Performanzgewinn wird auf die technische Dokumentation von SAS verwiesen.

- *„Untereinanderhängen" von Tabellen: SQL Schlüsselwort ALL*
  Das Schlüsselwort ALL sollte bei Set Operationen immer dann angewandt werden, wenn die untereinander zu hängenden Tabellen keine mehrfachen Datenzeilen enthalten oder wenn das Vorkommen mehrfacher Datenzeilen in der Ausgabetabelle irrelevant ist. In der Standardeinstellung schließen Set Operatoren üblicherweise mehrfache Zeilen aus den angelegten Tabellen (Output Tabellen) automatisch aus. Das optionale Schlüsselwort ALL behält dagegen die mehrfachen Zeilen aus den angelegten Tabellen, verkürzt die Ausführung um den Schritt des Ausschlusses (*also auch dann, wenn gar keine mehrfachen Zeilen vorhanden sind*) und kann daher die Performanz des Query-Ausdrucks deutlich beschleunigen. Das Interessante an dieser Maßnahme ist, dass im Gegensatz zu den früher vorgestellten Techniken mittels DROP/KEEP, WHERE/IF oder auch DELETE dieses mal gegebenenfalls mehrfach vorhandene Zeilen *behalten* werden, um dadurch das Verkürzen einer Ausführung um einen Schritt (des Ausschlusses) einen Prozess zu beschleunigen.
- *Indexing (INDEX, s.o.):* Indexing kann seit SAS v9.2 auch das Joinen von Tabellen beschleunigen. Als Voraussetzung gilt es zu prüfen, ob mit Indexing gearbeitet wird und ob die am Join beteiligten Spalten durch die Indexe abgebildet sind.

Beschleunigen von Queries (SQL)
Für die Beschleunigung von Queries bietet SAS diverse Möglichkeiten an, die einzeln oder auch in Kombination eingesetzt werden können:

- *Indexing (INDEX, s.o.):* Seit SAS v9.2 kann der Ansatz des Indexing auch Queries beschleunigen. Als Voraussetzung gilt es hier zu prüfen, ob mit Indexing gearbeitet wird und ob die an der Query beteiligten Spalten durch die Indexe abgebildet sind. Seit SAS v9.2 beschleunigt SAS das Verarbeiten von SELECT DISTINCT-Statements mit Hilfe von Indexdateien (auch hier vorausgesetzt, es wird mit Indexing gearbeitet).
- *Reduzieren der PUT-Funktionen (REDUCEPUT=, SQLREDUCEPUT=):*
  Queries auf formatierte Daten können durch die Optimierung der PUT-Funktionen beschleunigt werden. Beim Reduzieren einer PUT-Funktion wird diese durch einen logisch äquivalenten Ausdruck ersetzt. REDUCEPUT= bzw. SQLREDUCEPUT= optimieren dabei die Query vor ihrem Ausführen. Queries auf formatierte Daten wie z.B. das folgende Beispiel werden dabei durch diese Optionen optimiert:

```
select A, B from &lib..z
        where (PUT(A, janein.) in ('ja', 'nein'));
```

Eine Reduzierung der PUT-Funktionen würde es darüber hinaus ermöglichen, einen größeren Teil der Query zur performanteren Verarbeitung an das DBMS zu übergeben (was

auch die Verarbeitung einer WHERE-Klausel beschleunigen würde, sofern die Query eine enthalten sollte).
- *Ersetzen der Referenz auf die SAS Funktionen DATE, TIME, DATETIME und TODAY (CONSTDATETIME):* Enthalten Queries Zeit- oder Datumswerte, kann die Performanz von Queries dadurch optimiert werden, indem z.B. die Referenz auf die SAS Funktionen DATE, TIME, DATETIME und TODAY reduziert wird. Bei entsprechender Einstellung (SQL: CONSTDATETIME, System Option: SQLCONSTDATETIME) fragt PROC SQL die Query nur einmal ab und verwendet die ermittelten Zeit- oder Datumswerte als äquivalente Konstanten während der ganzen Query. Dieses Vorgehen gewährleistet konsistente Ergebnisse auch dann, wenn die Zeit- und Datumsfunktionen mehrmals während einer Query abgefragt werden oder wenn die Query die Zeit- und Datumsfunktionen nahe einer Zeit- oder Datumsschwelle ausführt. Darüber hinaus ermöglicht dieser Ansatz auch, einen größeren Teil der Query zur performanteren Verarbeitung an das DBMS zu übergeben. Das %INDTD_PUBLISH_FORMATS Makro für Teradata ermöglicht seit SAS v9.2 außerdem, die implementierte PUT-Funktion als benannte SAS_PUT() Funktion bereitzustellen bzw. zu veröffentlichen.
- *Umgehen des Remerging (NOSQLREMERGE):* Das I/O intensive Remerging (Wiederzusammenführung) tritt dann u.U. auf, falls Aggregierungsfunktionen in einer SELECT- oder HAVING-Klausel verwendet werden. Ein Umgehen des Remerging vermeidet daher I/O.

7.5.3 Weitere Techniken

Dieser Abschnitt stellt weitere Techniken für die Beschleunigung von Verarbeitungsschritten vor. Es werden als weitere Möglichkeiten zur Beschleunigung von Prozessen vorgestellt: Selbstgeschriebene Funktionen vs. SAS Features, das Kompilieren und Abspeichern von DATA Steps (sog. Stored Compiled DATA Step Programs), wie auch Makrovariablen und -programme für die Automatisierung von wiederkehrenden Abläufen.

Do it yourself oder Let SAS do it? – Selbstgeschriebene Funktionen vs. SAS Features
Viele SAS Anwender haben sich sicher schon mal gefragt: Was ist wohl effizienter? Eine Funktion selbst schreiben (u.a. mittels Operatoren oder Arrays) oder eine von SAS angebotene Funktion verwenden? Bereits bei einfachen, selbst geschriebenen Funktionen, z.B. der Summenbildung ist der Performanzgewinn bescheiden (Langston, 2005). Immer dabei auch vorausgesetzt, die selbst geschriebene Funktion ist korrekt programmiert (was erfahrungsgemäß nicht selbstverständlich ist). Beim Programmieren mit SAS Base führen erfahrungsgemäß viele Wege den Anwender zum selben Ziel, allerdings oft auch unterschiedlich schnell. Bei der Programmierung komplexerer Funktionen läuft der Anwender daher Gefahr, nicht auf Anhieb den effizientesten Ansatz umgesetzt zu haben, von subtilen Programmierfehlern ganz zu schweigen. Es erscheint vor allem bei komplexeren Funktionen effizienter und daher empfehlenswert, anstelle selbst geschriebener Programme wann immer möglich bereits vorhandene SAS Funktionen einzusetzen (vgl. eine Übersicht in Kapitel 9). Mit dem

Vorzug der oft höheren Performanz und häufig genug auch Funktionalität, erspart man sich neben dem Aufwand für das selbst Programmieren darüber hinaus auch das Testen und die Dokumentation. Rechtliche Aspekte, wie z.B. Gewährleistungs- oder sogar Haftungsfragen sollen gar nicht erst angeschnitten werden.

Kompilieren und Abspeichern von DATA Steps
Durch das Kompilieren und Abspeichern von wiederholt verwendeten oder aufgerufenen DATA Steps (als sog. Stored Compiled DATA Step Programs) kann ebenfalls u.a. die CPU-Leistung optimiert werden. Bei Stored Compiled DATA Step Programs wird der Vorgang des wiederholten Aufrufs von Data Steps u.a. durch die Verwendung des PGM=-Statements wegen nur einmal kompilierter (v.a. rechenintensiver) und abgespeicherter Data Steps in Ablage und Aufruf beschleunigt. Auf diese Weise abgelegte und kompilierte SAS Programme sind nichts anderes als „normale" DATA Steps, die jedoch auf diese Weise kompiliert sind und daher die CPU von Aufwänden für ihre wiederholte Kompilierung entlasten.

Phase I: Anlegen eines Stored Compiled DATA Step Programs (Prinzip)

```
libname STORED 'D:\';

data MYDATA
  / pgm=stored.sample;
    set SASHELP.SHOES ;
    if REGION="Africa" then
       do;
          ... ;
       end;
    else
    if REGION="Asia" then
       do;
          ... ;
       end;
run ;
proc print data=MYDATA;
run ;
```

Phase II: Aufruf eines Stored Compiled DATA Step Programs (Prinzip)

```
libname STORED 'D:\';

data pgm=stored.sample;
    redirect
    input SASHELP.SHOES=MYDATA ;
run;

proc print data=MYDATA;
run ;
```

Hinweis:
Die Programmsequenz links leistet dasselbe wie die Programmsequenz rechts.

Einmal als Stored Compiled DATA Step Program angelegt (Phase I), brauchen die enthaltenen DATA Steps beim Aufruf (Phase II) nicht mehr kompiliert werden. Weitere Vorteile von Stored Compiled DATA Step Programs sind: Für Anwender wird das „eigentliche" SAS Programm durch das „Auslagern" von DATA Steps deutlich überschaubarer (vgl. die beiden unterschiedlichen Längen beider Programmversionen, s.o.). Und auf der anderen Seite: Auf die „ausgelagerten" DATA Steps können auch andere Programme zugreifen. Ein einmalig geschriebener und abgelegter DATA Step kann auf so vielen weiteren SAS Anwendungen zur Verfügung gestellt werden. Diese Art und Weise des Auslagerns und Einbindens ist derzeit nur für DATA Step Programme möglich. Für andere Anwendungen empfiehlt sich u.a. die Programmierung von SAS Makrovariablen und -programmen. SAS Makros wiederum können u.a. über %INCLUDE, der Stored Compiled Macro Facility und u.a. die Autocall Facility eingebunden und ausgeführt werden (zu den erforderlichen Systemoptionen (vgl. 4.2).

Makrovariablen und -programme für sich wiederholende Abläufe
Makros sind die Automatisierung von wiederkehrenden Abläufen innerhalb derselben Anwendung, auf SAS übertragen also z.B. die automatisierte Abarbeitung derselben Anwendung für viele verschiedene Variablen, die effiziente Abarbeitung verschiedener Anwendungen für ein und dieselbe Variable oder oft auch eine Kombination von beidem. Wird also z.B. ein und dasselbe SAS Programm mittels minimaler oder sogar keinen Anpassungen auf andere Variablen oder sogar komplette Datensätze angewandt, so ist dies ein idealtypischer Fall für das häufig genug unkomplizierte Umschreiben des original SAS Programms in ein SAS Makro. Das Kapitel zur Makroprogrammierung beschreibt z.B. anhand unkomplizierter, aber effektiver Beispiele, wie mittels des listenweisen Ausführens von Befehlen (vgl. 4.2.3) sowohl die Programmierung, wie auch die Ausführung von Programmen um ein Vielfaches beschleunigt werden kann. Die wichtigsten Vorteile durch SAS Makroprogrammierung sind:

- Leistungsumfang: Makros umfassen im Prinzip jeglichen Leistungsumfang der herkömmlichen Programmierung mittels SAS Base, u.a. Arrays, Schleifen usw., z.B. Validierbarkeit, Automatisierbarkeit und Wiederverwendbarkeit.
- Effizienzsteigerung: SAS Makros potenzieren die Effizienz der Syntaxprogrammierung. Die Folge ist eine vielfache Zeitersparnis und Produktivität durch bereits einfache Makroprogramme. Oft sparen Makros bereits bei der Programmierung kostbare Zeit und sind auch später bei der Ausführung weniger fehleranfällig.
- Geschwindigkeit: Makros laufen üblicherweise schneller ab als wiederholt ausgeführte normale Anweisungen und sind oft um ein Vielfaches schneller programmiert.

Mit SAS Makros kann der Leistungsumfang von PROC SQL derart erweitert werden, dass dieser Band der zweibändigen Einführung in PROC SQL der Makroprogrammierung ein eigenes, umfangreiches Kapitel widmet (vgl. Kapitel 4).

Für SAS Makros, wie auch für Stored Compiled DATA Step Programs gilt, dass die Vorteile (Einsparen von Zeit beim (mehrfachen) Ausführen, v.a. bei Makros; Einsparen von Zeit beim Programmieren, v.a. bei Stored Compiled DATA Step Programs) die jeweils erforderliche Zeit beim (einmaligen) Kompilieren und Ausführen üblicherweise deutlich ausgleichen.

7.6 Datenverarbeitung in SAS oder im DBMS: Abstimmen von SQL auf DBMS

Die Flexibilität von SAS zeichnet aus, dass SAS die Daten entweder selbst verarbeitet oder an das DBMS (Datenbankmanagementsystem) zur Verarbeitung übergibt, je nachdem, welcher Verarbeitungsort eine höhere Performanz gewährleistet. SAS verarbeitet die Daten also nicht notwendigerweise immer selbst, sondern versucht sich auch die Verarbeitungsvorteile von DBMS zunutze zu machen, indem es z.B. bestimmte SQL Operationen soweit wie möglich immer an das DBMS übergibt. DBMS können sein: z.B. DB2 UNIX/PC, Informix, ODBC, OLE DB, Microsoft SQL Server, Oracle, Sybase, Teradata.

Übergabe der SQL an das DBMS
Sobald Daten in einem DBMS selbst verarbeitet werden können, verringert dies den Aufwand, die Daten zu laden usw. und erhöht dadurch die Performanz (besonders dann, wenn PROC SQL Statements zur Einschränkung der Zeilenzahl bei sehr großen Datenmengen an das DBMS übergibt). Mittels SAS/ACCESS können Operationen auf (mind.) zwei Wegen zur Verarbeitung an das DBMS übergeben werden, mittels des LIBNAME-Statements oder der Pass-Through Facility. Das Abwägen der jeweiligen Vor- und Nachteile dieser Zugriffe ist eine erste Voraussetzung, den geeigneten effizienten Ansatz für die eigenen Anforderungen zu wählen.

- *LIBNAME-Statement:* Wird das LIBNAME-Statement verwendet, so ist der Vorteil der, dass die DBMS-spezifische SQL nicht bekannt sein muss. LIBNAME übersetzt die abgeschickten PROC SQL oder auch u.a. DATA Step-Statements automatisch in das DBMS-spezifische SQL und übergibt anschließend diese SQL an das DBMS zur weiteren Verarbeitung. Es kann daher die Performanz der Pass-Through Facility erreicht werden, ohne dass DBMS-spezifischer SQL geschrieben werden muss, v.a. bei der direkten Übergabe von ANSI-SQL Funktionen. Weitere LIBNAME Optionen ermöglichen größere Kontrolle der DBMS, u.a. Table Locks (vgl. READ_LOCK_TYPE=, UPDATE_LOCK_TYPE=) oder auch das Optimieren von Joins oder WHERE-Klauseln. Die LIBNAME Option DIRECT_EXE ermöglicht darüber hinaus das Übergeben einer SQL Anweisung (z.B. DELETE) direkt an ein DBMS. LIBNAME kommt im Allgemeinen mit weniger SAS Kode aus. Ein erster Nachteil des LIBNAME-Statements kann (je nach Anforderung) sein, dass der Übersetzungsvorgang u.U. zulasten der Performanz gehen kann. Ein zweiter Nachteil des LIBNAME-Statements ist, dass je nach DBMS nicht alle bzw. dieselben SAS Funktionen in DBMS-spezifische SQL übersetzt werden können.
- *Pass-Through Facility:* Wird dagegen die Pass-Through Facility verwendet, ist der Vorteil der, dass ANSI-SQL auf direktem Weg an das DBMS zur Ausführung übergeben werden kann. Darüber hinaus akzeptiert die Pass-Through Facility auch Non-ANSI SQL und kann auch DBMS-spezifisches SQL direkt an das DBMS übergeben. Die Pass-Through Facility gilt diesbezüglich als ausgesprochen performant. Weitere Pass-Through Facility Optionen ermöglichen u.a. das Optimieren von Joins oder Queries. Im Zusam-

menspiel mit SAS/AF Anwendungen ermöglicht die Pass-Through Facility auch die Kontrolle über COMMIT und ROLLBACK. Ein Nachteil dieses Ansatzes kann je nach Anforderung sein, dass ggf. DBMS-spezifisches SQL selbst geschrieben werden muss.

Tracing der übergebenen SQL an das DBMS (SASTRACE)
Oft ist es hilfreich zu prüfen, welcher SQL Kode konkret an das DBMS übergeben wurde, und ob eine Operation in SAS oder im DBMS verarbeitet wurde. Die SAS Tracing Optionen (initialisiert mittels SASTRACE=) sind in solchen und anderen Fällen sehr hilfreich, um z.B. feststellen zu können, welcher SQL Kode (und damit welche Operation: Query, Join, usw.) konkret an das DBMS übergeben wurde, und ob eine Operation in SAS verarbeitet wird oder an das DBMS zur Verarbeitung übergeben wurde.

- PROC SQL ist z.B. nicht immer in der Lage, eine Query vollständig oder grundsätzlich an das DBMS zu übergeben. Falls PROC SQL nicht in der Lage ist, eine Query vollständig an das DBMS zu übergeben, versucht PROC SQL in manchen Fällen anschließend eine Subquery an das DBMS zu übergeben.
- Soll die Verarbeitung bestimmter Operationen im DBMS gezielt unterbunden werden, kann z.B. die LIBNAME Option DIRECT_SQL= eingesetzt werden.
- Bestimmte Umstände können z.B. verhindern, dass Operationen überhaupt nicht an das DBMS übergeben werden können, sondern in SAS selbst ausgeführt werden. Dazu zählen u.a. INTO-Klauseln, diverse Einstellungen bei Joins (s.u.), Remerges (Wiederzusammenführungen), Union Joins und z.B. trunkierte Vergleiche mittels EQT, GTT, LTT usw.

Die nächsten Abschnitte beschreiben PROC SQL Operationen, die SAS an das DBMS zur Verarbeitung übergeben kann, einschl. Funktionen, Joins und Operatoren, sowie WHERE-Klauseln.
Abschließend wird die Option DIRECT_EXE (seit SAS v9.1) vorgestellt. Die Option DIRECT_EXE ermöglicht in der LIBNAME-Anweisung das Übergeben einer SQL Anweisung direkt an ein DBMS. Die Performanz wird durch die Verwendung von DIRECT_EXE deutlich erhöht.

PROC SQL Operationen, die SAS an das DBMS übergeben kann
Die folgenden Abschnitte beschreiben diverse PROC SQL Operationen, die SAS an das DBMS zur Verarbeitung übergeben kann, darunter sind u.a.

- Zugriffe und Funktionen (ANSI SQL kompatibel vs. DBMS-spezifisch)
- Joins (Varianten, Operatoren, Einschränkungen), sowie
- WHERE-Klauseln (Missings (NULL-Werte) und SAS Funktionen).

7.6 Datenverarbeitung in SAS oder im DBMS: Abstimmen von SQL auf DBMS

1. Zugriffe und Funktionen (ANSI SQL kompatibel vs. DBMS-spezifisch)

Dieser Abschnitt beschreibt, auf welche Weise SAS mittels SAS/ACCESS Aggregierungsfunktionen in PROC SQL, ANSI SQL kompatibel oder auch DBMS-spezifisch an das DBMS zur Verarbeitung übergeben kann.

- *Pass-Through Facility:* Wird z.B. die Pass-Through Facility verwendet, kann SAS/ACCESS die Aggregierungsfunktionen MIN, MAX, AVG, MEAN, FREQ, N, SUM und COUNT direkt an das DBMS übergeben, weil dies ANSI SQL kompatible Aggregierungsfunktionen sind. Die Pass-Through Facility kann auch DBMS-spezifisches SQL direkt an das DBMS übergeben. Ein Nachteil der Pass-Through Facility ist, dass im Gegensatz zum LIBNAME-Statement viele der zahlreichen weiteren SAS Funktionen und Routinen nicht direkt an das DBMS übergeben werden können; es kann daher sein, dass ggf. DBMS-spezifischer SQL selbst geschrieben werden muss.
- *LIBNAME-Statement:* Wird dagegen das LIBNAME-Statement verwendet, so kann SAS/ACCESS andere SAS-Funktionen in DBMS-spezifische Funktionen übersetzen, die dann weiter an das DBMS übergeben werden, sofern das DBMS diese Funktionen unterstützt. Wegen dieses Übersetzungsvorgangs gilt die direkt übergebende Pass-Through Facility bei der Übergabe DBMS-kompatibler Aggregierungsfunktionen oft als performanter. Allerdings kann mittels der LIBNAME Option DIRECT_EXE eine SQL Anweisung (z.B. DELETE) direkt an ein DBMS übergeben werden. Kann SAS/ACCESS eine SAS Funktion in einer WHERE-Klausel nicht in eine DBMS-Funktion übersetzen, so ruft SAS alle Zeilen aus dem DBMS ab und wendet selbst die WHERE-Klausel auf diese an. Die Verwendung des LIBNAME hat darüber hinaus u.a. Auswirkungen auf das Verwenden der Join-Operatoren DISTINCT und UNION oder auch der Table Locks (s.u.).

Die Art und Menge der schlussendlich übersetzten bzw. direkt übergebenen SAS Funktionen können sich von DBMS zu DBMS unterscheiden. Für weiterführende Informationen wird auf die SAS Dokumentation verwiesen.

2. Joins (Varianten, Operatoren, Einschränkungen)

SQL Join-Statements gehören zu den SQL Statements, die SAS/ACCESS per Voreinstellung direkt zur Verarbeitung an das DBMS zu übergeben versucht. Das Verarbeiten von Joins im DBMS erhöht besonders bei großen Datenmengen deutlich die Performanz. Soll ein Join von zwei oder mehr Tabellen vorgenommen werden, kann SAS/ACCESS in vielen Fällen den Join an das DBMS zur Verarbeitung übergeben. Folgende Join-Varianten kommen für eine Übergabe an das DBMS in Frage:

- für alle DBMSs: Inner Joins zwischen zwei oder mehr Tabellen.
- für DBMSs, die (Standard) ANSI Outer Join (Standard) Syntax unterstützen: Outer Joins zwischen zwei oder mehr DBMS Tabellen.
- für ODBC und Microsoft SQL Server: Outer Joins zwischen zwei oder mehr Tabellen. Die Outer Joins dürfen dabei innerhalb einer Query nicht mit Inner Joins kombiniert werden.

- DBMSs, die Nonstandard Outer Join Syntax unterstützen (Oracle, Sybase und INFORMIX): Outer Joins zwischen zwei oder mehr Tabellen. Ggf. zusätzliche DBMS-spezifische Einschränkungen.

Bevor der Join ausgeführt wird, prüft PROC SQL anhand bestimmter Kriterien, ob das DBMS dazu überhaupt in der Lage ist. Falls möglich, übergibt PROC SQL den Join an das DBMS, das den Join ausführt und gibt nur die Ergebnisse an SAS zurück. Falls das DBMS nicht in der Lage ist, den Join auszuführen, verarbeitet PROC SQL den Join. Zu den DBMS-spezifischen Kriterien vgl. die technische Dokumentation von SAS.

Kann ein Join nicht an das DBMS zur direkten Verarbeitung übergeben werden, versucht PROC SQL in diesem Fall, die Tabellen in SAS selbst zu joinen. Die Optionen DBINDEX=, DBKEY= und MULTI_DATASRC_OPT= können dabei die Performanz optimieren helfen. Die Optionen DBKEY= und DBINDEX= können jedoch unter bestimmten Umständen allerdings auch die Performanz verschlechtern und unter bestimmten Umständen (z.B. doppelten Einträgen) sogar das Ergebnis einer Query beeinträchtigen. Für weiterführende Hinweise zu diesen Optionen wird auf die aktuelle technische SAS Dokumentation verwiesen.

Die Verwendung eines LIBNAME-Statement beim Datenzugriff führt zu Besonderheiten bei den Join-Operatoren DISTINCT und UNION: Bei einem LIBNAME-Statement werden DISTINCT und UNION im DBMS und nicht in SAS verarbeitet. Entdeckt PROC SQL bspw. einen DISTINCT-Operator, übergibt es diesen direkt an das DBMS. Nach der Überprüfung auf mehrfach vorkommende Zeilen gibt das DBMS nur noch die uniquen Zeilen an SAS zurück.

Einschränkungen beim Übergeben von Joins an das DBMS:
Grundsätzlich hängt ein erfolgreicher Join von der Art und Weise ab, wie das SQL geschrieben ist (Voreinstellungen, ANSI-kompatibel, DBMS_spezifisch), und ob und inwieweit das DBMS die generierte Syntax annimmt. Es gibt nun unterschiedliche Ursachen, warum ein Join-Statement in PROC SQL nicht an das DBMS zur weiteren Verarbeitung übergeben werden kann. Die folgenden Ursachen sind die häufigsten Gründe, warum Join-Statements nicht direkt an ein DBMS übergeben werden können:

- Die generierte SQL Syntax wird aus verschiedenen (überwiegend DBMS-spezifischen) Gründen nicht vom DBMS akzeptiert. In diesem Fall versucht PROC SQL die Tabellen in SAS zu joinen.
- Die SQL Query benötigt mehrere Librefs, die jedoch keine gemeinsamen Verbindungsmerkmale aufweisen (z.B. verschiedene Server, UserIDs usw.). In diesem Fall versucht PROC SQL nicht, die SQL Statements an das DBMS zur direkten Verarbeitung überzugeben.
- Die Verwendung von Data Set Optionen in einer Tabelle, die von der Query referenziert wird, führt automatisch dazu, dass das Statement nicht an das DBMS zur direkten Verarbeitung übergeben wird.

7.6 Datenverarbeitung in SAS oder im DBMS: Abstimmen von SQL auf DBMS   343

- Die Verwendung bestimmter LIBNAME-Optionen führt ebenfalls automatisch dazu, dass das Statement nicht an das DBMS zur direkten Verarbeitung übergeben wird. Zu diesen LIBNAME-Optionen zählen z.B. sog. Table Locks (READ_LOCK_TYPE= LIBNAME, UPDATE_LOCK_TYPE= LIBNAME).
- Bestimmte DIRECT_SQL=-Einstellungen führen ebenfalls dazu, dass Statements teilweise oder gar nicht an das DBMS übergeben werden. Bei YES (Voreinstellung) versucht PROC SQL Joins direkt an das DBMS zu übergeben. Falls das DBMS nicht in der Lage ist, den Join auszuführen, verarbeitet PROC SQL den Join in SAS. Bei NO werden keine SQL Joins an das DBMS übergeben (jedoch andere SQL Statements). Bei NOWHERE werden keine WHERE-Klauseln an das DBMS übergeben (jedoch andere SQL Statements). Bei NOFUNCTIONS werden keine Funktionen an das DBMS übergeben (jedoch andere SQL Statements). Bei NOGENSQL versucht PROC SQL nicht, die generierte Syntax für Joins direkt an das DBMS zu übergeben (jedoch andere SQL Statements). Bei NOMULTOUTJOINS werden keine multiplen Outer Joins an das DBMS übergeben (jedoch andere SQL Statements). Bei NONE werden überhaupt keine Statements an das DBMS übergeben.
- SAS Funktionen in der SELECT-Klausel können ebenfalls die Ursache dafür sein, dass Joins nicht an das DBMS übergeben werden, z.B. wenn das DBMS diese Funktionen nicht unterstützt.

3. WHERE-Klauseln: Missings (NULL-Werte) und SAS Funktionen

SAS versucht sich die Verarbeitungsfähigkeiten von DBMS zunutze zu machen, indem es WHERE-Klauseln in generierten SQL Kode übersetzt. Der Performanzgewinn v.a. bei sehr großen Datenmengen kann dabei beträchtlich sein. Bereits an einer früheren Stelle wurde auf diverse Empfehlungen für das Schreiben performanter WHERE-Klauseln verwiesen. Weitere Empfehlungen sind im Zusammenspiel mit DBMS sind:

- WHERE ist dann dem IF vorzuziehen, sofern ein DBMS für ein WHERE-Processing optimiert ist (Langston, 2005).
- Abstimmen der Programmierung von SQL Syntax auf Verarbeitungsort und -weise von Missings (NULL-Werten, NULL). Da die meisten DBMSs bei einer WHERE-Klausel in einer Query Missings ausschließen (SAS dagegen nicht), kann ein uneinheitlicher Umgang mit Missings zu unerwünschten Ergebnissen führen. Es ist daher zu entscheiden zwischen (z.B.) dem Hinzunehmen der Bedingung „... and VALUE is not missing" (bei Verarbeitung in SAS) und dem (ggf.) Weglassen dieser Bedingung bei der Weiterverarbeitung von Daten in non-SAS DBMS (vgl. bereits Kapitel 2).
- Wird ein LIBNAME-Statement verwendet, können SAS Funktionen in WHERE-Klauseln oft auch in DBMS-spezifische Funktionen übersetzt werden, damit sie an das DBMS übergeben werden können. Kann SAS eine SAS Funktion in einer WHERE-Klausel nicht in eine DBMS-Funktion übersetzen, so ruft SAS alle Zeilen aus dem DBMS ab und wendet selbst die WHERE-Klausel auf diese an.
- Um WHERE-Klauseln, SAS Funktionen oder generierten SQL Kode *nicht* an das DBMS zu übergeben, können z.B. die DIRECT_SQL=-Einstellungen NOGENSQL, NOWHERE

oder NOFUNCTIONS verwendet werden. Falls geeignet und richtig angewendet, können die Optionen DBINDEX=, DBKEY=, sowie MULTI_DATASRC_OPT= unter Umständen die Performanz erhöhen.
- Je nach Umständen ist auch das Anlegen und Verwenden eines Index empfehlenswert, falls z.B. die SAS Funktionen SUBSTR bzw. TRIM in der WHERE-Klausel verwendet werden.

Übergeben einer SQL Anweisung direkt an ein DBMS (DIRECT_EXE)
Die Option DIRECT_EXE (seit SAS v9.1) ermöglicht das Übergeben einer SQL Anweisung direkt an ein DBMS. Die Performanz kann durch die Verwendung von DIRECT_EXE deutlich erhöht werden. Das DELETE-Statement kann z.B. mittels der LIBNAME-Anweisung und DIRECT_EXE=DELETE direkt an das DBMS zur Ausführung übergeben werden (vorausgesetzt, es enthält keine WHERE-Klausel). SAS muss nun nicht mehr die ganze Tabelle lesen und Zeile für Zeile löschen, sondern PROC SQL übergibt das DELETE-Statement direkt an das DBMS, das dann in der Folge alle Zeilen (aber nicht die Tabelle) löscht.

Weitere Tipps und Tricks für Performanz:

VIO Methode
Das Prinzip der VIO Methode (VIO="virtual I/O") basiert darauf, dass temporäre SAS Verzeichnisse (z.B. WORK) als virtuelle I/O Dateien angesprochen werden. Die VIO Methode soll einerseits I/O Operationen verringern und andererseits Plattenplatz sparen helfen. Um die VIO Methode zu initialisieren, braucht nur UNIT=VIO als Engine-Option in LIBNAME (Statement oder Funktion) angegeben zu werden. Die VIO Methode steht gegenwärtig nur für die z/OS Betriebsumgebung zur Verfügung.

7.7 Schritt für Schritt zu mehr Performanz: Performanz als Strategie

Die in diesem Kapitel vorgestellten Maßnahmen können abschließend danach eingeteilt werden, ob sie eher Input/Output (I/O), CPU oder Arbeitsspeicher optimieren helfen. In Kombination, idealerweise sorgfältig aufeinander abgestimmt, sind sie in der Lage, ein SAS System in Richtung zu noch mehr Performanz zu optimieren.

Optimierung von Input/Output (I/O)
Input/Output (I/O) ist einer der wichtigsten Faktoren für die Performanz und ihre Optimierung. Input/Output (I/O) sind z.B. wiederholte Prozesse beim Lesen oder Suchen von Daten beim Management oder der Analyse von Daten. Um I/O zu optimieren, bietet SAS folgende Möglichkeiten und Maßnahmen:

- Die Datenlast auf die erforderlichen Tabellen, Daten bzw. Bytes reduzieren mittels u.a. DELETE, DROP/KEEP, WHERE/IF, OBS/FIRSTOBS oder auch LENGTH.
- Programme so schreiben, dass weniger Zugriffe und damit weniger Lese- oder Suchprozesse erforderlich sind, z.B. durch Indexing, „Abkürzungen", Views, Angeben von Engine.
- Das System so einstellen, dass es *mehr* Daten lesen bzw. suchen kann, sobald I/O Prozesse erforderlich sind, z.B. durch BUFNO/BUFSIZE, CATCACHE oder COMPRESS sowie SASFILE.

Optimierung der Verwendung des Arbeitsspeichers

Die Verwendung des Arbeitsspeicher (memory) kann ebenfalls optimiert werden. Der verfügbare Arbeitsspeicher kann z.B. vergrößert werden oder anderen Operationen nur begrenzt zur Verfügung gestellt werden. Die meisten anderen Maßnahmen gehen zulasten von I/O oder CPU. Um die Nutzung des Arbeitsspeicher zu optimieren, bietet SAS folgende Möglichkeiten und Maßnahmen:

- Die Vergrößerung des verfügbaren Arbeitsspeichers durch MEMSIZE/MEMLEAVE verringert jedoch die Zeit für u.a. das Lesen der Daten in den Arbeitsspeicher.
- Systemoptionen wie z.B. SORTSIZE= und SUMSIZE= grenzen z.B. den Arbeitsspeicher ein, der anderen Operationen wie z.B. Sortieren oder Aggregieren zur Verfügung gestellt wird.
- Selbstverständlich kann der verfügbare Arbeitsspeicher auch zulasten von I/O oder CPU optimiert werden, allerdings unter der Voraussetzung, dass die Nutzung des Arbeitsspeichers tatsächlich Priorität vor I/O oder CPU hat.

Optimierung der CPU-Leistung

Die CPU-Leistung kann durch das Optimieren von I/O Prozessen (z.B. dem Verringern ihrer Anzahl) oder durch die Vergrößerung des Arbeitsspeicher optimiert werden. Werden also I/O Prozesse oder Arbeitsspeicher optimiert, wird damit im Allgemeinen (aber nicht ausschließlich) auch die CPU-Zeit optimiert. Je nach Optimierung des Arbeitsspeichers kann damit anderen Prozessen (un)beabsichtigt weniger Speicher zur Verfügung stehen. Um CPU zu optimieren, bietet SAS folgende Möglichkeiten und Maßnahmen:

- Anwenden des Hash Programming. Die Verarbeitung von Daten findet im Speicher und nicht auf der Festplatte statt (vgl. Kapitel 6).
- Arbeiten mit sog. Stored Compiled DATA Step Programs anstelle des (wiederholten) Aufrufs von Data Steps. Auf diese Weise können DATA Steps einmalig geschrieben, kompiliert und im Anschluss daran mehrmals, v.a. auch durch andere SAS Anwendungen(!), aufgerufen werden.
- Verwendung des LENGTH-Statement. Die Byte-Zahl sollte einerseits dem verfügbaren Speicherplatz und andererseits der erforderlichen Präzision von Variablen entsprechen. Je

höher jedoch die Byte-Zahl von Variablen, desto langsamer sind die dazugehörigen Lese- und Speicherprozesse.
- Optimierung der Suchzeiten (z.B. PATH= Systemoption). Die am häufigsten verwendeten Verzeichnisse sollten an den Anfang der Liste gestellt werden, die am wenigsten verwendeten Verzeichnisse an ihr Ende.
- Parallel-Processing (siehe oben).

Zusammengenommen können diese zusammengestellten Maßnahmen die Optimierung von Input/Output (I/O), CPU und auch Arbeitsspeicher unterstützen. Die vorgestellten SAS Beispiele können neben dem „wie?" (als Hinweis auf eine möglicherweise optimierte Programmierung), auch als „wie lange?" als erste Hinweis als indirekte Einsparung von Programmier- *und* Systemzeit und damit auch konkreten materiellen Aufwänden („wieviel?") gesehen werden. Eine letzte noch unbekannte Größe ist jedoch das Testen der Effizienz der Maßnahmen und Programmbeispiele an den Tabellen und Daten des Systems des Anwenders. Diese Seite der Performanz hängt von vielen system-spezifischen Faktoren selbst ab (z.B. Tabellenzahl, Datendichte, Tabellenstruktur, wie auch z.B. Soft- und Hardware). Da sich nur schwer allgemeingültige Empfehlungen formulieren lassen, kommen Anwender in der Praxis um ein eigenes *Benchmarktesten*, an eigenen Daten, im eigenen System vor Ort, nicht herum.

Plane das Programm, programmiere den Plan, teste das Programm
Wie die vorangehenden Ausführungen zeigten, ist Performanz mehr als das Eingrenzen großer Tabellen durch Filtern, Komprimieren oder Umformatieren. Diese Techniken würden nur an den Tabellen selbst ansetzen. Performanz setzt im Prinzip zuallererst am Anwender und dann am System an. Performanz ist das Ergebnis, das Ziel einer *Strategie*. Am Anfang einer Strategie steht die Notwendigkeit, sich einen Überblick zu verschaffen, und *auch dafür* sich Ressourcen zu sichern.

Verschaffen Sie sich einen Überblick über die vorzunehmenden Prüfungen und Maßnahmen. Schaffen Sie dabei Prioritäten. Jeder Anwendungsbereich kann dabei andere Prioritäten haben. Generell haben *relevante* Datentabellen Vorrang vor *interessanten* Daten. In Data Warehouses haben u.a. Daten mit hohem ROI Vorrang vor Daten mit niedrigem ROI usw. In der Forschung haben z.B. sog. Primärvariablen Vorrang vor Sekundär-, sowie weiteren Variablen. Sind Sie nicht Anwender und Entscheider in Personalunion, versuchen Sie mit allen Parteien eine allgemein akzeptierte Prioritätenliste abzusprechen.

Dies ist in der Praxis nicht immer einfach, da unterschiedliche Anforderungen oft konfligieren können (z.B. effektive vs. schnell umsetzbare Maßnahmen), bzw. ein und derselben Anforderung oft unterschiedliche Prioritäten zugewiesen werden. Ein damit zusammenhängendes Problem ist auch, dass Kriterien für Performanz zwar objektiv und kontextunabhängig sein können, die Anforderungen seitens der Beteiligten an diese Kriterien jedoch oft subjektiv und kontextabhängig.

Die Festlegung von Kriterien für Performanz gehört zu den höchsten Anforderungen, der erfahrungsgemäß oft gleich mehrere Schwierigkeiten entgegenstehen können:

- Entscheider und manchmal auch Anwender können oder wollen nicht immer den Status Quo vor einer Maßnahme für mehr Performanz beurteilen. Ursachen sind oft mangelnde Zeit, fehlende Geduld und/oder nicht genügend technisches Verständnis für die Komplexität der erforderlichen Maßnahmen.
- Entscheider und manchmal auch Anwender können oder wollen nicht immer die erforderliche Komplexität der Performanzmaßnahmen kommunizieren. Erfahrungsgemäß anspruchsvoller ist diese Situation, wenn diese Maßnahmen externen Dritten (z.B. dem Controlling) kommuniziert werden sollen, die kaum technisches Wissen oder (oft schwieriger) ein Pseudo-Verständnis mitbringen.
- Eine Folge ist letztlich, dass erforderliche Performanzmaßnahmen oft nicht genügend priorisiert werden können. Manche Entscheider wollen dann entweder oft alles auf einmal, und zwar möglichst sofort, was aber de facto nicht funktionieren kann. Manche Entscheider begnügen sich u.U. mit kurzsichtigen, weil scheinbar kostengünstigen Kriterien, langfristig jedoch unzureichenden und ggf. noch teureren Folgen, was nur als strategischer bzw. selbstberuhigender Pseudoaktivismus anstelle der eigentlich erforderlichen Maßnahmen verstanden werden kann. Dies kann auf Dauer ebenfalls nicht funktionieren.

Setzen Sie die Prioritäten in konkrete Einzelmaßnahmen um. Wenn keine Einigung auf die jeweiligen Maximalanforderungen möglich ist, dann sollten wenigstens Mindesterfüllungsanforderungen formuliert sein. Prüfen Sie den Erfolg Ihrer Maßnahmen mittels Benchmarktests, z.B. anhand von CPU-Zeit, Plattenplatz, Zeitaufwand, Ausgaben für Hardware, zusätzlichen Datenmengen usw. Kommunizieren Sie Ihre Erfolge, schaffen Sie noch mehr Akzeptanz und holen bzw. fordern Sie noch mehr Unterstützung ein.

8 Hilfen, Tipps und Tricks

Dieses Kapitel umfasst vier thematisch etwas heterogene Unterkapitel zu unterschiedlichsten Facetten der Arbeit mit PROC SQL:

Abschnitt 8.1 führt z.B. in die Erfassung der Laufzeit von SAS Programmen als Schlüssel zur Performanz ein (vgl. Kapitel 7). Es werden vier Szenarien mit ihren jeweiligen Vor- und Nachteilen vorgestellt, wie die Laufzeit erfasst werden könnte, u.a. mit der SAS Option FULLSTIMER, sowie an einem überschaubaren Beispiel mit den sog. ARM Makros.
Abschnitt 8.2 führt in die Arbeit mit SAS Dictionaries ein. Dictionaries enthalten u.a. Informationen über Spalten/Variablen aus SAS Dateien, Verzeichnisse, SAS Tabellen und Views, SAS Kataloge und ihre Einträge, SAS Makros, sowie aktuelle Einstellungen des SAS Systems. Dieses Kapitel stellt drei exemplarische Anwendungen von Dictionaries vor; weitere Anwendungen sind über Band I und II verteilt.
Abschnitt 8.3 stellt diverse PROC SQL Anwendungen für Datenhandling und Datenstrukturierung zusammen, darin u.a. das Anlegen von „exotischen" Spaltennamen, das Anlegen eines Primärschlüssels (u.a. mittels MONOTONIC), das Segmentieren einer SAS Tabelle (MOD Funktion), die Definition eines Tagsets für den Export von SAS Tabellen ins CSV Format, sowie das Schützen von SAS Tabellen mittels Passwörtern.
Abschnitt 8.4 vergleicht das Aktualisieren von Tabellen mittels PROC SQL mit dem DATA Step. Das DATA Step UPDATE-Statement zeigt bei multiplen Einträgen und/oder Missings in ID ein Verhalten, das durchaus als kontraintuitiv, um nicht zu sagen: unerwünscht bezeichnet werden könnte. PROC SQL ist jedoch flexibel genug, die gewünschten Aktualisierungen durchzuführen.

8.1 Laufzeit als Schlüssel zur Performanz

Performanz lässt sich im Allgemeinen anhand dreier grundlegender Kriterien feststellen:

- Echtzeit,
- CPU-Zeit und
- Speicher (memory).

Die Echtzeit (real time) ist die chronologisch vergangene Zeit für die Verarbeitung von Daten. Die Echtzeit wird dabei von der Auslastung des Systems, der CPU und weiteren Faktoren beeinflusst. Je mehr Anwender auf dasselbe System zugreifen, umso weniger CPU steht einem einzelnen Anwender zur Verfügung. Als aufschlussreicheres Maß gilt daher die CPU-Zeit. Die CPU-Zeit (CPU time) ist die tatsächliche Zeit, die eine CPU unabhängig von Auslastung und weiteren Faktoren für die Verarbeitung von Daten benötigt (für eine Unterscheidung der CPU-Zeit in Anwender- und System-CPU-Zeit vgl. den Ansatz zur FULLSTIMER Option). Für eine Beurteilung von Echt- und CPU-Zeit ist es oft auch hilfreich, eine Relation bzw. einen Quotienten aus den Messungen für Echt- und CPU-Zeit zu bilden (vgl. Szenario II). Wenn die Echt- der CPU-Zeit entspricht, sollte dabei der Quotient idealerweise 1 : 1 sein. In Systemen, die an der Grenze ihrer Auslastung sind, können durchaus Relationen wie z.B. 20 : 1 erreicht werden. In Spitzenzeiten, wenn z.B. Jahres, Quartals- und Monatsabschlüsse zusammenfallen, können sogar noch schlechtere Relationen auftreten. Einen ergänzenden Hinweis zur CPU liefert die Information zum in Anspruch genommenen Speicher (Memory, s.u.).

Die folgenden Szenarios werden mehrere Möglichkeiten vorstellen, die Performanz (Laufzeit) von SAS Prozessen zu messen. Allen vorgestellten Szenarios geht eine Abfolge von DATA Step und SQL Schritten voran, deren Laufzeit mittels der unterschiedlichen Ansätze bestimmt werden soll. Die Ableitung von Maßnahmen ist nicht Gegenstand dieses Abschnitts.

Grundsätzlich gilt: Je niedriger CPU-Zeit *und* Echtzeit, umso weniger Zeit benötigt SAS für die Verarbeitung von Daten. Je ungünstiger das Verhältnis von Echtzeit zu CPU-Zeit, umso eher sind eine auf ein suboptimales System angepasste Verarbeitung (z.B. in eigens eingerichteten Zeitfernstern) und ggf. darüber hinaus systemseitige Optimierungen empfehlenswert. Die vorgestellten Ansätze werden stichwortartig mit Vor- und Nachteilen beschrieben.

Übersicht:

- Szenario I: Standardeinstellung: CPU-Zeit vs. Echtzeit
- Szenario II: Option FULLSTIMER: CPU-Zeit, Echtzeit und Speicher.
- Szenario III: Aggregierende Bestimmung der Laufzeit (Makro)
- Szenario IV: Differenzierte Bestimmung der Laufzeit (ARM Makros)

Exemplarische Programmabfolge, deren Laufzeit bestimmt werden soll. Auf diese Programmabfolge wird im SAS Code der dargestellten Ansätze immer mit „/* hier zu messenden Programmblock platzieren */" referenziert.

```
data test1 ;
   do i = 1 to 10000000;
      x = 10 * ranuni(1234);
      y = 1 + 2 * sqrt(x) + .5 * rannor(5678);
      output ;
      end ;
run ;
```

8.1 Laufzeit als Schlüssel zur Performanz

```
data test2 ;
  do i = 1 to 10000000;
    x = 10 * ranuni(1234);
    y = 1 + 2 * sqrt(x) + .5 * rannor(5678);
    output ;
    end ;
run ;

data test3 ;
  do i = 1 to 10000000;
    x = 10 * ranuni(1234);
    y = 1 + 2 * sqrt(x) + .5 * rannor(5678);
    output ;
    end ;
run ;

proc sql ;
      create table ALLE as
          select * from TEST1
              union all
          select * from TEST2
              union all
          select * from TEST3 ;
quit ;
```

Hinweis: Anwender erreichen gezielt deutlich ungünstigere Laufzeiten, wenn sie parallel zur Ausführung dieser Programmabfolge weitere CPU-intensive Prozesse im Hintergrund initiieren (sofern es die jeweilige SAS Umgebung dies zulässt).

Szenario I: Standardeinstellung: CPU-Zeit vs. Echtzeit

Vorteile:
- Standardeinstellung, muss nicht explizit angegeben werden.
- Misst jeweils die Laufzeit einzelner Programmabschnitte.

Nachteile:
- Die Gesamtlaufzeit aller einzelnen Programme wird nicht ermittelt. Misst jeweils nur die Laufzeit einzelner Programmabschnitte.
- Weitere Parameter (z.B. Memory) werden nicht ermittelt.

SAS Code:

```
/* hier zu messenden Programmblock platzieren */
/* hier zu messenden Programmblock platzieren */
```

Ausgabe im SAS Log:

(Ausgabe gekürzt)

```
HINWEIS: Die Datei WORK.TEST1 weist 10000000 Beobachtungen und 3 Variablen
auf.
HINWEIS: DATA-Anweisung benötigt. (Gesamtverarbeitungszeit):
         Echtzeit              27.62 Sekunden
         CPU-Zeit              11.40 Sekunden
```

(Ausgabe gekürzt)

```
HINWEIS: Tabelle WORK.ALLE wurde erstellt mit 30000000 Zeilen und 3 Spalten.

HINWEIS: PROZEDUR SQL benötigt. (Gesamtverarbeitungszeit):
         Echtzeit              5:21.45
         CPU-Zeit              44.07 Sekunden
```

Für das Anlegen z.B. der Tabelle WORK.ALLE vergingen in Echtzeit 5 Minuten und 21,45 Sekunden. Die CPU benötigte für diese Aufgabe jedoch nur 44,07 Sekunden.

Szenario II: Option FULLSTIMER: CPU-Zeit, Echtzeit und Speicher

Vorteile:
- Muss nur einmal als Systemoption angegeben werden, vorausgesetzt, dass man dazu die entsprechenden Administratorrechte hat. Auf anderen Betriebssystemen sind ggf. andere Einstellungen erforderlich.
- Misst jeweils die Laufzeit einzelner Programmabschnitte.
- Weitere Parameter (z.B. Memory) werden ermittelt.

Nachteile:
- Die Gesamtlaufzeit aller einzelnen Programme wird nicht ermittelt.

SAS Code:

```
options fullstimer ;

/* hier zu messenden Programmblock platzieren */
/* hier zu messenden Programmblock platzieren */
```

Ausgabe im SAS Log:

(Ausgabe gekürzt)

```
HINWEIS: Die Datei WORK.TEST1 weist 10000000 Beobachtungen und 3 Variablen auf.
```

8.1 Laufzeit als Schlüssel zur Performanz 353

```
HINWEIS: DATA-Anweisung benötigt. (Gesamtverarbeitungszeit):
         Echtzeit              37.53 Sekunden
         Benutzer-CPU-Zeit      8.67 Sekunden
         System-CPU-Zeit        2.29 Sekunden
         Memory                           152k
```

(Ausgabe gekürzt)

```
HINWEIS: Tabelle WORK.ALLE wurde erstellt mit 30000000 Zeilen und 3 Spalten.

HINWEIS: PROZEDUR SQL benötigt. (Gesamtverarbeitungszeit):
         Echtzeit              3:15.65
         Benutzer-CPU-Zeit     27.81 Sekunden
         System-CPU-Zeit        9.42 Sekunden
         Memory                           206k
```

Für das Anlegen z.B. der Tabelle WORK.ALLE vergingen in Echtzeit 3 Minuten und 15,65 Sekunden. Die Benutzer-CPU-Zeit (die Zeit, die die CPU braucht, um den SAS Code auszuführen) benötigte für diese Aufgabe jedoch nur 27,81 Sekunden. Die System-CPU-Zeit (die CPU-Zeit, die für weitere Aufgaben im Zusammenhang mit dem auszuführenden SAS Prozess verbraucht wurde) betrug für diese Aufgabe 9,42 Sekunden. *Hinweis:* Beim Multi-Threading und dem Verarbeiten mittels mehrerer CPUs kann die CPU-Zeit durchaus höher als die Echtzeit sein.

Zusätzlich wird der in Anspruch genommene Speicher (Memory) ausgegeben. Eine Erweiterung des Arbeitsspeichers (z.B. per SAS Software Option MEMSIZE) oder auch per Hardware kann wiederum die CPU-Zeit senken. Am Ende dieses Kapitels wird gezeigt, wie detaillierte Informationen zur Speichernutzung mittels PROC OPTIONS abgefragt werden können.

Szenario III: Aggregierende Bestimmung der Laufzeit (Makro)

Vorteile:
- Muss nur am Anfang und Ende eines Blocks von auszuführenden Programmen angegeben werden.
- Makro misst Gesamtlaufzeit der ausgeführten Programme

Nachteile:
- Misst nicht die Laufzeit einzelner Programmunterabschnitte. Um auch die Laufzeit einzelner Programmunterabschnitte zu bestimmen, müsste das Makro jeweils an den gewünschten Stellen im SAS Code platziert werden.
- Weitere Parameter (z.B. Memory) werden nicht ermittelt.

SAS Code:

```
%let start=%sysfunc(datetime(),);
%put -------- Beginn Laufzeitmessung:
    %sysfunc(putn(&start,datetime40.))--------;

/* hier zu messenden Programmblock platzieren */
/* hier zu messenden Programmblock platzieren */

%let end=%sysfunc(datetime(),);
%put -------- Ende der Laufzeitmessung:
    %sysfunc(putn(&end,datetime40.))--------;
%put -------- Gesamtdauer: %sysfunc(putn(%sysevalf(&end -
&start),time12.4) )--------;
```

Ausgabe im SAS Log:

```
                    (Ausgabe gekürzt)
-------- Beginn Laufzeitmessung: 01NOV2010:09:51:11--------
                    (Ausgabe gekürzt)
-------- Ende der Laufzeitmessung: 01NOV2010:09:56:02--------
-------- Gesamtdauer: 0:04:51.5000 --------
```

Aus Beginn (vgl. „01NOV2010:09:51:11") und Ende (vgl. „01NOV2010:09:56:02") der Laufzeitmessung wird automatisch die Differenz ermittelt und als Gesamtlaufzeit der ausgeführten Programme ins SAS Log ausgegeben, hier z.B. als Gesamtdauer von exakt 4 Minuten und 51,0000 Sekunden. Die Ausgabe ist bis auf vier Stellen nach dem Sekundenkomma genau. Dass nach dem Sekundenkomma drei Nullen nach der 5 ausgegeben werden, ist Zufall und nicht durch eine Trunkierung verursacht.

Szenario IV: Differenzierte Bestimmung der Laufzeit (ARM Makros)

Vorteile:
- In der einfachsten Variante braucht das Messen der auszuführenden Programme nur über SAS Optionen initialisiert werden.
- Makros messen die Laufzeit einzelner Programmunterabschnitte und -unterprozesse.
- ARM Makros erlauben Gesamtlaufzeit der ausgeführten Programme zu messen.
- Weitere Parameter können ermittelt werden.
- Auch parallele Prozesse können erfasst werden.

Nachteile:
- Für die Auswertung der erhobenen Messungen müssen eigene ARM Makros, %ARMPROC und %ARMJOIN, initialisiert werden (vgl. Abschnitt „PostProcess").
- Die Definition diverser Parameter ist unklar dokumentiert.

8.1 Laufzeit als Schlüssel zur Performanz

- Die zu messenden SAS Programme müssen u.U. um Aufrufe der ARM Makros erweitert werden.
- Mit der Flexibilität des Messens auch paralleler Prozesse geht eine zunehmende Komplexität von Programmierung und Analyse einher.

SAS Code:

```
* ---------------------*
| Settings for Logging |
* ---------------------*;
options armloc="C:\ARM_Analysis\ARMLOG.LOG"
        armsubsys=(ARM_ALL);


* -------------------------*
| ARM monitored SAS process |
* -------------------------*;
/* hier zu messenden Programmblock platzieren */
/* hier zu messenden Programmblock platzieren */


* ------------------------*
| Settings for PostProcess |
*-------------------------*;
libname ARM_data v9   "C:\ARM_Analysis";
filename ARMLOG "C:\ARM_Analysis\ARMLOG.LOG";
%armproc(lib=ARM_data, log=C:\ARM_Analysis\ARMLOG.LOG);
%armjoin(libin=ARM_data,libout=ARM_data);    .
run;


* -------------------*
| Logging Analysis   |
*--------------------*;
title "ARM Logging Analysis";
    proc print data=ARM_data.UPDATE ;
    run;
```

PROC PRINT gibt den Inhalt der SAS Datei UPDATE aus.

```
        proc summary data=ARM_data.UPDATE   nway missing ;
        var txusrcpu ;
        output out= ARM_STATS
             N=N_Measurements
             sum=txusrcpu_SUM ;
        run ;
```

PROC SUMMARY legt die Anzahl bzw. Gesamtsumme der Messungen von TXUSRCPU in die Felder „N_Measurements" bzw. „txusrcpu_SUM" in die Datei ARM_STATS ab. TXUSRCPU bezeichnet die Benutzer-CPU-Zeit für eine bestimmte Transaktion.

```
proc print data= ARM_STATS noobs ;
var   N_Measurements txusrcpu_SUM ;
run ;
```

PROC PRINT gibt den Inhalt der SAS Datei ARM_STATS aus.

```
proc summary data=ARM_data.UPDATE nway missing     ;
class txshdl ;
var txusrcpu ;
output out= ARM_STATS2
     N=N_Measurements
     sum=txusrcpu_SUM
     mean=txusrcpu_MEAN;
run ;
```

PROC SUMMARY ermittelt die Anzahl, Summe und Mittelwert der TXUSRCPU-Messungen *für jeden Start Handle* und legt die Aggregierungen in die Felder „N_Measurements", „txusrcpu_SUM" und „txusrcpu_MEAN" der Datei ARM_STATS2 ab.

```
proc print data= ARM_STATS2 noobs ;
var txshdl N_Measurements txusrcpu_SUM txusrcpu_MEAN ;
run ;
```

PROC PRINT gibt den Inhalt der SAS Datei ARM_STATS2 aus.

```
proc print data=ARM_data.init ;
run ;
```

PROC PRINT gibt den Inhalt der SAS Datei INIT aus.

Inhalt des später weiterverarbeiteten ARM Logs (ARMLOG.LOG):

I,1509540049.671000,1,0.375000,0.359375,SAS,CFG Schendera
G,1509540049.671000,1,1,MVA_DSIO.OPEN_CLOSE,DATA SET OPEN/CLOSE,LIBNAME,ShortStr,MEMTYPE,ShortStr,MEMNAME,LongStr
G,1509540049.671000,1,2,PROCEDURE,PROC START/STOP,PROC NAME,ShortStr
S,1509540049.687000,1,2,1,0.390625,0.359375,DATASTEP
S,1509540049.687000,1,1,2,0.390625,0.359375,WORK   ,DATA   ,TEST1
U,1509540049.687000,1,1,2,0.390625,0.359375,2,VAR(1,i),DEF
U,1509540049.687000,1,1,2,0.390625,0.359375,2,VAR(1,x),DEF
U,1509540049.687000,1,1,2,0.390625,0.359375,2,VAR(1,y),DEF   *(Ausgabe gekürzt)*

Ausgabe ab „Logging Analysis"

PROC PRINT gibt den Inhalt der SAS Datei UPDATE aus.

```
                           ARM Logging Analysis

                                 f                        t
                                 m                        x
                   t             t                  u     u
       B  a   c    x      2                         p     s         t
       e  p   l    s      B                         d     r         x
       o  p   s    h      u                         t     c         c
       b  i   i    d      f                         d     p         p
       .  d   d    l      f                         t     u         u

   1   1  1   2   VAR(1,i),DEF   10APR2011:06:36:27.484  0:00:00.375000  0:00:00.546875
   2   1  1   2   VAR(1,x),DEF   10APR2011:06:36:27.484  0:00:00.375000  0:00:00.546875
   3   1  1   2   VAR(1,y),DEF   10APR2011:06:36:27.484  0:00:00.375000  0:00:00.546875
   4   1  1   4   VAR(1,i),DEF   10APR2011:06:36:27.546  0:00:00.375000  0:00:00.546875
   5   1  1   4   VAR(1,x),DEF   10APR2011:06:36:27.546  0:00:00.375000  0:00:00.546875
   6   1  1   4   VAR(1,y),DEF   10APR2011:06:36:27.546  0:00:00.375000  0:00:00.546875
   7   1  1   6   VAR(1,i),DEF   10APR2011:06:36:27.578  0:00:00.390625  0:00:00.562500
   8   1  1   6   VAR(1,x),DEF   10APR2011:06:36:27.578  0:00:00.390625  0:00:00.562500
   9   1  1   6   VAR(1,y),DEF   10APR2011:06:36:27.578  0:00:00.390625  0:00:00.562500
  10   1  1   8   VAR(1,i),SEL   10APR2011:06:36:27.734  0:00:00.390625  0:00:00.593750
  11   1  1   8   VAR(1,x),SEL   10APR2011:06:36:27.734  0:00:00.390625  0:00:00.593750
  12   1  1   8   VAR(1,y),SEL   10APR2011:06:36:27.734  0:00:00.390625  0:00:00.593750
  13   1  1   9   VAR(1,i),SEL   10APR2011:06:36:27.750  0:00:00.390625  0:00:00.593750
  14   1  1   9   VAR(1,x),SEL   10APR2011:06:36:27.750  0:00:00.390625  0:00:00.593750
  15   1  1   9   VAR(1,y),SEL   10APR2011:06:36:27.750  0:00:00.390625  0:00:00.593750
  16   1  1  10   VAR(1,i),SEL   10APR2011:06:36:27.750  0:00:00.390625  0:00:00.593750
  17   1  1  10   VAR(1,x),SEL   10APR2011:06:36:27.750  0:00:00.390625  0:00:00.593750
  18   1  1  10   VAR(1,y),SEL   10APR2011:06:36:27.750  0:00:00.390625  0:00:00.593750
  19   1  1  11   VAR(1,i),DEF   10APR2011:06:36:27.750  0:00:00.390625  0:00:00.593750
  20   1  1  11   VAR(1,x),DEF   10APR2011:06:36:27.750  0:00:00.390625  0:00:00.593750
  21   1  1  11   VAR(1,y),DEF   10APR2011:06:36:27.750  0:00:00.390625  0:00:00.593750
```

Legende:

appid: App ID.   *clsid:* Txn Class ID.
txshdl: Start Handle   *fmt2Buff:* Format 2 Data Buffer
updtdt: Txn Update Datetime.   *txusrcpu:* Txn User CPU Time
txcpu: Txn System CPU Time.

PROC SUMMARY ermittelte die Anzahl und Summe der TXUSRCPU-Messungen. Es liegen 21 Messungen (vgl. „N_Measurements") und eine Summe von 8,11 Sekunden vor (vgl. „txusrcpu_SUM").

```
N_Measurements        txusrcpu_SUM

      21              0:00:08.109375
```

PROC SUMMARY ermittelte auch die Anzahl, Summe und Mittelwert der TXUSRCPU-Messungen *pro Start Handle*. Die Übersicht zeigt, dass die Start Handles 2 und 4 am schnellsten durchlaufen werden und insgesamt am wenigsten Benutzer-CPU-Zeit benötigen.

```
txshdl    N_Measurements    txusrcpu_SUM      txusrcpu_MEAN

  2            3             0:00:01.125000    0:00:00.375000
  4            3             0:00:01.125000    0:00:00.375000
  6            3             0:00:01.171875    0:00:00.390625
  8            3             0:00:01.171875    0:00:00.390625
  9            3             0:00:01.171875    0:00:00.390625
 10            3             0:00:01.171875    0:00:00.390625
 11            3             0:00:01.171875    0:00:00.390625
```

PROC PRINT gibt abschließend den Inhalt der SAS Datei INIT wieder. Darin sind u.a. der Name der Anwendung („SAS"), ihr Anwender, sowie das Datum protokolliert.

```
Beob.   appid    appname      appuser              initdt

  1       1        SAS      CFG Schendera    10APR2011:06:36:27.234
```

Das folgende Beispiel zeigt abschließend, wie detaillierte Informationen zur Speichernutzung mittels PROC OPTIONS abgefragt werden können.

proc options group=memory ;
run ;

Ausgabe im SAS Log:

```
SAS (r) Proprietary Software Release 9.1  TS1M3


SORTSIZE=67108864    Größenparameter für SORT
SUMSIZE=0            Obergrenze für datenabhängige Speichernutzung bei Ver-
dichtung
MAXMEMQUERY=0        Maximum amount of memory returned when inquiring as to
available space
MEMBLKSZ=16777216    Size of memory blocks allocated to support MEMLIB and
MEMCACHE options.
MEMMAXSZ=2147483648  Maximum amount of memory allocated to support MEMLIB and
MEMCACHE options.
LOADMEMSIZE=0        vorgeschlagene Speichergrenze für geladene SAS-exes
MEMSIZE=0            Gibt die Grenze für den Speicher an, der vom SAS System
verwendet werden kann
```

REALMEMSIZE=0   Grenze für den reellen Speicher, der vom SAS System verwendet werden kann

Die einzelnen Parameter für den Speicher werden in einem in SAS noch manchmal anzutreffenden Gemisch aus Deutsch und Englisch ausgegeben und kommentiert.

8.2 Bescheid wissen: SAS Dictionaries

Albert Einstein wird das Bonmot zugeschrieben: „Man muss nicht alles wissen. Man muss aber wissen, wo es nachzulesen ist". Dasselbe gilt für die Informationen im SAS System. Wo können also die umfangreichen Informationen über Verzeichnisse, SAS Tabellen und Views, SAS Kataloge usw. im SAS System nachgelesen werden? Solche Informationen legt SAS in sog. Dictionaries ab. Dictionaries liegen in der Form von read-only SAS Tabellen und SAS Views vor und enthalten u.a. Informationen über

- SAS Daten Verzeichnisse,
- Spalten/Variablen in SAS Dateien und ihre Attribute,
- SAS Tabellen und Views,
- SAS Kataloge und ihre Einträge,
- SAS Makros, sowie
- aktuelle Einstellungen in den Optionen des SAS Systems, Indexe, ODS Stile, usw.

Der Inhalt dieser Dictionaries ist dabei bereits als Information (z.B. als Ergebnis einer SQL Abfrage), aber auch z.B. als weiterer Input für weitergehende Anwendungen sehr nützlich. Am Ende dieses Abschnitts sind z.B. drei Anwendungen zusammengestellt:

- Beispiel 1: Das Makro WO_IST_VAR zum Suchen des Speicherorts bestimmter Variablen,
- Beispiel 2: Das Makro N_ZEILEN zum Abfragen der Anzahl der Zeilen einer bestimmten Tabelle, sowie
- Beispiel 3: Das Umbenennen kompletter Variablenlisten mit Hilfe der View SASHELP.VCOLUMN.

Weitere Beispiele für den Abruf von Systeminformationen sind im Kapitel zu SAS Makros zusammengestellt. Abschnitt 4.7 stellt diverse Makros für den Abruf von Informationen aus den SAS Dictionaries vor, z.B. der Suche nach der Bezeichnung einer Option, Einstellung oder Beschreibung.

Der Zugriff auf Dictionaries mittels PROC SQL gilt als die effizienteste Möglichkeit, sich Metadaten ausgeben zu lassen (u.a. vorhandene Verzeichnisse und die Art und Anzahl der darin enthaltenen Dateien). Dictionaries können auch mit dem DATA Step, anderen SAS Prozeduren und auch als SAS Makro abgefragt werden, allerdings gilt der Zugriff mittels PROC SQL als am effizientesten bzw. schnellsten.

Bei der Abfrage einer Dictionary wird ein Prozess gestartet, in dessen Verlauf SAS die zu dieser Tabelle gehörenden aktuellen Informationen temporär zusammenstellt. Mittels SQL kann der Zugriff auf eine Dictionary z.B. folgendermaßen aussehen. Bei der Abfrage ist immer auch das Präfix „DICTIONARY" (Abfrage als Tabelle) bzw. „SASHELP" bei der Abfrage als SAS View anzugeben:

```
proc sql;
   describe table
        DICTIONARY.MEMBERS;
```

Bei jeder Abfrage einer Dictionary initialisiert SAS einen neuen Prozess des Aktualisierens und Zusammenstellens von Informationen. Wenn es absehbar ist, dass dieselbe Dictionary mehrmals hintereinander abgefragt wird, ist es oft effizienter, die betreffende Dictionary z.B. als temporären Datensatz anzulegen und dann mit diesem weiterzuarbeiten. Auf diese Weise ist das wiederholte Aktualisieren der Informationen nicht mehr erforderlich.

Die folgende Übersicht soll einen ersten Eindruck von den in SAS verfügbaren Meta-Informationen vermitteln.

Bezeichnung als Tabelle	…enthält Informationen über…	Bezeichnung als View
DICTIONARY.CATALOGS	SAS Kataloge und ihre Einträge.	SASHELP.VCATALG
DICTIONARY.COLUMNS	Spalten/Variablen in SAS Dateien und ihre Attribute.	SASHELP.VCOLUMN
DICTIONARY.DICTIONARIES	Alle DICTIONARY Tabellen.	SASHELP.VDCTNRY
DICTIONARY.EXTFILES	Filerefs und externe Speicherorte externer Dateien.	SASHELP.VEXTFL
DICTIONARY.INDEXES	Indexe für bestimmte SAS Dateien.	SASHELP.VINDEX
DICTIONARY.MEMBERS	SAS Dateien.	SASHELP.VMEMBER
DICTIONARY.OPTIONS	Gegenwärtige Einstellungen in den Optionen des SAS Systems.	SASHELP.VOPTION
DICTIONARY.STYLES	ODS Stile.	SASHELP.VSTYLE
DICTIONARY.TABLES	SAS Dateien und Views	SASHELP.VTABLE
DICTIONARY.VIEWS	SAS Views	SASHELP.VVIEW

8.2 Bescheid wissen: SAS Dictionaries

Beachten Sie, dass SAS denselben Inhalt („…enthält Informationen über…", Spalte mitte) einmal als SAS Tabelle (links) und einmal als SAS View (rechts) bereitstellt. Keinesfalls soll der Eindruck erweckt werden, dass die Übersicht alle in SAS verfügbaren Meta-Informationen wiedergibt. SAS stellt noch viele weitere Tabellen und Views für Dictionaries zur Verfügung, u.a. für

- Prüfregeln (DICTIONARY.CHECK_CONSTRAINTS / SASHELP.VCHKCON),
- Makros (DICTIONARY.MACROS / SASHELP.VMACRO), sowie
- Überschriften (DICTIONARY TITLES / SASHELP.VTITLE).
- Seit SAS v9.2 kamen neu hinzu: FUNCTIONS, INFOMAPS und DESTINATIONS, andere wurden in ihrer Funktionalität erweitert, z.B. DICTIONARY.EXTFILES.

Abfrage einer Dictionary als Tabelle und auch als View

Um sich eine Dictionary als Tabelle anzusehen, braucht nur ein DESCRIBE TABLE Befehl abgeschickt zu werden. Für die Abfrage einer Dictionary als SAS Views braucht nur der Befehl DESCRIBE VIEW abgeschickt zu werden (DESCRIBE VIEW kann neben den speziellen SASHELP Views auf jede andere View angewendet werden). In den beiden folgenden Beispielen wird jeweils der Katalog für SAS Dateien aufgerufen; einmal als Tabelle MEMBERS und einmal als View VMEMBER. Das DESCRIBE TABLE/VIEW-Statement schreibt z.B. ein SELECT-Statement für Views in das SAS Log, z.B. gibt die u.a. abgeschickte SQL Syntax die nachfolgende Ausgabe aus.

Syntax zur Abfrage als Tabelle:

```
proc sql;
   describe table
         DICTIONARY.MEMBERS;
```

Ausgabe:

```
HINWEIS: SQL-Tabelle DICTIONARY.MEMBERS wurde erstellt wie:

create table DICTIONARY.MEMBERS
  (
   libname char(8) label='Bibliotheksname',
   memname char(32) label='Membername',
   memtype char(8) label='Membertyp',
   dbms_memtype char(32) label='DBMS Member Type',
   engine char(8) label='Enginename',
   index char(32) label='Indizes',
   path char(1024) label='Pfadname'
  );
```

Syntax zur Abfrage als View:

```
proc sql;
    describe view
            SASHELP.VMEMBER ;
```

Ausgabe:

```
HINWEIS: SQL-View SASHELP.VMEMBER ist definiert als:

      select *
        from DICTIONARY.MEMBERS;
```

Hinweis: Das ausgegebene SELECT-Statement zur Abfrage einer Dictionary als SAS View ergibt, dass SASHELP Views eine Teilmenge der Dateien-Dictionary MEMBERS sind.

Verfeinern der Abfrage einer Dictionary (WHERE)

Ist einmal die SAS-interne Definition einer Dictionary bekannt, können SQL Abfragen anhand der gezielten Angabe von Dictionary Spalten und WHERE-Klauseln zur gezielteren Abfrage weiterer Information verfeinert werden.

In den beiden folgenden SQL Beispielen werden ausgewählte Spalten (LIBNAME, MEMNAME, usw.) und eine WHERE-Klausel zur Abfrage einer Dictionary an SAS übergeben.

```
proc sql;
select Libname, memname, memtype, nobs
from sashelp.VTABLE
where Libname="SASHELP";
quit;
```

Das Ergebnis der Abfrage der View SASHELP.VTABLE ist der Speicherort („SASHELP"), Member Name (Tabellenname), Typ des Members (Daten) und Anzahl der Fälle in der jeweiligen Tabelle.

Library Name	Member Name	Member Type	Number of Observations
SASHELP	ACCBW	DATA	553
SASHELP	ACCBWMT	DATA	14
SASHELP	ACCPEO . . .		

```
proc sql;
        select Libname, memname, memtype, nobs
        from dictionary.tables
        where Libname="PFAD";
quit ;
```

8.2 Bescheid wissen: SAS Dictionaries

Das Ergebnis der Abfrage der Tabelle DICTIONARY.TABLES ist ebenfalls der Speicherort („PFAD"), Member Name (Tabellenname), Typ des Members (Daten) und die Anzahl der Fälle in der jeweiligen Tabelle.

Library Name	Member Name	Member Type	Number of Observations
PFAD	ALLE	DATA	10
PFAD	MYDATA1	DATA	500
PFAD	MYDATA2	DATA	500
PFAD	. . .		

Beispiel 1: Finden des Speicherorts bestimmter Variablen (Makro WO_IST_VAR)
Der Zugriff auf SAS Dictionaries ist dann sehr nützlich, wenn man z.B. den Speicherort bestimmter Variablen sucht, z.B. in Form einer SQL Abfrage oder eines SAS Makros. Die Frage also, „wo ist gerade die Variable xy abgelegt", kann im Folgenden mittels einer SQL Abfrage und anschließend in Form eines kleinen Makros beantwortet werden.

Die folgende SQL Abfrage greift z.B. auf das Dictionary DICTIONARY.COLUMNS zu. DICTIONARY.COLUMNS enthält u.a. Informationen über Spalten in Tabellen. Mittels WHERE= werden das abzusuchende Verzeichnis („Bibliotheksname", „Library", z.B. „SASHELP") und der Name der gesuchten Spalte/Variable („ACTUAL") an SAS übergeben. Diese Programmvariante unterscheidet zwischen Groß- und Kleinschreibung.

```
proc sql ;
    select libname, memname, name from DICTIONARY.COLUMNS
        where libname="SASHELP" and name="ACTUAL" ;
quit ;
```

Als Ergebnis werden von SAS das abgesuchte Verzeichnis („Bibliotheksname"), die Namen der gefundenen Tabellen („Membername", z.B. SASHELP.PRDSAL3) und der Name der darin gefundenen Spalte („Spaltenname", z.B. ACTUAL) ausgegeben:

Bibliotheksname	Membername	Spaltenname
SASHELP	PRDSAL2	ACTUAL
SASHELP	PRDSAL3	ACTUAL
SASHELP	PRDSALE	ACTUAL

Das Makro WO_IST_VAR erlaubt ebenfalls den Speicherort bestimmter Variablen durch die Abfrage der DICTIONARY.COLUMNS zu finden. Im Gegensatz zur vorangehenden SQL Abfrage ist in der WHERE-Klausel zusätzlich die Bedingung nach dem MEMTYPE als Daten aufgenommen.

```
%macro WO_IST_VAR(LIBRARY, COLUMN);
proc sql;
      select LIBNAME, MEMNAME
      from DICTIONARY.COLUMNS
      where LIBNAME="&LIBRARY." and NAME="&COLUMN."
              and MEMTYPE="DATA";
quit;
%MEND WO_IST_VAR ;
```

PROC SQL greift auf die SAS systeminterne Tabelle DICTIONARY.COLUMNS zu. COLUMNS enthält Informationen über Spalten in Tabellen. Nach WHERE= werden das Verzeichnis („LIBRARY"), der Name der Spalte/Variable („COLUMN") und der MEMTYP („DATA") an SAS übergeben. Diese Programmvariante unterscheidet zwischen Groß- und Kleinschreibung.

```
%WO_IST_VAR(SASHELP,Sales);
%WO_IST_VAR(SASHELP,ACTUAL);
```

Im Aufruf des Makros WO_IST_VAR werden das Verzeichnis („Bibliotheksname") und die gesuchte Variable angegeben. In der Ausgabe gibt SAS als Ergebnis das Verzeichnis und die Tabelle zurück, in denen die gesuchte Variable enthalten ist.

Bibliotheksname	Membername
SASHELP	SHOES

Bibliotheksname	Membername
SASHELP	PRDSAL2
SASHELP	PRDSAL3
SASHELP	PRDSALE

Beispiel 2: Abfrage der Zeilen in bestimmten Tabellen (Makro N_ZEILEN)
Das Makro N_ZEILEN hilft z.B. durch die Abfrage der DICTIONARY.TABLES die Anzahl der Zeilen der angegebenen Tabelle abzufragen.

```
%macro N_ZEILEN(LIBRARY, TABLE);
  proc sql ;
    select LIBNAME, MEMNAME, NOBS
      from DICTIONARY.TABLES
        where upcase(LIBNAME)="&LIBRARY." AND
              upcase(MEMNAME)="&TABLE." AND
              upcase(MEMTYPE)="DATA";
  quit ;
%mend N_ZEILEN;
```

8.2 Bescheid wissen: SAS Dictionaries

PROC SQL greift z.B. auf die SAS systeminterne Tabelle DICTIONARY.TABLES zu. TABLES enthält Informationen über SAS Tabellen. Nach WHERE= werden das Verzeichnis („LIBRARY"), der Tabelle („TABLE") und der MEMTYP („DATA") an SAS übergeben. Diese Programmvariante unterscheidet nicht zwischen Groß- und Kleinschreibung.

```
%N_ZEILEN(SASHELP,CLASS);
```

Nach dem Aufruf des Makros N_ZEILEN gibt SAS als Ergebnis für das angegebene Verzeichnis („Bibliotheksname", z.B. SASHELP) und den angegeben Datensatz („Membername", z.B. CLASS), die Anzahl der Zeilen aus, im Beispiel z.B. 19 („Anzahl physischer Beobachtungen").

Bibliotheksname	Membername	Anzahl physischer Beobachtungen
SASHELP	CLASS	19

Beispiel 3: Umbenennen kompletter Variablenlisten

Der Inhalt von Dictionaries ist auch als Input für weitergehende Anwendungen sehr nützlich. Die folgende Anwendung hat zum Ziel, komplette Variablenlisten umzubenennen und basiert ebenfalls auf einem Zugriff auf ein Dictionary, in diesem Fall auf die *View* SASHELP.VCOLUMN. Das Ziel der Anwendung ist, alle Präfixe in den Spaltennamen von „*T1*TAG" usw. in „*T2*TAG" usw. umzuwandeln.

```
data VORHER ;
   input    T1TAG T1ALTER T1ORT T1SEE T1ESSEN T1FISCH  ;
datalines;
12 31 4 2 34 5
;
run ;

proc sql ;
   select NAME||"="||"T2"||substr(NAME,3)
   into: RENAMEV separated by " "
   from SASHELP.VCOLUMN
   where Libname="WORK" and memname="VORHER" and
substr(NAME,1,1)  ;
quit;

proc datasets library=work memtype=data nolist;
   change VORHER=NACHHER ;
   modify NACHHER ;
   rename &RENAMEV ;
run;
```

```
proc print data=NACHHER noobs ;
run;
```

T2TAG	T2ALTER	T2ORT	T2SEE	T2ESSEN	T2FISCH
12	31	4	2	34	5

Das listenweise Umbenennen der Variablen geht in zwei Schritten vor sich. Im ersten Schritt greift PROC SQL auf die systeminterne SAS View SASHELP.VCOLUMN zu. VCOLUMN enthält Informationen über Spalten in Tabellen. Über WHERE= und MEMNAME= werden Speicherort und Name der Tabelle angegeben. Der Eintrag NAME bezeichnet die Spaltennamen in der Tabelle VORHER. Mittels SUBSTR wird der Beginn des auszulesenden Namens festgelegt. Unter SELECT wird im Prinzip nichts anders als ein Makroausdruck von der Form „*alterName*=T2*alterName*" definiert. Unter SUBSTR wird dieser Makroausdruck in die Makrovariable RENAMP abgelegt. PROC DATASETS wird im zweiten Schritt darauf zugreifen.

Im zweiten Schritt greift PROC DATASETS nochmals auf die Tabelle VORHER zu (library=work, memtype=data), benennt die Tabelle VORHER in NACHHER um (vgl. CHANGE) und legt außerdem fest, dass der Inhalt von Tabelle NACHHER noch verändert werden soll. Mittels des abschließenden RENAME werden die bisherigen Namen der Variablen listenweise durch die im SELECT-Statement definierten neuen Bezeichnungen für die Variablen ersetzt. Kleine Änderungen an diesem Programm ermöglichen es, auch einheitliche Suffixe bzw. sonstige Bezeichnungen zu vergeben. Vor allem für das Umbenennen vieler Variablen ist ein komfortablerer Weg kaum denkbar. In Abschnitt 4.7 wird eine Erweiterung dieser SQL Anwendung vorgestellt (vgl. auch 6.3.3). Mittels dieser Makrovariante werden komplette Variablenlisten nicht nur umbenannt, sondern mittels eines DATA Steps gleichzeitig auch in einen einheitlichen Typ konvertiert.

8.3 Datenhandling und Datenstrukturierung

Übersicht:

- Anlegen von „exotischen" Spaltennamen
- Anlegen eines Primärschlüssels (u.a. MONOTONIC)
- Analysieren und Strukturieren: Segmentieren einer SAS Tabelle (MOD Funktion)
- Definition des Tagsets für den Export von SAS Tabellen ins CSV Format (PROC TEMPLATE)
- Inhalte von SAS Tabellen schützen (Passwörter)

8.3 Datenhandling und Datenstrukturierung

Anlegen von „exotischen" Spaltennamen

SAS setzt üblicherweise bestimmte Konventionen zur Definition von Spaltennamen voraus, z.B. maximale Länge 32 Zeichen, das erste Zeichen ein Buchstabe („A", „B", „C", ..., „Z") oder Unterstrich („_"), ohne Sonderzeichen (außer u.a. „_", „$", „#" oder „&", je nach Kontext) und Leerstellen (Blanks). Die SAS Option VALIDVARNAME (v9.1) ermöglicht ein flexibleres Vergeben von Spaltennamen. Die einzelnen Schlüsselwörter eröffnen dem Anwender folgende Möglichkeiten:

- V7: *Default*. Also z.B. maximale Länge 32 Zeichen, das erste Zeichen ein Buchstabe („A", „B", „C", ..., „Z") oder Unterstrich („_"), ohne Sonderzeichen (außer u.a. „_", „$", „#" oder „&") und Leerstellen (Blanks). Für die Darstellung wird auch Groß- und Kleinschreibung berücksichtigt; für die interne Verarbeitung werden Spaltennamen generell als großgeschrieben interpretiert.
- UPCASE: Entspricht V7, außer dass die Spaltennamen auch für die Darstellung großgeschrieben werden.
- ANY: Das Schlüsselwort ANY ermöglicht es, Spalten mit derzeit *fast* beliebigen Namen zu versehen. Das erste Zeichen kann im Prinzip jedes beliebige Zeichen oder auch eine Leerstelle (Blank) sein. Für die Darstellung wird auch Groß- und Kleinschreibung berücksichtigt; für die interne Verarbeitung werden Spaltennamen generell als großgeschrieben interpretiert. Die Maximallänge ist 32 Zeichen. Sollen „%" und „&" verwendet werden, müssen sie in doppelten Anführungszeichen stehen, um Verstrickungen mit der SAS Macro Facility zu vermeiden. Unter „exotisch" werden im Folgenden Spalten- bzw. Variablennamen verstanden, die nicht der „üblichen" SAS Konvention (vgl. *V7*) entsprechen und mit annähernd beliebigen Zeichen angelegt werden können.

```
options validvarname=any ;

data    TEST    ;
        retain "!3"n ;
        set SASHELP.CLASS ;
            "!3"n="NonSASVarName";
                format "!3"n   $1.;
        run ;
```

ANY wird bislang nur für SAS Base und SAS/STAT unterstützt. Für jeden anderen Anwendungszusammenhang gilt ANY noch als experimentell und kann Fehler auslösen. Aus diesem Grund weist das Log mit folgender Warnung auf mögliche Fehler hin:

```
WARNUNG: Es wurden nur Base- und SAS/STAT-Prozeduren für die Option VALIDVAR-
NAME=ANY getestet.
Die darüber hinausgehende Verwendung ist experimentell und kann zu nicht be-
kannten Fehlern führen.
```

Mittels VALIDVARNAME= können Spaltennamen lokal oder auf einem remoten Host vergeben werden. Eine Erfahrung des Verfassers ist, dass „exotische" Spaltennamen auch auf dem Host vergeben werden können. Jedoch können „exotische" Spaltennamen noch nicht mittels PROC DOWNLOAD auf einen lokalen Rechner übertragen werden. In diesem Falle ist derzeit ein ergänzendes lokales Umbenennen erforderlich. Abschnitt 4.9 stellt als Anwendung 6 ein Makro zum Anlegen von fortlaufenden „exotischen" Spaltennamen („2010", „2011", …) vor.

Anlegen eines Primärschlüssels (u.a. MONOTONIC)
Ein Primärschlüssel (Primary Key) ist i.A. unique und identifiziert dadurch eindeutig eine Zeile in einer Tabelle; nicht ihre (relative) Position in der Tabelle, die sich durch Sortieren ja immer verändern kann. (Primär)Schlüssel sind u.a. für die Arbeit mit einer oder mehr Tabellen essentiell, z.B. für das Splitten, Sortieren oder Segmentieren (Clustern) einer Tabelle, oder auch das Joinen von zwei Tabellen (oder mehr) und vieles andere mehr. Alle Konzepte im Zusammenhang mit Relationalen Datenbanken gehen daher davon aus, dass eine Datenzeile, Beobachtung bzw. ein Tupel mittels eines Schlüssels (Keys) eindeutig identifizierbar sein muss (zu Fremdschlüssel/ Foreign Key vgl. Kap. 1, Band I).

Falls eine SAS Tabelle keinen Primärschlüssel enthält, ist eine der ersten Aufgaben, einen Primärschlüssel dieser Tabelle hinzuzufügen. SAS bietet dazu mehrere Möglichkeiten. Im Folgenden werden zwei PROC SQL Ansätze und zwei SAS Base Ansätze vorgestellt. Alle vier Ansätze ergänzen die Datei SASHELP.CLASS um eine Primärvariable mit der Bezeichnung ID. Auf Ausgaben wird an dieser Stelle verzichtet. In Abschnitt 9.3 (Band I) wird übrigens auf einen möglichen Fallstrick beim Filtern mittels frisch angelegter ID Variablen hingewiesen. Der interessierte Anwender wird bereits an dieser Stelle auf das Beispiel zum Segmentieren einer SAS Tabelle im anschließenden Abschnitt verwiesen, das auf dem zweiten PROC SQL Ansatz aufbaut.

```
/* PROC SQL Ansatz 1 (MONOTONIC) */
proc sql ;
   create table DATAmitID1 as
      select MONOTONIC() as ID, *
   from SASHELP.CLASS ;
quit ;
```

Im ersten Beispiel wird die SAS Datei SASHELP.CLASS um die mittels MONOTONIC angelegte Variable ID ergänzt und als Tabelle DATAmitID1 abgelegt. Die SAS Funktion MONOTONIC ist bislang nicht dokumentiert.

```
/* PROC SQL Ansatz 2 (In-line View) */
data DATAmitID
   /view=DATAmitID ;
set SASHELP.CLASS ;
   ID+1 ;
run ;
```

8.3 Datenhandling und Datenstrukturierung

```
proc sql ;
   create table DATAmitID2 as
select ID, * from  DATAmitID ;
quit ;

proc print data= DATAmitID2 noobs ;
run;
```

Dieser SQL Ansatz basiert in Wirklichkeit auf einem DATA Step. Im DATA Step wird eine View mit der angelegten Primärvariablen ID angelegt und erst über eine sog. In-Line View in der Query des anschließenden PROC SQL Schritts aufgenommen. Das SELECT darin bestimmt mit ID und * "nebenbei" noch die Anordnung von ID in der Abfolge der Spalten und setzt ID ganz an den Anfang (links).

```
/* SAS Base Ansatz 1 (ID links in der Tabelle) */

data BASE_ANSATZ1 ;
    retain ID ;
    set SASHELP.CLASS ;
    ID = _N_ ;
run ;


/* SAS Base Ansatz 2 (ID rechts in der Tabelle) */

data BASE_ANSATZ2 ;
    set SASHELP.CLASS ;
    retain ID 0 ;
    ID + 1 ;
run ;
```

Die beiden DATA Step Ansätze führen über "_N_" (eine interne Zählvariable der Zeilen in einer SAS Tabelle) bzw. RETAIN (ein explizites Durchzählen der Datenzeilen beim Anlegen) zum selben Ergebnis mit zwei kleinen Unterschieden: Der Unterschied zum zweiten PROC SQL Ansatz ist, dass die DATA Step Ansätze mit deutlich weniger Programmierzeilen auskommen. Der Unterschied zwischen den beiden DATA Step Ansätzen ist, dass das RETAIN im Ansatz mit der internen Zählvariablen dazu führt, dass die ID ganz links in der Tabelle angelegt wird. Beim RETAIN Ansatz wird die ID wie jede neu angelegte Spalte standardmäßig ganz rechts in der Tabelle angelegt.

Analysieren und Strukturieren: Segmentieren einer SAS Tabelle (MOD Funktion)
Das Segmentieren von Daten kann für zufallsabhängige Clusteranalysen interessant sein (vgl. Schendera, 2009), als Ansatz zum „Durchzählen" eines Datensatzes in einer jeweils gewünschten Granularität (vgl. Schendera, 2007) oder auch für performante parallele Verar-

beiten mittels Multi-Threading (vgl. 7.4). Die SAS Data Set Option DBSLICE (SAS v9.1) setzt z.B. voraus, dass u.a. die BY-Ausprägungen der zu lesenden Daten bekannt und die Datenmenge in allen BY-Ausprägungen in etwa gleich groß ist. Gerade die letzte Anforderung ist erforderlich, um eine einigermaßen gleiche Verteilung der Verarbeitungslast auf die Threads zu gewährleisten. Liegen keine annähernd gleichmäßigen Datenverteilungen vor, veranschaulicht der folgende Ansatz mit der MOD Funktion, wie diese mittels PROC SQL oder auch einem DATA Step in fast schon beliebig zu nennender Granularität erzeugt werden können.

Im folgenden Beispiel soll die SASHELP Datei PRDSAL2 unterteilt werden. PRDSAL2 enthält exakt 23.040 Einträge. Mittels der MOD Funktion werden nun vier Felder CLUSTER_2 bis CLUSTER_5 angelegt, die SAS Tabelle PRDSAL2 gleichmäßig halbieren („CLUSTER_2"), dritteln („CLUSTER_3"), vierteln („CLUSTER_4"), sowie fünfteln („CLUSTER_5"). Die MOD Funktion legt auf diese Weise regelmäßige Nummernbereiche an, z.B. von 4 bis 0 für CLUSTER_5. Die angelegten Teilgruppen 4 bis 0 sind dabei mit N=4608 jeweils exakt gleich groß (siehe unten). Abschließend ist ergänzend ein (einfacherer) DATA Step Ansatz angegeben.

```
/* Schritt 1: Explizites Anlegen einer View für ID */
data PRDSmitID
/view=PRDSmitID ;
set SASHELP.PRDSAL2 ;
    ID+1 ;
    run ;


/* Schritt 2: MOD Funktion inkl. Einbinden der IN-Line View */
proc sql ;
    create table _temp as
    select ID, * from PRDSmitID;
    create table PRD_CLUS_1 as
    select mod(ID, 2) as CLUSTER_2,
           mod(ID, 3) as CLUSTER_3,
           mod(ID, 4) as CLUSTER_4,
           mod(ID, 5) as CLUSTER_5,
         *
    from _temp ;
quit;

/* Schritt 3: Anzeige der Felder CLUSTER_2 bis _5 */
proc freq data= PRD_CLUS_1 ;
table CLUSTER_2--CLUSTER_5 ;
run ;
```

8.3 Datenhandling und Datenstrukturierung

Beispielausgabe (CLUSTER_4, CLUSTER_5)

CLUSTER_4	Häufigkeit	Prozent	Kumulative Häufigkeit	Kumulativer Prozentwert
0	5760	25.00	5760	25.00
1	5760	25.00	11520	50.00
2	5760	25.00	17280	75.00
3	5760	25.00	23040	100.00

CLUSTER_5	Häufigkeit	Prozent	Kumulative Häufigkeit	Kumulativer Prozentwert
0	4608	20.00	4608	20.00
1	4608	20.00	9216	40.00
2	4608	20.00	13824	60.00
3	4608	20.00	18432	80.00
4	4608	20.00	23040	100.00

Hinweise: Das explizite Anlegen und Einbinden einer ID mittels eines In-Line View in den Schritten I und II wurde im vorausgehenden Abschnitt erläutert. Mittels der MOD Funktion werden in Schritt II vier Felder angelegt, vgl. CLUSTER_2 bis CLUSTER_5. Die MOD Funktion geht den Datensatz PRDSAL2 Zeile für Zeile durch und berechnet pro Zeile den Quotienten aus Zeilennummer (im SQL Ansatz über einen vorausgehenden In-Line View zuvor explizit angelegt) und dem angegebenen zweiten Argument, z.B. 5. Die MOD Funktion gibt dabei den unteilbaren „Rest" der Division des ersten Arguments (Zeilennummer) durch das zweite Argument (z.B. 5 bei "CLUSTER_5") zurück (seit v9 zusätzlich mit Anpassungen mittels „fuzzing", um häufige Fließkommaprobleme zu vermeiden). Zeilennummer 1 dividiert durch 5 ergibt so z.B. 1, für Zeilennummer 2 dividiert durch 5 bei „CLUSTER_5" ergibt sich z.B. 2, für 3 dividiert durch 5 ergibt sich z.B. 3, für 4 ebenfalls eine 4, und für 5 ergibt sich 0 (weil der unteilbare Rest gleich 0 ist). Für alle weiteren Zeilennummern wiederholen sich die Ergebnisse: Für Zeilennummer 6 dividiert durch 5 ergibt sich 1, für 7 ergibt sich 2, für 8 3, für 9 4, und für 10 ergibt sich 0 (weil der unteilbare Rest wieder 0 ist). Das angelegte Feld „CLUSTER_2" enthält zwei Ausprägungen 0 und 1 mit jeweils

N=11520. Das Feld „CLUSTER_3" enthält drei Ausprägungen 0, 1 und 2 mit jeweils N=7680. „CLUSTER_4" enthält vier Ausprägungen von 0 bis 3 mit jeweils N=5760 und „CLUSTER_5" fünf Ausprägungen von 0 bis 4 mit jeweils N=4608. Die angelegten „CLUSTER_n" Felder ermöglichen es somit, die SASHELP Tabelle PRDSAL2 exakt zu halbieren, dritteln, vierteln und zu fünfteln (vgl. auch die Beispielausgabe zu "CLUSTER_4" und "CLUSTER_5").

Die Berechnungen der MOD Funktion sind u.a. dann exakt, solange beide Argumente exakte ganze Zahlen sind. Die MOD Funktion gibt 0 dann zurück, wenn der Rest sehr nahe an 0 oder nahe am Wert des zweiten Arguments ist. Die MOD Funktion gibt einen Missing dann zurück, wenn der Rest nicht mit einer Genauigkeit mit drei Stellen oder mehr berechnet werden kann. Seit SAS v9 nimmt MOD zusätzlich Anpassungen mittels „fuzzing" vor. Ergebnisse mittels MOD können sich daher von denjenigen früherer SAS Versionen unterscheiden. Als Einschränkungen des MOD Ansatzes sind zu nennen: Der MOD Ansatz kann Werte nur abhängig von einer Zeilennummer vergeben. Das Anlegen eines Primärschlüssels (falls nicht vorhanden) ist daher beim SQL Ansatz zwingend erforderlich (nicht jedoch beim DATA Step Ansatz s.u.). In Verbindung mit einer Zufallsfunktion könnten auch auf Zufallsbasis basierende Ziehungen angelegt werden. Sollen dagegen Werte abhängig vom Datensatzinhalt vergeben werden, könnte auf einen Ansatz mittels LAG zurückgegriffen werden. Die folgenden Zeilen demonstrieren abschließend das Segmentieren einer SAS Tabelle mittels einer DATA Step Variante.

```
data PRD_CLUS_2 ;
set SASHELP.PRDSAL2 ;
      CLUSTER_2 = mod(_N_, 2) ;
      CLUSTER_3 = mod(_N_, 3) ;
      CLUSTER_4 = mod(_N_, 4) ;
      CLUSTER_5 = mod(_N_, 5) ;
run ;
```

Die Funktionalität von PROC SQL und DATA Step ist identisch bis auf die Ausnahme, falls einmal kein Primärschlüssel vorhanden sein sollte. Beim SQL Ansatz muss eine ID explizit angelegt werden. Der DATA Step Ansatz ermöglicht im Vergleich dazu den Zugriff auf die interne Zählvariable _NUM_. Der DATA Step Ansatz kommt daher mit weniger Programmierzeilen aus.

Definition des Tagsets für den Export von SAS Tabellen ins CSV Format (PROC TEMPLATE)
Mittels sog. Seitenbeschreibungssprachen ist es seit SAS v9 möglich, den Export von SAS Tabellen gezielt zu definieren. Zu den Seitenbeschreibungssprachen gehören u.a. CSV, HTML4 und XML. In HTML formatieren z.B. die in Klammern gesetzten Tags u.a. Textelemente fett, oder je nach Zeichensatz oder Farbe. In XML ermöglichen die Tags, Daten zu

8.3 Datenhandling und Datenstrukturierung

klassifizieren und strukturieren. In CSV ist es möglich, mittels Tags zu bestimmen, ob Daten mit/ohne Komma oder u.a. auch mit/ohne Anführungszeichen getrennt werden.
Die SAS Prozedur TEMPLATE ermöglicht dabei zusammen mittels eines bereitgestellten Tagset-Templates das Anpassen einer beliebigen Seitenbeschreibungssprache (z.B. CSV), das wiederum auf die Definition der zu exportierenden SAS Tabellen angewandt werden kann. Ein Tagset ist dabei eine Zusammenstellung an sog. „Tags", also Meta- bzw. Zusatzinformationen, die an eine Datei angehängt werden.

Mancher SAS Anwender mag sich an dieser Stelle fragen, warum denn eine CSV Datei z.B. maßgeschneidert werden soll. Dazu treten in der Praxis zwei Gründe auf: Einerseits benötigen proprietäre Systeme von Drittanbietern oft genug eine CSV Datei in einem ganz speziellen Format. PROC TEMPLATE würde z.B. es ermöglichen, die Definition der zu exportierenden SAS Tabellen exakt auf diese externe Anforderung hin anzupassen. Andererseits kommt es gerade bei sehr großen Datenmengen darauf an, (Text) Dateien mit so wenig „Ballast" wie möglich zu verarbeiten. Bei Millionen oder noch mehr Datenzeilen kann die Performanz bei der Verarbeitung von Stringvariablen (z.B. beim Exportieren) bereits deutlich dadurch gesteigert werden, wenn sie ohne (und nicht mehr mit) Anführungszeichen in CSV Dateien abgelegt werden.

Im folgenden Beispiel soll in einem ersten Schritt ein Tagset für den Export von SAS Tabellen in das CSV Format angelegt werden. Im zweiten Schritt wird dieses maßgeschneiderte Tagset auf den Export von SAS Tabellen in das CSV Format mittels ODS angewendet werden.

```
/* Schritt 1: Definition des Tagsets */

proc template;
/* Definition des Tagsets */
    define tagset tagsets.csvnoq;
        parent=tagsets.csv;
/* Definition des Spaltenkopfs (Header) */
    define event header;
        put "," / if !cmp( COLSTART , "1" );
        put "" / if cmp( TYPE , "string" );
        put VALUE;
        put "" / if cmp( TYPE , "string" );
    end;
/* Definition der Interpunktion beim Export mit ODS */
    define event data;
        put "," / if !cmp( COLSTART , "1" );
        put "" / if cmp( TYPE , "string" );
        put VALUE;
        put "" / if cmp( TYPE , "string" );
    end;
  end;
run;
```

```
/* Schritt 2: Anwendung des Tagsets auf den Export */
ods listing close;
ods TAGSETS.CSVNOQ file="C/:TEXTDATA.txt" ;
proc print data= SASHELP.CLASS noobs ;
run;
ods _ALL_ close ;
ods listing ;
```

Hinweise: In einem ersten Schritt wird ein Tagset für den Export von SAS Tabellen in das CSV Format angelegt. Die Anweisung DEFINE TAGSET legt eine neue Tagset-Definition mit dem Namen CSVNOQ ab. Mittels PARENT= werden Attribute und Ereignisse aus dem von SAS bereitgestellten Tagset-Template TAGSETS.CSV übernommen. TAGSETS.CSV definiert Tabellenausgaben standardmäßig mit durch Komma getrennten Daten. Stringvariablen werden außerdem standardmäßig in Anführungszeichen gesetzt. Das neu angelegte Tagset „CSVNOQ" soll Zeichenvariablen standardmäßig ohne Anführungszeichen ablegen. Das „NOQ" in der Bezeichnung steht für „NOQUOTES", also Stringvariablen ohne Anführungszeichen.

Die beiden folgenden DEFINE EVENT Anweisungen bestimmen, wie mit Hilfe des neuen Tagsets der Kopf (Header) und die Daten der neuen CSV/TXT Datei geschrieben werden.

Die Anweisung DEFINE EVENT HEADER legt fest, wie der Kopf (Header) der neuen CSV Datei geschrieben wird. Im Kopf einer Datei befinden sich u.a. die Namen von Variablen. COLSTART legt die Spalte fest, an der eine Zelle beginnt. TYPE legt den Typ der Daten als STRING fest (möglich sind auch DOUBLE, CHAR, BOOL oder INT). Mittels CMP („compare") wird ein String auf Gleichheit mit einer einzelnen oder einer Liste an Variablen verglichen. Das „!" davor ist eine Negation (möglich sind auch „NOT" und „^"). Zusammengenommen bedeutet dies, dass bei der Definition des Tabellenkopfs vor jedem Spaltennamen ein Komma gesetzt wird (außer dem ersten), und dass keine Anführungszeichen verwendet werden.

Die Anweisung DEFINE EVENT DATA legt fest, wie die Daten der neuen CSV Datei geschrieben werden. Im Kopf einer Datei befinden sich u.a. die Namen von Variablen. COLSTART legt die Spalte fest, an der eine Zelle beginnt. TYPE legt den Typ der Daten als STRING fest (möglich sind auch DOUBLE, CHAR, BOOL oder INT). Mittels CMP („compare") wird ein String auf Gleichheit mit einer einzelnen oder einer Liste an Variablen verglichen. Das „!" davor ist eine Negation („NOT"; möglich ist auch „^"). Zusammengenommen bedeutet dies für das Schreiben der Daten, dass vor jedem Eintrag ein Komma gesetzt wird (außer dem ersten), und dass bei Strings keine Anführungszeichen verwendet werden.

Im zweiten Schritt wird dieses maßgeschneiderte Tagset mittels ODS auf den Export von SAS Tabellen in das CSV Format angewendet. Das ODS LISTING CLOSE verhindert, dass alle Zeilen in die lokale SAS Ausgabe geprintet werden. ODS greift auf das Tagset TAGSETS.CSVNOQ zu und wendet es beim Exportieren der Daten aus SASHELP.CLASS in das File „TEXTDATA.txt" an. ODS CLOSE und ODS LISTING beenden den Export durch

ODS. Die weiteren Vorteile dieses Ansatzes sind, dass er mit „exotischen" Spaltennamen umgehen kann, und dass ODS nach Benchmarktests des Verfassers performanter als PROC EXPORT zu sein scheint.

Inhalte von SAS Tabellen schützen (Passwörter)
In der Standardeinstellung sind die Inhalte von SAS Tabellen nicht gegen unautorisiertes Lesen, Schreiben oder Verändern geschützt, was bei sensitiven Informationen ausgesprochen heikel oder sogar nicht gesetzeskonform sein kann. Inhalte von SAS Tabellen können mit PROC SQL jedoch mit entsprechenden Optionen geschützt werden. Die Optionen READ=, WRITE= und ALTER= legen z.B. Passwörter für das Lesen, Schreiben und Verändern von SAS Tabellen fest. Anwender, die die geschützten Tabellen lesen, schreiben oder verändern dürfen, können dies nur tun, wenn sie auch das festgelegte Passwort (z.B. PWD1, PWD2 usw.) dazu kennen. Wenn sie ein Passwort zum Lesen haben, bedeutet dies jedoch nicht, dass sie die SAS Tabelle auch ändern können. Anwender, die kein Passwort zum Lesen haben, können nicht auf die SAS Tabelle zugreifen. SAS gibt bei einem unautorisierten Zugriffsversuch einen Hinweis ins SAS Log aus.

```
*---------------------*
| Rechte bei Definition |
*---------------------*;
proc sql ;
create table PROTECTED (read=PWD1 write=PWD2 alter=PWD3 )
(A num label="Öffentlich",
 B num label="Geheim" ) ;
quit ;


*---------------------*
| Rechte beim Zugriff |
*---------------------*;
proc sql;
create table PUBLIC1 as
select A, B
from PROTECTED (read=PWD1) ;
create table PUBLIC2 (alter=PWD4) as
select A
from PROTECTED (read=PWD1) ;
create table PUBLIC3 (read=PWD5 alter=PWD6) as
select A, B
from PROTECTED (read=PWD1) ;
quit ;
```

```
*---------------------*
| Query ohne Rechte   |
*---------------------*;
```
proc sql;
create table PUBLIC4 as
select *
from PUBLIC3 ;
quit;

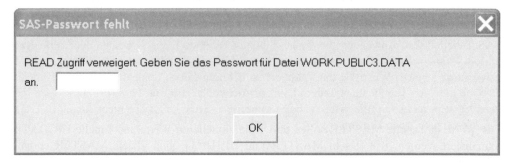

```
93   proc sql;
94   create table PUBLIC4 as
95   select *
96   from PUBLIC3 ;
FEHLER: Ungültiges oder fehlendes READ Passwort für Member WORK.PUBLIC3.DATA.
97   quit;
HINWEIS: Das SAS System hat die Verarbeitung dieses Schritts aufgrund von
Fehlern abgebrochen.
```

8.4 Aktualisieren von Tabellen (SQL vs. DATA Step)

Mit PROC SQL können ähnlich wie beim DATA Step mittels eines UPDATE-Statements Mastertabellen durch die Einträge in Updatetabellen aktualisiert werden. PROC SQL wie auch der DATA Step setzen dabei jeweils voraus, dass die zusammenzufügenden Datensätze identisch strukturiert, und dass die Werte im Datensatz UP_DATE aktueller sind als die Einträge in MASTER. Zu beachten ist dabei, dass PROC SQL im Vergleich zum DATA Step einerseits andere Ergebnisse zur Folge haben kann, aber auch, dass PROC SQL flexibel genug ist, um das Programmieren auch komplexerer Aktualisierungsansätze zu erlauben. Dieses Kapitel hebt auch Besonderheiten des DATA Step UPDATE-Statements hervor. Letztlich kann gezeigt werden, dass die PROC SQL und DATA Step Ansätze den Anwender in die komfortable Lage versetzen, selbst entscheiden zu dürfen, welcher der Ansätze ihnen

8.4 Aktualisieren von Tabellen (SQL vs. DATA Step)

beim Umgang mit multiplen IDs oder auch Missings fachlich am angemessensten erscheint. Die vorgestellten PROC SQL und DATA Step Ansätze werden nicht weiter erläutert; dazu wird v.a. auf Kap. 6 (Band I) verwiesen.

Inhaltsverzeichnis:

- Szenario I: MASTER/UPDATE ohne mehrfache IDs (systemdefinierte Missings)
- Szenario II: Aktualisieren einer Tabelle ohne mehrfache IDs (anwenderdefinierte Missings)
- Szenario III: Aktualisieren einer Tabelle mit mehrfachen IDs

```
*------------------------------------------------*
| Szenario I: MASTER/UPDATE ohne mehrfache IDs:  |
|             Problem: Systemdef. Missings       |
*------------------------------------------------*;
```

Die Werte in Tabelle MASTER sollen durch die aktuelleren Werte aus Tabelle UP_DATE aktualisiert werden. Die IDs in MASTER und UP_DATE sind gleich. MASTER enthält unter der ID „026" einen gültigen Wert, UP_DATE dagegen einen systemdefinierten Missing.

```
/* MASTER: */                    /* UPDATE: */

data MASTER;                     data UP_DATE;
input ID ACCOUNT;                input ID ACCOUNT;
datalines;                       missing A _;
011 245                          datalines;
026 269                          011 377
028 374                          026 .
034 333                          028 374
;                                034 A
                                 ;
```

Hinweise: Die Tabelle MASTER enthält jede ID nur einmal. Die Tabelle UP_DATE enthält jede ID aus MASTER, sowie davon keine doppelten oder weitere IDs. Achten Sie auf die ID „026" in MASTER und in UP_DATE. Ein gültiger Wert bzw. ein Missing führen in DATA Step und PROC SQL zu unterschiedlichen Aktualisierungen.

```
/* I. Aktualisierung mittels DATA Step */
data MASTER_BASE ;
update MASTER UP_DATE;
by ID;
run;
proc print data=MASTER_BASE noobs ;
run;
```

```
/* I. Aktualisierung mittels PROC SQL */
proc sql ;
update MASTER as old
      set ACCOUNT=(select ACCOUNT from UP_DATE as new
            where old.ID=new.ID)
                where old.ID in (select ID from UP_DATE);
      select ID, ACCOUNT from MASTER ;
create table MASTER_SQL as
            select * from MASTER
            except
            select * from UP_DATE;
quit;

proc print data=MASTER_SQL noobs ;
run ;
```

Ausgabe UPDATE und SQL

ID	ACCOUNT		ID	ACCOUNT
11	377		11	377
26	269 ←		26	. ←
28	374		28	374
34	A		34	A

Der DATA Step und PROC SQL ersetzen den gültigen Wert für ID „011" durch den jeweils aktuelleren Wert aus der Tabelle UP_DATE. Beide Ansätze aktualisieren jeweils auch den gültigen Wert für ID „034" (original: 333) erfolgreich durch die Kodierung für einen anwenderdefinierten Missing („A"). Beim *DATA Step* wurde der gültige Wert für ID „026" (original: 269) jedoch nicht durch den systemdefinierten Missing in der Tabelle UP_DATE ersetzt. Zum Vergleich das SQL Programm: *PROC SQL* ersetzte den gültigen Wert für ID „026" durch den systemdefinierten Missing aus der Tabelle UP_DATE.

Szenario I zeigt: Gültige Werte und systemdefinierte Missings führen in DATA Step und PROC SQL zu unterschiedlichen Aktualisierungsergebnissen.

```
*------------------------------------------------------*
| Szenario II: MASTER/UPDATE ohne mehrfache IDs:       |
|             Problem: Anwenderdef. Missings           |
*------------------------------------------------------*;
```

Die Werte in Tabelle MASTER sollen durch die aktuelleren Werte aus Tabelle UP_DATE aktualisiert werden. Die IDs in MASTER und UP_DATE sind gleich. MASTER enthält unter der ID „057" einen systemdefinierten Missing Wert, UP_DATE dagegen einen anwenderdefinierten Missing.

8.4 Aktualisieren von Tabellen (SQL vs. DATA Step)

```
/* MASTER: */                    /* UPDATE: */

data MASTER;                     data UP_DATE;
input ID ACCOUNT;                input ID ACCOUNT;
datalines;                       missing A _;
011 245                          datalines;
026 269                          011 377
028 374                          026 .
034 333                          028 374
057 .                            034 A
;                                057 _
                                 ;
```

Hinweise: Die Tabelle MASTER enthält jede ID nur einmal. Die Tabelle UP_DATE enthält jede ID aus MASTER, sowie davon keine doppelten oder weitere IDs. Achten Sie auf die ID „057" in MASTER und in UP_DATE. Anwender- bzw. systemdefinierte Missings führen im DATA Step und in PROC SQL zu unterschiedlichen Aktualisierungen.

```
/* II. Aktualisierung mittels DATA Step */
data MASTER_BASE ;
update MASTER UP_DATE;
by ID;
run;
proc print data=MASTER_BASE noobs  ;
run;


/* II. Aktualisierung mittels PROC SQL */
proc sql ;
update MASTER as old
     set ACCOUNT=(select ACCOUNT from UP_DATE as new
           where old.ID=new.ID)
                where old.ID in (select ID from UP_DATE);
     select ID, ACCOUNT from MASTER ;
create table MASTER_SQL as
           select * from MASTER
           except
           select * from UP_DATE;
quit;
proc print data=MASTER_SQL noobs ;
run ;
```

Ausgabe UPDATE und SQL

ID	ACCOUNT		ID	ACCOUNT
11	377		11	377
26	269 ←		26	. ←
28	374		28	374
34	A		34	A
57	. ←		57	_ ←

Für die IDs „026" und „034" treten die bereits bekannten Effekte auf: Der DATA Step und PROC SQL ersetzen den gültigen Wert für ID „011" durch den jeweils aktuelleren Wert aus der Tabelle UP_DATE. Beide Ansätze aktualisieren jeweils auch den gültigen Wert für ID „034" (original: 333) erfolgreich durch die Kodierung für einen anwenderdefinierten Missing („A"). *PROC SQL* ersetzt im Gegensatz zum DATA Step den gültigen Wert für ID „026" (original: 269) durch den Missing in der Tabelle UP_DATE. Auch bei der ID „057" tritt nun eine weitere unterschiedliche Funktionsweise des DATA Step (UPDATE-Statement) und PROC SQL zutage: SQL ersetzt den original systemdefinierten Missing durch den anwenderdefinierten Missing, DATA Step dagegen nicht.

Szenario II zeigt: Gültige Werte, sowie anwender- und systemdefinierte Missings führen in DATA Step und PROC SQL zu unterschiedlichen Aktualisierungsergebnissen.

```
*-----------------------------------------------*
| Szenario III: MASTER/UPDATE mit mehrfachen IDs: |
|               Probleme mit mehrfachen IDs       |
*-----------------------------------------------*;
```

Die Werte in Tabelle MASTER sollen durch die aktuelleren Werte aus Tabelle UP_DATE aktualisiert werden. Die IDs in MASTER und UP_DATE sind gleich. MASTER und UP_DATE enthalten allerdings doppelte IDs.

```
/* MASTER: */                    /* UPDATE: */

data MASTER;                     data UP_DATE;
     input ID ACCOUNT;                input ID ACCOUNT;
     datalines;                       missing A _;
011 245                               datalines;
011 245                          011 376
011 245                          011 377
026 269                          026 .
028 374                          028 374
034 333                          034 A
057 .                            057 _
057 582                          ;
;
```

8.4 Aktualisieren von Tabellen (SQL vs. DATA Step)

Hinweise: In der Tabelle MASTER kommt die ID „011" dreimal vor (die Werte unter ACCOUNT sind jeweils identisch), in UP_DATE kommt die ID „011" dagegen nur zweimal vor (die Werte unter ACCOUNT sind untereinander und auch von MASTER verschieden). Die ID „057" kommt in MASTER zweimal vor (einmal mit einem systemdefinierten Missing, einmal mit einem gültigen Wert). Die ID „057" kommt in UP_DATE dagegen nur einmal vor, mit einem anwenderdefinierten Missing.

Achten Sie auf die IDs „011" und „057" in MASTER und in UP_DATE. Mehrfache Einträge führen in DATA Step und in PROC SQL nicht nur zu völlig unterschiedlichen Aktualisierungsergebnissen, sondern decken auch eine weitere bemerkenswerte Funktionsweise des DATA Steps auf. Multiple Einträge in IDs (z.B. „011") würden bei einem Vorgehen wie z.B. in Szenario I oder II zu Fehlermeldungen führen, z.B.

```
WARNUNG: Die Master-Datei enthält mehr als eine Beobachtung für eine BY-
Gruppe.
ID=11 ACCOUNT=245 FIRST.ID=0 LAST.ID=0 _ERROR_=1 _N_=3
```

Würde MASTER dennoch mittels UP_DATE aktualisiert werden (ohne Zuhilfenahme einer Variablen COUNTER), so wäre das Aktualisierungsergebnis die folgende Tabelle. Beachten Sie v.a. ID „011":

Ausgabe UPDATE (ohne COUNTER) inkl. Kommentare:

ID	ACCOUNT	
11	377	←(!)
11	245	←
11	245	←
26	269	
28	374	
34	A	
57	.	
57	582	

„011" (*multipel*): (a) Stimmt die Anzahl der multiplen IDs in MASTER und UP_DATE nicht überein, wird der *erste* Wert aktualisiert. Allerdings nicht durch den entsprechend ersten Wert aus UP_DATE (also „376"), wie zu erwarten gewesen wäre, sondern durch den *letzten* Wert aus UP_DATE („377"). (b) Die weiteren Einträge der multiplen IDs in MASTER werden *nicht* durch Werte aus UP_DATE aktualisiert, auch wenn Werte in UP_DATE vorhanden wären.

Weitere Besonderheiten werden im Beispiel mit COUNTER erläutert.

Aufgrund dieses Effekts erscheint es bei multiplen Einträgen in IDs hilfreich, mehrfach auftretende IDs durchzuzählen und das Ergebnis in einer Spalte COUNTER abzulegen (falls noch nicht vorhanden) und diese Spalte im BY-Statement nach ID zu berücksichtigen.

```
/* MASTER: */                      /* UPDATE: */

proc sort data=MASTER ;            proc sort data=UP_DATE ;
    by ID ACCOUNT ;                    by ID ACCOUNT ;
run ;                              run ;
```

```
data MASTER_2 ;                        data UP_DATE_2 ;
set MASTER ;                           set UP_DATE ;
by ID ACCOUNT ;                        by ID ACCOUNT ;
retain COUNTER ;                       retain COUNTER ;
if first.ID then COUNTER=1;            if first.ID then COUNTER=1;
else COUNTER=COUNTER+1 ;               else COUNTER=COUNTER+1 ;
run;                                   run;
proc print data=MASTER_2               proc print data=UP_DATE_2
noobs;                                 noobs;
run ;                                  run ;
```

Hinweise: In der Tabelle MASTER kommt die ID „011" dreimal vor (die Werte unter ACCOUNT sind ebenfalls jeweils identisch), in UP_DATE kommt die ID „011" dagegen nur zweimal vor (die Werte unter ACCOUNT sind untereinander und auch von MASTER verschieden).

```
/* III. Aktualisierung mittels DATA Step */
```
Mehrfache Einträge decken eine bemerkenswerte Funktionsweise des DATA Steps auf.

```
data MASTER_BASE_2 (drop=COUNTER) ;
     update MASTER_2 UP_DATE_2;
by ID COUNTER ;
run;
proc print data=MASTER_BASE_2 noobs ;
run;
```

Ausgabe DATA Step (mit COUNTER) inkl. Kommentare:

ID	ACCOUNT	
11	376	
11	377	
11	245	←
26	269	
28	374	
34	A	
57	.	← (!)
57	582	←

„26", „28", bzw. „34" (unique): „26": Numerische Werte werden *nicht* durch systemdefinierte Missings ersetzt. „28": Numerische Werte werden durch numerische Werte ersetzt. „34": Numerische Werte werden durch anwenderdefinierte Missings ersetzt.

„011" (*multipel*): Stimmt die Anzahl der multiplen IDs in MASTER und UP_DATE nicht überein, werden die überzähligen IDs in MASTER nicht durch Werte aus UP_DATE aktualisiert (vgl. Wert 245).

„057" (*multipel*): Stimmt die Anzahl der multiplen IDs in MASTER und UP_DATE nicht überein, werden die überzähligen IDs in MASTER nicht durch Werte aus UP_DATE aktualisiert (vgl. Wert 582). Systemdefinierte Missings werden nicht durch anwenderdefinierte Missings ersetzt.

8.4 Aktualisieren von Tabellen (SQL vs. DATA Step)

Szenario III zeigt für den DATA Step: Die Berücksichtigung einer zusätzlichen COUNTER-Variablen, die die Anzahl der Ausprägungen der multiplen IDs kontrolliert, entschärft das Problem multipler IDs. Eine Lösung aller Probleme ist die COUNTER-Variable jedoch nicht.

```
/* III. Aktualisierung mittels PROC SQL (Variante I) */

proc sql ;
update MASTER_2 as old
      set ACCOUNT=(select ACCOUNT from UP_DATE_2 as new
            where old.ID=new.ID and old.COUNTER=new.COUNTER)
                  where old.ID in (select ID from UP_DATE_2);
select ID, ACCOUNT, COUNTER from MASTER_2 ;
quit;

proc print data=MASTER_2 noobs ;
run ;
```

Ausgabe SQL I (mit COUNTER) inkl. Kommentare:

ID	ACCOUNT	COUNTER	
11	376	1	
11	377	2	
11	.	3	←
26	.	1	
28	374	1	
34	A	1	
57	_	1	←
57	.	2	←

„011" (*multipel*): Stimmt die Anzahl der multiplen IDs in MASTER und UP_DATE nicht überein, werden die überzähligen IDs in MASTER durch systemdefinierte Missings ersetzt (vgl. den dritten Eintrag in „011").

„057" (*multipel*): Systemdefinierte Missings werden durch anwenderdefinierte Missings ersetzt. Überzählige IDs werden durch systemdefinierte Missings ersetzt (vgl. den zweiten Eintrag in „057").

Szenario III zeigt für PROC SQL: Die Berücksichtigung einer zusätzlichen COUNTER-Variablen, die die Anzahl der Ausprägungen der multiplen IDs kontrolliert, entschärft ebenfalls das Problem bei multiplen IDs. Während im DATA Step Ansatz überzählige MASTER Werte beibehalten werden, werden sie im PROC SQL Ansatz durch einen systemdefinierten Missing ersetzt (vgl. 245 in „011" und 582 in „057"). Der folgende Ansatz wird abschließend veranschaulichen, wie überzählige Werte aus MASTER bei der Aktualisierung ausgeschlossen werden können.

```
/* III. Aktualisierung mittels PROC SQL (Variante II) */
```

Variante II setzt auf Daten der SQL Variante I auf. Zum Verständnis der Funktionalität der SQL Variante II ist auch der SAS Code von SQL Variante I einzusehen.

```sas
* (a1) Filtern der Daten (MASTER) auf den gemeinsamen KEY *;
proc sql ;
     create table MASTER_3 as
     select m.ID, m.ACCOUNT, m.COUNTER
     from MASTER_2 as m, UP_DATE_2 as u
     where m.COUNTER = u.COUNTER and m.ID = u.ID  ;
quit;

* (a2) Filtern der Daten (UPDATE) auf den gemeinsamen KEY *;
proc sql ;
create table UP_DATE_3 as
     select u.ID, u.ACCOUNT, u.COUNTER
     from MASTER_2 as m, UP_DATE_2 as u
     where m.COUNTER=u.COUNTER and m.ID=u.ID  ;
quit;

* (b) Aktualisieren der gefilterten Teildaten *;
proc sql ;
update MASTER_3 as old
     set ACCOUNT=(select ACCOUNT from UP_DATE_3 as new
        where old.ID=new.ID and old.COUNTER=new.COUNTER)
            where old.ID in (select ID from UP_DATE_3);
     select ID, ACCOUNT, COUNTER from MASTER_3 ;
create table MASTER_SQL_3 as
          select ID, ACCOUNT
     from MASTER_3 ;
create table EXL_UNION as
     (select * from MASTER_SQL_3
          except
     select ID, ACCOUNT from MASTER_2)
          union
     (select ID, ACCOUNT from MASTER_2
          except
     select * from MASTER_SQL_3)  ;
quit;

* (c) Ausgabe des Aktualisierungsergebnisses *;
proc print data=MASTER_3 noobs ;
run ;
```

Ausgabe SQL II (mit COUNTER und Filter) inkl. Kommentare:

ID	ACCOUNT	COUNTER	
11	376	1	„011" / „057" (*multipel*): Stimmt die Anzahl der multiplen
11	377	2	IDs in MASTER und UP_DATE nicht überein, werden die
26	.	1	überzähligen IDs in MASTER aus dem Aktualisierungser-
28	374	1	gebnis ausgeschlossen. Der dritte Eintrag in „011" und der
34	A	1	zweite Eintrag in „057" fehlen im Aktualisierungsergebnis.
57	_	1	

Stimmt die Anzahl der multiplen IDs in MASTER und UP_DATE nicht überein, werden die überzähligen IDs in MASTER aus dem Aktualisierungsergebnis ausgeschlossen. Die Anwender sind in der komfortablen Situation, selbst entscheiden zu dürfen, welcher Ansatz ihnen fachlich angemessener erscheint: Aktualisierung bei Beibehalten der original Werte in überzähligen IDs in MASTER (DATA Step Ansatz), mit systemdefinierten Missings anstelle der Originalwerte in überzähligen IDs (SQL Ansatz I) oder Ausschluss der überzähligen IDs aus MASTER (SQL Ansatz II).

9 SAS Syntax – PROC SQL, SAS Funktionen und SAS Routinen

Ein Schnellfinder hilft, das richtige SQL Statement für den gewünschten Zweck schnell zu finden, z.B. UPDATE für das Aktualisieren von Werten oder SELECT für das Auswählen. Abschnitt 9.1 stellt die Syntax von PROC SQL in einem Schema vor. Zur Erläuterung der Syntax wird auf Kapitel 3 (Band I) verwiesen. Anschließend werden SQL Optionen für die Optimierung von SQL und globale SAS System Optionen für PROC SQL jeweils (ab SAS v9.2) vorgestellt. Abschnitt 9.2 stellt zahlreiche SAS Funktionen und Funktionsaufrufe in einer Übersicht zusammen. Eine SAS Funktion führt eine Berechnung oder eine Manipulation an Argumenten durch und gibt einen Wert zurück. Abschnitt 9.3 geht abschließend auf Besonderheiten der Pass-through Facility für DBMS Zugriffe ein. Für weitere Informationen wird auf die SAS Dokumentation verwiesen (z.B. SAS Institute, 2009a,b,c).

Schnellfinder

Um das zu tun…	…verwenden Sie diese SQL Statements.
Spalten: Ändern, Hinzufügen oder Löschen.	ALTER TABLE
DBMS: Herstellen einer Verbindung mit einer DBMS, Query einer DBMS, Abschicken von DBMS-spezifischen Nicht-Query SQL Statement an eine DBMS, Beenden der Verbindung.	CONNECT TO, CONNECTION TO, EXECUTE, DISCONNECT FROM
Anlegen von Index, PROC SQL Tabelle, PROC SQL View.	CREATE INDEX, CREATE TABLE, CREATE VIEW
Zeilen: Auswählen, Hinzufügen, Löschen oder Ausführen.	DELETE, INSERT, SELECT
Anzeige der Definition von Tabelle, View oder Tabellenconstraints.	DESCRIBE TABLE, DESCRIBE VIEW, DESCRIBE TABLE CONSTRAINTS
Löscht Tabellen, Views oder Indexe.	DROP

Zurücksetzen von Optionen, die die Umgebung der Prozedur beeinflussen, ohne die Prozedur selbst neustarten zu müssen.	RESET
Ändern von Werten.	UPDATE
Überprüfen der Korrektheit einer Query inkl. Feedback	VALIDATE

9.1 PROC SQL Syntax (Übersicht)

Dieser Abschnitt zeigt eine Übersicht über die PROC SQL Syntax in der Version SAS 9.2, systematisch und vollständig. Es werden auch derzeit nicht dokumentierte PROC SQL Funktionen wie z.B. _METHOD und _TREE vorgestellt. Kapitel 3 bis 5 (Band I) vertiefen die PROC SQL Syntax v9.1.3 (z.T. bereits v9.2) in Theorie und Praxis. Die zwischenzeitlich hinzugekommenen SAS v9.2 Neuerungen, wie z.B. für die Optimierung von SQL, sind nach der schematischen Übersicht zusammengestellt.

PROC SQL < Option(en) [Erläuterung der Optionen siehe unten] > ;

    ALTER TABLE Tabellenname
        <**ADD** <**CONSTRAINT**> Prüfregel <, … Prüfregel > >
        <**ADD** Spaltendefinition <, … Spaltendefinition > >
        <**DROP CONSTRAINT** Regelbezeichnung <, … Regelbezeichnung > >
        <**DROP** Spalte <, … Spalte > >
        <**DROP FOREIGN KEY** Regelbezeichnung >
        <**DROP PRIMARY KEY**>
        <**MODIFY** Spaltendefinition <, … Spaltendefinition > > **;**

    CREATE <**UNIQUE**> **INDEX** Indexname **ON** Tabellenname (Spalte <, … Spalte >)
;

    CREATE TABLE Tabellenname
        (Spaltenspezifikation <, … Spaltenspezifikation | Constraint-Spezifikation >) **;**

    CREATE TABLE Tabellenname **LIKE** Tabellenname2 **;**

    CREATE TABLE Tabellenname **AS** Query-Ausdruck
        <**ORDER BY** Sortiervariable <, … Sortiervariable > > **;**

9.1 PROC SQL Syntax (Übersicht)

CREATE VIEW PROC SQL View **AS** Query-Ausdruck
   <**ORDER BY** Sortiervariable <, ... Sortiervariable > >
   <**USING** Libname-Klausel <, ... Libname-Klausel > > ;

DELETE FROM Tabellenname|PROC SQL View |SAS/ACCESS-View
   <**AS** Alias>
   <**WHERE** SQL Ausdruck > ;

DESCRIBE TABLE Tabellenname <, ... Tabellenname > ;

DESCRIBE VIEW PROC SQL View <, ... PROC SQL View > ;

DESCRIBE TABLE CONSTRAINTS Tabellenname <, ... Tabellenname > ;

DROP INDEX Indexname <, ... Indexname> **FROM** Tabellenname ;

DROP TABLE Tabellenname <, ... Tabellenname > ;

DROP VIEW Viewname <, ... Viewname > ;

INSERT INTO Tabellenname|SAS/ACCESS-View|PROC SQL View < (Spalte <, ... Spalte>) >
   SET Spalte=SQL Ausdruck <, ... Spalte=SQL Ausdruck >
   < **SET** Spalte=SQL Ausdruck <, ... Spalte=SQL Ausdruck > > ;

INSERT INTO Tabellenname|SAS/ACCESS-View|PROC SQL View < (Spalte <, ... Spalte>) >
   VALUES (Wert <, ... Wert>)
   <... **VALUES** (Wert <, ... Wert>) > ;

INSERT INTO Tabellenname|SAS/ACCESS-View|PROC SQL View < (Spalte <, ... Spalte>) >
   Query-Ausdruck ;

RESET <Option(en)> ;

SELECT <**DISTINCT**> Objekt-Item <, ...Objekt-Item >
   <**INTO** Makrovariablendefinition <, ... Makrovariablendefinition > >
   FROM Liste
      <**WHERE** SQL Ausdruck >
      <**GROUP BY** Gruppiervariable <, ... Gruppiervariable > >
      <**HAVING** SQL Ausdruck>
      <**ORDER BY** Sortiervariable <, ... Sortiervariable > > ;

UPDATE Tabellenname|SAS/ACCESS-View|PROC SQL View <**AS** Alias>
    SET Spalte=SQL Ausdruck <, ... Spalte=SQL Ausdruck >
    <**SET** Spalte=SQL Ausdruck <, ... Spalte=SQL Ausdruck > >
    <**WHERE** SQL Ausdruck > ;

VALIDATE Query-Ausdruck ;

Um eine Verbindung mit einem DBMS herzustellen und die Daten des DBMS abzurufen (vgl. SELECT), gilt diese Form:

PROC SQL;
    CONNECT TO DBMS-Name < **AS** Alias>
    < (Verbindungsparameter_1=Wert <... Verbindungsparameter_n=Wert >) >
    < (DB_Verbindung_1=Wert <... DB_Verbindung_n=Wert >) > ;
    SELECT Spaltenliste
    FROM CONNECTION TO DBMS-Name|Alias (DBMS-Query)
        optionale PROC SQL Klauseln ;
< **DISCONNECT FROM** DBMS-Name|Alias ; >
< **QUIT** ; >

Um eine Verbindung mit einem DBMS herzustellen und ein DBMS-spezifisches nonquery SQL Statement zu senden (vgl. EXECUTE), gilt diese Form:

PROC SQL ;
    CONNECT TO DBMS-Name < **AS** Alias >
    < (Verbindungsparameter_1=Wert <... Verbindungsparameter=Wert >) >
    < (DB_Verbindung_1=Wert <... DB_Verbindung_n=Wert >) > ;
    EXECUTE (DBMS SQL Statement)
    BY DBMS-Name|Alias;
    <**DISCONNECT FROM** DBMS-Name|Alias;>
<**QUIT** ; >

Kurzerläuterung der Optionen für PROC SQL:

Optionen für die Anzeige interner Join-Prozesse (Performanz)
Die beiden Optionen _METHOD und _TREE sind in SAS derzeit nicht dokumentiert. Der Autor wurde durch eine SUGI-Präsentation von Cheng (2003) auf sie aufmerksam.

_METHOD
Gibt die interne Prozesshierarchie beim Auswählen der Join-Methoden wieder.

_TREE
Gibt die internen Prozesse bei einem Join detailliert in Form eines Baumes wieder.

9.1 PROC SQL Syntax (Übersicht)

Optionen für den Output

BUFFERSIZE=
Vorgabe für die Puffergröße (buffer page size) für die Ausgabe.

DOUBLE | NODOUBLE
Die Ausgabe mit zweistelligem Zeilenabstand versehen.

FEEDBACK | NOFEEDBACK
Ein Statement in das SAS Log schreiben, die die Query expandiert.

FLOW | NOFLOW
Fließzeichen (flow characters) innerhalb einer Spalte.

NUMBER | NONUMBER
Eine Spalte mit Zeilennummern einschließen.

PRINT|NOPRINT
Einstellung, ob PROC SQL das Queryergebnis ausgeben soll.

SORTMSG | NOSORTMSG
Einstellung, ob PROC SQL eine Sortierinformation anzeigen soll.

SORTSEQ=
Eine Sortierreihenfolge vorgeben.

Optionen für die Ausführung

DQUOTE=
PROC SQL ermöglichen, andere Namen als SAS Namen zu verwenden.

ERRORSTOP | NOERRORSTOP
Einstellung, ob PROC SQL nach einem Fehler abbrechen soll.

EXEC | NOEXEC
Einstellung, ob PROC SQL Statements ausführen soll.

INOBS=
Schränkt die Anzahl der Inputzeilen bzw. -beobachtungen ein.

OUTOBS=
Schränkt die Anzahl der Outputzeilen bzw. -beobachtungen ein.

LOOPS=
Schränkt die Anzahl der Schleifen ein. Ein zu niedriger Wert unterbricht eine SQL Anweisung, bevor sie vollständig abgearbeitet ist.

PROMPT | NOPROMPT
Vorgabe, ob PROC SQL vom Anwender eine Eingabe erwartet werden soll, sobald die Einstellungen mittels INOBS=, OUTOBS= oder LOOPS= ein Limit erreicht haben.

STIMER | NOSTIMER
Vorgabe, ob PROC SQL für jedes Statement eine Zeitinformation (z.B. Verarbeitungsdauer) ins SAS Log schreiben soll.

THREADS | NOTHREADS
Veranlasst PROC SQL, die THREADS- bzw. NOTHREADS-Optionen des SAS Systems außer Kraft zu setzen. Mit THREADS kann PROC SQL die neuen Möglichkeiten der parallelen Verarbeitung bei Sortiervorgängen in SAS nutzen. THREADS | NOTHREADS wird seit Version SAS v9.1.3 angeboten.

UNDO_POLICY=
Einstellung, wie PROC SQL mit Updates umgehen soll, falls eine Unterbrechung auftreten sollte.

Optionen für die Optimierung von SQL (ab SAS v9.2)
Weiterführende Hinweise zur Funktionsweise dieser SQL Optionen finden interessierte Leser im Kapitel 7 zu Performanz und Effizienz.

CONSTDATETIME | NOCONSTDATETIME
Vorgabe, ob PROC SQL Referenzen in einer Query auf die SAS Funktionen DATE, TIME, DATETIME und TODAY durch entsprechend äquivalente Zeit- oder Datumskonstanten vor ihrer Ausführung ersetzen soll.

EXITCODE
Vorgabe, ob PROC SQL Fehlercodes für beliebige SQL Statements freigeben soll. Fehlercodes werden der Makrovariablen SQLEXITCODE zugewiesen.

IPASSTHRU | NOIPASSTHRU
Einstellung, ob Implicit Pass-Through möglich ist oder nicht.

REDUCEPUT
Vorgabe des Engine-Typs für eine Query, die durch das Ersetzen der PUT-Funktionen durch einen logisch äquivalenten Ausdruck optimiert werden soll (dieselbe Funktionalität wie die SQLREDUCEPUT Systemoption).

REMERGE | NOREMERGE
Legen fest, dass PROC SQL (keine) Queries verarbeiten soll, bei denen Remerging (Wiederzusammenführung) erforderlich sein kann (dieselbe Funktionalität wie die SQLREMERGE Systemoption).

Neue globale SAS System Optionen für PROC SQL (ab SAS v9.2):

DBIDIRECTEXEC
Steuert die SQL Optimierung für SAS/ACCESS Engines.

SQLCONSTANTDATETIME
Legt fest, ob PROC SQL Referenzen auf DATE, TIME, DATETIME und TODAY Funktionen in einer Query vor ihrer Ausführung durch äquivalente konstante Werte ersetzt.

SQLMAPPUTTO
Legt fest, ob die PUT-Funktionen in PROC SQL durch SAS oder die SAS_PUT() Funktion von Teradata verarbeitet werden.

SQLREDUCEPUT
Legt den Engine-Typ für eine Query fest, die durch das Ersetzen der PUT-Funktionen durch einen logisch äquivalenten Ausdruck optimiert werden soll.

SQLREDUCEPUTOBS
Legt bei SQLREDUCEPUT=NONE für PROC SQL die Mindestanzahl an Zeilen in einer Tabelle fest, um zu bestimmen, ob das Optimieren der PUT-Funktionen in einer Query erforderlich ist.

SQLREDUCEPUTVALUES
Legt bei SQLREDUCEPUT=NONE für PROC SQL die maximale Anzahl an SAS Formatwerten fest, die in einem Ausdruck mit PUT-Funktionen vorkommen können, um zu bestimmen, ob das Optimieren der PUT-Funktionen in einer Query erforderlich ist.

SQLREMERGE
Legt fest, dass PROC SQL Queries verarbeiten soll, bei denen Remerging (Wiederzusammenführung) erforderlich sein kann. Remerging kann dann vorkommen, wenn eine Aggregierungsfunktion in einer SELECT- oder HAVING-Klausel verwendet wird. Remerging ist I/O intensiv, da zwei Datendurchläufe erforderlich sind. NOSQLREMERGE legt fest, dass PROC SQL kein Remerging durchführt.

SQLUNDOPOLICY
Legt fest, ob PROC SQL aktualisierte Daten beibehält oder verwirft, falls Fehler während des Aktualisierungsprozesses auftreten.

9.2 SAS Funktionen und Funktionsaufrufe (Übersicht)

Eine SAS Funktion führt eine Berechnung oder eine Manipulation an Argumenten durch und gibt einen Wert zurück. Die meisten Funktionen verwenden Argumente, die der Anwender übergibt, einige wenige SAS Funktionen erhalten ihre Argumente von der Betriebsumgebung. Eine SAS Funktion kann im DATA Step, in einem WHERE-Ausdruck in der Makroprogrammierung, in PROC REPORT und natürlich auch in PROC SQL verwendet werden. Angesichts des Umfangs und der Vielfalt der SAS Funktionen und Routinen kann davon ausgegangen werden, dass dadurch der Funktionsumfang und die Flexibilität von SQL enorm erweitert wird.

SAS Routinen (syn.: CALL Routinen) ähneln SAS Funktionen; auch führen sie Berechnungen oder Manipulationen an Argumenten durch und geben entsprechend Werte zurück. Ein Unterschied von SAS Routinen zu SAS Funktionen ist, dass man sie nicht in sog. Zuweisungs-Statements verwenden kann. Auch werden SAS Routinen mit dem CALL-Statement aufgerufen. Geht Bezeichnungen also ein CALL voran, handelt es sich um SAS Routinen (das CALL repräsentiert den Aufruf der Routine), alle anderen bezeichnen SAS Funktionen. CAT ist beispielsweise eine SAS Funktion für Zeichen/Strings, CALL CATS ist z.B. eine SAS Routine für Zeichen/Strings.

Zum Teil gibt es für ein und denselben Zweck sowohl eine SAS Funktion, wie auch eine SAS Routine; angesichts der zahlreichen Funktionen und Funktionsaufrufe ist eine Qualifizierung in zwei-drei Stichworten ausgesprochen schwierig. Es ließe sich jedoch behaupten, dass Funktionen tendenziell etwas einfacher zu programmieren sind, während Funktionsaufrufe demgegenüber einen gewissen größeren Leistungsumfang aufweisen. Funktionsaufrufe für Zufallszahlen erlauben z.B. eine größere Kontrolle über die Seeds als die Funktionen. Diese Kurzcharakterisierung muss nicht notwendigerweise für alle Funktionen und Funktionsaufrufe gleichermaßen zutreffen. In jedem Fall sind Anwender angehalten, erforderliche Programmierungen und den faktisch benötigten Leistungsumfang gegeneinander abzuwägen.

Trotz des Umfangs der Übersicht muss betont werden, dass sie nur eine kleine Auswahl aller von SAS bereitgestellten Funktionen und Routinen wiedergibt. SAS bietet noch zahlreiche weitere Funktionen und Routinen für z.B. bestimmte Produkte und für bestimmte Plattformen (OpenVMS, Unix, Windows, z/OS etc.) usw. an. Für weitere SAS Funktionen und SAS Routinen wird auf die technische SAS Dokumentation verwiesen. Zum einen ist dies erforderlich, weil viele weitere SAS Module (z.B. SAS/IML und SAS/QC) zusätzlich weitere, „eigene" Funktionen bereitstellen und der Platz hier wirklich nicht ausreicht, alle zusammen- und vorstellen zu können, z.B.:

- SAS/QC enthält u.a. die Funktionen AOQ2, CUSUMARL, EWMAARL, PROBMED und STDMED sowie den Funktionsaufruf CALL BAYESACT.
- SAS/IML enthält viele weitere Funktionen und Funktionsaufrufe z.B. für die lineare Algebra, numerische/statistische/graphische Analyse, genetische Algorithmen (experimentell), Matrizen-Rechnung, Wellentransformationen, sowie für die Zeitreihenanalyse uvam. Als Funktionen können beispielhaft APPLY, ARMASIM, BLOCK, BRANKS, BTRAN, ECHELON, EIGVAL, HERMITE, POLYROOT uvam. erwähnt werden; als Funktionsaufrufe z.B. CALL APPCORT, CALL ARMACOV, CALL ARMALIK, CALL CHANGE, CALL GDRAW, PGRAF und v.a. diverse Funktionsaufrufe zur nichtlinearen Optimierung, darunter u.a. CALL NLPCG, NLPDD, NLPFDD, NLPFEA, NLPHQN, NLPLM, NLPNMS, NLPNRA uvam. Die Funktionsaufrufe SEQSCALE, SEQSHIFT, sowie SEQTESTS führen z.B. jeweils diskrete sequentielle Tests durch.

9.2 SAS Funktionen und Funktionsaufrufe (Übersicht)

- Für die Macro Facility stellt SAS ebenfalls viele weitere Funktionen bereit, z.B. %BQUOTE, %EVAL, %INDEX, %LENGTH, %NRBQUOTE, %NRQUOTE, %QSCAN, %QUOTE, %SCAN, %SYSEVALF und viele andere mehr.
- Darüber hinaus ermöglicht PROC FCMP (ab SAS v9.1.3) den Anwendern das Schreiben, Testen und Speichern eigener SAS Funktionen, die u.a. auch in PROC SQL verwendet werden können.

Zum anderen ist nicht auszuschließen, dass SAS diverse Funktionen zwischen den einzelnen Modulen der SAS Software hin- und herbewegt. Die früheren SAS/ETS Funktionen INTCINDEX, INTCYCLE, INTFMT, INTINDEX sowie INTSEAS befinden sich z.B. seit SAS v9.2 in SAS Base und sind darüber hinaus auch ISO 8601-konform. Die SAS Funktionen HOLIDAY und NWKDOM aus dem SAS High-Performance Forecasting sind seit SAS v9.2 ebenfalls in SAS Base zu finden. Die Funktionen und Routinen INTFIT, INTGET, INTSHIFT und INTTEST wurden erweitert und sind darüber hinaus ebenfalls ISO 8601-konform.

Ein wichtiger Grund ist auch, weil in einzelnen Fällen die Anzahl der benötigten Argumente plattformabhängig sein kann, z.B. bei der EXP-Funktion. Darüber hinaus kann von einer unbekannten Zahl nicht dokumentierter SAS Funktionen und SAS Routinen ausgegangen werden.

Aufruf einer SAS Funktion

```
data _NULL_;
v1='Hel';v2='lo wo';v3='rld!';
    v1_3=cat(v1,v2,v3);
    put V1_3 $char.;
run;

Ergebnis:
Hello world!
```

Aufruf einer SAS Routine

```
data _NULL_ ;
length v1_3 $ 12;
v1='Hel';v2='lo wo';v3='rld!';
    call catt(v1_3, v1,v2,v3);
    put v1_3 ;
run;

Ergebnis:
Hello world!
```

Der Aufruf für SAS Funktionen und SAS Routinen unterscheidet sich in einem zentralen Aspekt: Links von einer SAS Funktion steht ein Zuweisungs-Statement, z.B. „v1_3="; links von einer SAS Routine steht ein Aufruf, „CALL". Für Details zum Aufruf der Funktionen und Routinen wird auf die aktuelle SAS Dokumentation verwiesen.

Die SAS Dokumentation weist darauf hin, dass Werte, die von SAS Funktionen zurückgegeben werden, im Gegensatz zu SAS Makro Funktionen unter Umständen trunkiert sein können.

Schnellfinder (Kategorien)

Im nachfolgenden Abschnitt werden SAS Funktionen und Routinen zu folgenden Kategorien kurz vorgestellt. Die Kategorien der SAS Funktionen und Routinen sind alphabetisch angeordnet.

Array	Börsenindizes (früher: Risk Dimensions)
Bitweise logische Operationen	Quantile
Datum und Zeit	SAS Dateien I/O
DBCS	Spezialfunktionen
Deskriptive Statistik	Trigonometrisch
Externe Dateien	Trunkierung
Externe Routinen	Variablen: Kontrolle
Finanzfunktionen	Variablen: Information
Funktionen für US Bundesstaaten und ZIP Codes	Wahrscheinlichkeit
Funktionen für Web Tools	Währungsumrechnung
Hyperbolisch	Zeichen/-ketten: Matching
Makro	Zeichen/Strings
Mathematisch	Zufallszahlen
	SAS v9.2: Neue Funktionen und Routinen

Das Präfix PRX zeigt übrigens an, dass es sich bei der jeweiligen Funktion oder Routine um eine sog. Perl Regular Expression handelt. Bei der Programmierung sind unter Umständen auch Perl-Vorschriften zu beachten.

Kategorien und Beschreibungen von SAS Funktionen und SAS Routinen

Funktionen und CALL Routinen	Beschreibung
Array	
DIM	Gibt die Anzahl der Elemente in einem Array zurück.
HBOUND	Gibt die obere Grenze eines Arrays zurück.
LBOUND	Gibt die untere Grenze eines Arrays zurück.
Bitweise logische Operationen	
BAND	Gibt bitweise das logische AND zweier Argumente zurück.
BLSHIFT	Gibt bitweise die logische Linksverschiebung von zwei Argumenten zurück.
BNOT	Gibt bitweise das logische NOT eines Arguments zurück.
BOR	Gibt bitweise das logische OR zweier Argumente zurück.
BRSHIFT	Gibt bitweise die logische Rechtsverschiebung von zwei Argumenten zurück.
BXOR	Gibt bitweise das logische EXCLUSIVE OR zweier Argumente zurück.
Börsenindizes (Risk Dimensions)	
BLACKCLPRC	Ermittelt den Preis für Calls für europäische Optionen auf Futures nach dem Black Modell.
BLACKPTPRC	Ermittelt den Preis für Puts für Europäische Optionen auf Futures nach dem Black Modell.
BLKSHCLPRT	Ermittelt den Preis für Calls für europäische Optionen nach dem Black-Scholes Modell.
BLKSHPTPRT	Ermittelt den Preis für Puts für europäische Optionen nach dem Black-Scholes Modell.
GARKHCLPRC	Ermittelt den Preis für Calls für europäische Optionen auf Aktien nach dem Garman-Kohlhagen Modell.

GARKHPTPRC	Ermittelt den Preis für Puts für europäische Optionen auf Aktien nach dem Garman-Kohlhagen Modell.
MARGRCLPRC	Ermittelt den Preis für Calls für europäische Optionen auf Aktien nach dem Margrabe Modell.
MARGRPTPRC	Ermittelt den Preis für Puts für europäische Optionen auf Aktien nach dem Margrabe Modell.

Datum und Zeit

DATDIF	Gibt die Anzahl der Tage zwischen zwei Zeitpunkten (dates) zurück. Seit SAS v9.2 mit Bezug auf ein Dokument der Securities Industry Association.
DATE	Gibt das aktuelle Datum als SAS Datumswert zurück.
DATEJUL	Wandelt ein Julianisches Datum in einen SAS Datumswert um.
DATEPART	Extrahiert das Datum aus einem SAS Datum/Uhrzeit-Wert (datetime value).
DATETIME	Gibt das aktuelle Datum und Tageszeit als einen SAS Datum/Uhrzeit-Wert zurück.
DAY	Gibt den Tag eines Monats aus einem SAS Datum/Uhrzeit-Wert zurück.
DHMS	Gibt einen SAS Datum/Uhrzeit-Wert aus Datum-, Stunden-, Minuten- und Sekundenwerten zurück.
HMS	Gibt einen SAS Datum/Uhrzeit-Wert aus Stunden-, Minuten- und Sekundenwerten zurück.
HOUR	Gibt die Stunde aus einem SAS Zeit- (time) oder SAS Datum/Uhrzeit-Wert (datetime) zurück.
INTCK	Gibt die Anzahl von Intervall-Grenzen zwischen zwei Daten, zwei Uhrzeiten oder zwei Datum/Uhrzeit-Werten als ganzzahliges Ergebnis zurück. Seit SAS v9.2 u.a. auch ISO 8601-konform.
INTNX	Unterteilt ein Datum, eine Uhrzeit oder einen Datum/Uhrzeit-Wert anhand eines vorgegebenen Intervalles (oder mehrerer) und gibt ein Datum, eine Uhrzeit oder einen Datum/Uhrzeit-Wert zurück. Seit SAS v9.2 u.a. auch ISO 8601-konform.

9.2 SAS Funktionen und Funktionsaufrufe (Übersicht)

JULDATE	Gibt das Julianische Datum aus einem SAS Datum/Uhrzeit-Wert zurück.
JULDATE7	Gibt ein siebenstelliges Julianisches Datum aus einem SAS Datum/Uhrzeit-Wert zurück.
MDY	Gibt einen SAS Datum/Uhrzeit-Wert aus Monats-, Tages- und Jahres-Werten zurück.
MINUTE	Gibt die Minuten aus einem SAS Zeit- oder SAS Datum/Uhrzeit-Wert zurück.
MONTH	Gibt den Monat aus einem SAS Datumswert zurück.
NLDATE	Wandelt einen SAS Datumswert in den Datumswert der angegebenen lokalen Settings (‚locale') um, indem Datum-Formatmodifikatoren verwendet werden.
NLDATM	Wandelt einen SAS Datum/Uhrzeit-Wert in den Zeitwert der angegebenen lokalen Settings (‚locale') um, indem Datum/Uhrzeit-Formatmodifikatoren verwendet werden.
NLTIME	Wandelt einen SAS Zeit- oder Datums-Zeit-Wert in den Zeitwert einer bestimmten Zone um und verwendet dabei die Zeit-Formatmodifikatoren.
QTR	Gibt das Quartal des Jahres aus einem SAS Datumswert zurück.
SECOND	Gibt die Sekunden aus einem SAS Zeit- oder Datum/Uhrzeit-Wert zurück.
TIME	Gibt die aktuelle Tageszeit (Systemzeit) zurück.
TIMEPART	Extrahiert einen Zeitwert aus einem SAS Datum/Uhrzeit-Wert.
TODAY	Gibt das aktuelle Datum als einen SAS Datumswert zurück.
WEEK	Gibt u.a. den Wert der Wochennummer zurück.
WEEKDAY	Gibt den Wochentag aus einem SAS Datumswert zurück.
YEAR	Gibt das Jahr aus einem SAS Datumswert zurück.
YRDIF	Gibt die Differenz zwischen zwei Zeitpunkten in Jahren an.
YYQ	Gibt einen SAS Datumswert aus dem Jahr und dem Quartal zurück.

DBCS

KCOMPARE	Gibt das Ergebnis eines Vergleichs von Zeichenketten zurück.
KCOMPRESS	Entfernt bestimmte Zeichen aus einer Zeichenkette.
KCOUNT	Gibt die Anzahl von double byte-Zeichen in einer Zeichenkette zurück.
KCVT	Wandelt Daten von einem Verschlüsselungscode in einen anderen Verschlüsselungscode um.
KINDEX	Sucht einen Zeichen-Ausdruck nach einer Zeichenkette ab.
KINDEXC	Sucht einen Zeichen-Ausdruck nach bestimmten Zeichen ab.
KLEFT	Richtet einen Zeichen-Ausdruck links aus, indem unnötig vorausgehende DBCS-Leerzeichen und SO/SI entfernt werden.
KLENGTH	Gibt die Länge eines Arguments zurück.
KLOWCASE	Wandelt alle Buchstaben in einem Argument in Kleinbuchstaben um.
KREVERSE	Kehrt einen Zeichen-Ausdruck um.
KRIGHT	Richtet einen Zeichen-Ausdruck rechts aus, indem unnötig nachfolgende DBCS-Leerzeichen und SO/SI abgeschnitten werden.
KSCAN	Wählt ein bestimmtes Wort aus einem Zeichen-Ausdruck aus.
KSTRCAT	Verbindet (konkateniert) zwei oder mehr Zeichenketten.
KSUBSTR	Extrahiert einen Substring aus einem Argument.
KSUBSTRB	Extrahiert einen Substring aus einem Argument anhand seiner Byte-Position im Argument.
KTRANSLATE	Ersetzt bestimmte Zeichen in einem Zeichen-Ausdruck.
KTRIM	Entfernt anführende DBCS-Leerzeichen und SO/SI aus einem Zeichen-Ausdruck.
KTRUNCATE	Kürzt (trunkiert) einen numerischen Wert auf eine bestimmte Länge.
KUPCASE	Wandelt alle single byte-Buchstaben in einem Argument in Großbuchstaben um.

KUPDATE	Löscht, ersetzt und fügt Inhalte von Zeichenwerten ein.
KUPDATEB	Löscht, ersetzt und fügt den Inhalt eines Zeichenwertes anhand seiner Byte-Position im Argument ein.
KVERIFY	Gibt die Position des ersten Zeichens zurück, das in einem Ausdruck einmalig ist.

Deskriptive Statistik

CSS	Gibt die korrigierte Quadratsumme zurück.
CV	Gibt den Variationskoeffizienten zurück.
GEOMEAN	Gibt das geometrische Mittel nichtfehlender Werte zurück. Extrem kleine Werte werden auf 0 gesetzt.
GEOMEANZ	Gibt das geometrische Mittel nichtfehlender Werte zurück. Extrem kleine Werte werden nicht auf 0 gesetzt.
HARMEAN	Gibt das harmonische Mittel nichtfehlender Werte zurück. Extrem kleine Werte werden auf 0 gesetzt.
HARMEANZ	Gibt das harmonische Mittel nichtfehlender Werte zurück. Extrem kleine Werte werden nicht auf 0 gesetzt.
IQR	Gibt den Interquartilsabstand/-range (IQR) zurück.
KURTOSIS	Gibt die Kurtosis (Exzess, Wölbung) zurück.
LARGEST	Gibt den k-ten größten nichtfehlenden Wert zurück.
MAD	Gibt die mediane absolute Abweichung vom Median zurück
MAX	Gibt den größten Wert (Maximum) zurück.
MEAN	Gibt das arithmetische Mittel (Mittelwert) zurück.
MEDIAN	Berechnet Medianwerte.
MIN	Gibt den kleinsten Wert (Minimum) zurück.
MISSING	Gibt ein numerisches Ergebnis zurück, das anzeigt, ob das Argument einen fehlenden Wert (Missing) enthält.
N	Gibt die Anzahl nichtfehlender Werte zurück.
NMISS	Gibt die Anzahl fehlender Werte (Missings) zurück.

ORDINAL	Gibt jede vorgegebene Rangstatistik zurück.
PCTL	Berechnet Perzentile.
RANGE	Gibt den Range (Streubreite) von Werten zurück.
RMS	Gibt das quadratische Mittel zurück.
SKEWNESS	Gibt die Skewness (Schiefe, Steilheit) zurück.
SMALLEST	Gibt den k-ten und kleinsten nichtfehlenden Wert zurück.
STD	Gibt die Standardabweichung zurück.
STDERR	Gibt den Standardfehler des Mittelwerts zurück.
SUM	Gibt die Summe der nichtfehlenden Argumente zurück.
USS	Gibt die nichtkorrigierte Quadratsumme zurück.
VAR	Gibt die Varianz zurück.

Externe Dateien

DCLOSE	Schließt ein Verzeichnis (directory), das von der DOPEN-Funktion geöffnet worden war.
DINFO	Gibt Informationen über ein Verzeichnis zurück.
DNUM	Gibt die Anzahl von Membern (Elementen) in einem Verzeichnis zurück.
DCREATE	Erstellt ein externes Verzeichnis.
DOPEN	Öffnet ein Verzeichnis und gibt einen Wert größer als 0 zurück, der das geöffnete Verzeichnis zu identifizieren erlaubt (Verzeichnis-ID).
DOPTNAME	Gibt Informationen über die Attribute des Verzeichnisses zurück. Die Anzahl, Namen und Art der Verzeichnisinformationen hängen von der jew. Betriebsumgebung ab.
DOPTNUM	Gibt die Anzahl von Informationen zurück, die für ein Verzeichnis verfügbar sind.
DREAD	Gibt den Namen eines Members im Verzeichnis zurück.

DROPNOTE	Löscht eine Markierung durch NOTE oder FNOTE in einem SAS Datensatz oder einer externen Datei; falls erfolgreich, gibt DROPNOTE den Wert 0 zurück.
FAPPEND	Hängt die aktuelle Beobachtung (Zeile) an das Ende einer externen Datei an.
FCLOSE	Schließt eine externe Datei, ein Verzeichnis oder ein Member eines Verzeichnisses.
FCOL	Gibt die aktuelle Spaltenposition im Dateidatenpuffer (File Data Buffer, FDB) zurück.
FDELETE	Löscht eine externe Datei oder ein leeres Verzeichnis.
FEXIST	Überprüft das Vorhandensein einer externen Datei, die durch ein Fileref assoziiert ist.
FGET	Kopiert Daten vom Dateidatenpuffer (File Data Buffer, FDB) in eine Variable.
FILEEXIST	Überprüft das Vorhandensein einer externen Datei anhand ihres physikalischen Namens.
FILENAME	Weist einer externen Datei, einem Verzeichnis oder Ausgabegerät einen Fileref zu bzw. entfernt diesen.
FILEREF	Überprüft, ob für die aktuelle SAS Sitzung ein Fileref zugewiesen worden ist.
FINFO	Gibt den Wert eines systemabhängigen Informations-Items zurück.
FNOTE	Identifiziert die letzte eingelesene Beobachtung (Zeile) und gibt einen Wert zurück, den FPOINT verwenden kann.
FOPEN	Öffnet eine externe Datei und gibt einen Wert größer als 0 zurück, der die geöffnete Datei zu identifizieren erlaubt.
FOPTNAME	Gibt den Namen eines Informations-Items über eine Datei zurück.
FOPTNUM	Gibt die Anzahl von Informations-Items zurück, die für eine externe Datei verfügbar sind.
FPOINT	Positioniert den Lesezeiger auf die nächste Beobachtung (Zeile) ein, die gelesen werden soll.

FPOS	Stellt die Position des Spaltenzeigers (column pointer) im Dateidatenpuffer (File Data Buffer, FDB) ein.
FPUT	Verschiebt Daten in den Dateidatenpuffer (FDB) einer externen Datei, beginnend an der aktuellen Spaltenposition des FDB.
FREAD	Liest eine Beobachtung (Zeile) aus einer externen Datei in den Dateidatenpuffer (File Data Buffer, FDB).
FREWIND	Positioniert den Datei-Zeiger (file pointer) an den Anfang der Datei.
FRLEN	Gibt die Größe der letzten eingelesenen Beobachtung (Zeile) zurück oder, falls die Datei für eine Ausgabe geöffnet ist, die Größe der aktuellen Beobachtung (Zeile).
FSEP	Gibt die Trennzeichen für die FGET-Funktion vor; seit SAS v9.2 auch als Hexadezimalwert.
FWRITE	Schreibt eine Beobachtung (Zeile) in eine externe Datei.
MOPEN	Öffnet eine Datei anhand Verzeichnis-ID (zugewiesen beim Öffnen mittels DOPEN) und Membernamens und gibt den Wert zur Datei-Identifikation zurück oder eine 0, falls die Datei nicht geöffnet werden konnte.
PATHNAME	Gibt den physikalischen Namen eines SAS Verzeichnisses (data library) oder einer externen Datei zurück, oder ein Blank.
SYSMSG	Gibt den Text von Fehlermeldungen oder Warnhinweisen aus der letzten Ausführung von Zugriffsfunktionen für Datensätze oder externe Dateien zurück.
SYSRC	Gibt die Nummer des letzten Systemfehlers zurück, der bei einem Aufruf einer Funktion für Datasets oder externe Dateien auftrat.

Externe Routinen

CALL MODULE	Ruft eine externe Routine auf. Im Gegensatz zu MODULEN and MODULEC gibt MODULE keinen Wert zurück.
CALL MODULEI	Ruft eine externe Routine auf (kann nur innerhalb der IML-Umgebung aufgerufen werden). Gibt keinen Wert zurück.
MODULEC	Ruft eine externe Routine auf und gibt einen Zeichenwert zurück.
MODULEIC	Ruft eine externe Routine auf und gibt einen Zeichenwert zurück (kann nur innerhalb der IML-Umgebung aufgerufen werden).

MODULEIN	Ruft eine externe Routine auf und gibt einen numerischen Wert zurück (kann nur innerhalb der IML-Umgebung aufgerufen werden).
MODULEN	Ruft eine externe Routine auf und gibt einen numerischen Wert zurück.

Finanzfunktionen

COMPOUND	Gibt Zinseszins-Parameter zurück.
CONVX	Gibt den Kennwert der Konvexität für einen aufgezählten Cash-Flow (Bargeldumlauf) zurück.
CONVXP	Gibt den Kennwert der Konvexität für einen regelmäßigen Cashflow-Strom zurück, wie z.B. eine Anleihe.
DACCDB	Gibt die kumulierte (aufgelaufene) degressive Abschreibung zurück.
DACCDBSL	Gibt die kumulierte (aufgelaufene) degressive Abschreibung mit Konversion in eine lineare Abschreibung zurück.
DACCSL	Gibt die kumulierte lineare Abschreibung zurück.
DACCSYD	Gibt die kumulierte (aufgelaufene) arithmetisch-degressive Abschreibung zurück.
DACCTAB	Gibt die kumulierte Abschreibung aus angegebenen Tabellen zurück.
DEPDB	Gibt die degressive Abschreibung zurück.
DEPDBSL	Gibt die degressive Abschreibung mit Konversion in eine lineare Abschreibung zurück.
DEPSL	Gibt die lineare Abschreibung zurück.
DEPSYD	Gibt die arithmetisch-degressive Abschreibung (sum-of-years-digits depreciation) zurück.
DEPTAB	Gibt die Abschreibung aus angegebenen Tabellen zurück.
DUR	Gibt den Kennwert der Modified Duration für einen kumulierten (aufgelaufenen) Cash-Flow zurück.

DURP	Gibt den Kennwert der Modified Duration für einen regelmäßigen Cashflow-Strom zurück, wie z.B. eine Anleihe.
INTRR	Gibt den Ertrag bzw. die Rendite (interner Zinsfuß) als Bruch zurück.
IRR	Gibt den Ertrag bzw. die Rendite (interner Zinsfuß) als Prozentwert zurück.
MORT	Gibt Abschreibungs- bzw. Tilgungsparameter zurück.
NETPV	Gibt den Kapitalwert als Bruch zurück.
NPV	Gibt den Kapitalwert zurück, wobei die Höhe als Prozentwert angegeben wird.
PVP	Gibt den Present Value (Barwert, abgezinster Wert) für einen regelmäßigen Cashflow-Strom zurück, wie z.B. eine Anleihe.
SAVING	Gibt den Future Value (aufgezinster Wert) regelmäßigen Sparens zurück.
YIELDP	Gibt die Rückzahlungsrendite für einen regelmäßigen Cashflow-Strom zurück, wie z.B. eine Anleihe.

Funktionen für US Bundesstaaten und ZIP Codes

FIPNAME	Wandelt zweistellige FIPS-Kodes (U.S. Federal Information Processing Standards) in großgeschriebene Namen von US Bundesstaaten um.
FIPNAMEL	Wandelt zweistellige FIPS-Kodes in Namen von US Bundesstaaten in Groß- und Kleinschreibung um.
FIPSTATE	Wandelt zweistellige FIPS-Kodes in Kodes aus zwei Zeichen für Postleitzahlen von US Bundesstaaten um.
STFIPS	Wandelt Postleitzahlen der US Bundesstaaten in FIPS-Kodes der US Bundesstaaten um.
STNAME	Wandelt Postleitzahlen der US Bundesstaaten in großgeschriebene Namen von US Bundesstaaten um.
STNAMEL	Wandelt Postleitzahlen der US Bundesstaaten in Namen von US Bundesstaaten in Groß- und Kleinschreibung um.
ZIPCITY	Gibt den Namen einer Stadt und den dazugehörigen zweizeichigen Postleitzahlenkode zurück, der einem ZIP-Kode entspricht.

9.2 SAS Funktionen und Funktionsaufrufe (Übersicht)

ZIPFIPS	Wandelt ZIP-Kodes in zweistellige FIPS-Kodes um.
ZIPNAME	Wandelt ZIP-Kodes in großgeschriebene Namen von US Bundesstaaten um.
ZIPNAMEL	Wandelt ZIP-Kodes in Namen von US Bundesstaaten in Groß- und Kleinschreibung um.
ZIPSTATE	Wandelt ZIP-Kodes in Kodes aus zwei Zeichen für Postleitzahlen von US Bundesstaaten um, einschl. Army Post Office (APO) und Fleet Post Office (FPO).

Funktionen für Web Tools

HTMLDECODE	Dekodiert eine Zeichenkette mit Referenzierungen auf HTML-Zeichen vom Typ numerisch oder String und gibt die dekodierte Zeichenkette zurück.
HTMLENCODE	Enkodiert Zeichen unter Verwendung von HTML-Zeichen vom Typ String und gibt die enkodierte Zeichenkette zurück.
URLDECODE	Gibt eine Zeichenkette zurück, die mit der URL Escape-Syntax dekodiert worden war.
URLENCODE	Gibt eine Zeichenkette zurück, die mit der URL Escape-Syntax enkodiert worden war.

Hyperbolisch

COSH	Gibt den hyperbolischen Kosinus zurück.
SINH	Gibt den hyperbolischen Sinus zurück.
TANH	Gibt den hyperbolischen Tangens zurück.

Makro

CALL EXECUTE	Löst ein Argument auf und übergibt den aufgelösten Wert zur Ausführung.
CALL SYMPUT	Weist einer Makrovariable Data Step-Informationen zu.
CALL SYMPUTX	Weist einer Makrovariablen einen Wert zu und entfernt dabei vorangehende und nachfolgende Leerzeichen.
RESOLVE	Gibt den aufgelösten Wert eines Arguments zurück, nachdem es durch die Macro Facility verarbeitet wurde.

SYMEXIST	Gibt einen Hinweis auf die Existenz einer Makrovariablen zurück.
SYMGET	Gibt den Wert einer Makrovariablen während der Ausführung eines Data Step zurück.
SYMGLOBL	Gibt einen Hinweis darauf hin zurück, ob sich eine Makrovariable im globalen Scope des Data Steps während der Ausführung des Data Steps befindet.
SYMLOCAL	Gibt einen Hinweis darauf hin zurück, ob sich eine Makrovariable im lokalen Scope des Data Steps während der Ausführung des Data Steps befindet.

Mathematisch

ABS	Gibt den absoluten Wert zurück.
AIRY	Gibt den Wert der Airy-Funktion zurück.
BETA	Gibt den Wert der Beta-Funktion zurück.
CALL ALLPERM	Erzeugt alle Permutationen der Werte verschiedener Variablen.
CALL LOGISTIC	Gibt einen logistischen Wert für jedes Argument zurück.
CALL SOFTMAX	Gibt einen Softmax-Wert für jedes Argument zurück.
CALL STDIZE	Standardisiert die Werte einer oder mehrerer Variablen.
CALL TANH	Gibt den hyperbolischen Tangens für jedes Argument zurück.
CNONCT	Gibt den Nichtzentralitätsparameter (Nonzentralitätsparameter) einer Chi²-Verteilung zurück.
COALESCE	Gibt den ersten nichtfehlenden Wert aus einer Liste numerischer Argumente zurück.
COMB	Berechnet die Anzahl von Kombinationen von n Items, die auf einmal r genommen wurden.
CONSTANT	Berechnet einige maschinelle und mathematische Konstanten.
DAIRY	Gibt die Ableitung der Airy-Funktion zurück.
DEVIANCE	Berechnet die Devianz.
DIGAMMA	Gibt den Wert der Digamma-Funktion zurück.

ERF	Gibt den Wert der (normalverteilten) Fehler-Funktion zurück.
ERFC	Gibt den Wert der komplementären (normalverteilten) Fehler-Funktion zurück.
EXP	Gibt den Wert der Exponential-Funktion zurück.
FACT	Berechnet eine Fakultät.
FNONCT	Gibt den Nichtzentralitätsparameter einer F-Verteilung zurück.
GAMMA	Gibt den Wert der Gamma-Funktion zurück.
IBESSEL	Gibt den Wert der modifizierten Bessel-Funktion zurück.
JBESSEL	Gibt den Wert der Bessel-Funktion zurück.
LGAMMA	Gibt den natürlichen Logarithmus der Gamma-Funktion zurück.
LOG	Gibt den natürlichen (Basis e) Logarithmus zurück.
LOG10	Gibt den Logarithmus der Basis 10 zurück.
LOG2	Gibt den Logarithmus der Basis 2 zurück.
LOGBETA	Gibt den Logarithmus der Beta-Funktion zurück.
MOD	Gibt den Rest der Division des ersten Arguments durch das zweite Argument (ab SAS v9 adjustiert=gerundet) zurück, um unerwartete Fließkomma-Resultate zu vermeiden. Inklusive Fuzzing (zusätzliche Berechnungen, um eine exakte 0 zu erreichen).
MODZ	Gibt den Rest der Division des ersten Arguments durch das zweite Argument zurück. Ohne Fuzzing.
PERM	Berechnet die Anzahl der Permutationen von n Items, die auf einmal r genommen wurden.
SIGN	Gibt das (Vor)Zeichen eines Werts zurück.
SQRT	Gibt die Quadratwurzel eines Werts zurück.
TNONCT	Gibt den Nichtzentralitätsparameter der Student's t-Verteilung zurück.
TRIGAMMA	Gibt den Wert der Trigamma-Funktion zurück.

Quantile

BETAINV	Gibt ein Quantil aus der Beta-Verteilung zurück.
CINV	Gibt ein Quantil aus der Chi²-Verteilung zurück.
FINV	Gibt ein Quantil aus der F-Verteilung zurück.
GAMINV	Gibt ein Quantil aus der Gamma-Verteilung zurück.
PROBIT	Gibt ein Quantil aus der Standardnormalverteilung zurück.
QUANTILE	Gibt das Quantil aus einer vorgegebenen Verteilung zurück.
TINV	Gibt ein Quantil aus der t-Verteilung zurück.

SAS Dateien I/O

ATTRC	Gibt den Wert eines Zeichenattributs für den angegebenen SAS Datensatz zurück.
ATTRN	Gibt den Wert eines numerischen Attributs für den angegebenen SAS Datensatz zurück.
CEXIST	Überprüft die Existenz eines SAS Katalogs oder SAS Katalogeintrags.
CLOSE	Schließt einen SAS Datensatz.
CUROBS	Gibt die Nummer der aktuellen Beobachtung zurück.
DROPNOTE	Löscht eine Markierung durch NOTE oder FNOTE in einem SAS Datensatz oder einer externen Datei; falls erfolgreich, gibt DROPNOTE den Wert 0 zurück.
DSNAME	Gibt den Namen des SAS Datensatzes zurück, der mit einer Datensatz-Identifikationsnummer assoziiert ist.
EXIST	Überprüft die Existenz von Membern eines SAS Verzeichnisses (SAS data library).
FETCH	Liest die nächste nichtgelöschte Beobachtung (Zeile) aus einem SAS Datensatz in den Datensatzdatenvektor (DDV, Data Set Data Vector) ein.
FETCHOBS	Liest die angegebene Beobachtung aus einem SAS Datensatz in den Datensatzdatenvektor (DDV) ein.

GETVARC	Gibt den Wert einer String-Variablen aus einem SAS Datensatz im DDV zurück.
GETVARN	Gibt den Wert einer numerischen Variablen aus einem SAS Datensatz im DDV zurück.
IORCMSG	Gibt die formatierte Fehlermeldung zurück, die mit dem aktuellen Wert der automatischen Variablen _IORC_ assoziiert ist.
LIBNAME	Weist einem SAS Verzeichnis (SAS data library) einen SAS Pfad (‚Libref') zu bzw. entfernt diesen.
LIBREF	Prüft nach, ob ein SAS Pfad (‚Libref') zugewiesen wurde.
NOTE	Identifiziert (‚markiert') die aktuelle Beobachtung (Zeile) eines SAS Datensatzes anhand ihrer Beobachtungs-ID.
OPEN	Öffnet einen SAS Datensatz.
PATHNAME	Gibt den physikalischen Namen eines SAS Verzeichnisses (SAS data library) oder einer externen Datei zurück, oder ein Blank.
POINT	Lokalisiert eine Beobachtung, die zuvor durch die NOTE-Funktion identifiziert worden war.
REWIND	Setzt den Datensatzzeiger an den Anfang eines SAS Datensatzes.
SYSMSG	Gibt den Text von Fehlermeldungen oder Warnhinweisen aus der letzten Ausführung von Zugriffsfunktionen für Datensätze oder externe Dateien zurück.
SYSRC	Gibt die Nummer des letzten Systemfehlers zurück, der bei einem Aufruf einer Funktion für Datasets oder externe Dateien auftrat.
VARFMT	Gibt das Format zurück, das einer SAS Datensatzvariablen zugewiesen ist.
VARINFMT	Gibt das Informat zurück, das einer SAS Datensatzvariablen zugewiesen ist.
VARLABEL	Gibt das Label zurück, das einer SAS Datensatzvariablen zugewiesen ist.
VARLEN	Gibt die Länge einer SAS Datensatzvariablen zurück.
VARNAME	Gibt den Namen einer SAS Datensatzvariablen zurück.

VARNUM	Gibt die Nummer der Position einer Variablen in einem SAS Datensatz zurück.
VARTYPE	Gibt den Datentyp einer SAS Datensatzvariablen zurück.

Spezialfunktionen

ADDR	Gibt die Speicheradresse einer numerischen Variablen auf einer 32Bit-Plattform zurück.
ADDRLONG	Gibt die Speicheradresse einer String-Variablen auf 32- und 64Bit-Plattformen zurück.
CALL POKE	Schreibt einen Wert (Fließkomma seit SAS v9.2) direkt in den Speicher einer 32Bit-Plattform.
CALL POKELONG	Schreibt einen Wert (Fließkomma seit SAS v9.2) direkt in den Speicher von 32- und 64Bit-Plattformen.
CALL SLEEP	Setzt die Ausführung eines Programms bis zu einem bestimmten Zeitpunkt bzw. bis zum Ablauf einer bestimmten Zeitdauer aus.
CALL SYSTEM	Übergibt einen Systembefehl (u.U. abhängig von der Betriebsumgebung) zur Ausführung.
DIF	Gibt Differenzen zeilenweise aufeinanderfolgender Werte zurück.
GETOPTION	Gibt den Wert einer Option des SAS Systems oder für Grafiken ('graphics') zurück.
INPUT	Gibt den Wert zurück, der erzeugt wird, wenn ein SAS Ausdruck unter Verwendung eines vorgegebenen Informat-Ausdrucks gelesen wird.
INPUTC	Ermöglicht ein Zeichen-Informat in Laufzeit ('run time') anzugeben.
INPUTN	Ermöglicht ein numerisches Informat in Laufzeit ('run time') anzugeben.
LAG	Gibt Werte aus einer zeilenweise angeordneten Werteliste zurück.
PEEK	Speichert die Inhalte einer Speicheradresse in einer numerischen Variablen auf einer 32Bit-Plattform.

PEEKC	Speichert die Inhalte einer Speicheradresse in einer String-Variablen auf einer 32Bit-Plattform.
PEEKCLONG	Speichert die Inhalte einer Speicheradresse in einer String-Variablen auf 32- und 64Bit-Plattformen.
PEEKLONG	Speichert die Inhalte einer Speicheradresse in einer numerischen Variablen auf 32- und 64Bit-Plattformen.
PTRLONGADD	Gibt den Adressenverweis („pointer address") als eine String-Variable auf 32- und 64Bit-Plattformen zurück.
PUT	Gibt einen Wert unter Verwendung eines vorgegebenen Formats zurück, z.B. numerische Werte als Character.
PUTC	Ermöglicht ein Zeichen-Format in Laufzeit („run time") anzugeben.
PUTN	Ermöglicht ein numerisches Format in Laufzeit („run time") anzugeben.
SLEEP	Setzt die Ausführung eines Programms bis zu einem bestimmten Zeitpunkt bzw. bis zum Ablauf einer bestimmten Zeitdauer aus.
SYSGET	Gibt den Wert einer angegebenen (u.U. systemabhängigen) Variablen der Betriebsumgebung zurück.
SYSPARM	Erlaubt auf eine Zeichenkette zuzugreifen, die mit der Systemoption SYSPARM= oder in einem OPTIONS-Statement an SAS übergeben wurden.
SYSPROCESSID	Gibt die ID des aktuellen Prozesses zurück.
SYSPROCESSNAME	Gibt den Namen des Prozesses zurück, der mit einer angegebenen Prozess-ID oder dem Namen des aktuellen Prozesses assoziiert ist, z.B. „DMS Process".
SYSPROD	Prüft, ob ein bestimmtes SAS Produkt lizenziert ist.
SYSTEM	Übergibt einen Systembefehl (u.U. abhängig von der Betriebsumgebung) zur Ausführung und gibt den Return Code des Systems zurück.
UUIDGEN	Gibt einen UUID (Universal Unique Identifier) für jede Zelle als Character oder binäres Ergebnis zurück.

Trigonometrisch

ARCOS	Gibt den Arkuskosinus zurück.
ARSIN	Gibt den Arkussinus zurück.
ATAN	Gibt den Arkustangens zurück.
ATAN2	Gibt den Arkustangens zweier numerischer Variablen zurück.
COS	Gibt den Kosinus zurück.
SIN	Gibt den Sinus zurück.
TAN	Gibt den Tangens zurück.

Trunkierung

CEIL	Gibt die kleinste Ganzzahl zurück, die größer oder gleich dem Argument ist. Ist das Argument innerhalb von 1E-12 nahe der Ganzzahl, rundet CEIL das Ergebnis, damit das Ergebnis der Ganzzahl entspricht (,fuzzing').
CEILZ	Gibt die kleinste Ganzzahl zurück, die größer oder gleich dem Argument ist. Ohne ,fuzzing'.
FLOOR	Gibt die größte Ganzzahl zurück, die kleiner oder gleich dem Argument ist. Ist das Argument innerhalb von 1E-12 nahe der Ganzzahl, rundet FLOOR das Ergebnis, damit das Ergebnis der Ganzzahl entspricht (,fuzzing').
FLOORZ	Gibt die größte Ganzzahl zurück, die kleiner oder gleich dem Argument ist. Ohne ,fuzzing'.
FUZZ	Gibt die nächstgelegene Ganzzahl zurück, sobald das Argument innerhalb 1E-12 liegt.
INT	Gibt die Ganzzahl des Arguments zurück (trunkiert den Dezimalanteil). Liegt der Wert des Arguments innerhalb von 1E-12 einer Ganzzahl, gibt INT die Ganzzahl zurück (mit ,fuzzing'). Ist der Wert des Arguments positiv (negativ), gibt INT dasselbe Ergebnis wie die FLOOR (CEIL) Funktion zurück.
INTZ	Gibt die Ganzzahl des Arguments zurück (trunkiert den Dezimalanteil, ohne ,fuzzing').
ROUND	Rundet das erste Argument auf das nächste Vielfache des zweiten Arguments bzw. auf die nächste Ganzzahl, falls das zweite Ar-

9.2 SAS Funktionen und Funktionsaufrufe (Übersicht)

	gument weggelassen wurde. Befindet sich das erste Argument exakt zwischen zwei Vielfachen des zweiten Arguments, dann rundet ROUND auf den höheren Wert (mit ‚fuzzing').
ROUNDE	ROUNDE funktioniert wie ROUND mit einer Ausnahme: Befindet sich das erste Argument exakt zwischen zwei Vielfachen des zweiten Arguments, dann rundet ROUNDE auf den niedrigeren Wert.
ROUNDZ	Rundet das erste Argument auf das nächste Vielfache des zweiten Arguments bzw. auf die nächste Ganzzahl, falls das zweite Argument weggelassen wurde. Befindet sich das erste Argument exakt zwischen zwei Vielfachen des zweiten Arguments, dann rundet ROUNDZ wie ROUNDE auf den niedrigeren Wert (ohne ‚fuzzing').
TRUNC	Trunkiert einen numerischen Wert auf eine (z.B. mittels LENGTH) angegebene Länge.

Variablen: Kontrolle

CALL LABEL	Weist einer angegebenen String-Variablen ein Label zu.
CALL SET	Verbindet Variablen aus einem SAS Datensatz mit Variablen aus einem Data Step oder SAS Makro mit demselben Namen und Datentyp.
CALL VNAME	Weist einen Variablennamen als den Wert einer angegebenen Variablen zu.

Variablen: Information

CALL VNEXT	Gibt Name, Typ und Länge einer Variablen zurück, die in einem Data Step verwendet wird.
VARRAY	Gibt einen Wert zurück, der anzeigt, ob der angegebene Name ein Array ist.
VARRAYX	Gibt einen Wert zurück, der anzeigt, ob der Wert des angegebenen Arguments ein Array ist.
VARTRANSCODE	Gibt das Transcode-Attribut einer Variablen aus einem SAS Datensatz zurück.
VFORMAT	Gibt das Format zurück, das mit der angegebenen Variablen assoziiert ist.

VFORMATD	Gibt den Dezimalwert des Formats zurück, das mit der angegebenen Variablen assoziiert ist.
VFORMATDX	Gibt den Dezimalwert des Formats zurück, das mit dem Wert des angegebenen Arguments assoziiert ist.
VFORMATN	Gibt den Namen des Formats zurück, das mit der angegebenen Variablen assoziiert ist.
VFORMATNX	Gibt den Namen des Formats zurück, das mit dem Wert des angegebenen Arguments assoziiert ist.
VFORMATW	Gibt die Formatbreite zurück, die mit der angegebenen Variablen assoziiert ist.
VFORMATWX	Gibt die Formatbreite zurück, die mit dem Wert des angegebenen Arguments assoziiert ist.
VFORMATX	Gibt das Format zurück, das mit dem Wert des angegebenen Arguments assoziiert ist.
VINARRAY	Gibt einen Wert zurück, der anzeigt, ob die angegebene Variable ein Element eines Arrays ist.
VINARRAYX	Gibt einen Wert zurück, der anzeigt, ob der Wert des angegebenen Arguments ein Element eines Arrays ist.
VINFORMAT	Gibt das Informat zurück, das mit der angegebenen Variablen assoziiert ist.
VINFORMATD	Gibt den Dezimalwert des Informats zurück, der mit der angegebenen Variablen assoziiert ist.
VINFORMATDX	Gibt den Dezimalwert des Informats zurück, der mit dem Wert des angegebenen Arguments assoziiert ist.
VINFORMATN	Gibt den Namen des Informats zurück, der mit der angegebenen Variablen assoziiert ist.
VINFORMATNX	Gibt den Namen des Informats zurück, der mit dem Wert des angegebenen Arguments assoziiert ist.
VINFORMATW	Gibt die Informatbreite zurück, die mit der angegebenen Variablen assoziiert ist.
VINFORMATWX	Gibt die Informatbreite zurück, die mit dem Wert des angegebenen Arguments assoziiert ist.

VINFORMATX	Gibt das Informat zurück, das mit dem Wert des angegebenen Arguments assoziiert ist.
VLABEL	Gibt das Label zurück, das mit der angegebenen Variablen assoziiert ist.
VLABELX	Gibt das Variablenlabel für den Wert des angegebenen Arguments zurück.
VLENGTH	Gibt die (zugewiesene) Größe der Kompilierungszeit der angegebenen Variablen zurück.
VLENGTHX	Gibt die (zugewiesene) Größe der Kompilierungszeit für den Wert des angegebenen Arguments zurück.
VNAME	Gibt den Namen der angegebenen Variablen zurück.
VNAMEX	Überprüft den Wert des angegebenen Arguments als einen Variablennamen.
VTRANSCODE	Gibt einen Wert zurück, der anzeigt, ob Transkodieren für die angegebene String-Zeichen an oder aus ist.
VTRANSCODEX	Gibt einen Wert zurück, der anzeigt, ob Transkodieren für das angegebene Argument an oder aus ist.
VTYPE	Gibt den Typ (String oder numerisch) der angegebenen Variablen zurück.
VTYPEX	Gibt den Typ (String oder numerisch) für den Wert des angegebenen Arguments zurück.
VVALUE	Gibt den formatierten Wert zurück, der mit der angegebenen Variablen assoziiert ist.
VVALUEX	Gibt den formatierten Wert zurück, der mit dem angegebenen Argument assoziiert ist.

Wahrscheinlichkeit

CDF	Berechnet kumulative Verteilungsfunktionen.
LOGCDF	Berechnet den Logarithmus der linken Seite einer kumulativen Verteilungsfunktion.
LOGPDF	Berechnet den Logarithmus einer Wahrscheinlichkeitsdichten-/Massenfunktion.

LOGSDF	Berechnet den Logarithmus einer Überlebensfunktion.
PDF	Berechnet Wahrscheinlichkeitsdichten-/Massenfunktionen.
POISSON	Gibt die Wahrscheinlichkeit aus einer Poisson-Verteilung zurück.
PROBBETA	Gibt die Wahrscheinlichkeit aus einer Beta-Verteilung zurück.
PROBBNML	Gibt die Wahrscheinlichkeit aus einer Binomial-Verteilung zurück.
PROBBNRM	Gibt die Wahrscheinlichkeit aus der bivariaten Normalverteilung zurück.
PROBCHI	Gibt die Wahrscheinlichkeit aus einer Chi²-Verteilung zurück.
PROBF	Gibt die Wahrscheinlichkeit aus einer F-Verteilung zurück.
PROBGAM	Gibt die Wahrscheinlichkeit aus einer Gamma-Verteilung zurück.
PROBHYPR	Gibt die Wahrscheinlichkeit aus einer hypergeometrischen Verteilung zurück.
PROBMC	Berechnet eine Wahrscheinlichkeit oder ein Quantil aus verschiedenen Verteilungen für multiple Vergleiche (Mehrfachvergleiche) von Mittelwerten.
PROBNEGB	Gibt die Wahrscheinlichkeit aus einer negativen Binomial-Verteilung zurück.
PROBNORM	Gibt die Wahrscheinlichkeit aus der Standardnormalverteilung zurück.
PROBT	Gibt die Wahrscheinlichkeit aus einer t-Verteilung zurück.
SDF	Berechnet eine Überlebensfunktion.

Währungsumrechnung

EUROCURR	Konvertiert eine europäische Währung in eine andere.

Zeichen/-ketten: Matching

CALL PRXCHANGE	Führt eine Ersetzung bei Musterübereinstimmung durch.
CALL PRXDEBUG	Ermöglicht regulären Perl-Ausdrücken in einem Data Step das Senden der Debug-Ausgabe an das SAS Log.
CALL PRXFREE	Gibt nicht belegten Speicher frei, der einem regulären Perl-Ausdruck zugeordnet war.

CALL PRXNEXT	Gibt die Position und Länge eines Substrings (Teil einer Zeichenkette) zurück, die mit einem Muster übereinstimmt und sich innerhalb einer Zeichenkette (String) über mehrere Übereinstimmungen hinweg wiederholt.
CALL PRXPOSN	Gibt die Anfangsposition und -länge für einen Erfassungspuffer zurück.
CALL PRXSUBSTR	Gibt Position und Länge eines Substrings zurück, der mit einem Muster übereinstimmt.
CALL RXCHANGE	Ändert einen oder mehrere Substrings, die mit einem Muster übereinstimmen.
CALL RXFREE	Gibt Speicherplatz frei, der anderen regelmäßigen Ausdrücken (RX), Funktionen und CALL Routinen zugeteilt ist.
CALL RXSUBSTR	Findet Position, Länge und Wert eines Substrings, der mit einem Muster übereinstimmt.
PRXCHANGE	Führt eine Ersetzung mit Musterübereinstimmung durch.
PRXMATCH	Sucht nach einer Musterübereinstimmung und gibt die Position zurück, an der das Muster gefunden wurde.
PRXPAREN	Gibt die letzte Klammernübereinstimmung zurück, für die eine Übereinstimmung im Muster vorliegt.
PRXPARSE	Kompiliert einen regulären Perl-Ausdruck (PRX), der für die Musterübereinstimmung eines alphanumerischen Wertes verwendet werden kann.
PRXPOSN	Gibt den Wert für einen Capture Buffer zurück.
RXMATCH	Findet den Anfang eines Substrings, der mit einem Muster übereinstimmt.
RXPARSE	Analysiert ein Muster.
Zeichen/Strings	
ANYALNUM	Durchsucht eine Zeichenkette nach einem alphanumerischen Zeichen und gibt die erste Position zurück, an der dieses gefunden wurde.
ANYALPHA	Durchsucht eine Zeichenkette nach einem Buchstaben und gibt die erste Position zurück, an der er gefunden wurde.

ANYCNTRL	Durchsucht eine Zeichenkette nach einem Steuerzeichen (control character) und gibt die erste Position zurück, an der dieses gefunden wurde.
ANYDIGIT	Durchsucht eine Zeichenkette nach einer Ziffer und gibt die erste Position zurück, an der diese gefunden wurde.
ANYFIRST	Durchsucht eine Zeichenkette nach einem Zeichen, das als erstes Zeichen in einem SAS Variablennamen unter VALIDVARNAME=V7 gültig ist, und gibt die erste Position zurück, an der dieses Zeichen gefunden wurde.
ANYGRAPH	Durchsucht eine Zeichenkette nach einem grafischen Zeichen (graphical character) und gibt die erste Position zurück, an der dieses gefunden wurde.
ANYLOWER	Durchsucht eine Zeichenkette nach einem Kleinbuchstaben und gibt die erste Position zurück, an der dieser gefunden wurde.
ANYNAME	Durchsucht eine Zeichenkette nach einem Zeichen, das in einem SAS Variablennamen unter VALIDVARNAME=V7 gültig ist, und gibt die erste Position zurück, an der dieses Zeichen gefunden wurde
ANYPRINT	Durchsucht eine Zeichenkette nach einem druckbaren Zeichen und gibt die erste Position zurück, an der dieses gefunden wurde.
ANYPUNCT	Durchsucht eine Zeichenkette nach einem Interpunktionszeichen und gibt die erste Position zurück, an der dieses gefunden wurde
ANYSPACE	Durchsucht eine Zeichenkette nach „Blanks" bzw. Leerraum (Leerzeichen, horizontaler Tabulator, vertikaler Tabulator, Wagenrücklauf, Zeilenvorschub oder Formularvorschub) und gibt die erste Position zurück, an der dieser gefunden wurde.
ANYUPPER	Durchsucht eine Zeichenkette nach einem Großbuchstaben und gibt die erste Position zurück, an der dieser gefunden wurde.
ANYXDIGIT	Durchsucht eine Zeichenkette nach einem Hexadezimal- Zeichen, das eine Ziffer darstellt, und gibt die erste Position zurück, an der dieses Zeichen gefunden wurde.

BYTE	Gibt ein Zeichen in der ASCII- oder der EBCDIC-Sortierfolge (collating sequence) zurück.
CALL CATS	Verbindet (konkateniert) Zeichenketten und entfernt dabei die vorausgehenden (leading) und nachfolgenden (trailing) Leerzeichen.
CALL CATT	Verbindet (konkateniert) Zeichenketten und entfernt dabei die nachfolgenden Leerzeichen.
CALL CATX	Verbindet (konkateniert) Zeichenketten, entfernt dabei vorangehende und nachfolgende Leerzeichen und fügt außerdem Trennzeichen ein.
CALL COMPCOST	Legt die Kosten von Operationen für die spätere Verwendung durch die Funktion COMPGED fest.
CALL MISSING	Weist den angegebenen alphanumerischen oder numerischen Variablen einen fehlenden Wert zu.
CALL SCAN	Gibt die Position und Länge eines bestimmten Wortes in einem alphanumerischen Ausdruck zurück.
CALL SCANQ	Gibt Position und Länge eines bestimmten Wortes aus einem alphanumerischen Ausdruck zurück und ignoriert Trennzeichen, die sich innerhalb von Anführungszeichen befinden.
CAT	Verbindet (konkateniert) Zeichenketten, ohne die vorangehenden oder nachfolgenden Leerzeichen zu entfernen.
CATS	Verbindet (konkateniert) Zeichenketten und entfernt dabei die vorangehenden und nachfolgenden Leerzeichen.
CATT	Verbindet (konkateniert) Zeichenketten und entfernt dabei nur die nachfolgenden Leerzeichen.
CATX	Verbindet (konkateniert) Zeichenketten, entfernt dabei die vorangehenden und nachfolgenden Leerzeichen und fügt außerdem Trennzeichen ein.
CHOOSEC	Gibt einen alphanumerischen Wert zurück, der das Ergebnis des Wählens aus einer Liste von Argumenten wiedergibt.
CHOOSEN	Gibt einen numerischen Wert zurück, der das Ergebnis des Wählens aus einer Liste von Argumenten wiedergibt.

COALESCEC	Gibt den ersten nichtfehlenden Wert aus einer Liste alphanumerischer Argumente zurück.
COLLATE	Gibt eine Zeichenkette für eine ASCII- oder EBCDIC-Sortierfolge zurück.
COMPARE	Gibt die Position des Zeichens ganz links zurück, durch das sich zwei Zeichenketten unterscheiden. COMPARE gibt 0 zurück, falls es keinen Unterschied gibt.
COMPBL	Entfernt multiple Leerzeichen aus einer Zeichenkette.
COMPGED	Vergleicht zwei Zeichenketten durch das Berechnen der GE-Distanz (generalized edit).
COMPLEV	Vergleicht zwei Zeichenketten durch das Berechnen der Edit-Distanz nach Levenshtein.
COMPRESS	Entfernt bestimmte Zeichen aus einer Zeichenkette.
COUNT	Zählt, wie oft ein bestimmter Substring innerhalb einer vorgegebenen Zeichenkette vorkommt.
COUNTC	Zählt, wie oft bestimmte Zeichen innerhalb einer vorgegebenen Zeichenkette erscheinen oder nicht erscheinen.
DEQUOTE	Entfernt die paarigen (=übereinstimmenden) Anführungszeichen aus einer Zeichenkette, die mit einem einzelnen Anführungszeichen beginnt und löscht alles, was rechts vom abschließenden Anführungszeichen steht.
FIND	Sucht nach einem bestimmten Substring innerhalb einer vorgegebenen Zeichenkette.
FINDC	Sucht nach bestimmten Zeichen, die innerhalb einer vorgegebenen Zeichenkette erscheinen oder nicht erscheinen.
IFC	Gibt einen alphanumerischen Wert eines Ausdrucks in Abhängigkeit davon zurück, ob dieser Ausdruck wahr, falsch oder missing ist.
IFN	Gibt einen numerischen Wert eines Ausdrucks zurück in Abhängigkeit davon zurück, ob dieser Ausdruck wahr, falsch oder missing ist.
INDEX	Sucht einen Zeichen-Ausdruck nach einer Zeichenkette ab.
INDEXC	Sucht einen Zeichen-Ausdruck nach bestimmten Zeichen ab.

INDEXW	Durchsucht einen Zeichen-Ausdruck nach einer als Wort vorgegebenen Zeichenkette. Seit SAS v9.2 auch mit alternativen Trennzeichen. Damit wird das Ende eines Strings nicht automatisch als das Ende der Daten verstanden.
LEFT	Richtet einen SAS Zeichen-Ausdruck nach links aus.
LENGTH	Gibt die Länge einer Zeichenkette aus, die kein Blank ist. Nachfolgende Leerzeichen werden ausgeschlossen. Ist eine Zeichenkette ein Blank, wird 1 zurückgegeben.
LENGTHC	Gibt die Länge einer Zeichenkette einschließlich nachfolgenden Leerzeichen aus.
LENGTHM	Gibt die Speichermenge (in Byte) zurück, die einer Zeichenkette zugeordnet ist.
LENGTHN	Gibt die Länge einer Zeichenkette aus, die kein Blank ist. Nachfolgende Leerzeichen werden ausgeschlossen. Ist eine Zeichenkette ein Blank, wird 0 zurückgegeben.
LOWCASE	Wandelt alle Buchstaben in einem Argument in Kleinbuchstaben um.
MISSING	Gibt ein numerisches Ergebnis zurück, das anzeigt, ob das Argument einen fehlenden Wert (Missing) enthält.
NLITERAL	Konvertiert eine vorgegebene Zeichenkette in ein SAS Namensliteral bzw. Namenstoken (String in Anführungszeichen, gefolgt von einem n; sog. n-Literal).
NOTALNUM	Durchsucht eine Zeichenkette nach einem nichtalphanumerischen Zeichen und gibt die erste Position zurück, an der dieses Zeichen gefunden wurde.
NOTALPHA	Durchsucht eine Zeichenkette nach einem nichtalphabetischen Zeichen und gibt die erste Position zurück, an der dieses Zeichen gefunden wurde.
NOTCNTRL	Durchsucht eine Zeichenkette nach einem Zeichen, das kein Steuerzeichen ist, und gibt die erste Position zurück, an der dieses Zeichen gefunden wurde.
NOTDIGIT	Durchsucht eine Zeichenkette nach einem beliebigen Zeichen, das keine Ziffer ist, und gibt die erste Position zurück, an der dieses Zeichen gefunden wurde.

NOTFIRST	Durchsucht eine Zeichenkette nach einem ungültigen ersten Zeichen in einem SAS Variablennamen unter VALIDVARNAME=V7 und gibt die erste Position zurück, an der dieses Zeichen gefunden wurde.
NOTGRAPH	Durchsucht eine Zeichenkette nach einem nicht grafischen Zeichen und gibt die erste Position zurück, an der dieses Zeichen gefunden wurde.
NOTLOWER	Durchsucht eine Zeichenkette nach einem Zeichen, das kein Kleinbuchstabe ist und gibt die erste Position zurück, an der dieses Zeichen gefunden wurde.
NOTNAME	Durchsucht eine Zeichenkette nach einem ungültigen Zeichen in einem SAS Variablennamen unter VALIDVARNAME=V7 und gibt die erste Position zurück, an der dieses Zeichen gefunden wurde.
NOTPRINT	Durchsucht eine Zeichenkette nach einem nicht druckbaren Zeichen und gibt die erste Position zurück, an der dieses Zeichen gefunden wurde
NOTPUNCT	Durchsucht eine Zeichenkette nach einem Zeichen, das kein Interpunktionszeichen ist, und gibt die erste Position zurück, an der dieses Zeichen gefunden wurde.
NOTSPACE	Durchsucht eine Zeichenkette nach einem Zeichen, das kein Zeichen für Leerraum ist (Blank/Leerzeichen, horizontaler/ Tabulator, Wagenrücklauf, Zeilenvorschub oder Formularvorschub) ist, und gibt die erste Position zurück, an der dieses Zeichen gefunden wurde.
NOTUPPER	Durchsucht eine Zeichenkette nach einem Zeichen, das kein Großbuchstabe ist, und gibt die erste Position zurück, an der dieses Zeichen gefunden wurde.
NOTXDIGIT	Durchsucht eine Zeichenkette nach einem Zeichen, das kein Hexadezimalzeichen ist, und gibt die erste Position zurück, an der dieses Zeichen gefunden wurde.
NVALID	Prüft eine Zeichenkette auf ihre Gültigkeit zur Verwendung als SAS Variablenname in einem SAS Statement.
PROPCASE	Wandelt alle Wörter in einem Argument in die richtige Groß- und Kleinschreibung um.
QUOTE	Fügt einem Zeichenwert doppelte Anführungszeichen hinzu.

9.2 SAS Funktionen und Funktionsaufrufe (Übersicht)

RANK	Gibt die Position eines Zeichens gemäß ASCII- oder EBCDIC-Sortiersequenz zurück.
REPEAT	Wiederholt einen Zeichen-Ausdruck
REVERSE	Kehrt einen Zeichen-Ausdruck um.
RIGHT	Richtet einen SAS Zeichen-Ausdruck nach rechts aus.
SCAN	Gibt das n-te Wort aus einem Zeichen-Ausdruck zurück.
SCANQ	Gibt das n-te Wort aus einem Zeichen-Ausdruck zurück, wobei Trennzeichen in Anführungszeichen ignoriert werden.
SOUNDEX	Kodiert eine Zeichenkette, um das Suchen nach dem *Klang* von Wörtern zu erleichtern. Der zugrunde liegende Algorithmus wurde für die englische Sprache entwickelt und kann daher für den Vergleich von Strings aus anderen Sprachen unter Umständen weniger nützlich sein.
SPEDIS	Bestimmt die Wahrscheinlichkeit des Übereinstimmens zweier zwei Wörter und drückt diese in der sog. asymmetrischen Buchstabierdistanz ('asymmetric spelling distance') zwischen den beiden Wörtern aus.
STRIP	Gibt eine Zeichenkette zurück, bei der alle vorausgehenden und nachfolgenden Leerzeichen entfernt wurden.
SUBPAD	Gibt einen Substring in einer vorgegebenen Länge zurück (falls notwendig, wird mit Blanks aufgefüllt).
SUBSTR (links von =)	Ersetzt den Inhalt einer Zeichenkette (ganz oder teilweise).
SUBSTR (rechts von =)	Extrahiert den Inhalt einer Zeichenkette (ganz oder teilweise).
SUBSTRN	Gibt einen Substring zurück, wobei ein Ergebnis mit der Länge 0 zulässig ist.
TRANSLATE	Ersetzt bestimmte Zeichen in einem Zeichen-Ausdruck.
TRANTAB	Transkodiert eine Datenfolge unter Verwendung einer angegebenen Übersetzungstabelle (vgl. auch PROC TRANTAB).
TRANWRD	Ersetzt oder entfernt jedes Auftreten eines Wortes in einer Zeichenkette.
TRIM	Entfernt nachfolgende Leerzeichen aus Zeichen-Ausdrücken und gibt ein Leerzeichen zurück, wenn der Ausdruck fehlt.

TRIMN	Entfernt nachfolgende Leerzeichen aus Zeichen-Ausdrücken und gibt einen Null-String (Null-Leerzeichen) zurück, falls der Ausdruck fehlt.
UPCASE	Wandelt alle Buchstaben in einem Argument in Großbuchstaben um.
VERIFY	Gibt die Position des ersten Zeichens zurück, das in einem Ausdruck einmalig ist.

Zufallszahlen

CALL RANBIN	Gibt eine Zufallsvariable aus einer Binomial-Verteilung zurück.
CALL RANCAU	Gibt eine Zufallsvariable aus einer Cauchy-Verteilung zurück.
CALL RANEXP	Gibt eine Zufallsvariable aus einer Exponential-Verteilung zurück.
CALL RANGAM	Gibt eine Zufallsvariable aus einer Gamma-Verteilung zurück.
CALL RANNOR	Gibt eine Zufallsvariable aus einer Normalverteilung zurück.
CALL RANPERK	Permutiert zufällig die Werte der Argumente und gibt eine Permutation von k aus n Werten zurück.
CALL RANPERM	Permutiert zufällig die Werte der Argumente.
CALL RANPOI	Gibt eine Zufallsvariable aus einer Poisson-Verteilung zurück.
CALL RANTBL	Gibt eine Zufallsvariable für eine Wahrscheinlichkeitsverteilung in Tabellenform zurück.
CALL RANTRI	Gibt eine Zufallsvariable aus einer triangulären Verteilung zurück.
CALL RANUNI	Gibt eine Zufallsvariable aus einer uniformen Verteilung zurück.
CALL STREAMINIT	Gibt einen Startwert (‚Seed') an, der für die nachfolgende Generierung von Zufallszahlen durch die Funktion RAND verwendet wird.
NORMAL	Gibt eine Zufallsvariable aus einer Normalverteilung zurück.
RANBIN	Gibt eine Zufallsvariable aus einer Binomial-Verteilung zurück.
RANCAU	Gibt eine Zufallsvariable aus einer Cauchy-Verteilung zurück.
RAND	Erzeugt Zufallszahlen aus einer vorgegebenen Verteilung.

RANEXP	Gibt eine Zufallsvariable aus einer Exponential-Verteilung zurück.
RANGAM	Gibt eine Zufallsvariable aus einer Gamma-Verteilung zurück.
RANNOR	Gibt eine Zufallsvariable aus einer Normalverteilung zurück.
RANPOI	Gibt eine Zufallsvariable aus einer Poisson-Verteilung zurück.
RANTBL	Gibt eine Zufallsvariable für eine Wahrscheinlichkeitsverteilung in Tabellenform zurück.
RANTRI	Gibt eine Zufallsvariable aus einer triangulären Verteilung zurück.
RANUNI	Gibt eine Zufallsvariable aus einer uniformen Verteilung zurück.
UNIFORM	Gibt eine Zufallsvariable aus einer uniformen Verteilung zurück.

SAS v9.2: Neue Funktionen und Routinen

ALLCOMB	Erzeugt alle Kombinationen der Werte von n Variablen über k auf einmal in minimaler Änderung der Reihenfolge.
ALLPERM	Erzeugt alle Permutationen der s Werte mehrerer Variablen in minimaler Änderung der Reihenfolge.
ARCOSH	Gibt den inversen hyperbolischen Kosinus zurück.
ARSINH	Gibt den inversen hyperbolischen Sinus zurück.
ARTANH	Gibt den inversen hyperbolischen Tangens zurück.
CALL ALLCOMB	Erzeugt alle Kombinationen der Werte von n Variablen über k auf einmal in minimaler Änderung der Reihenfolge.
CALL ALLCOMBI	Erzeugt alle Kombinationen der Indizes von n Objekten über k auf einmal in minimaler Änderung der Reihenfolge.
CALL GRAYCODE	Erzeugt alle Untermengen von n Items in minimaler Änderung der Reihenfolge.
CALL ISO8601_CONVERT	Konvertiert ein ISO 8601 Intervall in Werte für Datum/Uhrzeit und Dauern oder Werte für Datum/Uhrzeit und Dauern in ein ISO 8601 Intervall.
CALL LEXCOMB	Erzeugt alle distinkten Kombinationen der nichtfehlenden Werte von n Variablen über k auf einmal in lexikographischer Reihenfolge.

CALL LEXCOMBI	Erzeugt alle Kombinationen der Indizes von n Objekten über k auf einmal in lexikographischer Reihenfolge.
CALL LEXPERK	Erzeugt alle distinkten Permutationen der nichtfehlenden Werte von n Variablen über k auf einmal in lexikographischer Reihenfolge.
CALL LEXPERM	Erzeugt alle distinkten Permutationen der nichtfehlenden Werte mehrerer Variablen in lexikographischer Reihenfolge.
CALL SORTC	Sortiert die Werte von Stringargumenten (character).
CALL SORTN	Sortiert die Werte von numerischen Argumenten.
CATQ	Verbindet (konkateniert) Strings oder numerische Werte durch die Verwendung eines Trennzeichens, um Items zu trennen und durch das Ergänzen von Strings, die das Trennzeichen enthalten, um Anführungszeichen.
CHAR	Gibt einen einzelnen String (character) aus einer angegebenen Position in einer Zeichenkette zurück.
CMISS	Zählt die Anzahl fehlender Argumente.
COUNTW	Zählt die Anzahl von Worten in einem Stringausdruck.
DIVIDE	Gibt das Resultat einer Division zurück, die spezielle fehlende Werte für eine ODS Ausgabe verarbeitet.
ENVLEN	Gibt die Länge einer Umgebungsvariablen zurück.
EUCLID	Gibt die Euklidische Norm der nichtfehlenden Argumente zurück.
FINANCE	Führt finanzmathematische Berechnungen durch, wie z.B. Abschreibung, angefallener Zins, Stückzins, Kapitalwert (NPV), regelmäßiges Sparen und IRR.
FINDW	Sucht eine Zeichenkette auf ein Wort ab.
FIRST	Gibt das erste Zeichen (String) in einer Zeichenkette zurück.
GCD	Gibt den größten gemeinsamen Teiler (Divisor) für eine oder mehrere Ganzzahlen zurück.
GEODIST	Gibt die geodätische Distanz zwischen zwei Breiten- und Längengradkoordinaten zurück.
GRAYCODE	Erzeugt alle Untermengen von n Items in minimaler Änderung der Reihenfolge.
INTFIT	Gibt ein Zeitintervall zurück, das zwischen zwei Datumswerten ausgerichtet ist.

INTGET	Gibt ein Intervall basierend auf drei Datums- oder Datums/Uhrzeit Werten zurück.
INTSHIFT	Gibt das Verschiebeintervall zurück, das dem Basisintervall entspricht.
INTTEST	Gibt 1 bei einem gültigen Zeitintervall und 0 bei einem ungültigen Zeitintervall zurück.
LCM	Gibt das kleinste Vielfache zurück, das exakt teilbar durch jede Zahl in einer Gruppe von Zahlen ist.
LCOMB	Berechnet den Logarithmus der COMB Funktion.
LEXCOMB	Erzeugt alle distinkten Kombinationen der nichtfehlenden Werte von n Variablen über k auf einmal in lexikographischer Reihenfolge.
LEXCOMBI	Erzeugt alle Kombinationen der Indizes von n Objekten über k auf einmal in lexikographischer Reihenfolge.
LEXPERK	Erzeugt alle distinkten Permutationen der nichtfehlenden Werte von n Variablen über k auf einmal in lexikographischer Reihenfolge.
LEXPERM	Erzeugt alle distinkten Permutationen der nichtfehlenden Werte mehrerer Variablen in lexikographischer Reihenfolge.
LFACT	Berechnet den Logarithmus der FACT Funktion.
LOG1PX	Gibt das Log von 1 plus das Argument zurück.
LPERM	Berechnet den Logarithmus der PERM Funktion.
LPNORM	Gibt die L_p Norm des zweiten Arguments und nachfolgender nichtfehlenden Argumente zurück.
MD5	Gibt das Resultat der Prüfsumme (message digest) einer angegebenen Zeichenkette zurück.
MODEXIST	Prüft, ob ein Software Image der installierten SAS Version vorhanden ist.
MSPLINT	Gibt die Ordinate eines monotonieerhaltenden interpolierenden Spline zurück.
RENAME	Benennt Member einer SAS Library, externe Dateien oder Verzeichnisse um.
SUMABS	Gibt die Summe der absoluten Werte der nichtfehlenden Argumente zurück.
TRANSTRN	Ersetzt oder entfernt jedes Auftreten eines Substrings in einer Zeichenkette.

WHICHC	Sucht nach einen Stringwert, der gleich dem ersten Argument ist und gibt den Index des ersten übereinstimmenden Werts zurück.
WHICHN	Sucht einen numerischen Wert, der gleich dem ersten Argument ist und gibt den Index des ersten übereinstimmenden Werts zurück.
ZIPCITYDISTANCE	Gibt die geodätische Distanz zwischen zwei durch Zip Codes definierte Orte zurück.

Hinweis: SAS Funktionen und Routinen, die in SAS v9.2 ersetzt wurden:
Die folgenden Funktionen und CALL Routinen der RX Gruppe sind durch PRX Versionen ersetzt worden, die bereits früher in SAS zur Verfügung standen. Die folgenden RX Versionen werden daher laut SAS nicht mehr in der Dokumentation aufgeführt: RXMATCH und RXPARSE, sowie die CALL Routinen RXCHANGE, RXFREE und RXSUBSTR. Die SCANQ Funktion und die CALL SCANQ Routine werden seit SAS v9.2 durch die leistungsfähigere Funktion SCAN bzw. Routine CALL SCAN Routine ersetzt und werden daher laut SAS nicht mehr in der Dokumentation aufgeführt.

9.3 Pass-through Facility (Syntax, Besonderheiten)

SAS kann mit DBMS (database management system, Datenbankverwaltungssystem) auf mind. drei Arten eine Verbindung herstellen bzw. SQL Statements direkt zur Ausführung übergeben: Mit dem LIBNAME-Statement und vor allem der Pass-Through Facility. Diverse Hinweise im Zusammenhang mit Performanz finden Anwender u.a. in den Abschnitten 7.5 und 7.6. Beide Ansätze setzen SAS/ACCESS Software voraus. In Abschnitt 7.4 (Band I) wurde bereits die dritte Möglichkeit, PROC ACCESS vorgestellt. Die beiden SAS Prozeduren ACCESS und DBLOAD werden zwar weiterhin unterstützt für DBMS, die ab SAS Version 6 erhältlich waren, gelten aber zwischenzeitlich technisch und in Bezug auf Performanz als eher überholt und sind daher als Zugriffsmethode nicht mehr zu empfehlen.

Die Pass-Through Facility ermöglicht DBMS-spezifische SQL Syntax an die jeweiligen DBMS zu übergeben und unterstützt dabei jegliche non-ANSI Standard SQL, die vom jeweiligen DBMS unterstützt wird. Art und Umfang der Funktionalität unterscheidet sich von DBMS zu DBMS, ggf. auch abhängig vom Host. Der folgende Abschnitt wird die Pass-Through Facility vorstellen. Der zentrale Grund ist: Für ihre (DBMS-spezifische) Programmierung ist unter anderem SQL (ANSI, SAS) erforderlich. Besondere Vorteile der Pass-Through Facility und ihrer Statements sind (u.a.):

- DBMS wird ermöglicht, Queries z.B. für Joins oder den Umgang mit Indexen zu optimieren.
- DBMS wird ermöglicht, Queries z.B. für Aggregierungsfunktionen (z.B. AVG, COUNT), GROUP BY-Klauseln oder durch Ausdrücke angelegte Spalten zu optimieren.

9.3 Pass-through Facility (Syntax, Besonderheiten)

- In der Pass-Through Facility kann jegliche SQL Syntax (einschließlich non-ANSI Standard SQL) angegeben werden, die die DBMS versteht, sogar SQL Syntax, die für PROC SQL nicht gültig ist.

Die nicht zu unterschätzenden Vorteile des LIBNAME-Ansatzes sollen demgegenüber nicht unerwähnt bleiben: Ein DBMS-Zugriff via LIBNAME gilt als schneller und direkter als die Pass-Through Facility und bietet insgesamt etwas mehr Kontrolle über das DBMS, z.B. inkl. Locking und Spooling. Der LIBNAME-Ansatz kommt üblicherweise mit weniger Syntax aus; auch (DBMS-spezifische) SQL Syntax muss daher dem Anwender nicht bekannt sein. Darüber hinaus können die SQL Dictionary Tables, die Prozeduren DATASETS und CONTENTS, sowie das SAS Explorer Fenster eingesetzt werden.

Die Pass-Through Facility besteht aus wenigen, aber mächtigen Statements und einer Komponente, die z.B. die Umsetzung folgender Aufgaben ermöglicht:

- Mit dem CONNECT-Statement kann eine Verbindung mit einer DBMS hergestellt und mit dem DISCONNECT-Statement eine Verbindung beendet werden.
- Mit dem EXECUTE-Statement können dynamische, nicht auf Queries beschränkte DBMS-spezifische SQL Statements an das DBMS übergeben werden.
- Mit der CONNECTION TO-Komponente (anzugeben in der FROM-Klausel eines PROC SQL SELECT-Statements) können Daten direkt aus einer DBMS abgerufen werden. Mittels CONNECTION TO kann jede SQL Syntax angegeben werden, die die DBMS versteht, sogar SQL Syntax, die für PROC SQL nicht gültig ist.

Die Pass-Through Facility unterstützt keine Stored Procedures mit Ausgabeparametern. Für Details zu den einzelnen Statements und der CONNECTION TO-Komponente der Pass-Through Facility wird auf die aktuelle technische Dokumentation von SAS verwiesen.

Erläuterung der Syntax des CONNECT-Statements:

CONNECT TO DBMS-Name <AS Alias>
 < (< Argumente für die DB-Verbindung >
 < Argumente des CONNECT-Statements >) >;

Erstellt eine Verbindung mit einer DBMS.

DBMS-Name: Name des DBMS; angegeben werden können u.a. DB2, ODBC, ORACLE, SYBASE, TERADATA usw.

Alias (optional): Definiert für die Verbindung einen Alias. Wird ein Alias definiert, muss davor AS angegeben werden. Wird kein Alias angegeben, wird der DBMS-Name als Name der Pass Through-Verbindung verwendet.

Argumente für die DB-Verbindung: Darin werden DBMS-spezifische Argumente angegeben, die PROC SQL benötigt, um mit dem DBMS eine Verbindung herstellen zu können.

Diese Argumente sind optional; wenn sie jedoch angegeben werden, müssen sie in Klammern gesetzt werden.

Argumente des CONNECT-Statements: Darin werden Argumente angegeben, die PROC SQL benötigt, um mit dem DBMS eine Verbindung herstellen zu können. Auch diese Argumente sind optional; wenn sie jedoch angegeben werden, müssen sie in Klammern gesetzt werden.

- CONNECTION= SHARED | GLOBAL
  Zeigt an, ob multiple CONNECT-Statements dieselbe Verbindung für ein DBMS nutzen können.
- CONNECTION_GROUP=Name der Verbindungsgruppe; Default: Kein Name.
  Definiert eine Verbindung, die von mehreren CONNECT-Statements in der Pass-Through Facility geteilt werden kann.
- DBCONINIT= Anwenderdefinierter Initialisierungsbefehl; Default: Kein Befehl.
  Definiert einen anwenderdefinierten Initialisierungsbefehl, der unmittelbar nach der Verbindung zur DBMS ausgeführt wird.
- DBCONTERM=Anwenderdefinierter Terminierungsbefehl; Default: Kein Befehl.
  Definiert einen anwenderdefinierten Terminierungsbefehl, der vor der Unterbrechung der Verbindung zur DBMS ausgeführt wird.
- DBGEN_NAME= DBMS | SAS
  Legt fest, ob die Bezeichnungen von DBMS-Spalten, die Zeichen enthalten, die SAS nicht zulässt (z.B. $), automatisch in gültige SAS Variablennamen umgewandelt werden sollen.
- DBMAX_TEXT=Ganzzahl.
  Legt den Höchstwert der Länge für das Lesen, Anhängen (append) oder Updaten sehr langer DBMS-Spalten vom Typ String fest. DBMAX_TEXT= ist nicht wirksam bei CREATE TABLE.
- DBPROMPT=YES | NO; Default: NO.
  Legt fest, ob SAS ein Fenster öffnen soll, in das der Anwender vor dem Herstellen der Verbindung zur DBMS die erforderliche Verbindungsinformation einträgt.
- DEFER=NO | YES; Default: NO.
  Bestimmt, wann die Verbindung zur DBMS zustande kommt. Bei YES kommt die Verbindung bei der Ausführung des ersten Pass Through-Statement zustande; bei NO kommt die Verbindung beim CONNECT-Statement zustande.
- VALIDVARNAME=V6
  Zeigt an, dass nur Variablennamen gültig sind, die mit SAS Version 6 kompatibel sind.

Erläuterung der Syntax des DISCONNECT-Statements:

DISCONNECT FROM DBMS-Name | Alias

Beendet eine Verbindung mit einer DBMS.

9.3 Pass-through Facility (Syntax, Besonderheiten)

DBMS-Name: Name des DBMS; angegeben werden können u.a. DB2, ODBC, ORACLE, SYBASE, TERADATA usw.

Alias: Alias, der im CONNECT-Statement definiert worden war.

Erläuterung der Syntax des EXECUTE-Statements:

EXECUTE (DBMS-spezifische SQL Statements) BY DBMS-Name | Alias ;

Übergibt dynamische, nicht auf Queries beschränkte, DBMS-spezifische SQL Statements an eine DBMS.

DBMS-Name: Name des DBMS; angegeben werden können u.a. DB2, ODBC, ORACLE, SYBASE, TERADATA usw.; davor muss BY angegeben werden.

Alias: Alias, der im CONNECT-Statement definiert worden war; davor muss BY angegeben werden.

DBMS-spezifische SQL Statements:
Dieses Argument ist erforderlich und muss in Klammern angegeben werden. Das SQL Statement darf keine Semikola enthalten. Je nach DBMS unterscheidet das SQL Statement zwischen Groß- und Kleinschreibung (vgl. Teradata).
DBMS Fehler Return Codes und DBMS Fehler werden direkt ins SAS Log geschrieben. Die beiden SAS Makrovariablen SQLXRC und SQLXMSG enthalten dabei den Return Code, der den DBMS Fehler identifiziert (SQLXRC) und weitere Informationen, die den generierten Fehler in Form einer Fehlermeldung (SQLXMSG) näher beschreiben. Der Inhalt dieser beiden Makrovariablen kann mittels %PUT ins SAS Log geschrieben werden.
Die folgenden Statements können mittels EXECUTE an das DBMS übergeben werden: CREATE, DELETE, DROP, GRANT, INSERT, REVOKE sowie UPDATE. Die Funktionalität dieser Statements ist DBMS-spezifisch und nicht mit der z.T. gleichlautender SQL Befehle gleichzusetzen.

Erläuterung der Syntax der CONNECTION TO-Komponente:

CONNECTION TO DBMS-Name | Alias (DBMS-Query)

Ruft DBMS-Daten ab und verwendet sie in einer PROC SQL Query oder einer View.

DBMS-Name: Name des DBMS; angegeben werden können u.a. DB2, ODBC, ORACLE, SYBASE, TERADATA usw.

Alias: Alias, falls einer zuvor im CONNECT-Statement definiert worden war.

DBMS-Query:
Legt die Query fest, die an das DBMS übergeben werden soll. Die Query kann jegliche DBMS-spezifische SQL Syntax enthalten bzw. Syntax, die für das DMS gültig ist. Die Query darf keine Semikola enthalten und muss in Klammern angegeben sein. Die Query wird an die DBMS genau so übergeben, wie sie geschrieben wurde; wenn also die DBMS Groß- und Kleinschreibung unterscheidet, ist die Query entsprechend zu schreiben.

Die Statements und die Komponente der Pass-Through Facility können in einer PROC SQL Query verwendet oder in einer SQL View abgelegt werden. Wird die SQL View anschließend in einem SAS Programm verwendet, kann SAS anhand der in der View abgelegten, definierenden Argumente die Verbindung mit dem DBMS herstellen.

DBMS Fehler Return Codes und DBMS Fehler werden direkt ins SAS Log geschrieben. Die Makrovariable SQLXRC enthält dabei den Return Code, der den DBMS Fehler identifiziert. SQLXMSG liefert weitere Informationen, die den generierten Fehler in Form einer Fehlermeldung näher beschreiben.

Die weiteren Abschnitte stellen die Pass-Through Facility und ihre Besonderheiten für die DBMS MySQL, ODBC, Oracle sowie Teradata vor. Nicht vorgestellt werden z.B. DB2 UNIX/PC, DB2 z/OS, Informix, OLE DB, sowie Sybase. Für diese DBMS wird auf die technische Dokumentation von SAS v9.2 verwiesen.

1. MySQL

Syntax (Ausschnitt):
Der Name des DBMS lautet "mysql".

Die Argumente des CONNECT-Statements zur Verbindung mit der Datenbank sind:

- USER= zur Angabe einer optionalen MySQL Login ID. Wird USER= angegeben, muss auch PASSWORD= verwendet werden und umgekehrt.
- PASSWORD= übergibt das Passwort, das zur MySQL Login ID gehört.
- DATABASE= bezeichnet den Namen der MySQL Datenbank.
- SERVER= bezeichnet den Namen oder die IP-Adresse des MySQL Servers mit dem verbunden werden soll.
- PORT= bezeichnet den Server-Port, der für die TCP/IP-Verbindung verwendet wird.

Beispiel:
SAS/ACCESS verbindet mit MySQL und übergibt zwei EXECUTE-Statements zur Verarbeitung (*Quelle:* SAS):

```
proc sql;
    connect to mysql (user=testuser password=testpass
                    server=mysqlserv
              database=mysqldb port=9876) ;
```

9.3 Pass-through Facility (Syntax, Besonderheiten)

```
   execute (create table whotookorders as
      select ordernum, takenby,
            firstname, lastname, phone
         from orders, employees
         where orders.takenby=employees.empid)
      by mysql ;
   execute (grant select on whotookorders
            to testuser) by mysql ;
   disconnect from mysql ;
quit ;
```

2. ODBC

Syntax (Ausschnitt):
Der Name des DBMS lautet „ODBC".

Das CONNECT-Statement ist erforderlich. Nicht alle ODBC-Treiber unterstützen die Optionen des CONNECT-Statements vollumfänglich; dasselbe gilt für Plattformen, z.B. Unix.
PROC SQL unterstützt auch Mehrfach-Verbindungen zu ODBC. In diesem Fall muss das Alias-Argument verwendet werden, um die verschiedenen Verbindungen auseinanderhalten zu können. Die Funktionalität von Mehrfach-Verbindungen zur selben ODBC-Datenquelle kann unter Umständen durch den verwendeten Treiber eingeschränkt sein. Zusammen mit der LIBNAME-Anweisung sind Verbindungen zu ODBC auf verschiedene Weise möglich. Eine erste Variante der Verbindung mittels ODBC ist die Angabe von USER=, PASSWORD= und DATASRC= (jew. einschl. einer LIBNAME-Anweisung). Nach DATASRC= wird dabei der Typ der ODBC-Datenquelle angegeben, mit der verbunden werden soll. USER= und PASSWORD= sind optional.

Beispiel:
SAS/ACCESS verbindet mittels der ODBC-Engine mit einer IBM AS/400 Datenbank und darin mit der Tabelle CUSTOMERS (*Beispiel Quelle:* SAS).

```
libname mydblib odbc datasrc=as400
        user=testuser password=testpass ;
proc print data=mydblib.customers ;
   where state='CA' ;
run ;
```

Weitere Verbindungsalternativen (Beispiele Quelle: SAS):
Nach COMPLETE= werden Verbindungsoptionen für die Datenquelle bzw. -bank angegeben. Werden nicht genug korrekte Verbindungsoptionen angegeben, öffnet SAS eine Dialogbox.

```
proc sql ;
   connect to odbc as user1
   (complete = "dsn=User's Data; uid=testuser") ;
```

Nach NOPROMPT= werden Verbindungsoptionen für die Datenquelle bzw. -bank angegeben. Werden nicht genug korrekte Verbindungsoptionen angegeben, gibt SAS eine Fehlermeldung zurück.

```
proc sql ;
   connect to odbc (noprompt) ;
```

Nach PROMPT= werden Verbindungsoptionen für die Datenquelle bzw. -bank angegeben. Bevor PROMPT mit dem DBMS eine Verbindung herstellt, öffnet SAS eine Dialogbox, in der der Name der Datenquelle, UserID und Passwort abgefragt werden.

```
proc sql ;
   connect to odbc (prompt) ;
```

Nach REQUIRED= werden Verbindungsoptionen für die Datenquelle bzw. -bank angegeben. Werden nicht genug korrekte Verbindungsoptionen angegeben, öffnet SAS eine Dialogbox. REQUIRED= beschränkt Änderungen in der Dialogbox auf die erforderlichen Angaben.

```
proc sql ;
   connect to odbc (required) ;

proc sql ;
   connect to odbc as user1
      (required = "dsn=User's Data; uid=testuser") ;
```

Für Besonderheiten bei ODBC im Zusammenhang mit Views (Pass-Through Views, das Ablegen der Statements der Pass-Through Facility in einer SQL View, das Anlegen einer Umgebungsvariablen bei IBM AS/400 bzw. Microsoft SQL Server usw.) wird auf die technische Dokumentation von SAS v9.2 verwiesen.

Beispiele für ausgewählte Zugriffe über ODBC:

Oracle:
PROC SQL verbindet mittels des CONNECT-Statement mit Oracle unter Zuhilfenahme des Alias MYCON. In Klammer sind die Datenquelle vom Typ Oracle Version 7 [ORA7], sowie den entsprechenden User- und Passwortangaben angegeben. SELECT wählt alle Zeilen für die angegebenen Spalten EMPID usw. aus der Tabelle ORA7 aus, sofern der Wert in HIREDATE aktueller als 31.12.1998 ist. Anschließend beendet DISCONNECT wieder die Verbindung über den eingangs erstellten Alias MYCON *(Beispiel Quelle: SAS)*.

```
proc sql ;
   connect to odbc as mycon
      (datasrc=ora7 user=testuser password=testpass) ;
   select *
      from connection to mycon
```

```
            (select empid, lastname, firstname, hiredate, salary
               from sasdemo.employees
                  where hiredate>='31.12.1988') ;
disconnect from mycon ;
quit ;
```

Microsoft Access:
PROC SQL verbindet mittels des CONNECT-Statement mit Microsoft Access unter Zuhilfenahme des Alias MYDB. In Klammer ist die Datenquelle vom Typ Access 7 [ACCESS7] angegeben. SELECT wählt (zunächst über eine Subquery) alle Zeilen aus der Tabelle ORDERS aus und legt die View NEWORDERS an. Anschließend beendet DISCONNECT wieder die Verbindung über den eingangs erstellten Alias MYDB *(Beispiel Quelle: SAS)*.

```
proc sql ;
   connect to odbc as mydb
      (datasrc=access7) ;
   create view neworders as
       select * from connection to mydb
          (select * from orders) ;
   disconnect from mydb ;
quit ;
```

Hinweis: Die Statements der Pass-Through Facility werden im Beispiel in einer SQL View abgelegt. Wird diese SQL View anschließend in einem SAS Programm verwendet, kann SAS wegen der in der View abgelegten Argumente die durch sie definierte Verbindung mit dem DBMS herstellen.

Microsoft SQL Server:
PROC SQL verbindet mittels des CONNECT-Statement mit Microsoft SQL Server 6.5 unter Zuhilfenahme des Alias MYDB. In Klammer ist die Datenquelle vom Typ Microsoft SQL Server 6.5 [vgl. „SQL Server", in Anführungszeichen] angegeben.
SELECT wählt (zunächst über eine Subquery) alle Zeilen für die drei Spalten CUSTOMER, NAME und COUNTRY aus der Tabelle CUSTOMERS aus, deren Wert in der Spalte COUNTRY nicht dem Eintrag „USA" entspricht. Im Beispiel wird die Verbindung (noch) nicht beendet *(Quelle: SAS)*.

```
proc sql ;
   connect to odbc as mydb
      (datasrc="SQL Server" user=testuser password=testpass) ;
   select * from connection to mydb
      (select CUSTOMER, NAME, COUNTRY
          from CUSTOMERS
          where COUNTRY <> 'USA') ;
quit ;
```

PROC SQL unterstützt darüber hinaus diverse spezielle ODBC Queries. Die Query „ODBC::SQLColumns" gibt z.B. eine Liste aller Spalten zurück, die den angegebenen Argumenten entsprechen. Im Beispiel gibt der SQL Code z.B. eine Liste der Spalten der Tabelle CUSTOMERS zurück (*Quelle: SAS*).

```
proc sql;
   connect to odbc as mydb
      (datasrc="SQL Server" user=testuser password=testpass) ;
   select * from connection to mydb
      (ODBC::SQLColumns (, , "CUSTOMERS")) ;
quit ;
```

Anstelle von DATARSC= kann auch DSN= verwendet werden. Die Verbindung wird mittels des ODBC SQLConnect API hergestellt. Die Angabe einer Datenquelle ist erforderlich. Nach EXECUTE werden diverse DBMS-spezifische Statements, wie z.B. LOCKING, an das DBMS übergeben.

```
proc sql ;
   connect to odbc as mydb
     (user=testuser password=pword dsn=MYSQLDWH) ;
execute
    (locking table DWH.MYSQLDATA  for access
create table DWH.NEW_MYSQLDATA    as
   (select   a.*
       from  DWH.MYSQLDATA  t1,
             DWH.MYSQLDATA2 t2
     where   t1.client_id = t2.client_id )
        with data primary index(client_id) )
     by odbc ;
disconnect from odbc ;
quit ;
```

Für zahlreiche weitere ODBC Queries wird auf die technische Dokumentation von SAS v9.2 verwiesen.

3. Oracle

Syntax (Ausschnitt):
Der Name des DBMS lautet „oracle".

Das CONNECT-Statement ist optional. Wird kein CONNECT-Statement angegeben, wird eine implizite Verbindung beim ersten EXECUTE oder CONNECTION TO ausgeführt; in diesem Fall *muss* der Default-DBMS Name „oracle" verwendet werden.
Das Interface zu Oracle kann zu mehreren Datenbanken (lokal, remote) und mehreren User IDs gleichzeitig verbinden. In diesem Fall muss das Alias-Argument verwendet werden, um

die verschiedenen Verbindungen auseinanderhalten zu können. Wird kein Alias angegeben, wird der Default-Alias verwendet.

Die Argumente des CONNECT-Statements zur Verbindung mit der Datenbank sind:

- USER= zur Angabe eines optionalen Oracle User Namens. Wird USER= angegeben, muss auch PASSWORD= verwendet werden und umgekehrt.
- PASSWORD= übergibt das Passwort, das zur MySQL Login ID gehört. Mittels PROC PWENCODE kann das Oracle-Passwort ggf. enkodiert werden.
- PATH= bezeichnet den Oracle Treiber, Knoten, sowie die Datenbank. Aliase sind erforderlich, falls SQL*Net Version 2.0 oder später verwendet wird. In manchen Betriebsumgebungen können die Informationen, die für das PATH=-Statement erforderlich sind, vor dem Aufruf von SAS übergeben werden.
- BUFFSIZE= bezeichnet die Anzahl an Zeilen, die aus einer Oracle Tabelle oder View pro Abruf abgefragt werden sollen. Der voreingestellte Wert ist 250. Das (theoretische) Maximum liegt derzeit bei 32.767 (Zeilen). Das praktische Maximum liegt aufgrund des verfügbaren Speichers erfahrungsgemäß meist unter dem theoretisch möglichen Maximum. Die Verwendung von BUFFSIZE kann die Performanz jeder Query auf Oracle verbessern. Indem der BUFFSIZE-Wert in einem SAS Programm angegeben wird, kann die optimale Zeilenzahl für eine gegebene Query für eine gegebene Tabelle gefunden werden.
- PRESERVE_COMMENTS: Ermöglichen, zusätzliche Informationen („Hints", Hinweise) an Oracle für die Verarbeitung zu übergeben. Diese „Hints" in den PRESERVE_COMMENTS könnten z.B. den Query Optimizer von Oracle auf die beste Verarbeitungsmethode hinweisen. Zur Übergabe der PRESERVE_COMMENTS an SQL bzw. Oracle wird auf das unten angegebene Beispiel verwiesen.

Beispiele:
SAS/ACCESS verbindet mit Oracle unter Zuhilfenahme des Alias DBCON und übergibt zwei EXECUTE-Statements zur Verarbeitung. In Klammer sind die User- und Passwortangaben, BUFFSIZE, sowie der Pfad zum DBMS angegeben. Nach dem ersten EXECUTE wird ein Oracle-spezifisches SQL Statement an das DBMS übergeben. Die View WHOTOOKORDERS wird aus den Spalten ORDERNUM usw. aus ORDERS und EMPLOYEES angelegt; zusätzlich muss die angegebene WHERE-Bedingung erfüllt sein. Im zweiten EXECUTE wird ebenfalls ein Oracle-spezifisches SQL Statement an die DBMS übergeben. Mittels GRANT SELECT wird dem User TESTUSER eine SELECT-Berechtigung erteilt, also die Erlaubnis erteilt, das angegebene SELECT-Statement auf die Tabelle WHOTOOKORDERS anzuwenden. Anschließend beendet DISCONNECT wieder die Verbindung über den eingangs erstellten Alias DBCON (*Quelle:* SAS; modifiziert vom Verfasser):

```
proc sql ;
   connect to oracle as dbcon
       (user=testuser password=testpass
        buffsize=100 path='myorapath') ;
```

```
   execute (create view whotookorders as
      select ordernum, takenby, firstname, lastname, phone
         from orders, employees
         where orders.takenby=employees.empid)
      by oracle ;
   execute (grant select on whotookorders
         to testuser) by oracle ;
   disconnect from dbcon ;
quit ;
```

Im Beispiel verbindet SAS/ACCESS mit Oracle unter Zuhilfenahme des Alias MYCON und übergibt u.a. zwei „Hints" zur gewünschten Verarbeitung. In der Klammer weist PRESERVE_COMMENTS nach den User- und Passwortangaben darauf hin, dass später „Hints" an Oracle übergeben werden. Die konkreten Hinweise für den Query Optimizer von Oracle finden sich im Klammerausdruck der Subquery: Durch INDX wird der Index für den Oracle Query Optimizer identifiziert. ALL_ROWS fordert alle Zeilen an. Mehrere Hinweise werden durch Leerzeichen getrennt (*Quelle:* SAS).

```
proc sql ;
   connect to oracle as mycon
      (user=testuser password=testpass preserve_comments);
   select *
      from connection to mycon
         (select /* +indx(empid) all_rows */
            count(*) from employees);
quit ;
```

4. Teradata

Syntax (Ausschnitt):
Der Name des DBMS lautet „TERADATA".

Das CONNECT-Statement ist erforderlich.

Das Interface zu Teradata kann zu mehreren Teradata Servern und mehreren Teradata Datenbanken gleichzeitig verbinden. In diesem Fall muss jedoch das Alias-Argument verwendet werden, um die verschiedenen Verbindungen auseinanderhalten zu können.
Im CONNECT-Statement muss unter der MODE= Option der Modus für die Verbindungen zu Teradata angegeben werden. Die meisten Teradata-Tools laufen im Teradata-Modus; das Default von MODE= ist jedoch ANSI. Im MODE=ANSI unterscheidet die Datenverarbeitung zwischen Groß- und Kleinschreibung; auch muss jede Transaktion (ansonsten Zurücksetzen („Rollback") von Updates und Einfügungen) und jedes DDL-Statement (DDL, Data Definition Language; z.B. DROP TABLE oder CREATE TABLE) mit einem expliziten COMMIT-Statement abgeschlossen werden. Werden Daten nur gelesen, braucht kein COMMIT-Statement angegeben werden. Im MODE=TERADATA unterscheidet die Daten-

9.3 Pass-through Facility (Syntax, Besonderheiten)

verarbeitung nicht zwischen Groß- und Kleinschreibung, und es müssen keine expliziten COMMIT-Statements angegeben werden.

Beispiele:
SAS/ACCESS verbindet mit Teradata unter Zuhilfenahme des Alias TERA und übergibt ein EXECUTE-Statement zur Verarbeitung. Die Verbindung ist im voreingestellten ANSI-Modus. In der Tabelle SALARY wird ein Update vorgenommen. Ein Update zählt zu Transaktionen und wird daher über ein COMMIT-Statement abgeschlossen, ansonsten erfolgt ein Zurücksetzen („Rollback") des Updates (*Quelle:* SAS).

```
proc sql ;
   connect to teradata as tera (user=testuser password=testpass) ;
      execute (update salary set current_salary=45000
               where (name='Irma L.')) by tera ;
      execute (commit) by tera ;
   disconnect from tera ;
quit ;
```

SAS/ACCESS verbindet mit Teradata unter Zuhilfenahme des Alias TERA und übergibt mehrere EXECUTE-Statements zur Verarbeitung. In Klammer sind die User- und Passwortangaben angegeben. Nach dem ersten EXECUTE wird die Tabelle SALARY gelöscht (DDL-Statement, es folgt ein COMMIT-Statement; die Verbindung ist also im ANSI-Modus). Im nächsten EXECUTE wird die Tabelle SALARY neu angelegt (DDL-Statement, es folgt wieder ein COMMIT-Statement). In den nächsten beiden EXECUTEs werden zwei neue Zeilen eingefügt (Transaktionen; Abschluss über ein COMMIT-Statement) (*Quelle:* SAS).

```
proc sql ;
   connect to teradata as tera (user=testuser password=testpass) ;
   execute (drop table salary) by tera ;
   execute (commit) by tera ;
   execute (create table salary (current_salary float, name char(10)))
           by tera ;
   execute (commit) by tera ;
   execute (insert into salary values (35335.00, 'Dan J.')) by tera ;
   execute (insert into salary values (40300.00, 'Irma L.')) by tera ;
   execute (commit) by tera ;
   disconnect from tera ;
quit ;
```

Die beiden folgenden Beispiel sind Beispiele für Verbindungen im Teradata-Modus. Im Teradata-Modus unterscheidet die Datenverarbeitung nicht zwischen Groß- und Kleinschreibung, und es müssen keine expliziten COMMIT-Statements angegeben werden.
Im ersten PROC SQL Beispiel verbindet SAS/ACCESS mit Teradata unter Zuhilfenahme des Alias TERA und übergibt zwei EXECUTE-Statements zur Verarbeitung. Die Tabelle CASETEST wird mit der String-Variablen X angelegt und mit dem Wert „Case Insensitivity

Desired" befüllt. Da die Verbindung im Teradata-Modus läuft, brauchen keine expliziten COMMIT-Statements angegeben werden. Im zweiten Beispiel fragt PROC SQL die angelegte Tabelle CASETEST und die darin enthaltene String-Variable X ab. Die unterschiedliche Groß- und Kleinschreibung (vgl. INSERT INTO vs. WHERE) wird vom Teradata-Modus ignoriert (*Quelle:* SAS).

```
/* Create and populate table in Teradata Mode (case insensitive)*/
proc sql ;
  connect to teradata (user=testuser pass=testpass mode=teradata) ;
  execute(create table casetest(x char(28)))
          by teradata ;
  execute(insert into casetest values('Case Insensitivity Desired') )
          by teradata ;
quit ;

/* Query table in Teradata Mode (for case insensitive match) */
proc sql ;
  connect to teradata (user=testuser pass=testpass mode=teradata) ;
  select * from connection to teradata
          (select * from casetest where x='case insensitivity
                                           desired');
quit ;
```

10 Verwendete SAS Datasets

Diese Liste stellt die am häufigsten verwendeten Datentabellen von SAS Institute zusammen. Für Details wird auf Kapitel 11.1 (Band I) verwiesen. Die Datentabellen stammen überwiegend aus dem SAS Folder SASHELP und sollten bei vollständiger Installation im SAS System vorhanden sein. Diese Übersicht enthält keine Dictionaries, Views usw. Die SAS Tabellen sind jeweils alphabetisch geordnet.

```
SASHELP.AIR
SASHELP.BUY
SASHELP.CLASS
SASHELP.ORSALES          FREQUENTFLYERS
SASHELP.PRDSALE
SASHELP.PRDSAL2
SASHELP.PRDSAL3
SASHELP.SHOES
SASHELP.SYR1001
SASHELP.ZIPCODE
```

Spezielle SAS Tabellen des Verfassers finden sich in diesem Band am jeweiligen Ort. Die meisten dieser Datentabellen können im Detail in Kapitel 11.2 (Band I) eingesehen werden.

11 Literatur

American National Standards Institute (ANSI) Document ANSI X3.135-1992. International Organization for Standardization (ISO): Database SQL. Document ISO/IEC 9075:1992.

Barnett, Vic & Lewis, Toby (1994³). Outliers in statistical data. NewYork: John Wiley & Sons.

Burlew, Michele M. (2001). Debugging in SAS Macros. Cary, NC: SAS Institute Inc.

Burlew, Michele M. (1998). SAS Macro Programming Made Easy. Cary, NC: SAS Institute Inc.

Cheng, Wei (2003). Helpful undocumented features in SAS. Presentation at SUGI 28, Paper 40-28.

Dickstein, Craig; Pass, Ray; Davis, Michael L. (2007). DATA Step vs. PROC SQL: What's a neophyte to do? Presentation at SAS Global Forum, Paper 237-2007.

Dorfman, Paul M.; Vyverman, Koen; Dorfman, Victor (2010). Black Belt Hashigana. Presentation at SAS Global Forum 2010, Paper 023-2010.

Dorfman, Paul M.; Vyverman, Koen (2009). The SAS Hash Object in Action. Presentation at SAS Global Forum 2008, Paper 153-2009.

Dorfman, Paul M.; Shajenko, Lessia S.; Vyverman, Koen (2008). Hash Crash and Beyond. Presentation at SAS Global Forum 2008, Paper 037-2008.

Droogendyk, Harry & Dosani, Faisal (2008). Joining Data: Data Step Merge or SQL? Presentation at SAS Global Forum 2008, Paper 178-2008.

Ebbesmeyer, Curtis C. & Ingraham Jr., W. James (1994). Pacific Toy Spill Fuels Ocean Current Pathways Research, Earth in Space, 7, 2, 7–9.

Feder, Steven (2003). Comparative efficiency of SQL and Base code when reading from database tables and existing data Sets. Presentation at SUGI 28, Paper 76-28.

Foley, Malachy J. (2005). MERGING vs. JOINING: Comparing the DATA Step with SQL. Presentation at SUGI 30, Paper 249.

Hadden, Louise S. & Zdeb, Mike S. (2010). ZIP Code 411: Decoding SASHELP.ZIPCODE and Other SAS® Maps Online Mysteries. Presentation at SAS Global Forum 2010, Paper 219-2010

Hadden, Louise S., Zdeb, Mike S. & Allison, Robert (2007). Wow! You Did That Map with SAS/GRAPH? Presentation at NESUG 2007.

Hartung, Joachim (1999^{12}). Statistik. München Wien: R.Oldenbourg Verlag.

Ivis, Frank (2006). Calculating geographic distance: Concepts and methods. Presentation at NESUG 26, Paper DA15.

Lafler, Kirk P. (2004). PROC SQL: Beyond the Basics Using SAS. Cary, NC: SAS Institute Inc.

Langston, Rick (2005). Efficiency Considerations Using the SAS® System. Presentation at SUGI 30, Paper 002

Little, Roderick J.A. & Rubin, Donald B. (2002^2). Statistical Analysis with Missing Data. New York: John Wiley & Sons. Second Edition.

McJones, Paul (ed.); Bamford, Roger; Blasgen, Mike; Chamberlin, Don; Cheng, Josephine; Daudenarde, Jean-Jacques; Finkelstein, Shel; Gray, Jim; Jolls, Bob; Lindsay, Bruce; Lorie, Raymond; Mehl, Jim; Miller, Roger; Mohan, C.; Nauman, John; Pong, Mike; Price, Tom; Putzolu, Franco; Schkolnick, Mario; Selinger, Bob; Selinger, Pat; Slutz, Don; Traiger, Irv; Wade, Brad; Yost, Bob (1997). The 1995 SQL Reunion: People, Projects, and Politics. SRC Technical Note 1997 – 018. Palo Alto, CA 94301, Systems Research Center (August 20, 1997).

Rasch, Dieter, Herrendörfer, Günter, Bock, Jürgen, Victor, Norbert und Guiard, Volker (Hsg.) (1996). Verfahrensbibliothek: Versuchsplanung und -auswertung. Band I. München Wien: R. Oldenbourg Verlag.

Ray, Robert & Secosky, Jason (2008). Better Hashing in SAS® 9.2. Presentation at SAS Global Forum 2008. Paper 306-2008.

Sadof, Michael G. (2000). Keeping Your Data in Step – Utilizing Efficiencies. Presentation at SUGI 25, Paper 60.

Sadof, Michael G. (1999). Keeping Your Data in Step – Utilizing Efficiencies. Presentation at SUGI 24, Paper 37.

SAS Institute Inc. (2009a). Base SAS 9.2 Procedures Guide. Cary, NC: SAS Institute Inc.

SAS Institute Inc. (2009b). SAS 9.2 Language Reference: Concepts. Cary, NC: SAS Institute Inc.

SAS Institute Inc. (2009c). SAS 9.2 SQL Procedure User's Guide. Cary, NC: SAS Institute Inc.

SAS Institute Inc. (2009d). SAS 9.2 Macro Language: Reference. Cary, NC: SAS Institute.

SAS Institute Inc. (2004). SAS 9.1 SQL Procedure. Cary, NC: SAS Institute.

SAS Institute Inc. (1994). SAS Macro Facility: Tips & Techniques. Cary, NC: SAS Institute Inc.

SAS Institute Inc. (1990). SAS Programming Tips: A Guide to Efficient SAS Processing. Cary, NC: SAS Institute Inc.

Schendera, CFG (2011). SQL mit SAS: PROC SQL für Einsteiger. München: Oldenbourg.

Schendera, CFG (2010). Clusteranalyse mit SPSS. München: Oldenbourg.

Schendera, CFG (2008). Regressionsanalyse mit SPSS. München: Oldenbourg.

Schendera, CFG (2007). Datenqualität mit SPSS. München: Oldenbourg.

Schendera, CFG (2005). Datenmanagement mit SPSS. Heidelberg: Springer.

Schendera, CFG (2004). Datenmanagement und Datenanalyse mit dem SAS System. München: Oldenbourg.

Slocum, Terry A., McMaster, Robert B., Kessler, Fritz C. & Howard, Hugh H. (2009). Thematic Cartography and Geographic Visualization. Upper Saddle River: Pearson Prentice Hall. Third Edition.

Smith, Kevin J.; Khan, Muhammad Z.; Zhang, Yadong (2003). PROC SQL vs. Merge. The Miller Lite Question of 2002 and Beyond. Presentation at SUGI 28, Paper 96-28.

Theuwissen, Henri (2011). Don't Waste Too Many Resources to Get Your Data in a Specific Sequence. Presentation at SAS Global Forum 2011, Paper 242-2011.

Theuwissen, Henri (2010). Complex Data Combinations on Large Volumes: How to get the Best Performance. Presentation at SAS Global Forum 2010, Paper 027-2010.

Theuwissen, Henri (2009). You Need to Consolidate Massive Amounts of Data? Select the Fastest Method or Go for Minimal Memory Requirements to Build Your Result. Presentation at SAS Global Forum 2009, Paper 040-2009.

Warner-Freeman, Jennifer K. (2007). I cut my processing time by 90% using hash tables – You can do it too! Presentation at NESUG, Paper BB16.

Williams, Christianna S. (2008). PROC SQL for DATA Step Die-hards. Presentation at SAS Global Forum, Paper 185.

Wothke, Werner (1998). Longitudinal and multi-group modeling with missing data. In T.D. Little, Kai U. Schnabel, & Jürgen Baumert (Eds.) Modeling longitudinal and multiple group-data: Practical issues, applied approaches and specific examples. Mahwah, NJ: Lawrence Erlbaum Associates.

Wilcox, Andrew (2000). Efficiency Techniques for Accessing Large Data Files. Presentation at SUGI 25, Paper 115.

Yi, Danbo & Zhang, Lei (1998). Handling missing values in the SQL Procedure. Presentation at NESUG, Pittsburgh, October.

12 Ihre Meinung zu diesem Buch

Das Anliegen war, dieses Buch so umfassend, verständlich, fehlerfrei und aktuell wie möglich abzufassen, dennoch kann sich sicher die eine oder andere Ungenauigkeit oder Missverständlichkeit den zahlreichen Kontrollen entzogen haben. In vielleicht zukünftigen Auflagen sollten die entdeckten Fehler und Ungenauigkeiten idealerweise behoben sein. Auch SAS hat sicher technische oder statistisch-analytische Weiterentwicklungen durchgemacht, die vielleicht berücksichtigt werden sollten.

Ich möchte Ihnen an dieser Stelle die Möglichkeit anbieten mitzuhelfen, dieses Buch zu SAS noch besser zu machen. Sollten Sie Vorschläge zur Ergänzung oder Verbesserung dieses Buches haben, möchte ich Sie bitten, eine *E-Mail* an folgende Adresse zu senden:

SAS3@method-consult.de

im „Betreff" das Stichwort „Feedback SAS-Buch" anzugeben und unbedingt mind. folgende Angaben zu machen:

1. Auflage
2. Seite
3. Stichwort (z.B. ‚Tippfehler')
4. Beschreibung (z.B. bei statistischen Analysen)
   Programmcode bitte kommentieren.

Herzlichen Dank!
Christian FG Schendera

13 Autor

Wissen und Erkenntnis sind methodenabhängig. Um Wissen und Erkenntnis beurteilen zu können, auch um die Folgen und Qualität darauf aufbauender Entscheidungen abschätzen zu können, muss transparent sein, mit welchen (Forschungs)Methoden diese gewonnen wurden.

Über den Autor
Dr. CFG Schenderas Hauptinteresse gilt der rationalen (Re)Konstruktion von Wissen, also des Einflusses von (nicht)wissenschaftlichen (Forschungs)Methoden (u.a. Statistik) jeder Art auf die Konstruktion und Rezeption von Wissen. Dr. CFG Schendera ist Vizedirektor im Ressort Medienforschung von GfK Switzerland und u.a. verantwortlich für Methoden und Statistik. Der Kompetenzbereich von Dr. CFG Schendera umfasst u.a. Advanced Analytics (Datenanalyse / Datamining), Scientific Consulting (wissenschaftliche Methodenberatung), sowie Trainings zu SPSS oder SAS. Zu den Kunden von Dr. CFG Schendera gehören u.a. Unternehmen unabhängig von Branche (z.B. Marketing, Medien und Konsum) und Standort (u.a. Deutschland, Österreich und Schweiz). Betreuung unzähliger Forschungs-, Analyse- und Evaluationsprojekte. Umfangreiche Veröffentlichungen zu Datenanalyse, Datenqualität, SAS sowie SPSS.

Über Gfk
GfK Switzerland ist mit einem Umsatz von 88,7 Millionen CHF (2008) und einem Marktanteil von rund 40% das größte Marktforschungsinstitut der Schweiz (gemäß vsms Branchenstatistik) und bietet Marktforschungsdienstleistungen in allen Bereichen. GfK Switzerland gehört seit 1999 zur international tätigen GfK-Gruppe mit Hauptsitz in Nürnberg. Über 10.000 Mitarbeiter/-innen in 115 operativen Unternehmen in 100 Ländern erwirtschaften einen Umsatz von 1,22 Milliarden Euro (2008). Damit gehört die GfK zu den größten Marktforschungsinstituten der Welt. GfK Switzerland ist in den Geschäftsfeldern Retail and Technology, Custom Research und Media als Full Service Anbieter aktiv.
Die Umfrageforschung von GfK Switzerland AG ist als einziges Marktforschungsinstitut der Schweiz mit dem Datenschutzgütesiegel Good Priv@cy von SQS zertifiziert. Weitere Informationen über GfK in der Schweiz finden Sie auf der schweizerischen Website von GfK unter www.gfk.ch oder unter www.gfk.com.

Syntaxverzeichnis

%ABORT 182, 183
%BQUOTE 165, 170, 395
%CHECK 51
%CMPRES 166, 168,
%COPY 182
%DATATYP 156, 166
%DISPLAY 182
%DO XVI, 5, 119, 129, 182, 183, 185, 186, 203, 208, 211, 229, 230, 232, 303
%DO %TO %BY 154, 167, 190
%DO %UNTIL 142, 154, 167, 183, 184, 188, 190
%DO %WHILE 147, 154, 167, 183, 184, 186, 190
%END 129, 148–150, 152, 153, 155–158, 173, 175, 183,
%EVAL 164, 166–168, 190, 395
%GEODIST 246
%GLOBAL 141, 142, 161, 182
%GOTO 159, 182, 183
%IF 5, 119, 149, 154, 155, 159, 167, 182, 184, 189, 190
%IF %THEN 189, 190
%IF %THEN %DO 189
%IF %THEN %ELSE 183
%INCLUDE 138, 161, 338
%INDEX 142, 164, 168, 395
%INDTD_PUBLISH_FORMATS 336
%INPUT 124, 182
%LABEL: 183, 184
%LEFT 166
%LENGTH 142, 164, 395
%LET XVI, 5, 119, 122, 130, 141–145, 147, 149, 151, 161, 176, 182, 197, 198, 201
%LOCAL 142, 161, 183
%MACRO 119, 143, 146, 147, 182

%MEND 119, 143, 146, 183, 231, 364
%NRBQUOTE 165, 170, 395
%NRQUOTE 165, 170, 395
%NRSTR 165, 169, 170–172
%PUT 121, 127, 132, 152, 160, 170, 182, 199–203, 433
%QCMPRES 166, 168
%QLEFT 166
%QSCAN 164, 169, 170, 395
%QSUBSTR 164, 172
%QSYSFUNC 165, 181
%QTRIM 166
%QUOTE 164, 165, 170, 395
%QUPCASE 164
%RETURN 183
%SCAN 164, 169, 170, 395
%STR 145, 165, 170, 171
%SUBSTR 142, 163, 164, 172, 173
%SUPERQ 130, 165, 170
%SYMDEL 182
%SYMEXIST 165
%SYMGLOBL 165
%SYMLOCAL 165
%SYSCALL 183
%SYSEVALF 135, 142, 165–168, 395
%SYSEXEC 183
%SYSFUNC 164, 165, 173, 174, 176, 177, 181, 182, 236
%SYSGET 165
%SYSLPUT 130, 183
%SYSPROD 165
%SYSRPUT 130, 183
%TRIM 166
%UNQUOTE 165
%UNTIL 154, 167, 182, 183, 188, 190
%UPCASE 155, 159, 164, 176, 181, 182

%VERIFY 166
%WHILE 147, 154, 167, 182, 183, 186, 190
%WINDOW 183

ALL 98, 160, 236, 295, 374
ATDATETIME 82, 86, 87
ATMESSAGE 82, 86
ATOBSNO 82, 86
ATOPCODE 82, 86, 87, 90
ATRETURNCODE 82, 86
ATUSERID 82, 86, 87
AUTOMATIC 160
FREQ 195, 196
GLOBAL 160
LOCAL 160
METHOD 10, 11, 16, 388, 390
_N_ 272, 277, 280, 303, 369, 372, 381
NEW 304
NULL 104, 196, 272, 285, 286, 288, 289, 303
TREE 10, 11, 16, 388, 390
TYPE 195, 196
USER 160

A

ABS 408
ACCESS 330, 339, 341, 389, 390, 393, 430, 434, 435, 439–441
ADD 29, 79, 279, 282, 286, 289, 303–305, 388
ADDR 412
ADDRLONG 412
AIRY 408
AL 82
ALL XV, 35, 41, 62, 63, 98, 160, 236, 241–244, 295, 312, 333, 335, 355, 374, 440
ALLCOMB 427
ALLPERM 427
ALTER 13, 56, 78–80, 84, 93, 96, 99, 154, 375, 387, 388
ALTER TABLE 13, 79, 80, 154, 387, 388
AND 29, 50, 262, 315, 364, 397
ANNOTATE 260, 262, 263, 265

ANSI 440, 441
ANY XV, 6, 62, 63, 120, 210, 237, 367
ANYALNUM 116, 419
ANYALPHA 419
ANYCNTRL 420
ANYDIGIT 420
ANYFIRST 420
ANYGRAPH 420
ANYLOWER 420
ANYNAME 420
ANYPRINT 420
ANYPUNCT 420
ANYSPACE 420
ANYUPPER 420
ANYXDIGIT 420
AOQ2 394
APPEND 69, 81, 83
APPLY 394
ARCOS 414
ARCOSH 427
AREA 39, 40
ARMASIM 394
ARSIN 414
ARSINH 427
ARTANH 427
AS VI, VIII, X, XVII, 2, 8, 24, 45, 82, 157, 204, 253, 254, 387–390, 431, 432, 435, 436
ATAN 414
ATAN2 414
ATTRC 177, 410
ATTRN 164, 173, 176, 177, 182, 410
AVG 20, 22, 30, 32, 33, 341, 430

B

BAND 397
BETA 408
BETAINV 410
BINARY 322
BLACKCLPRC 397
BLACKPTPRC 397
BLKSHCLPRT 397
BLKSHPTPRT 397
BLOCK 249, 394
BLSHIFT 397
BNOT 397

BOOL 374
BOR 397
BRANKS 394
BRSHIFT 397
BTRAN 394
BTRIM 12
BUFFERSIZE 391
BUFFSIZE 439
BUFNO 331, 345
BUFSIZE 331, 345
BXOR 397
BY 38, 98, 154, 167, 190, 200, 208, 211, 212, 283, 302, 303, 308, 315, 323–327, 370, 381, 390, 433
BYTE 421

C
CALCULATED 12, 14, 136, 137
CALL 5, 109, 120, 142, 157, 163
CALL ALLCOMB 427
CALL ALLCOMBI 427
CALL ALLPERM 408
CALL APPCORT 394
CALL ARMACOV 394
CALL ARMALIK 394
CALL BAYESACT 394
CALL CATS 394, 421
CALL CATT 421
CALL CATX 421
CALL CHANGE 394
CALL COMPCOST 421
CALL EXECUTE 142, 157, 191–193, 407
CALL GDRAW 394
CALL GRAYCODE 427
CALL ISO8601_CONVERT 427
CALL LABEL 415
CALL LEXCOMB 427, 428
CALL LEXCOMBI 428
CALL LEXPERK 428
CALL LEXPERM 428
CALL LOGISTIC 408
CALL MISSING 21, 52, 287, 288, 421
CALL MODULE 404
CALL MODULEI 404
CALL NLPCG 394

CALL POKE 412
CALL POKELONG 412
CALL PRXCHANGE 418
CALL PRXDEBUG 418
CALL PRXFREE 418
CALL PRXNEXT 419
CALL PRXPOSN 419
CALL PRXSUBSTR 419
CALL RANBIN 426
CALL RANCAU 426
CALL RANEXP 426
CALL RANGAM 426
CALL RANNOR 426
CALL RANPERK 426
CALL RANPERM 426
CALL RANPOI 426
CALL RANTBL 426
CALL RANTRI 426
CALL RANUNI 426
CALL RXCHANGE 419
CALL RXFREE 419
CALL RXSUBSTR 419
CALL SCAN 421, 430
CALL SCANQ 421, 430
CALL SET 415
CALL SLEEP 412
CALL SOFTMAX 408
CALL SORTC 428
CALL SORTN 428
CALL STDIZE 408
CALL STREAMINIT 426
CALL SYMDEL 191
CALL SYMPUT 16, 131, 142, 191, 195, 196, 407
CALL SYMPUTX 16, 131, 142, 191, 195, 196, 407
CALL SYSTEM 412
CALL TANH 408
CALL VNAME 415
CALL VNEXT 415
CARDS 161
CASE 13, 20, 32–34, 54, 56, 154, 197, 317
CAT 394, 421
CATCACHE 345
CATQ 428

CATS 421
CATT 421
CATX 421
CDF 417
CEIL 414
CEILZ 414
CEXIST 177, 410
CHANGE 366
CHAR 241, 243, 244, 322, 374, 428
CHECK 50, 51, 72, 112, 113, 157, 158, 232, 304
CHOOSEC 421
CHOOSEN 421
CIMPORT 81
CINV 410
CLEAR 304
CLOSE 173, 176, 178, 181, 182, 356, 410
CMISS 428
CMP 374
CNONCT 408
COALESCE 12, 14, 21, 42–44, 47, 48, 52, 54, 55, 59, 61, 408
COALESCEC 422
COLLATE 422
COLSTART 373, 374
COLUMNS 363, 364
COMB 408, 429
COMMIT 340, 440–442
COMPARE 422
COMPBL 154, 422
COMPGED 421, 422
COMPLETE 435
COMPLEV 422
COMPOUND 405
COMPRESS 154, 308, 312, 319, 321–323, 329, 345, 422
CONNECT TO 387, 390, 431
CONNECTION 387, 390, 431–433, 438
CONNECTION TO 387, 390, 431, 433, 438
CONNECTION_GROUP 432
CONSTANT 408
CONSTDATETIME 336, 392
CONSTRAINT 72, 74, 81, 388
CONTAINS 109, 315
CONTENTS 69, 73, 83–85, 241, 243, 431

CONVX 405
CONVXP 405
COPY 81, 182
COS 414
COSH 407
COUNT 16, 20, 30, 35, 93–97, 100–112, 205, 206, 218, 341, 422, 430
COUNTC 109, 112, 113, 422
COUNTER 381–385
COUNTW 428
CPORT 81
CREATE VIII, 326, 433
CREATE INDEX 324, 326, 387
CREATE TABLE 24, 71, 204, 387, 388, 432, 440
CREATE VIEW 387, 389
CROSS 14
CSS 401
CSV 8, 318, 349, 366, 372–374
CSVNOQ 374
CUROBS 178, 410
CUSUMARL 394
CV 401

D

DA 82, 87
DACCDB 405
DACCDBSL 405
DACCSL 405
DACCSYD 405
DACCTAB 405
DAIRY 408
DATA *passim*
DATABASE 434
DATALINES 161
DATAQUALITY 234
DATARSC 438
DATASETS 73, 317, 431
DATASRC 435
DATDIF 398
DATE 106, 158, 164, 176, 330, 336, 376–385, 392, 393, 398
DATEJUL 398
DATEPART 398
DATETIME 330, 336, 392, 393, 398

DAY 398
DBCON 439
DBCONINIT 432
DBCONTERM 432
DBGEN_NAME 432
DBIDIRECTEXEC 330, 393
DBINDEX 326, 333, 334, 342, 344
DBKEY 333, 334, 342, 344
DBLOAD 430
DBMAX_TEXT 432
DBMS VI, VII, XVII, 1, 8, 22, 37, 54, 126, 130, 308, 312, 316, 327, 333–336, 339–344, 361, 387, 390, 430–440
DBPROMPT 432
DBSLICE 327, 370
DCLOSE 178, 402
DCREATE 236, 402
DD 82
DECLARE 272, 275, 277, 279, 280, 282, 285, 286, 288, 295, 296, 303, 304
DEFER 432
DEFINE 235, 374
DEFINE EVENT 374
DEFINE TAGSET 374
DEFINEDATA 272, 275, 277, 279, 285–289, 303, 305
DEFINEDONE 273, 275, 277, 279, 280, 282, 285–288, 303, 305
DEFINEKEY 272, 275, 277, 279, 280, 282, 285–289, 303, 305
DELETE 78, 126, 130, 154, 304, 305, 314, 315, 317, 335, 339, 341, 344, 345, 387, 389, 433
DEPDB 405
DEPDBSL 405
DEPSL 405
DEPSYD 405
DEPTAB 405
DEQUOTE 422
DESCRIBE TABLE 72, 75, 79, 88, 361, 387, 389
DESCRIBE TABLE CONSTRAINTS 72, 75, 79, 88, 387, 389
DESCRIBE VIEW 361, 387, 389
DESTINATIONS 361

DEVIANCE 408
DHMS 398
DICTIONARY TITLES 361
DICTIONARY.CATALOGS 360
DICTIONARY.CHECK_CONSTRAINTS 361
DICTIONARY.COLUMNS 231, 360, 363, 364
DICTIONARY.DICTIONARIES 360
DICTIONARY.EXTFILES 360, 361
DICTIONARY.INDEXES 360
DICTIONARY.MACROS 361
DICTIONARY.MEMBERS 360–362
DICTIONARY.OPTIONS 233, 360
DICTIONARY.STYLES 360
DICTIONARY.TABLES 360, 363–365
DICTIONARY.VIEWS 360
DIF 181, 412
DIGAMMA 408
DIM 181, 397
DINFO 178, 229, 230, 232, 402
DIRECT_EXE 339–341, 344
DIRECT_SQL 340, 343
DISCONNECT FROM 387, 390, 432
DISTINCT 30, 31, 35, 41, 72, 335, 341, 342, 389
DIVIDE 428
DNUM 178, 402
DOLLARX10.2 176
DOPEN 178, 402, 404
DOPTNAME 178, 402
DOPTNUM 178, 402
DOUBLE 374, 391
DOWNLOAD 81
DQUOTE 391
DR 82
DREAD 178, 402
DROP 80, 154, 244, 314–319, 323, 329, 335, 345, 387–389, 433, 440
DROPNOTE 178, 403, 410
DSN 438
DSNAME 100, 176, 178, 181, 219, 220, 227, 410
DUPOUT 97, 98
DUR 405

DURP 406
DW 82

E
EA 82, 90, 91
ECHELON 394
ED 82
EIGVAL 394
ENVLEN 428
EOF 272, 274, 278, 286, 289–291, 293, 296
EQT 12, 340
EQUALS 283, 305
ERF 409
ERFC 409
ERRORSTOP 391
EU 82, 253, 254
EUCLEN 55
EUCLID 249, 251, 428
EUROCURR 418
EVENT 216–220, 224, 226, 227, 373
EWMAARL 394
EXCEPT 101
EXEC 391
EXECUTE 192, 387, 390, 431, 433, 434, 438, 439, 441
EXIST 156, 164, 173, 178, 410
EXISTS XV, 62–64, 109
EXITCODE 392
EXP 395, 409

F
FACT 409, 429
FAPPEND 178, 403
FCLOSE 178, 403
FCOL 178, 403
FDELETE 178, 403
FEEDBACK 10, 16, 312, 391
FETCH 178, 410
FETCHOBS 178, 410
FEXIST 179, 403
FGET 179, 403, 404
FILEEXIST 179, 403
FILENAME 124, 179, 403
FILEREF 179, 403
FINANCE 428

FIND 111, 112, 280, 282, 288, 305, 422
FIND_NEXT 305
FIND_PREV 305
FINDC 109, 112, 422
FINDW 428
FINFO 179, 403
FINV 410
FIPNAME 406
FIPNAMEL 406
FIPSTATE 406
FIRST 257, 273, 305, 381, 428
FIRSTOBS 314, 317, 345
FLOOR 414
FLOORZ 414
FLOW 391
FMTCAT 177
FNONCT 409
FNOTE 178, 179, 403, 410
FOPEN 179, 403
FOPTNAME 179, 403
FOPTNUM 179, 403
FORMAT 61, 317
FPOINT 179, 403
FPOS 179, 404
FPUT 179, 404
FREAD 179, 404
FREWIND 179, 404
FRLEN 179, 404
FROM 12, 13, 15, 45, 255, 293, 315, 389, 390, 431
FSEP 179, 404
FULLJOIN 45–48
FULLSTIMER 8, 349, 350, 352
FUNCTIONS 361
FUZZ 414
FWRITE 180, 404

G
GAMINV 410
GAMMA 409
GARKHCLPRC 397
GARKHPTPRC 398
GCD 428
GEODIST 246, 251, 428
GEODIST() 246

GEOMEAN 401
GEOMEANZ 401
GETOPTION 180, 412
GETVARC 180, 411
GETVARN 180, 411
GLOBAL 141, 142, 160, 161, 182, 432
GPROJECT 256, 265
GRANT 433, 439
GRANT SELECT 439
GRAPHICS 234
GRAYCODE 428
GROUP BY 12, 13, 20, 35, 56, 95–97, 389, 430
GT 96
GTT 12, 340

H

HARMEAN 401
HARMEANZ 401
HAS_NEXT 305
HAS_PREV 305
HASH 272, 274, 277, 278, 280, 281, 284–287, 289–291, 293, 295, 296, 298, 300, 303, 447
HASHEXP 274
HAVING 12, 13, 93, 95, 330, 336, 389, 393
HBOUND 181, 397
HERMITE 394
HIPERSPACE 326
HIREDATE 436
HITER 282, 286, 298, 300
HMS 398
HOLIDAY 395
HOUR 398
HTMLDECODE 407
HTMLENCODE 407

I

IBESSEL 409
ICDESCRIBE 73
ICTYPE 73
ICVALUE 73
ID 262–264
IDXWHERE 16

IF XVI, 5, 56, 119, 149, 154, 155, 159, 167, 182–184, 189, 190, 192, 193, 195, 256, 257, 258, 265, 272, 280, 288, 295, 314–319, 323, 329, 335, 343, 345
IF THEN ELSE 189, 317
IF.FIRST 256, 257
IF.LAST 256, 258
IFC 422
IFN 422
IMPLMAC 331
IN XV, 28, 51, 62, 64, 65, 109, 156, 158, 159, 168, 173–175, 187, 189, 190, 370
INCHECK 205, 206
INDEX 109, 111, 142, 164, 168, 173–175, 325, 326, 335, 388, 389, 395, 422
INDEXC 109, 111–113, 422
INDEXW 109, 111, 173, 174, 175, 423
INDX 440
INFOMAPS 361
INFORMIX 342
INOBS 199, 391, 392
INPUT 24, 34, 121, 124, 164, 176, 181, 182, 412
INPUTC 176, 181, 412
INPUTN 176, 181, 412
INSERT 24–26, 75–78, 84, 89–92, 130, 204, 205, 387, 389, 433, 442
INSERT INTO 25, 77, 389, 442
INSERT VALUES 24–26, 76, 77
INT 374, 395, 414
INTCINDEX 395
INTCK 398
INTCYCLE 395
INTERSECT 101
INTFIT 395, 428
INTFMT 395
INTGET 395, 429
INTINDEX 395
INTNX 398
INTO XV, XVI, 5, 53, 119, 122, 131, 134, 142, 190, 196, 198, 200, 202, 284, 340, 389
INTRR 406
INTSEAS 395
INTSHIFT 429
INTTEST 395, 429

INTZ 414
IORCMSG 181, 411
IPASSTHRU 392
IQR 55, 401
IRR 406, 428
IS XV, 3, 20, 26–28, 37, 49, 62, 65, 315
IS MISSING 3, 20, 26, 49, 62, 315
IS NOT MISSING 37
IS NULL 3, 20, 26, 62
ITEM_SIZE 304

J
JBESSEL 409
JOIN 41–44, 292, 293
JULDATE 399
JULDATE7 399

K
KCOMPARE 400
KCOMPRESS 400
KCOUNT 400
KCVT 400
KEEP 244, 314–319, 323, 329, 335, 345
KINDEX 400
KINDEXC 400
KLEFT 400
KLENGTH 400
KLOWCASE 400
KREVERSE 400
KRIGHT 400
KSCAN 400
KSTRCAT 400
KSUBSTR 400
KSUBSTRB 400
KTRANSLATE 400
KTRIM 400
KTRUNCATE 400
KUPCASE 400
KUPDATE 401
KUPDATEB 401
KURTOSIS 401
KVERIFY 401

L
LAG 164, 181, 372, 412

LARGEST 401
LAST 305, 381
LBOUND 181, 397
LCM 429
LCOMB 429
LEFT 42, 43, 166, 196, 423
LENGTH 121, 142, 164, 288, 308, 319–321, 323, 329, 345, 395, 415, 423
LENGTHC 423
LENGTHM 423
LENGTHN 423
LEXCOMB 429
LEXCOMBI 429
LEXPERK 429
LEXPERM 429
LFACT 429
LGAMMA 409
LIBNAME 124, 180, 219, 220, 227, 231, 308, 331, 333, 339–344, 356, 362, 364, 411, 430, 431, 435
LIBRARY 81, 231, 364, 365
LIBREF 180, 411
LIKE XV, 3, 21, 62, 64, 65, 109, 315, 316, 388
LOCKING 438
LOG 202, 205, 355, 356, 409
LOG10 409
LOG1PX 429
LOG2 409
LOGBETA 409
LOGCDF 417
LOGPDF 417
LOGSDF 418
LOOPS 391, 392
LOWCASE 423
LPERM 429
LPNORM 429
LT 96
LTT 340

M
MACRO 119, 139, 143, 146, 147, 161, 182, 233–235
MAD 55, 102, 401
MAGIC 16

MARGRCLPRC 398
MARGRPTPRC 398
MAUTOSOURCE 138, 234, 331
MAX 16, 30, 99, 100, 341, 401
MAXABS 55
MAXVAL 238, 239
MD5 429
MDY 399
MEAN 32–35, 39, 55, 106, 341, 356, 358, 401
MEANS 318, 319, 328
MEDIAN 55, 195, 196, 401
MEMLEAVE 326, 345
MEMNAME 231, 356, 362, 364, 366
MEMSIZE 268, 326, 345, 353, 358
MEMTYPE 231, 356, 363, 364
MEND 119, 139, 143, 146, 161, 183, 231, 364
MERGE 333
MESSAGE 74
METHOD 10, 11, 16, 55, 388, 390
MEXECNOTE 233–235
MIDRANGE 55
MIN 16, 34, 35, 341, 401
MINUTE 399
MISS 30, 61, 62
MISSING 26, 52, 65, 164, 181, 287, 401, 423
MLOGIC 160
MLOGICNEST 160
MOD 8, 327, 349, 366, 369–372, 409
MODE 440
MODEXIST 429
MODULEC 404
MODULEIC 404
MODULEIN 405
MODULEN 404, 405
MODZ 409
MONOTONIC 8, 16, 244, 349, 366, 368
MONTH 276, 277, 284, 285, 399
MOPEN 180, 404
MORT 406
MPRINT 160
MPRINTNEST 160
MSGTYPE 74
MSPLINT 429

MSTORED 138
MULTI_DATASRC_OPT 342, 344
MULTIDATA 269, 277

N

NAME 39, 40, 106, 107, 109–115, 146, 147, 151, 152, 174–176, 181, 231, 232, 237–239, 242–244, 285–291, 302, 303, 356, 364–366, 437
NATURAL 14
NE 61–63, 96, 189
NET 12
NETPV 406
NEWLINE 74, 75
NEXT 283, 305
NLDATE 399
NLDATM 399
NLITERAL 423
NLPDD 394
NLPFDD 394
NLPFEA 394
NLPHQN 394
NLPLM 394
NLPNMS 394
NLPNRA 394
NLTIME 399
NMISS 30, 35, 50, 326, 401
NO 57, 58, 60, 158, 159, 169, 330, 343, 392, 432
NOCONSTDATETIME 392
NODOUBLE 391
NODUPKEY 97, 224, 276, 283, 284
NODUPRECS 95, 97, 98
NOERRORSTOP 391
NOEXEC 391
NOFEEDBACK 391
NOFLOW 391
NOFUNCTIONS 343, 344
NOGENSQL 343
NOIPASSTHRU 392
NOMEXECNOTE 233–235
NOMLOGIC 161
NOMPRINT 161
NOMULTOUTJOINS 343
NONE 234, 330, 343, 393

NONUMBER 391
NOPRINT 126, 132, 133, 200, 208, 212, 391
NOPROMPT 392, 436
NOQ 374
NOQUOTES 374
NOREMERGE 330, 392
NORMAL 426
NOSGEN 121
NOSORTMSG 391
NOSPOOL 331
NOSQLREMERGE 330, 331, 336, 393
NOSTIMER 392
NOSYMBOLGEN 121, 161
NOT 3, 20, 24, 25, 29, 62–65, 72, 106, 107, 109, 110, 316, 332, 374, 397
NOT EXISTS 63, 64, 332
NOT IN 64, 109, 110
NOT LIKE 65
NOT NULL 3, 20, 24, 25, 72
NOTALNUM 423
NOTALPHA 423
NOTCNTRL 423
NOTDIGIT 423
NOTE 178, 180, 272, 403, 410, 411
NOTFIRST 424
NOTGRAPH 424
NOTHREADS 392
NOTLOWER 424
NOTNAME 424
NOTPRINT 116, 424
NOTPUNCT 424
NOTRIM 203
NOTSPACE 424
NOTUPPER 424
NOTXDIGIT 424
NOWHERE 343
NPV 406, 428
NUM_ITEMS 304
NUMBER 391
NVALID 424
NWKDOM 395

O
OBS 176, 181, 314, 317, 345

ODS V, 16, 17, 125, 143, 216, 224, 359, 360, 373, 374, 428
ODS CLOSE 374
ODS LISTING 374
ODS LISTING CLOSE 374
ON 41, 42, 44, 293, 294, 296, 334, 388
OPEN 173, 176, 180, 182, 356, 411
OR 29, 118, 397
ORACLE XII, 327, 431, 433
ORDER BY 20, 35, 37, 38, 46, 47, 61, 200, 323, 324, 388, 389
ORDINAL 402
OUT 50, 51, 104, 325
OUTOBS 281, 391, 392
OUTPUT 275, 277, 279, 283, 285, 304, 305

P
PARMCARDS 161
PASSWORD 434, 435, 439
PATH 125, 346, 439
PATHNAME 180, 404, 411
PBUFF 147
PCTL 402
PDF 16, 418
PEEK 412
PEEKC 413
PEEKCLONG 413
PEEKLONG 413
PERFORMANCE 234
PERM 409, 429
PGM 209, 337
PGRAF 394
POINT 180, 282, 411
POISSON 418
POLYROOT 394
PORT 434
PRESERVE_COMMENTS 439, 440
PREV 305
PRIMARY KEY 72, 388
PRINT 272, 391
PROBBETA 418
PROBBNML 418
PROBBNRM 418
PROBCHI 418
PROBF 418

Syntaxverzeichnis

PROBGAM 418
PROBHYPR 418
PROBIT 410
PROBMC 418
PROBMED 394
PROBNEGB 418
PROBNORM 418
PROBT 418
PROC ACCESS 430
PROC APPEND 81
PROC CONTENTS 85, 154, 156, 158, 159, 241, 243, 312, 325
PROC COPY 81
PROC DATASETS 68, 81, 84, 89, 154, 216, 224, 226, 312, 314, 317, 325, 326, 366
PROC DOWNLOAD 329, 330, 368
PROC EXPORT 153, 375
PROC FCMP 395
PROC FORMAT 152, 317
PROC FREQ 16, 94, 123
PROC GLM 214, 318
PROC MEANS 195, 196
PROC OPTIONS 234, 235, 353, 358
PROC PRINT 58, 80, 85, 87, 90, 98, 216, 224, 355–358
PROC PWENCODE 439
PROC REPORT 143, 394
PROC SORT 81, 97, 98, 108, 224, 276, 283, 284, 311, 323, 325, 328
PROC SQL *passim*
PROC SUMMARY 268, 270, 271, 273–275, 314, 318, 319, 356–358
PROC TABULATE 192, 193, 195
PROC TEMPLATE 366, 372, 373
PROC UPLOAD 329
PROMPT 392, 436
PROPCASE 424
PRX 396, 419, 430
PRXCHANGE 109, 113–115, 210, 419
PRXMATCH 116, 419
PRXPAREN 116, 419
PRXPARSE 419
PRXPOSN 419
PTRLONGADD 413

PUT 34, 121, 127, 132, 135, 152, 153, 160, 164, 170, 176, 181, 182, 199–203, 273, 286, 288, 289, 330, 335, 336, 392, 393, 413, 433
PUTC 176, 181, 413
PUTN 164, 173, 176, 177, 181, 413
PVP 406

Q

QTR 399
QUANTILE 410
QUARTER 186, 277, 284, 285
QUIT VIII, 184, 390
QUOTE 98, 164, 165, 170, 395, 424

R

RANBIN 426
RANCAU 426
RAND 426
RANEXP 427
RANGAM 427
RANGE 55, 402
RANK 425
RANNOR 427
RANPOI 427
RANTBL 427
RANTRI 427
RANUNI 281, 427
READ_LOCK_TYPE 339, 343
REALMEMSIZE 327, 359
REDUCEPUT 330, 335, 392
REF 273, 297–301, 305
REFERENCES 81
REMERGE 392
REMOTE 130
REMOVE 306
REMOVEDUP 306
RENAME 241, 302, 366, 429
REPEAT 425
REPLACE 275, 306
REPLACEDUP 306
REPONLY 55
REPORT 328
REQUIRED 436
RESET 388, 389

RESOLVE 136, 164, 181, 191, 407
RESPONSE 153
RETAIN 244, 369
REUSE 82
REVERSE 425
REVOKE 433
REWIND 180, 411
RIGHT 425
RMS 402
ROLLBACK 340
ROOT 216, 238, 240
ROUND 414, 415
ROUNDE 415
ROUNDZ 415
RSUBMIT 330
RXCHANGE 430
RXFREE 430
RXMATCH 419, 430
RXPARSE 419, 430
RXSUBSTR 430

S
SASAUTOS 139
SASFILE 331, 345
SASHELP.VCATALG 360
SASHELP.VCHKCON 361
SASHELP.VCOLUMN 239, 359, 360, 365, 366
SASHELP.VDCTNRY 360
SASHELP.VEXTFL 360
SASHELP.VINDEX 360
SASHELP.VMACRO 361
SASHELP.VMEMBER 360, 362
SASHELP.VOPTION 360
SASHELP.VSTYLE 360
SASHELP.VTABLE 360, 362
SASHELP.VTITLE 361
SASHELP.VVIEW 360
SASMSTORE 138
SASTRACE 340
SAVING 406
SCAN 164, 169, 170, 395, 425, 430
SCANQ 425, 430
SDF 418
SECOND 399

SELECT VIII, 12, 13, 27, 28, 53, 77, 95, 97, 126–128, 130, 131, 169, 205, 208, 211, 255, 314, 315, 317, 330, 335, 336, 343, 361, 362, 366, 369, 387, 389, 390, 393, 431, 436, 437, 439
SEPARATED BY 199
SEQSCALE 394
SEQSHIFT 394
SEQTESTS 394
SERVER 434
SET 58, 92, 134, 280, 282, 356, 389, 390
SETCUR 306
SGEN 121
SHARED 432
SIGN 409
SIN 414
SINH 407
SKEWNESS 402
SLEEP 413
SMALLEST 402
SOME XV, 62, 63
SORTBLKMODE 327
SORTMSG 391
SORTPGM 326
SORTSEQ 391
SORTSIZE 326, 345, 358
SOUNDEX 425
SPEDIS 180, 425
SPOOL 331
SQL *passim*
SQLCONSTANTDATETIME 330, 393
SQLCONSTDATETIME 336
SQLEXITCODE 130, 392
SQLMAPPUTTO 330, 393
SQLOBS 126, 128–130, 160
SQLOOPS 126, 130, 160
SQLRC 126, 130
SQLREDUCEPUT 330, 335, 392, 393
SQLREDUCEPUTOBS 330, 393
SQLREDUCEPUTVALUES 330, 393
SQLREMERGE 330, 392, 393
SQLUNDOPOLICY 331, 393
SQLXMSG 126, 130, 433, 434
SQLXRC 126, 130, 433, 434
SQRT 409

STANDARD 55
START 184, 238–240, 255, 257–259, 356
STARTSAS 125
STD 55, 106, 402
STDERR 402
STDIZE 55
STDMED 394
STFIPS 406
STIMER 392
STNAME 406
STNAMEL 406
STRIP 425
SUBMIT 329
SUBPAD 425
SUBSTR 142, 163, 164, 172, 173, 344, 366, 425
SUBSTRING 12
SUBSTRN 425
SUM 16, 32, 34, 35, 55, 194, 195, 202, 203, 273, 275, 306, 319, 341, 355–358, 402
SUMABS 429
SUMDUP 306
SUMMARY XVI, 7, 187–190, 267, 270, 271, 273, 275, 318, 319
SUMSIZE 345, 358
SYMBOLGEN 121, 160, 244
SYMEXIST 165, 191, 408
SYMGET 164, 181, 191, 196–198, 408
SYMGLOBL 165, 191, 408
SYMLOCAL 165, 191, 408
SYMPUT 16, 131, 191, 195, 196
SYMPUTX 131, 191, 195, 196
SYSBUFFER 124
SYSCC 124
SYSCHARWIDTH 124
SYSCMD 124
SYSDATE 124, 172, 173
SYSDATE9 122, 124, 160, 236
SYSDAY 122, 125, 160
SYSDEVIC 124
SYSDMG 124
SYSDSN 124
SYSENCODING 125
SYSENV 125
SYSERR 125, 130

SYSERRORTEXT 125
SYSFILRC 124
SYSGET 165, 180, 413
SYSHOSTNAME 125
SYSINDEX 125
SYSINFO 125
SYSJOBID 125
SYSLAST 124
SYSLCKRC 124
SYSLIBRC 124
SYSLOGAPPLNAME 124
SYSMACRONAME 125
SYSMENV 125
SYSMSG 124, 180, 404, 411
SYSNCPU 125
SYSODSPATH 125
SYSPARM 124, 413
SYSPBUFF 123, 124, 147
SYSPROCESSID 125, 413
SYSPROCESSNAME 125, 413
SYSPROCNAME 125
SYSPROD 165, 413
SYSRC 124, 180, 404, 411
SYSSCP 125
SYSSCPL 125
SYSSITE 125
SYSSTARTID 125
SYSSTARTNAME 125
SYSTCPIPHOSTNAME 125
SYSTEM 413
SYSTIME 123, 126
SYSUSERID 122, 126, 237
SYSVER 126
SYSVLONG 126
SYSVLONG4 126
SYSWARNINGTEXT 126

T
TABLES 365
TAGSETS.CSV 236, 318, 374
TAGSETS.CSVNOQ 236, 374
TAN 414
TANH 407
TEMPLATE 373
TERADATA 431, 433, 440

THEN 13, 154, 167, 182–184, 189, 190, 197, 288, 317
THREADS 328, 392
TIME 297–301, 330, 336, 392, 393, 399
TIMEPART 399
TINV 410
TITLE 122, 173, 176, 184
TNONCT 409
TODAY 330, 336, 392, 393, 399
TRANSLATE 109, 113, 115, 164, 210, 425
TRANSTRN 429
TRANTAB 425
TRANWRD 109, 113, 114, 210, 211, 425
TRIGAMMA 409
TRIM 166, 196, 344, 425
TRIMN 426
TRUNC 415
TXT 374
TXUSRCPU 356–358
TYPE 85, 86, 91, 195, 196, 242, 244, 373, 374
TYPE=AUDIT 85, 86, 91

U

UNDO_POLICY 392
UNIFORM 427
UNION 14, 101, 341, 342, 384
UNIQUE 72, 200, 326, 388
UNIX 319, 320, 326, 339, 434
UPCASE 155, 158, 159, 164, 176, 181, 182, 367, 426
UPDATE XI, 8, 12, 13, 21, 52, 56, 57, 326, 339, 343, 349, 355–357, 376–381, 384, 387, 388, 390, 433
UPDATE_LOCK_TYPE 339, 343
UPLOAD 81
URLDECODE 407
URLENCODE 407
USER 74, 84, 89, 160, 434, 435, 439
USS 402
USTD 55
UUIDGEN 413

V

VALIDATE 10, 13, 16, 312, 388, 390

VALIDVARNAME 6, 120, 210, 237, 367, 420, 424, 432
VALUES 25, 26, 75–78, 84, 389
VAR 51, 84, 89, 99, 100, 140–143, 146, 156, 157, 166–169, 174, 175, 189, 190, 229, 231, 232, 241–244, 356, 357, 359, 363, 364, 402
VARFMT 180, 411
VARINFMT 181, 411
VARLABEL 181, 411
VARLEN 181, 411
VARNAME 181, 411
VARNUM 181, 412
VARRAY 415
VARRAYX 415
VARTRANSCODE 415
VARTYPE 181, 412
VERIFY 109, 112, 113, 116, 166, 426
VFORMAT 415
VFORMATD 416
VFORMATDX 416
VFORMATN 416
VFORMATNX 416
VFORMATW 416
VFORMATWX 416
VFORMATX 416
VINARRAY 416
VINARRAYX 416
VINFORMAT 416
VINFORMATD 416
VINFORMATDX 416
VINFORMATN 416
VINFORMATNX 416
VINFORMATW 416
VINFORMATWX 416
VINFORMATX 417
VLABEL 417
VLABELX 417
VLENGTH 417
VLENGTHX 417
VMEMBER 361
VNAME 417
VNAMEX 417
VTRANSCODE 417
VTRANSCODEX 417

VTYPE 417
VTYPEX 417
VVALUE 417
VVALUEX 417

W
WEEK 399
WEEKDAY 399
WHERE XV, 3, 12, 13, 20, 22, 26–28, 35–37, 49, 66, 72, 73, 75, 79, 96, 109, 110, 128, 132, 133, 144, 180, 184, 187, 188, 193–196, 198, 255, 256, 258, 277–279, 293, 314–319, 323–326, 329, 334–336, 339–341, 343–345, 362–366, 389, 390, 394, 439, 442
WHICHC 430
WHICHN 430
WINANSI 264

Y
YEAR 184, 186–188, 190, 276, 277, 284, 285, 399
YES 81, 82, 158, 159, 322, 343, 432
YIELDP 406
YRDIF 399
YYQ 399

Z
ZIPCITY 406
ZIPCITYDIST 246
ZIPCITYDISTANCE 251, 430
ZIPCODE 246, 260–262, 265, 443, 446
ZIPFIPS 407
ZIPNAME 407
ZIPNAMEL 407
ZIPSTATE 407

Sachverzeichnis

%DO %WHILE-Schleife 147
%IF %DO-Bedingung 149
%LET-Statement XVI, 5, 119, 122, 130, 143–145, 147, 149, 151, 176
%PUT-Statement 121, 160, 170
%-Zeichen 138, 170
(Sub)Query X, 10, 12, 13, 16
_AT*_-Variable 69, 82–84, 86, 87, 89
„Backup"-Funktion 82
„exotische" Variablen 237, 239
„gespeicherte Abfragen" VIII
1E-12 414
32Bit-Plattform 412, 413
64Bit-Plattformen 412, 413

A

Abfahrtsort 247
Abflugflughafen 251
Abfolge 12–15, 23, 27, 28, 46, 47, 97, 98, 115, 141, 147, 200, 201, 275, 277, 285, 287, 303, 311, 326, 333, 350, 369
Abfrage V, VIII, X, XV, XVII, 3, 6, 11–13, 19–22, 26–29, 36, 61, 64, 73, 87, 91, 121, 127, 128, 132, 133, 156, 200–203, 229, 255–258, 267, 268, 270, 278, 285, 287–291, 318, 332, 335, 359–364
Abfrage von Daten 3, 21
Abfrageergebnisse 30, 200
Abfragevarianten 31
Ablagepfad 219, 235, 227
Ablageverzeichnisse 235
Ablegen XVI, 6, 120, 199, 235, 243, 436
ABORT-Statement 207
Abruf X, XVI, 2, 6, 120, 160, 229, 359, 439
Abspeichern 92, 329, 336, 337

Abweichung 11, 15, 69, 70, 96, 102, 113, 253, 298
Ad hoc-Ansätze 311
Adressdaten 92
Adressenverweis 413
Aggregieren XVI, 7, 260, 261, 265, 267, 268, 270, 311, 314, 318, 345
aggregiert 202, 203
Aggregierung 16, 34
Aggregierungsfunktionen XV, 3, 13, 16, 20, 22, 30–32, 35, 39, 202, 318, 319, 330, 333, 336, 341, 393, 430
Airy-Funktion 408
aktualisieren V, 122, 204, 378, 380
Aktualisieren von Werten 12, 14, 387
Aktualisierung 8, 13, 14, 58, 67, 68, 71, 73–77, 88, 132, 325, 326, 349, 377–379, 382, 383, 385
Albers-Projektion 256
Alias 42, 58, 389, 390, 431–433, 435–441
alphabetisch 13, 71–73, 200, 396, 443
alphanumerisch 34, 53, 64, 65, 109, 116, 302, 419, 421, 422
American National Standards Institute V, 445
Ampersands 122, 163, 172
Analyse X, XII, 4, 6, 9, 15, 19, 21, 40, 49, 51, 52, 56, 67, 69, 98, 99, 101, 107, 108, 122, 123, 131, 132, 134, 154–156, 172, 173, 184–189, 214, 215, 223, 245, 246, 252, 284, 314, 318, 321, 323, 327, 328, 344, 355, 394, 449, 451
Analyseabläufe 160
Analysedatensatz 254
Analysequalität 4, 67
Ändern 81, 387, 388

Änderungen 67, 69, 81–84, 88, 235, 366, 427, 428, 436
Anfahrtweg 247
Anführungszeichen 25, 109, 123, 139, 166, 170, 172, 196, 205, 314, 318, 367, 373, 374, 421–425, 428, 437
Ankunftsort 247
Anlegen neuer Spalten 13
ANSI V, VI, IX, 1, 3, 10–12, 21, 24, 37, 41, 268, 333, 339–342, 430, 431, 440, 441, 445
ANSI SQL Funktion 12
ANSI Standard V, VI, IX, 1, 3, 11, 21, 24, 37, 41, 430, 431
Anteils- und Prozentwerte 16
Anweisung 53, 117–119, 126, 130, 132, 135, 139, 182, 184, 209, 219, 227, 241, 264, 268, 323, 338–341, 344, 352, 353, 374, 391, 435
Anwender *passim*
anwenderdefiniert V, X, 2, 3, 5, 19–21, 27–29, 41–44, 50, 53–55, 67, 69, 72, 74, 75, 78, 83, 84, 86, 87, 89, 90, 119, 121, 122, 131, 138, 377, 378, 380–383, 432
Anwendung VI, VII, X, XI, XVI, 4–8, 10, 11, 35, 48, 52, 68, 103, 117–121, 127, 128, 147, 152, 160, 204, 207, 212, 213, 229, 235, 237, 240, 247, 252, 254, 256, 267, 270, 281, 292, 309, 318, 325, 326, 328, 329, 335, 337, 338, 340, 345, 349, 358, 359, 365, 366, 368, 374
Anwendungsbeispiel 10, 210
Anwendungsbereich 10, 346
Anwendungsmöglichkeiten VI, 9, 17, 113
anwendungsorientiert 4, 117
Äpfel und Birnen 14
Apostroph 171, 172
APPEND-Operation 69, 81, 83
Äquator 252
Arbeit mit einer Tabelle 9, 10, 12
Arbeit mit zwei Tabellen 3, 9, 14, 15, 20, 35, 41, 44
Arbeitsspeicher 8, 307, 308, 311, 324, 328, 331, 344–346
Area Codes 246

Argument 9, 163, 164, 168–170, 172, 181, 182, 191, 192, 196, 272, 275, 277, 287, 371, 372, 387, 393, 394, 397, 400, 401, 407–409, 414–417, 421, 423, 424, 426, 428, 429, 430, 433, 435, 438, 440
Arithmetik 164, 166
arithmetisch 29, 32–34, 39, 40, 163–166, 316, 320, 401, 405
Arithmetisch-degressive Abschreibung 405
Arithmetisches Mittel 32–34, 39, 401
Arithmetische Ausdrücke 29, 316
Arkuskosinus 414
Arkussinus 414
Arkustangens 265, 414
Array 239, 244, 267, 269, 336, 338, 396, 397, 415, 416
AS/400 435
ASC 21, 37
ascending 21, 37, 277, 285
Assays 220, 227
asymmetric spelling distance 425
Attribute VIII, 24, 86, 155, 156, 178, 242, 244, 249, 304, 359, 360, 374, 402, 415
Audit Review 312
Audit Trail V, VII, IX–XI, XV, 2, 4, 67–69, 78, 81–84, 86, 88, 89, 91
Audit-Datei 67, 69, 83–86, 88, 90, 91, 215, 218, 222, 224, 225
Auditing 82
aus 1 mach 3 XVI, 6, 120, 215
aus 3 mach 1 XVI, 6, 120, 222
Ausdruck VIII, IX, 11, 12, 29, 30, 64, 65, 109, 111, 167–170, 190, 197, 293, 294, 301, 315, 330, 335, 389, 390, 392–394, 401, 412, 421, 422, 425, 426, 430
Ausfiltern 4, 35, 52, 61, 64, 67, 68, 92, 93, 95, 102, 104, 105, 113, 283
Ausführen X, XVI, 2, 5, 92, 119, 121, 122, 126, 146, 147, 154, 157, 160, 182, 184, 190, 192, 207, 335, 338, 387
Ausführung VII, 1, 12, 118, 120, 124–126, 130, 138, 145, 149, 160, 161, 165, 170, 182–188, 190–192, 196, 330, 335, 338, 339, 344, 351, 391–393, 404, 407, 408, 411–413, 430, 432

Sachverzeichnis

Ausgabegerät 179, 403
Ausgabeort 219, 227
Ausgabetabelle 43, 44, 126, 128, 214, 313, 333, 335
Ausgangsdaten 56
Ausgangstabelle 99
Ausgangszustand 26
Ausreißer V, X, XV, 2, 4, 67, 101–108, 269, 279
Ausreißerproblem 101
Ausschluss von Doppelten 19
Auswertung 157, 163, 164, 190, 354
Auswertungsfunktion VI, 11, 12, 195, 318
Autocall 138, 156, 160, 166, 168, 338
Autocall Facility 138, 160, 338
Autocall Makros 166, 168
Automatisierbarkeit 5, 117, 338
automatisieren XI, 5, 117
Automatisierung V, VII, X, 4, 117, 159, 336, 338
AVG 20, 22, 30, 32, 33, 341, 430
AVG-Funktion 32

B

Balkendiagramm 94
Band I V–VII, X, XI, XIV, 1, 2, 8, 31, 41, 44, 56, 57, 59, 71, 101, 103, 154, 195, 204, 257, 271, 276, 292, 312, 316–318, 332, 333, 349, 368, 377, 387, 388, 430, 443, 446
Band II VI, VII, X, XI, XIV, 1, 2
Banking 71, 73–80, 84, 85, 87–91
Barwert 406
Basis 10 409
Basis e 49, 409
Basisfunktionalität 147
Batch 83, 220, 227
Batchjob 120, 125
Batch-Updates 83
Bedingtes Aktualisieren von Werten 13
Bedingung VIII, 4, 11–13, 20, 25, 28, 35–37, 49, 62, 68–70, 72, 73, 75–77, 79, 96, 102, 104–106, 109, 118, 132, 133, 138, 149, 154–159, 183, 188, 192, 193, 195–197, 278, 287–291, 298, 301, 315, 316, 324, 332, 343, 363, 439

bedingungsgeleitet 119, 122, 177, 182
Befehl V, VII, X, XVI, 1, 2, 5, 72, 119, 120, 124, 137, 138, 146, 147, 154, 183, 189, 190, 236–338, 361, 432, 433
Befehlszeile 124
Beispiel *passim*
Benchmarktesten 270, 297, 310, 346
Benutzermeldung 74, 75
Beobachtung VII, VIII, IX, 82, 157, 178–180, 280, 282, 324, 368, 381, 403, 404, 410, 411
Berechnen V, 11, 21, 30, 56, 257, 275, 311, 422
Berechnung V, 6, 8, 13, 14, 16, 20, 22, 30, 31, 35, 39, 69, 92, 125, 245, 246, 248, 249, 251, 252, 275, 319, 321, 372, 387, 393, 394, 409, 428
Berichte V, 143, 323, 327
Bermuda 39–41
Beschreibung IX, 10, 11, 16, 70, 124, 130, 164, 182, 191, 233, 235, 253, 318, 359, 397, 449
Bessel-Funktion 409
Beta-Funktion 408, 409
Betriebssystem 86, 118, 125, 183, 237, 320, 324, 326
Betriebsumgebung 83, 124, 180, 344, 394, 402, 412, 413
BETWEEN-Bedingung 12, 107, 109
Bewertungsfunktionen 163
BI-Bereich 308
Bibliotheksname 231, 361, 363–365
Binomial-Verteilung 418, 426
bitweise 397
Bitweise logische Operationen 396, 397
bivariat 56, 418
Black Modell 397
Black-Scholes Modell 397
Blank 23, 25, 28, 30, 34, 37, 52, 53, 64, 65, 113, 136, 145, 168, 189, 190, 195, 200, 203, 207, 210, 237, 322, 367, 404, 411, 420, 423–425
Blockkommentar 139
Block-Maß 248, 249
Börsenindizes 396, 397
boss-worker 328

Breitengrade XVI, 251, 256
Buchstaben 23, 27, 163, 164, 176, 181, 237, 367, 400, 419, 423, 426
Buchstabierdistanz 425
Business Intelligence XI, XIII, 82, 245
By itself 166
BY-Ausprägung 323, 327, 370
BY-Processing 308, 315, 323–325, 327
Byte-Position 400, 401
Byte-Zahl 345

C

Capture Buffer 419
Case Control Studies 13
CASE/END-Ausdruck 13
CASE-Ausdruck 54, 154
Case-Control-Gruppenzuweisung 220, 227
Cashflow-Strom 405, 406
Cauchy-Verteilung 426
Character 34, 37, 54, 215, 222, 264, 413
Chi²-Verteilung 408, 410, 418
City-Block 248–250
City-Block-Metrik 248
Clusteranalyse XII, 51, 251, 369, 447
Clustern 368
Clusterungen 92
Clusterzentren 101
Clusterzentrenanalyse 101
COALESCE-Funktion 42–44, 47, 48, 54, 55, 59, 61
Code 7, 61, 82, 87, 120, 122, 126, 127, 129, 137–139, 161, 189, 197, 246, 260, 261, 264, 265, 307, 396, 406, 430, 433, 434, 438, 446
column pointer 179, 404
Command Style 139, 162
COMMIT-Statement 440–442
Composite-Index 325
COMPRESS-Funktion 312, 319, 321–323, 329
Concatenating 14, 291
CONNECT-Statement 431–440
CONSTRAINT-Statement 72, 74
Controlling 347

CPU 8, 206, 275, 279, 296, 307, 308, 311, 313, 319–324, 327–329, 334, 337, 344–347, 349–353, 356–358
CPU-Zeit 206, 275, 279, 296, 319–322, 345, 347, 349–353, 356, 358
Cross Join 12
CSV 8, 318, 349, 366, 372–374

D

data relation 14
Data Set Data Vector 178, 410
DATA Step VI, XI, XVI, XVII, 3, 5, 6, 8, 11, 20, 26, 52, 83, 91, 113, 119, 125, 131, 134, 135, 142, 143, 155, 157, 163, 180, 183, 189–191, 195, 196, 198, 216, 229–232, 241, 244, 249, 250, 256–258, 265, 267–269, 275, 277, 279, 280, 282, 285, 301, 302, 306, 307, 310, 313, 314, 317, 318, 321, 324, 329, 332–334, 336–339, 345, 349, 350, 359, 366, 369, 370, 372, 376–383, 385, 394, 445, 447
Data Step Debugger 160
Data Step-Informationen 407
data structure 14
database management system 430
Dataset 50, 51, 196, 209, 219, 220, 226, 227, 321, 404, 411
Dateidatenpuffer 178, 179, 403, 404
Dateiinhalt 213
Dateiname 85, 86, 241, 243
Datei-Zeiger 179, 404
Daten *passim*
Datenableitung 102
Datenanalyse XIII, 3, 4, 19, 21, 67, 101, 447, 451
Datenbank V, 12, 368, 438, 440
Datenbankmanagementsystem 136, 312, 321, 339
datenbankspezifisch 126
Datenbanksystem 10
Datenbankverwaltungssystem 430
Datenbeziehungen 15
Datendatei VII, VIII, 10, 84, 87, 90
Datendichte 310, 346
Dateneingeber 83

Datenerfassung 92
Datenhaltung 19, 92
Datenintegrität V
datenliefernd 42, 45, 48, 49
Datenlieferung 96
Datenmanagement XIII, 3, 21, 213, 214, 291, 447
Datenmengen V–VII, XI, 1, 7, 50, 68, 77, 94, 214, 220, 267, 268, 275, 307, 309, 316, 318, 323–325, 327–329, 334, 339, 341, 343, 347, 373
Datenoperationen 82
Datenqualität VI, IX, X, XV, 1, 2, 4, 19, 67, 68, 70, 77, 91, 108, 334, 447, 451
Datenqualitätsprobleme 69
Datenquelle 435–438
Datensatz VIII, 9, 12, 19, 26, 36, 39, 44, 46, 47, 49, 51, 55, 56, 92, 94, 95, 100, 101, 118, 124, 154, 156–158, 168, 169, 176–178, 180, 192, 196, 206–212, 219, 221, 226, 228, 256, 282, 305, 313, 324–326, 338, 360, 365, 371, 376, 403, 404, 410–412, 415
Datensatzbezeichnung 210, 210
Datensatzdatenvektor 178, 410
Datensatz-Identifikationsnummer 178, 410
Datensatzvariablen 180, 181
Datenspalte VII, VIII, 10, 86, 87, 90, 199, 203, 275, 279, 286, 288, 289
Datentabelle 82–84, 86, 309, 314, 316, 325, 346, 443
Datentransformation 220, 227
Datenzeile VII–IX, 10, 11, 25, 26, 30, 32–34, 39, 45, 46, 48, 49, 78, 82, 87, 89–96, 99, 101, 121, 199, 207, 210, 212, 275, 282, 318, 333, 335, 368, 369, 373
Datenzelle VIII
Datenzugriff 4, 67, 69, 342
Datum 5, 73–75, 79, 82, 87, 88, 119, 120, 122, 124, 176, 358, 396, 398, 399, 427
Datum/Uhrzeit 396, 398, 399
Datum/Uhrzeit-Formatmodifikatoren 399
Datumsangabe 76, 80, 108
Datumsvariable 13, 23, 71, 74, 204, 321
Datumswert 106, 321, 336, 398, 399, 428

DB2 339, 431, 433, 434
DBCS 396, 400
DBMS VI, VII, XVII, 1, 8, 22, 54, 126, 130, 308, 312, 316, 327, 333–336, 339–344, 361, 387, 390, 430–440
DDL-Statement 440, 441
DDV 178, 410, 411
Debug-Ausgabe 418
Deepwater Horizon 252
Default 21, 37, 138, 139, 235, 367, 432, 438, 439, 440
Definition V, IX, X, XV, 2, 3, 8, 13, 20–24, 41, 69, 71, 74, 121, 122, 138, 139, 141, 161, 162, 164, 182, 183, 235–238, 273, 275, 277, 279, 280, 282, 285–288, 303, 314, 349, 354, 362, 366, 367, 372–375, 387, 440
Degressive Abschreibung 405
dekomprimieren 321, 322
DELETE-Statement 314, 317, 344
Demodaten 215, 223, 292
Design XII, 16
Designed Experiments 101
designen V
Deskriptive Statistik 9, 10, 15, 396, 401
Devianz 408
Dezimalanteil 414
Dezimalstellen 135
Dezimalsystem 252–254
DFSORT 327
Diagnose 101, 219, 220, 226, 227
Diagramm 103, 104, 213, 259
Dialogbox 435, 436
Dichte 322
Dictionary Tables 431
Dictionary.Options 6, 120, 229, 232
Digamma-Funktion 408
directory 178, 402
direkt VIII, 14, 31, 99, 119, 134, 135, 139, 149, 162, 166, 210, 249, 250, 271, 318, 324, 325, 333, 339–344, 412, 430, 431, 433, 434
DISCONNECT-Statement 431, 432
diskret skaliert 208, 210, 211, 220
Disks 307

Distanz V, IX, X, XVI, 2, 6, 245, 247–253, 255–258, 422, 428, 430
Division 31, 134, 371, 409, 428
Divisor 3, 20, 22, 30, 32, 428
Dokumentation XII, XIV, 82, 107, 304, 313, 320, 327, 335, 337, 342, 430, 431, 434, 436, 438
Doppelpunkt 122, 131, 159, 196
doppelt XVII, 4, 7, 14, 15, 30, 61, 67, 77, 92–97, 99, 101, 221, 267, 270, 279, 281, 283, 284, 289, 292, 303, 326, 335, 342, 367, 377, 379, 380, 424
Doppelte V, XV, 4, 14, 19, 31, 67, 70, 74–76, 79, 89, 91–93, 96–99, 101, 102, 108, 215, 223–225, 228
DOS Fenster 237
Drehen XVI, 6, 120, 213, 260, 262, 265, 317
Dreiwertige Logik 11
Dubletten 72
Dummy-Variable 320
Duplikate X, 2, 76, 92, 97
Durchschnittsgeschwindigkeit 247
dysfunktional 69

E
Echtzeit XIII, 206, 275, 279, 296, 297, 328, 349–353
Effektreichweite 252
Effizienz VI, VII, IX–XI, XVII, 1, 2, 7, 11, 48, 82, 117, 118, 159, 160, 284, 307–311, 313, 332, 334, 338, 346, 392
Effizienzsteigerung 117, 338
Einfügen 25, 26, 76–78, 268
Eingabestationen 92
Eingeber 92
Eingrenzen X, XVII, 2, 313, 346
Einheitlichkeit 4, 19, 41, 68, 91, 102, 108, 235
einmalig 93, 98, 99, 213, 327, 337, 345, 401, 426
Einrückungen 312, 313
Einspielergebnis 16
Einsteiger VI, XIII, 1, 8, 120, 447
Einstellung 8, 69, 70, 139, 233–235, 260, 261, 264, 340, 343, 349, 352, 359, 360, 392

Eintrag V, 3, 8, 15, 19, 30, 39, 40, 51–53, 61, 71, 75, 76, 80, 84, 85, 93, 94, 97, 99, 106, 107, 109–111, 114, 115, 120, 121, 141, 142, 154, 155, 175, 186, 187, 189, 197, 199, 201, 204, 216, 217, 240, 241, 244, 269, 277, 278, 280, 282, 285, 287–291, 298, 299, 301–303, 305, 325, 326, 335, 342, 349, 359, 360, 366, 370, 374, 376, 381, 381–383, 385, 437
Einzelfallanalysen 246
einzigartig 93, 99
Elemente VIII, XVI, XVII, 5, 7, 10, 86, 88, 118, 119, 142, 145, 147, 159, 163, 164, 168, 182, 267, 304, 397
empirisch 4, 68, 69, 102, 248, 250
Empirische Normalität 102
Empirische Realität 69, 102, 248, 250
Energieeffizienz 307
Enterprise Guide XI, XII, 312
Entfernungen 6, 245, 246, 255–257
Entscheider 310, 346, 347
Equi-Join 14, 293
Ergebnis *passim*
Ergebnistabelle 41, 293, 294
Erläuterungen 219, 226, 270, 272, 275–277, 302, 313
ERM VIII
Ermitteln von Durchschnittswerten 13
Error Return Code 126
Ersetzen V, XV, 3, 4, 20, 21, 49, 51, 52, 54–59, 61, 68, 69, 83, 84, 108, 109, 114, 115, 122, 330, 336, 392, 393
euklidisch 55, 248–251, 428
Euklidische Distanz 248–251
Euro-Format 58
Evaluieren 64, 65
Event Return Code 82
Event-Variable 215, 219, 220, 223, 227
EXCEL 152–154
EXCEL-Datei 152, 153
EXECUTE-Statement 431, 433, 434, 439, 441
Exit-Status 180
EXP-Funktion 395
Exponent 248, 249

Exponential-Funktion 409
Exponential-Verteilung 426, 427
Export 8, 16, 237, 318, 349, 366, 372–374
Externe Dateien 396, 402
Externe Routinen 396, 404
extrahiert 15, 83

F

Fahrtstrecke 247
Fahrtziel 247
Fakultät 409
Fall XII, 4, 6, 13, 14, 19, 20, 31, 32, 49, 50, 63, 67, 69, 75, 77, 81, 83, 84, 88, 89, 91–93, 96, 101, 102, 106, 109, 110, 112, 113, 135, 143, 144, 157, 204, 207, 213, 214, 220, 227, 230, 245, 246, 252, 280, 291, 315, 325, 326, 338, 342, 362, 363, 365, 394, 435, 438, 440
Fall-Kontroll-Analyse 13
Fallnummer 82
falsch 26, 29, 32, 52, 62, 63, 68, 77, 102, 140, 166, 167, 231, 232, 422
Falsche Negative 70
Falsche Positive 70
Farben 313
FDB 178, 179, 403, 404
Feedback 388, 449
Fehlende Werte VI, IX, 1, 19, 20, 22, 30, 36, 37, 51, 59, 63, 65, 228, 401, 428
Fehlerfreiheit 118
Fehler-Funktion 409
Fehlerkorrektur 83
Fehlermeldung 69, 70, 72, 74, 125, 133, 156, 207, 209, 268, 381, 404, 411, 433, 434, 436
Fehlerquelle 14, 70
Fehlinterpretationen 22
Feld VIII, 193, 270, 272, 275, 278, 280, 288, 298, 371
FGET-Funktion 179, 404
File Data Buffer 178, 179, 403, 404
file pointer 179, 404
Fileref 179, 403
Filtern V, XV, XVII, 4, 7, 21, 61, 67, 68, 91, 101, 105, 108, 116, 215–217, 223–225, 267, 270, 277, 346, 368, 384

Filterung 4, 14, 68, 134, 321
Finance 71, 73–80, 84, 85, 87–91
Finanzfunktionen 396, 405
FIPS-Kodes 246, 406, 407
Fließkommaarithmetik 165, 166
Fließkomma-Resultate 409
Flippen 317
Flugdauer 252
Flugstrecke 251
Fokus X, XIII, XV–XVII, 2, 4, 9, 10, 15, 16, 19, 21, 67, 117, 245, 267, 307, 330
Folgeschäden 92
Foreign Key IX, 11, 368
Format XIII, 6, 8, 15–17, 34, 62, 120, 135, 152, 153, 176, 180, 237, 240, 241, 243, 264, 265, 286, 299, 313, 331, 349, 357, 366, 372–374, 411, 413, 415, 416
Formatieren 127, 311
Formatierungsanweisung 214
Formatmodifikatoren 399
Format-Punkt 153
Formatzuweisung 136
Formularvorschub 420, 424
Fortgeschrittene VI, VII, X, 1, 9
four way join 15
Fragebogen 92
Fragezeichen 170
Frame 102, 107
frame units 93
Freitext 83, 87
Fremddaten 240
Fremdschlüssel IX, 11, 81, 368
FROM-Klausel 13, 15, 293, 315, 431
full 15, 45, 46, 47, 48, 60
FULLSTIMER Option 350
Funktion *passim*
Funktionalität VI, VII, XI, 6, 98, 122, 126, 131, 137, 142, 143, 145, 154, 189, 195, 214, 231, 267, 268, 274, 278, 283, 284, 289, 290, 292, 305, 314, 315, 317, 333, 337, 361, 372, 383, 392, 430, 433, 435
Funktionsaufrufe VI, VII, IX, XI, XVII, 1, 8, 387, 393, 394
Funktionsumfang 70, 81, 394

Funktionsweise 11, 12, 16, 22, 88, 166, 170, 192, 239, 312, 380–382, 392
Future Value 406
fuzziness 298
fuzzing 371, 372, 414, 415
Fuzzy-Join XVII, 7, 267, 292, 297–299, 301
F-Verteilung 409, 410, 418

G

Gamma-Funktion 409
Gamma-Verteilung 410, 418, 426, 427
Ganzzahl 320, 414, 415, 432
ganzzahlig 164, 166, 184, 213, 220, 227, 282, 320
Garman-Kohlhagen Modell 397, 398
GARS 252
gejoined 13, 59, 61
Geldwerte Daten 107, 134, 321
generation data set 83
genestet 12, 162
Geodaten V, VII, IX, X, XVI, 2, 6, 245, 246, 265
geodätisch 251, 253, 428, 430
GEOREF 252
Geo-SQL 246
Geschwindigkeit 5, 117, 252, 307, 332, 333, 338
gestacked 213
gestapelt 213
GIF Format 260, 265
GIS Systeme 245
Gleichheitszeichen 141, 314
Gleitkommazahlen 134, 321
Global Area Reference System 252
Globale Makrovariablen 142, 161, 182
gnomonisch 265
Grafiken 180, 412
graphics 180, 412
Graphik Device Treibers 120, 124
Green IT 82, 307
Grenzwerte 68, 70, 102, 104, 105, 107, 270, 297
Groß- und Kleinschreibung 107, 110, 112–115, 120, 219, 226, 232, 233, 363–365, 367, 406, 407, 424, 433, 434, 440–442

Großbuchstaben 164, 176, 181, 182, 400, 420, 426
großgeschrieben 108, 155, 406, 407
Großstadt 251
GROUP BY-Klausel 430
group-within identifier 220, 224, 227
Grundmethoden 14
Grundoperationen 9, 11, 13
Gruppe 40, 92, 96, 183, 202, 233, 234, 323, 327, 381, 429, 451
Gruppieren IX, 3, 13, 20, 34, 35, 39, 40, 276
gruppiert 13, 56, 95, 97, 189, 202, 203, 220, 227, 273
Gruppierte aggregierte Werte 13
Gruppierungsvariable 56, 202
Gültige bzw. vorhandene Werte IX
Gummientchen 252

H

Haftungsfragen 337
Handy 247
Hardware 136, 307, 310, 311, 313, 321, 323, 328, 347, 353
Hardware-seitig unterstütztes Sortieren 323, 328
Harmonisches Mittel 401
Hash Iterator 6, 267, 282, 287
Hash Object 6, 267, 268, 271, 272, 274, 275, 277–282, 284–286, 288, 292, 296, 303–306, 324, 445
Hash Programming VI, VII, IX, X, XIV, XVII, 6, 267–271, 274–278, 280, 281, 283–285, 287–292, 297, 301, 303, 304, 308, 323, 324, 329, 334, 345
Hash-Join 269
Häufigkeit 20, 49, 50, 94, 95, 113, 259, 371
Haversine-Formel 255
HAVING-Klausel 330, 336, 393
Header 312, 373, 374
Hersteller 10, 70
Hexadezimalstring 135
Hexadezimalwert 179, 404
High Performance Computing XIII, 328
Hilfe VI, VII, IX–XI, XVII, 1, 2, 8–10, 16, 146, 231, 239, 241, 250, 335, 349, 359, 374

Sachverzeichnis

Hilfsdatei 216, 224, 226, 244, 314, 333
Hints 439, 440
Hinweise *passim*
Hinzufügen 16, 25, 387
hochdimensional 101
Hochkommata 147
Hostnamen 125
Hostumgebung 125, 329
Hot Deck 21, 51, 107
Hotfixes 311
HTML 16, 372, 407
HTML4 372
HTML-Zeichen 407
hyperbolisch 396, 407, 408, 427
Hypotenuse 248

I

I/O 8, 269, 307, 308, 311, 313, 317, 324, 328, 331, 332, 336, 344–346, 393, 396, 410
IBM XII, 10, 327, 435, 436
ID IX, 3, 4, 15, 16, 20, 23, 24, 26–28, 34, 35, 41–50, 54–56, 61, 67, 71–80, 84, 86–100, 125, 157, 158, 180, 204–207, 213–221, 223–228, 241–244, 249, 251, 269, 270, 283, 284, 292–297, 325, 334, 349, 357, 368–372, 377–385, 411, 413, 434, 438, 439
Identifikation IX, 11, 48, 49, 68, 80, 101–104, 404
Identifikationsvariable 220
identifizierbar IX, 368
ID-Variable 3, 16, 20, 23, 41, 46, 48, 49, 61, 92, 95, 98
ID-Wert 45, 47, 48, 95, 213, 220, 284
IF-Schritt 56
IF-Statement 316
Image 82, 87, 429
Imageschaden 92
IML-Umgebung 404, 405
Import 16
Imputation 21, 49, 51, 56
increment 184–186, 188
Index V, 48, 267, 315, 324–327, 334, 335, 344, 359, 360, 387, 430, 440
Indexing 308, 323, 324, 335, 345
Index-Variable 48

Industriestandard 323, 324
inferenzstatistisch 21
Informat 181, 411, 412, 416, 417
Informatbreite 416
Informatik 69
Information V, IX, XI, XIV, 3, 6, 8, 12, 19, 21, 49, 56, 59, 73, 82, 83, 85, 87, 95, 107, 118, 122, 127, 130, 158–160, 163, 178, 190, 191, 215, 223, 229, 232–235, 245, 246, 254, 259, 265, 268, 278, 307, 318, 327, 331, 341, 349, 350, 353, 358–366, 375, 387, 396, 402, 415, 433, 434, 439, 451
Informations-Item 179, 403
Informats 416
Informix 339, 434
Inhalt VII, XV, 6, 11, 40, 59, 78–80, 85, 86, 88, 120, 121, 132, 175, 201, 209, 210, 213, 214, 222, 229, 230, 247, 275, 277, 280, 285, 287, 288, 304, 312, 313, 317, 322, 355–359, 361, 365, 366, 401, 425, 433
Inhomogenität 56
Initialisierung 51, 208, 212
Initialisierungsbefehl 432
In-Line View 369, 371
Inner Join 12, 14, 41, 42, 45, 48, 292–294, 333, 334, 341
Innere Schleife 120, 126, 130
Innerhalbgruppen-Doppelte 92
Input/Output 8, 308, 311, 313, 344, 346
Inputzeilen 199, 391
INSERT-Statement 78, 89, 204, 205
Integration XI, 4, 67, 70
Integritätsbeschränkungen 68, 72, 75, 79
Integrity Constraints V, VI, IX, X, XV, 1–4, 20, 24, 25, 67–73, 78–81, 83, 84, 88, 91, 215, 221, 222, 228, 312
Interaktives Menü 11
Interleaving 14, 291
intern 16, 277, 323, 324, 362, 367, 369, 372, 390
Interpunktion 61, 154, 211, 373
Interquartilsabstand 15, 401
INTO-Klausel 53, 340
Investition XII, XIII, 7, 307, 308, 312, 313, 328

IQR 55, 401
IRR 406, 428
IS-Bedingung 26–28
ISO V, 395, 398, 427, 445
ISO 8601 395, 398, 427
IT Tuning 308
Iteration 120, 126, 127, 129, 130, 138
iterativ 26, 147, 149, 151

J

Join X, XV, XVII, 3, 7, 9, 12–17, 21, 35, 41–44, 46, 52, 59, 61, 267, 269, 291–294, 297, 298, 300, 324, 332–335, 339–343, 390, 430
Join-Algorithmus 17
Joinen IX, 3, 11, 14, 15, 20, 21, 35, 41, 292, 297, 298, 333–335, 368
Join-Methode 16, 44, 390
Join-Operator 15, 292, 341, 342
Julianisches Datum 398, 399

K

Kapitalwert 406, 428
Karten V, X, XVI, 2, 6, 245, 246, 259
Kartendaten 6, 245, 259, 260, 263–265
Karteninformationen 259, 265
Kartensymbole 265
kartesisch 11, 265
Kartesische Koordinaten 265
Kartesisches Produkt 11, 14
kategorial skaliert 13
Kategorial skalierte Variablen/Spalten 13
Kategorialdaten 39, 40
Kein Sortieren 323, 324
Kenngröße 307
Kennwert 6, 122, 245, 259, 405, 406
Kennzeichnung 209
Key IX, XVII, 3, 7, 8, 11, 14, 20, 41, 72, 73, 75, 93, 94, 108, 213, 216, 219, 220, 226, 227, 260, 261, 265, 267, 268, 270, 283–285, 298, 305, 325, 326, 368
Kilometer 246, 256
Kilometergeld 247
Kinofilme 10, 16
Klammer VIII, 52, 75, 84, 109, 139, 145, 146, 165, 166, 170, 172, 205, 216, 217, 223, 224, 273, 275, 277, 279, 280, 282, 285–288, 303, 372, 432–434, 436, 437, 439–441
Klammerausdruck 24, 52, 219, 227, 287, 327, 440
Klammernübereinstimmung 116, 419
Klausel 12, 13, 37, 127, 128, 293, 316, 317, 341, 343, 389, 390
Kleinbuchstaben 400, 420, 423
kleingeschrieben 108
Knoten 439
Kode 19, 28, 53, 61, 69, 126, 130, 251, 312, 321, 339, 340, 406, 407
Kodierung 21, 28, 92, 213, 220, 227, 378, 380
Kodierungslisten 19
Kombinationsmöglichkeiten 15
Kombinierbarkeit 118
Komma 61, 115, 199, 277, 314, 318, 373, 374
Kommandozeile 139
Komma 141, 147, 151, 205
Kommentare 312, 381–383, 385
Kommentierungen 139, 162
Komparatoren 16
Kompilation 139
Kompilieren 336–338
Kompilierungszeit 417
Komprimieren VI, X, XVII, 2, 311, 319, 321, 322, 346
Komprimierung 118
konditional 13
konditionale Operatoren 13
Konfigurationen 312
konkateniert 400, 421, 428
Konsequenzen 14, 15, 24, 35, 268
Kontraintuitives Ergebnis 64
Kontrolle 82, 108, 152, 339, 340, 394, 396, 415, 431
Konvertieren V, X, XV, XVI, 2, 3, 6, 16, 20, 49, 51–54, 120, 152, 164, 240, 317, 321
konvertiert 34, 53, 61, 212, 240, 241, 244, 253, 254, 331, 366
Konvertierung 53, 240, 241, 243, 252–254, 321
Konvexität 405
Konzepte VII, IX, 10, 11, 14, 309, 368

Koordinaten XVI, 6, 245–254, 256, 260, 262, 265
Koordinatendaten XI, XVI, 6, 245, 246, 250, 256
Koordinatenraum 256
Koordinatensysteme 252
Kopie 13, 105, 153, 241, 242, 244
Korrektheit 4, 67, 70, 237–239, 388
Korrektur 68, 80, 188
korreliert 13
Korrelierte Subqueries 13
Kosinus 407, 414, 427
Kovarianzen 56
Kriterien X, 4, 15, 19, 68–71, 77, 88, 91, 102, 108, 280, 311, 342, 346, 347, 349
kriteriengeleitet 78
Krümmung V, 246, 247
k-ten 401, 402
Kumulative Verteilungsfunktion 417
kumuliert 405
Kumulierte (aufgelaufene) arithmetisch-degressive Abschreibung 405
Kumulierte Abschreibung 405
Kumulierte lineare Abschreibung 405
Kurtosis 401

L

Label 4, 24, 68, 108, 177, 181, 313, 411, 415, 417
Labordaten 321
Lage- und Streuungsmaße 15, 31, 195, 318
Lage- und Streuungsparameter 15
Lagemaße 15
Lambertsche 265
Länge 24, 30, 52, 53, 55, 64, 65, 86, 116, 121, 164, 172, 173, 181, 214, 236, 237, 242, 244, 254, 255, 288, 295, 319–321, 325, 367, 400, 411, 415, 419, 421, 423, 425, 428, 432
Längen- und Breitengrade 6, 245, 246, 251, 252
Längengrade 265
Längenreduktion 321
Längsschnittdaten 92
Laptop 247

Laufwerk 222, 228, 236, 328
Laufzeit VI, VII, XI, XVII, 8, 176, 349–354, 412, 413
Leading und trailing Blanks 168, 195, 196
leer 19, 24, 60, 72, 99, 204, 216, 224
Leerstelle 23, 237, 367
Leerzeichen 145, 201, 322, 400, 407, 420–426, 440
Leerzellen 154
left 15, 43, 45, 196, 208, 211, 242, 243, 261, 294, 302
Left Join 45, 294
Legende 260, 263, 265, 357
Leistungsvielfalt 307
LENGTH-Statement 121, 319–321, 345
Lesevorgang 311, 323, 327
Lesezeiger 179, 403
lexikographisch 427–429
Lexikographische Reihenfolge 427–429
LIBNAME-Statement 124, 308, 333, 339, 341–343, 430
Libraries 5, 119, 120
Libref 82, 180, 411
Lieferrouten 245
LIKE-Prädikat 3, 21, 62, 65, 316
Lineares Modell 101
Lineare Regression 101
Linksverschiebung 397
Liste XII, 4, 28, 59, 64, 67, 72, 75, 79, 80, 86, 92, 93, 97, 109, 126, 131, 134, 147, 149, 151, 169, 170, 203, 204, 226, 227, 229, 230, 237–242, 244, 305, 346, 374, 389, 408, 421, 422, 438, 443
Listenelement 111, 174, 175, 305
listenweise X, 2, 5, 65, 119, 146, 147, 366
Log 53, 67, 68, 70, 74, 75, 99, 119, 127–129, 131–133, 156, 174, 200, 201, 203, 208, 210, 212, 286–289, 367, 429, 433
LOGAPPLNAME Option 124
Logarithmus 409, 417, 418, 429
Logik 12, 69, 118, 138, 168, 197, 268, 269, 311, 313
Login-UserID 82, 87
Logische Ausdrücke 29, 163–166
Logische Bedingungen 62

Logistik-Unternehmen 245
Lokale Makrovariablen 142, 161, 183
Lokationsmaß 55, 101
Loopen 213–215, 222, 235, 317
Löschen 3, 21, 49, 78, 81, 84, 108, 154, 191, 224, 311, 313, 314, 317, 387
Lösung XIII, 10, 16, 383
Lösungsvariante 135
Lotus 1-2-3 15
L_p Norm 429

M
macroinstruction 138
Maintenance 126
Makro X, XVI, 2, 4–6, 8, 20, 49–51, 89–91, 93, 99, 117–244, 246, 248–250, 253–255, 257, 302, 311, 336, 338, 349, 350, 353–355, 359, 361, 363–365, 368, 396, 407
Makro Programmierung X, 2
Makroaufruf 139, 144–149, 151–153, 161, 205, 206, 219, 226, 227, 237–239
Makrofähigkeit 11
Makrofenster 124, 182, 183
Makroname 138, 139, 162
Makroparameter 139, 141
Makroparameterwert 124
Makroprogramm V, XI, XVI, 4, 5, 53, 117–122, 134, 137–139, 142, 160, 338
Makroprogrammierung VI, X, XV, 1, 4, 99, 109, 117, 121, 131, 145, 338, 394
Makroprozessor 138, 139, 162, 164, 170, 182, 203
Makrosprache V, 142, 164, 168, 235
Makrovariable V, VII, IX–XI, XV, XVI, 2, 4–6, 20, 52, 53, 93, 97–99, 109, 118–123, 126–139, 141–145, 147, 151–153, 159–161, 163, 169–173, 176, 180, 182–184, 188–191, 195–203, 205, 206, 208, 209, 211, 235, 237, 239, 241, 243, 244, 284, 301, 302, 308, 329, 336, 338, 366, 392, 407, 408, 433, 434
Makro-Zeilenkommentar 139
Manhattan-Distanz 248
Manipulation V, 9, 387, 393
Manpower 7, 307–310, 318

Many-to-Many VI, 1, 14, 15, 291
Many-to-Many Mergen 15
Many-to-One VI, 1, 14, 15, 291
Many-to-One Mergen 15
Margrabe Modell 398
Maskierung 163, 165
Massendaten 246
Massendatenanalysen 246
Maßnahmen VI, X, XI, 2, 3, 7, 8, 21, 307–309, 311, 313, 314, 319, 344–347, 350
MASTER 376–385
Mastertabellen 376
Matchen 13
Matching 109, 116, 396, 418
mathematisch 32, 396, 408
Matrizen-Rechnung 394
mausgesteuert 11
Maximaler absoluter Wert 55
Maximalwert 208, 212, 220
Mean Substitution 55, 107
Median 15, 102, 195, 196
Mediane absolute Abweichung vom Median 55, 401
Medianwert 401
Medienkonsum 247
Medienkonsumstrecke 247
Medikamente 108
mehrmalig 93, 99
Meilen 246, 249, 255, 256, 258, 259
Member 178, 180, 310, 361-363, 376, 402, 403, 429
memory 345, 349, 358
Mergen 14, 15, 259–261, 264, 265, 297, 298
Merging 14, 291
Merkhilfe 215, 222
Messungen 102, 214, 220, 227, 250, 350, 354, 356–358
Messwerte 104, 209, 212, 219, 220, 227
Messwertreihen 103, 215–217, 221, 223, 224, 227, 228
Messwiederholung 92, 93, 96, 220, 227, 318
Messzentrum 252
Meta-Informationen 158, 360, 361
metrisch 6, 55, 56, 105, 245, 246
MGRS 252

Sachverzeichnis

Microsoft Access 437
Microsoft Excel 15, 16
Migrationsstrecke 252
Military Grid Reference System 252
Minimales Lesen 323, 327
Minimales Sortieren 323, 324
Minkowski-Maß 248
Minkowski-Metrik 248, 249
Minuszeichen 149, 211
Missings V–VII, IX, X, XV, 1–4, 8, 11, 12, 14, 15, 19–67, 69–75, 79, 88, 89, 91, 102, 105, 106, 108, 110, 113, 119, 133, 207, 210–212, 215–217, 220, 221, 223–225, 227, 228, 240, 244, 287, 316, 326, 340, 343, 349, 372, 377–383, 385, 401, 423, 446
Missings, anwenderdefiniert 3, 19–21, 27, 28, 41–44, 49, 50, 377, 382, 383
Missings, anwender- *oder* systemdefiniert 20, 49, 50
Missings, kontrolliert 19
Missings, systemdefiniert 3, 19, 21–23, 27, 35, 41–43, 44, 52, 62, 378–380, 382, 383
Missings, system- und anwenderdefiniert 42, 62
missing value 19, 37, 448
Missingkodes 54
MISSING-Statement 26
Missverständnis 10, 44
Mittelwert 15, 22, 30–32, 34, 55, 56, 101, 106, 131–133, 269, 275, 356, 358, 401
mnemonisch 12, 164, 165, 169, 170
MOD Funktion 8, 327, 349, 366, 369–372
Modelle VIII
Modellierungssprachen VIII
Modified Duration 405, 406
Module XII, 394
Modus 15, 55, 149, 247, 440–442
Multiple (temporäre) Queries 13
Multiplikation 61
multiplizieren 61
multipliziert 255, 308
Multi-Threading 308, 323, 327, 328, 353, 370
multivariat 49–51, 68, 93, 96, 97, 101, 106, 108
multivariat-quantitativ 101

Muster 21, 116, 212, 419
Musterübereinstimmung 116, 418, 419
MySQL 10, 434, 439

N

Nachhaltigkeit 7, 307
Nachkommastellen 134, 135, 166, 167, 253, 320, 321
Nächstäußere Query 13
Näherungsdaten 6, 245
Name-Style 139, 162
Natural Join 12
Nebeneinanderstellen 3, 14, 20, 41, 291, 292, 334
negativ 48, 49, 69, 70, 96, 109, 149, 151, 414
Negative Schnittmenge 48, 49
Nesten 162
Nicht One-to-One 15
Nicht SAS Tabellen 15
nichtfehlend 22, 23, 29, 30, 44, 48, 54, 59, 64, 207, 210, 401, 402, 408, 422, 427–429
nicht-null 25
Nichtpaarige Anführungszeichen 165
Nichtpaarige Sonderzeichen 170
Nichtzentralitätsparameter 408, 409
Nomenklatur 10
non-negativ 211
nonquotiert 168
non-SAS DBMS 22, 37, 343
NOT NULL-Bedingung 25
Not Resolved 166
NOTE-Funktion 180, 411
NOT-Operator 316
NULL IX, 3, 20, 21, 24–26, 37, 62, 65, 72, 104, 196, 272, 285, 286, 288, 289, 303, 315, 316, 340, 343, 395
Null Values 24
Null-Leerzeichen 426
Null-String 426
NULL-Wert IX, 22, 37, 316, 340, 343
Nullwerte VI, 1, 19, 24
numerisch V, XVI, 3, 4, 6, 13, 20–25, 27, 29, 30, 34, 37, 49, 52–54, 57–59, 61, 65, 68, 107, 108, 110, 119, 120, 134, 156, 157, 163, 164, 176, 177, 180, 199, 207, 210–

212, 215, 219, 220, 222, 227, 237, 240, 241, 244, 260, 261, 264, 286, 289, 298, 302, 305, 312, 317, 319–322, 382, 394, 400, 405, 407, 410–413, 415, 417, 421, 422, 428, 430
Numerisches Attribut 176, 177, 410
Numerischer Wert 4, 13, 22, 23, 29, 52, 58, 68, 108, 119, 134, 164, 176, 286, 317, 320, 321, 382, 413, 428
Nutzer VII, 1

O

ODBC 339, 341, 431, 433–436, 438
ODBC-Engine 435
ODS V, 16, 17, 125, 143, 216, 224, 359, 360, 373, 374, 428
Offenheit 5, 117
OLE DB 339, 434
One-to-Many VI, 1, 14, 15, 291
One-to-One 7, 9, 14, 15, 267, 291
Online-Erhebungen 70, 92
Open Code 121, 142, 143
OpenVMS 394
Operanden 12, 164, 182
Operator 12, 14, 41, 44, 50, 101, 164, 165, 169, 170, 189, 292, 304, 315, 316, 336, 340–342
optimieren 7, 8, 17, 307–309, 311, 316, 335, 342, 344, 345, 430
optimiert XIII, 16, 159, 309–311, 313, 316, 328, 330, 331, 333–337, 343, 345, 346, 392, 393
Optimierung VII, 8, 310, 311, 328, 330, 331, 335, 344–346, 387, 388, 392–394
Optimierung von Queries VII
Optionen VII, XII, 7, 8, 10, 11, 16, 55, 97, 160, 161, 182, 233, 234, 277, 282, 285, 307, 308, 311, 312, 314, 315, 317, 326, 330, 331, 333–335, 339, 342–344, 359, 360, 375, 387, 388, 390–393, 397, 398, 435
Oracle 10, 339, 342, 434, 436, 438–440
Originaldatei 153
Originaleinträge 153
Orte 108, 253, 430
OUT2-Option 73

Outer Join 12, 14, 15, 42, 43, 292, 294, 341–343
Output V, VIII, 16, 17, 85, 119, 125, 131, 143, 196, 219, 220, 222, 226–229, 279, 335, 344, 391
Output Delivery System V, 16, 17, 125, 143

P

Paarige Sonderzeichen 170
page size 331, 391
Parallel-Processing 346
Parameter V, 6, 12, 20, 55, 56, 129, 139, 141–143, 145–147, 151, 158, 159, 161, 169, 172, 186, 196, 204, 216, 219, 223, 226, 227, 239, 245, 248, 249, 252, 277, 285, 351–354, 359
Parameterarten 141
Parameterwert 189
PARMBUFF-Option 51, 109, 146, 147
Pass Through-Statement 432
Pass-through Facility VII, XVII, 1, 9, 387, 430
Patches 311
Patientendaten 92
PDF 16, 418
PDV 287, 313–315
per Hand 240
per Maus VI, 1, 11
performant XIII, 7, 13, 309, 329, 332, 339, 369
Performanz VI, VII, IX, X, XIII, XVII, 1, 2, 7, 8, 11, 16, 81–83, 118, 159, 236, 267, 269, 275, 307–347, 349, 350, 373, 390, 392, 430, 439
Performanzbereiche 311
Performanzeinbußen 330
Performanzgewinn 314, 317, 319, 323, 324, 328, 329, 335, 336, 343
Performanzgrößen 311
Performanzmaßnahmen 313, 347
Performanzsteigerung 118, 302, 311
Perl Regular Expression 109, 116, 210, 396
Perl-Ausdruck 418, 419
Permutation 408, 409, 426–429
Personalnummern 108

Personen 92, 108
Perzentile 402
Pfad 82, 86, 180, 219, 224, 227, 236, 239, 240, 411, 439
pipeline 328
Plattenplatz VI, 268, 307, 311, 323, 324, 332, 333, 344, 347
Platzhalter 13, 118, 120, 121, 132, 133, 138, 139, 143, 144, 146, 147
Plausibilität 3, 4, 21, 52, 67
pointer address 413
Poisson-Verteilung 418, 426, 427
Polkoordinaten 265
Position IX, 27, 46, 47, 111–113, 116, 164, 168, 169, 172, 173, 179, 220, 250, 252, 265, 368, 401, 404, 412, 419–426, 428
Positionsparameter 140, 141, 147
positiv 69, 96, 128, 149, 151, 414
Postleitzahlen 406, 407
Postleitzahlenkode 406
PostProcess 354, 355
PostScript 16
Prädikat XV, 62, 64, 65, 316
Präfix 161, 238, 239, 254, 360, 365, 396
Praxis-Beispiel 10
Präzisionsverlust XVI, 5, 119, 134, 136, 321
Preprocessingschritt 211
Primärschlüssel IX, 15, 71–74, 76, 77, 79, 88, 368, 372
Primärvariable 346, 368, 369
primary key IX, 71, 74, 79, 88
Priorisierung 311
PROC DATASETS 68, 81, 84, 89, 154, 216, 224, 226, 312, 314, 317, 325, 326, 366
PROC SQL *passim*
PROC SQL Prozedur 12
PROC SQL SELECT-Statement 431
PROC SQL Tabelle 24, 387
PRODUCT 127, 128, 162, 192, 194, 271, 273–275, 277, 279, 284, 285, 297, 325, 326
Produkte XII, XIII, 108, 394
Program Data Vector 313, 315
Programm XI, 6, 7, 10, 44, 57, 59, 92, 95–97, 118, 120, 121, 123, 138, 141, 142, 146, 148, 149, 151–153, 167, 183, 190, 206, 207, 235, 236, 239–241, 259, 260, 270, 297, 309, 310, 312, 313, 324, 336, 337, 345, 346, 352–354, 366, 378
Programmierbeispiel 12
programmieren 6, 17, 143, 196, 267, 292, 312, 318, 326, 329, 334, 394
Programmieren XVI, 6, 7, 10, 14, 37, 70, 118, 143, 159–161, 195, 267, 268, 274, 278, 307, 309, 310, 312, 313, 318, 324, 334, 336, 338, 376
Programmierer 11
Programmierfehler 22, 70
Programmierkonvention 11
Programmiersprache V, VII, IX, 7, 267, 269
Programmierstandards 312
Programmierumfeld 91
Programmierung V–VIII, X, 1, 4, 7, 9–12, 54, 69, 70, 81, 117, 118, 138, 162, 232, 244, 267, 285, 308, 316, 328, 336, 338, 343, 346, 355, 394, 396, 430
Programmierung von Queries 9
Programmiervariante 133, 312
Programmiervorschrift 166
Projektionen 6, 245, 256, 265
Protokoll 81, 83, 312
Protokollierung 101, 237
Prozedur XII, 15, 55, 68–70, 73, 81, 83–85, 94, 107, 125, 142, 241, 237, 243, 265, 271, 273, 276, 278, 281, 283, 284, 301, 307, 317, 327, 328, 367, 388, 431
prozedurenabhängig 125
Prozentwert 94, 371, 406
Prozentwertberechnungen 13
Prozentzeichen 159, 171, 172
Prozessoren 125, 307, 311, 328
Prüfaufwand 333
Prüfdokumente 215, 223
Prüfen 215, 216
Prüflogik 70
Prüfmodi 72
Prüfprogramm 99
Prüfprotokolle XV, 81
Prüfregel VI, X, XV, 1, 2, 4, 15, 24–26, 67–78, 80, 81, 88, 214, 361, 388
Prüfschritte 14, 15

Prüfsumme 429
Prüfungen 78, 346
PRX Versionen 430
Punkt 22, 23, 27, 53, 65, 122, 132, 133, 168, 169, 247, 250–252
Pythagoras 248

Q

Quadratisches Mittel 402
Quadratsumme 401, 402
Quadratwurzel 409
Quantile 396, 410
Quartal 399
Quasi-Industriestandard V, VI, 1
Query VIII, XI, 10–14, 16, 37, 41, 69, 126, 201–203, 257, 284, 308, 312, 325, 326, 330, 335, 336, 339–343, 369, 376, 387–393, 430, 431, 433, 434, 438–440, 442
Query-Ausdruck 12, 335, 388–390
QUOTE-Funktion 98
Quotierfunktionen 164
quotiert 168
Quotierung 163–165

R

R^2 101
Radio 247
Range 15, 55, 56, 68, 102, 103, 402
Rangplatz 16
Rangstatistik 402
raumzeitlich 4, 68, 102
RDBMS VIII, 10
real time 349
Rechenzeit 309, 319, 321
Rechnergeschwindigkeit 92
Rechnungsdaten 57, 59
Rechnungsnummer 57–59
Rechtsverschiebung 397
record VIII
redundanzfrei 310
Referenzwerte 69
Reflexive Join 12, 13, 257
regelgerecht 26
Regeltyp 73
Regisseur 16

Regressionsanalyse 101, 447
Regressionskoeffizient 101
Reiter 153
Rekonstruktion 21, 49
Rekursive Referenzen 11
Relation VIII, 350
relational V
Releases 70
Remerging 12, 330, 336, 392, 393
remote 82, 125, 130, 183, 367, 438
Remote Hosts 130
Remote-Umgebung 82
Rendite XIII, 406
replizieren 275, 279, 297
repliziert 82
REPONLY-Option 55
Ressourcen 92, 312, 320, 346
Retrieval XVII, 7, 267, 270, 285
Return Code 5, 119, 120, 124–126, 130, 275, 413, 433, 434
right 15, 295
Right Join 44, 270, 295, 297
Risk Dimensions 396, 397
ROI XIII, 346
Rollback 440, 441
ROOT-Pfad 216
Routen 6, 245
Routinen 52, 109, 116, 131, 142, 157, 161, 183, 190, 191, 341, 394–397, 404, 405, 419, 427, 430
RTF 215, 216, 218, 219, 222–229
RTF-Dokument 215, 216, 223, 224
Rückbenennung 244
Rückmeldung XIII, 9, 10, 16, 25, 35, 67–71, 73–78, 84, 85, 87, 90, 91, 111, 144, 146, 147, 168, 174, 205, 206, 310
Rückzahlungsrendite 406
RX Gruppe 430

S

Samplingeinheiten 93
SAS *passim*
SAS Ausgabe 11, 12, 87, 88, 97, 105, 106, 110, 111, 122, 123, 127, 129, 184, 202, 216, 224, 231, 249, 250, 276, 278, 374

Sachverzeichnis

SAS Autocall Facility 160
SAS Base VI–VIII, 10, 11, 82, 118, 142, 237, 245, 336, 338, 367–369, 395
SAS Code 5, 118, 119, 121–123, 137–139, 146, 154, 155, 159–161, 164, 182, 189, 190, 350–355, 383
SAS Component Language 68
SAS Data Integration Studio 312
SAS data library 178, 180, 410, 411
SAS Dataset X, XVIII, 2, 9, 10, 16, 50, 51, 149, 207, 209–211, 443
SAS Datei VII, VIII, 5, 8, 12, 39, 49, 81, 87, 115, 118–120, 155, 157, 158, 169, 173–175, 191, 192, 195, 196, 207–212, 224, 235, 240–242, 246, 249, 259, 264, 265, 269, 270, 282, 349, 355–361, 368, 396, 410
SAS Datensatz 120, 124, 173, 178, 180, 410, 411
SAS Datensatzvariable 411, 412
SAS Datentabelle 69, 83, 84, 259
SAS Dictionaries VI, X, XI, XVII, 2, 8, 229, 231, 239, 349, 359, 363
SAS Dokumentation 39, 53, 123, 129, 163, 164, 177, 315, 322, 328, 331, 341, 342, 387, 394, 395
SAS Enterprise Miner 312
SAS Funktionen VI, VII, IX–XI, XVII, 1, 2, 8, 109, 111–113, 116, 163, 164, 177, 181, 210, 251, 336, 339–341, 343, 344, 387, 392–397, 430
SAS Graphik 260, 264, 265
SAS Job 120, 124–126, 130, 183
SAS Katalog 8, 138, 139, 177, 229, 349, 359, 360, 410
SAS Learning Edition XII
SAS Log 25, 67, 68, 70–74, 76, 82, 84, 85, 100, 104, 121, 125, 126, 128, 132, 144, 146–149, 151, 152, 156, 157, 167–177, 182, 185, 186, 188, 189, 193, 194, 199–203, 205–207, 230–235, 244, 278, 285, 287–291, 352, 354, 358, 361, 375, 391, 392, 418, 433, 434
SAS Makro V–VIII, X, XV, XVI, 1, 2, 4–6, 8, 53, 117–124, 126, 129–131, 134–139, 142, 143, 145, 146, 154–164, 166, 168–170, 172, 173, 177, 182, 189–191, 235, 236, 302, 338, 349, 359, 363, 395, 415, 433
SAS Makro CALL Routinen 5, 120, 142, 163, 190, 191
SAS Macro Code 118, 137–139, 162
SAS Macro Facility XVI, 5, 118, 119, 134, 142, 163, 165, 173, 190, 198, 367, 447
SAS Makro Funktionen 5, 118–120, 135, 142, 163, 164, 166, 168, 182, 190, 395
SAS Makro Statements XVI, 5, 118, 119, 130, 142, 145, 154, 159, 163, 182
SAS Makroprogramm X, 2, 5, 118, 119
SAS Makrosprache V, XVI, 5, 117–119, 142, 145, 159, 163, 164, 191
SAS Makrovariablen VIII, XV, 5, 118–120, 122–124, 126, 129, 131, 134, 136, 160, 163, 338, 433
SAS Namensliteral 423
SAS Online–Hilfe 160, 161
SAS Option VII, 8, 16, 17, 210, 232, 234, 237, 239, 328, 330, 349, 354, 367
SAS Output VIII, 13, 24, 85, 87, 90, 91, 99, 100, 123, 131–133, 152, 156, 169, 172, 173, 176, 181, 184, 187–189, 193, 194, 200, 219, 226, 233, 271
SAS Programm VI, VIII, XVII, 7, 8, 121, 131, 138, 143, 160, 162, 238, 260, 307, 310, 313, 337, 338, 349, 355, 434, 437, 439, 447
SAS Prozedur 7, 52, 85, 120, 125, 154, 256, 267, 269, 312, 315, 318, 321, 323, 325, 327, 328, 359, 373, 430
SAS Routinen X, XVII, 2, 387, 394, 395, 397
SAS Session 82, 121, 138, 142, 161, 183, 235, 312
SAS Site 125
SAS Software XII, XIII, XIV, 7, 126, 165, 307, 353, 395
SAS Statement 15, 159, 161, 182, 183, 189, 191, 424
SAS Syntax VI, X, XII, XVII, 2, 5, 8,–10, 16, 69, 91, 117–119, 134, 138, 142, 387
SAS System XII, XIII, 7, 8, 16, 76, 78, 118, 121, 158, 159, 160, 164, 180, 209, 234, 267, 297, 305, 307, 308, 311, 326, 327,

329, 330, 331, 344, 349, 358–360, 376, 387, 392, 393, 412, 443, 447
SAS Tabelle V, VIII, XI, XVI, XVII, 3, 4, 6–8, 11, 15, 16, 20, 49, 52, 67, 68, 81, 88, 92, 93, 95–97, 102, 104, 120, 121, 152, 153, 213–215, 222, 223, 229–232, 237, 259, 264, 267–269, 272, 275, 277–282, 285, 286, 291, 292, 297, 301, 302, 313, 314, 317, 319, 323–325, 328, 329, 331–334, 349, 359, 361, 365, 366, 368–370, 372–375, 443
SAS Tracing Option 340
SAS v6 430, 432
SAS v9 VII, 6, 8, 10, 11, 24, 121, 143, 179, 195, 210, 251, 267, 269, 272, 277, 327, 328, 330, 335, 336, 340, 344, 361, 370, 372, 387, 388, 392, 393, 395, 396, 398, 404, 409, 412, 423, 427, 430, 434, 436, 438
SAS v9.1.3 VII, 10, 11, 24, 328, 392, 395
SAS v9.2 VII, 8, 10, 11, 179, 251, 269, 272, 277, 330, 335, 336, 361, 387, 388, 392, 393, 395, 396, 398, 404, 412, 423, 427, 430, 434, 436, 438
SAS View VIII, 11, 239, 359–362, 366
SAS Zeichen-Ausdruck 423, 425
SAS/ACCESS 330, 339, 341, 389, 390, 393, 430, 434, 435, 439–441
SAS/ETS XII, 118, 395
SAS/IML 118, 394
SAS/OR 118
SAS/QC 394
SAS/STAT XII, 118, 237, 318, 367
SAS-Datendatei 86
SAS-Optionsgruppe 233–235
Scalable Performance Data 328
Schätzwert 51, 56, 107, 250
Schleife V, 92, 109, 127, 129, 138, 147, 184, 186, 204, 208, 212, 214, 244, 273, 275, 277, 279–282, 285–287, 289, 303, 338, 391
Schlüssel VII, IX, XVII, 8, 11, 268, 279, 280, 282, 286–289, 297, 304–306, 349, 368
Schlüsselvariable 14, 15, 41, 42, 44, 108, 241, 244, 269, 272, 275, 277, 279, 280, 282, 285–289, 291, 293, 294, 296–299, 301, 305, 306, 334

Schlüsselwort 6, 14, 30, 120, 180, 196, 210, 235, 237, 293, 324, 333, 335, 367
Schlüsselwortparameter 141, 142, 147
Schnittmenge 101
Schwellen 311
SCL 68, 73
Screenen 50
Screenshot 153
Securities Industry Association 398
Seed 281, 426
Segmentieren 8, 349, 366, 368, 369, 372
Seitenbeschreibungssprache 372, 373
Seitengröße 331
SELECT-Anweisung VIII, 53, 127, 131
SELECT-Berechtigung 439
SELECT-Schritt 205, 208, 211
SELECT-Statement 12, 13, 129, 255, 314, 315, 361, 362, 366, 439
Selegieren 13
selegiert 41, 42
Self-Join XV, 3, 13, 20, 41, 42, 257
Semantik 69
semantisch 101, 102, 108
Semikolon 139, 143, 171, 182
SEQUEL VI
sequentiell 14, 324
Serversitzung 130
Set Operator 14, 335
Sexagesimalsystem 252–254, 256
Sicherheit 48, 82, 103, 332
Sicherheitsprüfung XVI, 6, 120, 204
Single byte-Buchstaben 400
Single-Index 325
Sinus 407, 414, 427
Skewness 402
Slots 120, 138, 275, 287
SMP 328
SO/SI 400
Soft- und Hardware 70, 310, 346
Softmax-Wert 408
Software 10, 307, 308, 328, 358, 429, 430
Softwareversion 311
Soll-Wert 216
Sonderzeichen 127, 164, 165, 169–172, 182, 207, 210, 237, 367

Sortier- bzw. Schlüsselvariable 14
Sortieranweisung 38
Sortieren IX, X, XVI, XVII, 2, 3, 7, 13, 20, 21, 35, 37, 267, 269, 270, 276, 277, 311, 323, 324, 328, 333, 345, 368
Sortierreihenfolge 21, 37, 391
Sortierung 15, 38, 46, 61, 98, 270, 276, 277, 283, 285, 324–326, 328, 334
Sortiervorgänge VI, 8, 308, 323, 324
Spalte *passim*
Spaltenbezeichnungen 57, 59, 240
Spaltenname XVI, 8, 213, 231,237–239, 241–243, 315, 349, 363, 365–367, 374, 375
Spaltenpaar 250
Spaltenposition 178, 179, 403, 404
Spaltenweise Leseweise 87
Spannweite 15, 102, 103
SPD 328
Speicher 7, 267–269, 297, 307, 311, 324, 329, 345, 349, 350, 352, 353, 358, 359, 412, 418
Speicheradresse 412, 413
speicherintensiv 309
Speicherkapazität 92
Speicherort 81, 362, 363, 366
Speicherplatz VIII, 8, 11, 161, 308, 310, 313–315, 317, 319–323, 328, 332, 345, 419
Speichervorgänge 92
Spezialfunktionen 396, 412
spezifisch XVII, 8, 12, 308, 329, 330, 332, 333, 339–343, 430, 431, 433, 434, 438
spezifiziert 21, 37, 131, 159, 178
Spline 429
Splitten XVII, 7, 207, 211, 267, 292, 301, 368
Split-Variable XVI, 6, 120, 207–212, 302
SQL *passim*
SQL Abfrage XVI, 6, 11, 127, 132, 133, 245, 253, 255, 256, 333, 359, 362, 363
SQL Ansatz 20, 49, 50, 95, 96, 105, 106, 109, 110, 112–115, 232, 284, 301, 302, 368, 369, 371, 372, 383, 385
SQL Ausdruck 12, 35, 42, 294, 389, 390
SQL Ausgabe 16, 17
SQL Funktionalitäten VI, XI, 1
SQL Operator 14
SQL Programmierung 23, 36, 58

SQL Prozess 16, 333
SQL Prüfregel 76
SQL Query 11, 256–258, 312, 342
SQL Schritt 79, 128, 131, 151, 260, 265, 350
SQL Syntax VI, 1, 9–12, 16, 45, 316, 342, 343, 361, 388, 430, 431, 434
SQL Terminologie VIII
SQL Variante 11, 37, 96, 383
SQL*Net Version 2.0 439
SQL/DATA Step Statements 314
stack XVI, 6, 120, 213–215, 222, 224, 317
STACK-Struktur 214–216, 220–223, 227, 228
Stadtnamen 246
Standardabweichung 16, 55, 102, 103, 106, 402
Standardabweichung um den Ursprung 55
Standardangabe 81
Standardeinstellung 81, 335, 350, 351, 375
Standardfehler 101, 402
Standardgröße 219, 220
standardmäßig 16, 22, 30, 37, 128, 163, 312, 318, 319, 369, 374
Standardnormalverteilung 410, 418
Standards 24, 312
Startwert 101, 426
Statement Style 139, 162
Statistik V, XII, 4, 15, 17, 67, 68, 101–104, 318, 446, 451
statistisch XI, XII, 12, 15, 49, 52, 104, 214, 394, 449
Statusvariable 126, 127, 130
Steuerzeichen 420, 423
Stichprobe 15, 103
Stichprobengröße 101, 122
Stored Compiled DATA Step Programs 308, 329, 336–338, 345
Stored Compiled Macro Facility 138, 160, 338
Strategie X, XVII, 2, 7, 307, 309, 310, 328, 344, 346
Strecken 6, 245
Streuung 101
Streuungsmaß 15, 103

String XVI, 4, 6, 12, 13, 16, 19, 21, 22, 24–26, 28–31, 37, 39, 52–54, 57–59, 61, 62, 64, 65, 68, 98, 107–116, 119, 120, 128, 131, 134, 163, 164, 168, 169, 171–175, 180, 187, 207, 208, 210, 212, 220, 237, 240–242, 244, 289, 317, 322, 374, 394, 396, 407, 411–413, 415, 417, 419, 423, 425, 428, 432, 441
String-Einträge 26, 52, 110, 111, 174, 175, 244
String-Spalte 28, 57
Stringvariable 23–25, 30, 53, 71, 74, 204, 240, 241, 244, 312, 318, 321, 373, 374
Structured Query Language V, 1, 9, 10
Struktur VIII, XIII, 11, 14, 143, 213, 214, 298, 299, 313, 314, 317, 319, 324, 326, 334
strukturgleich 57
Stückzins 428
Studiendesign 220, 227
Style 16, 139, 162
Subdateien 210, 211, 212
Subquery VIII, 12–14, 62, 63, 284, 293, 332, 333, 340, 437, 440
Subsetten 311
Subsetting XVII, 7, 267, 270, 277–279, 315, 316
Substring 4, 68, 109, 111, 113–116, 164, 172, 173, 400, 419, 422, 425, 429
Suchen V, XV, 3, 4, 6, 20, 21, 49, 51, 52, 54, 68, 109, 114, 115, 267, 344, 359, 425
Such-und-Finde Vorgang 325
Suffix 169, 185, 186, 213, 227, 241, 242, 244, 366
sum-of-years-digits depreciation 405
Sybase 339, 342, 434
Symboltabelle 122, 142
Symmetric Multiprocessing 328
Syntax VII, XIV, XVII, 5, 8–11, 13, 17, 33, 36–38, 42, 43, 52, 70, 71, 74–77, 107, 117, 118, 137, 166, 244, 302, 333, 341–343, 361, 362, 387, 388, 430–435, 438, 440
Syntaxbeispiel 13, 105, 106, 110, 111
Syntaxeffizienz 5, 117
Syntaxelement 11, 12
Syntax-Möglichkeiten 70

Syntaxprogrammierung 5, 117, 338
Syntax-Theorie 10
SYSEVALF-Funktion 135, 136
System VII, XII, XIII, 1, 4, 7, 37, 53, 67, 81, 121, 126, 160, 220, 227, 234, 275, 307, 309, 310, 321, 330, 336, 345, 346, 350, 353, 357, 359, 446
Systematisierung 5, 117
systemdefiniert 3, 19, 21, 27, 43, 44, 52, 61, 62, 64, 122, 377–380, 382, 383
Systemfehler 180, 404, 411
Systeminformationen X, XVI, 2, 6, 120, 229, 359
Systemoption 124, 138, 338, 345, 346, 352, 392, 413
Systemperformanz 310
System-Wartung 307
Systemzeit 281, 310, 321, 346, 399

T

Tabelle *passim*
Tabellenaliasen 41, 42
Tabellen-Ausdruck 12
Tabellenausgabe 318, 374
Tabellenconstraints 387
Tabellenstruktur 310, 318, 346
Tabellentypen 15
tabellenweise 73, 77, 78
Tabellenzahl 346
Table Locks 339, 341, 343
Tabulator 420, 424
Tags 372, 373
Tagset 8, 308, 314, 318, 349, 366, 372–374
Tagset-Datei 318
Tagset-Template 318, 373, 374
Tangens 407, 408, 414, 427
TCP/IP Stacks 125
Teildateien 207, 208, 211
Teildaten 214, 317, 384
Teildatensätze 210, 212
Teiler 428
Teiltabellen 317
Telco 76–78, 80, 85, 87, 90, 91

temporär 7, 24, 71, 138, 157, 168, 169, 192, 193, 240, 267, 269, 270, 282, 311, 314, 317, 332, 344, 359
Teradata XII, 10, 246, 330, 336, 339, 393, 433, 434, 440–442
Teradata-Tools 440
Terminierungsbefehl 432
Terminologie VII, VIII, 10, 93, 99, 268
Testcases 161
Testdatensatz 23
Textausdruck 172, 191
textbasiert 163
Textformat 164
Textkommentare 121
Textstring 128
Textwerte 53, 120
Textzeichen 16, 321
Theorie 9–11, 388
Theoriebildung 102
three-way join 15
Tilgungsparameter 406
Time Stamp 82
Tipparbeit 235
Tippfehler 95, 203, 449
tippfehleranfällig 203
Tipps VI, VII, IX, X, XVI, XVII, 2, 5, 7–10, 16, 119, 132, 139, 159, 163, 167, 190, 307–310, 344, 349
Tipps und Tricks VI, VII, IX, X, XVII, 2, 7, 9, 10, 16, 307, 344, 349
Titel 16
TITLE-Statement 122
Token 139, 162
Tools 310
trailing blanks 201
Training 307
Transparenz 82, 310
Transponieren 118, 213, 218, 225, 314, 317
TRANWRD-Schritt 211
Treatment 220, 227
Treffer V, 111, 112, 127, 128, 233, 281, 287–290
Trennzeichen 147, 179, 404, 421, 423, 425, 428

Tricks XVII, 16, 59, 61, 128, 287, 323, 325, 329
Trigamma-Funktion 409
Triggerdaten 92
trigonometrisch 396, 414
Trunkieren 134, 321
trunkiert 415
Trunkierung 354, 396, 414
Tuning VI, X, 7, 307, 310, 330
Tupel VIII, IX, 368
TV 247
Typ XVI, 3, 6, 15, 20, 21, 24, 28, 37, 54, 72, 73, 75, 79, 81, 86, 98, 120, 156, 207, 210, 212, 215, 222, 235, 240–242, 244, 257, 289, 294, 330, 334, 362, 363, 366, 374, 393, 407, 415, 417, 432, 435–437

U

U.S. Federal Information Processing Standards 406
Überführen 83
Überlebensfunktion 418
Überprüfung V, 4, 15, 19, 50, 51, 56, 62, 68, 69, 70, 77, 91–93, 96, 102, 103, 109, 111, 112, 215, 217, 220, 223, 224, 331, 342
Überschrift 5, 119, 120, 122, 123, 131–133, 162, 173, 176, 182, 184, 187, 188, 313, 361
Übersetzungstabelle 425
Übersichtlichkeit 5, 117, 118, 138
Übungsaufgaben VII, 9, 10, 16, 17
Uhrzeit 5, 82, 87, 119, 120, 122, 123, 126, 398, 399, 427, 429
Umgebungsfaktoren 7, 307
UML VIII
Umlaute 264
Umstrukturieren 118, 213, 215, 216, 223, 314, 317
Umwandeln XVI, 140, 141, 213–215, 222
Umweltschaden 252
Underscore-Symbol 26
Union Join 12, 340
unique IX, 30, 31, 35, 71, 72, 74, 79, 89, 128, 129, 151, 192, 200, 261, 326, 342, 368, 382
univariat 50, 56, 93, 101, 103, 105, 106, 108
univariat-qualitativ 101

Universal Transverse Mercator 252
Universal Unique Identifier 413
Unix 394, 435
UNIX/PC 339, 434
unstack XVI, 6, 120, 213–215, 222, 224, 317
UNSTACK-Struktur 214, 215, 220–224, 227, 228
Unterabfrage VIII, 12
Untereinanderhängen 14, 291, 333–335
Unterstrich 23, 27, 237, 367
Update 25, 73, 75–78, 82, 83, 247, 357, 392, 440, 441
UPDATE/CASE-Beispiel 13
Update-Datei 77
UPDATE-Statement XI, 8, 57, 349, 376, 380
Updatetabellen 376
URL Escape-Syntax 407
US Bundesstaaten 396, 406, 407
US Zip Code 246, 259, 264, 265
User Id 125
UTM 252
UUID 413

V

Validierbarkeit 338
Validierung 5, 117, 162, 307, 308, 338
Validierungsprüfungen 91
Variabilität 4, 68, 102
Variable *passim*
Variableninteraktionen 56
Variablenliste XVI, 6, 120, 227, 240, 359, 365, 366
Variablenreihe 214
Varianz 15, 56, 102, 402
Variationskoeffizient 16, 102, 401
Verarbeitungsgeschwindigkeit 308, 310, 312, 314, 317, 319, 320, 324, 325, 332
Verarbeitungszeit 307, 312, 330
Verbinden von zwei Tabellen 9
Verbindungsoptionen 435, 436
Vereinheitlichung 108, 113, 220
Vergleichsoperatoren IX, 21
Verknüpfen 12
Verkürzen VI, X, XVII, 2, 319, 335
Verortung 252

Versandort 247
Versandweg 247
verschachtelt 12
Verschieben 83
Verschlüsselung 125
Verschlüsselungscode 400
Version VII, 9, 11, 23, 118, 203, 216, 269, 388, 392, 429, 436
Versionsnummer 126
Verteilung 15, 55, 101–103, 209, 212, 281, 327, 370, 409, 410, 418, 426, 427
Verwaltung IX
Verzeichnis 9, 10, 16, 84, 89, 138, 160, 166, 173, 174, 178–180, 229, 231, 234, 236, 344, 346, 349, 359, 363–365, 402–404, 411, 429
Verzeichnis-ID 402, 404
Vier Augen-Prinzip 312
View V, VIII, 8, 11, 12, 68, 229, 268, 308, 324, 325, 332, 333, 345, 349, 359–362, 365, 368–371, 387, 389, 390, 433, 434, 436, 437, 439, 443
Visualisierungen 6, 245, 259
Vollerhebungen 15
Vollständigkeit 2, 7, 19, 69, 70, 82, 91, 102, 108, 216, 217, 227, 307
von Hand 118, 122, 132, 146, 147, 196, 203, 204, 311
Vorzeichen 145, 149, 254, 265

W

Wagenrücklauf 420, 424
wahr IX, 21, 26, 29, 42, 62, 63, 65, 109, 183, 294, 422
Wahrscheinlichkeit 92, 96, 103, 118, 396, 417, 418, 425
Währung 418
Währungsraten 134, 321
Währungsumrechnung 396, 418
Warendaten 92
Warnmeldung 126, 180
Warnung 203, 367
Web Tools 396, 407
Wechselwirkungen 312
Wellentransformationen 394

Wenn-Bedingung 154–156, 158, 159
Wenn-dann-Bedingung 11
Wert *passim*
Werteliste 109, 131, 151, 193, 285, 412
Wertepaare 13, 41, 202
WHEN-THEN-ELSE Bedingungsabfolge 13
WHERE- und HAVING-Bedingung 13
WHERE-Klausel 3, 13, 20, 22, 26–28, 37, 49, 109, 128, 180, 184, 187, 188, 195, 196, 198, 255, 256, 258, 279, 293, 316, 318, 334, 336, 339–341, 343, 344, 362, 363
Wiederverwendbarkeit 5, 117, 338
Windows 11, 24, 85, 236, 312, 394
Windows Betriebssystem 236
Windows XP 24, 236
Wirkweise X, 2, 3, 20, 59, 62, 327
Wochennummer 399
Wochentag 125, 399
World Geographic Reference System 252
Wort-Scanner 139, 162

X
XML 16, 372

Z
z/OS 326, 344, 394, 434
Zahl 15, 19, 37, 53, 96, 107, 109, 110, 120, 126, 128, 132, 143, 145, 149, 163, 182, 210, 271, 276, 281, 319, 320, 346, 372, 395, 429
Zählen von Werten bzw. Zeilen 13
Zählvariable 95, 213, 220, 227, 369, 372
Zeichen V, XV, 4, 7, 27, 28, 30, 36, 37, 53, 64, 65, 67, 68, 74, 107–113, 115, 116, 121, 138, 147, 149, 163, 164, 166, 168, 170, 172–175, 182, 210, 237, 252, 270, 308, 314, 318, 322, 367, 394, 396, 400, 406, 407, 409, 412, 413, 417–426, 428, 432
Zeichenattribut 177, 410
Zeichen-Ausdruck 109, 111, 112, 174, 175, 400, 422, 423, 425
Zeichenbreite 124
Zeichenkette 4, 23, 68, 109, 111–113, 116, 124, 126, 138, 172, 174, 175, 400, 407, 413, 419, 420–425, 428, 429

Zeichenlänge 64, 65
Zeichensatz 322, 372
Zeichenvariable 118, 315, 374
Zeile *passim*
Zeilenebene 83
Zeilenkommentar 139
Zeilenvorschub 420, 424
zeilenweise 6, 13, 15, 67, 68, 71, 75–78, 96, 120, 204, 213, 412
Zeilenweises Filtern 13
Zeilenweise Leseweise 87, 88
Zeilenweises Zusammenfügen 15
Zeit-Formatmodifikatoren 399
Zeitreihenanalyse XII, 101, 394
Zeitstempel 6, 120, 235, 236
Zelle 19, 20, 35, 92, 154, 202, 374, 413
Zentrum 15, 253
Zielflughafen 251, 256–259
Zieltabelle 75, 84
Zielverzeichnis 210
Ziffer 112, 164, 169, 216, 217, 223, 224, 420, 423
Zins 428
Zinseszins-Parameter 405
Zinsfuß 406
Zip Code Zentroiden 246
Zufälliges Ziehen XVII, 7, 267, 270, 277
Zufallsvariable 426, 427
Zufallszahlen 282, 394, 396, 426
Zugriff VI, VII, 1, 8, 29, 69, 124, 231, 282, 322, 325, 330, 331, 333, 339–341, 345, 359, 360, 363, 365, 372, 375, 387, 431, 436
Zugriffspfad 264
Zugriffsversuch 180, 375
Zuordnung 92
Zusammenfügen 14, 15, 41, 108, 243, 291, 297, 298, 308, 332–334
Zusammenfügen von Tabellen, kontrolliert 14
zweidimensional XVI, 6, 245–248, 250, 256
zweistufig 219, 220, 227
Zwischendatei 331
Zwischengruppen-Doppelte 92, 93